U0860122

南开大学比较语言学研究中心
南开大学中外文明交叉科学中心　资助出版

邢公畹文集·语言学卷 ❷

三江侗语

邢公畹　著

南開大學出版社
天　津

图书在版编目(CIP)数据

三江侗语 / 邢公畹著. —天津 ：南开大学出版社，2021.10

(邢公畹文集. 语言学卷 ；2)

ISBN 978-7-310-06127-3

Ⅰ. ①三… Ⅱ. ①邢… Ⅲ. ①侗语－三江侗族自治县－文集 Ⅳ. ①H272－53

中国版本图书馆 CIP 数据核字(2021)第 159672 号

三江侗语
SANJIANG DONGYU

南开大学出版社出版发行
出版人:陈　敬
地址:天津市南开区卫津路 94 号　　邮政编码:300071
营销部电话:(022)23508339　营销部传真:(022)23508542
https://nkup.nankai.edu.cn

雅迪云印(天津)科技有限公司印刷　全国各地新华书店经销
2021 年 10 月第 1 版　　2021 年 10 月第 1 次印刷
260×185 毫米　16 开本　20.75 印张　4 插页　465 千字
定价:128.00 元(精装)

如遇图书印装质量问题,请与本社营销部联系调换,电话:(022)23508339

出版说明

邢公畹先生（1914—2004）是我国著名语言学家，被誉为汉藏语比较语言学大师。邢先生早年就学于中央研究院历史语言研究所，师从语言学泰斗李方桂先生；毕业后到南开大学边疆人文研究室工作，并执教于西南联大中文系；后历任南开大学中文系教授、系主任，南开大学文学院终身教授，是南开中国语言学科的奠基人，在国际汉藏语学界具有重要影响。邢先生以深厚的“小学”功底，通过使用古老丰富的汉语文献，结合深入少数民族地区进行田野调查的资料，潜心研究，在汉藏语比较研究方面做出了重要贡献；同时，在语言理论、语法学、音韵学等方面均有建树。邢先生在语言学研究之外，还勤于笔耕，长于文学创作，早年曾发表一系列小说、散文，一生撰写了大量日记，为我们留下了宝贵的精神财富。

《邢公畹文集》的出版是对邢先生著作的首次全面整理。我们与《文集》编委会专家共同商议，对邢先生已发表过和未曾发表的论文、论著、文学作品、演讲、访谈、日记等，进行了广泛的搜集、整理和统一编排，形成目前9卷本的规模。《文集》是我们了解和认识邢先生的学术、文学成就及思想历程的第一手资料。邢先生曾说，治学的总目的在于探索宇宙间（包括人类社会）的各种规律，以便人们去利用，他不过是通过语言研究来进行这种探索罢了。对于邢先生这样的大家，我们需要学习、研究的还有很多很多。

《三江侗语》初版于1985年，是邢先生对广西三江侗语进行专点调查后所撰写的调查报告，对保存侗语及其文化具有极为重要的价值，也为侗傣语族语言学、民族学和民间文学的研究提供了可靠而翔实的资料。此次再版，编为《邢公畹文集·语言学卷》第2种。本书正文主体部分以初版为底本，采取先影印、再校勘的方式，约请侗语专家对初版中的记音、翻译等错讹加以修正，对部分需要说明的地方增加脚注；同时，修改初版中的错别字、繁体字、异体字及标点差错，但对异形词、方言、口语、度量衡、地名、机构名、表格体例等均保持原貌，未做更动。

南开大学出版社

2021年11月

再版校对说明

1980年国庆前夕，年近七旬贵体欠安的导师邢公畹先生，带领我们几位研究生李钊祥、张旭、董为光和我，远赴广西壮族自治区三江侗族自治县，进行近4个月的侗语田野调查研究。颠簸的路途，紧张繁忙的调研，粗茶淡饭的生活，先生对调研的认真负责态度、对我们的严厉教导，岁月荏苒，虽时间已过去40年，与邢先生在三江的艰辛岁月仍留在我们的心田。

邢公畹先生编著的《三江侗语》出版也已36年了。现南开大学出版社将《三江侗语》进行再版，让我做校对工作，我深感责任重大，唯有尽力而为才对得起先生及几位学友。

《三江侗语》记录的是三江县林溪河沿岸侗族村寨的林溪侗语，属侗语南部方言第一土语，与贵州省榕江县车江乡的侗语标音点章鲁侗语同属一个土语，但是其与章鲁侗语还是有些差异。

1. 林溪侗语的第6调已并入第3调，如：

林溪：ta^3 山林　$t‘a^3$ 过

章鲁：ta^3 山林　ta^6 过

2. 章鲁侗语的送气塞音声母仅出现在单数调中，而相反地，林溪侗语却出现在双数调中，即“不该送气的它送气”，如：

林溪：$p‘a^6$ 糠

章鲁：pa^6 糠

3. 章鲁侗语1调已分化为1调和1’调，而林溪大都未分化，如：

章鲁：ma^1 菜 $ma^{1’}$ 来

林溪：ma^1 菜 ma^1 来

这次我们对《三江侗语》的校对主要有以下几点。

1. 对林溪侗语的歌谣、款词校对稍多。发音人吴瑞平（时年24岁），因年轻对侗族古老歌谣、款词不够熟悉、理解，使侗译汉中出现了较多错误。后湖南通道侗族自治县侗族语言文学研究老专家杨锡先生指出了不少错误。现在我们都一一进行了认真更正。

2. 当时我们对林溪侗语声调的记音用赵元任先生的五度制声调记音法，以便于读者识读声调。但此记音法有个缺点，不便于学者进行语言间的声调比较研究，对声调的标写和输入也有不便。现在，学界已不大用此法进行声调记音了。因此，《三江侗语》的声调出现的错误较多，特别是三个平调˥（55）、˧（33）、˩（11）混淆错乱多，非母语的人在编写校对时很容易弄错。林溪侗语的两个降调˥˧（53）、˧˩（31）错误也较多，其他声调˦˥˧（453）、˨˧（23）也有错的。有 7 个调位的林溪侗语是声调较多的语言，在初版的编写、出版过程中难免有一些错漏，本次再版，我们力求完满，尽量减少错误。

3. 林溪侗语的舒促声韵尾有 6 个：-m、-n、ng、-p、-t、-k，是韵尾丰富的语言，对母语的韵尾仅有 2 个的汉族编校者来说也有难度。因而，《三江侗语》韵尾的错误也不少，这也是我们在校对中注意的重点之一。

4. 对于书中需要注释的内容，增加了脚注，标为“校者注”；对于初版中的声调、元音、辅音等错讹，直接进行修改，不再加脚注。

总之，我们怀着对读者负责的态度，前后对《三江侗语》仔细认真地进行了三次校对。为了让年过七旬的我便于校对，南开大学出版社特意把校样放大了几倍寄给我，谨此表示由衷谢意。

石　林

2021 年 3 月

序

侗语属于侗傣语族，侗水语支①。有许多线索可以使我们推想这个语族是属于汉藏语系的。1956—1957年，中国科学院少数民族语言调查第一工作队侗语工作组对侗语做了全面调查，分侗语为南北两个方言：北部方言包括天柱、新晃、靖县（滥泥冲）、剑河、三穗、锦屏（大同），南部方言包括黎平、榕江、从江、通道、龙胜、三江、大苗山、镇远、锦屏（启蒙）。三江侗语属于侗语的南部方言。工作队所编《侗族语言文字问题科学讨论会汇刊》（1959，贵阳）对我们的帮助很大。

本书是1980年在广西三江（sa:m˥ ka:ŋ˥）侗族自治县林溪公社的林溪、程阳、贯洞、平岩四个大队，进行语言学田野工作之后的报告。一块儿参加调查和整理工作的还有南开大学中文系侗傣语比较语言学专业研究生石林(侗族)、张旭（汉族）和中国社会科学院民族研究所侗傣语比较语言学专业研究生李钊祥（汉族）。发音人有三江竹器厂工人吴瑞平（程阳，男，24岁），其余都是农民，有杨嫱②妹（贯洞，女，88岁），杨嫱坦（贯洞，女，74岁），石娥妹（贯洞，女，70岁），吴家盛（程阳，男，74岁），杨光元(平岩，男，70岁），吴印尹（林溪，女，64岁），还有一位是程阳小学的老师刘林坤（男，37岁）。此外，我们还请三江县文化局吴世华同志给我们讲了《马头洲的故事》，请三江县政协委员、文化馆馆长吴居敬老先生为我们口诵了《相思病》这首长歌，并且解释了歌里的古词语。我们对这些发音人表示衷心的感谢。

侗语至今除概说性的介绍书籍外③，还没有一本比较详细的专点调查报告。我们想用这部书来填补这个空缺。

我们在调查中发现当地年轻人已经不大会说本族流传的故事和传说，也不大会唱本族的歌谣了。在我们的发音人中，最会讲故事的要数杨嫱妹阿婆，可她已经是将近九十岁的人了。这些故事、传说、歌谣，如果不趁现在记录下来，再过几年，也许就有失传的危险。十年浩劫，民间歌咏者噤声，演古者缄口。我们这次下到农村，做了许多思想工作，才使老人们相信我们并无歹意。“寻坠绪之茫茫，独旁搜而远绍”，觉得这次所得的材料，不仅对于语言学，就是对于侗族的民间文学、史学和文化人类学也都是有意义的。

侗族民歌，清新隽永，令人惊叹，这里举个汉译的例子也可以看出来：

唱歌儿不算心欢，什么才算欢？
甜话儿不甜，什么才算甜？
仕才郎死后剩下了一颗做官的印，

---

①侗水语支的理论是李方桂先生建立的。见李方桂《莫话记略》，一九四三年中央研究院历史语言研究所专刊甲种之二十，四川李庄石印本。“侗水语支”，李先生称为“侗台语系”(Kam—Tai languages)。

②侗语pəi⁴似与汉语“嫱”字有关。“嫱”字《广韵》收在灰韵，注云：“妇人貌”薄回切(buǎi<*bəd)。又见厚韵，蒲口切(bə̆u<*bug)。又音“剖”。

③如梁敏：《侗语简志》，民族出版社1980年版等。

叫得好的公鸡死后只留得夜沉沉，

河里龙王脱身死后空留宝，

咱们姑娘们趁着年华正好唱欢情。

这在下到农村之前是不知道的。

侗族没有文字。侗族所传文字记录，实际上是借用汉字来注侗音，或注汉义，以引起联想而助记忆的一种符号，各人有各人的注法，常常彼此不能换读。现在我们举所见到的一段《款词》①为例（第一行是侗族所用“字”，第二行音标是这个“字”的实际读音，加括号的第三行是汉语直译）：

乃　我　改　说　本，免　有　尾；
na:i˧ ja:u˩ ka:i˧ ka:ŋ˧ t'ən˧˥ lja:n˧˩ me˩ p'e˥
（现在　我　不　讲　根　没　有　梢）

改　说　借，免　有　中；
ka:i˧ ka:ŋ˧ ȶe˥ mi˧˩ me˩ ta˦˥
（不　讲　边儿　没　有　中间）

改　说　日　公，免　有　日　父；
ka:i˧ ka:ŋ˧ man˥ koŋ˥ lja:n˧˩ me˩ man˥ pu˧˩
（不　讲　日子　祖父　没　有　日子　父亲）

改　说　日　父，免　有　日　二　道；
k'a:i˧ ka:ŋ˧ man˥ pu˧˩ lja:n˧˩ me˩ man˥ ja˩ ta:u˥
（不　讲　日子　父亲　没　有　日子　俩　咱们）

乃　我　对　说　当　初　至　艮　女，
na:i˧ ja:u˩ ɕu˧ ka:ŋ˧ ta:ŋ˥ ɕu˥ ȶi˥ ȵan˩ ȵu˧˩
（现在　我　就　讲　当　初　的　源　语）

代　公　代　父　至　古　辰：
sam˧ koŋ˥ sam˧ pu˧˩ ȶi˥ k'u˧˥ ɕən˩
（辈　祖　辈　父　的　苦　情）

收　条　竹，奂　个　笙；
ɕu˥ ȶiu˩ pan˥ t'a:u˧˥ nan˥ na:ŋ˩
（收　条　竹子　换　个　笋）

去　代　老，刀　倪　郎；
pa:i˥ sam˧ la:u˧˩ t'a:u˧˥ ȵi˧˩ la:ŋ˩
（去　辈　老　换　年轻　郎）

收　个　昆，刀　个　峰；
ɕu˥ nan˥ kun˧˩ t'a:u˧˥ nan˥ ȶən˩
（收　个　土坡　换　个　大山）

去　代　老，刀　代　后；
pa:i˥ sam˧ la:u˧˩ t'a:u˧˥ sam˧ lən˩
（去　辈　老　换　辈　后）

收　个　昆，刀　个　报；
ɕu˥ nan˥ kun˧˩ t'a:u˧˥ nan˥ ȶi˧
（收　个　土坡　换　个　山梁）

---

①侗族古代有一种自卫的武装组织，称为“款”（k‘wa:n˧˥）。传说旧有款规共二十一条，为周甫、六郎二人所订。“款”是汉语借词，就是“条款”的意思。集合群众称为“起款”。款有“款头”。款头按照款规办事，群众都听从他的指挥。每遇大事，就用木牌、鸡毛、辣椒作为紧急信号传送，称为“飞牌”。见到听到的人，不管刮风下雨，连夜起身，赶到指定集合地方。从前每次“飞牌”，可以如期召集一万人以上。

代 老 去，代 倪 手；
samꜧ la:u˩ pa:i˥ samꜧ ȵi˩ ɕu˧
（辈 老 去 辈 年轻 守）

想 来 公，死 斗 道；
ɕa:ŋ˦ təŋ˥ koŋ˥ təi˥ təu˦ ta:u˥
（想 到 公 死 留 咱们）

牛 死 斗 角，公 录 父，
tu˩ təi˥ təu˦ pa:u˥ koŋ˥ ləp˩ pu˩
（牛 死 留 角 祖 告诉 父亲）

父 录 道；人 录 人 听，
pu˩ ləp˩ ta:u˥ ȵən˩ ləp˩ ȵən˩ ʈiŋ˦
父亲 告诉 咱们 人 告诉 人 听）

人 运 人 台。
ȵən˩ mjiŋ˦ ȵən˩ ta:i˩
（人 破缺 人 拿）

汉 译：

现在我不说根本，（就）没有梢杪；
不说边边儿，没有中间；
不说祖辈的日子，没有父亲的日子；
不说父亲的日子，没有咱们的日子。
现在我再说当初的源语，
祖辈父辈的苦情。
收了一根竹子，换了一个笋；
去了老一辈，换了年轻人；
收了个小土丘，换了个大山坡；
去了老一辈，换了后代人。
想到祖辈死了留下咱们，
牛死了留下角，祖传父，
父传咱们，人传人听，
人说人做。

我们这次调查，得到三江县副县长侯顺清同志（汉族），中共三江县委宣传部副部长杨通山同志（侗族），三江县文化局干部吴世华同志（侗族），县委宣传部干部韦会明同志（侗族）、韦持谦同志（壮族）的大力支持和协助，我们表示衷心的感谢。

南开大学汉语侗傣语研究室的季凤珊、杨自翔、石林、邢凯等同志为本书抄写、校对费了许多精力，南开大学出版社的许多同志，特别是崔国良同志为出版这部调查报告，也费了许多精力，我们一并表示衷心的感谢。

邢公畹

1984.6.17

目　录

0. 概　说

三江侗族自治县位于广西壮族自治区北部的边界线上，接近侗语南部方言区的最南端。三江，唐朝初年属融州，一部分属古州，五代因之。宋朝至和年间（1054—1056）置三口寨；崇宁四年（1105）就在融水县三口寨置怀远军；后改为平州，并置怀远县；政和元年（1111）州县俱废，仍为寨；绍兴十四年（1144）复置县，属融州。明朝洪武八年（1375）置三江镇巡检司，十三年复置县，属柳州府，清因之。1914年改名三江，旧治在丹州，1935年迁治古宜。

我们这次在三江调查侗语，所请的几位发音人都是林溪公社程阳、贯洞和平岩大队的社员。这几个毗邻的自然村寨，他们的口音完全一样。但三江县内各地的侗语在口音上是有某些差异的，比如三江县独洞公社称“侗族”为kam^{1}，林溪称ţam^{1}；独洞称“水”为nam^{4}，林溪称nəm^{4}；等等。

各地侗语有很多共同的特征。比如：每个音节和汉语一样都包含一定的声母、韵母和声调；声调有舒、促之分，共有八个调类，分别和汉语的阴平、阳平、阴上、阳上、阴去、阳去、阴入、阳入相对应，但其中阴入又分为长阴入和短阴入；有-i、-u、-m、-n、-ŋ、-p、-t、-k八个韵尾。

侗语的词项绝大多数是单音节词（不包括现代汉语借词）。侗语和同语族的其他语言有许多同源词。如：

	厚	忘记	去	要	苦	抱	死	蚂蚁	儿子
侗　语	na^{1}	la:m^{2}	pa:i^{1}	ʔa:u^{1}	kam^{2}	ʔum^{3}	təi^{1}	mət^{8Ⅱ}	la:k^{8Ⅰ}
水　语	ʔna^{1}	la:m^{2}	pa:i^{1}	ʔa:u^{1}	qam^{1}	ʔum^{3}	tai^{1}	mət^{8}	la:k^{8}
仫佬语	na^{1}	la:m^{2}	pa:i^{1}	ʔa:u^{1}	kam^{1}	ŋəm^{3}	tai^{1}	mɤət^{8}	la:k^{8}
毛难语	na^{1}	la:m^{2}	pa:i^{1}	ʔa:u^{1}	kam^{1}	ʔum^{3}	tai^{1}	mət^{8}	la:k^{8}
壮　语	na^{1}	lum^{2}	pai^{1}	ʔau^{1}	ham^{2}	ʔum^{3}	ta:i^{1}	mot^{8}	lɯk^{8}
布依语	na^{1}	lum^{2}	pai^{1}	ʔau^{1}	ɣam^{2}	ʔum^{4}	ta:i^{1}	mat^{8}	lɯk^{8}
傣　语	na^{1}	lɯm^{2}	pai^{1}	ʔau^{1}	xum^{1}	ʔum^{3}	ta:i^{1}	mot^{8}	luk^{8}
老挝语	na$^{1'}$	lɯ:m^{2}	pai^{1}	ʔau^{1}	k'om$^{1'}$	ʔum^{3}	ta:i^{1}	mot^{8Ⅱ}	lu:k^{8Ⅰ}
泰　语	na$^{1'}$	lɯ:m^{1}	pai^{1}	ʔau^{1}	k'om$^{1'}$	ʔum^{3}	ta:i^{1}	mot^{8Ⅱ}	lu:k^{8Ⅰ}

侗语是侗水语支的一种语言，它与壮傣语支的语言在词汇上有一定的差异。如：

	侗语	水语	仫佬语	毛难语	壮语	布依语	傣语	老挝语
深	jam^{1}	ʔjam^{1}	ʔjam^{1}	ʔjam^{1}	lak^{8}	laʔ^{8}	lək^{8}	lək^{8Ⅱ}
菌子	ka^{2}	ʁa^{1}	ŋ̊a^{1}	ŋga^{1}	ɣat^{7}	zat^{7}	het^{7}	het$^{7Ⅱ'}$
多	ȶuŋ^{2}	kuŋ^{2}	kɣuŋ^{2}	coŋ^{2}	la:i^{1}	la:i^{1}	la:i^{1}	la:i$^{1'}$
舌	ma^{2}	ma^{2}	ma^{2}	ma^{2}	lin^{4}	lin^{4}	lin^{4}	lin^{4}
问	ȶa:i^{3}	ʂa:i^{3}	ʂa:i^{3}	sa:i^{3}	ɕa:m^{1}	ɣa:m^{5}	tʻa:m^{1}	tʻa:m$^{1'}$
田	ja^{5}	ʔɣa^{5}	ɣa^{5}	ʔja^{5}	na^{2}	na^{2}	na^{2}	na^{2}
饱	ȶəŋ^{5}	tjaŋ^{5}	kɣaŋ^{5}	tjaŋ^{5}	ʔim^{5}	ʔim^{5}	ʔim^{5}	ʔim^{5}
在	ȵa:u^{6}	ȵa:u^{6}	ȵa:u^{6}	ȵa:u^{6}	ʔjou^{5}	ʔju^{5}	ju^{5}	ju^{5}
星	ȶət^{7Ⅱ}	zət^{7}	m̥ət^{7}	zət^{7}	da:u^{1}	da:u^{1}	da:u^{1}	da:u^{1}
白	pa:k^{8Ⅰ}	pa:k^{8}	pa:k^{8}	pok^{8}	ha:u^{1}	ɣa:u^{1}	xa:u^{1}	kʻa:u$^{1'}$

侗语还有它自己特有的词汇，如：pjuŋ^{1}（狼）、je^{1}（青蛙）、ȶən^{2}（山）、pa:u^{2}（柚子）、ʔəm^{3}（药）、pjin^{3}（鳖）、ku^{4}（雹子）、joŋ$^{5'}$（桶）、ja:k^{8Ⅰ}（篱笆）、ma:k^{8Ⅰ}（泥巴）等等。

在语法结构上，侗语除了修饰语通常是在中心词之后，这一点与汉语不尽相同外，其他语序基本上与汉语相同，一般都是：主语＋谓语＋宾语。

1. 语音系统

1.1 声母

三江侗语共有二十六个声母，其中有十九个单纯声母，四个颚化声母，三个唇化声母。列表如下：

p	pʻ	m		w
t	tʻ	n	s	l
ȶ	ȶʻ	ȵ	ɕ	j
k	kʻ	ŋ		
ʔ				h
pj	pʻj	mj		lj
kw	kʻw	ŋw		

声母说明：

（1）塞音声母（包括唇化声母kw，颚化声母pj，但不包括喉塞音ʔ-）有送气和不送气两套。其他声母在实际读音中也有不送气和带有微弱送气的两套。由于侗语的送气声母出现在不同的调类上，所以从调类的不同可以分辨声母的送气与不送气。塞音声母的送气在听感上比较明显，非塞音声母的送气则不很明显。因此我们把塞音声母（喉塞音除外）分为两套，非塞音声母归並为一套。

（2）声母 ȶ、ȶʻ 稍稍带有擦音成分。

（3）声母 ts 只见于“侄子”（tsɿ ˩tsai˦˩）一词，没有列入；hw，f 只见于汉语借词，也没有列入。

声母例词：

p	pa^{1}	（鱼）	ȶʻ	ȶʻa$^{5'}$	（上）	pj	pja^{1}	（石头）
pʻ	pʻa$^{1'}$	（灰色）	ȵ	ȵa^{1}	（河）	pʻj	pʻja$^{3'}$	（翻）
m	ma^{1}	（菜）	ɕ	ɕa^{5}	（晒）	mj	mja^{4}	（刀）
t	ta^{1}	（眼睛）	k	ka^{1}	（歌）	lj	lja^{2}	（舔）
tʻ	tʻa$^{1'}$	（私奔）	kʻ	kʻe$^{1'}$	（别人）	w	wa^{5}	（脏）
n	na^{1}	（厚）	ŋ	ŋəi$^{3'}$	（浮萍）	kw	kwa^{3}	（硬）
s	sa^{1}	（肩）	h	ha^{3}	（许多）	kʻw	kʻwa$^{1'}$	（狗）
l	la$^{1'}$	（喂）	ʔ	ʔaːu^{1}	（拿）	ŋw	ŋwet$^{8\text{I}}$	（月份）
ȶ	ȶa^{1}	（盖）	j	ja^{1}	（布）			

1.2 韵母

三江侗语有五十二个韵母，列表如下：

a	aːi	aːu	aːm	aːn	aːŋ	aːp	aːt	aːk
			am	an		ap	at	ak
	əi	əu	əm	ən	əŋ	əp	ət	ək
e		eu	em	en	eŋ	ep	et	ek
i		iu	im	in	iŋ	ip	it	ik
o	oi		om	on	oŋ	op	ot	ok
u	ui			un	uŋ		ut	uk

韵母说明：

(1) 元音 ɿ 只见于个别近代汉语借词（如 sɿ˥ɕin˩“事情”），没有列入。

(2) 单元音作韵母时一定是长音，元音 ə 近于 ɤ，不能单独做韵母。

(3) 短元音 a 的实际读音近似于中央元音 ɐ 。

(4) aːi 、aːu 没有 ai 和 au 跟它们对立，其中 aː 实际说得要比其他音节里的 aː 稍短一些。

(5) o 后不接 -u ，u 后不接 -p 。

(6) 主要元音 i、e 、o 、u 实际读音的开口度分别接近于 I、E 、Ɔ、ɷ。

(7) 元音除了 a 外，其它都不分长短。

韵母例词：

a	ma^{1}	（菜）
aːi	maːi^{4}	（妻）
aːu	maːu^{6}	（他）
aːm	laːm^{2}	（忘记）
aːn	maːn$^{3'}$	（黄）
aːŋ	maːŋ^{1}	（稀薄）
aːp	taːp$^{7\mathrm{I}}$	（担）
aːt	maːt$^{7\mathrm{I}'}$	（抹；揩）
aːk	maːk^{8}	（土）
am	jam^{1}	（深）
an	man^{1}	（日；天）
ap	sap$^{7\mathrm{II}}$	（抓）
at	tat$^{7\mathrm{II}}$	（砍）
ak	mak$^{7\mathrm{II}}$	（剁）
əi	məi^{4}	（树）
əu	ləu^{1}	（挖）
əm	məm^{4}	（老虎）
ən	mən^{5}	（井）
əŋ	məŋ^{1}	（潭）
əp	ȶəp$^{7\mathrm{II}}$	（拣）
ət	mət$^{8\mathrm{II}}$	（蚂蚁）
ək	lək$^{8\mathrm{II}}$	（力气）
e	me^{1}	（熊）
eu	meu^{4}	（猫）
em	pem^{1}	（碰）
en	men^{6}	（经常）
eŋ	peŋ^{1}	（绷紧）
ep	pep$^{7\mathrm{I}}$	（戳）
et	pet$^{7\mathrm{I}}$	（八）
ek	pek$^{7\mathrm{I}}$	（百）
i	mi^{3}	（乳）
iu	miu^{2}	（剪子）
im	ȶʻim$^{1'}$	（添）
in	min^{3}	（席子）
iŋ	miŋ^{1}	（锅烟子）
ip	ȵip$^{7\mathrm{I}'}$	（火钳）
it	lit$^{8\mathrm{I}}$	（拆）
ik	sik$^{7\mathrm{I}'}$	（淡）

o	mo^{1}	（摸）	ok	mok^{7Ⅱ}	（埋）
oi	poi^{6}	（避）	u	pu^{4}	（父亲）
om	pʻom$^{5'}$	（摹声词）	ui	lui^{6}	（下）
on	pon^{2}	（抚养）	un	mun^{1}	（枕头）
oŋ	poŋ^{2}	（浮）	uŋ	muŋ^{1}	（篮子）
op	kop^{7Ⅱ}	（掐）	ut	sut$^{7Ⅰ'}$	（漏）
ot	tʻot^{7Ⅰ}	（脱）	uk	muk^{8Ⅰ}	（鼻涕）

1.3 声调

三江侗语有九个舒声调，六个促声调：

调类		调值	例词	
1	阴平	˥（55）	ma^{1}	（菜）
1’	阴平	˧˥（35）	ma$^{1'}$	（来）
2	阳平	˩（11）	ma^{2}	（舌）
3	阴上	˧（33）	ma^{3}	（软）
3’	阴上	˨˧（23）	no$^{3'}$	（老鼠）
4	阳上	˧˩（31）	ma^{4}	（马）
5	阴去	˥˧（53）	pa^{5}	（叶子）
5’	阴去	˦˥˧（453）	ma$^{5'}$	（泡）
6	阳去	˧（33）	pa^{6}	（糠）
7Ⅰ	（长元音）阴入	˧（33）	pa:k^{7Ⅰ}	（量词：口）
7Ⅰ’	（长元音）阴入	˨˧（23）	pʻa:t$^{7Ⅰ'}$	（血）
7Ⅱ	（短元音）阴入	˥（55）	pak^{7Ⅱ}	（北）
7Ⅱ’	（短元音）阴入	˧˥（35）	pʻok$^{7Ⅱ'}$	（泼）
8Ⅰ	（长元音）阳入	˧˩（31）	pa:k^{8Ⅰ}	（白）
8Ⅱ	（短元音）阳入	˩（11）	pak^{8Ⅱ}	（萝卜）

声调说明：

（1）送气调号ʻ只出现于单数调，它与不送气的单数调形成对立。就这次搜集来的材料看，只有少数几个词如pʻəi^{4}、pʻe^{4}是例外，它们出现于双数阳调。

（2）通过同系属的语言比较，确定7Ⅰ、8Ⅰ是长元音，7Ⅱ、8Ⅱ是短元音。

（3）第3调和第6调的调值都是˧（33），它们的调类是通过跟其它的侗语方言的比较而确定的。这就是说，三江侗语的阳去已经跟阴上合并。

（4）三江侗语的第3调与第3’调的调值很接近，前者是˧（33），后者是˨˧（23）；同类声母可以认为第3调不送气，而第3’调是送气的，这在听感上也常常能够辨别出来。

1.4 音节结构

三江侗语的音节结构有下列三种形式：

（1）$F_1 + Y_1 + D$

（2）$F_1 + Y_1 + Y_2 + D$

（3）$F_1 + Y_1 + F_2 + D$

说明：

（1）F_1代表所有的辅音声母，包括唇化声母，腭化声母、喉塞音声母和半元音 j、w。

（2）Y_1代表所有的元音音位。

（3）F_2代表辅音韵尾 -m、-n、-ŋ、-p、-t、-k。

（4）Y_2代表元音韵尾-i、-u。

（5）D代表声调。

（6）三江侗语，除语气词外，没有元音开头的音节，每个音节都带有声调。

例词：

（1）F_1+Y_1+D

ȵa^{1}（河）　ja^{5}（田）　to^{6}（豆子）　ŋe^{2}（牙）

ȶa:i^{4}（哥哥）　pu^{4}（父亲）　si^{1}（蓑衣）　ɕe^{2}（茶）

（2）$F_1+Y_1+Y_2+D$

ka:i^{5}（鸡）　məi^{4}（树）　təi^{1}（死）　sa:i^{3}（肠）

lui^{6}（下）　ȶa:u^{3}（头）　təu^{5}（留）　ʔa:u^{1}（拿）

（3）$F_1+Y_1+F_2+D$

ȶəm^{1}（金）　lən^{2}（后）　na:ŋ^{2}（笋）　səp^{8Ⅱ}（吹）

tat^{7Ⅱ}（砍）　ɕəp$^{7Ⅱ'}$（插）　ɕok^{8Ⅱ}（熟）　kun^{5}（先）

1.5 声韵调配合关系

（1）声母和声调　三江侗语的塞音声母分送气和不送气两套，送气声母只出现在单数调上，不送气声母既可以出现在单数调上，也可以出现在双数调上。非塞音声母可以出现在所有的调类上，但喉塞音只能出现在双数调和单数调的不送气调上。它们的关系如下表：

调　类	塞　音　声　母	其　它　声　母
双数调和不送气的单数调	p t ȶ k pj kw ʔ	m n w l s ȵ ɕ
送气的单数调	pʻ tʻ ȶʻ kʻ pʻj kʻw	j ŋ h mj lj ŋw

（2）韵母和声调　三江侗语的元音[a]分长短。7Ⅰ、7Ⅰ'和8Ⅰ是只出现长元音的调类，7Ⅱ、7Ⅱ'和8Ⅱ是只出现短元音的调类，因此长a入声字只出现在7Ⅰ、7Ⅰ'和8Ⅰ上调，而短a入声字，只出现在7Ⅱ、7Ⅱ'和8Ⅱ调上。

（3）声母和韵母　三江侗语短元音a和ə不能单独和声母配合；韵母-oi、-on、-ot在与声母结合时，往往使前面的声母唇化，-oi、-on、-ot相应地变成-wa:i、-wa:n、-wa:t。如：tʻoi$^{5'}$（退）在实际发音时往往是tʻwa:i$^{5'}$，son^{5}（算）说成swa:n^{5}，tʻot$^{7Ⅰ'}$说成tʻwa:t$^{7Ⅰ'}$。这种差异主要表现为：青年人说成唇化声母，而老年人和妇女则说作-oi，-on，和-ot。

2. 声韵调配合总表

三点说明：

（1）本表根据对三江侗语调查资料的音系分析制成，竖行表声母，横行表韵母和声调。

（2）凡表中座标交叉处标有“-”号者，表示有“字”（包括多音节词中的“字”）。例如竖行座标是ɕ-，而横行座标是-ok、8Ⅱ入，座标交叉处标有“-”，说明ɕ-声母、-ok韵母、阳调入声可以配合；在词汇总表中我们可以查到对应的字：ɕok^{8Ⅱ}（熟）。而象tok^{7Ⅱ}，ɕəp^{7Ⅱ}这样的双音节词，不管其中的每一个音节是否能单独用，表中也标有“-”号。没有标“-”号的地方，分为两种情况：或者三江侗语无字；或者有字，但在搜集的资料中没有出现。

（3）“-”号外加括号“（-）”的，表“又音”或语气词；也表示显然为汉语借字。

韵 / 调 / 声	a									aːi								
	平			上			去			平			上			去		
	1	1'	2	3	3'	4	5	5'	6	1	1'	2	3	3'	4	5	5'	6
p	–	(–)	–	–			–		–	–		–	–		(–)	–		
pʻ		–						–			–			–				
m	–	–	–	–		–									–			
t	–		–	–			–		–			–				–		–
tʻ		–									–						–	
n	–			–												–		–
s	–		–		–	–	–			–			–			–		
l		–	–				–		–	–		–				–		
ȶ	–	(–)	–	–		–	–			–		–	–		–			
ȶʻ		–			–			–									–	
ȵ	–		–	–							–	–						
ɕ	–		–	–	–		–			–				–				–
k	–		–				–		–	–			–			–		
kʻ		–									–							
ŋ	–		–										–					
h	–		–	–			–		–			–	–					
ʔ			–															
j	–		–	–	–	–	–	–						–	–			–
pj	–		–	–														
pʻj					–													
mj			–			–	–	–								–		
lj			–		–	–				–						–		
w		–			–		–	–	–			–					–	–
kw	–	(–)	–	–			–			–		–						
kʻw		–									–						–	
ŋw																		

韵	a:u									a:m								
调	平			上			去			平			上			去		
声	1	1'	2	3	3'	4	5	5'	6	1	1'	2	3	3'	4	5	5'	6
p	—		—	—		—												
pʻ								—										
m									—									
t	—		—	—			—			—			—			—		
t		—			—			—										
n	—		—									—						—
s	—		—	—	—	—	—			—				—				
l	—		—	—	—	—	—					—		—				—
ȶ	—			—			—						—					
tʻ					—			—						—				
ȵ		—	—			—			—									
ɕ	—		—				—											
k	—		—	—		—	—			—								
kʻ								—									—	
ŋ							—					—						
h	—		—				—						—					
ʔ	—												—			—		
j		—	—	—	—		—			—				—				
pj	—						—											
pʻj																		
mj																	—	
lj		—	—									—			—			
w																		
kw													—					
kʻw					—													
ŋw																		

韵 调 声	aːn									aːŋ								
	平			上			去			平			上			去		
	1	1'	2	3	3'	4	5	5'	6	1	1'	2	3	3'	4	5	5'	6
p	–		–	–		–	–			–	(–)	–	–					
pʻ											–							
m			(–)		–					–		–	–			–		–
t	–		–							–		–	–			–		–
tʻ		–			–			–			–			–			–	
n			–			–			–			–						–
s	–		–			–	–		–	–					–	–		–
l	–		–						–			–			–			
ȶ	–								–	–	(–)	–	–			–		
ȶʻ											–			–	–		–	
ȵ	–											(–)		–				–
ɕ	–			–						–		–	–		–	–	–	–
k	–		–	–		–				–			–			–		
kʻ											–							
ŋ	–								–			–	–					
h			–				–				–	–						
ʔ	–																	
j		–	–					–		–		–	–	–			–	–
pj							–											
pʻj																		
mj					–													
lj				–				–			–	–	–			–		
w	–	–	–						–	–	–	–					–	
kw	–					–	–			–			–					
kʻw		–			–	–								–				
ŋw																		

韵 \ 调 \ 声	a:p						a:t					
	入						入					
	7Ⅰ	7Ⅰ'	7Ⅱ	7Ⅱ'	8Ⅰ	8Ⅱ	7Ⅰ	7Ⅰ'	7Ⅱ	7Ⅱ'	8Ⅰ	8Ⅱ
p							–					
pʻ								–				
m								–			–	
t	–				–							
tʻ												
n												
s	–				–		–					
ɬ	–	–					–	(–)			–	
ʨ		–										
ʨʻ		–										
ȵ	–	–			–			–				
ɕ					–			–				
k	–						–					
kʻ												
ŋ					–							
h		–					–		–			
ʔ	–											
j		–			–	–						
pj								–				
pʻj												
mj											–	
lj	–							–				
w							–					
kw											–	
kʻw								–				
ŋw												

韵	a:k						am								
调	入						平		上			去			
声	7Ⅰ	7Ⅰ'	7Ⅱ	7Ⅱ'	8Ⅰ	8Ⅱ	1	1'	2	3	3'	4	5	5'	6
p	–				–				–	–					
p'		–													
m	–	–			–										
t	–				–		–			–		–			
t'		–												–	
n				– ①			–								
s	–	–			–		–			–		–			
l	–	–			–		–	–			–	–			
ȶ	–						–			–		–			
ȶ'		–						–						–	
ȵ							–	–	–	–			–		
ɕ		–			–										
k	–				–			(–)	–	–			–		
k'								–						–	
ŋ					–		–								
h															
ʔ							–								
j	–				–		–		–	–			–		
pj	–						–								
p'j															
mj															
lj		–			–						–				–
w		–													
kw	–														
k'w															
ŋw															

①按照调类，nak⁷ᴵᴵ'这个字应该读短音，但实际上却读成长音。目前，我们只发现这个字的韵与调在配合上不合规则。

韵 调 声	an									ap					
	平			上			去			入					
	1	1'	2	3	3'	4	5	5'	6	7 Ⅰ	7 Ⅰ'	7 Ⅱ	7 Ⅱ'	8 Ⅰ	8 Ⅱ
p	–		–	–			–								
pʻ								–							(–)
m	–		–				–								
t				–											
tʻ					–										
n	–						–								
s	–			–		–						–			–
l		–					–	–							
ȶ	–	(–)	–	–		–									–
ȶʻ		–											–		
ȵ		–	–		–	–	–						–		
ɕ						–						–			
k	–	(–)				–	–		–						
kʻ		–													
ŋ															–
h	–		–		–							–			–
ʔ															
j	–				–	–	–								–
pj	–														
pʻj															
mj															
lj	–														
w			–												–
kw	–		–												
kʻw															
ŋw															

韵 调 声	at						ak					
	入						入					
	7Ⅰ	7Ⅰ'	7Ⅱ	7Ⅱ'	8Ⅰ	8Ⅱ	7Ⅰ	7Ⅰ'	7Ⅱ	7Ⅱ'	8Ⅰ	8Ⅱ
p									–			–
pʻ												
m									–			
t			–						–			–
tʻ												
n			–									
s									–			–
l				–		–			–			–
ȶ						–			–			–
ȶʻ				–								
ȵ									–	–		–
ɕ												
k												
kʻ												
ŋ												
h			–						–			
ʔ												
j			–			–			–	–		–
pj									–			
pʻj		–										
mj												
lj												–
w												
kw												
kʻw				–								
ŋw												

韵 调 声	əi									əu								
	平			上			去			平			上			去		
	1	1’	2	3	3’	4	5	5’	6	1	1’	2	3	3’	4	5	5’	6
p	–		–	–		–	–			–		–						
p‘						–①											–	
m		–	–			–		–				–			–			
t	–			–					–	–		–	–		–	–		–
t‘				–				–									–	
n		–				–												
s			–		–		–					–		–				
l										–					–	–		
ȶ			–	–			–			–		–	–			–	(–)	–
ȶ‘		–															–	
ȵ	–									–							–	
ɕ	–			–											–			
k		(–)								–					–			
k‘		–									–							
ŋ					–													
h					–					–								
ʔ							–									–		
j		–	–							–	–	–				–	–	
pj																		
p‘j																		
mj												–						
lj					–		–							–		–		
w	–		–					–	–									
kw																		
k‘w																		
ŋw						–												

①送气的塞音声母一般应与次阴调（阴上3′和阴去5′）相配，p‘əi字出现在阳调（阳上4）上，由于它是摹声词之故。此外还有p‘e⁴，也属于同类的不规则现象。

韵	əm									ən								
调	平			上			去			平			上			去		
声	1	1'	2	3	3'	4	5	5'	6	1	1'	2	3	3'	4	5	5'	6
p	–					–						–		–	–	–		
pʻ		–				–							–					
m						–				–			–			–		
t	–			–		–			–	–	(–)	–	–		–	–		–
tʻ											–		–				–	
n						–									–			
s	–		–		–	–	–		–	–		–	–	–	–		–	
l			–						–	–	–	–	–		–			
ȶ	–	(–)	–	–			–	(–)		–		–	–		–			
ȶʻ		–						–					–	–				
ȵ				–	–					–		–			–			–
ɕ							–			–		–						–
k						–	–		–				–					
kʻ																		
ŋ							–			–								
h			–												–			
ʔ				–			–			–					–			
j								–	–	–	–				–	–		
pj										–			–					
pʻj																	–	
mj										–								
lj			–	–			–											
w						–				–	–	–		–	–	–		–
kw																		
kʻw																		
ŋw																		–

韵 调 声	əŋ									əp					
	平		上			去				入					
	1	1'	2	3	3'	4	5	5'	6	7 I	7 I'	7 II	7 II'	8 I	8 II
p	–						–		–			–			–
pʻ													–		
m	–					–									
t	–		–	–		–	–					–			–
tʻ															
n	–		–			–			–						
s	–		–												–
l									–			–	–		–
ȶ	–					–	–					–			
ȶʻ								–			–		–		
ȵ			–									–			
ɕ	–			–											–
k	–								–			–			
kʻ											–				
ŋ															
h															
ʔ												–			
j			–	–			–	–				–			
pj															
pʻj															
mj															
lj															–
w															
kw		–													
kʻw						–①									
ŋw															

①唇化的舌根塞音在送气时，道理上应当与次阴调相配。我们仅发现kʻwa:n⁴ȶa:ŋ⁴（聊天）中的前一个音节与规则不合。

韵 调 声	ət						ək					
	入						入					
	7Ⅰ	7Ⅰ'	7Ⅱ	7Ⅱ'	8Ⅰ	8Ⅱ	7Ⅰ	7Ⅰ'	7Ⅱ	7Ⅱ'	8Ⅰ	8Ⅱ
p			—						—			
pʻ				—								
m			—	—		—						
t			—									
tʻ				—								
n												
s			—									
l				—		—						—
ȶ			—									
ȶʻ												
ȵ						—						
ɕ						—						
k												
kʻ												
ŋ												
h												
ʔ												
j			—	—		—						—
pj			—			—						
pʻj												
mj			—									
lj												
w			—			—						
kw			—									
kʻw												
ŋw												

韵 / 调 / 声	e									eu								
	平			上			去			平			上			去		
	1	1'	2	3	3'	4	5	5'	6	1	1'	2	3	3'	4	5	5'	6
p	–	–	–				–			–		–				–		–
pʻ		–				–①		–						–			–	
m	–	–	–	(–)								–			–			
t	–			–			–								–			–
tʻ																		
n	–			–			–											
s	–		–							–								
l			–	(–)		(–)												
ȶ	–	(–)		–			–			–		–						–
ȶʻ		–			–			–						–			–	
ȵ											–		–		–			
ɕ	–		–			–	–			–		–		–	–	–		
k	–	(–)	–			–	–			–	(–)		–					
kʻ		–									–							
ŋ		–	–			–	–					–						
h						(–)		(–)								–		
ʔ				–												–		
j	–	–						–			–						–	
pj			–	–		–	–											
pʻj								–										
mj			–						–									
lj				–	–								–		–			
w		–				–		–										
kw	–			–														
kʻw								–										
ŋw																		

①见前əi韵注①。

韵 调 声	em									en								
	平			上			去			平			上			去		
	1	1’	2	3	3’	4	5	5’	6	1	1’	2	3	3’	4	5	5’	6
p	–									–			–			–		–
pʻ														–				
m																		–
t													–					
tʻ																		
n																		
s													–					
l																		
ȶ										–		–	–		–	–		
ȶʻ											–						–	
ȵ															–			
ɕ										–		–		–		–		
k				–						–						–		
kʻ																		
ŋ															–			
h			–			–												–
ʔ																		
j												–						
pj																	(–)	
pʻj																		
mj										–								
lj										–		–						
w				–							–			–				–
kw																–		
kʻw																		
ŋw																		

韵	eŋ									ep					
调	平		上				去			入					
声	1	1'	2	3	3'	4	5	5'	6	7Ⅰ	7Ⅰ'	7Ⅱ	7Ⅱ'	8Ⅰ	8Ⅱ
p	–						–			–					
p'															
m															
t	–														
t'															
n															
s											–				
l															
ȶ	–					–									
ȶ'								–							
ȵ							–								
ɕ	–				–		–				–				
k	–						–		–						
k'															
ŋ							–			–					
h	–														
ʔ										–					
j							–								
pj		(–)													
p'j		–													
mj			–	–											
lj															
w			–	–											
kw							–		–						
k'w															
ŋw					–										

韵 调 声	et						ek					
	入						入					
	7 Ⅰ	7 Ⅰ'	7 Ⅱ	7 Ⅱ'	8 Ⅰ	8 Ⅱ	7 Ⅰ	7 Ⅰ'	7 Ⅱ	7 Ⅱ'	8 Ⅰ	8 Ⅱ
p	—						—				—	
p'								—				
m										—	—	
t				—			—					
t'												
n												
s								—				
l												
ȶ	—											
ȶ'		—										
ȵ					—							
ɕ	—							—			—	
k					—							
k'								—				
ŋ			—									
h												
ʔ	—						—					
j												
pj					—							
p'j												
mj							—					
lj												
w	—	—										
kw	—				—							
k'w												
ŋw					—							

韵 调 声	i									iu								
	平			上			去			平			上			去		
	1	1’	2	3	3’	4	5	5’	6	1	1’	2	3	3’	4	5	5’	6
p	—		—			—												
p‘		—		(—)							—						—	
m				—	—	—						—						
t	—		—	—					—									
t‘																		
n	—	—	—															
s	—		—			—	—		—	—			—	—		—		
l	—			—		—				—		—		—				
ȶ	—		—	—		—	—		—	—		—				—		—
ȶ‘					—			—						—				
ȵ	—		—			—			—					—				
ɕ	—		—				—		—					—				
k				—												(—)		
k‘					—						—			—				
ŋ		—																
h																		
ʔ	—																	
j	—	—	—			(—)		—			—	—				—		—
pj	—	—	—						—	—								
p‘j											—							
mj			—							—			—					—
lj			—			—				—			—					
w		—												—				
kw															—	—		
k‘w																		
ŋw																		

韵	im									in								
调	平			上			去			平			上			去		
声	1	1'	2	3	3'	4	5	5'	6	1	1'	2	3	3'	4	5	5'	6
p												–	–					
p'					–												–	
m													–					
t										–		–						
t'											–	(–)						
n																		
s										–		–		–		–		
l						–				–				–		–		
ȶ	–	(–)		–					–			–	–		–			–
ȶ'		–									–			–			–	
ȵ												–						
ɕ																		
k											(–)					–		
k'					–						–							
ŋ																		
h																		
ʔ																		
j	–	–	–			–		–		–	–						–	
pj										–			–		–	–		
p'j																	–	
mj												–						–
lj			–			–										–		
w																		
kw																		
k'w																		
ŋw																		

韵	iŋ									ip					
调	平			上			去			入					
声	1	1'	2	3	3'	4	5	5'	6	7Ⅰ	7Ⅰ'	7Ⅱ	7Ⅱ'	8Ⅰ	8Ⅱ
p							–								
pʻ					–										
m	–								–						
t			–				–								
tʻ		–			–										
n															
s	–		–	–			–				–				
l						–	–								
ʨ	–						–		–					–	
ʨʻ								–			–				
ȵ			–								–				
ɕ	–		–						–						
k															
kʻ								–							
ŋ											–				
h															
ʔ															
j		–	–	–							–				
pj			–			–	–		–						
pʻj															
mj	–		–				–								
lj	–					–			–						
w															
kw							–								
kʻw															
ŋw								–							

韵 调 声	it						ik					
	入						入					
	7Ⅰ	7Ⅰ'	7Ⅰ	7Ⅱ'	8Ⅰ	8Ⅱ	7Ⅰ	7Ⅰ'	7Ⅱ	7Ⅱ'	8Ⅰ	8Ⅱ
p	—		—									
pʻ												
m												
t			—									
tʻ		—										
n												
s							—	—			—	
l		—			—							
ȶ									—		—	
ȶʻ		—						—				
ȵ												
ɕ								—	—		—	
k					—							
kʻ		—										
ŋ											—	
h												
ʔ	—											
j		—					—					
pj												
pʻj												
mj												
lj												
w												
kw												
kʻw												
ŋw												

韵	o									oi								
调	平			上			去			平			上			去		
声	1	1'	2	3	3'	4	5	5'	6	1	1'	2	3	3'	4	5	5'	6
p	–			–			–						–					
pʻ																		
m	(–)		(–)															
t	–		–	–		–	–		–		(–)					–		
tʻ		–									–						–	
n			–		–								–					
s					–	–	–		–						–			
l	–		–	–		–			–						–			–
ʦ	–			–		–	–											
ʦʻ																		
ȵ			–		–		–		–									
ɕ	–		–				–		–									
k	–		–			–												
kʻ																		
ŋ						–												
h	–		–	–			–		–	–			–					
ʔ										–								
j		–	–		–	–		–										
pj																		
pʻj																		
mj																		
lj		–				–			–									
w																		
kw																		
kʻw																		
ŋw																		

韵 / 调 / 声	om									on								
	平			上			去			平			上			去		
	1	1’	2	3	3’	4	5	5’	6	1	1’	2	3	3’	4	5	5’	6
p												—						
pʻ								—										
m															—			
t												—	—			—		
tʻ																	—	
n																		
s																—		
l													—					
ȶ										—		—	—			—		—
ȶʻ											—			—				
ȵ										—						—		—
ɕ										—		—				—		—
k										—		—				—		—
kʻ																		
ŋ																		
h																		
ʔ																		
j								—				—	—				—	
pj																		
pʻj																		
mj																		
lj												—			—			
w																		
kw																		
kʻw																		
ŋw																		

韵	oŋ									op					
调	平			上			去			入					
声	1	1'	2	3	3'	4	5	5'	6	7Ⅰ	7Ⅰ'	7Ⅱ	7Ⅱ'	8Ⅰ	8Ⅱ
p			–	–		–									
pʻ															
m						–									
t	–		–	–			–								
tʻ		–	(–)		–										
n						–	–								
s	–						–								
l	–	–	–	–		–			–						
ȶ	–		–	–			–								
ȶʻ								–							
ȵ						–									
ɕ	–		–	–		–	–								
k	–			–		–						–			
kʻ					–			–							
ŋ															
h	–		–												
ʔ							–								
j	–	–	–			–		–	–						
pj															
pʻj															
mj															
lj			–						–						
w															–
kw															
kʻw															
ŋw															

韵 调 声	ot						ok					
	入						入					
	7Ⅰ	7Ⅰ'	7Ⅱ	7Ⅱ'	8Ⅰ	8Ⅱ	7Ⅰ	7Ⅰ'	7Ⅱ	7Ⅱ'	8Ⅰ	8Ⅱ
p									–		–	
p'										–		
m		–							–		–	
t							–		–		–	
t'		–								–		
n											–	
s	–								–		–	
l										–		
ȶ	–				–		–		–		–	
ȶ'		–						–				
ȵ								–	–		–	
ɕ									–			
k			–									
k'												
ŋ												
h									–		–	
ʔ											–	
j									–	–	–	
pj												
p'j												
mj					–							
lj					–					–	–	–
w												
kw												
k'w												
ŋw												

韵 / 调 / 声	u									ui								
	平		上			去				平		上			去			
	1	1'	2	3	3'	4	5	5'	6	1	1'	2	3	3'	4	5	5'	6
p	–					–			–									
p'		–						–									–	
m										–		–						
t	–		–	–			–		–				–			–		
t'		–			–			–						(–)				
n		–					–											
s	–		–	–		–						–	–	–		–		
l			–				–		–									–
ȶ	–		–	–			–			–		–	–			–		–
ȶ'								–				(–)	–					
ȵ						–①					–							–
ɕ	–		–		–		–		–	–		–		–	–			
k	–	–	–	–		–	–			–	(–)	–				–		–
k'		–		(–)	–			–			–			–				
ŋ																		
h			–	(–)			–											
ʔ	–					–												
j			–			–			–								–	–
pj																		
p'j																		
mj																		
lj	–		–															
w						(–)												
kw																		
k'w																		
ŋw																		

①ȵu[4]（女）仅见于侗歌(很可能是个借词)。

韵	un									uŋ								
调	平			上			去			平			上			去		
声	1	1'	2	3	3'	4	5	5'	6	1	1'	2	3	3'	4	5	5'	6
p																–		
pʻ																		
m	–		–	–						–					–			
t	–						–			–			–					–
tʻ													(–)					
n	–		–															
s	–					–				–	–	–						
l												–						
ȶ							–			–		–	–			–		
ȶʻ		–			–													
ȵ																		
ɕ	–						–									–		
k	–	(–)		–		–	–											
kʻ		–									–			–			–	
ŋ																		
h																		
ʔ	–			–														
j	–				–	–	–											
pj										–								
pʻj																		
mj															–			–
lj				–	–	–					–							–
w																		
kw																		
kʻw																		
ŋw																		

韵 调 声	ut						uk					
	入						入					
	7 Ⅰ	7 Ⅰ'	7 Ⅱ	7 Ⅱ'	8 Ⅰ	8 Ⅱ	7 Ⅰ	7 Ⅰ'	7 Ⅱ	7 Ⅱ'	8 Ⅰ	8 Ⅱ
p											–	
pʻ		–										
m											–	
t	–											
tʻ				–								
n												
s		–			–						–	
l		–									–	
ȶ	–						–					
ȶʻ							–	–				
ȵ					–							
ɕ												
k			–									
kʻ		–		–				–				
ŋ												
h												
ʔ							–					
j		–										
pj												
pʻj		–										
mj	–				–							
lj												
w												
kw												
kʻw												
ŋw												

3. 故事和传说记音

3.1 ku˧ ma˧˩ tǝu˩ ȶu˥
故事马头洲

ȵa:u˧˩ la:u˧˩p'u˧ nan˥ ti˧wa:ŋ˧˥ ȶa˧, ɕu˧ me˩ ʔi˥ nan˥ ȶu˥. ȶa˧ kwa:n˥ ma˧˩ tǝu˩
在 老堡 个 地方 那 就 有 一 个 洲 那 叫 马 头
ȶu˥. ma˧˩tǝu˩ȶu˥ nan˥ t'ǝn˧ t'a:ŋ˧ ȶa˧ ta˧ ha:ŋ˧˥nu˧˥ tǝŋ˥? ja:u˩ ɕǝn˧na:i˧ ta:ŋ˥˧
洲 马头洲 个 来 历 那 从 哪里 来 我 现在 慢
ta:ŋ˥˧ ta˧ t'ǝn˧ ka:ŋ˧ sa:i˥ ta:u˥ t'iŋ˥˧. ȵa:u˧˩ kun˥˧ si˥˧ pek˧ ta˧ ȵin˩ ɕi˩ka:n˥ ȶa˧,
慢 从 根 讲 给 咱们 听 在 前头 四 百 过 年 时间 那
ȵa:u˧˩ mjin˩ t'a:u˩ ti˥ loŋ˩t'ǝn˧˥ ȵin˩ ka:n˥, ʔu˥ȶa˥˧ p'a:i˧˥ ʔi˥ muŋ˧˩ •lje˧ ȶi˧ɕen˥.
在 明 朝 的 隆庆 年 间 上头 派 一 名 哩 知县
ɕi˩ ȶa˥˧ ta:u˥ sa:n˧ ȶa:ŋ˧ ɕen˥ kwa:n˥ hwa:i˩ jwa:n˧˩ ɕen˥. ɕu˧ p'a:i˧˥ ʔi˥ muŋ˧˩ ȶi˧
时 那 咱们 三 江 县 叫 怀 远 县 就 派 一 名 知
ɕen˥ kwa:n˥ ma˧˩ ɕi˧ wu˧˩ t'ǝu˥˧ hwa:i˩jwa:n˧˩ ma˧˥ we˧˩ ɕen˥ ȶa:ŋ˧˩, we˧˩ ȶi˧ɕen˥ •a˥˧.
县 叫 马 锡 武 到 怀远 来 做 县 长 做 知县 啊
muŋ˧˩ ȵǝn˥ na:i˧ a˥˧, lja:ŋ˩ sǝm˥•lje˧, hwǝi˧ ɕa:ŋ˩ ja˧˩, ju˧ ȶa:n˥ sin˩, ju˧ ɕa:ŋ˥˧
名 人 这 啊 良 心 咧 非 常 坏 又 吃 钱 又 想
la:k˧˩mjek˧ k'e˧˥, ha:i˧ la:u˧˩pek˧siŋ˥˧ •a˧, sa˧ ȵǝn˩ kwa:i˩ ȵa:p˧˥ ta˥•e˧. la:u˧˩
姑娘 人家 害 老百姓 啊 杀 人 不 眨 眼啊 老
pek˧ siŋ˥˧ hwǝi˧ ɕa:ŋ˩ han˧ muŋ˧˩ na:i˧.
百姓 非常 恨 名 这

ɕi˩ ȶa˥˧ ȵa:u˧˩ la:u˧˩p'u˧ nan˥ ti˧ wa:ŋ˧˥ na:i˧•a˧, pǝn˧˩la:i˩ ɕi˧ kwa:i˩ me˩ kǝm˧˩
时 那 在 老堡 个 地 方 这 啊 本 来 是 不 有 个
ɕǝn˩ ti˥ •lo˧, ma:u˧ t'ǝu˥˧ ma˧˥ we˧˩ ti˧ ɕen˥ •ne˧, ȶa˧ jiu˥˧ k'e˧˥ la:u˧˩pek˧siŋ˥˧
城 的 咯 他 到 来 做 知县 呢 就 要 人家 老百姓
•a˧ ɕu˧ ka:ŋ˧ ta:u˥•ti˥ ȶam˥, mjiu˥, ȶa˧˩, jiu˩,jiu˥˧ la:k˧˩man˥˧ la:u˧˩ pek˧siŋ˥˧ •e˧
啊 就 讲 咱们的 侗 苗 汉 瑶 要 那些 老百姓 啊
pa:ŋ˥ ma:u˧ we˧˩ ɕen˩ ɕa:ŋ˩, sa:i˥ ma:u˧ ȶa:n˥ wa:n˧˥ ȵa:u˧ jin˧˥, sa:i˥ ma:u˧ ȵa:u˧
帮 他 做 城 墙 让 他 吃 现成 住 现成 让 他 生活
k'wa:i˧˥ ho˩. ȶa˥˧ ta:u˥• ɕi˧ la:u˧˩ pek˧ siŋ˥˧ ȶa˥˧ ɕi˧ kwa:i˩ pa:n˥ hwa˩, ȶa˧ tu˥ ji˥
快活 那 咱们 是 老 百 姓 那 是 没 办法 那 都 依
ma:u˧. hen˧˩ ȶuŋ˩ ȵǝn˩ •a˩,man˥ man˥ •a˧ pa:i˥ pa:ŋ˥ ma:u˧, jǝt˧˥ sam˥ ȵam˥˧ we˧˥,
他 很 多 人 啊 天 天 啊 去 帮 他 早晨 早 晚上 迟
ȵa:u˧ ʔa˩ ȶa˥˧ pa:ŋ˥ ma:u˧ we˧˩ ɕǝn˩ ɕa:ŋ˩, jin˧•we˧ •ne˧ la:u˧˩ pek˧ siŋ˥˧ ɕi˩ ȶa˥˧
在 那里 帮 他 做 城 墙 因为 呢 老百姓 时 那
hǝn˧˩ ȶoŋ˩ la:u˧˩ ho˧˩ •a˧, ȶa:n˥ ka:i˧ ȶǝŋ˥˧, tan˧ ka:i˧ sa:u˧ a˧, nǝŋ˥ me˩ ȶak˩ lǝk˩
很 穷 老 火 啊 吃 不 饱 穿 不 暖 啊 还 有 个 力气
ma:ŋ˩ we˧˩ koŋ˥? ju˧ kwa:i˩ sa:i˥ sa˥˧ so˧, ȶa˥˧ la:u˧˩ pek˧ siŋ˥˧ we˧˩ koŋ˥ ɕu˧ kwa:i˩ me˩
什么 做 工 又 不 给 歇 气 那 老百姓 做 工 就 没 有
ȶak˩ lǝk˩ ma:ŋ˩, pǝn˧ nu˥˧ ma˧ma˧ swa:i˧ swa:i˧ ȶa˧ la:k˧˩man˥˧ ȵǝn˩. ȶa˧ ma˧˩ɕi˧
个 力气 什么 只 看 软软 衰衰 啊 那些 人 那么 马锡

wu˧˩ nu˦˥˧ •ne˧, we˧˩ nən˥ ɕen˩ɕa:ŋ˩ na:i˧ ha:ŋ˩ kan˥, ma:u˧ ɕu˧ wet˧ pi˩ ȶ'i˦˥˧ •ne˧,
武 看 呢 做 个 城墙 这 样 慢 他 就 发 脾气 呢

ɕu˧ kun˧ k'e˧˥: "ɕa:u˥ ɕi˩ na:i˧ ȶən˥ ȶa:ŋ˦˥˧ we˧˩ ma:ŋ˩? nu˦˥˧ la:k˧˩man˦˥˧ lau˧˩ pek˧ siŋ˦˥˧
就 骂 人家 你们 时 这 军 将 做 什么 看 (那)些 老 百 姓

na:i˧ we˧˩ koŋ˥ na:i˧ ha:ŋ˩? lo˧lo˧ la:i˧ la:i˧, ɕa:u˥ kwa:i˩ pa:i˥ ha:t˧ k'e˧˥?" la:k˧˩
这 做 工 这 样 懒 洋 洋 你们 不 去 呵斥 人家 那

man˦˥˧ ȶən˥ ȶa:ŋ˦˥˧ ȶa˧ ka:ŋ˧: "ȶiu˥ ha:t˧• lo˧, la:u˧˩pek˧siŋ˦˥˧ ȶa˧ na:n˩ we˧˩ •o˧, ʔi˥
些 军 将 啊 讲 我们 呵斥 了 老百姓 这 难 办 啊 一

tu˩ ʔi˥ tu˩ ȶa˧ ma˧ nwa:i˧nwa:i˧, kəu˧˩ ɬu˥ ȶa:n˥ kwa:i˩ ȶəŋ˦˥˧, ɕən˥ •a˧ tan˧ ka:i˧
只 一 只 啊 软 绵绵 饭 都 吃 不 饱 身 也 穿 不

sa:u˧, na:k˧˥ kwa:i˩ li˧ na:k˧˥, k'e˧˥ nu˧˥ ha:ŋ˩ we˧˩ li˧?" "kwa:i˩ sən˦˥˧!" ma:u˧ ɕu˧
暖 睡 不 得 睡 人家 怎样 做 得 不 信 他 就

ka:ŋ˧: "ja:u˩ pa:i˥ nu˦˥˧!" ȶa˧ ma:u˧ si˧ka˥ •ne˧ ȶ'ən˧ sɿ˥ ʔuk˧ pa:i˥ nəŋ˩ we˧˩ koŋ˥.
讲 我 去 看 那么 他 自家 呢 亲 自 出 去 看 做 工

la:k˧˩ man˦˥˧ ȵən˩ ȶa˧ nu˦˥˧ la:k˧˩ man˦˥˧ la:u˧˩pek˧siŋ˦˥˧ we˧˩ koŋ˥ ɕu˧ ȵəŋ˩ na:n˩ we˧˩.
那些 人 啊 看 那些 老百姓 做 工 就 真 难 做

•ȶa˧ ma˧˩ ɕi˧ wu˧˩ ɕu˧ nəŋ˧˩ ʔa:u˥ kwa:n˦˥˧ •ȶa˧ ɕu˧ nəŋ˧˩ ta:i˩ k'e˧˥ lət˧˥, k'eu˧˥ təi˥
那么 马 锡 武 就 立刻 拿 棍 啊 就 立刻 拿 人家 打 打 死

ja˩ muŋ˧˩ ȵən˩. la:u˧˩ pek˧ siŋ˦˥˧ ka:ŋ˧: "jei˧˥! na:i˧ we˧˩ ti˥ sɿ˥ ɕən˩ •a˥! ȵa˩ nəŋ˧˩
两 名 人 老百姓 讲 唉呀 这么 做 的 事 情 啊 你 就

k'eu˧˥ təi˥ ȵən˩ ta:u˥ •a˥? k'eu˧˥ təi˥ ȶiu˥ ȶam˥, mjiu˥, ȶa˧˩, jiu˩ na:i˧ a˥? kwa:i˩
打 死 人 咱们 啊 打 死 我们 侗 苗 汉 瑶 这 吗 不

we˧˩ •la˧˩!" ɕu˧ ʔəu˦˥˧ ȶ'i˦˥˧ •ə˧, nəŋ˧ pa:i˥ ja:n˩ ljeu˧˩. nəŋ˧ pa:i˥ ja:n˩ pa:i˥ we˧˩
做 了 就 怄 气 咯 逃 去 家 了 逃 去 家 去 做

ma:ŋ˩? ɕu˧ ɕi˩ ȶa˦˥˧ ta:u˥ we˧˩ k'wa:n˧ •ə˧ ti˧wa:ŋ˧˥ ta:u˥ na:i˧, ɕu˧ ȶ'oŋ˧˥ mok˧˩ pa:i˩
什么 就 时 那 咱们 做 款 啊 地方 咱们 这 就 通 木 牌

ta˧ ja˩ ma:ŋ˦˥˧ sən˥ ȶən˩ sən˥ ȵa˥ •le˧, ta:u˦˥˧ ɕu˦˥˧ ȶ'i˧ twa:n˩ •e˧˩ •lja˦˥˧, ȶ'i˧ k'wa:n˧
过 两 边 村 山 村 河 哩 到 处 起 团 哩 呀 起 款

•e˧˩. pa:i˥ ȶ'əu˦˥˧ la:u˧˩ p'u˧ •lo˧˩, pa:i˥ k'eu˧˥ ma˧˩ ɕi˧ wu˧˩. təu˧ tu˩ kwa˧˥ ja˧˩ na:i˧
呢 去 到 老 堡 啊 去 打 马 锡 武 被 只 狗 恶 这

ha:ŋ˩ ha:i˧ ta:u˥ na:n˩ ȵa:u˧ •o˧ na:n˩ ȵa:u˧ ti˧wa:ŋ˧˥ •a˧, ȶa˧ ɕu˧ ja˩ ma:ŋ˦˥˧ ȶ'i˧
样 害 咱们 难 生活 啊 难 住 地方 啊 那 就 边 两 起

twa:n˩ pa:i˥ ljeu˧˩, ȶun˩ pi˥ jin˧˥ ma˧˩ ɕi˧ wu˧˩ k'eu˧˥ ʔi˥ ȶa:ŋ˦˥˧.
团 去 了 准 备 和 马 锡 武 打 一 仗

ma˧˩ ɕi˧ wu˧˩ tu˩ ȵən˩ na:i˧ •a˧˩, ma:u˧ ka:i˧ la:u˧ •le˧ pən˧ po˧• le˧ ha˥ la:u˧˩ pek˧
马 锡 武 只 人 这 啊 他 不 仅 哩 只 啊 哩 吓 老 百

siŋ˦˥˧ •a˧, k'eu˧˥ ȵən˩, nəŋ˥ ȶ'a:n˧ la:k˧˩ mjek˧ la:i˥ k'e˧˥. ma:u˧ li˧ nu˦˥˧ •ȶa˧ sən˥ ȶam˥
姓 啊 打 人 还 贪 姑娘 好 人家 他 得 见 那 村 侗

mjiu˥ ta:u˥ na:i˧ la:k˧˩ mjek˧ la:i˥ pəi˧˩, ma:u˧ ɕu˧ jiu˦˥˧ ʔa:u˥ sa:i˥ ma:u˧ we˧˩ ma:i˧˩.
苗 咱们 这 姑娘 好 个 他 就 要 拿 给 他 做 妻

ma:u˧ ɕu˧ po˦˥˧ la:k˧˩man˦˥˧ ȶən˥ ȶa:ŋ˦˥˧ •ȶa˧ lui˧ pa:i˥ jəu˧˥. ta˧ lən˩ jəu˧˥ li˧ʔi˥
他 就 命令 那些 军 将 那 下 去 找 过 后 找 得一

pəi˧˩ ȶa˧ kwa:n˥ ma:ŋ˩ •lje˧? məi˧˥(<me˩ʔi˥) pəi˧˩ȵa:ŋ˩ la:i˥ pəi˧˩ ȵəŋ˩, pəi˧˩ ȶa˧ kwa:n˥
个 哩 叫 什么 哩 有一 个 真 漂亮 真 个 那 叫

pəi˧˩ ha:ŋ˧, ɕu˧ nəŋ˧˩ sap˥ pa:i˥•la˧˩. sap˥ la:u˧ ŋa˩ mən˩ pa:i˥, jiu˦˥˧ pəi˦˥˧ ha:ŋ˧ jin˧˥
贝 夯 就 马上 捉 去 了 捉 进 衙 门 去 要 贝 夯 跟

ma:u˧ we˧˩ ma:i˧˩. ɕap˥ pəi˧˩ ha:ŋ˧ pa:i˥ ti˥ ɕi˩ hau˥ •le˧, pəi˧˩ ha:ŋ˧ təi˥ tu˥ kwa:i˩
他 做 妻 捉 贝 夯 去 的 时 候 哩 贝 夯 死 都 不

ȵon˧ ma:u˧. “ȵon˧ təi˥, ja:u˩ kwa:i˩ ȵon˧ we˧˩ ma:i˧˩ ɕa:i˥ ȵa˩, ȵa˩ ma˦ ha:i˧
愿意 他 愿 死 我 不 愿 做 妻 给 你 你 来 害

ti˧ wa:ŋ˦ ȶiu˥, ȵa˩ ȵən˩ ja˧˩, ȶiu˥ ȵən˩ ȶoŋ˩ ȵən˩ kʻu˧, na:n˩ jin˦ ȵa˩ we˧˩ kwa:n˥
地 方 我们你 人 恶 我们 人 穷 人 苦 难 跟 你 为 官

we˧˩ hu˧ we˧˩ sa:u˧˩ ma:i˧˩.”pəi˧˩ ha:ŋ˧ ɕu˧ ka:i˧ ȵon˧. ta˧lən˩ pəi˧˩ ha:ŋ˧ ɕa:ŋ˧˥
为 府 为 夫 妻 贝 夯 就 不 愿 过后 贝 夯 想

•le˧•lja˧, ȶa˧˥ ȵəŋ˩ jiu˧˥ ɕa:ŋ˧˥ pa:n˥ hwa˩•lo˧, joŋ˧ ȶi˧˥ mau˩, kwa:i˩, ȵəŋ˩ na:n˩
哩 那 真 要 想 办 法 咯 用 计 谋 不然 真 难

ʔuk˧ pa:i˥•lo˧˩.
出 去 啊

ȶa˧˥ li˧ ɕi˩ na:i˧.a˧, ta:u˥ li˧ ja˩ ma:ŋ˧˥ we˧˩ kʻwa:n˧ •ȶa˧ ɕek˧ ȶən˧˩ tʻa:u˧˥ la:u˧˩
那 么 时 这 啊 咱们 哩 两 边 做 款 啊 全 都 到 老

pʻu˧ ʔa˩ ȶe˥ ȶa˧ pa:i˥•ʔa˥.ja˩ ma:ŋ˧˥•ȶa˧ ȶun˧˩ pi˥ kʻeu˦ •li˥, ȶa˧˥ ju˧ ʔi˥nu˦ha:ŋ˩
堡 旁 边 那 去 了 两 边 哩 准 备 打 哩 那 又 怎么样

kʻeu˦ ȶa:ŋ˩•ʔe˧? la:u˧˩ pʻu˧ kəm˧˩ ɕən˩•ȶa˧ ȵa:u˧˥ pʻa:ŋ˦•a˧, ju˧ me˩ ȵa˥•ʔa˧, kʻun˦
打 强 呢 老 堡 座 城 那 在 高处 啊 又 有 河 啊 路

ju˧ si˧˥ ju˧ na:n˩ la:u˧•a˧, ȶa˧˥ ji˩ ȶən˥ jiu˧˥ joŋ˧ ȶi˥ mau˩, jiu˧˥ kʻeu˦ la:u˧ ka:u˧˩
又 小 又 难 进 啊 那么 一 定 要 用 计 谋 要 打 进 里面

ɕən˩, ta˧ ka:u˧˩ kʻeu˦ ʔuk˧, ta˧ pa:k˧ kʻeu˦ la:u˧. ja˧ ma:ŋ˧˥ jap˩ təŋ˥, ȶa˧˥ ha:ŋ˩
城 从 里面 打 出 从 外面 打 进 两 边 夹 来 那 样

ta:i˩ ma˧˩ ɕi˧ wu˧˩ kʻeu˦ təi˥, ȶa˧˥, ʔi˥ na:i˧ ju˧ ta:u˥ le˥ ɕu˧ ɕəu˧˩ ɕen˥ jiu˧˥ ta:i˩
把 马 锡 武 打 死 那 这 样 又 咱们 哩 就 首 先 要 拿

nan˥ nu˦ le˧? jiu˧˥ ta:i˩ nan˥ ȵa˥ na:i˧, jiu˧˥ me˩ lo˩ tu˧. lo˩ tu˧ ȵa˩ ja˧ ka:i˧
个 什么 呢 要 拿 条 河 这 要 有 船 渡 船 渡 你 也 不

ta˧ ma:u˧•ja˧. ȶa˧˥ me˩ man˧˥ ȵən˩ la:u˧˩ ka:ŋ˧: “ȶa˧˥ ta:u˥ soŋ˧˥ pa:i˩ məi˧˩ lui˧
过 他 呀 那么 有 些 人 老 讲 那么 咱们 放 排 木 下

pa:i˥, soŋ˧˥ ma:u˧ lo˧ tʻik˧ ȶak˩ ȵa˥ la:u˧˩ pʻu˧ ȶa˧˥ pa:i˥, we˧˩ ma:u˧ ʔu˥ ȶa˧ piŋ˩
去 放 他 哩 满 条 河 老 堡 那 去 使 他 上面 啊 平

pap˩ pap˩ pa:i˥ kəm˧˩ ȵa˥•ȶa˧, ta:u˥ ɕu˧ nəŋ˧˩ tʻa:m˧ la:u˧ pa:i˥ li˧.”ȶa˧˥ ɕən˧
展 展 去 条 河 那 咱们 就 马上 走 进 去 得 那么 时

na:i˧ ʔi˥ ma:ŋ˧˥ soŋ˧˥ pa:i˩ məi˧˩, ʔi˥ ma:ŋ˧˥•ne˧ ju˧ ʔeŋ˧˥ pa:i˥ tʻi˧ twa:n˩ ma˦,
这 一 面 放 排 木 一 面 呢 又 再 去 起 团 来

tʻi˧ la::k˧˩man˧˥ ȵən˩ kʻwa:n˧ ȶa˧ hem˧˩ kʻe˦ la:k˧˩man˧˥ we˧˩ kʻwa:n˧ na:i˧ ma˦.
起 那些 人 款 哩 喊 人家 那些 做 款 这 来

ju˧ ka:ŋ˧ tʻəu˧˥ na:u˩•lje˧? ɕu˧ ka:ŋ˧ tʻəu˧˥ pəi˧˩ ha:ŋ˧•a˩. pəi˧˩ ha:ŋ˧ ɕi˩ ȶa˧˥ ȵa:u˧˥
又 讲 到 谁 呢 就 讲 到 贝 夯 啊 贝 夯 时 那 在

ja:n˩•ne˧ wa:n˩ jin˦ muŋ˧˩ la:k˧˩ ha:n˧˥ wa:n˩ la:i˥•lo˧, ja˩ kʻe˦ pən˧ nəŋ˥ mi˧˩ ta˧
家 哩 已经 跟 个 后生 已经 好 咯 两 人家 只 还 没 过

ja:n˩ we˧˩ tʻən˦ tok˧˩. ȶa˧˥ muŋ˧˩ la:k˧˩ ha:n˧˥ na:i˧ li˧ tʻiŋ˧˥ ka:ŋ˧ pəi˧˩ ha:ŋ˧ təu˧ ɕap˥
家 做 亲 只是 那么 个 后生 这 得 听 说 贝 夯 被捉

ji˧˩ həu˥, ȶa˧˥ ma:u˧ ɕu˧ hən˧˩ kwa:i˩ la:i˥ ȵa:u˧, kwa:i˩ la:i˥ ta˧, ka:u˧˩ loŋ˩ pən˧
以 后 那么 他 就 很 不 好 在 不 好 过 里面 肚 只

nu˧˥ man˥ man˥ mje˧ tʻəu˧˥ pəi˧˩ ha:ŋ˧. ȶa˧˥ muŋ˧˩ na:i˧ •lje˦, ɕu˧ muŋ˧˩ la:k˧˩ ha:n˧˥
是 天 天 想 到 贝 夯 那么 个 这 哩 就 个 后生

na:i˧ la:i˥ muŋ˧˩ •lo˧, ju˧ nən˩ ka:n˥•lo˧, muŋ˧˩ na:i˧ ɕi˥ lən˩•ʔa˧˩ ɕi˥ li˧ hən˧˩ la:i˥.
这 好 个 咯 又 能干 咯 个 这 吹 芦笙 啊 吹 得 很 好

ȶa˧˨˧ •le˧ k'e˧˥ ɕu˧ man˧˨˧ la:u˧˩ pek˧ siŋ˧˨˧ ȶa˧ ɕu˧ ka:ŋ˧: "ȶa˧ pa:u˧ ȵa˩• ɕu˧ ȵa˩•le˧
那么 人家 就 些 老 百 姓 那 就 讲 那 宝贝 你 就 你 哩

ɕu˧ po˧˨˧ pəi˧˩ ha:ŋ˧ pi˧˩ we˧˩ ma:i˧˩ sa:i˥ ma:u˧• lo˧, hoŋ˩ jiu˧˨˧ ȵa:u˧ ȶa˧ kit˧˩ ŋe˩
就 告诉 贝 夯 别 做 妻 给 他 咯 一定 要 在 那 咬 牙

ȶ't˧ to˧ •lo˧. ta:u˥ le˧ ta˧ swa:n˧˨˧ ȵa:u˧˨˧ man˥ pet˧ ŋwet˧˩ ɕu˥ sa:m˥ ȶa˧ pa:i˥ k'eu˧˥
忍 着 咯 咱们 哩 打 算 在 天 八 月 初 三 那 去 打

la:u˧˩ p'u˧, ta:u˥ ta:i˩ ma:u˧ ȶu˧˨˧ ʔuk˧ ma˧˥ li˧ a˧˥." "ȶa˧˨˧ nu˧˨˧ha:ŋ˩ ju˧ pa:i˥ ka:ŋ˧
老 堡 咱们 把 他 救 出 来 得 啊 那 怎样 又 去 讲

li˧.a˧?" "ȵi˧˥, ȵa˩ ʔa:u˥ ȶa:p˧˩ lən˩ ȵa˩ na:i˧ pa:i˥ ka:ŋ˧•ma˧˥, ka:ŋ˧ sa:i˥ ma:u˧
得 啊 唉 你 拿 个 芦笙 你 这 去 讲 啊 讲 给 他

ȶ'iŋ˧˨˧.a˧˨˧, ȵa˩ pa:i˥ ɕi˥ lən˩, ma:u˧ jo˧˩ ȵa˩ ma˧˥, ȶa˧˨˧ na:i˧ ha:ŋ˩ ʔuk˧ nan˥ ȶu˧ ji˧˨˧
听 啊 你 去 吹 笙 他 知道 你 来 那么 这 样 出 个 主 意

sa:i˥ ma:u˧." ȶa˧˨˧ ma:u˧ɕu˧ ȵəŋ˩ man˥ man˥ ɕu˧ pa:i˥ ka:u˧˩ la:u˧˩p'u˧ ljam˧ ŋa˩
给 他 那么 他就 真 天 天 就 去 里 老堡 后面 衙

mən˩ ȶa˧ pa:i˥ ɕi˥ lən˩. pəi˧˩ ha:ŋ˧•le˧, sap˥ la:u˧ ŋa˩ mən˩ ji˧˩ hau˥•le˧,nu˧˥ ȶəŋ˥
门 那 去 吹 笙 贝 夯 哩 捉 进 衙 门 以 后 哩 很久

kwa:i˩ li˧ ȶuŋ˥ȶ'a˧˥ ɕi˥ lən˩, ji˥ȶuŋ˥ȶ'a˧˥ ɕi˥lən˩, jei˧˥ ȶuŋ˥ȶ'a˧˥ nan˥ so˧ lən˩ na:i˧,
没 得 听 吹 笙 一 听 见 吹笙 唉 听见 个 声音 笙 这

mek˧˥tau˧ kəm˧˩ ȶu˧siŋ˩ ja:u˩ təŋ˥• le˩• ȵa˩. ɕi˥ pa:i˥ ɕi˥ ȶwa:n˧˨˧, nəŋ˧˩ ʔuk˧ li˧˩ taŋ˥
有点儿象 个 情人 我 来 了 呀 吹 去 吹 转 立刻 出 话 来

le˩, kəm˧˩ so˧ ha:ŋ˧˥ ȶa˧ ta:u˥ pet˧ ŋwet˧˩ ɕu˥ sa:m˥ k'eu˧˥ la:u˧˩ p'u˧. na:i˧ me˩ pa:n˥
了 这个 声音 样 那 咱们 八 月 初 三 打 老 堡 这 有 办

hwa˩ •la˧. ȶa˧˨˧ ja:u˩ hoŋ˩ jiu˧˨˧ jan˧ ȶ'au˧˨˧ man˥ ȶa˧˨˧•le˧, ja:u˩ sa:i˧˨˧ nəŋ˧ ʔuk˧
法 了 那 我 一定 要 忍 到 天 那 啊 我 让 逃 出

pa:i˥ li˧, nu˧˨˧ ja:u˩ ȵa:u˧˩ na:i˧ kwa:i˩ jan˧ li˧ pa:i˥ •le˧, pi˧˩ sa:i˥ ma:u˧ ha:i˧
去 得 要是 我 在 这里 没 忍 得 去 哩 不 给 他 害

ja:u˩, jiu˧˨˧ ɕa:ŋ˧˨˧ nan˥ ȶu˧ji˧˨˧ kun˧˨˧. so˧˩ ji˧˩ muŋ˧˩ la:k˧˩han˧˨˧ na:i˧ man˥ man˥ ma˧˥
我 要 想 个 主意 先 所以 个 后生 这 天 天 来

ɕi˥ lən˩, pəi˧˩ ha:ŋ˧•le˧, ɕu˧ ɕən˧nu˧˥ ȶ'iŋ˧˨˧ lən˩ ȶa˧˨˧, ɕən˧ ȶa˧ so˧
吹 笙 贝 夯 哩 就 那时 听 笙 那 时 那 心

k'wa:n˧˥ ȶɕəŋ˧˩• ȶa˧ ma˧˩ ɕi˧ wu˧˩ ɕu˧ ȶa:i˧ ma:u˧: "pəi˧˩ ha:ŋ˧! ȵa˩ sap˥
甜 点儿 那 马 锡 武 就 问 她 贝 夯 你 捉

la:u˧ na:i˧ ma˧˥ na:i˧ ja:ŋ˧ ȶəŋ˥, kəm˧˩ na˧ ȵa˩ pən˧ ȶiŋ˧˨˧ təŋ˧˨˧ təp˥
进 这里 来 这 样 久 个 脸 你 只 是 黑 笃

təp˥ ȶa˧, kwa:i˧ me˩ ȶɕəŋ˧˩ na˧ k'wa:n˧˥ •pa:i˥, man˥ na:i˧ ȵa˩ nu˧˥
笃 那 不 有 点儿 脸 甜 去 天 这 你 怎

ha:ŋ˩ na˧ k'wa:n˧˥ȶ'i˧ •ljet?" "ɕen˥ ȶa:ŋ˧˩ •ʔa˧, ȵa˩ ka:i˧ jo˧˩ ȶiu˥ ȵən˩
样 脸 笑迷迷 呢 县 长 啊 你 不 知 我们 人

ȶam˥ mjiu˥ na:i˧ pən˧ lja:ŋ˧˥ ȶuŋ˥ȶ'a˧˥ lən˩, ȶuŋ˥ȶ'a˧˥ lən˩ ji˧˩ hau˥,
侗 苗 这 只 爱 听 笙 听 笙 以 后

ja:u˩ ɕu˧ sa:i˧ k'wa:n˧˥ •a˧, lja˧˩. so˧˩ji˧˩ ja:u˩ man˥ na:i˧ li˧ȶuŋ˥ȶ'a˧˥ ɕi˥
我 就 肠 甜 啊 是不是 所以 我 天 这 得听 吹

lən˩ •le˧, ha˧ȶiŋ˧˨˧ ja:u˩ ɕu˧ ȶ'iŋ˧˨˧ k'wa:n˧˥ȶ'i˧." "ȶa˧˨˧ ji˧˥ li˧ •o˧, ȵa˩
笙 哩 才 我 就 觉得 高兴 那 易 得 啊 你

jiu˥˧, ja:u˩ pa:i˥ hem˧˩ kʻe˧˥ nu˧˥ȶuŋ˩ ȵən˩ ma˧˥ ɕi˥ tu˥ we˧˩ li˧ •o˧. ȶa˥˧
要 我 去 喊 他们 许多 人 来 吹 都 做 得 啊 那

ji˧˥ li˧." "ȶa˧ ji˧˥ li˧ lja˧, pa:i˥ hem˧˩ ʔi˥ ta:ŋ˩ lən˩ ma˧˥. nu˧˥ hem˧˩
易 得 那 易 得 呀 去 喊 一 堂 笙 来 如果 喊

li˧ ʔi˥ ta:ŋ˩ lən˩ tʻəu˥˧ ma˧˥, ɕi˥ sa:i˥ ja:u˩ ȶʻiŋ˥˧, ȶa˥˧ ja˩ ta:u˥ le˧
得 一 堂 笙 到 来 吹 给 我 听 那 两 咱们 哩

ɕu˧ we˧˩ hu˧ti˧, ȶa˥˧ ja:u˩ ɕu˧ we˧˩ ma:i˧˩ sa:i˥ ȵa˩." "ȶa˥˧ we˧˩ •li˧."
就 做 夫妻 那 我 就 做 妻 给 你 那 做 得

ȶa˥˧ ma˧˩ ɕi˧ wu˧˩ ɕu˧ hem˧˩ la:k˧˩man˥˧ ȵən˩ ȶa˧˩ɕa:i˥ •ȶa˧, la:k˧˩man˥˧
那 马 锡 武 就 喊 那些 人 差役 哩 那些

ȶən˥ ȶa:ŋ˥˧ •ȶa˧ •le˧. la:k˧˩man˥˧ ȶən˥ ȶa:ŋ˥˧ ma:u˧ na:i˧ ɕu˧ lui˧ ja˩
军 将 哩 些 军 将 他 这 就 下 两

ma:ŋ˥˧ sən˥ ȶən˩ sən˥ ȵa˥ ɕu˧ pa:i˥ hem˧˩ la:k˧˩man˥˧ ȵən˩ ȶam˥ mjiu˥
边 村 山 村 河 就 去 喊 些 人 侗 苗

na:i˧ ma˧˥ pa:ŋ˥ ma:u˧ ɕi˥ lən˩. ȶa˥˧ ma:u˧ po˥˧: "ja:u˩ jiu˥˧ mən˥ na:i˧
这 来 帮 他 吹 笙 那 他 说 我 要 天 这

•po˧, jiu˥˧ man˥ pe˧ ŋwet˧˩ ɕu˥ sa:m˥ na:i˧ po˧, ja:u˩ jiu˥˧ man˥ na:i˧
吧 要 天 八 月 初 三 这 吧 我 要 天 这

ma˧˥ ɕi˥ •po˧˩." ȶa˥˧ na:i˧ ha:ŋ˩ na:i˧ ha:ŋ˩. ȶa˥˧ ma˧˩ ɕi˧ wu˧˩ ɕu˧
来 吹 吧 那么 这 样 这 样 那 马 锡 武 就

ka:ŋ˧: "we˧˩ li˧ we˧˩ li˧, ɕu˧ pe˧ ŋwet˧˩ ɕu˥ sa:m˥, ɕu˧ pe˧ ŋwet˧˩ ɕu˥
讲 做 得 做 得 就 八 月 初 三 就 八 月 初

sa:m˥." ȶa˥˧ ɕu˧ ȵəŋ˩ lui˧ pa:i˥ ha:t˧ kʻe˧˥ la:k˧˩man˥˧ la:u˧˩ pek˧ siŋ˥˧
三 那么 就 真 下 去 呵斥 人家 那些 老 百 姓

•ȶa˥ ma˧˥ pa:ŋ˥ ma:u˧ ɕi˥ lən˩. •ȶa˥˧ ta:u˥ la:u˧˩ pek˧ siŋ˥˧ •a˧ ȶun˩
哩 来 帮 他 吹 笙 那 咱们 老 百 姓 啊 准

pi˥ pe˧ ŋwet˧˩ ɕu˥ sa:m˥ man˥ •ȶa˧ nəi˧˥ mja˩ •lo˧, ȶun˧˩ pi˥ ta:i˩
备 八 月 初 三 日 啊 动 手 咯 准 备 把

ho˧ ȶa˧ tat˥ ȶa:u˧ ljeu˧˩. •ȶa˧ ɕən˧ na:i˧ •le˧, ma˧˩ ɕi˧ wu˧˩ ju˧ hem˧˩
伙 那 砍 头 完 那么 时 这 哩 马 锡 武 又 喊

ȵən˩ lui˧ ma˧˥ pa:i˥ ɕi˥ lən˩. ȶa˥˧ ȶʻa:p˧ ho˩ ɕi˥ •la˧, ȶʻa:p˧ ȶʻa:p˧
人 下 来 去 吹 笙 那 恰 合 适 了 恰 恰

la:u˧ nan˥ tʻa:u˧˥ na:i˧.
进 个 圈套 这

mei˧˥ (<me˩ʔi˥) muŋ˧˩•ne˧ ɕi˥ lən˩ la:k˧˩ ha:n˥˧ •le˧, ȶun˩ pi˥ ʔi˥ ȶa:ŋ˥
有 一 个 呢 吹 笙 后生 哩 准 备 一 把

ɕa:u˧˩ ȶa˩, soŋ˥˧ la:u˧ ka:u˧˩ toŋ˩ lən˩ ȶa˧.
小插 放 进 里面 筒 笙 那

tʻəu˥˧ man˥ pe˧ ŋwet˧˩ ɕu˥ sa:m˥ •a˥, ɕu˧ jət˩ lən˩ la:u˧ la:u˧˩ pʻu˧
到 日 八 月 初 三 啊 就 拉队 笙 进 老 堡

ɕən˩ pa:i˥ •le˩. ȶa˥˧ ɕu˧ ȵəŋ˩ pa:i˥ •ȶa˧ ȵəŋ˩ to˧ lən˩ta:ŋ˩ •le˧,
城 去 啊 那 就 真 去 啊 真 唱 踩堂曲 啊

•le˧, ham˩ ham˩ he˩ he˩, ȵa:u˧ ȶa˧ ȵəŋ˩ lja:t˧ •le˧. •ȶa˧ pəi˧˩ ha:ŋ˧
啊 呜 哩 呜 拉 在 那 真 吹 啊 那 贝 夯

li˧ ȶʻiŋ˥˧ ɕi˥ lən˩ ji˧˩ həu˥ le˧ ɕu˧ ma˧˩ ɕi˧ wu˧˩ •a˥. ma:u˧ ɕi˩ na:i˥
得 听 吹 笙 以 后 哩 等待 马 锡 武 啊 它 时 这

lən˩ta:ŋ˩ ȵəŋ˩ tʻəu˥˧ ma˧˥. "ȶa:i˧˩, ja˩ ta:u˥ pa:i˥ nu˥˧ lən˧˩." ma˧˩ ɕi˧
踩堂曲 真 到 来 哥 两 咱们 去 看 笙 马 锡

wu˧˩ la:i˥ȶiŋ˥ ɕi˧ ʔəi˥˧ pəi˧˩ ha:ŋ˧, ɕa:ŋ˥˧ ma:u˧ we˧˩ ma:i˧˩ kun˧˥ ma:ŋ˩
武 非常 是 爱 贝夯 想 她 做 妻 成 什么

·pə˧ lo˧, ȶa˥˧ ɕu˧ nəŋ˧˩ toŋ˩ ʔuk˧ pa:i˥ nu˥˧ lən˩. ʔi˥ nu˥˧ ·le ɕi˩
啊 那 就 立刻 同 出 去 看 笙 一 看 哩 时

həu˥ ·le˧, pəi˧˩ ha:ŋ˧ nəŋ˧˩ tən˥ ɕi˩ ka:n˥ nəŋ˧˩ la:u˧ lən˩ta:ŋ˩ ·ȶa˧
候 哩 贝 夯 立刻 顿 时 间 就 进 笙堂 啊

pa:i˥ le˧. la:u˧ kəm˧˩ lən˩ta:ŋ˩ ·ȶa˧ pa:i˥, kəm˧˩·ȶa˧ nəŋ˥
去 啊 进 个 笙堂 啊 去 个 那 还

jəu˧˥ ȵən˩ li˧·a˧? kəm˧˩·ȶa˧ ȵən˩ ȶuŋ˥·lə˧. lja˧, ȶʻun˧˥ ta˧
找 人 得 么 个 那 人 多 哩 是啊 穿 从

na:i˧, ȶʻun˧˥ ta˧ ȶa˥˧, je˧˩, ma˧˩ ɕi˧ wu˧˩ nəŋ˧˩ tən˥ ɕi˩ ka:n˥ ju˧
这 穿 从 那 唉 马 锡 武 就 顿 时 间 又

nəŋ˧˩ kwa:i˩ li˧ nu˥˧ pəi˧˩ ha:ŋ˧, ju˧ nəŋ˧˩ lieu˧˩·ȶa˥˧ ma:i˧˩ pa:i˥
立刻 不 得 见 贝 夯 又 立刻 丢 啊 妻 去

·lje˧ȶa˧, ma˧˩ ɕi˧ wu˧˩ ja˧ ȶʻun˧˥ la:u˧ lən˩ ta:ŋ˩ pa:i˥ nu˥˧, ha:u˧˩,
啊 马 锡 武 也 穿 进 笙 堂 去 看 好

·ʔa˩ ȶa˥˧ lən˩ ta:ŋ˩ ȶa˥˧ kʻe˧˥ ne˥ mja˧˩ ɕa:u˧˩ȶa˩ təŋ˥, ɕu˧ nəŋ˧˩
那 里 笙 堂 那 人家 拔 刀 小 插 来 就 马上

ta:i˩ ma˧˩ ɕi˧ wu˧˩ ɕu˧ nəŋ˧˩ lja:t˧˨˧ ʔi˥ mja˧˩, kəm˧˩ pʻom˥˧ti˧ti˧. kʻe˧˥·le˧,
把 马 锡 武 就 马上 干 一 刀 个 摔倒状地上 人家 哩

la:k˧˩man˥˧ la:u˧˩ pek˧ siŋ˥˧ ·ȶa˧ ta:i˩ pəi˧˩ ha:ŋ˧ ȶu˥˧ ʔuk˧ pa:i˥.
些 老 百 姓 那 把 贝 夯 救 出 去

sa˧ ȶak˩ ma˧˩ ɕi˧ wu˧˩ kun˧˥ ljeu˧˩ ji˧˩ həu˥ ·lje˧, təŋ˧˩·ȶa˩ lən˩ ta:ŋ˩
杀 个 马 锡 武 完 了 以 后 哩 整个 笙 堂

·ȶa˥˧ ja˧ nəŋ˧˩ kwa:i˩ ɕi˥ ljeu˧˩. ɕən˧˨˧ na:i˧ ja˩ ma:ŋ˥˧ ȶe˥ ·ȶa˧ la:k˧˩ man˥˧
哩 也 立刻 不 吹 了 现 在 两 边 那 些

ȵən˩ we˧˩ kʻwa:n˧ ·ȶa˧, ȶʻi˧ kʻwa:n˧ ·ȶa˧ ja˧ nəŋ˧˩ kʻeu˧˥ la:u˧˩ pʻu˧ pa:i˥.
人 做 款 那 起 款 那 也 立刻 打 老 堡 去

ji˧˩ həu˥, ju˧ pʻa:i˧˥ ·a˧ ʔi˥ ho˧ ȶən˥ ȶa:ŋ˥˧ ma˧˩ ɕi˧ wu˧˩ ·ȶa˧ mja˧˩
以 后 又 派 啊 一 伙 军 将 马 锡 武 哩 刀

ȶi˥ mja˧˩ ȵak˩, pja˥ ȶi˥ pja˥ kʻeu˧˥, məi˧˩ ȶi˥ məi˧˩ kui˥˧·o˧. ·ȶa˧ pən˧
的 刀 刺 石头 的 石头 打 棍 的 棍 捶啊 那 只

nu˥˧ pʻa:t˧˨˧ pʻa:t˧˨˧ ja˥˧ ȵa˥ ja˥˧ ka:i˥ ·o˧. ·ȶa˥˧ ɕən˧na:i˧ ta:i˩ ma˧˩ ɕi˧ wu˧˩
见 血 血 红 河 红 街 啊 那么 现在 把 马 锡 武

ȶən˥ ȶa:ŋ˥˧ ʔi˥ ȶʻi˧˨˧ kʻeu˧˥ pa:i˧ ·o˧, ·ȶa˥˧ ta˧lən˩ ɕu˧ li˧ ȶak˩ ma˧˩ ɕi˧
军 将 一 起 打 败 啊 那么 后来 就 得 个 马 锡

wu˧˩ təi˥ ja˧ ta˥˧ ta:ŋ˩ ȶa˧, la:u˧˩ pek˧ siŋ˥˧ ʔəu˥˧ ȶʻi˥˧ ·la:u˧˩ ·ho˧˩, ʔa:u˥
武 死 在 中 堂 啊 老 百 姓 怄 气 得 很 拿

mja˧˩ ta:i˩ kəm˧˩ ȶa:u˧ ·ȶa˧ tat˥ tu˥˧, tat˥ tu˥˧ lieu˧˩ nəŋ˥˧ peŋ˥˧ lui˧ ȵa˥ la:u˧˩
刀 把 个 头 哩 砍 断 砍 断 了 就 扔 下 河 老

pʻu˧˨˧. ta˧lən˩ ·le˥, kəm˧˩ ȶa:u˧ ·ȶa˧ kʻui˧˥ ɕu˧ kʻui˧˥ tʻəu˥˧ li˩ la:u˥˧ pʻu˧
堡 后来 哩 个 头 哩 流 就 流 到 离 老 堡

me˩ ɕəp˩ li˧˩ kʻun˧˥ ti˥ nan˥ ȶu˥, kəŋ˧ ·ʔa˧ ȶe˥ ȶu˥. ta˧lən˩ ɕu˧ ȵən˩
有 十 里 路 的 个 洲 停 呀 边 洲 后来 就 人

la:u˧˩ sin˩˧ kəm˧˩ ţu˥ ·ţa˧ sin˩˧ ma˧˩ ťəu˩ ţu˥. ɕi˩na:i˧ pən˧ nəŋ˥ sin˩˧
老 称 个 洲 哩 称 马 头 洲 现在 还 是 称

ma˧˩ ťəu˩ ţu˥.
马 头 洲

na:i˧ ɕu˧ ţiŋ˥˧ ·le˧ nan˥ ma˧˩ ťəu˩ ţu˥ ti˥ nan˥ ťən˧kən˥ ·ti˥ ·la˩.
这 就 是 哩 个 马 头 洲 的 个 来历 的 了

ku˧ ťəu˥˧ ţi˥na:i˧ ·na˧.
故事 到 这里 啊

马头洲的故事

在老堡那个地方，(就）有一个洲叫马头洲。那马头洲（的)根源从哪里来？我现在慢慢从根（上）讲给咱们听。(在）四百多年前那时候，在明朝的隆庆年间，上头派（来)一个知县，那时咱们三江县叫怀远县，(就)派一个知县叫马锡武到怀远来做县长，做知县啊。这个人啊良心咧非常坏，又吃钱，又想人家姑娘，害老百姓啊，杀人不眨眼啊。老百姓非常恨这个(人）。

那时候，在老堡这个地方啊，本来是没有个城的呀，他到（这里）来做知县呢，就要人家老百姓啊，就（对）咱们的侗、苗、汉、瑶讲，要老百姓们啊帮他造城墙，让他吃现成的、住现成的，让他生活（得）快活。那么，咱们是那老百姓，是没办法，那么都依他。很多人啊天天呢去帮他，起早拉晚，在那里帮他造城墙。因为呢老百姓那时（是）穷得很啊，吃不饱，穿不暖啊，还有个什么力气做工？又不给休息，那么老百姓做工就没有（个）什么力气，只见人们软软绵绵（的）啊。那么马锡武看（到）呢造座城墙这样慢，他就发脾气啦，就骂人家："现在你们军将做什么？看这些老百姓这样做工？懒洋洋（的)，你们不去呵斥他们？"军将们啊讲："我们呵斥了，老百姓为难啊，一个一个软绵绵（的)，饭都吃不饱，身上也穿不暖，睡不得睡，他们怎么能做？""(我）不信！"他就说："我去看！"那么，他自己呢亲自出去看做工。那些人啊，看那些老百姓做工（就）真为难。那么，马锡武就马上拿棍子呢就马上打人家，打死两个人。老百姓说："唉呀！(哪有）这么做的事情啊！你就打死咱们人啊？打死我们这侗、苗、汉、瑶吗？不干了！"就怄气咯，逃回家去了。逃回家去做什么？那时咱们就做咱们这地方款啊，就把木牌传过两岸山寨河寨哩，到处起团、起款啊，到老堡去啊，去打马锡武。(我们）被这样一只恶狗害（得）咱们难生活啊，难住家啊，那就两岸去起团了，准备和马锡武打一仗。

马锡武这个人哩，他不只是吓唬老百姓、打人，还贪人家漂亮姑娘。他看见咱们这侗、苗寨子里一个漂亮姑娘，他就要娶给他做妻子。他就命令那些军将下去找。后来找到一个哩，叫什么哩？有一个真正漂亮，那姑娘叫贝夯，马上就捉走了。捉进衙门里去，要贝夯跟他做妻子。捉贝夯去的时候哩，贝夯死都不愿意（嫁）他："(我）情愿死，我不愿意给你做妻子，你来害我们地方，你（是）恶人，我们（是）穷人苦人，难跟你为官为府为夫妻。"贝夯就不愿意。后来贝夯想哩，这真要想办法，用计谋啊，不然真难出去啊。

那么现在哩，咱们两岸做款啊，全都到老堡那边去了。两岸准备打，那又怎么样打胜呢？老堡那座城在高处啊，又有河啊，路又小又难进啊，那么一定要用计谋，要打进城里面，从里面打出来，从外面打进去。两边夹起来，那样把马锡武打死，那么，这样咱们又首先要拿个什么呢？要拿下这条河，要有渡船。渡船你也过不了它呀。那么，有些老人说："那么咱们放木排下去，把老堡那条河放满，叫那条河上面平展展的，那么，咱们就马上能走进去。”那么，这时一面放木排，一面呢又再去起团，发动那些人(做)款哩，喊那些人这里来做款。

又讲到谁呢？就讲到贝夯啊。贝夯在家里的时候哩，已经跟个后生好了，他们俩只是还没过家做亲罢了。那么这个后生听得说贝夯被捉以后，那么他就很不舒服，不好过，肚里只是天天想到贝夯。那么这个人哩是个好后生，又能干哩。这个人吹芦笙哩吹得很好。那么人家那些老百姓就讲：“那么，宝贝儿，你就哩你就告诉贝夯别给他做妻呀，一定要在那里咬牙忍着呀。咱们哩打算在八月初三那天去打老堡，咱们能把她救出来啊。”“那又怎样去讲得啊？”“唉，你拿你这个芦笙去讲么，讲给他听啊。你去吹芦笙，他知道你来，那么，这样出个主意给她。”那么，他就真天天去老堡里衙门后头那里吹芦笙。贝夯哩，捉进衙门以后哩，很久没听见吹芦笙，一听见吹芦笙，唉！听见这个芦笙声音，好像我那个情人来了啊。吹去吹来，立刻（吹）出话来了，那个声音是那样，咱们八月初三打老堡。这有办法了。那么我一定要忍到那天啊，我可以再逃出去。要是我在这里没忍过去哩，不让他害我，要先想个主意。所以这个后生天天来吹芦笙。贝夯哩听笙的那时候心就甜点儿。那么，马锡武就问她：“贝夯，你捉到这里来这么久，你这张脸总是黑笃笃的，没有一点儿甜脸，今天你怎么脸上笑迷迷的呢？”“县长啊，我们这侗人、苗人就爱听芦笙，听芦笙以后，我就心里甜啊，是不是？我今天听见吹芦笙哩，所以我才觉得高兴。”“那容易啊，你要，我去喊他们许多人来都做得到啊。那容易。”“那容易呀，去喊一堂笙来。要是喊得一堂笙到（这里）来吹给我听，那咱们两人哩就做夫妻，那我就给你做妻。”“那行。”

那么马锡武就喊那些差役，那些军将。他的这些军将就下到两岸山寨河寨去喊这些侗人苗人来帮他吹芦笙。那么他说：“我要这天吧，要这八月初三吧，我要这天来吹吧”，就这样，这样。那么马锡武就说：“行，行！八月初三就八月初三。”那么就真下去呵斥人家那些老百姓哩来帮他吹笙。那么咱们老百姓啊准备八月初三那天动手咯，准备把那伙人的头全砍了。那么这时马锡武又下来喊人去吹笙，那刚合适了，恰恰进这个圈套。

有一个吹笙后生哩，准备一把匕首放进那笙筒里头。

到八月初三那天哩，就拉笙队进老堡城去了。那么，就真去啊，真唱踩堂曲啊，呜哩呜拉，真在那儿吹啊。现在笙队（吹着）踩堂曲真到了。“哥！咱们两人去看笙”。马锡武是非常爱贝夯，想她做妻子（想）成什么啊，那么就立刻一同出去看笙。一看的时候哩，贝夯顿时就（跑）进笙堂去了。（跑）进这笙堂去哩，那还找得到人么？那个人多着哩。是不是啊？从这儿穿，从那儿穿，唉！马锡武顿时就看不见贝夯，立刻丢了妻子啦。马锡武也穿进笙堂去看，好，笙堂那里人家拔出匕首来，马上把马锡武干了一刀，朴通摔在地上。人家那些老百姓把贝夯救出去。

杀了马锡武以后哩，整个笙堂哩也立刻不吹了。现在两岸那些做款的人，起款的人，也马上打老堡去。以后，又派马锡武一帮军将哩拿刀的用刀刺，拿石头的用石头打，拿棍的用棍劈啊，就只见到处是血染红了河流和街道啊。那么现在把马锡武军将一齐打败了，那么后来结果是马锡武死在(笙)堂上了。老百姓气愤极了，拿刀把那个头砍断，砍断了就扔到老堡河里。后来哩，那个头哩就漂到离老堡有十里路的一个洲，停在洲边。后来老人就称这个洲哩叫“马头洲”。现在还是叫“马头洲”。

这就是哩马头洲的来历了。

3.2 ku˧ nu˧˩ ȶi˥

故事 努 记

kaːŋ˧ nu˧˥ •le˧? kaːŋ˧ kun˥˧ɕi˩ ȶa˧, kaːŋ˧ taːŋ˥ ɕu˥ ɕi˩ ȶa˥˧. koŋ˧
讲 什么 哩 讲 从前 那 讲 当 初 时 那 公

ɬəi˥ təu˥˧ ɬaːu˥, kui˩ ɬəi˥ təu˥˧ paːu˥. kʻe˧˥ ləu˧˩ jaːu˩, jaːu˩ ləu˧˩ ɕaːu˥.
死 留 咱们 牛 死 留 角 别人 骗 我 我 骗 你们

kaːŋ˧ nu˧˥? kaːŋ˧ ȵaːu˧˩ mjin˩ ȶʻau˩ ti˥ ɕi˩ ɬaːi˥ ȶa˧, lja˧˩, ȵin˩ kaːn˥
讲 什么 讲 在 明 朝 的 时 代 那 啊 年 间

ȶa˧. kaːŋ˧ nu˧˥? kaːŋ˧ nu˧˩ ȶi˥ •lo˧˩. nu˧˩ ȶi˥ •le˧ ta˧ lən˩ •le˧ nəi˧˩
那 讲 什么 讲 努 记 咯 努 记 哩 以 后 哩 母亲

kʻe˧˥ •le˧ ɕu˧ paːi˥ ȶən˩ •lo˩, nəi˧˩ kʻe˧˥ paːi˥ ȶən˩ •le˧, saːi˥ ȶak˩ kəŋ˥
他 哩 就 去 山 咯 母亲 他 去 山 哩 让 个 猩猩

ɕu˧ ma˧˥ waːi˥˧ nəi˧˩ kʻe˧˥ •lo˧. lja˧˩, ma˧˥ waːi˥˧ nəi˧˩ kʻe˧˥. ta˧ lən˩ nəi˧˩
就 来 污辱 母亲 他 咯 啊 来 污辱 母亲 他 过 去 母亲

kʻe˧˥ ma˧˥ jaːn˩ kaːŋ˧ saːi˥ ȶu˩ljoŋ˧ maːu˧ ȶʻiŋ˥˧ •le˧. ta˧ lən˩ ȶu˩ ljoŋ˧
他 来 家 讲 给 舅舅 他 听 了 过 后 舅 舅

maːu˧ kaːŋ˧: "naːi˧ haːŋ˩ ʔa˧˥, ʔaːu˥ ku˥pa˧ ɬaːu˥ kwaːi˩ son˥˧ ɕu˥˧
他 讲 这 样 啊 拿 姑 咱们 不 算 数

we˧˩ ʔa˧˥? lja˧˩, saːi˥ jaːu˩ man˥ lən˧˩ •lo˧ ʔun˥ ɕoŋ˥˧ ȶʻa˥˧ ȶən˩ paːi˥
做 啊 啊 让 我 日子 后 咯 扛 枪 上 山 去

•lo˧, peŋ˥˧ maːu˧ kəm˧˩ məi˧˩ kəŋ˥ ȶa˧ paːi˥, peŋ˥˧ maːu˧ kəm˧˩ ɬak˩
咯 射 它 个 母 猩 那 去 射 它 个 公

kəŋ˥ ȶa˧ paːi˥. ɕən˧ naːi˧ saːi˥ ȶu˩ ljoŋ˧ kʻe˧˥ paːi˥ ȶən˩ •lo˧, nəŋ˧˩
猩 那 去 这 时 让 舅 舅 他 去 山 咯 就

peŋ˥˧ ȶak˩ ɬak˩ kəŋ˥ paːi˥. peŋ˥˧ kəm˧˩ ɬak˩ kəŋ˥ paːi˥ ljeu˧˩. ɕən˧ naːi˧
射 个 公 猩 去 射 个 公 猩 去 了 这 时

ʔaːu˥ ma˧˥ jaːn˩ •le˧, ʔau˥ ma˧˥ ȶaːn˥ naːn˧˩ •lo˧. ʔaːu˥ kəm˧˩ ȶa˧ ma˧˥
拿 来 家 哩 拿 来 吃 肉 咯 拿 个 那 来

kwa˧ ȶaːn˥ naːn˧˩. ɕən˧ naːi˧ ɕu˧ ʔaːu˥ laːk˧˩ man˥˧ laːk˧ ȶa˧ ma˧˥ ɬəu˥˧
剥 吃 肉 这 时 就 拿 那些 骨头 那 来 留

ʔa˩ ʔu˥ ljaːŋ˥˧ ɕu˧ we˧˩ ʔi˥ kəm˧˩ poŋ˧ ȶa˧ •lo˧. nəi˧˩ kʻe˧˥ ɕu˧ ɕu˥
啊 上 禾晾 就 做 一 个 堆 那 咯 母亲 他 就 收

we˧˩ kəm˧˩ poŋ˧ ȶa˧ ljeu˧˩.
做 个 堆 那 了

naːi˧ ju˧ ta˧ lən˩ •le˧ nəi˧˩ kʻe˧˥ ɕu˧ faːi˩ jun˥ ɬəŋ˥ ljeu˧˩, ʔu˥ ɕən˥
这 又 以 后 哩 母亲 他 就 怀 孕 来 了 上 身

ȶa˧ ȵəŋ˩ ljaːŋ˧˥ kəm˧˩ kəŋ˥. ȶa˧ ɕu˧ ta˧ lən˩ ɕu˧ saːŋ˧˩ li˧ nu˧˩ȶi˥
那 真 爱 个 猩 那 就 过 后 就 养 得 努记

ɬəŋ˥• saːŋ˧˩ nu˧˩ ȶi˥ ma˧˥ ljen˧˩, ɕən˧ naːi˧ nəŋ˧˩ ȵa u˧ jaːn˩ ɬa˥ kʻe˧˥
来 养 努 记 来 了 这 时 就 在 家 外公 他

ȶa˧ ȵaːu˧˩. pon˩……pon˩ nu˧˩ ȶi˥ li˧ ɕəp˩ jət˥ ȵi˧ ȵin˩ ɬəŋ˥ ljeu˧˩.
那 住 抚养 抚养 努 记 得 十 一 二 岁 来 了

nu˧˩ʨi˥ pən˧ man˥ man˥ pa:i˥ sa:ŋ˧˩ tu˩, jin˧˥ ta˥ kʻe˧˥, jin˧˥ ja:n˩ ta˥ kʻe˧˥
努记 总 天 天 去 养 牛 跟 外公 他 跟 家 外公 他

pa:i˥ sa:ŋ˧˩ kui˩ ti˧ ʨʻa˦˥˧ ka:u˧˩ ʔu˥ məŋ˥ ʨa˧, te˧ ta:n˧˥ ʨa˧ pa:i˥ ʨa˧
去 养 牛水 上 里 上 潭 那 大 滩 那 去 那

sa:ŋ˧˩ kui˩. ȵa˩ ɕa:i˧ ʨa˧ kwa:n˥ te˧ ta:n˧˥, pa:i˥ ʨa˧ sa:ŋ˧˩ kui˩. sa:ŋ˧˩
养 水牛 啊 寨子 那 叫 大 滩 去 那 养 水牛 养

kui˩ pa:i˥ ljeu˧˩ ɕəp˩ ta˧ man˥ •le˧, ɕən˧ nai˧ tʻəu˦˥˧ ʨa:ŋ˩ sa:u˧ təŋ˥.
水牛 去 了 十 多 天 哩 这 时 到 时节 暖 来

ma:u˧ ȵa:u˧˩ ʔo˩ ȵa˥ ʨa˧ pa:i˥ ʔa:p˧, ɕu˧ ʨəu˥ kui˩ la:u˧ ȵa˥ ʨa˧ pa:i˥.
他 在 啊 河 那 去 洗澡 就 赶 水牛 进 河 那 去

ɕən˧ na:i˧ me˩ li˧ muŋ˧˩ ti˥lji˧˩ ɕen˥sən˥ ʨa˧ ma˧˥ ɕa:i˧ ɕa:i˧ nan˥ mek˧˩
这 时 有 得 个 地理 先生 那 来 寨 踩 个 脉

ʨən˩ ʨa˧ •lo˧. ɕa:i˧ nan˥ mek˧˩ ʨən˩ ta˧ ma˧˥ ɕa:i˧ ma˧˥ ta:i˩ ȵin˩ ta˧
山 那 啊 踩 个 脉 山 那 来 寨 来 几 年 多

•lo˧, tʻəu˦˥˧ ʨa˧ ma˧˥ ɕu˧ ʨa:i˧ nu˧˥, ʨa:i˧ nu˧˩ ʨi˥: "nu˧˩ʨi˥!" ma:u˧ po˦˥˧, lja˧˩,
咯 到 那 来 就 问 谁 问 努 记 努记 他 说 那么

"ȵa˩ pa:u˧, ȵa:u˧˩ na:i˧ sa:ŋ˧˩ tu˩ •a˧˥?" "ʔa˦˥˧, ja:u˩ ȵa:u˧˩ na:i˧ sa:ŋ˧˩
你 宝贝 在 这 养 牛 啊 啊 我 在 这 养

tu˩." "ȵa˩ ȵa:u˧˩ na:i˧ •le˧ la:i˥. ȵa˩ li˧ nu˦˥˧ me˩ ʔi˥ nan˥ ʨən˧˩ʨi˥ ma:ŋ˩
牛 你 在 这 哩 好 你 得 见 有 一 个 景致 什么

ʨa˧ kwa:i˩ •le˧?" "ja:u˩? pən˧ li˧ nu˦˥˧ ʔi˥ tu˩ ɕui˧˩ȵəu˩, tu˩ kui˩
那 不 呢 我 只 得 见 一 头 水牛 只 水牛

pja˥." ma:u˧ po˦˥˧, lja˧˩, "ȵa:u˧˩ tiŋ˦˥˧ nəm˧˩ na:i˧ ma˧˥ jin˧˥ kui˩ ʨiu˥
石头 他 说 那么 在 底 水 这 来 跟 水牛 我

ta:u˧. lja˧˩. ta:u˧ ta:u˧ ju˧ ʨon˦˥˧ la:u˧ ka:u˧˩ məŋ˥ ʨa˧ pa:i˥. lja˧˩."
斗 那么 斗 斗 又 转 进 里 潭 那 去 那么样

"ʔi˥na:i˧ haŋ˩ ʔa˧˥" ma:u˧ po˦˥˧: "ʨa˦˥˧ ȵa˩ la:u˥ li˧ kwa:i˩, pa:u˧ le˧˥?"
这 样 啊 他 说 那 你 进 得 不 宝贝 呢

"ja:u˩ ton˦˥˧ la:u˧ li˧." "ʨiu˥ la:u˧ li˧ kwa:i˩ ʔi˧˥?" "ɕa:u˥, nəŋ˧˩ kəi˧
我 当然 进 得 我们 进 得 不 呢 你们 就 不

jo˧˩ ɕa:u˥ la:u˧ li˧ kwa:i˩ o˧? kəm˧˩ na:i˧ jam˥ lo˧!" ma:u˧ po˦˥˧. "ʨa˦˥˧
知道 你们 进 得 不 啊 个 这 深 咯 他 说 那

ɕu˧ ȵa˩ pa:i˥ jəu˧˥ ʨa:u˥ kʻwa:i˦˥˧ ma˧˥ •lo˧, ʔa:u˥ ma˧˥ sa:p˧ •lo˧, ʨa:i˩
就 你 去 找 藤 葛 来 哩 拿 来 接 哩 扯

lui˧ ʔa˩ tiŋ˦˥˧ məŋ˥ ʨa˧ pa:i˥ ɕi˦˥˧ nu˦˥˧." ji˧˥ ʨa:i˩ ʨa:u˥ kʻwa:i˦˥˧ lui˧ ma˧˥
下 啊 底 潭 那 去 试 看 一 拉 藤 葛 下 来

sa:i˥ ma:u˧ ɕu˧ lui˧ tiŋ˦˥˧ məŋ˥ ʨa˧ pa:i˥. tiŋ˦˥˧ məŋ˥ ʨa˧ mei˧˥ kəm˧˩
让 他 就 下 底 潭 那 去 底 潭 那 有一 个

ŋa:m˩ so˧ ʨa˧ ʔi˥ nu˧˥ la:u˧˩ ʨa˧. ma:u˧ pa:i˥ ʔa˩ ŋa:m˩ so˧ ʨa˧ jəu˥
洞 干 那 多 么 大 啊 他 去 啊 洞 干 那 蹲

ʨa˧, la:m˧ ʨa˧ nəŋ˧˩ ʨa:i˩ •le˩. ʨa:i˩ ʨa:i˩ ɕi˧, ʨa:i˩ ʔi˥ ʨa:ŋ˩, ɕən˧
那 绳 那 就 拉 哩 拉 拉 哩 拉 一 时间 这

na:i˧ lət˧˥ la:m˧ la˧˩, ɕən˧ na:i˧ ʔa:u˥ ʨʻa˦˥˧ ʨan˩ ma˧˥ ɕi˧ ʔa:u˥ ma˧˥
时 完 绳 啦 这 时 拿 上 岸 来 哩 拿 来

lja:ŋ˩ nu˦˥˧. lja:ŋ˩ nu˦˥˧ kəm˧˩ la:m˧ ʨa˦˥˧ •po˧, li˧ si˦˥˧ ɕəp˩ pʻe˦˥˧, li˧ ȵi˧
量 看 量 看 个 绳 那 哩 得 四 十 庹 有 二

ɕəp˩ ɕaːŋ˧. ɕen˥ san˥ po˥˧: "ȶiu˥ naːn˩ laːu˧, ȵəŋ˩ naːi˥˧ jam˥ paːi˥ ɕi˧,
十 丈 先 生 说 我 难 进 真 这样 深 去 啊

ni˧ ɕəp˩ ɕaːŋ˧ paːi˥ ɕi˧, si˥˧ ɕəp˩ pʰe˥˧ paːi˥." "ʔo˧˩ ɕaːu˥ naːn˩ laːu˧,
二 十 丈 去 哩 四 十 庹 去 啊 你们 难 进

saːi˥ jaːu˩ laːu˧." maːu˧ ɕu˧ nəŋ˧˩ lui˧ paːi˥. "ȵa˩ ɕu˧ ʔaːu˥ nan˥ loŋ˧˩
让 我 进 他 就 立刻 下 去 你 就 拿 个 箱

ja˥˧ ȶi˥ naːi˧, loŋ˧˩ ȶʰa˥˧ ȶʰət˦ ȶi˥ naːi˧, ʔaːu˥ nan˥ loŋ˧˩ naːi˧ ɕu˧ taːi˩
红 这 里 箱 上 漆 这 里 拿 个 箱 这 就 拿

lui˧ tiŋ˥˧ ȶa˧ paːi˥ ʔa˧, ʔaːu˥ nan˥ loŋ˧˩ naːi˧ ɕu˧ saːŋ˥˧ laːu˧ ʔəp˥
下 底 那 去 啊 拿 个 箱 这 就 埋 进 口

paːi˥. ȵa˩ •le˧•a˩ jaːn˩ ȶa˧ nəŋ˥ me˩ laːk˧ so˧ kwaːi˩?" maːu˧ ɕu˧
去 你 哩 家 那 还 有 骨 干 不 他 就

ȶaːi˧ laːk˧˩ ȶa˧•lo˧. "saːi˥ jaːu˩ paːi˧ jaːn˩. lo˧ kaːŋ˧ kun˥˧ •lo˧. nu˥˧
问 小孩 那咯 让 我 去 家 哩 讲 先 哩 若

knːŋ˧ jiu˥˧ jaːu˩ •le˧, ʔaːu˥ laːk˧ ma˦ toŋ˩ saːŋ˥˧• le˧, kəi˧ jo˧˩ me˩
讲 要 我 哩 拿 骨头 来 同 埋 哩 不 知 有

kwaːi˩ me˩•lo˧, saːi˥ jaːu˩ paːi˥ jaːn˩ ȶaːi˧ te˥ ȶiu˥ kun˥˧, ȶaːi˧ ta˥ ȶiu˩ kun˥˧
没 有 咯 让 我 去 家 问 外婆 我 先 问 外公 我 先

ȶaːi˧ nəi˧˩ ȶiu˧ kun˥˧. nu˥˧ ta˥ ȶiu˥, te˥ ȶiu˥, ȵən˩ laːu˧˩ ȶiu˥ po˥˧ me˩ •le˧,
问 母亲 我 先 如 外公 我们 外婆 我们 老 人 我们 说 有 哩

jaːu˩ ɕu˧ paːi˥ ʔaːu˥ ma˦•lo˧." ɕən˧ naːi˧ maːu˧ ma˦ jaːn˩, man˥ lən˩ maːu˧
我 就 去 拿 来咯 这时 他 来 家 日后 他

ma˦ jaːn˩ ɕi˧ ȶaːi˧ ta˥ kʰe˦ te˥ kʰe˦ nəi˧˩ kʰe˦。ɕan˧ naːi˧ ta˥ kʰe˦ jin˦
来 家 哩 问 外公 他 外婆 他 母亲 他 时 这 外公 他 和

nəi˦ kʰe˦ ta˩ jəŋ˧ maːu˧ po˥˧: "ŋe˦, laːk˧ pu˧˩ ɕaːu˥, lja˧˩。ɕi˩ ȶa˥˧ kəm˧˩ kəŋ˥
母亲 他 答 应 他 说 唉 骨头 父亲 你 啊 时 那 个 猩

ʔa˧ kəm˧˩ tak˩ kəŋ˥ ma˦ ljaːŋ˦ nəi˧˩ ɕaːu˥, saːi˧ kʰe˦ ȶaːn˥ naːn˧˩ paːi˥•lo˧.
啊 个 公 猩 来 爱 母亲 你 让 别人 吃 肉 去 啊

me˩ ʔi˥ ha˧ laːk˧ ȶa˧, me˩ ʔi˥ poŋ˧ laːk˧ ȶa˧ soŋ˥˧ ʔa˩ ljəm˧ ljaːŋ˥˧
有 很 多 骨头 那 有 一 堆 骨头 那 放 哩 背 禾晾

ȶa˧。 lja˧˩ ʔaːu˥ laːu˧ kəm˧˩ toŋ˩ pan˥ paːi˥。" lja˧˩, maːu˧ po˥˧。 ɕən˧ naːi˧
那 那么 拿 进 个 筒 竹 去 那么 他 说 这 时

maːu˧ ʔaːu˥ kəm˧˩ ha˧ laːk˧ ȶa˧ jok˦ laːu˧ toŋ˩ pan˥ paːi˥ ljeu˧˩ •le˧
他 拿 个 多 骨头 那 塞 进 筒 竹 去 了 哩

kəm˧˩ toŋ˩ pan˥ ȶa˧ ɕu˧ haːŋ˦ kəm˧˩ toŋ˩ pʰu˧ naːi˧ laːu˧˩。 naːi˧ maːu˧
个 筒 竹 啊 就 象 个 筒 芦笙 这 大 这 他

ʔaːu˥ kʰa˦ kwaːŋ˥ kəu˧˩ ȶim˥ paːi˥ mjət˥ ʔəp˥ toŋ˩ pan˥ ȶa˧, maːu˧ ȶa˧
拿 把 稻草 谷 籼 去 扭 口 筒 竹 那 他 那

saːŋ˥˧ tu˩ sən˩ ȶa˧, tu˩ ɕui˧˩ ȵau˩ ȶa˧, ji˦ mjat˥ kʰa˦ kwaːŋ˥ kəu˧˩
葬 只 牛 那 只 水 牛 那 一 扭 把 稻草 稻

ȶim˥ laːu˧ paːi˥. maːu˧ ɕu˧ ʔun˥ ȶʰa˥˧ ȵa˥ paːi˥•le˧。 ɕen˥ san˥ ɕu˧ ȵaːu˧˩ ȶa˧ ɕu˧
籼 进 去 他 就 扛 上 河 去 哩 先 生 就 在 那 等

maːu。 man˥lən˩ maːu˧ ɕu˧ ȵəŋ˩ laːu˧ tiŋ˥˧ ȵa˥ ȶa˧ paːi˥•le˧. laːu˧ tiŋ˥˧
他 日后 他 就 真 进 底 河 那 去 哩 进 底

ȵa˥ ȶa˧ paːi˥ ljeu˧˩ ɕan˧naːi˧ ʔaːu˥ kəm˧˩ laːk˧ ɕen˥san˥ ɕu˧ ʔaːu˥ paːi˥
河 去 那 了 这时 拿 个 骨头 先生 就 拿 去

jəŋ˩, jəŋ˩ jəŋ˩ ʔəp˥ kui˩ ȶa˧ kəm˧˩ ʔəp˥ nəŋ˧˩ kʻəi˧˥ ʔəp˥ təŋ˥, kʻəi˧˥ ʔəp˥

逗 逗 逗 口 水牛 那 个 口 就 开 口 来 开 口

təŋ˥ sa:i˥ ma:u˧ ʔa:u˥ nan˥ la:k˨˩ me˥ ma:u˧ ȶa˧ la:k˨˩ kəŋ˥ ma:u˧ ȶa˧

来 让 他 拿 个 骨头 熊 他 那 骨头 猩 他 那

nəŋ˧˩ pep˧ la:u˧ kəm˧˩ ȶəm˧˩ ʔəp˥ ȶa˧ pa:i˥•le˧, kəm˧˩ ȶa˧ nəŋ˧˩ pʻjut˨˩

就 塞 进 个 洞 口 那 去 哩 个 那 就 滑

ta˧ ȶot˧˩ lən˩ pa:i˥, ta˧ ȶot˧˩ sən˧˩ pa:i˥•le˧˩, ŋ˧˥, nəŋ˧˩ kwa:i˩ keu˥。 na:i˧

出 头 后 去 出 头 屁股 去 哩 嗯 就 不 粘 这

ju˧ pa:i˥ jəŋ˩, jəŋ˩ jəŋ˩, ʔau˥ kəm˧˩ la:k˨˩ kʻe˧˥ pa:i˥ jaŋ˩ kun˦˥˧。 jəŋ˩

又 去 逗 逗 逗 拿 个 骨头 别人 去 逗 先 逗

jəŋ˩ kʻəi˧˥ ʔəp˥ təŋ˥, ʔa:u˥ kəm˧˩ la:k˨˩ ma:u˧ pa:i˥ jəŋ˩ ju˧ kwa:i˩ kʻəi˧˥

逗 开 口 来 拿 个 骨头 他 去 逗 又 不 开

ʔəp˥•le˧。 ʔa:u˥ kəm˧˩ la:k˨˩ kʻe˧˥ pa:i˥ jəŋ˩, ju˧ kʻəi˧˥ ʔəp˥•le˧˩。 sa:i˥ ma:u˧

口 哩 拿 个 骨头 别人 去 逗 又 开 口 哩 让 他

ju˧ to˧ kəm˧˩ ma:u˧ la:u˧ pa:i˥, ju˧ ta˧ ȶot˧˩ lən˩ pa:i˥。 ȶʻəu˦˥˧ ɕon˧ ȶi˧

又 做 个 他 进 去 又 从 头 后 去 到 次 第

sa:m˥ ma:u˧ ma˧˥ ȶa:i˧ ɕen˥sən˥ •je˧。 ɕen˥sən˥ po˦˥˧:“ ȵa˩ pa:i˥ ta:i˩ nan˥

三 他 来 问 先生 哩 先生 说 你 去 将 个

pa˥sən˧˩ ȶa˧, ta:i˩ nan˥ pa˥sən˧˩ ȶa˧, jeu˧˥ sa:m˥ ha:m˧ ma:u˧ ɕu˧ keu˥

屁股 那 将 个 屁股 那 打 三 巴掌 他 就 粘

•la˧˩。” ɕen˥sən˥ po˦˥˧:“ kʻeu˧˥ pa˥ san˧˩, ȵa˩ pa:i˥ ta:i˩ nan˥ pa˥sən˧˩ ȶa˧

了 先生 说 打 屁股 你 去 将 个 屁股 那

jeu˧˥ sa:m˥ ha:m˧。” ɕən˧na:i˧ ma:u˧ nəŋ˧˩ ta:i˩ kəm˧˩ toŋ˩ pan˥ ȶa˧ ȵet˧˩

打 三 巴掌 这时 他 立刻 拿 个 筒 竹 那 塞

la:u˧ pa:i˥, nəŋ˧˩ keu˥ ʔa˩ ka:u˧˩ ȶa˧。 ɕən˧ na:i˧ sa:ŋ˦˥˧ nan˥ la:k˨˩ ma:u˧

进 去 立刻 粘 里 那 时 这 埋 个 骨头 他

ɕu˧ la:u˧ ka:u˧˩ ʔəp˥ ȶa˧ pa:i˥, la:u˧ ka:u˧˩ loŋ˩ ȶa˧ pa:i˥ •la˧˩。 la:u˧

就 进 里 口 那 去 进 里 肚 那 去 啦 进

ka:u˧˩ loŋ˩ ȶa˧ pa:i˥ ljeu˧˩ •le˧。 ɕən˧ na:i˧ ʔa:u˥ nan˥ la:k˨˩ ɕen˥san˥ ȶa˧

里 肚 那 去 了 时 这 拿 个 骨头 先生 那

•lo˧, ȶiu˦˥˧ ʔa˩ pʻe˧˥ pa:u˥ ȶa˧, ȶiu˦˥˧ ʔa˩ pʻe˧˥ pa:u˥。 ma:u˧ nəŋ˧˩ ɕu˧ nəŋ˧˩ ȵap˧˥

咯 吊 啊 尖 角 那 吊 啊 尖 角 他 立刻 立刻 潜

ta˧ ma:ŋ˦˥˧ ȵa˥ ȶa˧ pa:i˥ lo˧, ȵap˧˥ ta˧ ma:ŋ˦˥˧ ȵa˥ ȶa˧ pa:i˥ ljeu˧˩, pa:i˥

过 边 河 那 去 咯 潜 过 边 河 那 去 了 去

ʔa˩ ʔu˥ pja˥ ȶa˧ ti˩ nan˥ nam˧˩ tin˥ ȶa˧ “pʻəm˧˥, pʻəm˧˥, pʻəm˧˥!” ma:u˧

啊 上 石头 那 打 个 水 脚 那 砰 砰 砰 他

nəŋ˥ pa:i˥ ȶa˧ ȵən˧˩ ɕen˥sən˩ •le˧。 ma:u˧ po˦˥˧:“ɕen˥sən˥ ʔe˧, muŋ˧˩ ma:ŋ˩

还 去 那 挖苦 先生 哩 他 说 先生 笨 个 边

ȵa˥, ʔa:u˥ la:k˨˩ pu˧˩ ma:u˧ ȶiu˦˥˧ pʻe˧˥ pja˥; ɕen˥san˥ ʔe˧, muŋ˧˩ ma:ŋ˦˥˧

河 拿 骨头 父亲 他 吊 尾 石头 先生 笨 个 边

ha:u˥, ʔa:u˥ la:k˨˩ pu˧˩ ma:u˧ ȶiu˥ pʻe˧˥ pa:u˥; ɕen˥sən˥ ʔe˧, muŋ˧˥ ma:ŋ˦˥˧

河 拿 骨头 父亲 他 吊 尾 角 先生 笨 个 边

məŋ˥, ʔau˥ la:k˨˩ pu˧˩ ma:u˧, ȶiu˦˥˧ pʻe˧˥ nəŋ˥!” “je˧˥” ma:u˧ po˦˥˧:“ȵa˩ ka:ŋ˧

潭 拿 骨头 父亲 他 吊 尖 鼻 唉 他 说 你 讲

ȵəŋ˩ ȶiŋ˦˥˧ ka:ŋ˧ ləu˧˩, ʔa˩ nu˧˩ȶi˥?” “ka:ŋ˧ ȵəŋ˩ •le˧, pʻe˧˥ nəŋ˥

真 是 讲 假 啊 努记 讲 真 哩 怎么 还

ka:ŋ˧ ləu˧˩? muŋ˧˩ ȵən˩ na:i˧ ka:ŋ˧ ləu˧˩ ʔa˩?” ma:u˧ po˥˧. “ȶa˧
讲 假 个 人 这 讲 假 啊 他 说 那

ɕi˧ ta:u˥ nəŋ˧˩ hem˧˩. ʔi˥ na:i˧ muŋ˧˩ nu˧˥ me˩ mən˥ ti˧.” “nu˥˧
啊 咱 马上 喊 这 样 个 哪 有 天 地 如

ɕa:ŋ˥˧ jiu˥˧ nan˥ la:k˧ ȵa˩ ȶa˧ sa:ŋ˥˧ la:u˧ pa:i˥ ɕi˧ ɕa:u˥ hem˧˩˧
想 要 个 骨头 你 那 葬 进 去 啊 你 喊

kun˥˧, ɕen˥sən˥ ʔe˩.” sa:i˥ ɕen˥sən˥ ji˧˥ hem˧˩, ʔa˩ ʔu˥ ȶən˩ pən˧
先 先生 啊 让 先生 一 喊 啊 上 山 只

me˩ la:k˧˩ peu˩ ȶa˧ wa:n˥ ʔi˥ so˧ “·a˧˥!” “ʔeŋ˥˧ hem˧˩! ɕen˥ sən˥ ·a˧!”
有 小 羊 那 叫 一 声 啊 再 喊 先 生 啊

ɕen˥sən˥ ju˧ hem˧˩, pən˧ me˩ ʔi˥ la:k˧˩ meu˩ wa:n˥: “kwok˥! kwok˥!”
先生 又 喊 只 有 一 小 雉 喊 呱 呱

ɕu˧ pa:i˥ ljeu˧˩ ja˩ nan˥ na:i˧ ·lo˧. “na:i˧ ȵa˩ hem˧˩! nu˧˩ ȶi˥ ·a˧˩!” sa:i˥
就 去 了 两 个 这 啊 这 你 喊 努 记 啊 让

nu˧˩ ȶi˥ ji˧˥ hem˧˩ ·po˧, ʔu˥ mən˥ ȶa˧ pja˧ pja˧ k'uŋ˧ ·ʔo˧, məm˧˩ məm˧˩
努 记 一 喊 呀 上 天 那 雷 雷 响 啊 虎 虎

ja:ŋ˥ le˧, naŋ˧˩ nan˥˧ ti˧ toŋ˧ pa:i˥ ·le˧, nan˥˧ ȶən˩ pa:i˥ ·le˧. ɕən
吼 哩 立刻 震动 大地 去 哩 震 山 去 哩 这

na:i˧ muŋ˧˩ ɕen˥sən˥ ʔəu˥˧ ȶi˥˧, ɕu˧ nəŋ˧˩ k'əi˧˥ lo˥ ta˧ ȵa˥ pa:i˥ ·le˧
时 个 先生 生气 就 立刻 开 船 过 河 去 哩

ɕu˧ nəŋ˧˩ pa:i˥ lam˥ nu˧˩ ȶi˥ ·le˧. lam˥ lam˥ ɕu˧ nəŋ˧˩ lam˥ ȶ'a˥˧ ȵa˥
就 立刻 去 追 努记 哩 追 追 就 马上 追 上 河

pa:i˥ ·le˧. ma:u˧ ɕən˧ na:i˧ li˧ nu˥˧ k'e˧˥ mjiŋ˩ muŋ˧˩ ȵa:u˧˩ ʔu˥ ja:n˩
去 哩 他 这 时 得 见 别 几 个 在 上 家

loŋ˩ ka˥ ȶa˧ p̓ja˨˦ ŋe˧˩ ·le˧. ma:u˧ ɕu˧ p̓jat˧ ljat˧ ȶ'a˥˧ ȶa˧ pa:i˥, ȶ'a˥˧
龙 家 那 翻 瓦 哩 他 就 敏捷 上 那 去 上

ʔu˥ ŋe˧˩ ȶa˥˧ pa:i˥ ljeu˧˩。 pa:i˥ ʔu˥ ŋe˧˩ ji˧˥ nəŋ˩ ·le˧, li˧ pəi˧˩ loŋ˩ pəi˧˩
那 瓦 那 去 了 去 上 瓦 一 看 哩 有 位 龙 女子

ȶa˧ kwa:n˥ ljoŋ˩ ɕəi˥, li˧ pəi˧˩ ljoŋ˩ ȶa˧ ȵa:u˧˩ te˧ ȶa˧ we˧˩ wa˧˥ ·le˧,
那 叫 龙 巧 有 女子 龙 那 在 下 那 绣 花 哩

we˧˩ man˥˧ wa˧˥ ȶa˧ t'u˩ wa˧˥ ȶa˧, la:i˥ ȶiŋ˥ la:i˥. sa:i˥ ma:u˧ ta˧ ʔu˥
做 些 花 那 图 画 那 好 真 好 让 他 从 上

ȶa˧ nəŋ˧˩ p̓ju˧˥ nəm˧˩ mje˩ lui˧ pa:i˥ ·le˧, sa:i˥ pəi˧˩ ȶa˧ pa:i˥ lja˩ nan˥
那 立刻 吐 水 口 下 去 哩 让 姑娘 那 去 舔 个

wa˧˥ ȶa˧, lja˩ nan˥ nəm˧˩ mje˩ ȶa˧. “ʔai˧˥, kwa:i˩ toi˥˧ ·lo˧!” ma:u˧ po˥˧:
花 那 舔 个 水 口 那 唉 不 对 咯 他 说

“ma:u˧ nəŋ˧˩ lja:ŋ˧˥ ja:u˩ ·lo˧.” ma:u˧ po˥˧. lja:ŋ˧˥ ma:u˧, ma:u˧ nəŋ˧˩ ɕon˥˧
他 就 爱 我 咯 他 说 爱 他 他 马上 转

lui˧ ŋe˧˩ ma˧˥. ɕen˥sən˥ ȶa˧ lam˥ ȶ'a˥˧ ȵa˥ pa:i˥ nəŋ˧˩ ȶ'a˥˧ pa:i˥ ·la˧˩. ja˧
下 瓦 来 先生 那 追 上 河 去 马上 上 去 啦 也

nəŋ˧˩ jəu˧˥ ma:u˧ ki˧, ma:u˧ nəŋ˧˩ ȵa:u˧˩ ʔu˥ ŋe˧˩ ȶa˧. ma:u˧ ɕən˧ na:i˧
就 找 他 不得 他 就 在 上 瓦 那 他 这 时

ɕon˥˧ ma˧˥ ja:n˩ ɕu˧ ma˧˥ po˥˧ ʔi˥ sa˧˩ la:u˧˩ mui˩ ȶa˧, nəi˧˩ ma:k˧ k'e˧˥
转 来 家 就 来 说 一 婆 老 媒 那 母 大 他

ȶa˧ mui˩ p̓o˩ ȶa˧, po˥˧ sa˧˩ la:u˧˩ ȶa˧ ɕu˧ pa:i˥ ka:ŋ˧ pəi˧˩ ljoŋ˩ ɕəi˥ ȶa˧。
那 媒 婆 那 说 婆 老 那 就 去 讲 女 龙 巧 那

pəi˧˩ ʨa˧ kwa:n˥ pəi˧˩ ljoŋ˩ ɕəi˥ ɕu˧ we˧˩ ma:i˧˩ sa:i˥ ma:u˧。“pa:i˥ ka:ŋ˧

女子 那 叫 女 龙 巧 就 做 妻 给 他 去 讲

pəi˧˩ ljoŋ˩ ɕəi˥ sa:i˥ ja:u˩。” ma:u˧ po˧˥: “ja:u˩ ʨʻa˧˥ ʔu˥ ŋe˧˩ ʨa˧ pa:i˥ pʻja˧

女子 龙 巧 给 我 他 说 我 上 上 瓦 那 去 翻

ŋe˧˩, li˧ nu˧˥ pəi˧˩ ljoŋ˩ ɕəi˥, pəi˧˩ ʨa˧ ʨa:n˥ nəm˧˩ mje˩ ja:u˩, nəŋ˧˩ lja:ŋ˦˥ ja:u˩。”

瓦 得 见 好 龙 巧 女 那 吃 口 水 我 马上 爱 我

na:i˧ pəi˧˩ nəi˧˩ ma:k˧ kʻe˦˥ ɕu˧ jət˦˥ lən˩ ɕu˧ ɕen˥ kon˧˥

这 位 母亲 大 他 就 早晨 次一 就 拄 拐杖

“pok˧˩, pok˧˩!” ɕu˧ ʨʻa˧˥ ȵa˥ pa:i˥ •le˧。 ɕən˧ na:i˧ pa:i˥ ʨʻəu˧˥ ka:u˧˩

卜 卜 就 上 河 去 哩 这时 去 到 里

ja:n˩ ljoŋ˩ ɕəi˥ ʨa˧ pa:i˥ li˧ •le˧。 “he˦˥, ɕa:u˥ na:i˧ ja:ŋ˧ ʨən˧˩ ʨʻət˧

家 龙 巧 那 去 得 哩 嘿 你们 这 样 整 齐

ʔa˩, ja:n˩ na:i˧ ʨa:n˥ ɕe˩ ʔa˥?” “ʨiu˥ na:i˧ ʨa:n˥ ɕe˩ •le˩。

啊 家 这 吃 油茶 啊 我们 这 吃 油茶 哩

ȵa˩ nəi˩ ma:k˧ me˩ nan˥ •le˧, lja˧˩, me˩ nan˥ ma:ŋ˩ ma˦˥ •le˧,

你 母 大 有 个 哩 啊 有 个 什么 来 呢

me˩ nan˥ li˧˩ ma:ŋ˩ ma˦˥ le˧, me˩ nan˥ ɕən˧ ma:ŋ˩ ʨʻau˧˥

有 个 话 什么 来 呢 有 个 事 什么 到

na:i˧ taŋ˥ le˧?” “he˦˥, ja:u˩ ka:i˧ me˩ ɕon˧ ma:ŋ˩, pən˧ ʔa˩ nu˧˩ ʨi˥

这 来 呢 唉 我 没 有 事 什么 只 啊 努记 啊

•a˧, man˥ ʨa˧˥ ʨʻa˧˥ ʔu˥ ŋe˧˩ ɕa:u˥ na:i˧ pa:i˥ pʻja˧ ŋe˧˩, po˧˥ li˧

啊 天 那 上 上 瓦 你们 这 去 翻 瓦 说 得

nu˧˥ pəi˧˩ ta:u˥ na:i˧, tok˥ ɕəp˥ la:k˧˩ pəi˧˩, tok˥ ɕəp˥ la:k˧˩ tu˧ ȵən˩ ho˧。

见 姑娘 咱们 这 漂亮 姑娘 漂 亮 小 个 人 多

ŋe˩ ŋe˩ pa:k˧˩, le˧ tin˥ ʔəp˥ tin˥ ʔap˥ ja˧˥。 la:k˧˩ nan˥ na˧ ʨa˧ pa:k˧˩

牙 牙 白 唇 嘴 唇 嘴 红 小 个 脸 那 白

ja˧˥ pa:k˧˩ ja˧˥ ʨa˧, ʨʻi˧˩ to˧ ʨi˥ la:i˥ tu˩ ȵən˩。 ja:u˩ ja˧ ɕa:ŋ˧˥ pa:i˥ ka:ŋ˧

红 白 红 那 几多 的 好 个 人 我 也 想 去 讲

we˧˩ lja˧ ʔa˩ nəi˧˩ nu˧˩ʨi˥ kʻe˦˥。” sa:i˥ kʻe˦˥ nəi˧˩ la:k˧˩ ʨa˧ ʔəu˧˥

做 媳妇 啊 母 努记 他 让 他 母 女 那 生

ʨʻi˧˥ nəŋ˧˩ ʔa:u˥ ma˥ səm˧ nəŋ˧˩ pek˦˥ ma:u˧ •le˧, ʔa:m˧la:u˧˩ ȵən˥ nəŋ˧˩

气 立刻 拿 菜 酸 立刻 打 她 哩 老酸菜 臭 就

pek˧˩ kəm˧˩ nəi˧˩ mui˩ ʨa˧。 nəi˧˩ mui˩ ʨa˧ nəŋ˧˩ wi˦˥ ʔuk˧ ja:n˩ ma˦˥。 ɕon˧˥

打 个 婆 媒 那 婆 媒 那 就 跑 出 家 来 转

ma˦˥ ka:ŋ˧ sa:i˥ nəi˧˩ nu˧˩ʨi˥ kʻe˦˥ ʨʻiŋ˧˥ •le˧ :“nu˧˩ʨi˥ ʔe˦˥, kʻe˦˥ ʔo˧˩, pa:i˥

来 讲 给 母亲 努记 他 听 哩 努记 呀 别人 啊 去

ka:ŋ˧ kʻe˦˥ we˧˩ ma:i˧˩ ha:i˧ ja:u˧ ʨʻa:m˧。 ja:u˩ nəŋ˧˩ təu˧ ʔa:u˥ ʔam˧la:u˧˩

讲 别人 做 妻 害 我 走 我 就 被 拿 老酸菜

pek˧˩ •o˩。” “hi˦˥! la:i˥ la:i˥ la:i˥! ʔa˩ sa˧˩! ȵa˩ pa:i˥ to˧ ʔi˩ ʔa:u˥ ʔa:m˧

打 啊 咦 好 好 好 啊 奶奶 你 去 被 一 要 老

la:u˧˩ pek˧˩ la:i˥。 ʔam˧la:u˧˩ ȵən˥ ha:p˦˥ kun˦˥ ʨʻən˦˥, na:i˧ nəŋ˧˩ kun˦˥ ʨʻən˦˥

酸菜 打 好 老酸菜 臭 才 成 亲 这 就 成 亲

•la˧˩。 ȵa˩ ɕon˧lən˩ ʔeŋ˧˥ pa:i˥ •o˧。” ɕən˧ na:i˧ man˥ lən˩ ju˧ ʔeŋ˧˥ pa:i˥,

啦 你 回后 再 去 啊 这 时 天 后 又 再 去

sa˧˩ la:u˧˩ ʨa˧ ju˧ pa˩ pa:i˥。 pa:i˥…… pa:i˥ ʨʻəu˧˥ ʨa˧, “jəi˦˥! sa˧˩la:u˧˩ na:i˧

婆 老 那 又 赶 去 去 去 到 那 咦 老太婆 这

ju˧ ma˧˥ la˧˩." ɕən˧ ɕaːi˧ nəi˧˩ laːk˧˩ ȶa˧ ȵaːu˧˩ ʔa˩ toi˥˧ ȶa˧ saːk˧ kəu˧˩
又 来 啦 这 时 母 女 那 在 啊 碓 那 舂 米

·le˧. naːi˧ ju˧ ʔau˥ loŋ˧ ju˧ nəŋ˧˩ peŋ˥˧ maːu˧ ·le˥, ju˧ nəŋ˧˩ peŋ˥˧
哩 这 又 拿 簸箕 又 马上 扔 他 又 马上 扔

kəm˧˩ nəi˧˩ mui˩ ȶa˧, nəi˧˩ mui˩ ȶa˧ ju˧ nəŋ˧˩ wi˧˥ ma˧˥. "jaːu˩ ɕən˧
个 婆 媒 那 婆 媒 那 又 马上 跑 来 我 这

naːi˧ ju˧ paːi˥ ju˧ təu˧ loŋ˧ peŋ˥˧ ·lo˧. nəi˧˩ nu˧˩ ȶi˥!" "ȵa˩ təu˧ loŋ˧
回 又 去 又 被 簸箕 扔 哩 母亲 努 记 你 被 簸箕

peŋ˥˧, sa˧˩ ʔo˧˥ʔ ȵa˩ təu˧ loŋ˧ peŋ˥˧ laːi˥ ·le˧." maːu˧ po˥˧ "ton˩ ɕon˧ loŋ˧,
扔 奶奶 你 被 簸箕 打 好 哩 他 说 团 圆 簸箕

ton˩ ɕon˧ loŋ˧! ju˧ ʔeŋ˥˧ paːi˥." ȶʻəu˧˥ ɕon˧ ȶi˧ saːm˥, ju˧ man˥ lən˩
团 圆 簸箕 又 再 去 到 回 第 三 又 日 后

ju˧ man˥ ȶi˧ saːm˥ ju˧ ȶa˥˧ paːi˥. ȶʻa˥˧ ȶa˧ paːi˥ ljeu˧˩, ɕən˧ naːi˧ ji˧˥
又 天 第 三 又 那 去 上 那 去 了 这时 一

ȶaːi˧ li˧ pu˧˩ kʻe˧˥ ɕet˧ ma˧˥ ləu˧, ɕet˧ ȶan˧˩ ȶʻəu˥˧ təŋ˥: "ɕaːu˥ man˥man˥
问 有 父亲 别人 全 来 咯 全 近 到 来 你们 天天

ma˧˥ kaːŋ˧, kəm˧˩ laːk˧˩ ȶiu˥, ma˧˥ təŋ˧ laːk˧˩ ɕaːu˥。laːk˧˩ ɕaːu˥ ȵaːu˧˩ jaːn˩ ta˥
来 讲 个 小孩 我们 来 配 儿子 你们 儿子 你们 在 家 外公

kʻe˧˥ ȵaːu˧˩ jaːn˩ saːŋ˧˩ tu˩ tən˥ ȶən˥, ju˧ ʔaːu˥ kəm˧˩ laːk˧˩ ȶiu˩ laːk˧˩ ȵən˩
他 在 家 养 牛 仅 仅 又 拿 个 小孩 我们 小孩 人

laːi˥ ma˧˥ we˧˩ maːi˧˩ saːi˥ laːk˧˩ ɕaːu˥, ɕaːu˥ pen˧ ho˥˧ li˧ a˧˥ʔ nu˥˧
好 来 做 妻 给 小孩 你们 你们 办 货 得 ?啊 若

ɕaːu˥ pen˧ ho˥˧ li˧ ʔa˧˥ʔ nu˥˧ ɕaːu˩ pen˧ ho˥˧ li˧, ȶiu˥ ɕu˧ jəŋ˧ saːi˥ laːk˧˩ ȶiu˥
你们 办 货 得 啊 如 你们 办 货 得 我们 就 肯 让 女儿 我们

paːi˥." "ȶiu˥ pen˧ li˧!" "ʔa˩, ɕaːu˥ pen˧ li˧! ȶa˥˧ jaːu˩ kaːŋ˧ saːi˥ ȵa˩ ȶʻiŋ˥˧
去 我们 办 得 啊 你们 办 得 那 我 讲 给 你 听

ʔo˧!" kaːu˩ laːu˧˩ kʻe˧˥ ɕu˧……."ȵa˩ jiu˥˧ nu˧˥ ȶuŋ˩ ho˥˧ʔ jaːu˩ jo˧˩ paːi˥ kaːŋ˧ saːi˥
啊 老 头 他 就 你 要 多 少 货 我 知道 去 讲 给

maːu˧ ȶʻiŋ˥˧ ·le˧." "jaːu˩ jiu˥˧ nu˧˥ ȶuŋ˩ ho˥˧?" maːu˧ po˥˧: "jaːu˩ kaːŋ˧ laːk˧˩
他 听 哩 我 要 多 少 货 他 说 我 讲 那

man˥˧ ho˥˧ ȶa˧—" maːu˧ po˥˧: "jiu˥˧ sam˩ ɕəp˩ ʔoŋ˥˧ kʻwət˧˥ tət˥ ɕəp˩ ʔoŋ˥˧
些 货 啊 他 说 要 三 十 坛 跳蚤 七 十 坛

nan˥. laːk˩ man˥˧ laːk˧˩ ȶʻan˧˥ ȶa˧ ma˧˥ ʔaːu˥ maːi˧˩ ȶa˧, jiu˥˧ saːm˩ ɕi˥ muŋ˧˩ ta˥
虱子 那 些 接亲 郎 那 来 娶 媳妇 要 三 十 个 眼

ȶo˧˩, ŋo˧˩ ɕi˥ muŋ˧˩ ta˥ paːn˩, jiu˥˧ paːŋ˧ pin˧˩ saːm˥ pek˧ ȶən˩, paːŋ˧
疙瘩 五 十 个 眼 斜 要 (鱼名) 三 百 斤 (小鱼

pa˧˥ saːm˥ pek˧ ljaːŋ˧˩, ljoŋ˩ su˥ saːm˥ pek˧ mjut˧˩, ju˧ ʔi˥tu˩ tak˩ kui˩
名) 三 百 两 龙 须 三 百 胡须 又 一只 公 水牛

ta˧ kiŋ˥ kaːi˧ ta˧ kiŋ˥, ju˧ jiu˥˧ kəu˧˩ saːm˩ pek˧ la˩, pa˥ saːm˥ pek˧ kʻiŋ˥˧,
过 寨门 不得 过 寨门 又 要 米 三 百 箩 鱼 三 百 篮

kʻwaːu˧ saːm˥ pek˧ nan˩ ȵan˩ saːm˥ pek˧ ljaːŋ˧˩. ȵa˩ ɕu˧ tok˧˩ ʔaːu˥ laːk˧˩
酒 三 百 坛 银子 三 百 两 你 就 只管 娶 女儿

ȶiu˥ la˧˩." "ʔe˥˧, ȶa˥˧ ɕi˧ jaːu˩ ȶon˥˧ paːi˥ kaːŋ˧." ɕən˧ naːi˧ ȶon˥˧ paːi˥
我们 啦 唉 那 啊 我 转 去 讲 这 时 转 去

kaːŋ˧ saːi˥ nu˧˩ ȶi˥ ȶʻiŋ˥˧ ɕu˧. nu˧˩ ȶi˥ ɕən˧ naːi˧ li˧ jo˧˩ ljeu˧˩。ɕən˧ naːi˧
讲 给 努 记 听 就 努 记 这 时 得 知 了 这 时

ɬiŋ˦˥˧ lui˧ ka:u˧˩ •le˧, ɕik˧˩ mən˩ la:u˧˩ pʻu˧ pa:i˥, tʻəu˦˥˧ ʔa˩ la:u˧˩ pʻu˧ kʻə:u˧˩
才 下 里 哩 石 门 老 堡 去 到 啊 老 堡 口

pa:i˥ ɕi˧, pa:i˥ ɬa˧ ɕu˧ ɕa:i˥ ma:u˧ •lo˧, pa:i˥ ɬa:i˩ la:k˧˩ man˦˥˧ təu˥
去 啊 去 那 就 让 他 咯 去 拉 那 些 青笞

ɬa˧ •lo˥, ɬʻa˦˥˧ ʔa˩ peu˥ pja˥ sa:n˥ wa:ŋ˩ mja:u˧ ɬa˧ pa:i˥ nu˧˥ pʻa:ŋ˧˥ ɬa˧, ta˧
那 咯 上 啊 包 石 三 王 庙 那 去 多 高 那 从

ɬa˧ jət˩ la:k˧˩ man˦˥˧ təu˩ ɬa˧ lui˧ təŋ˥ •le˥, mjiŋ˩ ɕəp˩ ɕa:ŋ˧ pʻa:ŋ˧˥, jət˩
那 牵 那 些 青苔 那 下 来 哩 几 十 丈 高 牵

ɬʻa˦˥˧ ɬa˧ pa:i˥ ljeu˧˩ •le˧. ɬən˧˩ toŋ˥ nan˦˥˧ ɬʻəu˦˥˧ te˧ ɬa˧ pa:i˩ •le˥, nan˦˥˧
上 那 去 了 哩 震 动 响 到 下面 那 去 哩 响

tʻəu˦˥˧ te˧ ɬa˧, te˧ ɬa˧ pʻa:i˧˥ ȵən˩ təŋ˥ •le˥. ʔa˥ tiŋ˦˥˧ te˧ ɬa˧ la:u˧˩ te˧ ljoŋ˩ wa:ŋ˩
到 下面 那 下面 那 派 人 来 哩 底 下 老 下 龙 王

ɬa˧ ta˧ ɬa˧ ɬʻa˦˥˧ təŋ˥: "ȵa˩ ȵa:u˧˩ ʔo˩ na:i˧ hem˧˩ ha:ŋ˩ ma:ŋ˩?" "hem˧˩
那 从 那 上 来 你 在 啊 这 喊 些 什么 喊

ha:ŋ˩ ma:ŋ˩," ma:u˧ po˦˥˧: "ja:u˩ jiu˦˥˧ ma˧˥ na:i˧ ja:m˥ mjut˧˩ ljoŋ˩ ʔa:u˥
些 什么 他 说 我 要 来 这 借 胡子 龙 娶

ma:i˧˩." "ʔo˦˥˧, ȵa˩ jiu˦˥˧ ma˧˥ ʔa:u˥ mjut˧˩ ʔa:u˩ ma:i˧˩. ȵa˩ ȵa:u˧˩ ʔu˦˥˧ ɬa˧
妻 啊 你 要 来 取 胡子 娶 妻 你 在 上 那

peu˧ nu˧˥ ɬəŋ˥?" "ȵa˩ ɬʻa˦˥˧ ma˧˥ nu˦˥˧ ma˧˩! ja:u˥ to˧ sa:m˥ peu˧." ma:u˧
戽 多 久 你 上 来 看 吧 我 做 三 戽 他

po˦˥˧. "ȵa˧˩ to˧ sa:m˥ peu˧, təu˥ tu˥ ʔa˩ pa:n˦˥˧ ɬən˥ ɬa˧?" ma:u˧ po˦˥˧.
说 你 做 三 戽 青苔 都 啊 半 坡 那 他 说

"kem˧ ma˧˥ ta:i˩ ɬa:ŋ˦˥˧ ma˧˥ ta:i˩ mjiŋ˩ ɕəp˩ ɕa:ŋ˧. ʔi˧˥, nu˦˥˧ ɕa:i˥ ȵa˩
减 来 把 干涸 来 把 几 十 丈 咦 若 让 你

peu˧ ʔi˥ man˥ nəŋ˥ kʻa:ŋ˧˥ •lo˧, naŋ˥ kwa:i˥ so˧ ȵa˥ pa:i˥?" ma:u˧ po˦˥˧。
戽 一 天 还 受得 吗 还 不 干 河 去 他 说

ɕən˧ na:i˧ ma:u˧ ɕu˧ lui˧ pa:i˥ •lo˧˩. lui˧ pa:i˥ ljeu˧˩ ɕu˧ pa:i˥ tiŋ˦˥˧ ɬa˧,
这时 他 就 下 去 了 下 去 了 就 去 底 那

li˧ ɕa:i˥ nan˥ na:i˧ •le˧ hu˩ lu˩ ɕa:i˥ ma:u˧ •lo˧ ɕa:i˩ nan˥ po˧ kan˧˩ ɕa:i˥
得 给 个 这 咧 葫 芦 给 他 给 个 葫 芦 给

ma:u˧. ju˧ ɕa:i˥ ʔi˥ toi˦˥˧ mjut˧˩ ljoŋ˩ ɕa:i˥ ma:u˧ •lo˧. ɕən˧ na:i˧ ma:u˧
他 又 给 一 对 胡子 龙 给 他 咯 这 时 他

ɬʻa˦˥˧ ma˧˥ •le˧, ȵəŋ˩ li˧ man˦˥˧ ho˦˥˧ ɬa˧ ɬʻa˦˥˧ ma˧˥ ljeu˧˩. ɕən˧ na:i˧ ȵəŋ˩
上 来 咧 真 得 些 货 那 上 来 了 这 时 真

pa:i˥ ʔa˩ loŋ˩ ka˥ ɬa˧, pa:i˩ ʔa˥ loŋ˩ ka˥ ɬa˧ ʔa:u˥ ma:i˧˩ •lo˧˩. ji˧˥
去 啊 龙 家 那 去 啊 龙 家 那 娶 妻 咯 一

la:k˧˩ man˦˥˧ la:k˧˩tʻən˧˥ ɬa˧ ɬʻa˦˥˧ ȵa˥ ɬa˧ pa:i˥ ʔa˩ kʻuŋ˦˥˧ kʻuŋ˦˥˧ pa:i˥ •le˧.
那 些 接亲郎 那 上 河 那 去 啊 蹬 蹬 去 咧

ɕən˧ na:i˧ pa:i˥ ji˧˥ tʻəu˦˥˧ ka:u˧˩ ja:n˩ pai˧˩ lioŋ˩ ɕai˥ ɬa˧ pa:i˥ lieu˧˩•le˧。
这 时 去 一 到 里 家 女子 龙 巧 那 去 了 咧

ɕən˧ na:i˧ ɕa:i˥ nan˥ ja:n˩ ɬa˦˥˧, ɕu˧ we˧˩ nu˧˥, we˧˩ sa:m˥ ɕəp˩ ljok˩
这 时 让 个 家 那 就 做 什么 做 三 十 六

ȵan˥ ɬeu˧ poŋ˩ ta:ŋ˩, ɕu˧ pən˧ ɬən˧˩ ʔa:u˥ nan˥. ma:u˧ ɕən˧ na:i˧ ɕu˧
个 轿 篷 挡 就 只 准 拿 个 他 这 时 就

nəŋ˧˩ me˩ ʔi˩ ȵak˥ nəm˧˩ ta˥ ɬən˩ təŋ˥, sok˧˩ ɬa˧ ɬʻa:m˧ ɬʻa˦˥˧ ɬʻa:m˧
马上 有 一 点儿 水 眼 起 来 顺 那 走 上 走

lui˧. ȶʻa:m˧ ȶʻa:m˧ səp˩ tu˩ ȵi˥ ȵa:i˧ ȶa˧, pa:i˥ ta:i˩ tu˩ ȵi˩ ȵa:i˧ ȶa˧
下 走 走 遇 只 寄生蜂 那 去 将 只 寄 生蜂 那

ta:i˩ nan˥ kʻui˧ ȶa˧ lja:p˧ to˧, kʻui˧ ȵi˥ ȵa:i˧ ȶa˧ kʻiu˧˥ kat˥. ȵi˩ ȵa:i˧
将 个 腰 那 抓 着 腰 寄生蜂 那 瘦小 寄生蜂

na:u˨˩ ȶa˧ "ŋi˧˥ ŋi˧˥" ·lu˩. "ȵa˩ ne˧ ma:ŋ˩, ȵi˥ȵa:i˧ ʔa˧˥?" "ŋ˨˩! ja:u˩
在 那 嘤 嘤 哩 你 哭 什么 寄生蜂 啊 嗯 我

ne˧ ma:ŋ˩, ja:u˩ ka:ŋ˧ ȵa˩ ȶʻiŋ˥˧, ja:u˩ ɕi˧ ne˧ la:k˨˩." ma:u˧ po˥˧: "ȶa˥˧
哭 什么 我 讲 你 听 我 是 哭 儿子 他 说 那

ȵa˩ na:i˧ ȵut˨˩ ta˥ ma:ŋ˩, nu˨˩ ȶi˥ ·ʔe˨˩?" "ma:ŋ˩ ʔe˨˩, ja:u˩ pen˧ ʔi˥ ha˧
你 这 揉 眼 什么 努记 什么 啊 我 办 很 多

ho˥˧ ma˧˥ na:i˧ ʔa:u˥ ma:i˨˩. ɕən˧ na:i˧ nəŋ˨˩ na:n˩ li˧ ma:i˨˩, kʻe˧˥ we˨˩
货 来 这 娶 妻 这 时 就 难 得 妻 别人 做

sa:m˥ ɕəp˩ ljok˩ nan˥ tɕeu˧ poŋ˩ ta:ŋ˩, ju˧ nəŋ˥ pən˧ ȶən˨˩ ȶuŋ˥ ʔi˥
三 十 六 个 轿 篷 挡 又 还 只 准 扛 一

nan˥. ja:u˩ jo˨˩ ʔa:u˥ nan˥ nu˧˥ ʔe˨˩?" ʔa˩ ȵi˩ȵa:i˧ po˥˧: "we˨˩ li˧, nan˥
个 我 知道 拿 个 什么 啊 那么 寄生蜂 说 做 得 个

na:i˧ to˩ pje˩." ma:u˧ po˥˧: "ja:u˩ ɕu˧ me˩ pa˥˧, ja:u˩ ɕu˧ pa:i˥ jin˧˥ ȵa˩
这 简 单 他 说 我 就 有 翅 我 就 去 跟 你

le˧, ɕu˧ nu˨˩ȶi˩ pa:i˥ nu˥˧. ȶən˨˩ ja:u˩ ma˧˥ ȶʻəu˥˧ ȶəm˩ ȶa˧˥ ȵa˩ ma˧˥
咧 努 记 去 看 准 我 来 到 洞 耳 你 来

sa:m˥ ɕon˧, ȵa˩ pa:i˥ ȶuŋ˥ nan˥ tɕeu˧ poŋ˩ ta:ŋ˩ nu˧˥, ɕu˧ tok˨˩ pa:i˥
三 次 你 去 扛 个 轿 篷 挡 哪 就 只 去

ȶuŋ˥ nan˥ tɕeu˧ poŋ˩ ta:ŋ˩ ȶa˧ ·la˨˩." ɕən˧ na:i˧ sa:i˥ ȵi˥ȵa:i˧ pʼjut˧
扛 个 轿 篷 挡 那 啊 这 时 让 寄生蜂 逐

nan˥. pʼjut˧ nan˩ ɕu˧ pa:i˥ jin˧˥ ma:u˧ nu˥˧·le˥. nu˥˧ nu˥˧ ma˧˥
个 逐 个 就 去 跟 他 看 哩 看 看 来

ȶʻəu˥˧ ȶəm˩ ȶa˧˥ ma:u˧ ma˧˥ ka:ŋ˧: "ȵa:u˨˩ nan˥ ta:ŋ˩ ta˥˧ ta˥˧ ta˧."
到 洞 耳 他 来 讲 在 个 当 中 中 那

na:i˧ ȵi˥ȵa:i˧ pa:i˥ ȶʻəu˥˧ sa:m˩ ɕon˧ ·le˧, ȶon˥˧ ȶʻəu˥˧ ȶəm˥ ȶa˧˥
这样 寄生蜂 去 到 三 次 咧 转 到 洞 耳

ma:u˧ ma˧˥ ka:ŋ˧: "ʔa˥˧, ȶuŋ˥ nan˥ ta:ŋ˩ ta˥˧ ta˥˧ ȶa˧ pa:i˥ ·ʔa˨˩". sa:i˥ ke˧˥
他 来 讲 啊 抬 个 当 中 中 那 去 啊 让 别人

man˥˧ pjiŋ˩ pa:n˨˩ ȶa˧: "ʔa˥˧, ȶuŋ˥ pəi˨˩ ma:i˨˩ pa:i˥ li˧ ʔa˩, nu˨˩ ȶi˥ ʔa˨˩?"
些 同 伴 那 啊 抬 新媳妇 去 得 啊 努记 啊

"ʔa˨˩, ȶuŋ˥ ma:i˨˩ pa:i˩ li˧ ʔa˧˥? nəŋ˥ mi˨˩ ȶʻəu˥˧ ɕi˩ ·pa˧?" na:i˧ ke˧˥ ju˧
啊 抬 妻子 去 得 吗 还 未 到 时 吧 这样 别人 又

ȶa:i˧" "ȶuŋ˩ ma:i˨˩ pa:i˥ ·ʔa˥˧? nu˨˩ ȶi˥ ·a˨˩!" "ȶuŋ˩ pa:i˥ ·a˨˩!" ȵi˩ȵa:i˧
问 抬 妻 去 吗 努记 啊 抬 去 啊 寄生蜂

ma˧˥ ka:ŋ˧ sa:i˥ ma:u˧ ȶiŋ˥˧. ɕu˧ "ȶuŋ˥ nan˥ nu˧˥?" "ȶuŋ˥ nan˥ ta:ŋ˩
来 讲 给 他 听 那么 抬 个 哪 抬 个 当

ta˥˧ ta˥˧ ȶa˧." ɕən˧ na:i˧ ȵəŋ˩ ȶuŋ˩ nan˥ ta:ŋ˩ ta˥˧ ta˥˧ ȶa˧, ȵəŋ˩ ɕo˨˩
中 中 那 这 时 真 抬 个 当 中 中 那 真 哄

ȶuŋ˥ ȵəŋ˩, ȵəŋ˩ ʔa:u˥ nan˥ ȶa˧ ʔuk˧ ma˧˥ ·le˥. nəŋ˩ pa:i˥ ȵəŋ˩ li˧
抬 真 真 拿 个 那 出 来 哩 真 去 真 得

pəi˨˩ ljoŋ˩ ɕa:i˥ ȶa˧ we˨˩ ma:i.
女子 龙 巧 那 做 妻

ɕən˧ na:i˧ ȶuŋ˥ lui˩˧ ȵa˥ ma˧˥ ·lo˧˩ ȶuŋ˥ ȶʻəu˦˥˧ te˧ ta:n˧˥ ma˧˥. li˧ ʔa˩
这 时 抬 下 河 来 咯 抬 到 大 滩 来 有 阿

koŋ˧ kwa:k˧ ·a˧, man˥ ȶa˧ jin˧˥ ʔa˧ nu˧˩ ȶi˥ ke˧˥ nəi˧˩ la:k˧˩ ȶa˧ wa:n˩
公 郭 啊 天 那 跟 那 努 记 他们 母 子 那 已经

ɕeŋ˥ ka:ŋ˧, ma:u˧ po˦˥˧: “nu˦˥˧ ȵa˩ nu˧˩ ȶi˥ ·le˧, lja˧˩, pən˧ ȵa:u˧˩ ja:n˩ ta˥
相 讲 他 说 如 你 努 记 哩 啊 总 在 家 外公

ɕa:u˥ sui˦˥˧ ʔi˥ sam˧, sa:ŋ˧˩ tu˩ ȶən˥ ȶən˥, ȵa˩ tu˥ ʔa:u˥ li˧ ma:i˧˩ pa:i˥
你们 坐 一 辈子 养 牛 仅仅 你 都 娶 得 妻 去

·le˧, son˦˥˧ ȵa˩ la:u˧˩ ho˧. ȵa˩ ta˧ to˥ ma:k˧ la:u˧, ja:u˩ ta˧ to˥ lən˩ pa:i˥
咧 算 你 老 火 你 从 门 大 进 我 从 门 后 去

nu˦˥˧ ȵa˩ ·o˩.” ɕən˧ na:i˧ sa:i˥ ʔa˩ nu˧˩ȶi˥ kʻe˧˥ ɕən˧ na:i˧ ɕi˥ seu˥
看 你 这 时 让 哩 努记 他 这 时 吹 唢呐

“ha˧, ha˧!” ȵəŋ˩ ʔa:u˥ ma:i˧˩ lui˩˧ ȵa˥ ma˧˥. sa:i˥ koŋ˧ kwa:k˧ ȶa˧
哈 哈 真 娶 妻 下 河 来 让 公 郭 那

wi˧˥ ta˧ to˥ lən˩ ʔuk˧ ja:n˩ pa:i˥ ʔa˧, ȶʻa˦˥˧ ʔa˩ məi˧˩ soŋ˩ ȶa˧ pa:i˥
跑 过 门 后 出 家 去 啦 上 呀 树 松 那 去

nu˦˥˧. ɕən˧ na:i˧ nu˧˩ȶi˥ kʻe˧˥ ȵəŋ˩ ʔa:u˥ ma:i˧˩ la:u˧ ja:n˩. sa:i˥ ma:u˧
看 这 时 努 记 他 真 娶 妻 进 家 让 他

pa:i˥ ʔa˩ ʔu˥ məi˧˩ soŋ˩ ȶa˧ ȶo˥……ȶo˥, ta˧ ȶa˧ lja:p˧ nan˥ toŋ˩ ju˩
去 呀 上 树 松 那 笑 笑 从 那 抓 个 筒 油

ȶa˧, ta:i˩ nan˥ sən˧˩ toŋ˩ ȶa˧ ji˧˥ ta:u˦˥˧, nəŋ˧˩ kʻui˧˥ nan˥ ju˩ toŋ˩ ȶa˧
那 将 个 屁股 筒 那 一 倒 立刻 流 个 油 桶 那

lui˩˧ ʔa˩ tən˧ məi˧˩ soŋ˩ ȶa˧ pa:i˥. ɕi˩ na:i˧ ta:u˥ kəm˧˩ soŋ˩ ɕui˧˥ ȶa˧
下 啊 根 树 松 那 去 现 在 咱们 棵 松 树 那

to˧ ju˩ jəm˦˥˧ jəm˦˥˧ ·e˩, me˩ ju˩ liŋ˦˥˧ ·e˩. lja˧˩!
放 油 淋 淋 有 油 极 啊 这样

ɕən˧ na:i˧ ma:u˧ ȵəŋ˩ li˧ ma:i˧˩ ma˧˥, ju˧ li˧ nan˥ po˧ kan˧˩ ma˧˥.
这 时 他 真 得 妻 来 又 得 个 葫 芦 来

nan˥ ȶa˧ nan˥ pa:u˧ pi˥ ·lo˧, man˥ man˥ ʔa˩ ja:n˩ ȶa˧ me˩ kəu˧˩ ȶa:n˥.
个 那 个 宝 贝 咯 天 天 呀 家 那 有 饭 吃

ju˧ me˩ sin˩ joŋ˧. ma:u˧ ȵa:u˧˩ ja:n˩ ȶa˧ ȵa:u˧, pəi˧˩ ma:i˧˩ ȶa˧ po˦˥˧:
又 有 钱 用 他 在 家 那 住 少女 妻 那 说

“nu˧˩ ȶi˥!” ma:u˧ po˦˥˧: “ȵa˩ pʻe˧˥ kwa:i˩ ɕoŋ˥ pa:i˥ ȶən˩? ȵa˩ kwa:i˩
努 记 她 说 你 为何 不 想 去 山 你 不

lja:ŋ˧˥ pa:i˥ ȶən˩.” “ŋi˦˥˧! nu˦˥˧ ja:u˩ pa:i˥ ȶən˩ ·a˧˥,” ma:u˧ po˦˥˧: “ja:u˩
爱 上 山 咦 如果 我 上 山 啊 他 说 我

pən˧ lja:ŋ˧˥ pa:i˥ ȶən˩ ta:i˩ ɕoŋ˦˥˧,” ma:u˧ po˦˥˧: “lam˥ ȵan˧˥ lam˥ nok˧˩
只 爱 上 山 拿 枪 他 说 追 野兔 追 鸟

·a˧.” ma:u˧ po˦˥˧: “ja:u˩ pən˧ lja:ŋ˧˥ pa:i˥ ȶən˩.” “ʔe˦˥˧, ʔi˥ ȶa˧ ȵən˧ la:i˥.
啊 他 说 我 只 想 去 山 咦 这 样 也 好

ȵa˩ pa:i˥ ȶən˩ lam˥ ȵan˧˥ lam˥ nok˧˩.” ma:u˧ ju˧ man˥ man˥ pa:i˥
你 去 山 追 野兔 追 鸟 他 又 天 天 去

ȶən˩ lam˥ ȵan˧˥ lam˥ nok˧˩. lam˥ nok˧˩ ljeu˧˩ ju˧ pəi˧˩ ȶa˧ po˦˥˧: “nu˧˩ ȶi˥
山 追 野兔 追 鸟 追 鸟 了 又 女子 那 说 努 记

·ʔe˦˥˧!” ma:u˧ po˦˥˧: “ja˩ ta:u˥ ·a˧, ja˩ muŋ˧˩ ȵən˩ na:i˧ na:i˦˥˧ ɕeŋ˥ ʔəi˦˥˧
呀 她 说 俩 咱 啊 两 个 人 这 样 相 爱

la:u˨˩˧ ho˧, ja˩ ta:u˥ pa:i˥ ƫiu˥˧ ƫa:ŋ˥ ja:ŋ˥˧.” ma:u˧ po˥˧: “ƫa˥˧ pa:i˥ ƫiu˥˧
老 火 俩 咱 去 照 张 像 他 说 那 去 照

ƫa:ŋ˥ ja:ŋ˥˧ •ma˨˩˧.” ɕən˧ na:i˧ pa:i˥ ƫiu˥˧ ja:ŋ˥˧. ȵən˧ jən˨˩˧ ma:i˨˩˧ toŋ˩
张 像 吧 这 时 去 照 像 也 引 妻 同

pa:i˥ pa:i˥ ƫən˩ ƫ'a:m˨˧. ƫ'a:m˨˧ sa:i˥ ləm˩ təŋ˥ ji˧˥ jeu˧˥ ʔa˧, ɕu˧ nəŋ˨˩˧ jeu˧˥
去 去 山 走 走 让 风 来 一 吹 呀 就 马上 吹

ƫa:ŋ˥ ja:ŋ˥˧ ƫa˧, ɕu˧ nəŋ˨˩˧ jeu˧˥……jeu˧˥ ɕu˧ nəŋ˨˩˧ jeu˧˥ t'əu˥˧ •a˩ ɕeu˩ ɕa:ŋ˧
张 像 那 就 马上 吹 吹 就 马上 吹 到 呀 朝廷 上

pa:i˥ •le˧. jeu˧˥ t'əu˥˧ ɕeu˩ ɕa:ŋ˧ sa:i˥ man˥˧ ȵən˩ to˧˥ ƫa˧ ji˧˥ li˧ nu˥˧:
去 了 吹 到 朝 上 让 些 人 大 那 一 得 见

“ji˥˧! ta˧ ti˧ wa:ŋ˧˥ nu˧˥ •a˩ jeu˧˥ ƫa:ŋ˥ ja:ŋ˥˧ ʔi˥ na:i˧ la:i˥ pəi˨˩˧ pa:i˥,
咦 从 地 方 哪 呀 吹 张 像 这 样 好 姑娘 去

t'əu˥˧ ʔa˩ na:i˧ pa:i˥.” ma:u˧ po˥˧:“ta:u˥ pa:i˥ jəu˧˥ •a˨˩˧. ʔau˥ pəi˨˩˧ ƫa˧
到 这 里 来 他 说 咱们 去 找 呀 娶 姑娘 那

ma˧˥ we˨˩˧ ma:i˨˩˧ sa:i˥ ta:u˥!” ɕən˧ na:i˧ li˧ ƫa:ŋ˥ ja:ŋ˥˧ ƫa˧ ljeu˨˩˧, ɕən˧
来 做 妻 给 咱 这 时 得 张 像 那 了 这

na:i˧ ju˧ ma˧˥ jəu˧˥ •le˨˩˧. jəu˧˥……jəu˧˥ t'əu˥˧ sa:n˧ ƫa:ŋ˧, ma˧˥ t'əu˥˧ te˧
时 又 来 找 咧 找 找 到 三 江 来 到 下

ƫ'a:n˧˥ ma˧˥ ȵəŋ˩, li˧ pəi˨˩˧ ljoŋ˩ ɕəi˥ ƫa˧ •le˩. jiu˥˧ pəi˨˩˧ ljoŋ˩ ɕəi˥ ƫa˧
滩 来 真 得 女子 龙 巧 那 咧 要 女子 龙 巧 那

pa:i˥ we˨˩˧ ma:i˨˩˧ •le˨˩˧. pəi˨˩˧ ljoŋ˩ ɕəi˥ ƫa˧ ju˧ ƫa:i˧ nu˨˩˧ ƫi˥: “ɕən˧
去 做 妻 咧 女子 龙 巧 那 又 问 努 记 这

na:i˧ k'e˧˥ jiu˥˧ ja:u˩ pa:i˥ ʔi˥ nu˧˥ ha:ŋ˩, nu˨˩˧ ƫi˥ •a˧˥?” ma:u˧ po˥˧:
时 别人 要 我 去 怎 么 样 努 记 啊 她 说

“ja:u˩ ɕu˧ ma˧˥ we˨˩˧ ma:i˨˩˧ sa:i˥ ȵa˩ ljeu˨˩˧.” “ƫa˥˧ ke˧˥ jiu˥˧ ȵa˩ pa:i˥,
我 就 来 做 妻 给 你 了 那 别人 要 你 去

ke˧˥ ȵən˩ to˧˥, ta:u˥ ja:u˧ ke˧˥ ɕi˧, ȵa˩ kon˧ ma:u˧, pa:i˥ •ma˨˩˧!”“ja:u˩
别 人 大 咱们 怕 别人 哩 你 管 他 去 吧 我

pa:i˥ ɕu˧ pa:i˥ •o˧. ja:u˩ pa:i˥ ȵa˩ ja:n˩ na:i˧ ta:i˩ ɕoŋ˥˧. ton˧ ja:u˩
去 就 去 啊 我 去 你 家 这 拿 枪 要是 我

pa:i˥ li˧ mjiŋ˩ ȵa:n˥, ȵa˩ ɕu˧ ma˧˥ •lo˧.” ma:u˧ po˥˧: “ja:u˩ ma˧˥ ja:u˩
去 得 几 月 你 就 来 咯 她 说 我 来 我

ɕu˧ ka:ŋ˧ sa:i˥ ȵa˩ ƫ'iŋ˥˧ •o˧. ȵa˩ ʔa:u˥ man˥˧ pjən˥ nok˨˩˧ ƫa˧ pji˩
就 讲 给 你 听 啊 你 拿 些 毛 鸟 那 皮

nok˨˩˧ ƫa˧ ʔa:u˥ ma˧˥ kwa˧ kwa˧ •lo˩, we˨˩˧ məi˨˩˧ k'uk˧ k'un˧˥ məi˨˩˧ ljeu˨˩˧.
鸟 那 拿 来 剥 剥 咯 做 件 衣服 成 件 了

ȵa˩ ɕu˧ p'ən˧ ta˧ mən˥ ma˧˥ səm˧ ja:u˩ li˧ •la˨˩˧.” ʔi˥ na:i˧ sa:i˥ nu˨˩˧
你 就 飞 过 天 来 找 我 得 啦 这 样 让 努

ƫi˥ ɕu˧ man˥ man˥ ta:i˩ ɕoŋ˥˧ ɕu˧ pa:i˥ •la˨˩˧. pa:i˥ pa:i˥ ɕən˧ na:i˧ ʔa:u˥
记 就 天 天 拿 枪 就 去 啦 去 去 这 时 拿

man˥˧ pjən˥ nok˨˩˧ ƫa˧ jin˧˥ man˥˧ pji˩ nok˨˩˧ ƫa˧ ma˧˥ ƫəm˥ ƫəm˥ ȵəŋ˩
些 毛 鸟 那 跟 些 皮 鸟 那 来 凑 积 真

kun˧˥ məi˨˩˧ k'uk˧ •le˩. k'un˧˥ məi˨˩˧ kuk˧ sa:i˥ ma:u˧ ji˧˥ t'əu˥˧ peu˥ ƫən˩
成 件 衣 哩 成 件 衣 让 他 一 到 包 山

ȶa˧ pa:i˥, sa:i˥ ləm˩ ji˧˥ jeu˧˥, nəŋ˧˩ p'ja:t˧ jeu˧˥ nəŋ˧˩ jeu˧˥ t'əu˦˥˧ ɕeu˩
那 去 让 风 一 飘 就 一下 飘 马上 飘 到 朝廷

pa:i˥ ·le˩, jeu˧˥ t'əu˦˥˧ ȶa˧ pa:i˥ ljeu˧˩ ·le˩.
去 哩 飘 到 那 去 了 哩

pei˧˩ ȶa˧ pa:i˥ ȶa˧ təŋ˧ kəm˧˩ sa:u˧˩ ma:ŋ˦˥˧ ȶa˦˥˧, ȶa˦˥˧ təŋ˧ kəm˧˩ ȵən˩
姑娘 那 去 那 配 个 丈夫 边 那 那 配 个 人

to˧˥ ȶa˧, nəŋ˧˩ kwa:i˩ k'wa:n˧˥ ȶi˧ t'a:u˧˥ t'a:u˧˥ ·le˩. ȵən˩ to˧˥ po˦˥˧:
大 那 就 不 高 兴 一 点 哩 人 大 说

"ȵa˩ nai˦˥˧ kwa:i˩ k'wa:n˧˥ ȶi˧ ʔa˧˥?" "hŋ˧˥, k'wa:n˧˥ ȶi˧." ma:u˧ po˦˥˧: "ja:u˩
你 这样 不 高 兴 啊 哼 高 兴 她 说 我

jiu˦˥˧ muŋ˧˩ ȶa˧ tan˧ məi˧˩ k'uk˧ pjən˥ nok˧˩ t'əu˦˥˧ na:i˧ ma˧˥ ·la˧˩, ja:u˩
要 个 那 穿 件 衣 毛 鸟 到 这儿 来 了 我

man˥ ȶa˦˥˧ ja:u˩ ɕu˧ k'wa:n˧˥ ȶt˧ ·la˧˩." ma:u˧ po˦˥˧. ɕən˧ na:i˧ sa:i˥ nu˧˩
天 那 我 就 高 兴 了 她 说 这 时 让 努

ȶi˥ ji˧˥ jeu˧˥ nəŋ˧˩ jeu˧˥ t'əu˦˥˧ ɕeu˩. ɕən˧ na:i˧ ȵəŋ˩ muŋ˧˩ ȶa˧ tan˧
记 一 飘 就 飘 到 朝廷 这 时 真 个 那 穿

məi˧˩ k'uk˧ pjən˥ nok˧˩ ȵəŋ˩ t'əu˦˥˧ təŋ˥ ·le˩. t'əu˦˥˧ təŋ˥ pei˧˩ ȶa˧ ji˧˥
件 衣 毛 鸟 真 到 来 哩 到 来 女子 那 一

k'wa:n˧˥ ȶi˧ təŋ˥, nəŋ˧˩ he˧˩ jan˧ to˥ təŋ˥ ·le˩. ma:u˧ ɕən˧ na:i˧ ȶiŋ˦˥˧
高 兴 来 就 嘿 突然 笑 来 哩 他 这 时 才

"he˧˥, ȵa˩ ɕən˧ na:i˧ na:i˦˥˧ k'wa:n˧˥ ȶi˧ pa:i˥." ma:u˧ po˦˥˧: "he˧˥, ja:u˩
嘿 你 现 在 这样 高 兴 去 她 说 嘿 我

ɕən˧ na:i˧ təm˥ muŋ˧˩ na:i˧, ja:u˩ k'wa:n˧˥ ȶi˧." ma:u˧ po˦˥˧: "ja:u˩ ɕa:ŋ˦˥˧
现 在 遇见 个 这 我 高 兴 他 说 我 想

ȵa˩ ʔa:u˥ məi˧˩ k'uk˧ ljoŋ˩ p'au˩ ȵa˩ ȶa˧ ʔa:u˥ jin˧˥ ma:u˧ wa:n˧ ·lo˥,
你 拿 件 衣 龙 袍 你 那 拿 跟 他 换 啦

ʔa:u˥ məi˧˩ k'uk˧ pjən˥ nok˧˩ ȶa˧ sa:i˥ ȵa˩ tan˧, ȵa˩ ɕu˧ təu˦˥˧ məi˧˩
拿 件 衣 毛 鸟 那 让 你 穿 你 就 留 件

k'uk˧ loŋ˩ p'au˩ sa:i˥ ma:u˧." ɕən˧ na:i˧ sa:i˥ kəm˧˩ ȶa˧ kəm˧˩ kwa:n˥
衣 龙 袍 给 他 这 时 让 个 那 个 官

ȶa˧ kəm˧˩ ȵən˩ to˧˥ ȶa˧, nəŋ˧˩ ʔa:u˥ kəm˧˩ k'uk˧ p'au˩ ȶa˦˥˧ nəŋ˧˩ ʔa:u˥
那 个 人 大 那 就 拿 个 衣 袍 那 就 拿

sa:i˥ nu˧˩ ȶi˥ tan˧. ʔa:u˥ sa:i˥ nu˧˩ ȶi˥ tan˧ ljeu˧˩, kəm˧˩ ȶa˦˥˧ pa:i˥ tan˧
给 努 记 穿 拿 给 努 记 穿 了 个 那 去 穿

kəm˧˩ k'uk˧ pjən˥ nok˧˩ la:u˧. sa:i˥ nu˧˩ ȶi˥ ta:i˩ kəm˧˩ ȶa˧ nəŋ˧˩ pem˥
个 衣 毛 鸟 进 让 努 记 将 个 那 就 骂

ʔi˥ ha:t˧: "ŋ˧˥! kəu˧˩ ɕi˩ ȵa˩ ȶa˧, ȵa˩ ȵa˩ ȵa˩ tu˩ t'u˩ sən˧ na:i˧, tu˩
一 顿 嗯 狗 日 你 的 你 你 你 只 畜 牲 这 只

nok˧˩ la:u˧˩ na:i˧, ȵa˩……na˩ p'ən˧ ta˧ mən˥ pa:i˥, na˩……ȵa˩ na:n˩ jin˧˥
鸟 老 这 你 你 飞 过 天 去 你 你 难 跟

ȶiu˥ ȵa:u˧ la˩, ȵa˩ na:n˩ ȵa:u˧˩ na:i˧ we˧˩ kwa:n˥ ma:k˧ ·la˧˩." na:i˧
我们 住 啦 你 难 住 这 做 官 大 啦 这

kəm˧˩ ȶa˦˥˧ nəŋ˧˩ pei˩ p'ən˧ ta˧ mən˥ k'un˧˥ kəm˧˩ nok˧˩ nəŋ˧˩ pn:i˥.
个 那 就 一下 飞 过 天 成 个 鸟 就 去

ɕən˧ na:i˧ ȶiŋ˦˥˧ təu˦˥˧ sa:i˥ nu˧˩ ȶi˥ ɕu˧ we˧˩ ȵən˩ to˧˥ ·lo˩, təu˦˥˧ sa:i˥
这 时 才 留 给 努 记 就 做 人 大 咯 留 给

nu˧˩ ȶi˥ we˧˩ wa:n˥ səi˥ pa:i˥ ɕi˧, nai˧ ɕi˧, pəi˧˩ ȶa˧ ɕu˧ ka:ŋ˧: "nu˧˩ ȶi˧˩
努 记 做 万 岁 去 哩 这 样 女子 那 就 讲 努 记
•o˧, ka:ŋ˧ sa:i˥ ȵa˩ ȶʻiŋ˧˥ •o˧. ȵa˩ tʻəu˧˥ man˥ ȶa˧ ȶʻa˧˥ ȶin˧ •le˧, ȵa˩
啊 讲 给 你 听 啊 你 到 天 那 登 殿 哩 你
jiu˧˥ ka:ŋ˧ •lo: ʻnu˧˩ ȶi˥ tən˧ ȶen˥ •le˧ wa:n˩ wa:n˩ ȵen˩, •lo˧.'" sa:i˩
要 讲 咯 努 记 登 殿 哩 万 万 年 咯 让
ma:u˧ ji˦˥ ȶʻa˧˥ ȶin˧ •e˧ hem˧˩: "nu˧˩ ȶi˥ tən˧ ten˩ •a˧˩ ɕi˩ pa˩ ȵen˩."
他 一 登 殿 哩 喊 努 记 登 殿 啊 十 八 年
ma:u˧ po˧˥. ma:u˧ ȶi˥ ȶa˧ nəŋ˧˩ loŋ˦˥ li˧˩ pa:i˥. ȶa˧ lən˩ nu˧˩ ȶi˥ •le˧ pən˧
他 说 他 那 里 就 错 话 去 以 后 努 记 哩 只
we˧˩ li˧ ɕəp˩ pe˧ ȵin˩. ja:u˩ ɕu˧ ȵən˩ la:u˧˩ pən˧ ka:ŋ˧ tʻəu˧˥ ȶi˥ na:i˧.
做 得 十 八 年 我 就 人 老 只 讲 到 这 里

努记的故事

讲什么哩？讲那从前，讲当初那个时候。公死留咱，牛死留角。别人骗我，我骗你们。讲什么？讲在明朝的那个时代，那个年间。讲什么？讲努记，努记哩，他母亲后来到山里去，他母亲哩到山里去被一个猩猩来污辱了他母亲。后来他母亲来家讲给他舅舅听了。后来他舅舅说："这样吗？拿我们姑姑不当一回事么？这样。让我明天哩扛枪上山去，毙他那个母猩猩去，毙他那个公猩猩去"。这时让他舅舅上山去，就毙那个公猩猩去。毙了公猩猩哩，这时拿回家来，拿来吃肉，把那东西剥了吃肉。这时把那些骨头留在禾晾上聚成一堆，他母亲就收做一个堆了。

这以后哩，他母亲就怀起孕来了。心里就真的想猩猩。后来那就生下努记来了。努记生下来了，就在他外公家那里住。抚养努记到十一二岁了，努记总是天天去放牛，帮他外公到潭边去放水牛，到大滩①那里去放水牛。那寨子叫大滩，去那里放水牛。放水牛放了十多天哩，现在到了暖和的季节了。他到河里去洗澡，就把水牛赶进那条河里去。

这时有个地理先生到寨子里来勘踏龙脉，在寨子里勘踏龙脉有好多年了。到那里来问谁，问努记："努记！"他说："宝宝！你在这里放牛吗？""啊，我在这里放牛。""你在这里哩，好。你看见有什么景致没有呢？""我吗？我只看见一头水牛，一头石头的水牛。"他说："从这水下上来跟我的水牛斗架。斗斗又回到那潭底去了。""这样吗？"他说："你下得水吗？宝宝。""我当然下得。""我们下得下不得？""你们，就不知道你们下得下不得。这潭深哩。"他说："那你就去找葛藤来吧，拿来接。扯下潭底去试试看。"一扯下葛藤来，他就下到那潭底去。那潭底有一个干洞，很大。他就去蹲在那个干洞里，就拉藤子。拉呀拉，拉了一段时间，这时藤子完了。这时，拿上岸来，拿来量量看。量那藤子看哩，有四十庹，有二十丈。先生说："我下不得，真的深到这么样啊，二十丈，四十庹。"你们下不得，让我下去。"他就马上下去。"你就拿这口红箱子，这口上漆的箱子，拿这口箱子下到河底去，拿这口箱子塞进（石牛）嘴里去。你那家里还有干骨头没有？"他就问那小孩儿。"让我先回到家里去讲吧，要是讲要我（拿）哩，拿骨头来同葬。不知道有没有，让我回家先问我外婆，先问我外公，先问我母亲。要是我们外公、我们外婆、我们老人说有哩，我就去拿来。"这时他回家，第二天他来家问他

①地名，在三江县境内。

外公、他外婆、他母亲。这时，他外公和他母亲回答他说："唉！（有）你们父亲的骨头。那时那只猩猩，那只公猩猩来爱你母亲，让人家吃去了肉。有很多骨头，有一堆骨头放在禾晾后面。收进竹筒里去哩。"他说。现在，他拿那些骨头塞进竹筒去了。他（要）葬（进）牛(肚)，那头水牛（肚）去，那个竹筒就象"筒芦笙"这么大。这时，他拿一把籼谷稻草去塞住那竹筒口，他（要）葬（进）牛（肚），那头水牛（肚）去，一下把籼谷稻草塞进去。他就扛到河边去了。先生就在那里等他。第二天，他真的下那条河底去了。下到河底去了，这时就用先生的骨头去逗引。逗引逗引，石牛的嘴张开了。张开嘴来，他就把他的熊骨头，他的猩猩骨头塞进嘴里去，那骨头就从后面滑出去，滑出屁股后面去，就没有粘住。这样又去逗引，逗引逗引，用别人的骨头先逗，逗逗张开嘴来了。用他的骨头去逗，嘴又没有张开。用别人的骨头去逗又张开嘴。让他又把他的喂进去，又从后头出去了。到第三次他来问先生。先生说："你去把屁股那里呀，把屁股那里打三巴掌，他就粘住了。"先生说："打屁股，你去把屁股那里打三巴掌。"这时，他就拿个那竹筒塞进去，就粘在那里面了。现在就把他的骨头葬进那嘴里去，葬进那肚子里去。这时就拿先生的骨头吊在牛角上。他立刻潜到河那边去了。潜到河那边去了，到那石头上用脚踢得那水"通通"响，他还去那里讥讽先生哩，他说："先生笨，江这边，拿父亲骨头吊在石头边；先生笨，河这边，拿父亲骨头吊在牛角尖；先生笨，潭这边，拿父亲骨头吊鼻尖！""唉！"他说："你说真的还是说假的？努记！""说真的，怎么还说假的？这号人还说假的吗？"他说。"那么咱们就喊。这样看哪个有天地。""要是想要你的骨头葬进去哩，你先喊，先生啊。"让先生一喊，山上只有小羊在那里叫唤了一声："咩！""再喊！先生啊！"先生又喊，只有一只小野鸡在"呱！呱！"地叫唤。"现在你喊！努记！"让努记一喊哩'天上雷是雷声响，老虎是老虎吼，震动大地，震动山岳。

这时，那个先生生气了，就立刻开船过河去，就立刻去追努记。追呀追，就追上河去了。

这时，他看见几个人在龙家的房顶上翻瓦，他马上就上那里去，上那瓦上去了。到瓦上一看哩，有位姑娘叫龙巧，那姓龙的姑娘在下面绣花。做的那些花、图画真是好。被他立刻从上面吐唾沫下去，让那姑娘去舔那个花，就舔了那个唾沫。"唉！不对哟！"他说："她在爱我啊！"爱他，他就从瓦上下来。先生追上河去了，也就找他不到，他在那瓦上。现在他回家来就告诉一个媒婆，他的媒婆伯妈，告诉那老太婆去讲那龙巧姑娘，那名叫龙巧的姑娘做妻给他"去讲龙巧姑娘给我。"他说："我上房顶去翻瓦，看见龙巧姑娘，那姑娘吃我的唾沫，在爱我。"

这样，第二天早晨，他伯母就拄着拐杖"笃笃"地沿河上去了。这时走到龙巧家里去："嘿，你们这样整齐啊，在家吃油茶啊？""我们在这吃油茶哩。伯母你为什么来呢？有什么话，什么事到这儿来呢？""唉，我没有什么事。只是那天努记上你们房上去翻瓦，说看见咱们姑娘漂亮得很，牙齿牙齿白，嘴唇嘴唇红，小脸蛋儿红白红白的。多么美的人儿。我想来讲给努记他妈做儿媳妇。"叫那两母女气得就拿酸菜打她，（拿）臭老酸菜就打那媒婆。那媒婆立刻跑出门来，回来讲给努记他妈听："努记！别人（哟）去讲别人来做妻，害我走（一趟）。我就被人拿臭酸菜打了。""咦！好好好！阿婆！你被臭酸菜打（得）好。酸菜臭，才成亲，准能成亲。你下次再去。"第二天又再去，那老太婆又赶（了）去。走走……走到那里，"咦！这老太婆又来啦。"这时，那俩母女在碓窝里舂米。现在又马上拿簸箕来扔他，又马上扔那个媒婆。那媒婆又马上跑回来。"我这次去又被簸箕扔了。努记妈！""你被簸箕扔了，阿婆！你被簸箕扔得好。"他说："团圆簸箕，团圆簸箕！又再去。"到第三回，第二天，第三天又到那里去。到那里去了，这时一问，她父亲全来了，全拢来了；“你们天天来讲我们的姑娘婚配给你们儿子。你们的儿子只是在外公家放牛，要我们的漂亮姑娘嫁给你们小子做妻子，你们办得了嫁妆吗？要是你们办得了嫁妆，我们就肯让我们女儿去。”“我们办得了。”“你们办得了吗？那我讲给你听！”那老头就……“你要多少嫁妆，我知道了去讲给他听。”“我要多少嫁妆？”他说：“我讲那些嫁妆——”他说：“要三十坛跳蚤，七十坛虱子；来的那些接亲郎，要有三十个眼皮长瘤的，五十个斜眼；要‘邦丙’鱼三百斤，‘邦爬’鱼三百两，龙须三百根，过不得寨门的公水牛一头，米三百箩，鱼三百篮，酒三百坛，银子三百两。那样就只管来娶我女儿啦。”“那我回去讲。”这时就回去讲给努记听，努记这下子知道了。这时，他就下老堡石门去，到老堡口去。去到那里就被他把那些青苔扯上三王庙的石坡上面去，扯得高高的，从上面把青苔挂下来，有几十丈高。挂上那上面去了，叮咚响声震到那下面去了。震到那下面去哩，那下面派人来了。底下龙王老爹上来：“你在这里吵什么？”“吵什么，”他说：“我要来这里借龙须去娶妻子。”“你要来讨龙须去娶妻子。你在那上面戽多久的水？”“你上来看吧！我只戽了三次”。他说。“你戽了三次，青苔都到那半坡去了吗？”他说“把水都减几十丈，干了几十丈。要是让你戽一天还受得了吗？还不把河弄干了吗”？他说。这时，他就下去啦。下去了，就去那下面给这个葫芦给他，还送一对龙须给他。这时，他上来了，真的得到那些东西上来了。这时真的去那龙家，去那龙家娶妻咯。到那些接亲郎接二连三地上河去，这时就到龙巧的家里去了。

这时，就被那家使出什么（手段），抬出三十六顶轿子，但只能选一顶。这时，（他）马上就掉起眼泪来，沿着那里走上走下，走着走着遇见一只寄生蜂。他一把抓住寄生蜂的腰，那寄生蜂的腰细极了，寄生蜂在那里嘤嘤的叫。“你为什么哭？寄生蜂啊”！“嗯！我为什么哭，我讲给你听，我是哭儿子”。它说：“那么你揉眼干什么？努记！”“为什么，我拿了很多东西到这里来娶妻子，现在还难得到妻子。人家做了三十六顶轿子，又只准抬一顶。我知道抬哪一顶呢”？寄生蜂说：“办得了，这个简单。”它说：“我有翅膀，我就去帮你努记看。我到你耳朵边来飞三次，告诉你去抬哪顶轿子，你就去抬那顶轿子啊。”这时，寄生蜂就一顶一顶地去帮他看，看了就到他耳边讲：在“最中间的那顶”。这样，寄生蜂去了三次，回来到他耳边讲：“抬那最中间的去吧”！那些同伴问努记：“抬得新媳妇了吧？努记！”“啊！抬新媳妇吗？还没到时候吧？”过了一会，别人又问：“抬妻子去吗？努记！”“抬去吧！”寄生蜂来讲给他听。“那么抬哪顶？”“抬那最中间的那顶。”这时，真的抬那最中间的那顶，真的选出那顶来了。真的得到龙巧来做妻子了。

这时，抬下河来，抬到大滩来。（以前）有位叫郭公的，曾经跟努记母子打赌，他说：“如果努记你总是在外公家住一辈子，仅仅放牛而已，你都能讨媳妇，算你有本事。你从大门进来，我从后门去看你啊。”这时，努记他们把唢呐吹得“哈哈”响，真的娶了妻子下河来了。让那郭公从后门跑出屋去了，爬到那松树上去看。现在，努记他真的把新娘娶到家了，让他到那松树上笑呀笑，从那里抓个桐油筒，把那桐油筒底朝上一提，那桐油就淋到松树脚（来）了。咱们现在那松树就油淋淋的，油极了啊。这样。

现在，他真的得了妻子，还得了个葫芦。那（葫芦）是个宝贝哩，天天啊家里有饭吃，又有钱用。他在家里住着，新娘就说：“努记！你为什么总不上山，你不爱上山（去干活）？”“咦！要是我上山哩，”他说“我只想上山拿枪，”他说：“打野兔打鸟啊。”他说：“那我想上山啦。”“唉！那样也好。你上山去打野兔打鸟。”他又天天上山去打野兔打鸟。打了鸟，那新娘又说：“努记呀！”他说：“咱俩这么相爱，咱俩去照张像吧？”他说：“去照张像吧！”这时去照像。就带新娘同到山上去走，走着让风来一吹，就马上把那张像吹吹吹，吹到朝廷上去了。吹到朝廷上去让那些官吏们看见了：“咦！从哪里吹来这么一张漂亮姑娘的像片，吹到这里来？”他说：“咱们去找啊，娶那姑娘给咱做妻。”得了那张像片以后，这时就来找。找呀找，找到三江，真到大滩来了，找到了龙巧姑娘。要龙巧姑娘去做妻子，那龙巧姑娘就问努记：“现在人家要我去，怎么办？努记啊！”她说：“我来给你做妻子的。”“那人家要你去，人家是大官，咱们怕人家啊。你管他，去吧！”“我去就去吧。我去，你在家里弄枪。要是我去了几个月，你就来吧。我来我就讲给你听，你把那些鸟毛、鸟皮拿来做成了一件衣服，你就可以飞来找我。”这样让努记天天就扛枪去了。过了不久，拿鸟毛和鸟皮凑积起来真成一件衣服了。成了件衣服，叫他到那山顶上让风一吹，一下就吹到朝廷上去了。

那姑娘到那里去，去嫁给的那丈夫，是个大官，她就一点也不高兴。大官说：“你（为什么）这样不高兴？”“哼！高兴？”她说：“我要那个穿件鸟毛衣的那个人到这里来，那天我就高兴啦。”她说。这时，努记一飘就飘到朝廷上来了，那个穿鸟毛衣的人真的来了。到来后那姑娘一高兴，就嘿嘿笑起来。他这时才说：“嘿！你现在为什么这么高兴？”她说：“我现在遇见这个人，我高兴。”她说：“我想你用你的龙袍跟他换啊，你就穿那件鸟毛衣，你就留那件龙袍给他。”这时就让那个大官（那个大人）拿龙袍给努记穿，拿给努记穿了，他就去穿上努记的鸟毛衣。努记就将那人骂一顿：“嗯！你这个狗日的！你你你这个畜牲，这只老鸟，你你你飞上天去，你你你不能跟我们住，你不能在这里做大官了。”这样那家伙就一下飞上天变成鸟去了。这时让努记就当了大官了，让努记当万岁去了。这时，那姑娘就讲：“努记啊，讲给你听啊，你到登殿那天啊，你要说：‘努记登基万万年。’”被他一登殿哩说：“努记登基啊十八年。”他说。他在那里就说错了。后来努记只能做十八年。我人老了，只讲到这里。

3.3 ku˧ pu˧˩ kʻon˧
故事 卜 宽（一）

məi˧˩ ku˧ na:i˧ ȶiŋ˥˧ ka:ŋ˧ nu˥ ȶəŋ˥ ɕi˩ ta˧kun˥˧ pu˧˩kʻon˧ təu˧
支 故事 这 是 讲 很 久 时 从前 卜宽 对

ȵən˩ ȶa:u˧. ka:u˧˩ ɕa:i˧ ȶa˥˧ ti˥ ȵən˩ ȶa:u˧, ȶiŋ˥˧ ʔi˥ ȶak˩ sa:i˧ loŋ˩
人 头 里面 寨 那 的 人 头 是 一 个 肠 肚

pʻa:ŋ˧˥, təu˧ ȵən˩ səŋ˥ ti˥ ȶa˧ ho˥˧. pu˧˩ kʻon˧ toŋ˩ tʻəu˧ ta˧ son˥˧
高 被 人 讨厌 的 家 伙 卜宽 从头 打 算

ȶən˧˩ ma:u˧ ʔi˥ ha˧. me˩ ʔi˥ ɕon˧, pu˧˩kʻon˧ tʻiŋ˧ ȵən˩ ȶa:u˧ ma˧˥
整 他 一 下 有 一 次 卜 宽 请 人 头 来

ja:n˩ ȶa:n˥ ɕe˩ peu˥˧. ȵən˩ ȶa:u˧ nəŋ˧˥ məi˩ tʻəu˥˧ ɕi˩ ·ȶa˥˧, pu˧˩kʻon˧
家 吃 茶 米花 人 头 还 未 到 时 那 卜 宽

ta:i˩ ȶʻik˧ na˥ na˥ ti˥ ta:u˥ ɕe˩ piŋ˥˧ ka˥˧ ȵa:u˧ ʔu˥ ȶʻa:k˧ ·ȶa˥˧, ʔoi˥
把 口 厚 厚 的 锅 茶 缺口 架 在 上 三角架 那 烧

li˧ ja˧˥ ja˧˥, ɕu˧ tʻəu˥˧ ȵən˩ ȶa:u˧ tin˥ ȵa:p˧ la:u˧ to˥, pu˧˩kʻon˧
得 红 红 等 到 人 头 脚 跨 进 门 卜 宽

wa:n˧˥ wa:n˧˥ ta:i˩ ta:u˥ ɕe˩ piŋ˥˧ ·ȶa˥˧ ʔa:u˥ lui˧ ma˧˥ soŋ˥˧ ȵa:u˧ ljam˧
轻 轻 把 锅 茶 破 那 拿 下 来 放 在 背

to˥ ȶa˧, ɕu˧ li˧˩ la:i˥ ȶi˥ ȶa:u˧ hu˧ ȵən˩ kʻek˧: “ʔa˧ koŋ˧! ȵa˩ ma˧˥
门 那 就 话 好 的 招 呼 人 客 阿 公 你 来

la˧? wəi˥˧ sui˥˧ wəi˥˧ sui˥˧!” ji˥ mja˩ sa:i˥ ta:ŋ˩ pi˥ ȶʻim˧˥ ja˩ tʻəi˥˧ ȶət˥
啦 快 坐 快 坐 顺 手 给 堂 火 添 两 块 柴

la˥˧, kʻut˧ ʔuk˥ wop˩ wop˩ ti˥ sət˥ pi˥, ɕu˧ ta:i˩ ȶʻa:p˧ ʔoi˥ li˧ ja˥˧
劈 燃 出 微 微 的 尾 火 就 把 刚 烧 得 红

ja˧˥ ti˥ ta:u˥ piŋ˥˧ ka˥˧ ȶʻa˥˧ ʔu˥ ȶʻa:k˧ pa:i˥, taiu˥˧ ljeu˧˩ ʔi˥ ȶəŋ˧˩ ju˩
红 的 锅 破 架 上 上面 三角架 去 倒 了 一 点儿 油

ɕa˩ ɕu˧ pʻi˧ li˧ pʻa:k˧ la:k˧ ȶi˥ ɕa:u˧ kun˧˥ kəu˧˩ peu˥˧. ȵən˩ ȶa:u˧ li˧
茶 就 劈 里 啪 拉 地 炒 成 米 爆 人 头 得

nu˥˧ ljeu˧˩, “ȶən˥ ku˧ kwa:i˥˧!” kau˧˩ loŋ˩ ȶa˧ ɕa:ŋ˥˧: “ha:ŋ˧˥ ȶa:ŋ˥ na˥
见 了 真 古 怪 里面 肚 那 想 象 个 厚

ti˥ ta:u˥ pən˧ ȵa:u˧ sət˥ pi˥ lja:u˧ ʔi˥ ha˧ ɕu˧ ɕa:u˧ li˧ kəu˧˩ peu˥˧
的 锅 只 在 尾 火 燎 一 下 就 炒 得 米 爆

ȶən˥ ȶiŋ˥˧ ʔi˥ nan˥ ta:u˥ ȶəm˥ ·a˧˩. nu˥˧ ȶiŋ˥˧ jin˧˥ pu˧˩kʻon˧ wa:n˧
真 正 一 个 锅 金 啊 要 是 和 卜宽 换

li˧ nan˥ ta:u˥ na:i˧, jun˧ ʔoi˥ ho˧to˥ ȶət˥.” ha:ŋ˧˥ na:i˧ ja:ŋ˧, ma:u˧
得 个 锅 这 少 烧 好多 柴 象 这 样 他

ȶa:i˧ pu˧˩ kʻon˧ ka:ŋ˧: “ja:n˩ ȵa˩ ta:u˥ ɕe˩ na:i˧ ka:n˧˩ pi˥ li˧ hən˧˩
问 卜宽 说 家 你 锅 茶 这 赶 火 得 很

·a˧!” pu˧˩ kʻon˧ ka:ŋ˧: “ȶiŋ˥˧ ·a˧, nan˥ ta:u˥ na:i˧ ȶiŋ˥˧ sam˧ koŋ˧
啊 卜宽 讲 是 啊 个 锅 这 是 辈 祖父

sam˧ ma:ŋ˧ təu˥˧ lui˧ ma˧˥ ·ti˥. ȵən˩ ȶoŋ˩ ti˥ ta:u˥ joŋ˧ ȶəŋ˥ ljeu˧˩,
辈 祖母 留 下 来 的 人 穷 的 锅 用 久 了

ju˧　ma:ŋ˥　ju˧　piŋ˥˧,　ɕu˧　ka:n˧˩　pi˥,　ju˧　nəŋ˥　jun˧　koŋ˥.　·a˥　koŋ˥!
又　薄　又　破　就　赶　火　又　还　省　工　阿　公

ȵa˩　ȵən˩　la:u˧˩,　jun˧　ȵən˩　ʔa:u˥　ȶəi˥,　nan˥　ɬa:u˥　na:i˧,　ɬoi˥˧　ȵa˩
你　人　老　少　人　拿　柴　个　锅　这　对　你

ma˧˥　ka:ŋ˧,　ȶən˥　ho˩　joŋ˧."　ȵən˩　ȶa:u˧　li˧　ȶʻiŋ˥˧　ljeu˧˩,　ȶʻa:p˧　ho˩　səm˥
来　讲　正　合　用　人　头　得　听　了　恰　合　心

sa:i˧,　ɕu˧　ka:ŋ˧:　"ȶa˥˧　ȶʻe˧˥　la:i˥　·ljeu˧˩,　ja:n˩　ja:u˩　ȶʻa:p˧　ȶəi˧　ʔi˥　nan˥
肠　就　讲　那　太　好　了　家　我　恰　买　一　个

ɬa:u˥　məi˥˧,　ʔa:u˥　ma˧˥　jin˧˥　ȵa˩　wa:n˧　·pa˧."　ɕu˧　nəŋ˧˩　sa:m˥　ȶa:ŋ˧　ȵa:p˧
锅　新　拿　来　跟　你　换　吧　就　立刻　三　步　跨

ja˩　ȶa:ŋ˧,　pa:i˥　ɬa:i˩　ɬa:u˥　məi˥˧　ʔa:u˥　ma˧˥,　ɕu˧　ȵən˩　ȶa:u˧　ȶʻa:p˧　ʔuk˧
两　步　去　把　锅　新　拿　来　就　人　头　刚　出

ɬo˥,　pu˧˩kʻon˧　ka:n˧　wəi˥˧　pi˧˥　nan˥　man˩　ja˥˧　kok˥　ȶʻa˥˧　miŋ˥　ɬa:u˥,
门　卜宽　赶　快　削　个　薯　红　涂　上　烟子　锅

ʔa:u˥　ma˧˥　we˧˩　pjiŋ˥˧　ɬa:u˥　ȵak˩　la:u˧　ȶa˧˥　ɬa:u˥.　ɕu˧　ȶa:n˥　kun˧˥　ɕe˩pe:u˥˧
拿　来　做　柄　锅　插　进　耳　锅　等　吃　完　油茶

ȵən˩　ȶa:u˧　kʻwa:n˧˥kʻwa:n˧˥　ȶi˧ȶi˧,　jən˥　ɬa:u˥　piŋ˥˧　ȶon˥˧　pa:i˥　ja:n˩,
人　头　欢欢　喜喜　提　锅　破　回　去　家

nəŋ˥　mi˧˩　ȶʻa:m˧　ȶʻəu˥˧　pa:n˥˧　kʻun˧˥,　man˩　ja˥˧　ti˥　pjiŋ˥˧　ɬa:u˥　ɬak˥　ljeu˧˩,
还　没　走　到　半　路　薯　红　的　柄　锅　断　了

ɬa:u˥　ɕe˩　la˥˧　kun˧˥　ja˩　ma:ŋ˥˧.　jin˧˥　ȵa:u˧˩　ta˧　lən˩　nu˥˧　na:u˥　ȵe˩　ti˥
锅　茶　破　成　两　边　跟　在　后面　看　闹　热　的

pu˧˩　kʻon˧　ȶo˥　li˧　pi˩　ȶʻu˧　ɬu˥　ȶu:n˥˧　ljeu˧˩.
卜宽　笑　得　皮　肚　都　卷　了

ɬoŋ˥　ɕi˩　ma˧˥　ljeu˧˩,　man˥　hən˧˩　lja:k˧,　pu˧˩kʻon˧　ta˧　ȶu˧　ji˥˧　jiu
冬　时　来　了　天　很　冷　卜宽　打　主　意　要˥˧

wa:n˧　ȵən˩　ȶa:u˧　kʻuk˧　mjin˩　məi˥˧.　ȶa:u˧　ȵam˥˧,　pu˧˩　kʻon˧　ȶʻəu˥˧
换　人　头　衣　棉　新　头　晚　卜　宽　到

ȵən˩　ȶa:u˧　ti˥　ja:n˩　ȶʻa:m˧,　ɬoŋ˩　ȶʻən˧　ȵa:u˧˩　ka:u˧˩　ɬam˥　ȶʻok˧　ʔi˥　ɬa˩
人　头　的　家　走　先　在　里　池塘　撮　一　团

nəm˧˩jəm˥˧jəm˥˧　ti˥　ɬəu˥,　pok˥　ȵa:u˧˩　səm˥　kəm˧,　ɬan˧　ȶʻa˥˧　meu˧,　li˩
水　淋淋　的　青苔　贴　在　囟　脑门　戴　上　帽　离

ɬa:ŋ˩　pi˥　ləi˧˥　ləi˧˥　ȶe˥　ȶa˧　sui˥˧　lui˧,　kwa:i˩　nu˧˥　ȶəŋ˥,　ju˧　ɬa:i˩　meu˧
堂　火　远　远　边　那　坐　下　不　很　久　又　把　帽

ȶam˧　ʔi˥　ȶam˧,　nam˧˩　ȶəu˥　ɬa˧　ʔu˥　kui˧˥　lui˧　ma˧˥,　ɬəu˧　ɬəŋ˥　ɬəŋ˧˩
按　一　按　水　苔　从　上面　流　下　来　象　同　满

ȶa:u˧　kui˧˥　pən˥˧,　təm˧˩　mən˥　hem˧˩　ʔəu˥˧.　ȵən˩　ȶa:u˧　li˧　ȶʻiŋ˥˧　ku˧˩
头　流　汗　满　天　喊　热　人　头　得　听　古

kʻwa:i˥,　ȶa:i˧　pu˧˩　kʻon˧:　"mən˥　ɬok˥　ni˥,　ha:ŋ˧˥　ʔi˥　na:i˧　lja:k˧,　ȵa˩
怪　问　卜　宽　天　下　雪　象　这样　冷　你

li˩　ta:ŋ˩　pi˥　ʔi˥　ȶa˥˧　ləi˧˥,　nəŋ˥　ʔəu˥˧　a˧˥?"　pu˧˩　kʻon˧　ma:u˧　ka:ŋ˧:
离　堂　火　那样　远　还　热　吗　卜　宽　他　说

"ja:u˩　ɬa˧　ɬoŋ˥　ɕi˩,　hən˧˩　jun˧　pʻjeŋ˧˥　pi˥,　ɕu˧　kʻa:u˥˧　ʔu˥　ɕən˥　məi˧˩
我　过　冬　时　很　少　烘　火　就　靠　上　身　体

kʻuk˧　mjin˩　pa:u˧　pi˥　na:i˧　sa:u˧　ɕən˥　sa:u˧　ɕən˥　o˩."　ma:u˧　ʔi˩　ma:ŋ˥˧
衣　棉　宝　贝　这　暖　身　暖　身　·啊　他　一　面

kːŋ˧, ju˧ ʔi˥ maːŋ˥˧ taːi˩ meu˧ ȶam˧ ʔi˩ ȶam˧, nəm˧˩ təu˥ ju˧ ta˧
讲 又 一 面 把 帽 按 一 按 水 青苔 又 从

ʔu˥ ȶaːu˧ ȶa˧ kui˧˥ lui˧ pjaːk˧ ma˧˥, ȵən˧˩ li˧ ȵən˩ ȶaːu˧ loŋ˩ tu˥
上 头 那 流 下 额头 来 逗 得 人 头 肚 都

ȶəm˧˥, ȵən˩ ȶaːu˧ maːu˧ ɕu˧ ta˧ ȶu˧ ji˥˧, jiu˥˧ jin˧˥ pu˧˩ k'on˧ waːn˧
痒 人 头 他 就 打 主 意 要 跟 卜 宽 换

k'uk˧ mjin˩. ȵam˥˧ ȶa˥˧ pu˧˩ k'on˧ tan˧ ljeu˧˩ ȵən˩ ȶaːu˧ k'uk˧ mjin˩
衣 棉 晚 那 卜 宽 穿 了 人 头 衣 棉

məi˧˥ paːi˥ ljeu˧˩, ȵən˩ ȶaːu˧ ɕu˧ ʔaːu˥ pu˧˩ k'on˧ məi˧˩ k'uk˧ mjin˩ ȶa˧,
新 去 了 人 头 就 拿 卜 宽 件 衣 棉 那

ju˧ wa˥˧ ju˩, ju˧ wa˥˧ ȶaːi˥, maːu˧ ȶ'iŋ˥˧ ȶ'e˧˥ wa˥˧ ljeu˧˩, ȶ'i˧ ȵi˧ man˥,
又 脏 油 又 脏 垢 他 觉 太 脏 了 第 二 天

ɕu˧ ʔaːu˥ nəm˧˩ ȶe˥ ju˩ ma˧˥ ȶ'uk˧ t'uk˧ ljeu˧˩ ju˧ ȶ'uk˧, sak˥ ljeu˧˩ ju˧
就 拿 水 渣 油 来 搓 掐 了 又 掐 洗 了 又

sak˥, p'jeŋ˧˥ li˧ kwa˧ kwət˥kwət˥, tan˧ ȶ'a˥˧ ɕən˥ paːi˥. "ȶən˥ pəi˧
洗 烘 得 硬 帮帮 穿 上 身 去 真 背

ɕi˩, haːŋ˧˥nu˧˥ nəŋ˥ saːu˧ ɕən˥ li˧?" maːu˧ kaːn˧ wəi˥˧ paːi˥ səm˧
时 怎样 还 暖 身 得 他 赶 快 去 寻

pu˧˩ k'on˧ kaːŋ˧ li˧˩. pu˧˩k'on˧ kaːŋ˧: "jaːu˩ məi˧˩ k'uk˧ mjin˩ paːu˧
卜 宽 讲 话 卜宽 讲 我 件 衣 棉 宝

pi˥ ȶa˧ ɕu˧ k'aːu˥˧ laːk˧˩man˥˧ ȶaːi˥ ȶa˧, laːk˧˩man˥˧ pən˥˧ ȶa˧ ha˧ ȶiŋ˥˧
贝 那 就 靠 那些 垢 那 那些 汗 那 才 是

saːu˧ ɕən˥. ȵa˩ taːi˩ maːu˧ sak˥ paːi˥ ljeu˧˩, haːŋ˧˥ nu˧˥ nəŋ˥ saːu˧?"
暖 身 他 把 他 洗 去 了 怎样 还 暖

ȶ'aːn˧ sin˧ ȵən˩ ʔe˧ ȶi˥ ȵən˩ ȶaːu˧ pən˧ si˧ ka˥ ʔəu˥˧ ȶ'i˥˧.
贪 心 人 笨 的 人 头 只 自 家 怄 气

卜宽的故事（一）

这个故事是讲很久以前卜宽对付头人（的）。那个寨子里的头人是一个贪心（的）、被人讨厌的家伙。卜宽本来打算整他一下。有一次，卜宽请头人来家吃油茶。头人还没到的时候，卜宽把口厚厚的缺口茶锅架在三角架上，烧得红红的，等到头人一脚跨进门，卜宽轻轻把缺口茶锅拿下来放在门后，就说好话招呼客人："阿公！你来啦？快坐快坐！"顺手给火堂添两块劈柴，烧起微微的火苗，就把刚烧得红红的缺口锅架到三角架上去，倒了一点儿茶油，就劈里啪拉地炒成爆米。头人看见了，"真古怪！"肚里想："那么厚的锅，只在火苗上燎一下，就炒出爆米，真是一口金锅啊！要是和卜宽换得这口锅，少烧好多柴。"像这样，他向卜宽说："你家这茶锅省火得很啊！"卜宽讲："是啊，这口锅是祖祖辈辈留下来的。穷人的锅用久了，又薄又缺口，就省火，又还省工。阿公！你年老，少人打柴，这口锅，对你来讲，正合用。"头人听见了，恰合心思，就说："那太好了，我家刚买一口新锅，拿来跟你换吧。"就立刻三步做两步，去把新锅拿来，头人刚出门，卜宽赶快削个红薯，涂上锅烟子，拿来做锅柄，插进锅耳，等吃完油茶，头人欢欢喜喜提缺口锅回家去，还没走到半路，红薯的锅柄断了，茶锅破成两半。跟在后头看热闹的卜宽，笑得肚皮都卷了。

冬天来了，天很冷，卜宽打主意要换头人新棉衣。傍晚，卜宽到头人的家去串门，先在鱼塘里捞一团水淋淋的青苔，贴到囟脑门，戴上帽子，离火堂远远地坐下，过不多时就把帽子按一按，青苔水从上面流下来，好像满头流汗，连声喊热。头人觉得古怪，问卜宽："下雪，这样冷，你离火堂那样远，还热吗？"卜宽他说："我过冬天，很少烤火，就靠身上这件棉衣宝贝暖暖身体啊。"他一面说，又一面把帽子按一按，青苔水又从头上流下额头来，惹得头人心里痒痒的，头人他就打主意要跟卜宽换棉衣。那天晚上卜宽穿了头人新棉衣去了，头人就拿了卜宽那件棉衣，又是油，又是污垢，他觉得太脏了，第二天，就拿油渣水来搓了又搓，洗了又洗，烘得硬帮帮，穿上身去。"真背时，这怎么还能暖身体呀？"他赶快去找卜宽讲话。卜宽讲："我那件棉衣宝贝就靠那些污垢，那些汗才能暖身体。你把它洗去了，还还怎么暖？"心贪人笨的头人只好自己生气。

3.4 ku˧ pu˧˩ kʻon˧
故事卜宽（二）

ja:u˩ •lo˧ ɕən˧ na:i˧ ɕu˧ ka:ŋ˧ nan˥ ku˧ pu˧˩kʻon˧ ta:ŋ˥ ɕu˥ sa:i˥
我 咯 时 这 就 讲 个 故事 卜 宽 当 初 给

a:u˥ ȶʻiŋ˥˧.
咱 听

li˧ nei˧˩ a˩ kʻon˧ ke˧˥ ma:u˧ ɕu˧ ka:ŋ˧•lo˧: "e˥˧, ja:n˩ ta˥ ta:u˥, ȵin˩
得 母 阿 宽 别人 他 就 讲 咯 哎， 家 外公 咱 年

na:i˧ sa:ŋ˧˩ ʔi˥ ha˧ pa˥." ma:u˧ po˥˧. "ja:u˩ •a˥˧ pən˧ ȶiŋ˧ mjiŋ˩ ȵin˩,
这 喂 一 多 鱼 他 说 我 啊 总 请 几 年

ta˥ ta:u˥ po˥˧, ke˥˧ ja:u˩ ma˧˥ ɕa:u˥ a˩ kʻon˧ ke˧˥ pu˧˩ la:k˧˩ ȶa˧, po˥˧
外公 咱 说 嫁 我 来 你们 阿 宽 别人 父 子 那 说

ɕa:u˥ ȵeu˧˥ la:u˧˩ ho˧, ta˥ ta:u˥ kʻwət˧˥ ma˧˥ ȶʻa:m˧, ja:u˩ ju˧ lja:ŋ˧˥ ȶa:n˥
你们 穷 老 火 外公 咱 懒 来 走 我 又 想 吃

pa˥ tʻu˥˧ •le˩." ma:u˧ po˥˧. "ja:u˩ lja:ŋ˧˥ ȶa:n˥ pja˥ tʻu˥˧ •le˩." ȵa˩ po˥˧
鱼 醋 哩 她 说 我 爱 吃 鱼 醋 哩 你 说

pʻi˥ ja:n˩ ta˥ ta:u˥ nu˥˧, ta˥ ta:u˥ sa:ŋ pja˥ ɕi˧.…lja˧˩!" "i˥ ȶa˧ •a˥˧,
去 家 外公 咱 看 外公 咱 养 鱼 哩 啊 这 样 啊

nu˥˧ ȵa˩ lja:ŋ˧˥ ȶa:n˥ pa˥ tʻu˥˧ ɕi˧, sa:i˥ ja:u˩ pa:i˥!" ma:u˧ po˥˧.
若 你 爱 吃 鱼 醋 哩 让 我 去 他 说

ma:u˧ ɕu˧ ta:p˧ ja˩ kəm˧˩ ɕeu˥˧ ɕu˧ nəŋ˧˩ pa:i˥. a˩ ȶan˥ tam˥ ȶa˧,
他 就 挑 两 只 撮箕 就 立即 去 啊 埂 池塘 那

na:i˧ sa:i˥ ma:u˧ a:u˥ nan˥ toŋ˩ pan˩ ȶa˧ ma˧˥ •lo˩, ɕən˧ na:i˧ a:u˥
这 让 他 拿 个 筒 竹 那 来 咯 时 这 拿

ha:ŋ˩ kəu˧˩ ma˧˥ ɕeu˧ ha:ŋ˩ tu˩ ka:u˧˩ kʻu˥˧ •lo˧˩ ɕeu˧ ȵak˥ tu˩ ka:u˧˩,
些 米 来 炒 些 内 脏 猪 咯 炒 点 内 脏

sa:k˧ ȵak˥ si˩ •lo˩, ʔa:u˥ jak˥ we˧˩ i˥ ɕoŋ˧ ɕoŋ˧, soŋ˥˧ (ȵau˧) mjiŋ˩
舂 点 粑 咯 拿 掐 做 一 段(节) 段 放 在 几

nan˥ pja˥ (ȶa˧) •lo˩, soŋ˥˧ a˩ ʔu˩ ȶan˥ ȶa˧. sa:i˥ ma:u˧ po˥˧: "təu˧
个 石块 咯 放 啊 上 埂 上 让 他 说 象

ta:i˩ poŋ˧ ke˧˩ kʻwa˧˥ təŋ˥. soŋ˥˧ a˩ ʔu˥ ȶan˥ tam˥ •o˧!"
些 堆 屎 狗 来 放 上 埂 池塘 啊

ma:u˧ po˥˧: "a˩ ta˥ •e˥˧, ja˩ ta:u˥ pa:i˥ kʻim˧ tam˥ •o˧!" ta˥ ke˧˥
他 说 阿 外公 啊 俩 咱 去 放水 池塘 啊 外公 别人

ȵəŋ˩ pa:i˥ kʻim˧ tam˥. "ja:u˩ pa:i˥ pa:ŋ˥ ȵa˩ ȵən˩ la:u˧˩ kʻim˧ tam˥.
真 去 放水 池塘 我 去 帮 你 人 老 放水 鱼塘

ma:u˧ po˥˧: "ȵa˩ na:n˩ ȵap˥." ɕən˧ na:i˧ ja˩ ta˥ ke˧˥ pa:i˥ kʻim˧ tam˥
他 说 你 难 潜 时 这 俩 外公 别人 去 放水 鱼塘

kʻim˧ tam˥ ɕi˧ kəm˧˩ tam˥ ȶa˧ jiu˥˧ ȶa:ŋ˥˧ ljeu˧˩, ɕi˧, kʻe˧˥ me˩ ʔi˥ təu˧˩
放水 池塘 呀 个 池塘 那 要 干 了 呀 别人 有 一 伙

la:k˧˩ ʔun˧ ȵa:u˧˩ ȶa˧ ɕi˧. "hi˥˧ ɕa:u˥ ta:i˩ la:k˧˩ ʔun˧ na:i˧, ɕa:u˥, ʔa˩
小孩 在 那 呀 嘿 你们 伙 小 孩 这 你们

ʔu˥ ȶan˥ naːi˧ me˩ ʔi˩ ha˧ ke˧˩ kwa˧˥ naːi˧， ɕaːu˥ ljaːŋ˧˥ ȶaːn˥ ʔi˥
上 田埂 这 有 一 些 屎 狗 这 你们 爱 吃 一

kwaːi˩ •e˥˧? nu˥˧ ɕaːu˥ ljaːŋ˧˥ ȶaːn˥ ɕu˧ ȶaːn˥ taːi˩ poŋ˧ ke˧˩ kwa˧˥ naːi˧。
不 呢 如 你们 爱 吃 就 吃 些 堆 屎 狗 这

jaːu˩ paːi˥ tam˥ ta˥ ȶiu˥ ʔaːu˥ kəm˧˩ pa˥ laːu˧˩ saːi˥ ɕaːu˥ ȶaːn˥ •ma˧˩。”
我 去 池塘 外公 我们 拿 条 鱼 大 给 你们 吃 嘛

“ȵa˩ ȶaːn˥ •ma˧˩！” ta˥ ke˧˥ po˥˧。 ʔəu˥˧ ȶʻi˥˧ ho˧， ta˥ ke˧˥ po˥˧： “nəŋ˥
你 吃 嘛 外公 别人 说 生 气 极 外公 别人 说 还

kaːŋ˧ ȶuŋ˩ •le˧， ȵa˩ lan˧ •ma˧˩！ saːi˥ jaːu˩ saːi˥ kəm˧˩ pa˥ laːu˧˩ laːu˧˩
讲 多 咧 你 吞 吗 让 我 给 条 鱼 大 大

saːi˥ ȵa˩。” saːi˥ maːu˧ nəŋ˧˩ ȶaːn˥ poŋ˧ ke˧˩ kʻwa˧˥。 ȶaːn˥ ljeu˧˩ saːi˥
给 你 让 他 就 吃 堆 屎 狗 吃 了 让

maːu˧ nəŋ˧˩ ȶam˧˥ȶam˧˥ laːu˧ tam˥ paːi˥， ɕu˧ nəŋ˧˩ paːi˥ tam˥ ta˥ ke˧˥
他 就 扑通 进 鱼塘 去 就 去 鱼塘 外公 别人，

nəŋ˧˩ ʔaːu˥ kəm˧˩ pa˥ ȶʻaːu˧ ȶa˧， ȶʻət˧˥ pet˧ ȶən˥ •le˧˩。 ɕu˧ nəŋ˧˩ ʔun˥
就 捉 条 鱼 草 那 七 八 斤 咧 就 立即 扛

ma˧˥ jaːn˩。
来 家

ma˧˥ jaːn˩ ɕu˧ ləu˧˩ te˥ kʻe˧˥： “te˥， te˥！” “hem˧˩ maːŋ˩？” “ȵa˩ ȵa˩
来 家 就 骗 外婆 别人 外婆 外婆 喊 什么 你 你

paːi˥ ȶam˥。 tiu˥ paːi˥ kəi˧˥ laːu˩ tam˥， nəŋ˧˩ sot˧ （ta˥ taːu˥） lui˧ laːu˩
去 池塘 我们 去 开 水口 池塘 就 吸 外公 咱们 下 水口

tam˥ paːi˥， sot˧ lui˧ laːu˩ tam˥ paːi˥ ljeu˧˩。 jaːu˩ kʻi˧ paːi˥ paːi˥ tam˥
池塘 去 吸 下 进 池塘 去 了 我 才 去 去 鱼塘

ta˥ ʔun˥ tu˩ pa˥ ma˧˥。” “i˥ nu˧˥ we˧˩ li˧？ lja˧˩， i˥ nu˧˥ jaːŋ˧ paːi˥
外公 扛 条 鱼 来 怎 样 做 得 这么 怎 么 样 去

aːu˥ •a˩ ta˥ li˧？” “ʔi˥˧！ ʔaːu˥ kəm˩ jaːŋ˧ mjin˩ paːi˥！” maːu˧ po˥˧。 ɕən˧
拿 阿 外公 得 咦 拿 条 棉 被 去 他 说 时

naːi˧ nəŋ˧˩ ʔaːu˥ kəm˧˩ jaːŋ˧ mjin˩ paːi˥。
这 就 拿 条 棉 被 去

ʔun˥ kəm˧˩ jaːŋ˧ mjin˧ ȶʻəu˥˧ ȶa˧ paːi˥ ɕi˧。 “ta˥ •i˧˩！ ȵa˩ wəi˧˥
扛 条 棉 被 到 那 去 哩 外公 你 赶

ljaːŋ˧ paːi˥ jaːn˩ kun˥˧ •o˧˩！” maːu˧ po˥˧： “ʔa˩ ta˥ ʔa˩ jaːn˩ ȶa˧ we˧˩
快 去 家 先 啊 他 说 阿 外公 啊 家 那 失

wi˥ •o˧˩” maːu˧ po˥˧： lja˧˩， “jun˥˧ wi˥！” maːu˧ po˥˧： “ja˧ taːk˧ wa˧！”
火 啊 他 说 这样 惊 火 他 说 也 失 火

maːu˧ po˥˧： “ȵa˩ ȵa˩ kaːn˧ paːi˥ jaːn˩ nu˥˧ te˥ kun˥˧。”
他 说 你 你 赶 去 家 看 外公 先

lja˧˩， saːi˥ maːu˧ ləu˧˩ te˥ ke˧˥ ju˧ po˥˧ ta˥ ke˧˥ sot˧ lui˧ laːu˩ tam˥
这样 让 他 骗 外婆 别人 又 说 外公 别人 吸 下 水口 鱼塘

paːi˥， saːi˥ maːu˧ ʔun˥ kəm˧˩ jaːŋ˧ mjin˩ paːi˥ ȶʻəu˥˧ ȶa˧ po˥˧ haːn˥˧ kəm˧˩
去 让 他 扛 条 棉 被 去 到 那 说 堵 个

laːu˩ tam˥ ȶa˧。 ɕən˧ naːi˧ ləu˧˩ ta˥ ke˧˥ ju˧ po˥˧ te˥ ke˧˥ •a˩ jaːn˩
水口 鱼塘 那 时 这 骗 外公 别人 又 说 外婆 别人 家

ȶa˧ jun˥˧ wi˥， lja˧˩ maːu˧ ju˧ saːi˥ ta˥ ke˧˥ ta˧ •a˩ tam˥ ȶa˧ wi˧˥
那 失 火 那样 他 又 让 外公 别人 过 啊 鱼塘 那 跑

paːi˥, saːi˥ te˥ ke˦ ja˧ ta˧ naːi˧ wi˦ paːi˥ •le˩. “kaːu˩ laːu˩ •e˥˧, ȵa˩
去 让 外婆 别人 也 从 这 跑 去 哩 老 头 啊 你

laːu˨˩ laːu˨˩ maːŋ˩ ʔi˥ naːi˧ kaːi˧ su˥, sot˧ ȶak˨˩ ko˩ ȶət˥ lui˧ •a˩ laːu˩
老 老 怎么 这 样 不 修阴 吸 个 脖 腿 下 啊 水口

tam˥ paːi˥, kʻau˦ •a˩ pu˨˩ kon˧ ke˦ ʔun˥ ȶak˨˩ jaŋ˧ mjin˩ ma˦ haːn˥˧,
鱼塘 去 靠 啊 卜 宽 别人 扛 条 棉 被 来 堵

ȵa˩ ha˧ ȶiŋ˥˧ ne˥ ko˩ ȶət˥ ʔuk˧ li˧.” maːu˧ po˥˧. naːi˧ ja˩ ȵən˩ laːu˨˩
这样 才 是 扯 脖 腿 出 得 她 说 这样 俩 老 人

paːi˥ paːn˥˧ kun˦ ja˩ nan˥ pjaːk˧ ȶa˧ pem˥ ʔi˥ pem˥, to˧ te˥ ke˦ nəŋ˨˩
去 半 路 两 个 额头 那 碰 一 碰 使 外婆 别人 就

po˥ kəm˨˩ nan˥. ɕən˧ naːi˧ saːi˥ maːu˧ pa˩ laːu˧ tam˥ (paːi˥). haːŋ˩
肿 个 包 时 这 让 他 钻 进 鱼塘 去 些

pa˥ to˦ ȶa˧ paːi˥ lin˧ ʔi˥ taːp˧, ʔaːu˥ ɕəp˩ ta˧ tu˩ pa˥ ȶa˧, tət˦
鱼 大 那 去 挑 一 担 拿 十 多 条 鱼 那 七

pet˧ ȶən˥, ŋo˨˩ ljok˨˩ ȶən˥ ja˧ me˩. saːi˥ maːu˧ lin˧ ʔi˥ taːp˧ paːi˥.
八 斤 五 六 斤 也 有 让 他 挑 一 担 去

taːp˧ ma˦ jaːn˩ ɕu˧ ȶeu˥ nəi˨˩ kʻon˧ kʻe˦: “nəi˨˩ kʻon˧ •e˦, ɕən˧ naːi˧
挑 来 家 就 交 母 宽 别人 母 宽 啊 时 这

ȵa˩ ljaːŋ˦ ȶaːn˥ pa˥ ȶʻu˥˧ ho˧, ȵəŋ˩ ȶən˥ •a˧ ȶaːŋ˩ ho˧ pa˥ ȶʻu˥˧.”
你 爱 吃 鱼 醋 多 真 正 啊 多 鱼 醋

maːu˧ po˥˧: “jaːu˩ ta˧ jaːn˩ ta˥ taːu˥ (ʔau˥ ma˦). ta˥ taːu˥ ȵəŋ˩ kʻaːi˦
他 说 我 从 家 外公 咱 拿 来 外公 咱 真 慨

ʔi˥ ho˧.” maːu˧ po˥˧: “nəŋ˨˩ saːi˥ kəm˨˩ taːp˧ pa˥ saːi˥ taːu˥.” ɕən˧
很 多 他 说 就 送 个 挑 鱼 给 咱 时

naːi˧ ja˩ ȵən˩ laːu˨˩ paːi˥ ȶa˧ “ȵa˩ nu˦ haːŋ˩ kaːu˨˩ laːu˨˩ •a˥? ȵa˩
这 两 人 老 去 那 你 怎 么 老 头 啊 你

ȵa˩, pu˨˩ kʻon˧ ma˦ po˥˧ ȵa˩ sot˧ lui˧ laːu˩ tam˥.” “maːu˧ ju˧ po˥˧
你 卜 宽 来 说 你 吸 下 水口 鱼塘 他 又 说

ȵa˩ jaːn˩ ȶa˧ jun˥˧ jun˥˧ wi˥? mau˧ po˥˧ ȵa˩ nu˦ haːŋ˩ •e˨˩?” “tu˩
你 家 那 失 失 火 他 说 你 什 么 啊 个

naːi˧ ȵəŋ˩ ȶən˥ ljaːŋ˦ kʻeu˦ •lo˧. haːŋ˩ naːi˧ jaːŋ˧ haːi˧ ja˩ taːu˥
这 真 正 想 打 咯 象 这 样 害 俩 咱

ja˩ ȵən˩ laːu˨˩ •e˨˩, təu˧ pjaːk˧ tu˥ ɕeŋ˥ tən˥˧.” maːu˧ po˥˧: “ɕi˥˧ paːi˥
俩 人 老 啊 让 额头 都 相 碰 他 说 试 去

tam˥ nu˥˧ ɕi˧, pa˥ nəŋ˨˩ ko˨˩ saːi˥ maːu˧ ʔaːu˥ ljeu˨˩ ko˨˩ maːŋ˩.” ŋe˥˧, ji˦
鱼塘 看 呀 鱼 就 不知 让 他 拿 了 不知 什么 嗯 一

ȶʻəu˥˧ tam˥ paːi˥ •po˧, haːŋ˩ pa˥ ȶʻo˦ ȶa˧ saːi˥ maːu˧ ȶap˥ paːi˥ jaːn˩ ljeu˨˩.
到 鱼塘 去 吧 些 鱼 大 那 让 他 拣 回 家 了

ma˦ ma˦ …… ȶʻəu˥˧ jaːn˩ maːu˧ ɕi˧, ɕu˧ paːi˥ •a˩ ȶʻa˥˧ •a˩ ʔu˥
来 来 到 家 他 哩 就 去 啊 上 啊 上

ȶən˩ ȶa˧ paːi˥ •le˨˩, ȶʻa˥˧ •a˩ ʔu˥ ȶən˩ ȶa˧ paːi˥ li˧ tu˩, tu˩ ȶa˧
山 那 去 哩 上 啊 上 山 那 去 得 只 只 那

kaːŋ˧ tam˥ kaːŋ˧ tu˩ ma˨˩ ȶaːi˨˩. ma˨˩ ȶaːi˨˩ ton˩ ȶa˧ taːi˥˧ wa˦ taːi˧ wa˦
讲 侗话 讲 只 螳 螂 螳 螂 团 那 带 花 带 花

ȶa˧ •lo˩, saːi˥ maːu˧ ne˥ ȶiu˩ pjam˥ təŋ˥ •lo˧ ji˦ suk˨˩ •ka˧, lja˨˩,
那 咯 让 他 拔 根 头发 来 咯 一 捆 呀 这样

ɕu˧ pa:i˥ suk˩ ˀa˩ tin˥ məi˩ ka˦ lje˧ ȶa˧.
就 去 捆 去 脚 树 耳 羊

ji˦ pa:i˥ ˀa˩ ton˩ ɕa:i˧ ȶa˧ ji˦ kʻeu˦ nan˥ ȶuŋ˥ ȶa˧. "ȶaŋ˩ ho˧ na:i˧ ·o˩."
一 去 啊 团 寨 那 一 敲 个 鼓 那 场面 这 啊

ma:u˧ po˦: "ja:u˩ ȶʻa˦ ˀa˩ ˀu˥ ȶən˩ pa:i˥ ȶa˧ pa:i˥ sap˥ li˧ tu˩ ȶa˦
他 说 我 上 啊 上 山 去 那 去 捉 得 只 那

·a˧, tu˩ ɕən˥ ma˩ ȶa:u˧ ljoŋ˩ ·o˩." ma:u˧ po˦: "tu˩ ȶa˧ ɳa˩ ȶʻa:p˧
啊 个 身 马 头 龙 啊 他 说 只 那 你 刚

ɕa:ŋ˦ pa:i˥ ˀa:u˥ ma:u˧, ma:u˧ ja˩ nan˥ ɳəu˥ ȶa˧ jo˦ təŋ˥." ma:u˧
想 去 拿 它 它 两 个 爪子 那 挠 来 他

po˦: "tu˩ ȶa˦ la:i˥ ȶiŋ˥ ȶi˥ pʻa:i˩ ȶʻa:ŋ˩ ·o˩." ma:u˧ po˦: "ɕa:u˥ ton˩
说 只 那 多 么 的 排 场 啊 他 说 你们 团

ɕa:i˧ ɕa:u˥ pa:i˥ nu˦ ·o˩!" lja˩, "ja:u˩ ˀa:u˥ ma:ŋ˩, ˀa:u˥ la:m˧ pjam˥
寨 你们 去 看 啊 这样 我 拿 什么 拿 绳 头发

pa:i˥ suk˩ ·ka˩." ma:u˧ po˦. "ha˦, ˀi˥ ȶa˧ ·o˦!" ɕən˧ na:i˧ sa:i˥ ke˦
去 捆 了 他 说 啊 那 样 吗 现 这 让 别人

kʻeu˦ ȶuŋ˥ kʻeu˦ la˩ ȶʻa˦ ȶən˩ pa:i˥ nəŋ˩, nəŋ˩ nəŋ˩ "·a˩ nu˦, pu˩
敲 鼓 敲 锣 上 山 去 看 看 看 哪 儿 卜

kʻon˧ ·a˦?" "·a˩ nu˦ ·a˥, ni˦, ·a˩ tin˥ koŋ˥ məi˩ ȶa˧, ja:u˩ suk˩
宽 啊 哪 儿 啊 呢 脚 棵 树 那 我 捆

·a˩ ȶa˧. tu˩ ma˩ ȶa:i˩ ȶa˧ ta˧ ȶa˧ ɕa:ŋ˦ja:ŋ˦ təŋ˥. ja˩ nan˥ ɳəu˥
那 儿 只 螳 螂 那 从 那 振作 来 两 个 爪子

ȶa˧ nan˥ ȶa:u˧ ȶa˧ la:i˥ ȶiŋ˥ joŋ˦ ɕoŋ˩!" ma:u˧ po˦. "tɕu˩ ɳa˩ nan˥
那 个 脑袋 那 多 么 勇 猛 他 说 日 你 个

ɳa:i˦ ȶa˧! ɳa˩ ɳa˩ tu˩ ma˩ ȶa:i˩ tu˥ pa:i˥ ləu˩ ta:u˥ ton˩ ɕa:i˧ sa:i˥
屄 那 你 你 只 螳 螂 都 去 骗 咱们 团 寨 给

ɳa˩ ·m˩, ma:ŋ˥ nu˦ ɳa˩. he˦, jiu˦ kəm˩ na:i˧ we˩ ma:ŋ˩, suk˩
你 少 见 你 嘿 要 个 这 做 什么 捆

kəm˩ na:i˧, ˀa:u˥ ma:u˧ lui˧ ɳa˥ pa:i˥ peŋ˦." ɕən˧ na:i˧ nəŋ˩ ɳe˩
个 这 拿 他 下 河 去 丢 现 在 就 塞

kəm˩ ȶa˩ la:u˧ kəm˩ təi˧ ka:n˥ pa:i˥ ɕu˧, ˀa:u˥ pa:i˥ soŋ˦ ·a˩ ȶe˥
个 那 进 个 袋 麻 去 就 拿 去 放 呀 边

kun˦ ȶa˧ ɕu˧, jiu˦ ˀa:u˥ pa:i˥ na˥ peŋ˦ ·i˩.
路 那 等 要 拿 去 河 丢 哩

ma:u˧ pa:i˥ ȶa˧ nəi˦ ɳok˦ nəi˦ ɳok˦, we˩ we˩ nəŋ˩ kəm˩ təi˧ ka:n˥
他 去 那 扭 动 扭 动 做 做 就 个 袋 麻

ȶa˧ tu˦ nəŋ˩ ˀuk˧ kəm˩ ȶa:u˧ təŋ˥, ɳən˩ nəŋ˥ na:n˩ ˀuk˧. ɕən˧
那 破 就 出 个 脑袋 来 人 还 难 出 现

na:i˧ li˧ kəm˩ ȶa˩ pe˥ la:k˩ kʻu˦ ȶa˧, to˧ kəm˩ ta:p˧ la:k˩ kʻu˦ təŋ˥
在 得 个 汉人 卖 小 猪 那 挑 个 担子 小 猪 来

·le˩. "ȶa˧ ɳa˩ ma˦ ta˦ kun˦ na:i˧ nəi˦ ɳok˦ nəi˦ ɳok˦ we˩ nan˥
咧 那 你 来 中 路 这 扭 动 扭 动 做 个

ma:ŋ˩?" "he˦! ja:u˩ ·a˥, ja:u˩ kəm˩ na:i˧ təu˩ su˩ kəm˩ la:i˩ to˩."
什么 嘿 我 啊 我 个 这 投 师 个 背 驼

ma:u˧ po˦. "kui˧ kəu˥!" ma:u˧ po˦: "kui˧ kəu˥ ·le˧. ɳən˩ mən˥ ·a˧,
他 说 腰 勾 他 说 腰 勾 哩 仙 人 啊

ɕen˧ ȶa˧ sa:i˥ nan˥ təi˧ na:i˧ sa:i˥ ja:u˩ ja:u˩ ɕu˧ la:u˧ ka:u˧˩ na:i˧
仙 家 给 个 口袋 这 给 我 我 就 进 里 这

pa:i˥ səŋ˩ k'ui˧ ləŋ˥ ʔet˧ k'ui˧ ja:u˩. pən˧la:i˥˧ muŋ˧˩ ȶa˧——ta:p˧ la:k˧˩
去 直 腰 来 扳 腰 我 只因 个 那 挑 小

k'u˥˧ ȶa˧, ȵən˧ k'ui˧ kəu˥. “sa:i˥ ja:u˩ ȵən˧ la:u˧ na:i˥ pa:i˥ ʔet˧ na:k˧˩.”
猪 那 也 腰 勾 让 我 也 进 这 去 扳 点

“ȵa˩ la:u˧ pa:i˥ ʔet˧ k'ui˧, ȶa˥˧ sa:i˥ ja:u˩ suk˧˩ ʔəp˥ təi˧ kun˥˧.” ma:u˧
你 进 去 扳 腰 那 让 我 捆 口 袋 先 他

po˥˧ sa:i˥ kəm˧˩ ȶa˦ ȶa˧: “nu˥˧ k'e˦ me˩ ȵən˩ ȶuŋ˩ ləŋ˥, ȵa˩ pən˧
说 让 个 汉人 那 如果 别人 有 人 多 来 你 总

pi˧˩ nən˥˧ .lo˧.” ɕən˧ na:i˧ ȶa˧˩ pe˥ la:k˧˩ k'u˥˧ ȶa˧ ɕu˧ la:u˧ kəm˧˩ ʔəp˥
别 响 咯 这 时 汉人 卖 小 猪 那 就 进 个 口

təi˧ ȶa˧ pa:i˥ ljeu˧˩. sa:i˥ ma:u˧ ta:i˩ nan˥ ʔəp˥ təi˧ ȶa˧ suk˧˩ ȶan˧ ȶan˧.
袋 那 去 了 让 他 拿 个 口 袋 那 捆 紧 紧

sa:i˥ ma:u˧ ji˩ kəm˧˩ ta:p˧ la:k˧˩ k'u˥˧ ȶa˧ ·a˩ lja:i˥ ȶa˧ ljeu˧˩, ma:u˧
让 他 移 个 担 小 猪 那 啊 远 那 了 他

pa:i˥ ·a˩ ʔu˥ pja˩ ȶa˧ nəŋ˩ ke˦ ·la˧˩.
去 啊 上 从 那 看 别人 啦

na:i˧ ke˦ ȶa:n˥ kəu˧˩ ma˦ ljeu˧˩. ɕən˧ na:i˧ nəŋ˧˩ ʔun˥ kəm˧˩ ȶa˧˩ pe˥
这样 别人 吃 饭 来 了 这 时 就 扛 个 汉人 卖

la:k˧˩ k'u˥˧ ȶa˧ ʔa:u˥ pa:i, nəŋ˧˩ peŋ˥˧ la:u˧ ka:u˧˩ ɕik˧˩ mən˩ ȶa˧ pa:i˥ ·le˧˩.
小 猪 那 拿 去 就 扔 进 里 石 门 那 去 了

ɕən˧ na:i˧ sa:i˥ ma:u˧ ɕu˧ ta˧ ·a˩ pja˩ ȶa˧ ʔuk˧ ma˦, nəŋ˧˩ to˧
这 时 让 他 就 从 啊 树丛 那 出 来 就 挑

ta:p˧ la:k˧˩ k'u˥˧ ȶa˧ nəŋ˧˩ pa:i˥ ·le˧˩ pa:i˥ pa:i˥ …… sən˥ pa:i˥ ·la˧˩.
担 小 猪 那 就 去 哩 去 去 村子 去 啦

pa:i˥ …… pa:i˥ li˧ ŋo˧˩ ljok˧˩ t'ət˦ ȵam˥˧ ɕu˧ ȶon˥˧ ma˦ ·le˧˩. ȶon˥˧ ma˦
去 去 得 五 六 七 晚 就 转 来 了 转 来

ɕa:i˧ ȶa˧ “pe˥ la:k˧˩ k'u˥˧ ·le˧˩! pe˥ la:k˧˩ k'u˥˧ .le˧˩.” “jəi˥˧ na:u˩ ju˧
寨 那 卖 小 猪 了 卖 小 猪 了 咦 谁 又

ma˦ na:i˧ pe˥ la:k˧˩ k'u˥˧ le˧˩!” “pu˧˩ k'on˧ ke˦ ma˦ ·la˧˩, ma˦ na:i˧ pe˥
来 这儿 卖 小 猪 哩 卜 宽 别人 来 了 来 这儿 卖

la:k˧˩ k'u˥˧.” “ta:u˥ tu˥ ʔa:u˥ pu˧˩ k'on˧ ke˦ peŋ˥˧ ȵa˥ pa:i˥ ljeu˧˩!” “ŋ˥˧!
小 猪 咱们 都 拿 卜 宽 别人 丢 河 去 了 嗯

ʔa:u˥ ja:u˩ peŋ˥˧ la:u˧ ȵa˥,” ma:u˧ po˥˧: “ȵən˩ ta:u˥ loŋ˩ la:i˥.” ma:u˧
拿 我 丢 进 河 他 说 人 咱们 肚 好 他

po˥˧, lja˧˩: “ɕa:u˥ peŋ˥˧ ja:u˩ la:u˧ ȵa˥, ȵa˩ ɕa:ŋ˥˧ kwa:i˩ me˩ ȵən˩ ȶu˥˧
说 是吧 你们 丢 我 进 河 你 想 没 有 人 救

ja:u˩.” ma:u˧ po˥˧:“ ȶ'əu˥˧ te˧ ȶa˥˧ pa:i˥, loŋ˩ wa:ŋ˩ ȶa˧ ȶu˥˧ ja:u˩· a˧. ma:u˧
我 他 说 到 下 那 去 龙 王 那 救 我 啊 他

nəŋ˥ sa:i˥ kəm˧˩ ta:p˧ la:k˧˩ k'u˥˧ sa:i˥ ja:u˩.” ma:u˧ po˥˧:“ man˥˧ la:k˧˩
还 给 个 担 小 猪 给 我 他 说 些 小

k'u˥˧ na:i˧ la:i˥ tiŋ˥ jəŋ˧ ma:k˧ ·o˥.” ma:u˧ po˥˧:“ ʔi˥ ȵa:n˥ ma:k˧ ta:i˧
猪 这 多 么 肯 长 啊 他 说 一 月 大 好

mjiŋ˩ ɕəp˩ ȶən˥, ʔi˥ ȵin˩ ŋo˧˩ ljok˧˩ pek˧ ȶən˥.” sa:i˥ ke˦ man˥˧ ɕa:i˧
几 十 斤 一 年 五 六 百 斤 让 别人 些 寨

ȶa˧ po˦˥˧:“ •i˦˥˧! ˀa:u˥ tu˩ la:k˧˨˧ k'u˦˥˧ sa:i˥ ȶiu˥ •o˧• ja:n˩ ȶa˦˥˧ ja˧
那 说 咦 拿 只 小 猪 给 我们 啊 家 那 也

“təu˦˥˧ tu˥ sa:i˥ ȶiu˥ •o˧!” “təu˦˥˧ sa:i˥ ɕa:u˥, ja:u˩ ȵən˧ jiu˦˥˧ təu˦˥˧ mjiŋ˩ tu˩
留 只 给 我们 啊 留 给 你们 我 也 要 留 几 只

sa:i˥ ja:u˩ sa:ŋ˧˨˧ •o˧˥! təu˦˥˧ tam˧ tu˩ nəi˧˨˧ ȶiu˥ sa:ŋ˧˨˧ •o˧˥.” ma:u˧ po˦˥˧. ɕən˧
给 我 养 啊 留 几 只 母 我们 养 啊 他 说 这

na:i˧ ma:u˧ ɕəp˩ ta˧ tu˩ la:k˧˨˧ k'u˦˥˧, ma:u˧ pe˥ pe˥ təu˦˥˧ ˀi˥ tu˩ sa:i˥
时 他 十 多 只 小 猪 他 卖 卖 留 一 只 给

ja˩ k'e˧˥ nəi˧˨˧ k'e˧˥ sa:ŋ˧˨˧, təu˦˥˧ ˀi˥ tu˩ sa:i˥ ja˩ k'e˧˥ nəi˧˨˧ k'e˧˥ sa:ŋ˧˨˧.
两 别人 母 别人 养 留 一 只 给 两 别人 母 别人 养

nəi˧˨˧ k'e˧˥:“ ȶa˧ ma:u˧ nəŋ˥ ȶam˥ ja˩ ta:u˥ pa:i˥ kwai˩? ȶa˧ ȵa˩ lui˧
母 他 那 他 还 邀 俩 咱 去 不 那 你 下

•a˩ ȵa˥ ȶa˧, pa:u˧ •o˧˥?” ma:u˧ po˦˥˧:“ ȶam˥ pa:i˥ •a˧.” ma:u˧ po˦˥˧:“ hem˧˨˧
啊 河 那 宝 啊 他 说 邀 去 啊 他 说 喊

nəi˧˨˧ ɕa:u˥ ma˧˥ •o˧!” ma:u˧ po˦˥˧:“ȶa˦˥˧ ja˩ ta:u˥ ja:u˩ nu˧˥ la:u˧ ȵa˥ li˧,
母 你们 来 啊 他 说 那 俩 咱们 我 如何 进 河 得

noŋ˧˨˧?” “ȵa˩ nəi˧˨˧ ɕu˧ ȵa˩ la:u˧ ka:u˧˨˧ ka:ŋ˥ pa:i˥.” ma:u˧ po˦˥˧:“ sa:i˩
弟弟 你 母 就 你 进 里 缸 去 他 说 让

ja:u˩ ɕu˧ la:u˧ ka:u˧˨˧ hok˧˨˧ pa:i˥. ta˧ •a˩ ȶa:u˧ ɕik˧˨˧ mən˩ ˀu˥ na:i˧
我 就 进 里 谷桶 去 从 啊 头 石 门 上 这

soŋ˦˥˧ lui˧ pa:i˥. ton˧ ja:u˩ ‘toŋ˧˨˧’, ȵa˩ ɕu˧ ‘teŋ˧˨˧’ ‘toŋ˧˨˧—teŋ˥’ ja˩ ta:u˥
放 下 去 若是 我 通 你 就 噹 通 噹 俩 咱

la:u˧˨˧ ɕət˩ k'eu˧˥ •lo˧. k'eu˧˥ •lo˧ •a˩ te˧ ȶa˧ ma:u˧ li˧ ȶ'iŋ˦˥˧ •le˧, ɕu˧
老 实 打 咯 打 咯 啊 下 那 他 得 听 哩 就

ma˧˥ ˀa:u˥ ȵa˩ nəi˧˨˧ pa:i˥ la˧˨˧.” ma:u˧ po˦˥˧. sa:i˥ ma:u˧ ju˧ k'eu˧˥ hok˧˨˧
来 要 你 母 去 了 他 说 让 他 又 敲 谷桶

ȶa˧ ju˧ “toŋ˧˨˧”, nəi˧˨˧ k'e˧˥ ju˧ “teŋ˥”. men˧ k'eu˧˥ men˧ k'eu˧˥, we˧˨˧ kəm˧˨˧
那 又 通 母 他 又 噹 越老 敲 老 打 做 个

nəi˧˨˧ k'e˧˥ la:u˧ •a˩ ka:ŋ˥ pa:i˥ la˦˥˧ m˧˨˧ ka:ŋ˥ •le˧˨˧” ɕən˧ na:i˧ nəŋ˧˨˧
母 他 进 啊 缸 去 破 个 缸 了 现 在 就

jam˥ m˧˨˧ nai˧˨˧ ke˧˥.
淹 个 母 他

ɕən˧ na:i˧ ləu˧˨˧ m˧˨˧ nəi˧˨˧ ke˧˥ lui˧ həi˧ tu˧ ka:i˧ nu˦˥˧ nu˧˥.
这 时 骗 个 母 他 下 海 都 不 光 彩

卜宽的故事（二）

我啰现在就讲一个从前卜宽的故事给咱们听。

卜宽的母亲她就讲咯：“咱们外公家今年养很多鱼。”她说：“我总去请了几年，咱们外公说，嫁我来给你们父子，说你们穷老火①，咱们外公懒来走动。我又想吃醋鱼②哩。她说：“我爱吃醋鱼，你就去咱们外公家看看。咱们外公家养鱼哩……”“那样么，要是你爱

①老火，当地汉语是“极”“厉害”“得很”的意思。

②当地侗族的一种食品，把生鱼块淹进米醋，食时佐以辣椒、蒜、葱等。

吃醋鱼，让我去。"他说。

他就挑两只撮箕马上就去。去那鱼塘埂上，这就让他拿个竹筒来，这时拿些米来炒些猪内脏哩，炒点猪内脏舂点粑粑咯，拿来掐成一节节的，放在几个石块上，放在埂上。让他说："象几堆狗屎。"放在那鱼塘埂上。

他说："阿公，咱俩去放鱼塘的水啊！"他外公真的去排鱼塘的水。"我去帮你老人放鱼塘的水！"他说："你不能潜水。"这时，外公他俩去放鱼塘的水。放那个鱼塘的水哩，那鱼塘要干了。有一伙别人的小孩在那里。"嘿：你们这一群小孩，你们，这田埂上有一些狗屎，你们想吃一点不？如果你们爱吃就吃这些狗屎，我去我们外公家鱼塘拿条大鱼给你们吃。""你吃吧！"他外公说，气极了。他外公说："还多话，你吞吧！让我给条大鱼给你。"被他就吃那些堆狗屎，吃完了被他就"扑通"进鱼塘去，就去他外公鱼塘捉条草鱼，七八斤哩，就马上扛回家。

回家就骗他外婆："外婆，外婆！""喊什么？""你你到鱼塘去！我们去开鱼塘的排水口，就把咱们外公吸下鱼塘排水口去了，吸下鱼塘排水口去了！我才去外公鱼塘扛条鱼来。"怎么办？那么，怎么能去捞到外公？""咦！拿条棉被去！"他说。这时，就拿床棉被去。

扛条棉被到那去。"外公，你先回家去。"他说："外婆在家失火！"他说："惊火！"他说："失火！"他说："你你赶快先去看外婆！"

这样，被他骗他外婆说外公被吸下鱼塘排水口去了，被他扛一床棉被到那里去，好堵鱼塘排水口。现在又骗他外公说，他外婆在那家里失火，那样，又让他外公从鱼塘跑去。让他外婆也从这里跑去。"老头，你这么老了，怎么这样不修阴德，把小腿吸进鱼塘的排水口去。靠卜宽扛床棉被来堵，才能拔得腿出来。"她说。这样，俩位老人到半路两个额头相碰，使他外婆马上肿了个包。

这时，被他爬进鱼塘（去），那些大鱼挑去一担。拿了十多条鱼，七八斤的，五六斤的都有，被他挑一担去。挑来家就交给卜宽他妈："宽妈！现在你尽量爱吃醋鱼了，醋鱼真正多啊！"他说："我们从外公家拿来。咱们外公真慷慨得很。"他说："就送一挑给咱。"

现在两个老人去那里："你怎么了？老头！你你，卜宽来说你被吸下鱼塘水口。""他又说你在家失…失火？他跟你说什么？""这个东西真的想打咯！象这样坑害咱们俩老人啊，使（我们）额头都相碰。"他说："试到鱼塘去看看。鱼不知道被他拿得怎么样了。"唉！一到鱼塘去呀，那些大鱼让他拣回家了。

来来……到家，他就去登那山去，上那山去得只——那只讲侗话叫螳螂。那螳螂身上花花的。让他扯根头发来一捆，就（去）捆在那羊耳树脚。

去到寨子里一敲那个鼓。"这场面！"他说"我上山去捉得那只，马身龙头！"他说："那东西你刚想去捉它，它的两只爪子就挠来。"他说："那东西多么的排场！"他说："你们全寨，你们去看！"这样，"我用什么，我用头发缆子去捆了！"他说。现在，让人家敲锣打鼓上山去看。看呀看，"哪儿，卜宽呵？""哪儿，那树脚下，我捆在那里。那只螳螂从那里振作起来，两只爪子，那个脑袋多么威武！"他说。"日你个屄！你你……一只螳螂都去骗咱们全寨，你真少见。要这家伙干什么？捆这家伙，拿他扔下河去！"这时就把那家伙塞进麻袋去，拿去放在路边，要拿去丢到河里。

他在里面扭来扭去，把麻袋弄破，就露出个脑袋来，人还是出不来。这时，有一个卖猪崽的汉人，挑一担猪崽来："（那）你来这路中间动呀动的干什么?""嘿！我这个人投师于一个驼背。"他说："勾腰哩，天仙哩仙家送这个口袋给我。我就进这里使我的腰直起来去扳我的腰杆。"原来那个挑猪崽的也是驼背。"让我也进去扳扳。""你进去扳腰杆，那么让我先把口袋捆上。"他说给那个汉人："如果他有很多人来，你总别做声。"这时那卖猪崽的汉人进那个口袋去了，让他把那个口袋捆得紧紧的。他把那担猪崽移到那远处了。他去那树丛里看别人。

这时，别人吃饭来了。这时就扛那个汉人去，就扔到石门河里去了。

这时，就让他从树丛中出来，挑着那担猪崽就走。走走……走到村子里去了。走得五六七晚就转回来，回到寨上就"卖猪崽喽！卖猪崽喽！""咦！谁又来这里卖猪崽?""卜宽他来了，来这里卖猪崽。""咱们都把卜宽他丢到河里去了！""嗯！拿我丢进河里，"他说："咱们人心肠好。"他说："你们丢我进河里，你想没有人救我。"他说："到那底下去，那龙王救我啊。它还送一担猪崽给我。"他说："这些猪崽多么肯长。"他说："一个月长好几十斤，一年五六百斤。"让那些寨上的人说："咦！留一只给我们啊！"那家也"留一只给我们啊！""留给你们，我也要留几只给我养，留几只给我母亲养。"他说。这时，十多只猪崽他留一只给他母亲和他俩个养。

他母亲："那他还邀咱们俩去不？你到下面的时候，宝儿?"他说："邀（去）啊，他说：'喊你们母亲来。'"他说："那咱们俩（我）怎么能进河里去？弟弟！""母亲你就进缸里去。"他说："让我就进谷桶里去。从石门这里放下去。等我'通'，你就'哃'，'通——哃！'咱们俩使劲打呀，打呀，那下面他听见哩，就来接母亲你去。"他说。让他敲那谷桶"通"！他母亲也哃！"老敲老敲把水缸敲破，把他母亲掉进江里去了。这时，就淹死了他母亲。

这就是骗母下海不光彩。

3.5 la:k˩ sa:u˩ ljoŋ˩ wa:ŋ˩
女 婿 龙 王

ka:ŋ˧ t̥ʻəu˥ pu˩ kʻon˧ ma:u˧ t̥uŋ˥ ɕon˧ ta:i˩ t̥ak˩ ȵən˩ təu˩① t̥a˧
说 到 卜 宽 他 多 次 把 个 人 头 那

ɕu˧ ʔəu˥ t̥ʻi˥ ·lo˧。ɕon˧ t̥ʻi˧ ja1˥ ju˧ jin˥ ȵən˩ təu˩ ·lje˧ ʔa:u˥
就 怄 气 咯 次 第 一 又 和 人 头 咧 拿

t̥ak˩ ta:u˥ pin˥ jin˥ ȵən˩ təu˩ wa:n˧ ta:u˥ məi˥；ɕon˧ t̥ʻi˧ ni˧
个 锅 缺口 和 人 头 换 锅 新 次 第 二

ju˧ ʔa:u˥ t̥ak˩ kʻuk˧ mjin˩ tu˥ ·lje˧ ju˧ jin˥ ·t̥ak˩ ȵən˩ təu˩ wa:n˧
又 拿 个 衣 棉 破 哩 又 和 个 人 头 换

kʻuk˧ mjin˩ məi˥。ȵən˩ təu˩ ·a˧ ɕu˧ ʔəu˥ t̥ʻi˥ ȵəŋ˩ ·lo˧，ɕu˧ p̥ʻa:i˥
衣 棉 新 人 头 啊 就 怄 气 极 咯 就 派

la:k˩ man˥ t̥ən˥ ta:ŋ˥ ma:u˧ ·t̥a˧ ta:i˩ pu˩ kʻon˧ ·a˧ lam˥ t̥ʻa˥ t̥ən˩
些 军 将 他 那 把 卜 宽 啊 赶 上 山

pa:i˥，suk˩ ȵa:u˧ ·a˧ t̥ʻən˧ məi˩ la:u˩ a˧ pa:i˧ t̥ən˩ ·t̥a˧。t̥ʻəu˥ pa:n˥
去 绑 在 啊 树干 大 啊 山坡 那 到 半

t̥a:n˥，ləm˩ ʔi˥ nu˥ la:u˩，pu˩ kʻon˧ ja˧ kwa:i˩ pa:n˥ hwa˩ ·lo˧，
夜 风 这么 大 卜 宽 也 没 办 法 啊

pən˧ suk˩ ȵa:u˧· ʔa˩ məi˩ t̥ak˩ la:m˧ la:m˧ ko˩ kin˥ ʔi˥ la:u˩。
只 绑 在 那 树 个 绳 绳 手腕 一样 粗

t̥ʻa:p˧ t̥ʻa:p˧ t̥ʻəu˥ ɕən˧ na:i˧ ·o˧，me˩ ʔi˥ t̥ak˩ pa:i˩ to˩ la:u˩ pa:n˩ ·a˧ t̥a˧
恰 恰 到 时 这 啊 有 一 个 背 驼 老 板 啊 从

kui˥ t̥u˥ we˩ sən˥ ȵi˥ lje˧ ma˥。t̥ʻəu˥ t̥ʻən˧ məi˩ ·t̥a˧，ma:u˧ ɕu˧
贵 州 做 生 意 羊 来 到 树 干 那 他 就

sa˥ so˧ ʔi˥ t̥eŋ˩。jei˥！li˧ nu˥ ʔu˥ məi˩ me˥ ʔi˩ t̥ak˩ ȵən˩ suk˩ ȵa:u˩
休息 一 会儿 噫 得 见 上面 树 有 一 个 人 绑 在

·t̥a˧，t̥a˥ ma:u˧ ɕu˧ hem˩：“na:u˩？”pu˩ kʻon˧ po˥：“ja:u˩。”“hə˥！ȵa˩
那 那么 他 就 喊 谁 卜宽 说 我 嘿 你

ȵa:u˩ t̥a˥ we˩ ma:ŋ˩ ·a˧？”pu˩ kʻon˧ po˥：“ja:u˩ li˧ t̥ak˩ pjiŋ˧ ·t̥a˧，
在 那 做 什么 啊 卜宽 说 我 得 个 病 啊

kʻit˧ kʻui˧ mjiŋ˩ ɕəp˩ ȵin˩。”ma:u˧ po˥：“ha:ŋ˥ nu˥ ɕa:u˥ tu˥ kwa:i˩
痛 腰 儿 十 年 他 说 怎样 治 都 不

la:i˥ ·lo˧ ·po˧。”ma:u˧ po˥：“t̥a:n˥ ja˧ t̥a:n˥ ha˩ ʔəm˧，t̥iŋ˧ ja˧ t̥iŋ˧
好 啊 他 说 吃 也 吃 许多 药 请 也 请

nu˥ t̥uŋ˩ ɕa:ŋ˧ ʔəm˧。”“ʔe˩！ȵa˩ kwa:i˩ sam˥ ka:ŋ˧ sa:i˥ ja:u˩ t̥ʻiŋ˥，
许多 匠 药 哎 你 不 早 讲 给 我 听

ja:u˩ li˧ t̥ak˩ pjiŋ˧ na:i˧ ·a˩，wa:n˩ pən˧ li˧ si˥ ŋo˩ ɕəp˩ ȵin˩ ·a˧”
我 得 个 病 这 啊 已经 得 四 五 十 年 啊

ma:u˧ po˥：“t̥a˧ ɕi˩ ȵak˥ ȵak˥ ·t̥a˧ pən˧ me˩ təŋ˥，pa:i˥ kui˥ t̥u˥
他 说 从 时 小 小 那 就 有 来 去 贵 州

li˧ nu˥ t̥uŋ˩ ʔəm˧，t̥uŋ˩ ha˩ ɕa:ŋ˧ ʔəm˧ nəŋ˥ kwa:i˩ la:i˥ ·a˧。”pu˩
得 许多 药 许多 匠 药 还 没 好 啊 卜

kʻon˧ po˥：“o˧，ȵa˩ ma˥ ji˥ ja:u˩ ·ma˥！”t̥a˥ ɕu˧ la:i˩ to˩，t̥a˥ ɕu˧ ȵəŋ˩
宽 说 哦 你 来 依 我 吧 那么 好 啊 那么 真

①头人，当说作 ȵən˩ təu˩，不当说 ȵən˩ t̥a:u˧。

sən˥˧ maːu˧ •lo˧, ȵəŋ˩ ȶʻa˥˧ tʻən˧ məi˧˩ ȶa˧ paːi˥, taːi˩ •a˥ pu˧˩ kʻon˧
信 他 咯 真 上 树干 那 去 把 啊 卜 宽

ȵan˥˧ laːm˧, ȶa˥˧ saːi˥ pu˧˩ kʻon˧ ɕu˧ ʔaːu˥ ȶak˩ laːm˧ •ȶa˧ taːi˩ ȶak˩
解开 绳 那么 让 卜宽 就 拿 条 绳 那 把 个

laːi˩ to˩ ȶa˥˧ suk˧˩ •lo˧˥ ȶan˧ kwaːn˥˧ kwaːn˥˧, ȵaːu˧ •a˧ tʻən˧ məi˧˩ ȶa˧.
背 驼 那 捆 啊 紧 绷 绷 在 啊 树 干 那

pu˧˩ kʻon˧ ɕu˧ ȵəŋ˩ paːi˥ •lje˧, taːi˩ ȶak˩ təu˧˩ lje˧ ȶa˧ nəŋ˧˩ ȶəu˥
卜宽 就 真 去 了 把 个 群 羊 那 立刻 赶

paːi˥ lje˧˩. ȶa˥˧ muŋ˧˩ laːi˩ to˩ li˧ nu˥˧ pu˧˩ kʻon˧ ȶəu˥ lje˧ ɕu˧ hem˧˩:
去 了 那么 个 背 驼 得 见 卜宽 赶 羊 就 喊

“həi˧˥! ȵa˩ taːi˩ ȶak˩ lje˧ jaːu˩ ȶa˧ ȶəu˥ paːi˥ •a˧˩.” “ŋ˥˧! jaːu˩ jiu˥˧
嘿 你 把 个 羊 我 啊 赶 去 啊 嗯 我 要

paːŋ˥ ȵa˩ tam˧ lje˧ kun˥˧.” maːu˧ po˥˧: “mən˥ kwaːŋ˥ jaːu˩ ɕu˧ ma˧˥
帮 你 关 羊 先 他 说 天 亮 我 就 来

sep˧ ȵa˩.” ta˧ lən˩ pu˧˩ kʻon˧ ȶəu˥ ȶak˩ lje˧ ȶa˧, ȶəu˥ ȶəu˥ ȶəu˥
接 你 后来 卜宽 赶 个 羊 啊 赶 赶 赶

ɕu˧ ȶəu˥ tʻəu˥˧ ɕaːi˧ pu˧˩ kʻon˧ kʻe˧˥ ȶa˧ paːi˥. təŋ˧˩ ɕaːi˧ ti˥ ȵən˩ •a˩,
就 赶 到 寨 卜宽 人家 啊 去 全 寨 的 人 啊

li˧ nu˥˧ pu˧˩ kʻon˧ ma˧˥, tu˥ ɕek˧ məŋ˧˩ ȵəp˧˥ ȵin˧ •o˧˩.
得 见 卜宽 来 都 全 高兴 得 很 啊

ɕu˧ pu˧˩ kʻon˧ paːi˥ tʻəu˥˧ ɕaːi˧ ȶa˧, ta˧ lən˩ ȵən˩ təu˩ maːu˧ ɕu˧
等 卜宽 去 到 寨 啊 以 后 人 头 他 就

jən˧˩ ʔi˥ ho˧ ȶən˥ ȶaːŋ˥˧ maːu˧ naːi˧, ɕu˧ ma˧˥ taːi˩ ȶak˩ məi˧˩ laːu˧˩
领 一 伙 军 将 他 们 就 来 把 个 树 大

ȶa˧ pam˧ •lo˧˩. mən˥ nəŋ˥ mi˧˩ kwaːŋ˥, pa˩ ȶʻa˥˧ ȶən˩ ȶa˧ paːi˥ tʻəu˥˧
那 伐 了 天 还 没 亮 爬 上 山 那 去 到

tʻən˧ məi˧˩ •ȶa˧, ɕu˧ mjiŋ˩ ȶak˩ taːi˩ kwaːn˥ ɕu˧ pam˧ ȶən˩ təŋ˥ •la˧.
树干 那 就 几 个 用 斧 就 伐 起 来 了

ljaːi˧ to˧ mjiŋ˩ kwaːn˥, ɕu˧ ʔu˥ məi˧˩ ȶa˧ ɕu˧ hem˧˩: “ɕaːu˥ •a˩ te˧ ȶa˧
干 儿 斧 就 上面 树 那 就 喊 你们 啊 下 面

we˧˩ maːŋ˩? pən˧ nu˥˧ pam˧ məi˧˩ naːi˧?” “ȶa˥˧ kʻi˧ pam˧ •ne˧. ȶiu˥
做 什么 老 见 伐 树 这 那 当然 伐 呐 我们

ȶiu˩ ȶʻi˧ ma˧˥ pam˧, nəŋ˥ kwaːi˩ pam˧ •a˩?” “pi˧˩ pam˧ pi˧˩ pam˧ •a˧˩!”
特 地 来 伐 还 不 伐 么 别 伐 别 伐 啊

“həi˧˥! nəŋ˩ pi˧˩ pam˧ •a˧? pam˧ ȵa˩ wen˧˥ ȶak˩ məi˧˩ naːi˧ təi˥ paːi˥
嘿 还 不 伐 么 伐 你 倒 个 树 这 死 去

•a˧.” laːi˩ to˩ ȶa˥˧ hem˧˩, hem˧˩ ja˧ kwaːi˩ maːŋ˩ joŋ˧. ta˧ lən˩ kʻe˧˥
啊 背 驼 那 喊 喊 也 没 什么 用 后 来 人家

naːi˧ pam˧ ȶa˥˧ pam˧, ɕu˧ taːi˩ ȶak˩ məi˧˩ •ȶa˧ nəŋ˧˩ pam˧ lui˧ kʻaːm˥˧
这么 砍 那么 砍 就 把 个 树 那 立刻 砍 下 悬

jam˧ ȶa˥˧ paːi˥. ɕən˧ naːi˧ laːi˩ to˩ təu˧ pam˧ lui˧ kʻaːm˥˧ jam˧ ȶa˥˧
崖 那 去 时 这 背 驼 被 砍 下 悬 崖 那

paːi˥ •lje˧, ho˧ ȵən˩ naːi˧ ɕu˧ ton˥˧ paːi˥ jaːn˩ •a˥.
去 了 伙 人 这 就 回 去 家 了

pu˧˩ kʻon˧ ȵaːu˧˩ jaːn˩ ȶa˥˧ waːn˩, təŋ˧˩ ɕaːi˧ tu˥ ȶak˩ naːi˧ ma˧˥ nu˥˧
卜 宽 在 家 啊 已经 整 寨 都 个 这 来 看

pu˧˩ kʻon˧, ȶak˩ ȶa˥˧ ma˧˥ ȶa:i˧ pu˧˩ kʻon˧. tәŋ˧˩ ɕa:i˧ ȵәn˩ mәŋ˧˩

卜宽 个 那 来 问 卜宽 整 寨 人 高

mәŋ˧˩ ȵәp˧˥ ȵin˧ pa:i˥, ɕek˧ po˥˧ pu˧˩ kʻon˧: “ȵa˩ ȵәŋ˩ ȶoŋ˥˧ joŋ˧,

高 兴 兴 去 全 说 卜宽 你 真 中 用

sa:i˧ loŋ˩ kwa:i˥ a˥ ȵa˩. ȵa˩ nu˧˥ ha:ŋ˩ li˧ ho˧ lje˧ na:i˧ ma˧˥?” ȶa˥˧

肠 肚 乖 啊 你 你 怎 样 得 伙 羊 这 来 那么

pu˧˩ kʻon˧ po˥˧: “ȵam˥˧ ȵuŋ˥ ja:u˩ ·a˧ lui˧ ʔa˧ loŋ˩ koŋ˧ ȶa˧ pa:i˥,

卜宽 说 昨 晚 我 啊 下 呀 龙 宫 那 去

jin˧˥ ʔa˧ ljoŋ˩ la:u˧˩ je˩ ·ȶa˧ keu˧˥, ȶʻəu˥˧ ljoŋ˩ la:u˧˩ je˩ ·ȶa˧ pa:i˥,

和 啊 龙 老 爷 那 打 到 龙 老 爷 那 去

tәŋ˧˩ ja:n˩ ·a˧ pәn˧ nu˥˧ ȶәm˥ ȶәm˥ ȵan˩ ȵan˩ ȶʻek˧ ȶa˥˧ pa:i˥, pa:i˧˩

整 屋 那 只 见 金 金 银 银 满 啊 去 摆

ja˩ ha:ŋ˧˥ ȶe˥ kun˧˥ tu˥ ȶʻek˧ pa:i˥, ja:u˩ ·a˧ ȵa:u˧˩ ȶa˥˧, ma:u˧ po˥˧, ta˧

两 边 路 都 满 去 我 啊 在 那 他 说 过

ljeu˧˩ ʔi˥ ȵam˥˧ ȵәŋ˩ la:i˥ ȵәŋ˩, ja:u˩ kwa:i˩ li˧ kәm˧˩ ma:ŋ˩ ·o˧,

了 一 夜 真 好 真 我 没 得 个 什么 啊

pәn˧ li˧ ȶak˩ tәu˧˩ lje˧ ma˧˥ tok˧˩”, ma:u˧ po˥˧: “ɕu˧ li˧ tәu˧˩ lje˧ ma˧˥

只 得 个 群 羊 来 独 他 说 就 得 群 羊 来

sa:i˥ ta:u˥ ton˩ ɕa:i˧ sa:ŋ˧˩.”

给 咱们 全 寨 养

ta˧ lәn˥ ·nә˥ ɕu˧ ȵәn˩ tәu˩ ·a˧ ju˧ ɕa:ŋ˥˧ la˧ ȶu˧ ji˥˧ ·lo˧, ɕu˧

过 后 呢 就 人 头 啊 又 想 讨 主 意 了 就

ɕa:ŋ˥˧ po˥˧: “jin˧˥ pu˧˩ kʻon˧ lui˧ ·a˧ loŋ˩ koŋ˥ ȶa˧ pa:i˥, wet˧ sәi˩

想 道 跟 卜宽 下 啊 龙 宫 那 去 发 财

·lo.” ɕu˧ ɕa:ŋ˥˧ po˥˧ pu˧˩ kʻon˧ ta:i˥˧ ma:u˧ pa:i˥, ɕu˧ ȶiu˩ ȶʻi˧ pa:i˥

咯 就 想 告诉 卜宽 带 他 去 就 特 地 去

nu˥˧ ʔi˥ ha˧. pu˧˩ kʻon˧ po˥˧: “nu˥˧ ha:ŋ˧˥ ȵa˧ ɕu˧ we˧˩ li˧ ·a˧.” ma:u˧

看 一 下 卜宽 说 要是 象这样 就 做 得 啊 他

po˥˧: “ȶa˥˧ ȵa˩ jin˧˥ ja:u˩ pa:i˥, ȶa˥˧ jiu˥˧ ji˥ ja:u˩ ·lo˧.” ȵәn˩ tәu˩

说 那么 你 和 我 去 那么 要 依 我 咯 人 头

ma:u˧ po˥˧: “ȶa˥˧ we˧˩ li˧ ·ma˧˩, ji˥ ȵa˩ ·ma˧˩ ju˧.” pu˧˩ kʻon˧ po˥˧:

他 说 那 做 得 嘛 依 你 嘛 又 卜宽 说

“ja:u˩ sui˥˧ ȶak˩ pәn˩ tin˥, a˥˧, ȵa˩ ·ne˥, ȵa˩ sui˥˧ ȶak˩ ka:ŋ˥. ȵa˩

我 坐 个 盆 脚 啊 你 呢 你 坐 个 缸 你

ȶak˩ ȵәn˩ tәu˩ ȶiŋ˥˧ ȵәn˩ to˧˥ ·lo˧, ka:ŋ˥ jam˥, pәn˩ tin˥ lin˥˧ ȶa˧,

个 人 头 是 人 大 咯 缸 深 盆 脚 浅 啊

ja:u˩ kwa:i˩ ȶa˥˧ ja:u˧. ȵa˩ ȵәn˩ la:u˧˩ ȶeŋ˧˩, sui˥˧ ȶak˩ ka:ŋ˥.” ȶa˥˧ ja˩

我 不 那么 怕 你 人 老 点 坐 个 缸 那么 俩

kʻe˧˥ ɕu˧ ȵәŋ˩ ȵәn˩ tәu˩ sui˥˧ ȶak˩ ka:ŋ˥, ma:u˧ sui˥˧ ȶak˩ pәn˩ tin˥.

他 就 真 人 头 坐 个 缸 他 坐 个 盆 脚

ja˩ ȶak˩ ɕu˧ nәŋ˧˩ soŋ˥˧ lui˧ sa:n˧ pa:i˥ lje˧. soŋ˥˧ lui˧ sa:n˧ pa:i˥ ȶʻəu˥˧

两 个 就 立刻 放 下 滩 去 了 放 下 滩 去 到

ȶak˩ mәŋ˥ jam˥ ȶa˥˧, pu˧˩ kʻon˧ po˥˧: “ȵa˩ ji˥ ja:u˩ ·la˧ ɕәn˧ na:i˧,

个 潭 深 那 卜宽 说 你 依 我 了 现 在

ljoŋ˩ koŋ˧ ɕu˧ nәŋ˧˩ ȵa:u˧˩ tiŋ˥˧ mәŋ˥ na:i˧ ·la˧, ɕu˧ ȶiŋ˥˧ nan˥ mәŋ˥

龙 宫 就 马上 在 底 潭 这 了 就 是 个 潭

na:i˧ ·la˧.” ma:u˧ po˧˥:“ja:u˩ ɕu˧ ta˧ nan˥ ɬam˧˩ na:i˧ lui˨ tiŋ˧˥ ȵa˥
这 了 他 说 我 就 从 个 水坑 这 下 底 河

na:i˧ pa:i˥, ȶa˧˥ tʻəu˧˥ na:i˧ lieu˧˩ ɕu˧.” ȵən˩ təu˩ ɕu˧ la:i˥ ȶiŋ˥ məŋ˧˩.
这 去 那么 到 这 了 就 人 头 就 实在 高兴

ma:u˧ po˧˥:“ we˧˩ li˧, we˧˩ li˧.” ɕu˧ ɕi˧˥ ȶin˩ təŋ˥ a˧, ja˩ kʻe˩˧, pu˧˩ kʻon˧
他 说 做 得 做 得 就 试 起 来 了 两 他 卜 宽

ɕu˧ ʔa:u˥ məi˧˩ ɬa:i˩ ȶak˩ pən˩ tin˥ kʻeu˩˧, poŋ˧˩! poŋ˧˩! ma:u˧ ȵən˧
就 拿 棒 把 个 盆 脚 打 砰 砰 他 也

ʔa:u˥ ȶak˩ məi˧˩ ji˥ ȶak˩ pu˧˩ kʻon˧ ɬa:i˩ ȶak˩ ka:ŋ˥ ȶa˧ kʻeu˩˧, tʻoŋ˩˧!
拿 个 棒 依 个 卜宽 把 个 缸 那 打 通

tʻoŋ˩˧! pu˧˩ kʻon˧ ma:u˧ po˧˥ ·a˧:“kəm˧˩ na:i˧ jiu˧˥ ɕa:ŋ˧ kʻeu˩˧ ɕa:ŋ˧
通 卜宽 他 说 啊 个 这 要 越 打 越

lək˩, ha˧ ȶiŋ˧˥ we˧˩ li˧ ·le˧.” “we˧˩ li˧ ma˩.” pu˧˩ kʻon˧ kʻeu˩˧ kʻeu˩˧
力 才 做 得 咧 做 得 嘛 卜宽 打 打

kʻeu˩˧, pən˩ tin˥ tu˥ jiu˧˥ la˧˥. ma:u˧ ɕu˧ ɬa:i˩ ȶak˩ ka:ŋ˥ ȶa˧˥ la˦˥˧, nəŋ˥
打 盆 脚 都 要 破 他 就 把 个 盆 那 打 还

lat˩˧ nəŋ˥ lat˩˧, nəŋ˧˩ la˧˥ ȶak˩ ka:ŋ˥ ·e˧. pa:t˧ la˧˥ ȶak˩ ka:ŋ˥ ȶa˧˥ ȵəŋ˩
打 还 打 就破 个 缸 啊 突然 破 个 缸 那 真

təŋ˥ ·la˧, ha:ŋ˩ sɿ˧ ɕən˩ na:i˧, ȵən˩ təu˩ ɕu˧ ko˧˩ kun˩˧ wa:i˩ nəm˧˩,
来 啦 样 事 情 这 人 头 就 不 会 划 水

ji˩˧ la˧˥ ȶak˩ ka:ŋ˥, ȶak˩ ȵən˩ loŋ˩˧ ȶak˩ ɬa˩ kiu˧˥ təŋ˥ ·e˧, nəŋ˧˩ tʻot˩˧
一 破 个 缸 个 人 好像 个 砣 秤 来 啊 立刻 咕噜

jam˥ lui˨ pa:i˥ le˧. la:t˧ lui˨ ȶak˩ məŋ˥ ȶa˧˥ pa:i˥ ·a˧, hem˧˩ o˧:
淹 下 去 哩 一下子 下 个 潭 那 去 了 喊 啦

“ʔa:i˧˥!” ma:u˧ li˧ hem˧˩ ȶak˩ so˧, pu˧˩ kʻon˧ ȶo˥ ȶo˥ ȵəp˩˧ ȵin˧ pa:i˥
哎 他 得 喊 个 声 卜 宽 笑 笑 高 兴 去

jam˥ lui˨ pa:i˥ ljeu˧˩. ɬa˧ lən˩ ha:ŋ˩˧ na:i˧ ɕu˧ ȵəŋ˩ təi˥ ·le˧, la:t˧
淹 下 去 了 过 后 样 这 就 真 死 了 一下

lui˨ nəm˧˩ pa:i˥, ja˧ nəŋ˥ kwa:i˩ na:u˩ ȶu˧˥, ȶak˩ məŋ˥ ȶa˧ la:i˥ ȶiŋ˥
下 水 去 也 再 没 谁 救 个 潭 那 非 常

jam˥ ·a˧. ɕən˧ na:i˧ ȵən˧ təu˩ ha:ŋ˩ na:i˧ ja:ŋ˧ tok˥ so˧ pa:i˥.
深 啊 时 这 人 头 样 这 样 断 气 去

ku˧ tʻəu˧˥ ȶi˥ na:i˧.
故事 到 这 里

龙王女婿①

说到卜宽他多次叫那个头人生气，第一次和头人哩，拿个缺口锅跟头人换新锅；第二次又拿件破棉衣哩和头人换新棉衣。头人就气得很咯，就派他的一些军将哩，把卜宽啊赶上山去，绑在那山坡上的大树上。到半夜，风这么大，卜宽也没办法啊，绑在树上的那条绳就跟手腕一样粗。

①故事与龙王女婿无关，说者有遗漏处。

刚刚在这个时候哩，有一个驼背老板哩从贵州做羊生意来。到大树那里，他就休息一会儿，唉！看见树上有个人绑在那儿，那么他就喊："谁?"卜宽说："我。""嘿！你在那儿做什么啊?"卜宽说："我得个病啊，腰疼了几十年。"他说："怎么治都治不好啊。"他说："吃药也吃得不少，请医生也请过许多。""哎！你不早讲给我听。我得这个病啊，已经有四五十年了。"他说："从很小的时候就有了，去贵州用了许多药，请过许多医生，还没好啊。"卜宽说："哦，你就照我（做）吧！"那么，驼背（那么）真相信他，真上那棵树上去，把哩卜宽的绳解开，就让卜宽拿那条绳把个驼背捆得紧绷绷的在那棵树上。卜宽就真走了，把那群羊马上赶走了。那么，驼背看见卜宽赶羊就喊："嘿！你把我的羊赶走啊！""嗯！我要先帮你关羊。"他说："天亮我就来接你。"后来卜宽赶羊哩，赶赶赶就赶到他卜宽寨子里去。全寨的人啊看见卜宽来，全都高兴得很啊。

那么卜宽到了寨子了，以后头人他就领一帮军将(他们)来把那棵大树哩砍了。天还没亮，爬上那座山去到那棵树下。几个人用斧头就砍起来了，砍几斧，那树上面就喊："你们下面干什么？老是砍这棵树？""那当然砍咯，我们特地来砍，还不砍么？""别砍别砍啊！""嘿！还不砍么？把你这棵树砍倒，(叫你）死掉啊。"驼背喊，喊也没有什么用。后来他们这么砍，那么砍，就把那棵树马上砍下那悬崖去了。这时驼背被砍下悬崖去了。那帮人就回家去了。

卜宽已经在家里了，全寨（都）这个来看卜宽，那个来问卜宽。全寨人高高兴兴，全对卜宽说："你真中用，心思巧啊你。你怎么得到这群羊来？"那么，卜宽说："昨儿晚上，我下到龙宫去，跟那龙老爷打，到龙老爷那儿去，到家只见金金银银满处是啊，摆得路两边都满了，我哩在那儿好好儿过了一夜，我没得个什么啊，只是得来一群羊，"他说："就得一群羊来给咱们全寨养。"

后来呢，头人啊又想打主意了，就想道："跟卜宽下到龙宫那儿去，发财咯"。就想告诉卜宽带他去，就特地去看一下。卜宽说："要是像这样才行啊，"他说："（那么）你跟我去，要照着我（做）啊。"头人（他）说："那行嘛，就照你做嘛。"卜宽说："我坐个脚盆，啊，你呢，你坐个缸。你头人是个大人啊，缸深脚盆浅啊，我不怕。你人老点，坐个缸。"那么他们两个人当真头人坐个缸，他坐个脚盆。两个人就马上（放）下滩去了。（放）下（滩）到了个深潭哩，卜宽说："你现在照我（做）了，龙宫马上就在这个潭底了，就是这个潭底了。"他说："我们就从这个水坑下到这个河底去，那就到（这）了。"头人实在高兴。他说："行！行！"就做起来，他两人，卜宽就拿木棒打脚盆，砰！砰！他也拿根木棒照着卜宽打那口缸，通！通！卜宽他说啊："这个要越打越有劲才行哩。""行啊！"卜宽打，打，打，脚盆都要破了，他就打那口缸，尽打尽打，立刻缸破，真一下子破了啊，这样事情，头人就不会划水，缸一破，人就像个秤砣了，立刻咕噜淹下去，一下子下那个深潭去了，喊啦："唉！"他喊出声，卜宽笑啊，高兴极了，沉下去了，后来就这样真死了，一下沉到水里去，也再没谁救，那个潭非常深啊。这时，头人就这样断气了。

故事就到这里。

3.6 ku˧ ʈən˩ sa:i˥ ho˩

故事陈 再 和

ɕi˩ʈa˥˧ ʈən˩ sa:i˥ho˩ la:k˧˥ ʈa˧ pa:i˥ nu˧˥·le˧, pa:i˩ ɕa:ŋ˩ ʔa:n˥ nəi˧˥ koŋ˥

时那 陈 再和 小伙子 那 去 哪儿 去 长 安 动 工

p'ũ˥˧ pa:ŋ˥ k'e˧˥ pa:ŋ˥ k'e˧˥ nəi˧˥ koŋ˥ p'u˧˥·le˧. nu˥˧ la:k˧˩ ʈa˧ me˩ ȵak˥

铺 帮 别人 帮 别人 动 工 铺咧 看 小伙子 那 有 点

ljən˩ lji˥ ·la˧˩, ʔa:u˥ ma:u˧ ta:ŋ˧ ɕen˥sən˥ ta:ŋ˧ ʈa:ŋ˧˩ kui˥. ʈa:ŋ˧˩ sin˩

灵 利 啦 拿 他 当 先 生 当 掌 柜 掌 钱

ma:ŋ˩ ʔa:u˥ sa:i˥ ma:u˧ kon˧. mei˧˥ man˥ ʈa˥˧ mei˧˥ tu˩ ʈa:ŋ˧ ɕen˥ ʈa:ŋ˧˩

什么 拿 给 他 管 有一 天 那 有一 位 张 县 长

ʈa˧, ma:u˧ le˧ ju˥˧ t'oi˧˥ jəm˧ pa:i˥, ta˧ ɕa:ŋ˩ ʔan˥ t'oi˧˥ jəm˧ pa:i˥。

那 他 咧 要 卸 任 去 从 长 安 卸 任 去

pa:i˥ nu˧˥ pa:i˥ ka:u˧˩ ʈu˥ɕiŋ˩. ʈa˥˧ man˥˧ la:u˧˩ pek˧ siŋ˥˧ ɕu˧ ɕi˧ ta:i˨

去 哪儿 去 里 州 城 那 些 老 百 姓 就 啊 留

ma:u˥:"ʈa:ŋ˧ ɕen˥ ʈa:ŋ˧˩, ȵa˩ ȵa˩ pi˧˩ ʈən˧ pa:i˥ kun˥˧. man˥ mu˧ ta:u˥

他 张 县 长 你 你 别 赶 去 先 明 天 咱们

na:i˧ ŋo˧˩ ŋwet˧˩ ɕu˥ ŋo˧˩, ȵa:u˧˩ ka:u˧˩ na:i˧ ta˩ loŋ˩ ʈon˩。 na:u˥ ȵe˩

这 五 月 初 五 在 里 这 搭 龙 船 热 闹

la:u˧˩ ho˧." ma:u˧ po˥˧:"pi˧˩ ʈən˧ pa:i˥."ta:i˩ ma:u˧ ȵa:u˧˩ na:i˧ ȵa:u˧。

老 火 他 说 别 赶 去 留 他 在 这 住

la:k˧˩ ʈa˧ ma:u˧ ja˧ pa:i˥ nu˥˧ k'e˧˥. ta˧ ʈi˥ pa:k˧ ʈui˧ ɕa:ŋ˩ ʔa:n˥

小伙子 那 他 也 去 看 别人 从 那 外 溪 长 安

ʈa˧, ʈi˥ʈa˧ me˩ ʔi˥ nan˥ ʈui˧ la:k˧˩. ma:u˧ tan˧ ʈəu˧ wa˧, ma:u˧

那 那里 有 一 条 溪 小 他 穿 双 袜子 他

ɕən˧na:i˧ t'ot˧ ʈəu˧ wa˧ pa:i˥ ɕəŋ˧ tin˥. ʈa˥˧ kəm˧˩ lo˥ ʈa˧ kəm˧˩ lo˥

这 时 脱 双 袜 去 晾 脚 那 个 船 那 个 船

ma:k˧ ʈa˧ pəi˧˩ ʈa˧ ʈa:ŋ˧ ɕa:u˧˩ ʈe˧˩, pa:i˥ ʈa˧ li˧ nu˥˧ ma:u˧ nan˥ tin˥

大 那 女子 那 张 小 姐 去 那 得 见 他 只 脚

ʈa˧ jak˥, ʔa˩ ʈa˧ ɕəŋ˧ nan˥ tin˥ ʈa˧. pəi˧˩ ʈa˧ ɕu˧ ta˧ nu˧˥ ·le˧,

那 湿 那 里 晾 个 脚 那 女子 那 就 从 哪儿

ta˧ tiŋ˥˧ k'iŋ˧ lo˥ ʈa˧, peŋ˥˧ pa:ŋ˧ p'a˥˧ loŋ˩soŋ˥ji˧ ʈ'əu˧˥ ta˥˧na˧ ma:u˧。

从 底 舷 船 那 丢 条 帕 龙 须 衣 到 面前 他

ma:u˧ ju˧ nəŋ˩· lo˧, ɕən˧ʈəu˥ kwa:i˩ me˩ pa:ŋ˧ p'a˧˥ na:i˧, ɕən˧na:i˧

他 又 看 咯 刚才 没 有 条 帕 这 现在

nu˧˥ha:ŋ˩ me˩ pa:ŋ˧ p'a˧˥ na:i˧ ta˥˧na˧ ja:u˩ na:i˧? ma:u˧ nəŋ˩…… nəŋ˩

怎么 有 条 帕子 这 面前 我 这 他 看 看

pa:i˥ nəŋ˩ ma˧˥ nəŋ˩ ʔu˥ nəŋ˩ te˧, li˧ nu˥˧ ·le˧, la:k˧˩ pa:ŋ˧ p'a˧˥ ʈa˧

去 看 来 看 上 看 下 得 见 哩 子 条 帕子 那

ȵa:u˧˩ ʔa˩ ʈe˥ ʈa˧. ma:u˧ ʔa:u˥ ma˧˥ ma:t˧ tin˥. pəi˧˩ ʈa˧ ɕu˧ ʔa:u˥

在 边 那 他 拿 来 抹 脚 女子 那 就 拿

la:k˧˩ ko˩ kin˧˥ ʈak˩ ʔa˩ k'iŋ˧ lo˥·ʈa˧. ʔi˥˧! ma:u˧ to˧ ʔi˥ nəŋ˩ ʈa˥˧

子 手 腕 放 舷 船 那 咦 他 做 一 看 那样

la:i˥ la:k˧˩ pəi˧˩! li˧ nu˥˧ ʔi˥ ma:ŋ˥˧ na˧ ju˧ li˧ nu˥˧ ko˩ kʻin˧˥ ȶa˧.
好 姑 娘 得 见 一 半 脸 又 得 见 手 腕 那

pəi˧˩ na:i˧ ȵəŋ˩ me˩ ʔi˥ la:i˥ pəi˧˩·a˧. ȵa:i˧˥ nəi˧˩ ma:u˧, ȵam˥˧ na:i˧
姑娘 这 真 有 一 好 姑娘 阴户 妈 他 晚 今

sa:i˥ ja:u˩ ljen˩ ȶa:n˥ la:u˧ ka:u˧˩ pʻu˧˥ nu˧˥ pʻu˧˥ wa:ŋ˩ la:u˧˩pa:n˧˩ na:i˧,
让 我 连 夜 进 里 铺 哪 铺 王 老 板 这

ljak˩ ma:u˧ mjiŋ˩ pek˧ kʻwa:i˧˥ ȵan˩ ta˥ja:ŋ˩, lam˥ ȶak˩ lo˥ na:i˧ pa:i˥
偷 它 儿 百 块 银 大洋 追 只 船 这 去

kun˥˧. ȶa˥˧ ma:u˧ ɕu˧ ȵəŋ˩ ljak˩ ŋo˧˩ pek˧ kʻwa:i˥˧ ȵan˩ ta˥ja:ŋ˩. man˥lən˩
先 那 他 就 真 偷 五 百 块 银 大洋 第二天

ju˧ ȶi˩kə˩ ju˧ tʻiŋ˧ lo˥·po˧, tiŋ˧ ȶak˩ lo˥ la:k˧˩ ju˧ pa:i˥ lam˥ ȶak¬
又 即刻 又 请 船 请 只 船 小 又 去 追 只

lo˥ ma:k˧ ȶa˧. ma:u˧ ja˧ kwai˩ ju˥˧ ȶuŋ˥ ho˥˧, pən˧ su˩su˩ ȶuŋ˥ ma:u˧
船 大 那 他 也 不 要 装 货 只 仅仅 装 他

tok˧˩. "ja:u˩ lam˥ tʻəu˧˥ ȵa˩ pa:i˥." ma:u˧ ka:ŋ˧ "səu˩ ma:u˧ tʻəu˧˥ ȶi˥nu˧˥,
独 我 追 到 你 去 他 讲 愁 他 到 哪里

ji˩ ȶən˥ ju˥˧ nu˥˧ na˧ ȵa˩ ȶeŋ˧˩.nu˥˧ ja:u˩ li˧ nu˥˧ na˧ pəi˧˩ na:i˧·le˧,ke˧˥
一 定 要 看 脸 你 点 如 我 得 见 脸 姑娘 这 别人

ʔa:u˥ ja:u˩ pa:i˥ sa˧ tu˥ pən˧ ȶa˥˧. ja:u˩ ji˩ ȶən˥ ju˥˧ nu˥˧ na˧ pəi˧˩
拿 我 去 杀 都 只 那样 我 一 定 要 看 脸 女子

na:i˧ kun˥˧!" ȶa˥˧ ma:u˧ ɕən˧nai˧ lam˥ pa:i˥ lam˥ ma˧˥, lam˥ pa:i˥ tʻəu˧˥
这 先 那 他 这 时 追 去 追 来 追 去 到

ka:u˧˩ ȶu˥ ɕiŋ˩ pa:i˥·le˧˩. ȶi˥ȶa˥˧ kʻe˧˥ me˩ man˥˧ kəm˧˩ poŋ˧˩ta:ŋ˥ ȶa˥˧ ɕi˧
里 州 城 去 那里 别人 有 些 个 篷 轿 那

ma˧˥ sip˧ ɕa:u˧˩ ȶe˧˩ kʻe˧˥·lo˧. la:u˧ ka:u˧˩ ka:i˥ ȶa˧ pa:i˥ man˥˧ ȵən˩ ȶa˧
来 接 小 姐 他 进 里 街 那 去 些 人 那

ȶuŋ˩, ma:u˧ ɕa:ŋ˥˧ nu˥˧ na˧ kwa:i˩ li˧ nu˥˧. kəm˧˩ poŋ˩ta:ŋ˩ ȶa˧ nəŋ˧˩ ji˧˥ ȶa˥ la:k˧˩ man˥˧
多 他 想 看 脸 不 得 见 个 篷 轿 那 就 一 遮 那 些

ja˥ wa˧˥ ȶa˧ təŋ˥, ma:u˧ nəŋ˧˩ ȶun˧˥ la:u˧ ka:u˧˩ poŋ˩ta:ŋ˩ ȶa˧. ma:u˧
布 花 那 来 她 就 钻 进 里 篷 轿 那 他

nəŋ˧˩ kwa:i˩ li˧ nu˥˧, ma:u˧ ɕu˧ ȵam˥˧ ȶa˧ ɕu˧ la:u˧ nu˧˥ la:u˧ ɕe˩ȶen˥
就 不 得 见 他 就 晚 那 就 进 哪儿 进 歇 店

pa:i˥ ȵa:u˧·la˧˩, la:u˧ ka:u˧˩ siŋ˥ wu˩ ȶa˧ pa:i˥ ȵa:u˧·la˧˩. ȵa:u˧……ȵa:u˧·le˧,
去 住 进 里 姓 吴 家 去 住 住 住

man˥lən˩·a˧˩, kʻe˧˥ ȵa:u˧ ka:u˧˩ ka:i˥ ȶa˧ tʻa:ŋ˧˥ ɕi˥ ɕi˧, ma:u˧ ja˧ pa:i˥
后 来 别人 在 里 街 那 唱 戏 他 也 去

nu˥˧ ɕi˥. ma:u˧ ʔa˩ ja:n˩ ȶa˧ me˩ ʔi˥ muŋ˧˩ ja˩ ke˧˥ toŋ˩ ha:ŋ˩ sam˧,
看 戏 他 在 家 那 有 一 位 俩 他 同 样 辈

toŋ˩ ha:ŋ˩ ȵin˩ȶi˧ ȶa˥˧·le˧! ma:u˧ po˥˧ pu˧˩ kʻe˧˥: "man˥ na:i˧ ja˩ ȶiu˥
同 样 年 纪 那 他 告诉 父亲 他 今 天 俩 我们

la:k˧˩ ȵa:u˧ ja:n˩ ta:u˥ ȵa:u˧ na:i˧, pa:i˥ nu˥˧ ɕi˥, sa:n˥˧ ɕi˥ ljeu˧˩, kʻe˧˥
青年 在 家 咱 住 这 去 看 戏 散 戏 了 别人

ɕek˧ muŋ˧˩ nu˧˥ sa:n˥˧ ta˧ toŋ˥ muŋ˧˩ nu˧˥ sa:n˥˧ ta˧ si˥ ɕek˧ pa:i˥。ma:u˧
全 个 哪 散 到 东 个 哪 散 到 西 全 去 他

ja˧ ȶun˧˥ la:u˧ ka:u˧˩ ŋa˩ mən˩ ȶa˧ pa:i˥. sa:i˥ kʻe˧˥ la:k˧˩ man˥˧ joŋ˧˩ ȶa˧
也 钻 进 里 衙 门 那 去 让 别人 那 些 勇 那

ɕu˧ to˥ ta˧ na:i˧ ji˧˥ kʻeu˧˥ təŋ˥. ma:u˧ ɕu˧ pjiu˧˨˧ ma˧˥·la˧˩.” sa:i˥ man˥lən˩
守 门 从 这 一 打 来 他 就 跑 来 了 让 第二天

ja˩ ke˧˥ ju˧ pa:i˥ nu˧˨˧ ɕi˥, ma:u˧ ȵən˧ ȶa:k˧˩ ȶa˧ we˧˩, ȵən˧ pa˩ la:u˩
俩 他 又 去 看 戏 他 也 那 样 做 也 爬 进

ȶa˧ pa:i˥·le˧˩. kʻe˧˥ muŋ˧˩ nu˧˥ ta˧ nu˧˥ muŋ˧˩ nu˧˥ ta˧ nu˧˥, ma:u˧ ju˧ pa˩
那 去 别人 个 哪 过 哪 个 哪 过 哪 他 又 爬

la:u˧ ŋa˩ mən˩ pa:i˥·le˧˩. sa:i˥ kʻe˧˥ ji˧˥ sa:t˧ təŋ˥. ma:u˧ ɕu˧ la:k˧˩ ȶa˧
进 衙 门 去 让 别人 一 打 来 他 就 小伙子

ju˧ ȵam˧˨˧ ȶa˧ ma˧˥ ja:n˩ ka:ŋ˧ sa:i˥ pu˧˩ kʻe˧˥ ȶʻiŋ˧˥, ma:u˧ po˧˨˧:
又 晚 那 来 家 讲 给 父亲 他 听 他 说

“pu˧˩, la:k˧˩ ma˧˩ ja:n˩ ta:u˥ na:i˧ȵa:u˧·a˧˩, la:k˧˩ na:i˧ ko˧˩ ma:u˧ kwa:i˥
父亲 小伙子 来 家 咱们 这 住 小子 这 不知 他 乖

ko˧˩ ma:u˧ ʔe˧? la:k˧˩ na:i˧ ta˥ nu˧˨˧ kʻe˧˥ sa:n˧˨˧ ɕi˥, ma:u˧ jat˥ la:u˧ ka:u˧˩
不知 他 笨 小子 这 眼 看 别人 散 戏 他 挤 进 里

ŋa˩ fu˧˩ ȶa˧ pa:i˥. sa:i˥ kʻe˧˥ məi˧˩ ȶa˧ ta˧ ȶa˧ ji˧˥ sa:t˧ təŋ˥, ma:u˧
衙 府 那 去 让 别人 棍子 那 从 那 一 打 来 他

ju˧ nəŋ˧.” ma:u˧ po˧˨˧:“ ho˧˥, ȶʻən˩kwa:ŋ˥ na:i˧ ȵa:u˧ ʔa˧˥?” ma:u˧ po˧˨˧:
又 跑 他 说 情 况 这 样 他 说

“ȶa˧ ȵam˧˨˧ na:i˧ ta:u˥ hem˧˩ ma:u˧ ·le˧.” ȶa:n˥ ljeu˧˩ tən˧˨˧ kəu˧˩ ȵam˧˨˧
那 晚 今 咱们 喊 他 吃 了 顿 晚 饭

·lo˧, na:i˧ ȶʻoŋ˩ ȶʻəu˩ ji˩ ʔə˥ ȶa˧ təi˧ ma:u˧ ȶʻəu˧˨˧ sət˥ ·e˩. ma:u˧
这里 从 头 一 二 那 追问 他 到 尾 他

ka:ŋ˧: “ȵa˩ nu˧˥ ha:ŋ˩ ȶən˩ kwa:ŋ˥, nu˧˥ ha:ŋ˧ ȵa:u˧? we˧˩ sən˥ ji˧˨˧
讲 你 怎 么 情 况 怎 么 生活 作 生 意

ma:ŋ˩ ʔa˧˥?” ma:u˧ po˧˨˧: “ja:u˩ ·a˧˥, ja:u˩ kwa:i˩ we˧˩ sən˥ ji˧˨˧ ma:ŋ˩.”
什么 他 答 我 我 没 做 生 意 什么

ma:u˧ po˧˨˧: “ja:u˩ ·le˧ ɕa:ŋ˧˨˧ ma˧˥ na:i˧ nu˧˨˧ pəi˧˩ ·le˧ ȶa:ŋ˧ ɕen˥ ȶa:ŋ˧˩,
他 说 我 想 来 这 看 女子 张 县 长

pəi˧˩ ȶa:ŋ˧ ɕa:u˧˩ ȶe˧˩ na:i˧.” ka:u˩ la:u˩ ȶa˧ ɕu˧ ȶo˥ ma:u˧: “he˧˨˧, ȵa˩
女子 张 小 姐 这 老 头 那 就 笑 他 嘿 你

ɕa:ŋ˧˨˧ ma˧˥ nu˧˨˧ ȶa:ŋ˧ ɕa:u˧˩ ȶe˧˩ ·a˧˥? ȵa˩ kwa:i˩ li˧ nu˧˨˧. pu˧˩ kʻe˧˥ we˧˩
想 来 看 张 小 姐 你 不 得 见 父亲 他 做

ɕen˥ ȶa:ŋ˧˩, ȵa˩ ju˧ joŋ˧ ji˧ li˧ nu˧˨˧ ·a˧˥? ma:u˧ ·le˧ kəm˧˩ na:i˧ ·le˧
县 长 你 又 容 易 得 见 她 个 这

tin˥ kʻuŋ˧˥ ɕət˥ mən˩, ȵa:u˧ tu˥ ȵa:u˧ sa:n˧ sən˩ ləu˩ ʔu˥ na:i˧ ȵa:u˧
脚 不 出 门 住 都 住 三 层 楼 上 这 住

ȵa˩ ɕa:ŋ˧˨˧ nu˧˨˧ ma:u˧ kwa:i˩ li˧ nu˧˨˧!” ma:u˧ po˧˨˧: “ja:u˩ hoŋ˧˩ he˩ ju˧˨˧
你 想 看 她 不 得 见 他 讲 我 一 定 要

nu˧˨˧ ma:u˧.” ma:u˧ ka:ŋ˧: “he˧˨˧, ȵa˩ ju˧˨˧ nu˧˨˧ ·le˧, ȵa˩ me˩ sin˩ ȶi˥
看 她 他 讲 嘿 你 要 看 你 有 钱 几

to˥? nu˧˨˧ kwa:i˩ me˩ sin˩ kwa:i˩ li˧ nu˧˨˧!” “ju˧˨˧ nu˧˥ ȶuŋ˩ sin˩?” ma:u˧
多 若 没 有 钱 不 得 见 要 多 少 钱 他

ka:ŋ˧: “ju˧˨˧ ŋo˧˩ pek˧ kʻwai˧˨˧ ȵan˩ ta˥ ja:ŋ˩, suk˧˩ ʔi˥ tu˩ ljoŋ˩ ȶu˧˨˧
讲 要 五 百 块 银 大 洋 捆 一 条 龙 九

toŋ˧˨˧. ȶʻəu˧˨˧ ʔa˩ ȵa:n˥ ȵin˩ ɕəp˩ ŋo˧˩, ȶa˧˩ na:i˧ ʔəi˧˨˧ ljoŋ˩ ho˧. suk˧˨˧
节 到 那 正 月 十 那 汉人 这 爱 龙 多 捆

tu˩ ljoŋ˩ ɬu˧ toŋ˥˧, ȵa˩ ju˧ man˥ ɬa˥˧ tʰin˧ ȵən˩ ɕu˧ ʔu˨˩ la:u˧ pa:i˥
条 龙 九 节 你 又 天 那 请 人 就 舞 进 去

ɕi˧. ma:u˧ ma˥˧ sip˧ ljoŋ˩ ɬi˥ ɬa˧, ȵa˩ ɕu˧ li˧ nu˥˧ ma:u˧." "me˩ ·a˨˩."
她 来 接 龙 那里 你 就 得 见 她 有

ma:u˧ po˥˧: "ja:u˩ me˩ sin˩. ȵa˩ tok˨˩ pa:i˥ ka:i˥ ɬa˧ tʰin˧ ke˦ ma˦."
他 说 我 有 钱 你 独 去 街 那 请 人家 来

pa:i˥ tʰin˧ ke˦ ma˦, ju˧ ʔa:u˥ ŋo˨˩ pek˧ kʰwa:i˦ ȵan˩ ta˥ ja:ŋ˩ ɕu˧ suk˨˩
去 请 别人 来 又 拿 五 百 块 银 大 洋 就 捆

ʔi˥ tu˩ ljoŋ˩ ɬu˧ toŋ˥˧, kəi˦ la:u˧ ·po˧. ɬa˥˧ ɕi˧ ɬa˨˩ ɕi˧ ʔəi˥˧ ljoŋ˩.
一 条 龙 九 节 开 进 那 是 汉人 是 爱 龙

ɬa˥˧ tʰəu˥˧ ka:u˨˩ ɕəp˩ ŋo˨˩ na:i˧, ȵa:n˥ ȵin˩ ɕəp˩ ŋo˨˩, ɕa:i˥ ma:u˧ ji˦
那 到 里 十 五 这 月 年 十 五 让 他 一

ʔu˨˩ ljoŋ˩ tʰəu˥˧ nan˥ pʰu˥˧ nu˦, pʰu˥˧ ɬa˧ ɕek˧ ma˦ sip˧ ljoŋ˩ tʰən˩ tʰən˩ pa:i˥·le˨˩,
舞 龙 到 个 铺 哪 铺 那 全 来 接 龙 腾 腾 去

ɕek˧ soŋ˥˧ nan˥ pʰeu˥˧ ɬa˧ li˧ ɬuŋ˩. ɬa˧ ɕən˧ na:i˧ ji˦ ʔu˨˩ pa:i˥ ʔu˨˩
全 放 个 炮 那 得 多 那 时 这 一 舞 去 舞

ma˦, ʔu˨˩ tʰəu˥˧ nan˥ pʰu˥˧ ɬa:ŋ˧ ɕen˥ ɬa:ŋ˨˩ ɬa˧ ·la˨˩, nan˥ ŋa˩ mən˩
来 舞 到 个 铺 张 县 长 那 个 衙 门

ma:u˧ ɬa˧ ·la˨˩. ji˦ soŋ˥˧ ha:ŋ˩ pʰeu˥˧ ɬa˧ təŋ˥ ɬuŋ˩ la:u˨˩ ho˧. ɬa˧ ki˧
他 那 一 放 样 炮 那 来 多 老 火 那 不是

pəi˨˩ ɬa˧ ʔuk˧ ma˦ sip˧ ljoŋ˩ ma˦ nu˥˧ ·lo˩. ɕa:i˥ ma:u˧ kəm˨˩ ȵən˩
女子 那 出 来 接 龙 来 看 让 他 个 人

ɬa˥˧ ·le˧, ma:u˧ kwa:i˩ nəŋ˩ ma:ŋ˩ ·la˩, ma:u˧ pən˧ hoŋ˩ he˩ pən˧
那 他 不 看 什么 他 只 一 定 只

ɕa:ŋ˥˧ pa:i˥ nu˥˧ pəi˨˩ ɬa˧ kʰe˦ ʔu˨˩ ljoŋ˩ ma:u˧ kwa:i˩ kwa:n˧ si˧. ma:u˧
想 去 看 女子 那 别人 舞 龙 他 没 关 系 他

nəŋ˨˩ ɬun˦ pa:i˥ ɬun˦ ma˦ nəŋ˨˩ ɬun˦ la:u˧ səm˨˩ pəi˨˩ ɬa˧. kəm˨˩ səm˨˩ pəi˨˩ ɬa˧
就 钻 去 钻 来 就 钻 进 房间 女子 那 个 房间 女子 那

ma:u˧ me˩ siŋ˩ ȵi˧, me˩ kwa˥ si˧·a˩ ɬa˧, me˩ la:k˨˩ pa:n˥ la:k˨˩ mjek˧. ma:u˧
她 有 情 侣 有 婚 约 那里 有 后 生 姑 娘 他

ɬun˦ la:u˧ səm˨˩ pəi˨˩ ɬa˧. ɬa˥˧ ɕən˧na:i˧ ji˦ tʰin˦ kʰun˦ pʰeu˦ ljeu˨˩, pəi˨˩
钻 进 房间 女子 那 那 这时 一 放 完 炮 了 女子

ɬa˧ la:p˧ la:p˧ ɬa˧ ma˦。 ma:u˧ ɬun˦ la:u˧ te˧ ɕa:ŋ˩ pa:i˥·la˨˩. sa:i˥ pəi˨˩
那 姗 姗 那 来 他 钻 进 下 床 去 让 女子

ɬa˧ ju˧ "ʔe˥˧, na:u˩……la:u˧ ja:n˩ ja:u˩ na:i˧ ma˦." "he˧……" ma:u˧ po˥˧。
那 又 谁 进 房 我 这 来 他 说

"ȵa˩ ȵa˩ ko˨˩ me˥ ja:u˩ ʔa˦?" "ja:u˩ jo˨˩ me˥ ȵa˩ ʔa˦? he˨˩, ȵa˩ wən˨˩
你 你 不 认识 我 我 认 识 你 你 乱

la:u˧ ja:n˩ səm˨˩ ja:u˩ na:i˧ ma˦." "ȵa˩ ko˨˩ me˥ ja:u˩. ȵa˩ ȵa:u˨˩ pa:k˧
进 家 房间 我 这 来 你 不 认识 我 你 在 外

ɬui˧ ɕa:ŋ˩ ʔan˥ sa:i˥ pa:ŋ˧ pʰa˥˧ sa:i˥ ja:u˩。" "pa:ŋ˧ pʰa˥˧ ja:u˩ ȵa:u˧
溪 长 安 给 条 帕子 给 我 条 帕子 我 在

nu˦?" sa:i˥ ma:u˧ ta˧ ʔu˥ ɕən˥ ɕa:t˧ ɬa:i˩ pa:ŋ˧ pʰa˥˧ sa:i˥ la:k˨˩ pəi˨˩
哪 让 他 从 上 身 迅速 扯 条 帕子 给 姑 娘

ɬa˧. sa:i˥ la:k˨˩ pəi˨˩ ɬa˧ to˧ ʔi˥ nu˥˧, pəi˨˩ ɬa˧ ja˧ nəŋ˨˩ na:n˩
那 让 姑 娘 那 做 一 看 女子 那 也 就 难

ɕun˥. pəi˧˩ ȶa˧ nu˦˥˧ ȶən˩ ka˥ na:i˧ me˩ ʔi˥ la:i˥ muŋ˧˩ ȵən˩. lo˧, ȶa˧
做声 女子 那 见 陈 家 这 有 一点 好 个 人 那

ki˧ nu˦˥˧ muŋ˧˩ ȵən˩ na:i˧ ɕəu˧ sa:i˧ ma:u˧ ɕu˧ kwa:i˩ ka:ŋ˧·la˧˩. kwa:i˩
不是 看 个 人 这 对 意 她 就 不 讲 不

ka:ŋ˧ ɕi˧ ja˧ na:n˩ ʔuk˧ pa:i˥, ʔa˩ pa:k˧ ȶa˧ me˩ ȵən˩ ɕu˧ ɕo˥ ·le˧˩,
讲 是 也 难 出 去 外面 那 有 人 守 门

ʔuk˧ pa:i˥ ki˧. pu˧˩ ke˧˥ we˧˩ ɕen˥ ȶa:ŋ˧˩, ȵa˩ nu˧˥ ja:ŋ˧ ʔuk˧ ɕo˥ pa:i˥
出 去 不得 父亲 他 做 县 长 你 怎 样 出 门 去

li˧? ʔa˩ ȶa˦˥˧ me˩ ȵən˩ ɕu˧ ɕo˥. ȶa˦˥˧ ma:u˧ ɕu˧ ȵa:u˧ na:i˧ ȵa:u˧.
得 那 里 有 人 守 门 那 他 就 在 这 住

ȶa˦˥˧ me˩ pəi˧˩ ja˧ ɕəu˩ ma˧˥ sun˧˩ kəu˧˩ ma˧˥ ȶa˧. sun˧˩ kəu˧˩ ma˧˥ ɕu˧ ka:ŋ˧
那 有 女子 丫 头 来 送 饭 来 那 送 饭 来 就 讲

sa:i˥ nəi˧˩ ma:k˧ ke˧˥ tʻiŋ˦˥˧:“ma:u˧ nəi˧˩ ma:k˧, ɕa:u˧˩ȶe˧˩ ȶa:ŋ˩ na:i˧ ȶa:n˥
给 母亲 大 她 听 她 伯 母 小 姐 这段 时间 吃

kəu˧˩ ȶuŋ˩ ka:ŋ˧ liŋ˦˥˧。 ɕa˩ man˥ ȶa˦˥˧ ma˥ ja˧ ȶa˥, ɕa˩ man˥ na:i˧ kəu˧˩
饭 多 极 了 些 天 那 菜 也 剩 些 天 这 饭

sa:u˦˥˧ tu˥ jəm˧˩ ljeu˧˩.” “he˧˩, ȵa˩ kon˧ ma:u˧.” ma:u˧ po˦˥˧:“pən˧ ju˦˥˧ ma:u˧
汤 都 饮 了 你 管 她 她 说 只 要 她

ʔu˥ ɕən˥ la:i˥, ma:u˧ ȶa:n˥ kəu˧˩ ȶuŋ˩ ȶuŋ˩ ȵak˥.” ȶa˧ ma:u˧ ɕən˧ na:i˧
上 身 好 她 吃 饭 多 多 点 那 他 时 这

ȵa:u˧ ka:u˧˩ na:i˧ ȵa:u˧.
在 里 这 住

ju˧ ȵa:u˧ ȶo˧˩ ka:i˥ ȶa˦˥˧, me˩ ʔi˥ pəi˧˩ ȶa˧, siŋ˥ ɕa:u˧
又 在 头 街 那 有 一 女子 那 姓 萧

ka˥ ȶa˧, ja˩ ke˧˥ ȶa˧ kun˦˥˧ hən˧˩ we˧˩ poŋ˩ jəu˧˩ la:i˥·lo˧. ȵin˩
家 那 俩 她 以 前 很 做 朋 友 好 今

na:i˧ ju˦˥˧ ʔuk˧ ɕo˥。 ma:u˧ po˦˥˧ :“pa:i˥ hem˧˩ ȶa:ŋ˧ ɕa:u˧˩ ȶe˧˩ ma˧˥
年 要 出 门 她 说 去 喊 张 小 姐 来

we˧˩ ȶoi˧. ja˩ ȶiu˥ ɕi˩ ȶa˦˥˧ we˧˩ pa:n˧˩ hən˧˩ la:i˥·le˧˩.” ȶa˦˥˧ ju˧ ma˧˥ hem˧˩
作 伴 俩 我们 时 那 做 伴 很 好 那 又 来 喊

ma:u˧ ʔi˥ ɕon˧, ma:u˧ ju˧ kwa:i˩ pa:i˥·le˧˩. kwa:i˩ pa:i˥ pəi˧˩ ɕa:u˧ ka˧
她 一 回 她 又 不 去 不 去 女子 萧 家

ma:u˧ ɕu˧ ka:ŋ˧·la˧˩: “he˧˥! ɕi˩ na:i˧ ȶa:ŋ˧ ɕa:u˧˩ ȶe˧˩ pu˧˩ ke˧˥ we˧˩ ɕen˥
她 就 讲 如 今 张 小 姐 父亲 她 做 县

ȶa:ŋ˧˩, ma:u˧ ɕi˧ na˧ nəŋ˥ hən˧˩ la:u˧˩。 ɕi˩ na:i˧ ta:u˥ pa:i˩ hem˧˩ ma:u˧
长 她 是 脸 鼻子 很 大 时 这 咱们 去 喊 她

ʔi˥ ɕon˧, ma:u˧ ȶi˥ ɕi˧ ma˧˥? tʻin˧ ȶeu˧ pa:i˥ ȶuŋ˥。” tʻin˧ ȶeu˧ pa:i˥
一 回 她 哪 里 来 请 轿 去 抬 雇 轿 去

ɕən˧ na:i˧ pa:i˥ sip˧·la˧˩. ja˩ lja:ŋ˩ ȶeu˧ ȶa˧ ma˧˥, tok˥ ka:u˧˩ ȶi˥ nu˧˥?
时 这 去 接 两 架 轿 那 来 落 里 哪 儿

tok˥ ka:u˧˩ ȶi˥ ja:n˩ ȶa˧ sip˧·le˧. ȶa˦˥˧ ɕən˧ na:i˧ kwa:i˩ pa:i˥ ki˧·po˧,
落 里 家 那 接 那 时 这 不 去 不得

ke˧˥ tʻin˧ ȶeu˧ ma˧˥ ȶuŋ˥ ȵa˩ tu˥ kwa:i˩ pa:i˥ .o˧˩, ma:u˧ ɕu˧ ɕəu˧ ljiŋ˧˩ pa:i˥.
别人 雇 轿 来 抬 你 都 不 去 她 就 被 答应 去

ja˩ ke˧˥ ka:u˧˩ səm˧˩ ɕu˧ ka:ŋ˧, la:k˧˩ siŋ˦˥˧ ȶən˩ ka˥: “ȵa˩ pa:i˥, ja:u˩
俩 他 里 房间 就 讲 小伙子 姓 陈 家 你 去 我

pa:i˥ nu˧˥ ȶa:n˥ kəu˧˩ li˧ .e˧˩? he˧˥, kwa:i˩ ju˦˥˧ ȶən˧, ȵa˩ pa:i˥ ȶəi˧ ɕi˩ pʻen˧˥
去 哪儿 吃 饭 得 不 要 紧 你 去 买 雪 片

ka:u˧ ma˧˥ ja:u˩ na:i˧ ƫa:n˥ la:i˥." ma:u˧ ɕu˧ ʔeu˥˧ ki˧, ƫuŋ˥ ʨeu˧ ɕu˧ ȵəŋ˩
糕 来 我 这 吃 好 她 就 拗 不得 抬 轿 就 真

pa:i˥, pa:i˥ ƫot˧˩ ƫa˥˧ pa:i˥ ƫa:n˥ kʻa:u˧.lo˩. pa:i˥ tʻəu˧˥ ƫot˧˩ ƫa˥˧ ƫa:n˥ kʻa:u˧.
去 去 头 那 去 吃 酒 去 到 头 那 吃 酒

ƫa:n˥ ljeu˧˩ kəu˧˩ jət˥ ƫa˧, ja˩ ke˧˥ nəi˧˩ ma:k˧ toŋ˩ pa:i˥ •le˧, ma:u˧
吃 了 早 饭 那 俩 她 伯 母 同 去 她

ɕu˧ ju˥˧ ma˧˥ •le˩. nəi˧˩ ke˧˥ ɕu˧ ka:ŋ˧: "ȵa˩ pa:i˥ ma:ŋ˩, ɕən˧ na:i˧
就 要 来 母亲 她 就 讲 你 去 什么 现 在

ɕu˧ ju˥˧ pa:i˩ ja:n˩•a˧˥?" ma:u˧ po˥˧: "ja:u˩ la:m˩ ʔi˥ ƫin˧˩ ho˥˧." ma:u˧
就 要 回 家 她 说 我 忘 一 件 货 她

po˥˧: "ȵa˩ la:m˩ ho˥˧ ma:ŋ˩ ʔa˧˥?" ma:u˧ po˥˧. "ja:u˩ la:m˩ ʔi˥ pa:ŋ˧ pʻa˧˥."
说 你 忘 货 什么 她 说 我 忘 一 条 帕子

"nu˥˧ ȵa˩ la:m˩ ʔi˥ pa:ŋ˧ pʻa˧˥ •le˧, ʂa:i˥ ja:u˩ pa:i˥ la:i˥. ʂa:i˥ ȵa˩
如 你 忘 一 条 帕子 让 我 去 好 让 你

la:k˧˩ mjek˧ ƫi˥ ȵən˩ wi˧˥ ƫʻa˧˥ wi˧˥ lui˧. ʂa:i˥ ja:u˩ pa:i˥ la:i˥." ƫa˧
姑 娘 的 人 跑 上 跑 下 让 我 去 好 那

ɕu˧ ʂa:i˥ nəi˧˩ ƫa˧ pam˩ pam˩ pəi˩ pəi˩ ma˧˥ •la˧˩. nəi˧˩ ji˧˥ tʻəu˧˥ ma˧˥ •le˧,
就 让 母 那 急 急 忙 忙 来 母亲 一 到 来

pa:i˥ kʻəi˧˥ ƫa:k˧˩ to˥ ƫa˧, ma:u˧ pam˧˩ la:u˧ səm˧˩ pa:i˥. ma:u˧ ta˧ te˧
去 开 个 门 那 她 突然 进 房间 去 他 从 下

ɕa:ŋ˩ ƫa˧ pʻoŋ˧˥ ƫən˩ təŋ˥: "he˧˥, ja:u˩ ja:k˧ kəu˧˩ lin˥˧, ja:k˧ kəu˧˩ lin˥˧!"
床 那 站 起 来 我 饿 饭 极 饿 饭 极了

nəi˧˩ ke˧˥ ŋak˥ ʔi˥ jun˥˧: "ji˧˩ hi˧˥! ȵən˩ ma:ŋ˩ la:u˧ səm˧˩ ta:u˥ na:i˧
母亲 她 受 一 惊 人 什么 进 房间 咱 这

təŋ˥?" ma:u˧ po˥˧: "ja:u˩ ʔa˥˧!" ma:u˧ po˥˧: "ʔo˧˥ ȵa˩, ȵa˩ ma˧˥ na:i˧ ƫəŋ˥
来 他 说 我 她 说 你 你 来 这 久

•a˧˥?" "ja:u˩ ma˧˥ na:i˧ ʔi˥ ȵa:n˥ ta˧." "ʔo˧˥!" nəi˧˩ ke˧˥ kwa:i˩ ɕun˥,
我 来 这 一 月 多 母亲 她 不 做声

nəi˧˩ ke˧˥ ƫon˥˧ ma˧˥ ƫa:n˥ ljeu˧˩ kəu˧˩ jət˥, ma:u˧ ɕu˧ ka:ŋ˧: "ja:u˩ ju˥˧
母亲 她 转 来 吃 了 早 饭 她 就 讲 我 要

pa:i˥ ja:n˩ •e˧." ma:u˧ po˥˧: "kon˧ ma:u˧ pa:i˥ pa:i˩ ȵak˥. pəi˧˩ na:i˧
去 家 她 说 管 她 去 去 点 姑娘 这

ja:u˩ ʂa:ŋ˧˩ ma:u˧ na:i˧ la:u˧˩, ja:u˩ li˧ jo˧˩ ma:u˧ ti˧ pi˩ ƫʻi˧˥. nu˥˧ ma:u˧
我 养 她 这 大 我 知 道 她 的 脾 气 如 她

ju˥˧ pa:i˥ ma:u˧ nəŋ˧˩ ju˥˧ pa:i˥. kon˧ ma:u˧ ʂa:i˥ ma:u˧ pa:i˥." ƫa˧ ju˧
要 去 她 就 要 去 管 她 让 她 去 那 又

nəi˧˩ ke˧˥ ju˧ ʂoŋ˥˧ ma:u˧ pa:i˥. ma:u˧ ia˧ ƫa˧ ju˧ ma˧˥.
母亲 她 又 放 她 去 她 从 那 又 来

ji˧˥ ma˧˥ tʻəu˧˥ ja:n˩ •le˧, siŋ˥˧ ƫən˩ ka˥ ɕu˧ ka:ŋ˧: "ɕi˩ na:i˧ ʔa˩
一 来 到 家 姓 陈 家 就 讲 现 在 岳

ku˥ ta:u˥ ɕek˧ li˧ jo˧˩ pa:u˧˩. ha:ŋ˩ ƫən˩ kʻwa:ŋ˧˥ na:i˧ ɕi˧, ko˧˩ nu˧˥
母 咱 全 得 知 种 情 况 这 不知 怎么

we˧˩!" "nu˥˧ ɕi˧ ma:u˧ li˧ jo˧˩ •le˧, tu˥ kwa:i˩ nu˧˥ ju˥˧ƫən˧. nu˥˧ pu˧˩ ƫiu˥
做 若 是 她 得 知 都 不 怎么要 紧 如 父亲 我们

li˧ jo˧˩ •a˧, ja˩ ta:u˥ kwa:i˩ me˩ mjiŋ˧ •lo˧˩。 ja˩ ta:u˥ ko˧˩ ju˥˧ təu˧
得 知 俩 咱 没 有 命 俩 咱 不知 要 被

ɕa˧ ko˧˩ ma:ŋ˩." ma:u˧ po˥˧ "he˧˥, pu˧˩ ȶiu˥ we˧˩ ɕen˥ ȶa:ŋ˧˩ na˧ nəŋ˥ la:u˧˩.
杀 不知 什么 她 说 父亲 我 做 县 长 脸 鼻子 大

nu˥˧ ka:ŋ˧ ha:ŋ˩ ȶən˩ k'wa:ŋ˧˥ na:i˧ ȵa:u˧ ·le˧." ma:u˧ ɕu˧ ka:ŋ˧. nəi˧˩
如 讲 种 情 况 这 在 她 就 讲 母亲

ma:u˧ ɕu˧ sok˧˩ sən˧˩ ma˧˥, ma˧˥ ʔa˩ səm˧˩ ȶa˧ ȶuŋ˩ ȶa˧˥ ja˩ ke˧˥ ka:ŋ˧.
他 就 跟 屁股 来 来 房间 那 听 俩 他 讲

"ja˩ ta:u˥ nu˧˥ ha:ŋ˩ we˧˩·e˧˥?" ma:u˧ po˥˧: "ja˩ ta:u˥ ɕi˩ na:i˧ ·po˧, ȶa:n˥
俩 咱 怎 么 做 她 说 俩 咱 这 时 吃

jin˥ təi˥ ·a˧˥, ȶiŋ˥˧ ·po˧ kan˥˧ ko˩ təi˥ ·a˧˥? ʔi˩ nu˧˥ ha:ŋ˩ we˧˩."
大烟 死 还是 割 脖子 死 怎 么 样 做

ju˧ po˥˧: "ȵa˩ ju˧ təi˥ pa:i˥ we˧˩ la:k˧˩ sa:i˥ ja:u˩, ja:u˩ ju˧ təi˥
又 说 你 又 死 去 做 儿子 给 我 我 又 死

pa:i˥ we˧˩ la:k˧˩ sa:i˥ ȵa˩." ja˩ muŋ˧˩ səm˧˩ ȶa˧ ʔi˥ na:i˧ ha:ŋ˩ hoi˧.
去 做 儿子 给 你 俩 个 房间 那 这 么 样 叹气

nəi˧˩ ma:u˧ li˧ nu˥˧ nan˥ ȶən˩ k'wa:ŋ˧˥ na:i˧, ma:u˧ po˥˧: "ja˩ ke˧˥
母亲 她 得 见 个 情 况 这 她 说 俩 他

ha:ŋ˧˥ na:i˧ k'u˧ ȶən˩ na:i˧ ȶuŋ˩." nəi˧˩ ma:u˧ ɕu˧ ton˥˧ ma˧˥ ɕu˧ ka:ŋ˧
这 样 苦 情 这 多 母亲 她 就 转 来 就 讲

sa:i˥ ka:u˩ la:u˩ ȶa:ŋ˧ ɕen˧ ȶa:ŋ˧˩ ȶa˧ ȶ'iŋ˧˥。ma:u˧ po˥˧: "pu˧˩ ɕa:u˥ ȵa˩
给 老 头 张 县 长 那 听 她 说 父亲 你们 你

we˧˩ ɕen˥ ȶa:ŋ˧˩ ·le˧ na:i˧ ȶəŋ˥ kwa:i˩ nu˥˧ ȵa˩ hem˧˩ ke˧˥ ȶa:n˥ kəu˧˩
做 县 长 这么 久 不 见 你 喊 别人 吃 饭

ta:u˥˧. pən˧ pa:i˥ ȶa:n˥ k'e˧˥ ȶən˥ ȶən˥. ȶa˥˧ ɕi˧ ȵa˩ ju˥˧ hem˧˩ k'e˧˥
一点 只 去 吃 别人 光 那 是 你 要 喊 别人

ȶa:n˥ təm˧ tən˥˧·o˧." "ja˧ ɕi˧, ȵən˧ təu˧." sa:i˥ nəi˧˩ k'e˧˥ la:u˧ ka:i˥
吃 一两 顿 也 是 也 对 让 母亲 她 进 街

pa:i˥ pen˧ ma˥, hem˧˩ k'e˧˥ la:k˧˩ man˥˧ sa:n˧ poŋ˩ si˥ jəu˧˩ ma˧˥ na:i˧
去 办 菜 喊 别人 那些 三 朋 四 友 来 这

ȶa:n˥ k'wa:u˧ ju˧ k'wa:n˧˩ ȶa:ŋ˩. nəi˧˩ k'e˧˥ pa:i˥ ʔa˩ ȶe˥ ɕoŋ˩ ȶa˧ ju˧
吃 酒 又 聊 天 母亲 她 去 边 桌 那 又

ka:ŋ˧: "he˥˧, ɕa:u˥ man˥ na:i˧ ho˧ poŋ˩ jəu˧˩ na:i˧ ma˧˥ ȶa:n˥ k'wa:u˧·a˧.
讲 你们 今 天 伙 朋 友 这 来 吃 酒

man˥ ȵuŋ˥ ȶiu˥ ȵa:u˧˩ ʔa˩ na:n˩ məu˩ ka:i˧ na:i˧ ȶ'a:ŋ˥˧ ɕi˥·a˧˩. ha:ŋ˩ ɕi˥
昨 天 我们 在 南 门 街 这 唱 戏 种 戏

ȶa˧ ȶiu˥ nəŋ˧˩ kwa:i˩ siŋ˧·a˧˩. ɕi˩ ȶa˥˧ pu˧˩ ke˧˥ we˧˩ ɕen˥ ȶa:ŋ˧˩·le˧, la:k˧˩
那 我们 就 不 明白 那 时 父亲 她 做 县 长 姑

pəi˧˩ ma:u˧ təm˧ muŋ˧˩ ha:n˩ ȵən˩ ȶa˧ ȵa:u˧˩ ȶa˧ ȵa:n˥ ta˧. ȶa˧ kəi˧ jo˧˩
娘 他 关 个 生 人 那 住 那 月 多 那 不 知

kəm˧˩ ɕi˥ ȶa˧ ɕi˥ ma:ŋ˩. ȶiu˥ nəŋ˧˩ sa˧˩ kwa:i˩ siŋ˧, ko˧˩ nu˧˥ lət˧˥
个 戏 那 戏 什么 我们 是 老妇 不 明白 不知 怎么 完

kəm˧˩ ɕi˥ ȶa˧, nu˧˥ ha:ŋ˩ ȶe˩ ko˧˩." na:i˧ ka:ŋ˧ man˥˧ ȵən˩ ȶa:n˥ k'wa:u˧
个 戏 那 怎样 结 果 这 讲 些 人 吃 酒

man˥˧ poŋ˩ jəu˧˩: "kəm˧˩ na:i˧ nu˧˥ ha:ŋ˩ ȶe˩ ko˧˩ ·e˧˩, ȶa˧ pən˧ ja˩ ke˧˥,
些 朋 友 个 这 怎 样 结 果 那 只 俩 他

ȶa˧ pən˧ me˩ nan˥ ȶa˥ ȶa:u˩, me˩ na:u˩ sə˩ ȶa:u˩. nu˧˥ ka:ŋ˧ ja˩ ke˧˥
那 只 有 个 架 桥 有 谁 拆 桥 如 讲 俩 他

ɕeŋ˥ ʔəi˥˧, pən˧ ja˩ ke˧˥·po˧˥!” ta˥˧ ʔi˥ na:i˧ ha:ŋ˩ ka:ŋ˧ ju˧: “he˧˥,
相 爱 只 俩 他 那 这么 样 讲 又

təu˧˩sa˧˩ nəŋ˥ kwa:i˩ siŋ˧ ɕi˥˧ ɕa:u˥!” ta˥˧ ʔi˥na:i˧ ta:n˥ tən˥˧ ko˩ ta˧ pa:i˥
女人 还 不 明白 是 你们 那 这样 吃 顿 饭 那 去

lieu˧˩, sa:n˥˧ ta:ŋ˩ lieu˧˩.
了 散 场 了

nəi˧˩ kʻe˧˥ ɕu˧ ka:ŋ˧: “pu˧˩ ɕa:u˥, ja:u˩ ka:ŋ˧ ȵa˩ tʻiŋ˥˧, man˥ na:i˧
母亲 她 就 讲 父亲 你们 我 讲 你 听 今 天

kəi˧ ta:ŋ˧ po˥˧ ka:ŋ˧ kʻe˧˥ la:k˧˩ siŋ˥ ȵa˥, ka:ŋ˧ la:k˧˩ ja˥ ta:u˥ si˧ ka˥. la:k˧˩
不 是 说 讲 别人 儿 姓 江 讲 儿 俩 咱 自 家 姑

pəi˧˩ ja˩ ta:u˥ na:i˧ tam˧ kəm˧˩ ha:n˩ ȵən˩ ȵa:u˧ ka:u˧˩ ɕəm˧˩ na:i˧ ȵa:n˥
娘 俩 咱 这里 关 个 生 人 在 里 房 这 月

ta˧. ɕa:u˥ man˥ na:i˧ po˥˧ ka˥˧ tiu˩.” ka:u˩ la:u˩ ta˧ pəi˥ pa:i˧ ʔi˥ jun˥˧
多 你们 今 天 说 架 桥 老 头 那 突然 一 惊

pa:i˧: “kəu˧˩ ɕi˩·le˧ ɕa:u˥ nəi˧˩ la:k˧˩ ·a˧˥, we˧˩ ha:ŋ˩ sɿ˥ tən˩ ʔi˥ na:i˧,
去 狗 日 你们 母 女 做 种 事 情 这么

təu˧ ja:u˩ le˧ lja:i˥˧ ɕa:u˥ kwa:i˩ li˧ na˧.” ta˧ ji˧˥ sa:i˧ ja˧˩ təŋ˥ ju˥˧
让 我 为 你们 不 得 脸 那 一 生 气 来 又

sa˧ pa:i˥ le˧。 ma:u˧ po˥˧: “ȵa˩ ka:u˩ la:u˩ na:i˧ na:n˩ ·o˧. ȵa˩ we˧˩
杀 去 她 说 你 老 头 这 难 你 做

kon˥ kwa:i˩ kʻun˧˥ kon˥, we˧˩ wa:ŋ˩ kwa:i˩ kʻun˧˥ wa:ŋ˩. ȵa˩ ha:ŋ˩ na:i˧ ja:ŋ˧
官 不 成 官 做 王 不 成 王 你 这么样

we˧˩, la:k˧˩ ke˧˥ ȵa˩ ju˧ ju˥˧ ka˥˧ tiu˩, la:k˧˩ ȵa˩ si˧ ka˥ ju˥˧ sa˧, ȵa˩
做 儿 别人 你 又 要 架 桥 儿 你 自 家 要 杀 你

ju˥˧ tuŋ˥ ta˧˥ ja:u˩ ka:ŋ˧.” “ʔi˥ nu˧˥ ha:ŋ˩ we˧˩.” ma:u˧ po˥˧. “nu˧˥ ha:ŋ˧
要 听 我 讲 怎么样 做 他 说 怎 么

we˧˩.” ma:u˧ po˥˧. “nu˥˧ ȵa˩ kwa:i˩ tuŋ˥ ta˧˥ ja:u˩ ka:ŋ˧, ȵa˩ nəŋ˧˩ kwa:i˩
做 她 说 如 你 不 听 我 讲 你 就 没

me˩ ʔi˥ teŋ˧˩ na˧. kəi˧ ɕi˧ ja˩ ta:u˥ na:i˧ ha:ŋ˩, ja˩ ta:u˥ ju˧ me˩
有 一 点 脸 不 是 俩 咱 这 样 俩 咱 又 有

sin˩, pa:i˥ ʔa˩ pa:k˧ ka:i˥ ·le˧, təi˧ la:k˧˩ nan˥ pʻu˧˥ sa:i˥ ma:u˧ we˧˩
钱 去 外面 街 买 小 个 铺 给 他 做

teŋ˧˩ sən˥ ji˥˧, pe˥ ȵak˥ jen˧ sa:i˧˩, ʔa:u˥ ȵak˥ kʻwa:u˨ sa:i˥ ma:u˧
点 生 意 卖 点 烟 崽 拿 点 酒 让 他

pe˥, pe˥ ȵak˥ pi˥ ta:ŋ˥ pi˥ tu˥, si˥ ʔa:u˥ ȵən˩ pa:i˥ ta:i˧ ma:u˧ ·aʔ˧˥
卖 卖 点 杂 七 杂 八 再 要 人 去 问 他

ȵa˩ nu˥˧ ʔi˥ na:i˧ la:i˥ kwa:i˩. nu˥˧ ȵa˩ ha:ŋ˧˥ na:i˧ tʻa:u˨ ta:ŋ˩ ho˧
你 看 这 样 好 不 若 你 这样 吵 场 合

tən˩ təŋ˥, ʔuk˧ tiŋ˥˧ ɕu˧ kwa:i˩ la:i˥.” sa:i˥ ka:u˩ la:u˩ ta˧ to˧ ji˥
起 来 露 底 就 不 好 让 老头 那 都 依

nəi˧˩ ta˧. “təu˧, ji˥ ȵa˩.” ha˧ tiŋ˥˧ pa:i˥ ʔa˩ pa:k˧ ka:i˥ təi˧ ja˩ ken˥
女人 那 对 依 你 才 是 去 那 外 街 买 两 间

pʻu˥˧ sa:i˥ ma:u˧ ɕu˧ we˧˩ ta:ŋ˩ sən˥ ji˥˧, pe˥ ȵak˥ kʻwa:u˨ ʔa˩.
铺 给 他 就 做 段时间 生 意 卖 点 酒

ma:u˧ si˥ hem˧˩ ho˧ poŋ˩ jəu˧˩ ka:u˧˩ ȶa˧ ma˧˥ ȶa:n˥ kʻwa:u˧ ·la˧˩。 ma:u˧
他 再 喊 伙 朋 友 里 那 来 吃 酒 他

po˥˧:“ ɕi˩ na:i˧ me˩ la:k˧˩ siŋ˥˧ ȶən˩ na:i˧ ma˧˥ na:i˧ we˧˩ ȵak˥ sən˥
说 现 在 有 个 姓 陈 这 来 这 做 点 生

ȵi˥˧ ·le˧˩。 ha:ŋ˩ ȵən˩ ȶa˧ ɬa:u˥ jən˧˥ ma:u˧ we˧˩ tʻin˧˥ ·e˧, ȶe˩ hun˧
意 种 人 那 咱们 跟 他 做 亲 结 婚

we˧˩ li˧ kwa:i˩?” la:k˧˩ man˥˧ sa:n˧ poŋ˩ s1˥ jəu˧˩ ɕu˧ ka:ŋ˧:“ he˧˥, nu˥˧
做 得 不 那 些 三 朋 四 友 就 讲 如

ha:ŋ˧˥ na:i˧ nəŋ˥ kwa:i˩ la:i˥? man˥˧ ȶa˧ jən˩ sa:i˩ ja˧ me˩, ha:ŋ˩ ha:ŋ˩
象 这样 还 不 好 个 那 人 才 也 有 样 样

ɬu˥ ɬa˧ ʔu˥ ke˧˥, ɬok˧˩ ke˥˧ sa:i˥ ma:u˧ la:i˥ ·la˧˩。” ȶa:ŋ˧ ɕa:u˧˩ ȶe˧˩ ɕu˧
都 过 上 别人 独 嫁 给 他 好 了 张 小 姐 就

ke˥˧ sa:i˥ la:k˧˩ ȶən˩ ka˥ ȶa˧, ȵa:u˧ pa:k˧ ka:i˥ ȶa˧ ȵa:u˧ ·le˧。
嫁 给 小伙子 陈 家 那 在 外 街 那 住

ɕi˩ na:i˧ pu˧˩ kʻe˧˥ ɬa˧ nu˧˥ ·le˧ ɬa˧ ka:u˧˩ pu˧˩ fa˧ ɕen˥ ·a˧˩, pu˧˩ fa˧
现 在 父亲 他 从 哪儿 从 里 普 发 县 普 发

ɕen˥ ȵa:u˧ ȶa:k˧˩ kui˥ ljən˩, ɕu˧ me˩ ʔi˥ hoŋ˥ sən˥˧ ju˧ ma˧˥ ju˥˧ muŋ˧˩
县 在 个 桂 林 就 有 一 封 信 又 来 要 位

ɕen˥ ȶa:ŋ˧˩。 ju˥˧ muŋ˧˩ ɕen˥ ȶa:ŋ˧˩ məi˧˥ pa:i˥ nu˧˥ səm˧ li˧ ɬa:u˥? ȶa˧
县 长 要 位 县 长 新 去 哪儿 我 得 咱 那

ɕi˩ na:i˧ ɬa:u˥ ʔa:u˥ la:k˧˩ sa:u˧˩ məi˥˧ pa:i˥ we˧˩ ɕen˥ ȶa:ŋ˧˩ la:i˥ ·la˧˩。
现 在 咱 拿 女 婿 新 去 做 县 长 好 了

ma:u˧ ɕu˧ ʔa:u˥ la:k˧˩ siŋ˥˧ ȶən˩ ȶa˧ pa:i˥ ku˧ fa˧ ɕen˥ we˧˩ ɕen˥ ȶa:ŋ˧˩。
他 就 要 小伙子 姓 陈 那 去 古 发 县 做 县 长

ȶi˥ na:i˧ ɕu˧ ka:ŋ˧ ka:u˧˩ ja:n˩ ma:u˧, ja˩ muŋ˧˩ ȵən˩ la:u˧˩ la:u˧ ʔi˥
这 里 就 讲 里 家 他 两 位 人 老 只 一

la:k˧˩ na:i˧ ɬok˧˩ ɬok˧˩, pa:i˥ ka:u˧˩ ɕa:ŋ˩ ʔa:n˥ nəi˧˥ ŋo˧˩ ȵin˩ koŋ˥ pʻu˧˥,
儿子 这 独 独 去 里 长 安 动 五 年 工 铺

wən˧˥ sin˩ ɬu˥ kwa:i˩ li˧ nu˥˧, la:k˧˩ ja˧ kwa:i˩ li˧ nu˥˧。 ȶi˥ ȶa˧ jən˧˥
分 钱 都 不 得 见 小孩 也 不 得 见 那 里 跟

wa:ŋ˩ la:u˧˩ pa:n˧˩ səm˧ ȵən˩:“ȵa˩ wa:ŋ˩ la:u˧˩ pa:n˧˩, ȶa:k˧˩ la:k˧˩
王 老 板 找 人 你 王 老 板 个 小孩

ja:u˩ na:i˧ ma˧˥ jən˧˥ ȵa˩ nəi˧˥ li˧ ŋo˧˩ ȵin˩ koŋ˥ pʻu˧˥, ȶa:k˧˩ la:k˧˩
我 这 来 跟 你 动 得 五 年 工 铺 个 小孩

ja:u˩ na:i˧ ȵa˩ ʔa:u˥ nu˧˥ pa:i˥?” ȶa˥˧ ma:u˧ səm˧ ȵən˩。 wa:ŋ˩ la:u˧˩
我 这 你 拿 哪 去 那 他 找 人 王 老

pa:n˧˩ ju˧ po˥˧:“ la:k˧˩ ȵa˩ ɬa˧ pʻu˥˧ ja:u˩ na:i˧ ljak˩ ŋo˧˩ pek˧ ȵan˩ ɬa˥ ja:ŋ˩
板 又 说 小孩 你 从 铺子 我 这 偷 五 百 银 大 洋

pa:i˥。 ɕi˩ na:i˧ ja:u˩ nəŋ˥ ju˥˧ səm˧ ȵa˩ səm˧ sin˩。” ɕu˧ ka:u˥˧ ɕoŋ˧。
去 这 时 我 还 要 找 你 找 钱 就 告 状

ka:u˥˧ ɕoŋ˧ ·le˧ ka:u˥˧ tʻəu˥˧ ʔa˩ wa˩ jən˧, ɬa˧ ȶa˥˧ pa:i˥ ȶa˥˧ ɬu˥ kwa:i˩
告 状 告 到 法 院 从 那 到 那 都 不

siŋ˧˥ tʻu˩。 ɬa˧ lən˩ ka:u˥˧ ȶa:ŋ˥˧ ka:u˥˧ ȶʻa˥˧ kui˥ ljən˩ pa:i˥, ka:u˥˧ la:u˧
清 楚 后 来 告 状 告 上 桂 林 去 告 进

ku˧ fa˧ ɕen˥ pa:i˥。 ɕən˧ na:i˧ ʔa:u˥ ȶa:k˧˩ pjən˧ ȶe˩ ȶa˧ ji˧˥ nəŋ˩
古 发 县 去 这 时 拿 个 禀 帖 那 一 看

nu˥˧ ·le˧:" he˥˧, ȶa:k˧˩ pjən˧ ȶe˩ na:i˧ ȶa:k˧˩ pjən˧ ȶe˩ ja:u˩ ·le˧."
看 个 禀 帖 这 个 禀 帖 我

ȶa˧ ɕən˧ na:i˧ ma:u˧ ɕu˧ nu˥˧ ȶa:k˧˩ pjən˧ ȶe˩:" man˥ lən˩ ɕa:u˥ t́əu˥˧
那 这 时 他 就 看 个 禀 帖 明 天 你们 到

koŋ˧ ŋa:n˥ na:i˧ ma˧˥ ·ʔa˥˧." man˥ lən˩ hem˧˩ ja˩ muŋ˧˩ ȵən˩ la:u˧˩ t́əu˥˧
公 案 这里 来 第 二天 喊 两 位 人 老 到

ȶa˧ pa:i˥, "ja˩ muŋ˧˩ ȵən˩ la:u˧˩ me˩ nan˥ sɿ˥˧ ȶən˩ ma:ŋ˩ t́əu˧˥ na:i˧
那 去 两 位 老 人 有 个 事 情 什么 到 这

ma˧˥?" "he˥˧, ja˩ ȶiu˥ ɕi˩ ȶa˥˧ ·le˧, la:k˧˩ man˥˧ la:k˧˩ jən˧˥ ma:u˧ nəi˧˥
来 俩 我们 时 那 那 些 小孩 跟 他 动

ŋo˧˩ ȵin˩ koŋ˥ p'u˥˧, ja˧ kwa:i˩ li˧ nu˥˧ la:k˧˩ ȶiu˥, ko˧˩ ʔa:u˥ pa:i˥
五 年 工 铺 也 不 得 见 小孩 我们 不知 拿 去

nu˧˥. ja˩ ȶiu˥ səm˧ ma:u˧ səm˧ ȵən˩。" ma:u˧ ka:ŋ˧:" ja˩ ɕa:u˥ kwa:i˩
哪儿 俩 我们 找 他 找 人 他 讲 俩 你们 不

ju˥˧ ȶok˧˩. ɕən˧ na:i˧ kwa:n˥ na:i˧ kwa:i˩ ju˥˧ ȶok˧˩." ju˧ hem˧˩ ka:u˩
要 跪 现 在 官 这 不 要 跪 又 喊 老

la:u˩ wa:ŋ˩ la:u˧˩ pa:n˧˩ ȶa˧ ma˧˥ ȶa:i˧:" wa:ŋ˩ la:u˧˩ pa:n˧˩, ȵa˩ me˩
头 王 老 板 那 来 问 王 老 板 你 有

sɿ˥ ȶən˩ ma:ŋ˩ ·ʔu˥˧?" "ja:u˩ ·ʔa˧˥?" ma:u˧ po˥˧: "ja:u˩ ·le˧ ɕi˩ ȶa˥˧, ma:u˧
事 情 什么 我 他 说 我 那 时 他

ta˧ p'u˥˧ ljak˩ ŋo˧˩ pek˧ k'wa:i˥˧ ȵan˩ ta˥ ja:ŋ˩ pa:i˥." ma:u˧ ka:ŋ˧: "·ʔo˧˨,
从 铺 偷 五 百 块 银 大 洋 去 他 讲

ʔi˥ na:i˧ ȵa:u˧. ja˩ ɕa:u˥ ȶən˩ k'wa:ŋ˧˥ ɕek˧ jo˧˩ ·ʔa˧˥? jo˧˩ me˥ ȵən˩
这 么 着 俩 你们 情 况 全 知道 认 识 人

kwa:i˩?" "ko˧˩ me˥ ȵən˩." ma:u˧ po˥˧:" man˥˧ la:k˧˩ ȵa˩ ·le˧, ja˩ ɕa:u˥
不 不认 识 人 他 说 孩 子 你 俩 你们

muŋ˧˩ ȵən˩ la:u˧˩ jo˧˩ me˥ la:k˧˩ kwa:i˩? la:k˧˩ ȶa˧ ha:ŋ˩ ȵən˩ nu˧˥ ȵa:u˧?"
个 老 人 认 识 小孩 不 小孩 那 种 人 怎么 着

"la:k˧˩ ȶa˧ ȵin˩ ȶi˧ jən˧˥ ȵa˩ kwa:i˩ ɕa˥ lja:i˥." ma:u˧ po˥˧:" ma:u˧
小孩 那 年 纪 跟 你 不 差 远 他 说 他

ʔu˥ ɕən˥ ȶa˧ me˩ nan˧˩ ȶən˧˩ ȶi˥ ma:ŋ˩?" "ma:u˧ ȶi˥ p'im˧ ȶa˧ me˩
上 身 那 有 个 景 致 什么 他 的 腹部 那 有

nan˥ pi˧˥ ja˧˥, nan˥ pi˧˥ ja˥˧ ȶa˧ ·le˧, ju˥˧ sa:m˥ ȶiu˩ la:k˧˩ təŋ˥ ha˧
个 斑 红 个 斑 红 那 要 三 根 手 指 才

ȶiŋ˥˧ kəm˧˩ ta˧ li˧." "ʔo˥˧, ha˧˥ na:i˧ ja:ŋ˧. sa:i˥ ja:u˩ t́o˧ kuk˧ kun˥˧
是 盖 过 得 哦 这 么 样 让 我 脱 衣 先

·ʔa˧˥?" sa:i˥ ma:u˧ to˧ kuk˧ to˧ ʔi˥ nəŋ˩ nu˥˧. "ȶiŋ˥˧ me˩ nan˥ pi˧˥
让 他 脱 衣 着 一 看 看 是 有 个 斑

ha:ŋ˧˥ ja:u˩ na:i˧ ha:ŋ˧?" "ʔo˥˧, ȵəŋ˧˩ loŋ˧˥ ȵa˩ pa:i˥ ·la˧˩." ȶa˥˧ ju˧
象 我 这 样 哦 真 象 你 去 那 又

pa:i˥ təŋ˥ ·le˧˩, mjiŋ˩ ȵin˩ pa:i˥ ·le˩. ȶa:k˧˩ la:k˧˩ ȶa˧ la:u˧˩ ·la˧˩,
去 久 几 年 去 了 个 儿子 那 老 了

pu˧˩ ja˧ kəi˧ jo˧˩ me˥ la:k˧˩, la:k˧˩ to˧ jo˧˩ me˩ pu˧˩. ȶa˥˧ ɕən˧ na:i˧
父亲 也 不 认 识 儿子 儿子 认 识 父亲 那 现 在

ma:u˧ pa:i˥ ʔa˩ ka:u˧˩ ȶa˧ ja˧ ɕa:i˧ jən˥ ȶin˧ təu˩ ɕa:ŋ˧ ȵan˩ ma˧˥,
他 去 那里 那 又 马上 提 枕 头 箱 银子 来

ɕu˧ son˥˧ sin˩. ma:u˧ po˥˧: “ʔa˥˧, wa:ŋ˩ la:u˧˩ pa:n˧˩, ɕi˩ ȶa˥˧ kəm˧˩ sin˩
就 算 钱 他 说 啊 王 老 板 那 时 个 钱

ȵa˧˩ ȶa˧ ·le˧, ja:u˩ ʔa:u˥ sa:i˥ ȵa˩, ja:u˩ ljak˩ nan˥ sin˩ ȶa˧ pa:i˥. ɕən˧ na:i˧
你 那 我 拿 给 你 我 偷 个 钱 那 去 现 在

son˥˧ sin˩·le˧ ʔa:u˥ pəi˧ ȵa˩·a˧.” ju˧ ʔa:u˥ sin˩ sa:i˥ wa:ŋ˩ la:u˧˩ pa:n˧˩.
算 钱 拿 赔 你 又 拿 钱 给 王 老 板

wa:ŋ˩ la:u˧˩ pa:n˧˩ ju˧: “ja:u˩ kəi˧ ju˥˧ sin˩·lo˧. ja:u˩ ju˥˧ sin˩ na:i˧ ma:ŋ˩
王 老 板 又 我 不 要 钱 我 要 钱 这 什么

ja:u˩ ɕən˧ na:i˧ kwa:i˩ na:i˧ wa:n˩ kʻun˧˥ ma:ŋ˩ pa:i˥.” wa:ŋ˩ la:u˧˩ pa:n˧˩
我 现 在 不 耐 烦 成 什么 去 王 老 板

lja:p˧ kon˥˧ ɕu˧ nəŋ˧˩ wi˧˥, wi˧˥ ma˧˥·la˧˩. ɕən˧ na:i˧ təu˥˧ nəi˧˩ ma:u˧·le˧
抓 棍 就 马上 跑 跑 来 了 这 时 留 母亲 他

jən˧˥ pu˧˩ ma:u˧·le˧ ȵa:u˧ ʔu˥ ku˧˩ fa˧ ɕen˥ ɕu˧ sa:ŋ˧˩ li˧ lət˧˥ pʻe˧˥. kʻun˧˥·la˧˩·a˧.
和 父亲 他 在 上 古 发 县 就 养 得 完 尾 完 了

陈再和的故事

那时，陈再和那个后生到哪儿去？到长安①力行去帮人，帮力行的人。（人家）看这小伙子还灵利哩，让他当先生，当掌柜，钱呀什么的都拿给他管。有一天，一位姓张的县长哩，要卸任走了，从长安卸任走了。去哪儿？去州城②里。那么，那些老百姓就留他：“张县长，你先不要急着走。明天咱们这里五月五，在这里划龙船，热闹得很”。他说：“你不要忙着走！”留他在那里住。

那后生也去看别人。从长安溪外面（走），那里有一条小溪。他穿着一双袜子，这时他脱了袜子在那里晾脚。那么那条船，那条大船，那（船上的）张小姐看见他的脚湿，在那里晾脚。那姑娘就从哪儿呢，从船舷底下扔了一条龙须帕子到他面前。他就看，刚才不见有这条帕子，现在怎么有这条帕子在我面前呢？他看呀看，看去看来，瞧上瞧下，看见那条帕子在那里，他把那条帕子拣来揩脚。那姑娘把手腕子放在船舷上。咦！他一看，姑娘那么漂亮，但只看到半边脸和那手腕。那姑娘真的太漂亮了。他妈的，今晚让我连夜进王老板的铺子里偷几百块大洋，先追上这只船。他真的去偷了五百块大洋。第二天即刻雇船，雇了只小船去追那大船。他也不装什么货物，仅仅装他一个人。“我要追上你。”他讲：“管它到哪里，我一定要看看你的脸蛋儿。若是我看到了这姑娘的脸蛋儿，别人拿我去杀都只那样罢了。我一定要看看这姑娘的脸蛋儿。”现在追去追来，追到了州城。那里有个轿子来接小姐，那街上人很多，他想看姑娘的脸也看不到，那轿子把花帐幕一遮起，那她就钻进轿子里去了，他就看不见（她）了。他那晚就进客店去住，到吴家去住。住呀住，后来人家在街上唱戏，他也去看戏。他住的那一家有一个同辈的，年纪差不多，他告诉他父亲：“今天在咱家住的这小子和我去看戏，散戏了，别人这个散往东，那个散到西，都走了，他就钻进那衙门去，让那些守门的兵勇们从那里打来，他就跑回来了。”第二天他俩又去看戏，他还是那样做，又爬进那里去，别人这个往这，

①指现在广西壮族自治区融安县县城长安镇。

②指贵州省榕江县县城古州镇。

那个往那，他又爬进衙门去，被人家打了。那小子他那天晚上又回家来讲给他父亲听："父亲，在咱家住的这小子，这小子不知是乖巧还是愚笨？看到人家戏散了，他又挤进衙门里去，人家用棍子打过来，他又跑了。"他说："这样的情况吗？那今晚咱们喊他。"吃了晚饭，从头到尾地追问他。他说："你是怎么一种情况？怎么生活？做什么生意？"他说："我么，我没做什么生意。"他说；"我想来这里看张县长的姑娘，那个张小姐。"那老头就笑他："你想来看张小姐吗？你看不到！她父亲做县长，那么容易见吗？她这个人脚不出门，在那三层楼上住，你想看她看不到！"他讲："我一定要看她。"他讲："你要看吗，你有多少钱？要是没有钱，看不到。""要多少钱？"他讲："要五百块大洋，捆一条九节龙，到正月十五，这些汉人很爱（舞）龙，捆好了九节龙，那天你就请人舞进去，她来接龙，那样你就看到她了。""有，"他说："我有钱。你只管去街上请人来。"把人请来了，用五百块大洋捆了一条九节龙，就开进去。汉人那是爱（舞）龙，到十五那天，到正月十五，他的龙舞到哪个铺子，那个铺子都纷纷来迎接龙，放的那些炮多极了。现在舞去舞来舞到了张县长的铺子，他的衙门，放的炮那多得很。那姑娘并不出来迎接龙，来看龙。叫他那个人，他什么都不看，他反正只是想去看那姑娘，别人舞龙与他无关。他钻来钻去钻进那姑娘的房间去了。那姑娘的房间有情侣，有婚约在那里，有后生、姑娘。他钻进姑娘的房间去了，这时炮放完了，那姑娘姗姗而来。他就钻进床的下面去，姑娘问："谁进我房间里来？""嘿！"他说："你……你不认识我吗？""我认识你？你乱进我的房间来！""你不认识我吗？你在长安溪口送一条帕子给我。""我的帕子在哪里？"他一下子就从身上把帕子拿出来给那姑娘，那姑娘一看，也就难以做声了。那姑娘见这陈家的一表人材，那么，不是看这个人正中她的意，也就不讲了。不讲也难得出去，那里有人守门，出去不得。她父亲当县长，你怎么能出门呢？那里有人守门。那他就在那里住下了。

有个丫头送饭来那里，回去就讲给她伯母听："伯母！小姐这阵子饭吃得多得很，那几天菜也剩；这几天饭、汤都吃光了。""嘿！你管她。"她说："只要她身体好，她吃得多就吃得多。"那他这时还是在那里住。

在街的那头有一位肖家的姑娘，她俩以前是好朋友。今年要出嫁，她说："去请张小姐来作伴，以前我们俩作伴作得好哩。"第一次来叫她，她不去。不去嘛，肖家姑娘就说："如今张小姐的父亲是县长，她的面子很大。现在咱们只去请她一次，她哪里就来？雇轿子去抬吧！"这时就雇轿子去接。两顶轿子来了，到哪里去呢，到家里去接。那现在不去不行了，人家雇轿子来抬你都不去？她只好答应去。他俩就在房间里讲，陈家后生说："你去了我去哪儿吃饭？不要紧，你去买雪片糕来，我在这里吃好了。"她拗不过，坐着轿真的去了，到那头去吃酒，她母亲也同去。吃了午饭她就要回来。她母亲就说："你干什么去，现在就要回家？"她说："我忘了一件东西。"她说："你忘了什么东西？"她说："我忘了一条帕子。""要是你忘了一条帕子，让我去好了，让你姑娘家跑上跑下的，让我去好了。"那就让她母亲急急忙忙回来了。那妇人一来到就去开那个门，突然进了房间，他从床下一下子站出来："我饿极了，饿极了。"她母亲吃了一惊："哎呀！什么人进咱们房间来了？"他说："我。"她说："啊，你，你到这里多久了？""我来这里一个多月了。""喔！"她母亲不做声就回去了。吃了午饭，她说："我要回家。"她说："让她去吧！我这姑娘，抚养她到这么大，我知道她的脾气。若是她要去，她就要去。让她去吧！"那她母亲又放她走了。

一来到家，姓陈的就讲："如今咱们岳母都知道了，这样的情况，不知怎么办？""要是她知道了，都不怎么要紧。如果我父亲知道了，咱俩就没命了，咱俩不知是要被杀，还是要什么。”她说：“我父亲做县长，面子大，如果情况是这样……”她就讲。她母亲跟着她来了，在那房间外面听他俩讲。“咱俩怎么办?”她说：“咱俩现在去吃大烟死，还是割颈子死?怎么做?”又说：“你死了做我的儿子，我死了做你的儿子。”他俩在房间里这么叹气。他母亲见到这种情况，她说：“他俩这样的苦情这么多啊!”她母亲就回去讲给那老头张县长听。她说：“孩子爸爸你当县长这么久，总不见你请人家吃饭，净是去吃人家的。你也要请别人吃一两顿饭吧!”“也对，也对。”她母亲就上街去办菜，喊那些三朋四友来这里又吃酒，又聊天。她母亲走到桌子旁边说：“今天你们这些朋友来这里吃酒，昨天我们在南门街唱戏，那个戏我们看不懂。那时，她父亲当县长，他的女儿关了一个生人在那里一个多月。这种戏不知道是什么戏，我们妇人家弄不明白，这个戏不知如何结尾，结果如何?”这么说。那些喝酒的朋友说：“怎么结果，那只是（给）他们俩，那只有架桥，哪有拆桥的。如果讲他俩相爱，那就他俩了。”又这么说：“嘿！还不明白，你们妇人家真是……”这顿饭那样就吃完了，散场了。

她母亲就说：“孩子他爹，我跟你说，今天不是讲的江家，讲的是咱俩自家的孩儿。咱俩的女儿关了一个男人在这房间里一个多月。今天你们说架桥。”那老头猛然吃了一惊：“狗日的你们母女！做这样事情，叫我都为你们丢脸。”那一发起火来要去杀人。她说：“你这老头难啊，你当官不象官，做王不象王。你这么做，别家的孩儿你要架桥，你自家的孩儿又要杀，你要听我说。”他说：“怎么办呢?”“怎么办？如果不听我说，你就一点面子都没有。要不咱们这么样，咱俩有钱，到街上去买个小铺子，给他做生意，卖点香烟，拿点酒让他卖，卖点杂七杂八，再要人去问他，你看这样好吗？你若老是这么吵闹起来，露底就不好。”那老头也就依了那女人。“对，依你的。”那样就到街上买了两间铺子给他做一段时间的生意，卖点酒。

他又喊那些朋友来吃酒。他说：“现在，有个姓陈的来这里做生意，咱们跟那样人成亲，结婚行吗?”那些三朋四友就讲：“嘿！要是象这样还不好吗？那个人人才也有，样样都超过别人，就是嫁给他好哇。”张小姐就嫁给了那姓陈的小伙子，就在那街外住着。

现在，他父亲从哪儿，从普发县，普发县在桂林，来了一封信要一位县长。要新县长咱去哪儿找得到？那么现在咱们就拿新女婿去当县长好了。他就要姓陈的小伙子去古发县当县长。

现在就讲他的家里，两位老人仅仅有这个儿子，去长安干了五年的力行，一分钱都不见，孩子也不见了，在那里跟王老板要人：“王老板，我的孩子来跟你干了五年的工铺，你把我的孩子弄到哪里去了?”在那里找人。王老板也说：“你的孩子从我这铺子里偷了五百块大洋去，如今我还要找你要钱。”这就告状。

告状告到了法院，从这里告到那里都搞不清楚。后来告状告到桂林去，告到古发县去。这时拿禀帖来一看：“这个禀帖是我的禀帖。”这时他就看那禀帖。“明天你们到公案这里来。”第二天叫两位老人到那里去：“两位老人有什么事情到这里来?”“那时我们的孩子给他干了五年的工铺，不见我们的孩子了，不知弄到哪儿去了，我们俩找他要人。”他说：“你们俩不要跪。现在的官不用跪。”又把王老板叫来问：“王老板，你有什么事?”“我吗?”他说：“那时，他从我铺子里偷去了五百块大洋。”他讲：“这么一回事。你们俩的情况都知道了。认识人吗?”“不认识。”他说：“你的小孩，你们两位老人认识小孩吗？那小孩是什么样儿?”“那孩子年纪跟你差不多。"他说："他身上有什么表记（景致）吗？" "他的腹部有块红斑，那块红斑要用三只手指才能盖住。""哦，这么样。让我先脱衣吧！"让他脱下衣来一看，"是有个象我这样的斑吗？""哦，真象你的！"那时间久了，几年过去了，儿子老了，父亲已经不认识儿子了，儿子倒还认识父亲。那现在他去那里面马上提了一枕头箱子的银子来，就数钱，他说："王老板，你那时的钱我拿给你，我偷了那个钱。现在数钱拿来赔你。"要拿钱给王老板。王老板又："我不要钱了，我要这钱干什么，我现在不耐烦得很。"王老板抓起拐棍马上就跑，跑回来了。这时，留他母亲和父亲在古发县养老。完了。

3.7 ku˧ məm˧˩ jən˧˥ je˥
故事 老虎 和 青蛙

pe˥ ɬa:ŋ˥ ɕi˩ ȶa˥˧ ·le˧, me˩ tu˩ məm˧˩, me˩ tu˩ je˥ məm˧˩ ·le˧ ji˧˩
卖 香 时 那 有 只 老虎 有 只 蛙 虎 已

ȶən˧ mjiŋ˩ man˥ kwa:i˩ li˧ ȶa:n˥ na:n˧˩ ·la˧˩, ka:u˧˩ loŋ˩ ȶa˧ hən˧˩
经 几 天 没 得 吃 肉 里 肚 那 很

ja:k˧, ȵəŋ˩ ja:k˧ ȵəŋ˩. ma:u˧ lui˧ ȶən˩ ɼa:i˥, ɬa˧ ʂon˥˧ kwa:i˩ li˧
饿 真 饿 极 它 下 山 去 打 算 不 得

ȶa:n˥ na:n˧˩, tu˥ jiu˥˧ jəu˧˥ tu˩ je˥ ȶa:n˥. ma:u˧ lui˧ ȶiu˩ lja:ŋ˩ ȶən˩
吃 肉 都 要 找 只 蛙 吃 它 下 个 梁 山

ȶa˧ pa:i˥. pa:i˥ ȶʻəu˥˧ ʔu˥ pəŋ˥˧ ja˥˧ ȶa˧, kwa:i˩ me˩ tu˩ ʂa:i˥ ma:u˧
那 去 去 到 上 坎 田 那 没 有 只 给 它

ȶa:n˥, kwa:i˩ me˩ na:u˩ ȶa:n˥. ma:u˧ li˧ nu˥˧ tu˩ je˥, ma:u˧
吃 没 有 谁 吃 它 得 见 只 蛙 它

ɕu˧ ka:ŋ˧: “ʔa˩ je˥! ja:u˩ ɕən˧ na:i˧ jiu˥˧ ma˧˥ ȶa:n˥ ȵa˩, ka:u˧˩ loŋ˩
就 讲 蛙 我 现 在 要 来 吃 你 里 肚

jau˩ ja:k˧ la:u˧˩ ho˧.” ȶa˥˧ kəm˧˩ je˥ ȶa˧ ja˧ kwa:i˩ me˩ ɼa:n˥ fa˩。
我 饿 很 那 个 蛙 那 也 没 有 办 法

ʔi˥ nu˧˥ ja:ŋ˧ pa:i˥ toi˥˧ ma:u˧ li˧? nu˥˧ jən˧˥ ma:u˧ ka:ŋ˧ kwa˧, ka:i˧
怎 么 样 去 对 它 得 如 跟 他 讲 硬的 不

ta˧ ma:u˧. ȶa˧ ma:u˧ ja˧ mje˧ ʔuk˧ ʔi˥ ȶoŋ˧˩ ȶu˧ ji˥˧ ma˧˥. ma:u˧
过 它 那 它 也 想 出 一 种 主 意 来 它

ja˧ we˧˩ nan˥ ja:ŋ˧ si˧ ȶa˧ ȵəŋ˩ ɕoŋ˩ ȵə:ŋ˩: ja˩ pa˥ jun˥ ȵa:u˧˩ ʔu˥
也 装 个 样 子 那 真 雄 极 两 腿 站 在 上

ta˩ na:m˧ ȶa˧, səp˩ kəm˧˩ loŋ˩ ȶa˧ po˥ po˥ ȶa˧. ma:u˧ ɕa:n˥ kəm˧˩
块 泥 那 鼓 个 肚 子 胀 胀 的 它 答 个

məm˧˩ ȶa˧: “ʔa˩ mam˧˩! nu˥˧ ȵa˩ jiu˥˧ ȶa:n˥ ja:u˩, we˧˩ li˧, ȶa˧ ja˩
虎 那 虎 如 你 要 吃 我 可 以 那 俩

ta:u˥ jiu˥˧ pa:i˧˩ ȶeŋ˧˩ ȶʻa:u˩ ȶen˥.” məm˧˩ ȶa˧ ka:ŋ˧: “we˧˩ ma:ŋ˩ ·a˧?”
咱 要 摆 点 条 件 虎 那 讲 做 什么 呢

“ja˩ ɬa:u˥ jiu˥˧ pʻi˧ ʔi˥ pʻi˧ nən˩ ka:n˥. muŋ˧˩ nu˧˥ pjiu˥ ta˧ kəm˧˩
俩 咱 要 比 一 比 能 干 个 哪 跳 过 个

ha:u˥ na:i˧ li˧. nu˥˧ ja:u˩ pjiu˥ ɬa˧ li˧, ȵa˩ ju˧ pi˧˩ ȶa:n˥ ja:u˩.
沟 这 得 如 我 跳 得 过 你 就 别 吃 我

nu˥˧ ja:u˩ na:n˩ pjiu˥ ta˧, ȵa˩ ju˧ ȶa:n˥ ja:u˩.” məm˧˩ ɕu˧ ɕa:n˥: “we˧˩
如 我 难 跳 过 你 就 吃 我 虎 就 答 可

li˧。 ta˧ ȶeŋ˧˩ ȵa˧, kʻuŋ˥˧ ȵa˩ ɬa˧ ja:u˩ la:u˧˩ ho˧?” ȶa˥˧ məm˧˩ ȶa˧
以 过 点 难 道 你 过 我 老 火 那 虎 那

ha:ŋ˧˥ na:i˧ ɕa:n˥. je˥ ju˧ ka:ŋ˧:“ nu˥˧ ja:u˩ ta˧ li˧, ja:u˩ ɕu˧ ȶa:n˥
这 样 答 蛙 又 讲 如 我 过 得 我 就 吃

ȵa˩ .po˧。” məm˧˩ ȶa˧ ljiŋ˧˩. ȶa˧ məm˧˩ jən˧˥ je˥ ɕu˧ nəŋ˧˩ pji˧˩ ȶən˩
你 呀 虎 那 答应 那 虎 和 蛙 就 马上 比 起

ma˧˥ la˧˩. je˥ ka:ŋ˧: "ɲa˩ ʔa˩ məm˧˩ pjiu˥ ta˧ kəm˧˩ ha:u˥ na:i˧ pa:i˥
来 蛙 讲 你 虎 跳 过 个 沟 这 去

ta˧ kun˥˧, ja:u˩ ɕu˧ ta˧ lən˩ ma˧˥." məm˧˩ ka:ŋ˧: "ja:u˩ ta˧ kun˥˧."
过 先 我 就 过 后 来 虎 讲 我 过 前

ta˧ lən˩ məm˧˩ ȶa˧ ɕu˧ ȶun˧˩ pji˧ pjiu˥ ta˧ pa:i˥. je˥ ma:u˧ ka:u˧˩
后 来 虎 那 就 准 备 跳 过 去 蛙 它 里

loŋ˩ ȶa˧ ɕa:ŋ˥˧: "ɲa˩ məm˧˩ pjiu˥ ta˧ na:i˧ li˧, ja:u˩ ɕi˧ na:n˩ pjiu˥.
肚 那 想 你 虎 跳 过 这 得 我 是 难 跳

ja:u˩ jiu˥˧ ɕa:ŋ˥˧ nan˥ ȶu˧ ji˥˧ ta˧ kun˥˧ ɲa˩." ta˧ lən˩ məm˧˩ ɲa:u˧˩
我 要 想 个 主 意 过 先 你 后 来 虎 在

ȶa˧ ȶun˧˩ pji˧ pjiu˥, ȶʻa:p˧ ȶʻa:p˧ koŋ˧˩ ȶiu˧˩ kʻui˧ ȶa˧, ȶon˧ ȶiu˩ sət˥ ȶa˧,
那 准 备 跳 刚 刚 弓 个 腰 那 缩 根 尾巴 那

ɕa:ŋ˥˧ pjiu˥ pa:i˥ ·la˧˩, ɕa:t˧ ta˧ pa:i˥. tu˩ je˥ ȶa˧ pa:i˥ lja:p˧ nan˥ pʻe˧˥
想 跳 去 哩 快 过 去 只 蛙 那 去 抓 个 尖

sət˥ ȶa˧, nəŋ˧˩ jən˧˥ kəm˧˩ məm˧˩ ȶa˧ toŋ˩ ta˧. ha:ŋ˧˥ na:i˧ ja:ŋ˧, kəm˧˩
尾巴 那 就 跟 个 虎 那 同 过 象 这 样 个

məm˧˩ ȶa˧ ȶʻəu˧˥ ma:ŋ˥˧ ȶa˥˧, kon˧ na˧ ȶon˥˧ ma˧˥ hem˧˩ je˥, ma:u˧ ka:ŋ˧:
虎 那 到 边 那 转 脸 回 来 喊 蛙 它 讲

"je˥·a˧˩, ɕən˧ na:i˧ tok˧˩ ɲa˩ ta˧. ja:u˩ wa:n˩ ta˧ ma˧˥ ljeu˧˩." su˥ kai˧
蛙 现 在 独 你 过 我 已经 过 来 了 巧 不

la:i˥ je˥ ȶa˧ ta˧ ʔa˩ lja:m˩ lən˩ məm˧˩ ȶa˧, ɕa:n˥ ma:u˧, ja:u˩ wa:n˩
巧 蛙 那 从 背 后 虎 那 回答 它 我 已经

ta˧ kun˥˧ ɲa˩ ljeu˧˩, məm˧˩·e˧˩. ɲa˩ nu˥˧ ja:u˩ ȶʻəu˥˧ na:i˧ ma˧˥." ȶa˥˧ ha:ŋ˧˥
过 先 你 了 虎 呀 你 看 我 到 这 来 那 象

na:i˧ ja:ŋ˧, məm˧˩ ju˧ na:n˩ ȶa:n˥ tu˩ je˥ ȶa˧. ma:u˧ ju˧ ɕa:ŋ˥˧ joŋ˧
这 样 虎 就 难 吃 只 蛙 那 它 又 想 用

ma:n˩·a˧˩. je˥ ju˧ ka:ŋ˧: "nu˥˧ ɲa˩ nəŋ˩ ɕa:ŋ˥˧ ȶa:n˥ ja:u˩ nəŋ˩, ȶa˥˧
蛮 蛙 又 讲 如 你 真 想 吃 我 极 那

ja˩ ta:u˥ ʔeŋ˥˧ pʻi˧ ʔi˥ ɕon˧." məm˧˩ ka:ŋ˧: "ʔi˥ nu˧˥ ja:ŋ˧ pʻi˧·a˧˩?"
俩 咱 再 比 一 回 虎 讲 怎 么 样 比

je˥ ka:ŋ˧: "ja˩ ta:u˥ ȶʻən˥˧ ɲa:u˩ wen˧ li˧ puk˧˩ ȶuŋ˩, muŋ˧˩ ȶa˧ hən˧˩.
蛙 讲 俩 咱 比 谁 吐 得 泡沫 多 个 那 很

ȶa˥˧ muŋ˧˩ hən˧˩ ȶa˧ ɕu˧ ȶa:n˥ muŋ˧˩ kwa:i˩ hən˧˩ ȶa˧. jəŋ˧ kwa:i˩?" məm˧˩
那 个 很 那 就 吃 个 不 很 那 肯 不 虎

ka:ŋ˧: "we˧˩ li˧." məm˧˩ ma:u˧ ka:u˧˩ loŋ˩ ȶa˧ ɕa:ŋ˥˧: "kʻuŋ˥˧ ja:u˩ kəi˧
讲 做 得 虎 它 里 肚 那 想 难道 我 不

ta˧ ɲa˩ tu˩ je˥ na:i˧ wen˧ li˧ ȶuŋ˩·ʔa˧˥? kəm˧˩ loŋ˩ ja:u˩ na:i˧ ʔi˥ pa:ŋ˩
过 你 只 蛙 这 吐 得 多 个 肚 我 这 象 桶

la:u˧˩, la:k˧˩ nan˥ loŋ˩ ɲa˩ ȶa˧ pən˧ ʔi˥ ȶen˧ la:u˧˩. we˧˩ li˧." ma:u˧
大 小 个 肚 你 那 只 象 杯子 大 做 得 它

ɕu˧ ljiŋ˧˩. ta˧ lən˩ je˥ ɕu˧ hem˧˩ ma:u˧ məm˧˩ ȶa˧ wen˧ ta˧ kun˥˧, kəm˧˩
就 答应 后 来 蛙 就 喊 它 虎 那 吐 过 先 个

məm˧˩ ȶa˧·le˧, ɕu˧ hem˧˩ ʔa˩ je˥ wen˧ ta˧ kun˥˧. je˥·le˧ ɕu˧ wen˧
虎 那 就 喊 蛙 吐 过 先 蛙 就 吐

·la˧˩, ji˧˥ po˥ kəm˧˩ loŋ˩ ȶa˧ wen˧ ʔuk˧ ha:ŋ˩ puk˧˩ ȶa˧, ha:ŋ˩ ȶəi˥ je˥
一 鼓 个 肚 吐 出 些 泡沫 那 些 蛋 蛙

ȶa˧ wen˧ ɬa˧ ʔəp˥ ɬəŋ˥, kəm˧˩ ɬa˩ ȶa˧ ʔi˥ kwaːŋ˧ laːu˧˩, nəŋ˥ keu˥
那 吐 过 嘴 来 个 团 那 象 碗 大 还 粘

mjiŋ˩ ȶiu˩ pjən˥ məm˧˩ ȵaːu˧ ȶa˧. ȶa˥˧ ɕən˧ naːi˧ kəm˧˩ je˥ ȶa˧ wen˧
几 根 毛 虎 在 那 那 现 在 个 蛙 那 吐

kʻun˧˥·la˧˩: “jau˩ waːn˩ kʻun˧˥ ·la˧˩, pən˧ me˩ ʔi˥ naːi˧ ȶuŋ˩.” ɬa˧ lən˩
完 我 已 完 只 有 这 么 多 后 来

·le˧ kəm˧˩ məm˧˩ ȶa˧ kʻəi˧˥ kəm˧˩ ʔəp˥ ȶa˧ nu˧˥ laːu˧˩, jan˧˩ kəm˧˩ so˧ ȶa˧
个 虎 那 开 个 口 那 多 大 压 个 气 那

“ʔək˩! ʔək˩!” ȶa˧. ɬa˧ lən˩·le˧ pən˧ ʔuk˧ mjiŋ˩ tʻik˧ nəm˧˩ mje˩ lu˧˥.
后 来 只 出 几 滴 水 沫 清

maːu˧ jən˧ wəi˧˥ ɬa˧ man˥ kun˥˧ ȶa˧ kwaːi˩ li˧ ȶaːn˥ ȶeŋ˧˩ ho˥˧ laːu˧
它 因 为 从 前 天 那 没 得 吃 点 东西 进

loŋ˩, ʔa˩ kaːu˧˩ loŋ˩ ȶa˧ kwaːi˩ me˩ ȶeŋ˧˩ maːŋ˩ wen˧ ʔuk˧ ma˧˥, ʔuk˧
肚 里 肚 那 没 有 点 什么 吐 出 来 出

mjiŋ˩ tʻik˧ nəm˧˩ lu˧˥. ɕən˧ naːi˧ kəm˧˩ je˥ ȶa˧ ju˧ kaːŋ˧·lo˧ ·po˧: “ȵa˩
几 滴 水 清 这 时 个 蛙 那 就 讲 你

pən˧ ʔi˥ naːi˧ ȶuŋ˩·a˧˥?” məm˧˩ po˥˧: “jaːu˩ pən˧ ʔi˥ nai˧ ȶuŋ˩, kwaːi˩
只 这 么 多 么 虎 说 我 只 这 么 多 没

me˩.” məm˧˩ ja˧ hən˧˩ jaːu˧, kəi˧ ɬa˧ je˥ wen˧ ȶuŋ˩ maːu˧ ja˧ mek˧˥
有 虎 也 很 怕 不 过 蛙 吐 多 它 也 有点

jaːu˧. maːu˧ məm˧˩ ȶa˧ ju˧ kaːŋ˧: “ȵa˩ wen˧ naːi˥˧ ȶuŋ˩·e˧˩! ȶaːk˧˩ wen˧ ȵa˩
怕 它 虎 那 又 讲 你 吐 这么 多 个 吐 你

naːi˧ ju˧ me˩ pjən˥ ·e˧˩.” je˥ ȶa˧ maːu˧ kaːŋ˧ saːi˥ məm˧˩ ȶa˧ tʻiŋ˥˧:
这 又 有 毛 蛙 那 它 讲 给 虎 那 听

“jaːu˩ ɬa˧ man˥ ɬa˧ kun˥˧ ȶa˧, tʻaːp˧ tʻaːp˧ ȶaːn˥ ʔi˥ ɬu˩ məm˧˩, ŋo˧˩
我 从 前 天 那 刚 刚 吃 一 只 虎 五

pek˧ ȶən˥. ɕən˧ naːi˧ kaːu˧˩ naːi˧ mek˧˥ jaːk˧, pən˧ nəŋ˥ ȶa˥ mjiŋ˩
百 斤 现 在 里 这 一点 饿 只 还 剩 几

ȶiu˩ pjən˥ ɬok˧˩ ɬu˥ wen˧ ʔuk˧ ma˧˥ ·la˧˩, ɕən˧ naːi˧.” ȶa˥˧ məm˧˩ ȶa˧
根 毛 独 都 吐 出 来 了 这 时 虎 那

li˧ nu˥˧ kəm˧˩ je˥ ȶa˧ ·le˧, wen˧ mjiŋ˩ ȶiu˩ pjən˥ ȶa˧, maːu˧ ȵəŋ˩
得 见 个 蛙 那 吐 几 根 毛 那 它 真

jaːu˧ li˧ hən˧: “kəm˧˩ je˥ naːi˧ pən˧ ʔi˥ ȶen˧ laːu˧˩, ȶaːn˥ kəm˧˩ ŋo˧˩
怕 得 很 个 蛙 这 只 象 杯 大 吃 只 五

pek˧ ȶən˥ məm˧˩ laːu˧ paːi˥, ɬu˥ pən˧ nəŋ˥ ȶa˥ mjiŋ˩ ȶiu˩ pjən˥。
百 斤 虎 进 去 都 只 还 剩 几 根 毛

ɕən˧ naːi˧ ja˩ ɕon˧ ɕeŋ˥ pʻi˧ ɬu˥ kəi˧ ɬa˧ maːu˧, kwaːi˩ me˩ paːn˥
现 在 两 次 相 比 都 不 过 它 没 有 办

fa˩·la˧˩. kʻuŋ˥˧ jaːu˩ nəŋ˧˩ saːi˥ maːu˧ ȶaːn˥ ·a˧˥?” məm˧˩ ȶa˧ ɕaːŋ˥˧ ȶi˥˧
法 难道 我 就 让 它 吃 吗 虎 那 想 计

pek˧ nəŋ˧. kəm˧˩ je˥ ȶa˧ ja˧ “e˥˧!” maːu˧ po˥˧: “ȵa˩ ɕən˧ naːi˧ jo˧˩
逃 走 个 蛙 那 也 它 说 你 现 在 知

jaːu˧ ɬəi˥? ȵa˩ jo˧˩ pek˧ nəŋ˧?” ȶaːk˧˩ je˥ ȶa˧ ja˧ laːu˧ ja˥˧ paːi˥ le˧˩.
怕 死 你 晓得 逃 跑 个 蛙 那 也 进 田 去

məm˧˩ ȶa˧ ji˧˥ nəŋ˧ tʻəu˥˧ paːn˥˧ ȶən˩ ʔu˥ ȶa˧, kʻəi˧˥ kəm˧˩ ʔəp˥ ȶa˧,
虎 那 一 逃 到 半 坡 上 那 开 个 口 那

ɬat˩ kəm˧˩ ma˩ nu˧˥ ja:i˧, ɕi˥ ɕo˧ tu˥ ɕi˥ ka:i˧ wəi˦˥: “ho˥ he˥ ho˧
伸 个 吞条 多 长 吸 气 都 吸 不 快 呵 嘿 呵

he˧!” ɬa˧ tʻəu˦˥ ʔa˩ pa:n˦˥ ɬən˩ ʔu˥ ɬa˧, ɕəp˩ na:u˩•le˧? səp˩ kəm˧˩
嘿 到 那 半 坡 上 那 遇 谁 遇到 个

ȵan˧˥ ɬa˩ ɬi˧. kəm˧˩ ȵan˧˥ɬa˩ ɬi˧ ɬa˧ ʔu˥ ɬa˧ lui˧ ma˧˥, li˧ nu˦˥ kəm˧˩
狐 狸 个 狐 狸 从 上 那 下 来 得 见 个

məm˧˩ ɬa˧ ɕi˥ ɕo˧ ka:i˧ wəi˦˥, kəm˧˩ ȵan˧˥ɬa˩ɬi˧ ɬa˧ ɬa:i˧ •la˧˩:
虎 那 吸 气 不 快 只 狐 狸 那 问

“məm˧˩! ȵa˩ ɬa˧ nu˧˥ ma˧˥?” “həi˧˩ ja˧˩! ȵa˩ ka:i˧ jo˧˩•a˧˩, ja:u˩ man˥
虎 你 从 哪儿 来 哎 呀 你 不 知道 我 今

na:i˧ lui˧ pa:i˥ ɕa:ŋ˦˥ ɬa:n˥ tu˩ je˥ •ɬa˧, jən˧˥ ma:u˧ pi˧ ja˩ ɕon˧,
天 下 去 想 吃 只 蛙 跟 它 比 两 回

tu˥ ka:i˧ ɬa˧ ma:u˧. ja:u˩ ka:i˧ ɬa˧ ma:u˧ tu˥ joŋ˩ji˧, ma:u˧ nəŋ˧˩
都 不 过 它 我 不 过 它 都 容易 它 就

jiu˦˥ ɬa:n˥ ja:u˩. ha:ŋ˧˥ na:i˧ ja:ŋ˧ ja:u˩ ja:u˧ la:u˧˩ho˧, nəŋ˧ tʻa˦˥ ma˧˥.”
要 吃 我 象 这 样 我 怕 老火 逃 上 来

ȵan˧˥ɬa˩ɬi˧ ka:ŋ˧: “ʔu˥ ɬən˩ na:i˧ pən˧ ɕon˦˥ ȵa˩ məm˧˩ la:u˧˩ho˧,
狐狸 讲 上 山 这 只 算 你 虎 老火

ȵa˩ tu˥ ja:u˧ kəm˧˩ je˥. je˥ me˩ nu˧˥ la:u˧˩, pən˧ me˩ ʔi˥ ɬen˧ kʻwa:u˧
你 都 怕 只 蛙 蛙 有 多 大 只 有 一 杯 酒

la:u˧˩!• “hi˧˩! ȵa˩ pi˧˩ ka:ŋ˧ •le˧, ma:u˧ hən˧˩ •le˧。 ja˩ ɬiu˥ pjiu˥ ɬa˧
大 哎 你 别 讲 了 它 很 哩 俩 我们 跳 过

kəm˧˩ ha:u˥ ɬa˧ ʔi˥ ɕa:ŋ˧ ɬa˧ kwa:ŋ˧, ma:u˧ nəŋ˧˩ ɬa˧ kun˦˥ ja:u˩ pa:i˥
个 壕 那 一 丈 多 宽 它 就 过 先 我 去

•le˧˩. tʻəu˦˥ we˧˥•le˧, ja˩ ɬiu˥ ju˧ tʻən˦˥ wen˧, ma:u˧ wen˧ ʔuk˧ kəm˧˩
到 后来 俩 我们 又 比 吐 它 吐 出 个

poŋ˧ ɬa˧ ʔi˩ kwa:ŋ˧ la:u˧˩, ja:u˩ nəŋ˧˩ wen˧ kwa:i˩ ʔuk˧. kəm˧˩ wen˧
堆 那 一 碗 大 我 就 吐 不 出 个 吐

ma:u˧ nəŋ˥ me˩ mjiŋ˩ ɬiu˩ pjən˥ ʔa˩ ɬa˧. ɬa˧ lən˩ ja:u˩ ɬa:i˧ ma:u˧,
它 还 有 几 根 毛 里 那 后 来 我 问 它

ma:u˧ po˦˥ ɬa˧ man˥ɬa˧kun˦˥ ɬa˧, nəŋ˥ ɬa:n˥ kəm˧˩ məm˧˩ ɬa˧ ŋo˧˩
它 说 些 前天 那 还 吃 个 虎 那 五

pek˧ ɬən˥. ha:ŋ˧˥ na:i˧ ja:ŋ˧ ma:u˧ nəŋ˧˩ jiu˦˥ ɬa:n˥ ja:u˩. ja:u˩ ja:u˧
百 斤 象 这 样 它 就 要 吃 我 我 怕

lau˧˩ho˧, nəŋ˧˩ nəŋ˧, ɬəu˧ lək˩ ho˧. ɬa˧ ȵan˧˥ɬa˩ɬi˧ ɬo˥ ma:u˧: “he˧˩,
老火 就 跑 费 力 多 那 狐 狸 笑 它 嘿

ȵa˩ kəm˧˩ ɬa˥ pəu˥ na:i˧ ʔi˥ pa:ŋ˩ la:u˧˩, ka:i˧ ɬa˧ tu˩ je˥? ma˧˥ ma˧˥!
你 个 身 架 这 象 桶 大 不 过 只 蛙 来 来

jən˧˥ ja:u˩ ma˧˥. ja˩ ɬa:u˥ ɾa:i˥ ɬəp˥ ma:u˧•ʔo˥.” ȵan˧˥ ɬa˩ ɬi˧ hem˧˩ məm˧˩
跟 我 来 俩 咱 去 收拾 它 狐 狸 喊 虎

ma˧˥. məm˧˩ ɬa˧ ja:u˧. ȵan˧˥ɬa˩ ɬi˧ nu˧˥ ka:ŋ˧ •le˧? “ȵa˩ jən˧˥ ja:u˩
来 虎 那 怕 狐狸 怎么 讲 呢 你 跟 我

ma˧˥ •ma˧˩! ɕon˦˥ ja:u˩ pa:i˥ ɕap˥ ma:u˧ sa:i˥ ȵa˩ ɬa:n˥.” ɬa:k˧˩ məm˧˩
来 嘛 算 我 去 捉 它 给 你 吃 只 虎

ɬa˧ ja:u˧ la:u˧˩ ho˧, ju˧ ʔeu˦˥ ka:i˧ lui˧, ɬa:k˧˩ ȵan˧˥ ɬa˩ ɬi˧ •le˧, ju˧
那 怕 老 火 又 拗 不 下 只 狐 狸 又

ho˥ ma:u˧, jiu˥˧ ma:u˧ lui˧ ma˧˥. ȶa:k˧˩ məm˧˩ ȶa˧ ka:ŋ˧: "nu˥˧ ȵa˩ ȵəŋ˩
哄 它 要 它 下 来 只 虎 那 讲 如 你 真

jəŋ˧ jən˧˩ ja:u˩ lui˧ pa:i˥ ·le˧, ȶa˥˧ jiu˥˧ ʔa:u˥ kəm˧˩ sət˥ ȵa˩ ȶa˧ ma˧˥
肯 引 我 下 去 哩 那 要 拿 个 尾巴 你 那 来

jən˧˥ sət˥ ja:u˩ ɕeŋ˥ sa:p˧." ȶa:k˧˩ ȵan˧˥ ta˩ ȶi˧ ka:ŋ˧: "we˧˩ ma:ŋ˩
跟 尾巴 我 相 接 只 狐 狸 讲 做 什么

jiu˥˧ ɕeŋ˥ sa:p˧?" "ja:u˩ pən˧ səu˩ ȵa˩ nəŋ˧ təu˥˧ ja:u˩. ɕeŋ˥ sa:p˧ ·le˧
要 相 接 我 只 愁 你 逃 留 我 相 接 哩

ȶa˥˧ ȵa˩ wa:n˧˥ nəŋ˧." ȶa˥˧ ȵan˧˥ ta˩ ȶi˧ ljiŋ˧˩, ȶa˥˧ ja˩ ke˧˥ ɕu˧ ta:i˩
那 你 以免 逃跑 那 狐 狸 答应 俩 他们 就 将

kəm˧˩ sət˥ ȶa˧ sa:p˧ la:i˥ la:i˥ ȶa˧.
个 尾巴 那 接 好 好 那

ɕən˧ na:i˧ lui˧ ȶən˩ ma˧˥ ·la˧˩. lui˧ lui˧ ma˧˥ ȶʻəu˥˧ ȶi˥ ʔu˥ pəŋ˥˧ ja˥˧
这 时 下 山 来 了 下 下 来 到 那 上 坎 田

ȶa˥˧, ju˧ pa:i˥ ȶa˧ hem˧˩ tu˩ je˥ ȶa˧. je˥ ȶa˧ ju˧ ȶoŋ˥ ha:ŋ˩ ȶi˥˧ hən˧˩ hən˧˩ ȶa˧,
那 又 去 那 喊 只 蛙 那 蛙 那 又 装 样 子 很 很 那

ɕoŋ˩ ɕoŋ˩ ȶa˧, jun˥ ʔa˩ ʔu˥ kʻwa:n˧ na:m˧ ȶa˧ ɕa:n˥ ma:u˧. ta˧ lən˩·le˧,
雄 雄 那 站 那 上 团 土 那 答应 它 后 来

je˥ ȶa˧ jo˧˩ ȵan˧˥ ta˩ ȶi˧ ȶa˧ kʻu˧ kwa:i˥, ji˩ ȶən˥·le˧ jiu˥˧ sap˥ ma:u˧
蛙 那 知道 狐 狸 那 古 怪 一 定 要 捉 它

sa:i˥ məm˧˩ ȶa:n˥· ȶa˧ ma:u˧ ɕu˧ ɕa:ŋ˥˧ ʔuk˧ nan˥ ȶi˥˧. ma:u˧ ɕu˧ ka:ŋ˧
给 虎 吃 那 它 就 想 出 个 计策 它 就 讲

·a˧˩: "ho˧, ȵan˧˥ ta˩ ȶi˧! ȵa˩ ma˧˥ ȶən˩ la:i˥ la˧˩, ȵa˩ kun˥˧ ta˩ man˥
呵 狐 狸 你 来 山 好 你 先 几 天

ȶa˧ ʔa:u˥ tu˩ məm˧˩ ŋo˧˩ pek˧ ȶən˥ ma˧˥ sa:i˥ ja:u˩ ȶa:n˥, ja:u˩ ȶʻa:p˧
那 拿 只 虎 五 百 斤 来 给 我 吃 我 刚

ȶʻa:p˧ ju˧ ja:k˧ ljeu˧˩. ȵa˩ pa:i˥ mjiŋ˩ man˥, po˥˧ ʔa:u˥ tu˩ məm˧˩ ma˧˥
刚 又 饿 了 你 去 几 天 说 拿 只 虎 来

sa:i˥ ja:u˩ ȶa:n˥, nəŋ˥ mi˧˩ ma˧˥ ɕi˥˧. ɕən˧ na:i˧ ȵa˩ ma˧˥ ȶʻa:p˧ ho˧
给 我 吃 还 未 来 呀 现 在 你 来 刚 合

ɕi˥˧. li˧ məm˧˩ ma˧˥ kwa:i˩?" je˥ ȶa˧ ȶa:i˧ ma:u˧, ȵan˧˥ ta˩ ȶi˧ ·le˧
适 得 虎 来 不 蛙 那 问 它 狐 狸

ma:u˧ ka:ŋ˧: "ja:u˩ tu˥ ɕa:ŋ˥˧ ma˧˥ sap˥ ȵa˩ ȶa:n˥, ȵa˩ ɕa:ŋ˥˧ po˥˧ ja:u˩
它 讲 我 都 想 来 捉 你 吃 你 想 叫 我

pa:i˥ sap˥ məm˧˩ sa:i˥ ȵa˩ ȶa:n˥." ȶa˥˧ kəm˧˩ məm˧˩ ȶa˧ li˧ nu˥˧ kəm˧˩
去 捉 虎 给 你 吃 那 只 虎 那 得 见 只

ȵan˧˥ ta˩ ȶi˧ jən˧˥ kəm˧˩ je˥ ja˩ ke˧˥ ɕeŋ˥ sən˧, kəm˧˩ je˥ ȶa˧ ka:ŋ˧
狐 狸 跟 只 蛙 俩 它 相 争 只 蛙 那 讲

po˥˧ jiu˥˧ kəm˧˩ ȵan˧˥ ta˩ ȶi˧ ȶa˧ ʔa:u˥ məm˧˩ sa:i˥ ma:u˧ ȶa:n˥. ȶa˥˧ ma:u˧
说 要 只 狐 狸 那 拿 虎 给 它 吃 那 它

ha˧ ȶiŋ˥˧ ɕa:ŋ˥˧ ȶʻəu˥˧ kəm˧˩ ȵan˧˥ ta˩ ȶi˧ ȶa˧ kʻu˧ kwa:i˥ ·la˧˩, ləu˧˩ kəm˧˩
才 是 想 到 只 狐 狸 那 古 怪 骗 只

məm˧˩ ȶa˧ lui˧ ma˧˥ sa:i˥ kəm˧˩ je˥ ȶa˧ ȶa:n˥. ȶa˥˧ kəm˧˩ məm˧˩ ȶa˧ ȵəŋ˩
虎 想 下 来 给 只 蛙 那 吃 那 只 虎 那 真

ja:u˧ ȵəŋ˩. ha:ŋ˧˥ ȵa:i˧ ja:ŋ˧, ɕu˧ təi˥˧ kəm˧˩ ȵan˧˥ ta˩ ȶi˧ ȶa˧: "kəu˧˩
怕 极 象 这 样 就 对 只 狐 狸 那 狗

pji˧ ɕi˩ ȵa:ŋ˩! ȵa˩ ȵan˧˥ ɬa˩ ȶi˧! ȵa˩ ɕa:ŋ˥˧ ləu˧˩ ja:u˩ ma˧˥ ɬa:i˥ je˥
屄 日 娘 你 狐 狸 你 想 骗 我 来 给 蛙

ȶa:n˥, ja:u˩ ja:u˧ la:u˧˩ ho˧.” ma:u˧ məm˧˩ ȶa˧ nəŋ˧˩ pek˧˩ nəŋ˧. ȶa˥˧
吃 我 怕 老 火 它 虎 那 就 逃 跑 那

kəm˧˩ ȵan˧˥ ɬa˩ ȶi˧ kəm˧˩ lək˩ ȶa˧ ka:i˧ ɬa˧ kəm˧˩ məm˧˩ ȶa˧ la:u˧˩,
只 狐 狸 个 力 那 不 过 只 虎 那 大

ɕu˧ sa:i˥ kəm˧˩ məm˧˩ ȶa˧ ji˧˥ ȶʻi˥˧ •le˧ ji˧˥ nəŋ˧ •le˧ ʔi˥ so˧ pit˧
就 让 只 虎 那 一 生气 一 逃 一 气 跑

tʻəu˥˧ səm˥ ka:ŋ˥ ȶa˧ pa:i˥, kwa:k˧ kəm˧˩ ȵan˧˥ ɬa˩ ȶi˧ ȶa˧ hem˧˩ ȶu˥˧
到 山 顶 那 去 拖 只 狐 狸 那 喊 救

miŋ˧. hem˧˩ ȵa˩ ȶʻa:ŋ˩ ho˧ ȶa˥˧; hem˧˩ mən˥ kwa:i˩ li˧ ti˧. ȶai˩ kəm˧˩
命 喊 你 场 合 那 喊 天 不 得 地 扯 只

ȵan˧˥ ɬa˩ ȶi˧ tu˥ lji˩ la:k˧。 so˧˩ ji˧˩ ha:ŋ˧˥ na:i˧ ja:ŋ˧ ȵan˧˥ ɬa˩ ȶi˧
狐 狸 都 离 骨头 所 以 象 这 样 狐 狸

ȶa˧ ja˧ ɬəi˥ •la˧˩. kəm˧˩ je˥ ȶa˧ ja˧ məŋ˧˩ məŋ˧˩ ja˧ la:u˧ ŋa:m˩ pa:i˥
那 也 死 了 只 蛙 那 也 高兴 高兴 也 进 洞 去

ləp˥. ȶa:k˧˩ kəm˧˩ məm˧˩ ȶa˧ ja˧ ja:u˧ la:u˧˩ ho˧, nəŋ˧˩ ɬa˧ ȶi˥ ȶa˧
躲 只 只 虎 那 也 怕 老 火 就 从 那 次

ja:u˧ lui˧ ȶən˩ ma˧˥ ȶa:n˥ je˥ •la˧˩。
怕 下 山 来 吃 蛙

məi˧˩ ku˧ na:i˧ ja:u˩ ka:ŋ˧ tʻəu˥˧ ȶi˥ na:i˧, kʻun˧˥ •la˧˩。
个 故事 这 我 讲 到 这 里 完 了

老虎和青蛙的故事

卖香那时候，有一只老虎，有一只青蛙。老虎已经几天没有吃肉了，肚里很饿，饿极了。它下山去，打算着得不到肉吃，也要找只青蛙吃。它从那条山梁走下去，来到田坎上，没有什么东西给它吃，没有肉吃。它看见了一只青蛙，它就说：“青蛙！现在我要来吃你，我肚子里饿极了。”那青蛙哩也没有办法，怎么样去对付它呢？如果跟它讲硬的，干不过它。它就想出一个主意来，它装出那威武的样子：两条腿叉在泥团上，把肚子挺得鼓鼓的。它回答老虎：“老虎！如果你要吃我也可以，那咱俩先谈点条件。”老虎说：“做什么？”“咱们比一比谁能干，看谁能跳过这条沟；如果我跳得过，你就别吃我；如果我跳不过，你就吃我。”老虎就回答：“可以！过这一点点么，难道你能超过我吗？”那老虎就这样回答。青蛙又说：“如我跳得过去，我就吃你呀！”老虎就同意了。这样，老虎和青蛙马上就比起来。青蛙说：“你先跳过这条沟去，我随后过来。”老虎说：“我先过去。”老虎就准备跳过去。青蛙心里想：“你老虎能跳过这个，我是跳不过的。我要想个主意超过你。”老虎在那里准备跳了，刚刚弓着腰，缩着尾巴，想快快跳过去哩，那只青蛙抓起老虎的尾巴梢一同过来了。象这样，老虎到了那边，转过脸来叫青蛙，它讲：“青蛙！现在就是你过了，我已经过来了。”巧不巧青蛙在老虎的后面回答：“我已经比你先过来了，老虎啊，你看我已经到这里来了。”就象这样，老虎就不能吃那只青蛙了。它就想发横。青蛙又说：“如果你真的要吃我，咱俩再比一次。”老虎说：“怎么比？”青蛙说：“咱们俩比谁的泡沫吐得多，谁就有能耐。有能耐的就吃那没能耐的，行吗？”老虎讲：“可以。”老虎心里想：“难道我吐的没有你青蛙多？我的肚子象桶那么大，你的肚子只有杯子那么大。可以！”它就答应了。后来青蛙叫老虎先吐，那老虎哩，就叫青蛙先吐。青蛙就吐了，一鼓肚皮，吐出好些泡沫，好些蛙卵，那一堆有大碗那么大，还粘着几根老虎毛在那里。现在青蛙吐完了：“我已经完了，只有这么多。”后来，那老虎把口张得很大，压住气呃呃地吐，也只吐出几滴清口水。他因为从前天起就没有吃到一点东西进肚子，肚子里没有什么东西吐出来，只吐出几滴清水。这时青蛙就说：“你只有这么多吗？”老虎说：“我就这么多，没有了。”老虎很害怕，它没有青蛙吐的多，它有点害怕。那老虎就讲：“你吐这么多啊！你吐的东西里还有毛哇”那青蛙就讲给老虎听：“我在前几天，刚刚吃了一只老虎，有五百斤重。现在这里有点饿，还剩几根毛现在也吐出来了。”老虎又看青蛙吐出的那几根毛，它真的怕得很：“这只蛙只有杯子那么大，吃了五百斤重的老虎进去只剩几根毛。现在比了两次都比不过它，没有办法了。难道我就让它吃吗？”老虎这么一想就逃走了。青蛙说：“嘿！现在你也知道怕死？你知道逃跑？”那只青蛙也进田里去了。

那老虎一逃逃到半山坡上，张着嘴，舌条伸得老长，气都喘不过来，“呼哧！呼哧”的。到了半山坡上，遇到了谁呢？遇到了一只狐狸。那只狐狸从上面下来，看见老虎上气不接下气，那狐狸就问道：“老虎，你从哪儿来？”“哎呀，你不知道，今天我下去想吃只青蛙，跟它比了两次，都比不赢它，比不赢都没关系，它还要吃我。就这样，我怕得很，就逃上来了。”狐狸说：“这山里就算你老虎为最利害，你还怕一只青蛙。青蛙有多大？只有酒杯那么一点大！”“嘿！你别说了！它利害着啦。我们俩跳过一丈多宽的壕沟，它就比我先过去。后来我们又比吐，它吐的那一堆有大碗那么多，我就吐不出。它吐的东西里还有几根毛。后来我问它，它说前些天吃了一只五百斤重的老虎。就这样它要吃我，我怕得很，就跑，费力得很。”狐狸笑它：“嘿！你这身架比桶还大，还比不过青蛙？来！来！跟我来！咱俩去收拾它。”狐狸叫老虎走，那老虎怕。狐狸怎么讲呢？“你跟我来嘛！让我去捉它来给你吃。”老虎怕得很，但又拗不过，那狐狸又哄它，要它下来。那老虎说：“如果你真愿带我下去哩，那就把你的尾巴来和我的尾巴接在一起。”狐狸说：“为什么要接在一起？”“我就怕你跑了留下我，接在一起免得你逃跑。”狐狸答应了，他俩就把尾巴接得好好的。

这时下山来了，一直下到那田坎上，又去那里喊那只青蛙。青蛙又装出一个狠狠的、雄雄的样子，站在那土块上答应它。青蛙知道那狐狸使坏，一定要捉它给老虎吃。它想出一条计策，它就讲了：“狐狸，你下山来好哇！你前几天带只五百斤重的老虎来给我吃，我恰好又饿了。你说过几天带只老虎给我吃，老是不来。现在你来正合适。得到老虎来了吗？”青蛙这样问它。狐狸说：“我是来捉你去吃的，你倒还想叫我去捉老虎给你吃。”那只老虎看见狐狸和青蛙两个相争，青蛙说是要狐狸捉老虎给它吃。这时，它才想起狐狸使坏，骗只老虎下来给那青蛙吃，老虎真怕极了。这样它就对狐狸说：“狗日的！你这狐狸，你想骗我来给青蛙吃，我怕极了。”那老虎就逃跑。那只狐狸力气没有老虎大，被老虎一生气一逃跑哩，一气拖到山顶上去。拖得那只狐狸只喊救命。喊的那处所哩，喊天不得地，扯得狐狸骨头都分散了。这样哩，那只狐狸也就死了。青蛙也就高高兴兴地进洞去躲了。老虎也怕得很，从此也不敢下山来吃青蛙了。

这个故事我讲到这里，完了。

3.8 ku˧ ja˩ ȶa:i˨ n̥oŋ˨
故事 俩 兄 弟

pe˥ ta:ŋ˥ ɕi˩ ȶa˧, t̒ən˧ nəŋ˥ su˥, p̒e˦ nəŋ˥ ja˧, kwa:i˩ ka:ŋ˧ ɕi˩
卖 香 时 那 根 鼻 绿 尖 鼻 红 不 讲 时

na:i˧, ka:ŋ˧ ɕi˩ ȶa˧. ɕu˧ ka:ŋ˧ ɕi˩ ȶa˧, ɕi˩ ȶa˧ me˩ ɕa:m˥ nəi˨ la:k˨
这 讲 时 那 就 讲 时 那 时 那 有 三 母 子

hən˨ k̒u˧, kwa:i˩ me˩ kəu˨ ȶa:n˥. ja˩ la:k˨ ȶa˧, li˧ tət˥ n̥in˩, me˩
很 苦 没 有 饭 吃 俩 子 那 有 七 岁 有

ʔi˥ la:k˨ li˧ pet˧ n̥in˩. ȶa˧ ʔa:u˥ ma:ŋ˩ ȶa:n˥ ·le˧, ȶa˧ pən˧ man˥
一 子 得 八 岁 拿 什么 吃 呢 只 天

man˥ pa:i˥ ȶən˩ jəu˦ je˥ ·la˨, jəu˦ je˥ ma˦ pe˥ ɕa:i˥ ke˦, ȶəi˧ kəu˨
天 去 山 找 青蛙 找 青蛙 来 卖 给 别人 买 饭

ɕa:i˥ nəi˨ ke˦ ȶa:n˥, ma:u˧ kwa:i˩ sa:i˥ nəi˨ k̒e˦ pa:i˥ ȶən˩, n̥əŋ˩
给 母亲 他 吃 他 不 让 母亲 他 去 山 真

lja:ŋ˦ nəi˨ k̒e˦ n̥əŋ˩. tok˥ pjən˥ ja˧ pa:i˥, tok˥ ni˥ ja˧ pa:i˥, tok˥
爱 母亲 他 极 落 雨 也 去 下 雪 也 去 下

ku˨ ja˧ pa:i˥. me˩ ʔi˥ man˥, ja˩ ȶa:i˨ n̥oŋ˨ kwa:i˩ ta:i˩ təm˥, kwa:i˩
雹 也 去 有 一 天 俩 兄 弟 没有 拿 斗笠 没有

ta:i˩ si˥ pa:i˥ ȶən˩, pa:i˥ jəu˦ ljeu˨ ʔi˥ man˥ təŋ˩ təŋ˩ ti˧ je˥, ʔi˥
拿 簑衣 去 山 去 找 了 一 天 整 整 的 青蛙 一

muŋ˨ li˧ ʔi˥ pjiu˦, kəm˨ ȶən˩ ȶa˧ jən˧ wəi˦ lja:i˥ ·la:u˨ ·ho˧, mən˥
个 得 一 篓 个 山 那 因 为 远 很 天

ti˧ təŋ˧ ljeu˨, na:n˩ ȶon˧ ma˦ ja:n˩. ja˩ ke˦ k̒uk˧ k̒uk˧ jak˥ k̒uk˧,
地 黑 了 难 转 来 家 俩 他 衣 衣 湿 衣

so˧ so˧ jak˥ so˧, su˥ ka:i˧ la:i˥ t̒əu˧ ȶi˥ȶa˧ me˩ ʔi˥ nan˥ t̒iŋ˩.
裤 裤 湿 裤 恰好 不 好 到 那里 有 一 个 亭

tu˩ ȶa:i˨ ȶa˧ hem˨ tu˩ noŋ˨ ȶa˧: "n̥am˧ na:i˧ təŋ˧ ljeu˨, ja˩ ta:u˥ na:n˩
个 哥 那 喊 个 弟 那 晚 这 黑 了 俩 咱 难

pa:i˥ ja:n˩ ljeu˨, n̥a:u˨ ʔa˩ t̒iŋ˩ na:i˧ n̥a:u˧ ʔi˥ n̥am˧." noŋ˨ ke˦ ka:ŋ˧:
去 家 了 在 亭 这 住 一 晚 弟 他 讲

"ȶa˧ ta:u˥ k̒uk˧ ju˧ jak˥, so˧ ja˧ jak˥, lja:k˧ ·la:u˨·ho˧, ʔi˥ nu˦
那 咱 衣 也 湿 裤 也 湿 冷 很 怎 么

ha:ŋ˩ ta˧ n̥am˧." ȶa:i˨ ke˦ ka:ŋ˧: "ja:u˩ me˩ pi˥, ja:u˩ me˩ hap˥ pi˥
样 过 夜 兄 他 讲 我 有 火 我 有 盒 火

ʔu˥ ɕən˥ na:i˧. ja˩ ta:u˥ la:u˧ tiŋ˩ na:i˧ pa:i˥ t̒i˧ pi˥ p̒jeŋ˦ k̒uk˧,
上 身 这 俩 咱 进 亭 这 去 起 火 烤 衣

n̥a:u˨ na:i˧ na:k˥ ɕu˧ la:i˥ ·la˨."
在 这 睡 就 好

ȶa˧ mən˥ ti˧ təŋ˧ ljeu˨, nəi˨ ma:u˧ ʔa˩ ja:n˩ na:i˧ n̥əŋ˩ mjuŋ˧ n̥əŋ˩
那 天 地 黑 了 母亲 他 在 家 这 真 盼望 极

ja˩ la:k˨, n̥in˩ ti˧ ju˧ kwa:i˩ la:u˨, pa:i˥ ȶən˩ ʔi˥ na:i˩ ja:ŋ˧ we˦
俩 儿子 年 纪 又 不 老 去 山 这 么 样 迟

ju˧ kwa:i˩ ma˧˥. nəi˧˩ ke˧˥ ja:n˩ ȶa˧ ju˧ mjuŋ˧, ju˧ ne˧, pən˧ səu˩
也 不 来 母亲 他 家 那 也 盼 也 哭 只 愁

məm˧˩ ma˧˥ ȶa:n˥ ja˩ ke˧˥. ȶa˥˧ ja˩ la:k˧˩ ȶa˧ ȵa:u˧˩ ʔu˥ ȶəu˩ ȶa˧ ɕu˧
老虎 来 吃 俩 他 俩 儿子 那 在 上 山 那 就

la:u˧ tʻiŋ˩ pa:i˥ to˧ pi˥ pʻjeŋ˧˥ kʻuk˧˨˧. pʻjeŋ˧˥ kʻuk˧˨˧ tʻəu˥˧ pa:n˥˧ ȶa:n˥,
进 亭 去 烧 火 烤 衣 烤 衣 到 半 夜

ta˧ pa:k˧˨˧ tʻiŋ˧˩ ȶa˧ wa:n˥ ʔi˥ kəm˧˩ so˧, ɕən˧ ȶʻi˧ ȶa˧ ȵa:u˧˩ lja:i˥
从 外 亭 那 叫 一 个 声 起 先 那 在 远

wa:n˥, so˧ ti˧ ȵi˧ ju˧ ta:ŋ˥˧ ȶan˧˩ ma˧˥, so˧ ti˧ sa:m˥ nəŋ˧˩ tʻəu˥˧ pa:k˧˩
叫 声 第 二 又 慢 近 来 声 第 三 就 到 外

tʻiŋ˩ ma˧˥, noŋ˧˩ ke˧˥ ȶa:i˧ ȶa:i˧˩ ke˧˥: “kəm˧˩ na:i˧ kəm˧˩ ma:ŋ˩? kəm˧˩
亭 来 弟 他 问 哥 他 个 这 个 什么 个

ma:ŋ˩ ʔa˩ pa:k˧˨˧ ȶa˧ wa:n˥? ʔa˩ ȶa:i˧˩ •e˧˥?” ȶa:i˧˩ ke˧˥ ka:ŋ˧: “ȶʻiŋ˧˥ ke˧˥
什么 外 那 叫 哥 哥 他 讲 听 别人

ȵən˩ la:u˧˩ ka:ŋ˧, kəm˧˩ na:i˧ ȶiŋ˥˧ kwa:n˥ ȵən˩.” noŋ˧˩ ke˧˥ ju˧ ȶa:i˧
人 老 讲 个 这 是 鬼 弟 他 又 问

ȶa:i˧˩ ke˧˥: “ha:ŋ˧˥ nu˧˥ we˧˩ li˧?” ȶa:i˧˩ ke˧˥ ka:ŋ˧: “me˩ ȶu˧ ji˥˧ •ma˧˩.”
兄 他 怎 么 做 得 兄 他 讲 有 主 意

ta˧ lən˩ kwa:n˥ ȵən˩ ȶa˧, ju˧ wa:n˥ ʔi˥ so˧ joŋ˧˥ joŋ˧˥, nəŋ˧˩ la:u˧
后 来 鬼 那 又 叫 一 声 狠 狠 就 进

tʻiŋ˩ ma˧˥ •le˧˩. ȶa˥˧ kwa:n˥ ȵən˩ ȶa˧ la:u˧˨˧ tʻiŋ˩, ma˧˥ ɕən˧ ȶʻi˧ ȶa˧
亭 来 鬼 进 亭 来 起 先

ʔa:u˥ kəm˧˩ ljam˧˨˧ lən˩ ɕeu˩ ja˩ kʻe˧˥. noŋ˧˩ kʻe˧˥ ȵəŋ˩ ja:u˧˨˧ ȵəŋ˩, ȶa:i˧˩
拿 个 后 背 朝 俩 他 弟 他 真 怕 极 兄

kʻe˧˥ kwa:i˩ ja:u˧˨˧, ȵən˧ nəŋ˥ ȵa:u˧˩ ȶa˧ pʻjeŋ˧˥ kʻuk˧, ja˩ ȶa:i˧˩ ȵoŋ˧˩
他 不 怕 也 还 在 那 烤 衣 俩 兄 弟

ȵən˧ nəŋ˥ ȵa:u˧˩ ȶa˧ pʻjeŋ˧˥ kʻuk˧˨˧. kwa:n˥ȵən˩ ȶa˧ nu˥˧ ke˧˥ kwa:i˩
也 还 在 那 烤 衣 鬼 那 看 他们 不

ja:u˧˨˧, ta˧ lən˩ ma:u˧ kwa:n˥ ȵən˩ ȶa˧ ȶon˥˧ na˧ ȶon˥˧ ma˧˥. ma:u˧ ȶon˥˧
怕 后 来 他 鬼 那 转 脸 转 来 他 转

na˧ ȶon˥˧ ma˧˥ tu˥ joŋ˩ ji˧, nəŋ˥ la˩ ja˩ kəm˧˩ ta˧˥, ȶʻəŋ˥˧ kəm˧˩ ma˩
脸 转 来 都 容 易 还 瞪 两 个 眼 拖 个 舌头

tʻəu˥˧ pa:n˥˧ tak˥. tʻəu˥˧ we˧˥ noŋ˧˩ kʻe˧˥ ȵəŋ˩ ja:u˧˨˧ ȵəŋ˩. pən˧ lje˥˧ li˧
到 半 胸 到 后来 弟 他 真 怕 极 本 来 得

ȶʻiŋ˥˧ ka:ŋ˧ ȶa:i˧˩ kʻe˧˥ po˥˧ me˩ ȶu˧ ji˥˧, ma:u˧ ha˧ ȶiŋ˥˧ kwa:i˩ nu˧˥
听 讲 哥 他 说 有 主 意 他 才 是 不 怎么

ja:u˧˨˧. kwa:n˥ ȵən˩ •po˧ la:u˧ tʻiŋ˩ ma˧˥, ɕu˧ nəŋ˧˩ jiu˥˧ ma:u˧ ja˩ ȶa:i˧˩ ȵoŋ˧˩
怕 鬼 进 亭 来 就 马上 要 他 俩 兄 弟

ȶʻik˧˨˧ je˥ ɕa:i˥ ma:u˧ ȶa:n˥. nu˥˧ kwa:i˩ ȶʻik˧˨˧ ɕa:i˥ ma:u˧ ȶa:n˥ •le˧, ɕu˧
烧 青蛙 给 他 吃 如 不 烧 给 他 吃 就

nəŋ˧˩ jiu˥˧ pan˧ ko˩ ja˩ ȶa:i˧˩ ȵoŋ˧˩ ȶa˧. ȶa˥˧ kwa:i˩ me˩ pa:n˥ fa˩,
马上 要 卡 脖子 俩 兄 弟 那 那 没 有 办 法

ȶa:i˧˩ kʻe˧˥ ʔi˥ tu˩ ʔi˥ tu˩ ȶa˧ ȶʻik˧˨˧. ȶʻik˧˨˧ ɕok˧˩ ʔi˥ tu˩, ju˧ pʻja˧˥ ʔi˥
兄 他 一 只 一 只 那 烧 烧 熟 一 只 又 翻 一

tu˩ kwa:n˥ ȵən˩ ȶa˧ ȶa:n˥. ȶʻik˧ ȶʻik˧ •le˧ ȶʻik˧ kʻun˧˥ ʔi˥ pjiu˧˥, kəm˧˩
只 鬼 那 吃 烧 烧 烧 完 一 篓 个

kwa:n˥ ȵən˩ ȶa˧ ɬu˥ kwa:i˩ ȶəŋ˥. ju˧ ʔa:u˥ pʻjiu˧˥ noŋ˨˩ kʻe˧˥ ȶa˧
鬼 那 都 不 饱 又 拿 婆 弟 他 那

ma˧˥ ȶʻik˧. ȶa˥˧ noŋ˨˩ kʻe˧˥ ɕa:ŋ˥˧: "ja˩ ɬa:u˥ jəu˧˥ ljeu˨˩ ʔi˥ man˥ je˥,
来 烧 那 弟 他 想 俩 咱 找 了 一 天 蛙

ʂa:i˥ kəm˨˩ kwa:n˥ ȵən˩ na:i˧ ȶa:n˥ ʔi˥ pʻjiu˧˥, ma:u˧ ɬu˥ kwa:i˩ ȶəŋ˥˧。
让 个 鬼 这 吃 一 婆 他 都 不 饱

ȶa˥˧ man˥ mu˧ ja˩ ɬa:u˥ pa:i˥ ja:n˩, ʔa:u˥ kəm˨˩ ma:ŋ˩ pa:i˥ wa:n˧
那 明 天 俩 咱 去 家 拿 个 什么 去 换

kəu˨˩ ʂa:i˥ nəi˨˩ ɬa:u˥ ȶa:n˥?" kwa:i˩ me˩ pa:n˥ fa˩. kwa:n˥ ȵən˩ ȶa˧ nəŋ˨˩
米 给 母亲 咱 吃 有 没 办 法 鬼 那 还

lat˩ ȶa˧ ma˩ ȶa˧ ȶʻəu˥˧ pa:n˥˧ tak˥, kʻəi˧˥ kəm˨˩ ʔəp˥ ȶa˧ ʔi˥ kwa:ŋ˧
伸 舌头 那 到 半 胸 开 个 口 那 象 碗

la:u˨˩, nəŋ˥ hem˨˩ ja:k˧ je˥. ȶa˧ ju˧ ȶʻik˧ ʂa:i˥ ma:u˧ ȶa:n˥, ʔi˥ ɬu˩
大 还 喊 饿 青蛙 那 又 烧 给 他 吃 一 只

ʔi˥ ɬu˥ ȶa˧ ȶʻik˧, ʔi˥ ɬu˩ ʔi˩ ɬu˩ ɬa˧ pʻja˧˥ la:u˧ ʔəp˥ ma:u˧. ȶa˧
一 只 那 烧 一 只 一 只 那 翻 进 口 他

pja˧˥ pa:i˥ pja˧˥ təŋ˥ pʻjiu˧˥ noŋ˨˩ kʻe˧˥ ti˧ je˥ ja˧ pʻja˧˥ ljeu˨˩. ȶa:k˨˩
翻 去 翻 来 婆 弟 他 的 青蛙 也 翻 完 个

noŋ˨˩ kʻe˧˥ kwa:i˩ me˩ ȶu˧ ji˥˧, ka:u˨˩ loŋ˩ ȶa˧ ȵəŋ˩ ju˥ ȵəŋ˩. pən˧
弟 他 没 有 主 意 里 肚 那 真 忧 极 只

səu˩ kəm˨˩ kwa:n˥ ȵən˩ ȶa˧ pan˧ ko˩ ja˩ kʻe˧˥.
愁 个 鬼 那 卡 脖 俩 他

kwa:n˥ ȵən˩ ȶa˧ kəi˧ jo˨˩ ʔa˩ pʻjiu˧˥ ȶa˧ kwa:i˩ me˩ je˥ ljeu˨˩, ma:u˧
鬼 那 不 知 哩 婆 那 没 有 青蛙 了 他

pən˧ hem˨˩ ja:k˧ je˥, pən˧ nəŋ˥ mi˨˩ ȶəŋ˥˧. ȶa˧ ȶa:i˨˩ kʻe˧˥ ɕa:ŋ˥˧ ʔi˥ nan˥
总 喊 饿 青蛙 总 还 未 饱 那 兄 他 想 一 个

ȶu˧ ji˥˧, po˥˧ noŋ˨˩ kʻe˧˥ ʔuk˧ tiŋ˩ pa:i˥ jəu˧˥ ʂa:m˥ kəm˨˩ pja˥ pa:k˨˩ ma˧˥
主 意 说 弟 他 出 亭 去 找 三 个 石头 白 来

ȶʻik˧, ʔoi˥ ja˥˧ ja˥˧ ȶa˧. kəm˨˩ je˥ ȶa˧ kwa:i˩ me˩ ljeu˨˩, jiu˥˧ to˧ ɕa:ŋ˥˧
烧 烧 红 红 的 个 青蛙 那 没 有 了 必须 想

nan˥ pa:n˥ fa˩ na:i˧. ma:u˧ hem˨˩ kəm˨˩ kwa:n˥ ȵən˩ ȶa˧: "ȵa˩ ȵap˧˥ ɬa˥,
个 办 法 这 他 喊 个 鬼 那 你 闭 眼

ja:u˩ ju˧ ȶʻik˧ je˥ ʂa:i˥ ȵa˩ ȶa:n˥." ȶa:k˨˩ kwa:n˥ ȵən˩ ȶa˧ ɕən˧ na:i˧
我 又 烧 青蛙 给 你 吃 个 鬼 那 这 时

ȵap˧˥ ɬa˥, ȶəŋ˧˥ kəm˨˩ ma˩ nu˧˥ ja:i˧, ʂa:i˥ ȶa:i˨˩ kʻe˧˥ pa:i˥ ʔa:u˥ ȶət˥
闭 眼 拖 个 舌头 多 长 让 兄 他 去 拿 柴

ma˧˥ ʔoi˥ kəm˨˩ pja˥ pa:k˨˩. ʔoi˥ oi˥ ju˧ me˩ ja˩ ȶim˧ ȶoŋ˥. kəm˨˩ pja˥
来 烧 个 石头 白 烧 烧 又 有 两 点 钟 个 石头

pa:k˨˩ ȶa˧ ʔi˥ kwa:ŋ˧ la:u˨˩, ȵəŋ˨˩ ʔoi˥ ja˥˧. ɕən˧ na:i˧ ȶa:i˨˩ kʻe˧˥ ka:ŋ˧:
白 那 象 碗 大 真 烧 红 这 时 兄 他 讲

"kwa:n˥ ȵən˩, kəm˨˩ je˥ na:i˧ ȶik˧ ȶok˨˩ ·la˨˩, ȵa˩ kəi˧˥ ʔəp˥ la:u˨˩ ȵak˥."
鬼 个 蛙 这 烧 熟 了 你 开 嘴 大 点

ɬa˧ lən˩ kəm˨˩ kwa:n˥ ȵən˩ ȶa˧ kəi˧˥ ʔəp˥ ȶa˧ ʔi˥ nu˧˥ la:u˨˩, ʂa:i˥ ȶa:i˨˩
后 来 个 鬼 那 开 口 那 多 么 大 让 兄

ke˧˥ ʔa:u˥ kəm˨˩ məi˨˩ pa:i˥ ŋep˧ kəm˨˩ pja˥ pa:k˨˩, liju˥ la:u˧ kəm˨˩ ʔəp˥
他 拿 根 柴 去 夹 个 石头 白 挑 进 个 嘴

kwa:n˥ ȵən˩ ȶa˧, kəm˧˩ kwa:n˥ ȵən˩ ȶa˧ ji˧˥ ɬa:ŋ˥˧, kəm˧˩ ʔəp˥ ȶa˧ tʻa:ŋ˧˥
鬼　　那　个　鬼　　那　一　烫　个　嘴　那　烫

tʻəu˥˧ səm˥ tʻəu˩. kwa:n˥ ȵən˩ ȶa˧ pʻja˧ ɬa˥ pa:k˧˩ ɬəi˥ ·la˧˩.
到　心　头　鬼　　那　翻　眼　白　死　了

ja˩ ke˧˥ ja˩ ȶa:i˧˩ ȵoŋ˧˩ ja˧ pa:n˥˧ ȶa:n˥ pek˧ nəŋ˧ ma˧˥ ja:n˩. ȶa˥˧ man˥
俩　们　俩　兄　弟　也　半　夜　逃　　来　家　天

ȶa˧ pa:i˥ jəu˧˥ je˥, ɕu˧ sa:i˥ kwa:n˥ ȵən˩ ȶa˧ ȶa:n˥ ljeu˧˩. ja˩ ȶai˧˩ ȵoŋ˧˩
那　去　找　蛙　就　让　鬼　　那　吃　了　俩　兄　弟

·le˧ mja˩ mi˧ ma˧˥ ja:n˩. ma˧˥ ja:n˩ ka:ŋ˧ sa:i˥ nəi˧˩ kʻe˧˥ ȶʻiŋ˥˧. nəi˧˩
　手　空　来　家　回　家　讲　给　母亲　他们　听　母亲

kʻe˧˥ ɕu˧ ka:ŋ˧ ja˩ ȶa:i˧˩ ȵoŋ˧˩ ȶa˧: “nəŋ˥ ka:ŋ˧ po˥˧ li˧ je˥ ma˧˥ ja:n˩
他们　就　讲　俩　兄　弟　那　还　讲　道　得　蛙　来　家

·a˧˥! kəm˧˩ kwa:n˥ ȵən˩ ȶa˧ kwa:i˩ ȶa:n˥ ja˩ ɕa:u˥ ɬu˥ son˥˧ la:i˥ ·o˧˩.”
呢　个　鬼　　那　不　吃　俩　你们　都　算　好

ȶa:i˧˩ kʻe˧˥ ka:ŋ˧: “ja˩ ȶiu˥ ɬa:i˩ kəm˧˩ kwa:n˥ ȵən˩ ȶa˧ sa˧ ɬəi˥ ljeu˧˩,
兄　他　讲　俩　我们　把　个　鬼　　那　杀　死　了

ha˧ ȶiŋ˥˧ ma˧˥ ja:n˩.” ȶa˧ nəi˧˩ kʻe˧˥ ha˧ ȶiŋ˥˧ wa:ŋ˥˧ səm˥, ja˧ kan˧ ma:u˧
方　才　回　家　那　母亲　他　方　才　放　心　也　称赞　他

me˩ pən˧ si˧.
有　本　事

so˧ ji˧ məi˧˩ ku˧ na:i˧ pən˧ ʔi˥ na:i˧ ja:i˧. ja:u˩ ɬo˧ tʻəu˥˧ ȶi˥ na:i˧
所　以　个　故事　这　只　这　么　长　我　讲　到　这　里

kun˧˥ ·la˧˩.
完　了

兄弟俩的故事

卖从前的香，绿鼻根，红鼻尖，不讲现在讲从前。就讲从前，从前有母子三人，很苦，没有饭吃，那俩儿子呢，有七岁的，有一个有八岁。那么靠什么为生呢，只有天天上山去找青蛙，找青蛙来卖给别人，买饭给他母亲吃。他不让母亲上山，真是孝敬他母亲极了。落雨也去，下雪也去，下冰雹也去。有一天，兄弟俩没有拿斗笠，没有带蓑衣就上山去，去找了整整一天的青蛙，一个得了一篓。因为那山离家远得很，天地黑了，难以回家，他俩衣服衣服湿了，裤子裤子湿了，恰巧那里有一个亭子。哥哥就对弟弟说:“今天天黑了，咱俩难回家了，就在这里住一宿。”弟弟说:“那咱们衣服也湿了，裤子也湿了，冷得很，怎么过得了夜?”哥哥说:“我有火，我身上有火柴。咱们进亭子去生火烤衣服，在这里睡好了。”

天地黑了，他母亲在家盼着俩儿子，年纪又小，这么晚还不回来。他母亲盼呀，哭呀，就怕老虎来把他俩吃了。俩儿子这时在山上就进亭子里去烧火烤衣服，烤衣服烤到半夜，从亭子外叫了一声，起先在远处叫，第二声就慢慢靠近，第三声就到亭子外面来。弟弟问他哥哥:“这是什么东西?什么东西在外面叫?哥哥!”他哥哥说:“听老人家说，这东西是鬼。”弟弟又问哥哥:“怎么办?”他哥哥说:“有办法。”后来，鬼又大叫了一声，就进亭子里来了。那鬼进亭子里来，起初拿背朝着他俩。弟弟怕极了，哥哥不怕，还在那里烤衣服。兄弟俩仍在那里烤衣服。那鬼看他俩不害怕，后来那鬼把脸转过来，他把脸转过来都不要紧，还瞪着两只眼睛，舌头也拖到胸前。后来他弟弟怕极了，原来听到他哥哥说有办法，他才不那么怕。鬼进亭子就马上要他兄弟俩烧青蛙给他吃；如果不烧给他吃哩，就马上要卡兄弟俩的脖子。那没有办法，哥哥就一只只地烧，烧熟一只，又翻一只给鬼吃。烧哇烧的，烧完了一篓，那鬼都还没饱。又把他弟弟的拿来烧，那弟弟就想："咱们俩找了一天的青蛙，让这个鬼吃了一篓，他还不饱。那明天咱们俩回家拿个什么去换米给咱母亲吃呢？"没有办法。那鬼还把舌条拖到胸前，嘴巴张得象碗那么大，还喊要吃青蛙。那么，又烧给他吃，一只一只地烧，又一只一只地翻进他的嘴。翻去翻来，他弟弟的那篓青蛙也翻完了。他弟弟没有主意，心里担忧极了，就担心那个鬼来卡他俩的脖子。

那鬼不知道那篓里已经没有青蛙了，他还是喊要吃青蛙，老是不饱。他的哥哥想出一个主意，叫弟弟到亭子外面去找三块白石头来烧，烧得红红的。青蛙没有了，必须想出这个办法来。他叫那鬼："你闭起眼睛，我又烧青蛙给你吃。"那鬼现在闭上眼睛，舌条拖得老长。他哥哥去拿柴来烧那白石头。烧了两个钟头，那块白石头有大碗大，烧得很红。这时他哥哥讲："鬼啊！这个青蛙烧熟了，你把嘴张大一点。"后来，那鬼把嘴张得很大，让他哥哥用木棍去夹那白石头，挑进那鬼的嘴里去。那鬼一烫，从嘴里一直烫到心头。那鬼翻着白眼就死了。

兄弟俩半夜跑回家来，那天去找青蛙，让那鬼吃了，兄弟俩空手回家。回家来说给他们母亲听，他们母亲就讲兄弟俩："还说是得青蛙回家呢！那个鬼不吃你们俩就算好了。"他哥哥说："我们俩把那个鬼杀死了，方才回家。"他们母亲这才放心，称赞他俩有本事。

所以，这个故事只这么长。我讲到这里完了。

3.9 ku˧ tuŋ˥ kwa˥
故事南瓜

ja:u˩ ka:ŋ˧ ku˧ tuŋ˥ kwa˥. ɕi˧ȶa˦ ·le˧ me˩ sa:m˥ nəi˨ , ma:u˧ kwa:i˩
我 讲 故事 南 瓜 那时 有 三 妇女 她 没

me˩ həu˦ tai˦ , kwa:i˩ me˩ la:k˨ ʔun˧. ta˧lən˩ ·le˧ pa:i˥ ŋa:n˥ pa:i˥ ȶ'əu˩, sa:m˥
有 后 代 没 有 小 孩 后 来 去 庵 去 求 三

nəi˨ toŋ˩ pa:i˥. ɕi˩ ȶa˧ sa:m˥ nəi˨ ɕu˧ ɕeŋ˥ lja:ŋ˩, pa:i˥ ȶ'əu˦ pa:n˦ kun˦ pi˨ jiu˦
妇 同 去 那时 三妇女 就 商 量 去 到 半 路 不 要

ȶa:i˧ ha:ŋ˩ ma:ŋ˩. ȶ'əu˦ ta˧lən˩ pa:i˥ pa:n˦ kun˦, me˩ ʔi˥ nəi˨ li˧ nu˦ ʔa˩ ȶa:ŋ˩
问 样 哪 到 后来 去 半 路 有 一 妇 得 见 呢 个

tuŋ˥ kwa˥ ȶa˧. məi˦ kəm˨ tuŋ˥kwa˥ ʔi˥ pa:ŋ˩ la:u˨. ta˧lən˩ nəi˨ ȶa˧ ɕu˧ kan˧
南 瓜 啊 有一 个 南 瓜 象 桶 大 后 来 妇 那 就 夸讲

nan˥ tuŋ˥kwa˥ ȶa˧. ȶ'əu˦ we˦ pa:i˥ ȶ'əu˦ ŋa:n˥ pa:i˥ , pa:i˥ ȶa˧ ȶəu˩ siŋ˥. ȶon˦
个 南 瓜 那 到 后来 去 到 庵 去 去 那 求 仙 转

ma˦ ȶ'əu˦ ja:n˩. le˧ , me˩ ja˩ nəi˨ sa:ŋ˨ li˧ ja˩ tu˩ la:k˨ pa:n˥. me˩ ʔi˥ nəi˨
来 到 家 有 两 妇女 生 得 两 个 子 男 有 一 妇女

·le˧ sa:ŋ˨ li˧ ʔi˥ kəm˨ tuŋ˥ kwa˥. ta˧ lən˩ nəi˨ sa:ŋ˨ li˧ tuŋ˥ kwa˥ ȶa˧, ȵəŋ˩
生 得 一 个 南 瓜 以 后 妇女 生 得 南 瓜 那 真

ȶ'iŋ˦ səu˩ hən˧, pən˧ səu˩ tuŋ˥ kwa˥ ko˨ k'ún˦ ka:ŋ˧ li˨. li˧ ljeu˨ ʔi˥ ȵin˩,
觉得 愁 很, 总 愁 南 瓜 不 知 说 话 得 了 一 年

tuŋ˥ kwa˥ ·le˧ ka:ŋ˧ li˨ ȶən˩ ma˦ la˨. tuŋ˥ kwa˥ ka:ŋ˧ li˨ ma:u˧ tu˥ ȵən˧ lon˧.
南 瓜 讲 话 起 来 南 瓜 讲 话 她 都 也 乱

ȶəu˦ tuŋ˥ kwa˥ li˧ ljeu˨ ŋo˨ ȵin˩, ȶo˨ ȶa˦ le˧ ȶa:i˨ ke˦ ʔa:u˥ ma:i˨. ma:u˧
到 南 瓜 得 了 五 岁 那 头 兄 他 娶 妻 他

le˧ ʔa:u˥ li˧ kəm˨ mai˨ fəi˧ ȶa:ŋ˩ kwa:i˩ la:i˥ pəi˨, na˧ ljəu˦. tuŋ˥ kwa˥ pa:i˥
娶 得 个 妻 非 常 不 好 姑娘 脸 麻 南 瓜 去

ʔa˩ te˧ la:ŋ˩ ȶa˧ ka:ŋ˧ ma:i˨ məi˦:"ȵa˩ ma:i˨ məi˦ na:i˦ kwa:i˩ la:i˥ pəi˨ a˦?
下 巴 那 讲 媳妇 新 你 媳妇 新 这样 不 好 姑娘

ȶa:i˨ ȶiu˥ jiu˦ ȵa˩,ja:u˩ tu˥ k'əi˦ jiu˦ ȵa˩ ·la˨." ta˧ lən˩ nəi˨ ke˦ ·le˧ li˧ ȶ'iŋ˦,
兄 我 要 你 我 都 不肯 要 你 后 来 母亲 他 得 听

ja˨ təu˧ ma:u˧, pa:i˥ jeu˦ ma:u˧ ʔi˥ ma˧, ta˧ lən˩ ma:u˧ kun˨ la:u˧ ȵa˥, k'ui˦
恶 对 他 去 打 他 一 巴掌 后 来 他 滚 进 河 流

lui˧ ȵa˥ pa:i˥. k'ui˦ ȶ'əu˦ nu˦ ·le˧? k'ui˦ ȶ'əu˦ ʔi˥ ja:n˩ ȶ'sai˩ ȶui˨ (se˩ ȶu˧) ȶa˧.
下 河 去 流 到 哪 呢 流 到 一 家 财 主 (财 主) 那

məi˦ ka:u˩ la:u˩ jin˦ ke˦ se˩ ȶu˧ tuŋ˥ kəu˨·le˨, ma˦ ȶe˥ ȵa˥ ta:p˧ nəm˨, ȶ'oŋ˧
有一 老 头 跟 他 财 主 煮 饭 来 边 河 挑 水 碰

kəm˨ tuŋ˥ kwa˥ ȶa˧ kəŋ˧ na:u˨ ȶe˥ ȶa˧ . ma:u˧ ɕu˧ ʔa:u˥ kəm˨ tuŋ˥ kwa˥ ȶa˧
个 南 瓜 那 挡 在 边 那 他 就 拿 个 南 瓜 那

pa:i˥, ɕa:ŋ˦ ʔa:u˥ pa:i˥ tuŋ˥ keŋ˥ k'u˦ ȶ'əu˦ ka:u˨ man˥ lən˩, ma:u˧ ɕa:ŋ˦ ta:i˩
去 想 拿 去 煮 羹 猪 到 里 第二天 他 想 拿

mja˨ tai˥ tuŋ˥ kwa˥ ·la˨. mja˨ ȶi˧ jət˥ ȶa˧ ·le˧ ji˦ tai˥ lui˧ pa:i˥, pjet˨ ʔa˩ ma:ŋ˦
刀 砍 南 瓜 哩 刀 第 一 那 一 砍 下 去 滑落 边

ɬe˧, təu˧ kəm˧˩ mja˩ ka:u˩ la:u˩ ɬa˧. mja˧˩ ɬi˧ ȵi˧ ju˧ təu˧ mja˩ ma:ŋ˥˧ wa˧˥ ɬa˧.
左 对着 个 手 老 头 那 刀 第 二 又 对着 手 边 右 那

man˥ na:i˧ ȵam˥˧ ka:u˩ la:u˩ ɬa˧ liu˥ ma:u˧ ȵa:u˧˩ ɬa˧ ·la˧˩. ta˧ lən˩ ma:u˧ pa:n˥˧
这 一 天 晚 老 头 那 丢 他 在 那 后 来 他 半

ɬa:n˥ soŋ˥˧ pjan˥. ma:u˧ po˥˧: "ȵa˩ man˥ na:i˥ ʔa:u˥ ja:u˩ ɬ'a˥˧ ja:n˩se˩ ɬu˧ na:i˧
夜 做 梦 他 说 你 今 天 拿 我 上 家 财 主 这

ma˧˥, ȵa˩ ɕa:ŋ˥˧ ʔa:u˥ ja:u˩ pa:i˥ tuŋ˥ sa:i˥ k'u˥˧ ɬa:n˥, ȵa˩ ʔi˥ nu˧˥ ha:ŋ˩ ɕa:ŋ˥˧?
来 你 想 拿 我 去 煮 给 猪 吃 你 如 何 样 想

ja:u˩ ɕa:ŋ˥˧ ma˧˥ ka:u˧˩ ɕeu˩ na:i˥˧ ʔa:u˥ ma:i˧˩·ȵa˩ wəi˥˧ lja:ŋ˧ pa:i˥ ka:ŋ˧ sa:i˥
我 想 来 里 朝 这 娶 妻 你 赶 快 去 讲 给

wa:ŋ˩ ɬi˥˧ ɬ'iŋ˥˧, ja:u˩ jiu˥˧ ma˧˥ ʔa:u˥ pəi˧˩ ɬi˧ tət˥ ɬa˧. nu˥˧ ȵa˩ sa:i˥ ja:u˩·le˧,
皇 帝 听 我 要 来 娶 姑娘 第 七 那 如 你 给 我

nu˥˧ ma:u˧ ljiŋ˧˩ sa:i˥ ja:u˩ ·le˧, ɬa˥˧ ja:u˩ ɕu˧ toi˥˧ ȵa˩ kəm˧˩ ɕeu˩ na:i˧ kwa:i˩
如 他 答应 给 我 那 我 就 对 你 个 朝 这 不

ha:ŋ˩ nu˧˥ ja:ŋ˧. jui˩ ko˧˩ ȵa˩ kwa:i˩ sa:i˥ pəi˧˩ ɬi˧ tət˥ ɬa˧ sa:i˥ ja:u˩, ja:u˩ ju˧
怎 么 样 如 果 你 不 给 姑娘 第 七 那 给 我 我 又

ta:i˩ kəm˧˩ ɕeu˩ ɕa:u˥ na:i˧ ɬ'wen˩ pu˥ (ji˧˥ ɬ'i˧) we˧˩ təi˥ ljeu˧˩. ta˧ lən˩ ka:u˩la:u˩
拿 个 朝 你们 这 全 部（一 起） 干 死 了 后 来 老 头

tuŋ˥ kəu˧˩ ɬa˧ pa:i˥ ka:ŋ˧ sa:i˥ wa:ŋ˩ ɬi˥˧ ɬiŋ˥˧. ɬa˥˧ kəm˧˩ wa:ŋ˩ ɬi˥˧ ɬa˧ ɕu˧
煮 饭 那 去 讲 给 皇 帝 听 那 个 皇 帝 那 就

kwa:i˩ ɬa:n˥ kəu˧˩. jət˧˥ man˥ ɬi˧ jət˥ ɬa˧ kwa:i˩ ɬən˩ ɕa:ŋ˩. ka:u˧˩ ɕeu˩ ti˧
不 吃 饭 早晨 天 第 一 那 不 起 床 里 朝 的

la:k˧˩ mjek˧ ·le˧, la:k˧˩ mjek˧ wa:ŋ˩ ɬi˥˧, kəi˧ jo˧˩ pu˧˩ ma:u˧ wəi˧ sɿ˥ ɕən˩ ma:ŋ˩
姑 娘 姑 娘 皇 帝 不 知 父亲 他 为 事 情 什么

kwa:i˩ ɬən˩ ma˧˥ ɬa:n˥ kəu˧˩. pəi˧˩ ɬi˧ jət˥ ɬa˧ pa:i˥ hem˧˩, ma:u˧ kwa:i˩ ka:ŋ˧
不 起 来 吃 饭 姑娘 第 一 那 去 喊 他 不 说

li˧˩. ɬ'əu˧˥ pəi˧˩ ɬi˧ ȵi˧ pa:i˥ hem˧˩ ·le˧ma:u˧ ja˧ kwa:i˩ ka:ŋ˧ li˧˩. ɬ'əu˥˧ p'e˧ pəi˧˩
话 到 女儿 第 二 去 喊 他 也 不 讲 话 到 后来 女儿

ɬi˧ tət˥ ɬa˧ pa:i˥ hem˧˩, ma:u˧ ɕu˧ ləp˩ sa:i˥ pəi˧˩ ɬa˧ ɬ'iŋ˥˧. ma:u˧ ka:ŋ˧:" ɕa:u˥
第 七 那 去 喊 他 就 告诉 给 女儿 那 听 他 说 你们

hem˧˩ ja:u˩ ɬən˩ ma˧˥ ɬa:n˥ kəu˧˩, ja:u˩ lon˧ li˧ hən˧." pəi˧˩ ɬi˧ tət˥ ɬa˧ k:aŋ˧:
喊 我 起 来 吃 饭 我 乱 得 很 女儿 第 七 讲

" ȵa˩ wəi˧ ma:ŋ˩ jiu˥˧ na:i˥˧ lon˧, ja˩ man˥ kwa:i˩ ɬa:n˥ kəu˧˩ ljeu˧˩, ȵa˩ kwa:i˩
你 为 什么 要 这样 乱 两 天 不 吃 饭 了 你 不

jiu˥˧ pa:u˧˩ ɕən˥ ɕa:ŋ˧?" ma:u˧ toi˥˧ pəi˧˩ ɬa˧ kwa:i˩ la:i˥ ka:ŋ˧. pəi˧˩ ɬa˧ ju˧ ɬa:i˧
要 保 身 上 他 对 女儿 那 不 好 讲 女儿 那 又 问

ma:u˧:" ȵa˩ pi˧˩ me˩ sɿ˥ ɕən˩ ma:ŋ˩ kwa:i˩ la:i˥ ka:ŋ˧. ja:u˩ jən˧˥ ȵa˩ we˧˩ ɬ'əu˧˥
他 你 不要 有 事 情 什么 不 好 讲 我 跟 你 做 到

ɕu˧ ɕi˧." ta˧ lən˩, pu˧˩ k'é˧˥ ʔeu˥˧ k'i˧ ma:u˧, ɕu˧ ka:ŋ˥ sa:i˥ ma:u˧ ɬ'iŋ˧˥:" ȵam˥˧
就 是 后 来 父亲 她 拗 不过 她 就 讲 给 她 听 昨

ȵuŋ˥ ka:u˩ la:u˩ jən˧˥ ta:u˥ tuŋ˥ kəu˧˩ pa:i˥ ɬ'əu˥˧ ɬe˥ ȵa˥ ma˧˩ təu˩ li˧ kəm˧˩
晚 老 头 跟 咱们 煮 饭 去 到 边 河 码 头 得 个

tuŋ˥ kwa˥ ma˧˥. ma:u˧ ɕaŋ˥˧ ʔa:u˥ ma˧˥ to˧ k'u˥˧. ma:u˧ man˥ ȵuŋ˥ ɕa:ŋ˥˧ tat˥ la:u˧
南 瓜 来 他 想 拿 来 喂 猪 他 昨 天 想 砍 进

ta:u˥ pa:i˥ tuŋ˥. ta˧ lən˩ tat˥ mja˧˩ ɬi˧ jət˥ ɬa˧, təu˧ kəm˧˩ ma:ŋ˥˧ mja˩ ɬe˧.
锅 去 煮 后 来 砍 刀 第 一 那 对着 个 边 手 左

tat˥ mja˧˩ ȶi˧ ȵi˧ təu˧ ma:ŋ˥˧ mja˩ wa˧˥. tʻəu˥˧ ȵam˥˧ ȶa˧ pa:n˥˧ ȶa:n˥ tuŋ˥ kwa˥
砍　刀　第　二　对着　边　手　右　到　晚　那　半　夜　南　瓜

sa:i˥ nan˥ pjan˥ sa:i˥ ma:u˧, jiu˥˧ ma˧˥ ɕeu˩ ta:u˥ na:i˧ ʔa:u˥ pəi˧˩ ȶi˧ tət˥ we˧˩
给　个　梦　给　他　要　来　朝　咱　这　娶　姑娘　第　七　做

ma:i˧˩ sa:i˥ ma:u˧. ha:ŋ˧˥ na:i˧ ja:ŋ˧, ja:u˩ hən˧˩ lon˧, ja:u˩ kəu˧˩ tu˥ kwa:i˩ ja:k˧.
妻　给　他　象　这　样　我　很　乱　我　饭　都　不　饿

ȶa˥˧ pəi˧˩ ȶa˧ ʔəu˥˧ ȶʻi˧˥:“ma:u˧ nəŋ˥ ha:ŋ˩ nu˧˥ ka:ŋ˧ kwa:i˩?” pəi˧˩ ȶa˧ ȶa:i˧ ma:u˧.
姑娘　那　生　气　他　还　什　么　讲　不　姑娘　那　问　他

ma:u˧ pu˧˩ ke˧˥ ɕa:n˥ ma:u˧:“ma:u˧ ka:ŋ˧ nu˥˧ ta:u˥ sa:i˥ pəi˧˩ ȶi˧ tət˥ sa:i˥ ma:u˧
她　父亲　她　答　她　他　讲　如　咱们　给　姑娘　第　七　给　他

ma:u˧ ɕu˧ kwa:i˩ we˧˩ ta:u˥ ka:u˧˩ ɕeu˩ na:i˧ təi˥ ljeu˧˩. jui˩ ko˧˩ nu˥˧ ka:ŋ˧ sa:i˥
他　就　不　叫　咱们　里　朝　这　死　了　如　果　如　讲　给

ma:u˧, ȶa˧ ɕu˧ kwa:i˩ we˧˩ ta:u˥ ɕu˧ kwa:i˩ təi˥.” pəi˧˩ ȶa˧ ɕa:n˥ ma:u˧:“kwa:i˩
他　那　就　不　叫　咱们　就　不　死　姑娘　那　答　他　不

jiu˥˧ ȶʻən˧. nu˥˧ jiu˥˧ ja:u˩ pa:i˥·le˧, ȶa˥˧ ja:u˩ ju˧ pa:i˥. ȶi˧ jət˥ jiu˥˧ ȵa˩ pu˧˩·le˧,
要　紧　如　要　我　去　那　我　又　去　第　一　要　你　父亲

pi˧˩ jiu˥˧ lon˧.” ta˧ lən˩ pu˧˩ ke˧˥ ka:ŋ˧:“nu˥˧ ȵa˩ jəŋ˧ pa:i˥, ȶa˧ ja:u˩ ȵən˧
不　要　乱　后　来　父亲　她　讲　如　你　肯　去　那　我　也

kwa:i˩ lon˧, ja:u˩ nəŋ˥ me˩ ljok˩ pəi˧˩ ȵa:u˧˩ ja:n˩ na:i˧ sui˧ ja:u˩.” ha:ŋ˧˥ na:i˧
不　乱　我　还　有　六　姑娘　在　家　这　照料　我　象　这

ja:ŋ˧, pəi˧˩ ȶa˧ ljiŋ˧˩ ·a˩. ȶa˧ ka:ŋ˧ sa:i˥ ka:u˩ la:u˩ tuŋ˥ kəu˧˩ ȶa˧ ȶʻiŋ˥˧. ȶa˥˧
样　姑娘　那　答应　讲　给　老　头　煮　饭　那　听　那

ma:u˧· le˧ ɕu˧ ka:u˩ la:u˩ tuŋ˥ kəu˧˩ ȶa˧ le˧, ɕu˧ ȶon˥˧ pa:i˥ ka:ŋ˧ sa:i˥ tuŋ˥ kwa˥
他　就　老　头　煮　饭　那　就　转　去　讲　给　南　瓜

ȶʻiŋ˥˧. tuŋ˥ kwa˥·le˧ hen˧ sɿ˩ ȶen˧ ȵa:u˧˩ ȵa:n˥ na:i˧ ɕəp˩ ŋo˧˩, jiu˥˧ tʻəu˧˥ ja:n˩ ȶiu˥
听　南　瓜　限　时　间　在　月　这　十　五　要　到　家　我

pa:i˥. ta˧ lən˩ wa:ŋ˩ ȶi˥˧ soŋ˥˧ ʔəp˥, sun˧˩ ʔi˥ ha˧ ȶəm˥, sun˧˩ ʔi˥ ha˧ ȵan˩
去　后　来　皇　帝　松　口　送　很　多　金　送　很　多　银

sa:i˥ pəi˧˩ ȶa˧, ʔa:u˥ we˧˩ ma:i˧˩ sa:i˥ tuŋ˥ kwa˥. pəi˧˩ ȶa˧ jən˧˥
给　姑娘　那　拿　做　妻　给　南　瓜　姑娘　那　跟

tuŋ˥ kwa˥ ma˧˥ ja:n˩. ma˧˥ tʻau˧˥ pa:n˥˧ kʻun˧˥, ȶa˧ ma:u˧ po˥˧, tuŋ˥
南　瓜　来　家　来　到　半　路　那　他　说　南

kwa˥ po˥˧ pəi˧˩ ȶa˧:“ta˧ lən˩ ȶeŋ˧˩.” tuŋ˥ kwa˥ ɕu˧ ta˧ kun˥˧ pa:i˥ ȶa:u˧ ta:i˥
瓜　说　姑娘　那　过　后　点　南　瓜　就　过　前　去　交　代

nai˧˩ ma:u˧ sət˥ ja:n˩. nəi˧˩ ma:u˧ kwa:i˩ sən˥˧ ma:u˧:“ȵa˩ tuŋ˥ kwa˥ ʔa:u˥ ma:i˧˩
母亲　他　扫　房　母亲　他　不　信　他　你　南　瓜　娶　妻

li˧ ·a˧˥?” tuŋ˥ kwa˥ ka:ŋ˧:“ja:u˩ nu˧˥ na:n˩ ʔa:u˥ ma:i˧˩? ma:i˧˩ ja:u˩ pʻi˧ ma:i˧˩
得　南　瓜　讲　我　为何　难　娶　妻　妻　我　比　妻

ȶa:i˧˩ ȶiu˥ nəŋ˥ la:i˥ pəi˧˩.” nəi˧˩ ke˧˥ ju˧ kwa:i˩ sən˥˧, kwa:i˩ jən˧˥ ma:u˧ sət˥ ja:n˩.
哥　我　还　好　姑娘　母亲　他　又　不　信　不　跟　他　扫　房子

ma:u˧ ju˧ ljəu˧ nəi˧˩ ke˧˥:“wəi˧˥ lja:ŋ˧ sət˥ ja:n˩, ta˧ ʔi˥ ȶim˧ ȶoŋ˥, ma:i˧˩ ɕu˧
他　又　催　母亲　他　快　点　扫　房子　过　一　点　钟　妻　就

jiu˥˧ tʻəu˥˧ ma˧˥ ·la˧˩. ke˧˥ nəŋ˥ ʔa˩ ɕeu˩ ȶa˧ ha˧ ȵən˩ sun˧˩ ma˧˥, keu˧˥ ȶuŋ˥ keu˧˥
要　到　来　人家　还　朝　那　伙　人　送　来　打　鼓　打

la˩, nəŋ˥ me˩ ȵən˩ ta:p˧ ȵan˩ ta:p˧ ȶəm˥ ta:p˧ kʻu˥˧ ja˥˧ sun˧˩ ma˧˥. “ȵa˩ nəŋ˥
锣　还　有　人　挑　银　挑　金　挑　猪　红　送　来　你　还

jiu˥˧ jən˧˥ jau˩ sət˥ ja:n˩ wəi˧˥ ȵak˥." nəi˧˩ ke˧˥ pu˩ na:i˥ ȶi˥ ho˩, jən˧˥ ma:u˧
要 跟 我 扫 房子 快 点 母亲 他 不 奈 其 何 跟 他

ȶəm˧ ȶəm˧ ȶun˧˩ ȶun˧˩ ȶin˧˩ ȶeŋ˧˩ ja:n˩, sət˥ ȶeŋ˧˩ səm˧˩. ta˧ ma:ŋ˥˧ nan˥ ȶim˧˩
急 急 忙 忙 收拾 点 房子 扫 点 房间 过 半 个 点

ȶoŋ˥, ke˧˥ ȵəŋ˩ keu˧˥ ȶuŋ˥ keu˧˥ la˩, ta:p˧ ȶəm˥ ta:p˧ ȵan˩ sun˧˩ kʻu˧˥ ja˥˧ ma˧˥.
钟 别人 真 敲 鼓 打 锣 挑 金 挑 银 送 猪 红 来

ka:u˧˩ ɕa:i˧ ȶa˧ li˧ ȶʻiŋ˥˧ ka:ŋ˧: " tuŋ˥ kwa˥ ʔa:u˥ ma:i˧˩ ma˧˥ •la˧˩!" me˩ ʔi˥ ma:ŋ˧
里 寨 那 得 听 讲 南 瓜 娶 妻 来 有 一 半

ȵən˩ kwa:i˩ sən˥˧, me˩ ʔi˥ ma:ŋ˧ ȵən˩ li˧ ȶʻiŋ˥˧ keu˧˥ ȶuŋ˥ keu˧˥ la˩, ɕek˧ ʔuk˧
人 不 信 有 一 半 人 得 听 敲 鼓 打 锣 全 出

ɕa:i˧ pa:i˥ nu˥˧. ta˧ lən˩ ȵəŋ˩ li˧ nu˥˧ ke˧˥ sun˧˩ ma˧˥, ma˧˥ ȶʻəu˥˧ ja:n˩, ka:u˧˩ ɕa:i˧
寨 去 看 后来 真 得 见 别人 送 来 来 到 家 里 寨子

ȶi˥ ȵən˩ ɕek˧ ma˧˥ nu˥˧ ma:i˧˩ məi˥˧, ma:i˧˩ tuŋ˥ kwa˥. pəi˧˩ ȶa˧ ma:u˧ ja˧ kwa:i˩
的 人 全 来 看 娘 新 妻 南 瓜 女子 那 她 也 不

ka:i˧ la:i˥ jak˩. pu˩ ko˥ ke˧˥ ɕek˧ pa:i˥ man˥˧, pa:i˥ sa:u˧˩, ɕek˧ pa:i˥ kəm˧˩ ȵən˩,
没 好 意思 不 过 别人 全 去 些 去 丈夫 全 去 个 人

ta:u˥ ju˧ pa:i˥ kəm˧˩ tuŋ˥ kwa˥. ma:u˧ ka:ŋ˧:" wəi˥ ljeu˧˩ jiu˥˧ pu˧˩ ȶiu˥ ʔu˥ ɕən˥
咱 又 去 个 南 瓜 她 讲 为 了 要 父亲 我 上 身

la:i˥, pi˧˩ me˩ məi˧˩ lon˧. ja:u˩ ma˧˥ tuŋ˥ kwa˥ ja˧ kwa:i˩ jiu˥˧ ȶən˧. ta˧ lən˩ ho˧
好 不要 有 个 乱 我 来 南 瓜 也 不 要 紧 后来 合

ɕi˥ nəŋ˥ me˩ man˥ la:i˥."
适 还 有 日子 好

ȶa˧ pəi˧˩ ȶa˧ ma˧˥ ljeu˧˩ ʔi˥ ȶot˧˩ ȵin˩. ȶʻəu˥˧ ȵin˩ ma˧˥ •la˧˩ ke˧˥
女子 那 来 了 一 半 年 到 年 来 别人

ɕek˧ pa:i˥ nu˥˧ ɕi˥, ka:u˧˩ sən˥ ka:u˧˩ ɕa:i˧ ȶʻa:ŋ˥˧ ɕi˥, ma:u˧ •le˧ ɕu˧
全 去 看 戏 里 村 里 寨 唱 戏 他 就

kwa:i˩ pa:i˥. ma:u˧ məi˧˥ ȶeŋ˧˩ lon˧, me˩ ʔi˥ ȶeŋ˧˩ məi˧˩ ɕa:ŋ˥˧, ma:u˧
不 去 她 有一 点 乱 有 一 点 想 头 她

kwa:i˩ pa:i˥. tuŋ˥ kwa˥ ȵam˥˧ ȵam˥˧ pa:i˥. tuŋ˥ kwa˥ pa:i˥ nu˥˧ ɕi˥,
不 去 南 瓜 晚 晚 去 南 瓜 去 看 戏

pa:i˥ ȶʻəu˥˧ pa:n˥˧ kʻun˧˥, ma:u˧ la:u˧ pa:i˥ ʔi˥ nan˥ la:u˧ nan˥ ȶəm˩
去 到 半 路 他 进 去 一 个 进 个 洞

pja˥ pa:i˥, ta:i˩ kəm˧˩ kʻuk˧ tuŋ˥ kwa˥ ȶa˧ ȶʻot˧ ʔuk˧ pa:i˥, wa:n˧
石 去 把 个 衣服 南 瓜 那 脱 出 去 换

kʻuk˧ məi˧˥, ȶi˩ tu˩ ma˧˩, toŋ˩ ke˧˥ pa:i˥ ȶʻəu˥˧ sa:k˧˩ ȶa˧ nu˥˧ ɕi˥.
衣 新 骑 匹 马 同 别人 去 到 坪 那 看 戏

təŋ˧˩ sa:k˧˩ •le˧ pən˧ ma:u˧ pa:i˩ ȶa:ŋ˩, pən˧ ma:u˧ kʻan˧˥. ȶi˩ tu˩ ma˧˩
整 坪 只 他 排 场 只 他 漂亮 骑 匹 马

ȵa:u˧˩ ȶa˧ nu˥˧ ɕi˥. ton˩ ɕa:i˧ ɕek˧ ka:i˧ jo˧˩ ȵən˧˩ ma:ŋ˩, nəŋ˧˩ ɕi˥
在 那 看 戏 团 寨 全 不 知 人 什么 就 戏

tu˥ kwa:i˩ nəŋ˩, pən˧ nəŋ˩ ma:u˧. ȶa˧ ȵam˥˧ na:i˧, ȵam˥˧ ȶa˧ ju˧
都 不 看 只 看 他 那 晚 这 晚 那 又

ljeu˧˩ ʔi˥ ȵam˥˧, sa:n˥˧ ɕi˥, tuŋ˥ kwa˥ ȶon˥˧ pa:i˥ ja:n˩ la:u˧ kəm˧˩
完 一 晚 散 戏 南 瓜 转 去 家 进 个

ȶəm˩ ȶa˧ pa:i˥, ju˧ wa:n˧ kəm˧˩ kʻuk˧ tuŋ˥ kwa˥ ȶa˧. man˥ lən˩, ke˧˥
洞 那 去 又 换 个 衣 南 瓜 那 第二天 别人

ju˧ tʻaːŋ˦˥˧ ɕi˥, tuŋ˥ kwa˥ ju˧ paːi˥ nu˦˥˧, paːi˥ tʻəu˦˥˧ paːn˦˥˧ kʻun˧˥, ju˧
又 唱 戏 南 瓜 又 去 看 去 到 半 路 又

laːu˧ nan˥ təm˩ ta˧ paːi˥ tʻaːu˧ kʻuk˧, ju˧ ti˩ tu˩ ma˧˨˧ ja˦˥˧, pen˦˥˧
进 个 洞 那 去 换 衣 又 骑 匹 马 红 扮

li˧ ȵəŋ˩ kʻan˧˥ ȵəŋ˩. me˩ ʔi˥ ho˧ ȵən˩ ta˧ ɕi˥ tu˥ kwaːi˩ ȵəŋ˩,
得 真 漂亮 真 有 很 多 人 那 戏 都 不 看

pən˧ ȵəŋ˩ maːu˧. me˩ ʔi˥ ho˧ ta˧ ɕaːŋ˦˥˧: man˥ ȵuŋ˥ me˩ ʔi˥ taːk˧˨˧
只 看 他 有 很 多 那 想 昨 天 有 一 个

haːŋ˧˥ naːi˧ ȵaːu˧, man˥ naːi˧ ju˧ me˩ ʔi˥ taːk˧˨˧ haːŋ˧˥ naːi˧ ȵaːu˧.
象 这 样 今 天 又 有 一 个 象 这 样

taːk˧˨˧ naːi˧ taːk˧˨˧ ȵən˩ ti˧ waːŋ˧˥ nu˧˥? ke˧˥ saːn˧˨˧ tən˦˥˧ ȵəŋ˩ maːu˧.
个 这 个 人 地 方 哪儿 别人 上 劲 看 他

man˥ ta˧ nu˦˥˧ ɕi˥ ju˧ ta˧ paːi˥ ljeu˧˨˧. saːn˦˥˧ ɕi˥ kʻun˧˥, ke˧˥ ɕek˧ ȵəŋ˩
天 那 看 戏 又 过 去 了 散 戏 完 别人 全 看

maːu˧ paːi˥ ljaːi˥ ljaːi˥ ta˧. maːu˧ ta˧ tiu˩ kʻun˧˥ ta˧ kwaːi˩ toŋ˩ ke˧˥,
他 去 远 远 那 他 过 条 路 那 不 同 别人

maːu˧ ju˧ ta˧ ʔi˥ tiu˩ kʻun˧˥. paːi˥ tʻəu˦˥˧ nan˥ təm˩ ta˧, ju˧ laːu˧
他 又 过 一 条 路 去 到 个 洞 那 又 进

paːi˥ tʻaːu˧ kʻuk˧ tuŋ˥ kwa˥. haːŋ˧˥ naːi˧ jaːŋ˧ paːi˥ tʻəu˦˥˧ jaːn˩. maːu˧
去 换 衣 南 瓜 象 这 样 去 到 家 他

kaːŋ˧ saːi˥ nəi˧˨˧ ke˧˥ tʻiŋ˦˥˧: "tiu˥ man˥ naːi˧ paːi˥ nu˦˥˧ ɕi˥, ɕi˥ ta˧
讲 给 母亲 他 听 我 天 这 去 看 戏 戏 那

ȵəŋ˩ laːi˥ jak˩ ȵəŋ˩. jaːu˩ ·le˧ nəŋ˥ ʔaːu˥ pʻeu˦˥˧ paːi˥ ho˧ ɕi˥." nəi˧˨˧
真 好 看 真 我 还 拿 炮 去 贺 戏 母亲

ke˧˥ kaːŋ˧: "ȵa˩ kəm˧˨˧ tuŋ˥ kwa˥, haːŋ˩ nu˧˥ jaːŋ˧ soŋ˦˥˧ pʻeu˧˥ li˧?" "soŋ˧˨˧
他 讲 你 个 南 瓜 怎 么 样 放 炮 得 放

li˧!" ta˧ lən˩ nəi˧˨˧ ke˧˥ taːi˧, taːi˧ ho˧ paːi˥ nu˦˥˧ ɕi˥ ta˧: "ɕaːu˥
得 后 来 母亲 他 问 问 伙 去 看 戏 那 你们

man˥ naːi˧ paːi˥ nu˦˥˧ ɕi˥, po˦˥˧ soŋ˦˥˧ pʻeu˧˥ tʻa˦˥˧ taːi˩ ɕi˥ ho˧ ʔa˧˥?" ke˧˥
今 天 去 看 戏 说 放 炮 上 台 戏 贺 人家

kaːn˧: "soŋ˦˥˧ ·le˧, kaːu˩ laːu˩ ti˩ ma˧˨˧ ta˧ soŋ˦˥˧ tuŋ˩ li˧ hən˧." ta˧
讲 放 老 头 骑 马 那 放 多 得 很

nəi˧˨˧ ke˧˥ ɕaːŋ˦˥˧, kaːu˩ laːu˩ ti˩ ma˧˨˧, tuŋ˥ kwa˥ ju˧ po˦˥˧ maːu˧ soŋ˦˥˧
母亲 他 想 老 头 骑 马 南 瓜 又 说 他 放

pʻeu˧˥. ta˧ lən˩ man˥ ti˧ saːm˥ nu˦˥˧ ɕi˥, maːu˧ ju˧ paːi˥ nu˦˥˧ ɕi˥.
炮 后 来 天 第 三 看 戏 他 又 去 看 戏

paːi˥ tʻəu˦˥˧ paːn˦˥˧ kʻun˧˥, ju˧ nan˥ ŋaːm˩ pja˥ ta˧ waːn˧ kʻuk˧, ju˧ ti˩
去 到 半 路 又 个 洞 岩 那 换 衣 又 骑

ma˧˨˧ paːi˥ nu˦˥˧ ɕi˥, li˧ nu˦˥˧ ke˧˥ tʻaːŋ˦˥˧ ɕi˥ laːi˥ jak˩ ho˧. maːu˧ ju˧
马 去 看 戏 得 见 别人 唱 戏 好 看 多 他 又

soŋ˦˥˧ pʻeu˦˥˧ tʻa˦˥˧ paːi˥ ho˧ ke˧˥. ta˧ lən˩ ke˧˥ saːn˧˨˧ tən˥ ȵəŋ˩ maːu˧:
放 炮 上 去 贺 别人 后 来 人家 展 劲 看 他

"maːu˧ ȵən˩ maːŋ˩?" man˥ ta˧ ju˧ saːn˦˥˧ ɕi˥ ·la˧˨˧, ton˦˥˧ paːi˥ ju˧ ta˧
他 人 什么 天 那 又 散 戏 转 去 又 从

tiu˩ kʻun˧˥ ta˧. maːu˧ ju˧ laːu˧ nan˥ ŋaːm˩ pja˥ ta˧ tʻaːu˧ kʻuk˧,
条 路 那 他 又 进 个 洞 岩 那 换 衣

t'a:u˧ ma:u˧ ɕi˩ t'i˧ ma:u˧ kəm˧˩ k'uk˦ tuŋ˥ kwa˥ ȶa˧ , ȶon˥˧ pa:i˥ ja:n˩
换 他 先 前 他 个 衣 南 瓜 那 转 去 家

ma:u˧. ta˧ lən˩ ka:u˧˩ ɕa:i˧ ȶi˥ ȵən˩ toŋ˩ ma:u˧ pa:i˥ nu˥˧ ɕi˥ , ɕu˧
他 后 来 里 寨 的 人 同 他 去 看 戏 就

li˧ nu˥˧ ma:u˧ ha:ŋ˧˥ ȶa˧ ȵa:u˧ , sa:m˥ ɕon˧ ɕek˦ la:u˧ nan˥ ȶəm˩ ȶa˧
得 见 他 象 那 在 三 回 全 进 个 洞 那

pa:i˥ t'a:u˧ k'uk˦. k'e˧˥ ɕu˧ ka:ŋ˧ sa:i˥ nəi˧˩ ma:u˧ ȶ'iŋ˥˧: “tuŋ˥ kwa˥
去 换 衣 人家 就 讲 给 母亲 他 听 南 瓜

pa:i˥ nu˥˧ ɕi˥ , man˥ ȶi˧ jət˥ ȶa˧ , ja˧ la:u˧ kəm˧˩ ȶəm˩ ȶa˧ pa:i˥ ,
去 看 戏 天 第 一 那 也 进 个 洞 那 去

man˥ ȶi˧ ȵi˧ ja˧ la:u˧ kəm˧˩ ȶəm˩ pja˥ ȶa˧ pa:i˥ , man˥ ȶi˧ sa:m˥
天 第 二 也 进 个 洞 石 那 去 天 第 三

ja˧ la:u˧ ȶəm˩ pja˥ ȶa˧ pa:i˥. pa:i˥ ȶa˧ nu˥˧ ɕi˥ , ju˧ pən˧ li˧ nu˥˧
也 进 洞 石 那 去 去 那 看 戏 又 只 得 见

ʔi˥ ȶa:k˧˩ ȶi˩ ma˧˩. ȶiu˥ ka:ŋ˧ kəm˧˩ ȶa˧ ȵəŋ˧˩ ȶiŋ˥˧ tuŋ˥ kwa˥.”
一 个 骑 马 我们 讲 个 去 就 是 南 瓜

ta˧ lən˩ nəi˧˩ ke˧˥·le˧ pa:i˥ ȶe˥ ȶəm˩ ȶa˧ pəp˩. man˥ ȶi˧ si˥ nu˥˧
后 来 母亲 他 去 边 洞 那 埋伏 天 第 四 看

ɕi˥, tuŋ˥ kwa˥ ȵəŋ˩ pa:i˥·la˧˩ . nəi˧˩ ke˧˥ wa:n˩ ȵa:u˧˩ ȶe˥ ȶəm˩ ȶa˧
戏 南 瓜 真 去 母亲 他 已经 在 边 洞 那

pəp˩ ɕu˧·la˧˩ . tuŋ˥ kwa˥ ta˧ na:i˧ kun˧˩ t'əu˥˧ ȶe˥ ȶən˩ ȶa˧ , ma:u˧
埋伏 等 南 瓜 从 这 滚 到 边 山 那 他

ȵəŋ˧˩ la:u˧ kəm˧˩ ȶəm˩ ȶa˧ pa:i˥ wa:n˧ k'uk˧, ȶi˩ tu˩ ma˧˩ ʔuk˧ ma˧˥.
就 进 个 洞 那 去 换 衣 骑 匹 马 出 来

nəi˧˩ ke˧˥ ȶi˥ na:i˧ ȶiŋ˥ məŋ˧˩ ȶən˩ ma˧˥ ; tuŋ˥ kwa˥ ȵəŋ˩ pjin˥˧ k'un˧˥
母亲 他 这 里 才 高兴 起 来 南 瓜 就 变 成

ȵən˩ ljeu˧˩. ma:u˧ ɕu˧ tuŋ˥ kwa˥ pa:i˥ ʔuk˧ ȶəm˩ pa:i˥ nu˥˧ ɕi˥ ·la˧˩,
人 了 她 等 南 瓜 去 出 洞 去 看 戏

ma:u˧ ljak˩ ljak˩ la:u˧ ȶəm˩ ka:u˧˩ ȶəm˩ pja˥ ȶa˧ pa:i˥ , ʔa:u˥ kəm˧˩
她 偷 偷 进 洞 里 洞 石 那 去 拿 个

k'uk˧ tuŋ˥ kwa˥ ȶa˧ ʔuk˧ ma˧˥. ʔa:u˥ k'uk˧ tuŋ˥ kwa˥ ma˧˥ ja:n˩ na:i˧ ,
衣 南 瓜 那 出 来 拿 衣 南 瓜 回 家 这

ta:i˩ kəm˧˩ ȶa˧ liu˥ la:u˧ keŋ˥ k'u˥˧ . ma:u˧ ɕa:ŋ˥˧ sa:i˥ tuŋ˥ kwa˥ ȶi˩
将 个 那 丢 进 食 猪 她 想 让 南 瓜 骑

tu˩ ma˧˩ ja˥˧ ȶa˧ ȶon˥˧ ma˧˥ ja:n˩, ȶa˥˧ kəm˧˩ ma:i˧˩ ȶa˧ ɕu˧ məŋ˧˩·la˧˩.
匹 马 红 那 转 来 家 那 个 妻 那 就 高兴

ta˧ lən˩ sa:n˥˧ ɕi˥ ma˧˥·la˧˩ , tuŋ˥ kwa˥ ɕa:ŋ˥˧ la:u˧ ka:u˧˩ ȶəm˩ ȶa˧
后 来 散 戏 来 南 瓜 想 进 里 洞 那

pa:i˥ wa:n˧ k'uk˦ , kwa:i˩ li˧ nu˥˧ kəm˧˩ k'uk˦ tuŋ˥ kwa˥ ma:u˧ ljeu˧˩.
去 换 衣 不 得 见 个 衣 南 瓜 他 了

ma:u˧ ȵəŋ˩ səu˩ ȵəŋ˩ . ta˧ lən˩ ma:u˧ pu˩ nai˥ ȶi˥ ho˩ , ȵəŋ˩ ȶi˩
他 真 愁 真 后 来 他 不 奈 其 何 真 骑

ma˧˩ t'əu˥˧ ja:n˩ ma˧˥. ma:i˧˩ ma:u˧ li˧ nu˥˧ ja˧ məŋ˧˩. ta˧ lən˩ tuŋ˥ kwa˥
马 到 家 来 妻子 他 得 见 也 高兴 后 来 南 瓜

toi˥˧ nəi˧˩ ma:u˧ ka:ŋ˧: “ȵa˩ man˥ na:i˧ pa:i˥ ʔa˩ ȶəm˩ ȶa˧ ʔa:u˥
对 母亲 他 讲 你 天 这 去 洞 那 拿

kəm˧˩ k'uk˨˦ ja:u˩ ɬuŋ˥ kwa˥ ma˧˥ ja:n˩ na:i˧, n̥a:u˧˩ nu˧˥. ʔa˧˥? ʔa:u˥ ma˧˥
个 衣 我 南 瓜 来 家 这 在 哪 呢 拿 来

ʂa:i˥ ja:u˩ ɬan˧." nəi˧˩ ma:u˧ ka:ŋ˧: "n̥a˩ kwa:i˩ ɬan˧ k'uk˨˦ ȶa˧ we
给 我 穿 母亲 他 讲 你 不 穿 衣 那 做

li˧ ljeu˧˩, ɬan˧ k'uk˨˦ n̥a˧ nəŋ˥ kwa:i˩ la:i˥?" ɬuŋ˥ kwa˥ ka:ŋ˧: "ja:u_
得 了 穿 衣 那 还 不 好 南 瓜 讲 我

nəŋ˥ jiu˦˥˧ ɬan˧ k'uk˨˦ ȶa˧ ɕi˦˥˧. t'əu˦˥˧ ɕi˩ ȶa˧ kəm˧˩ k'uk˧ ȶa˧ ka:k˧ mui˥
还 要 穿 衣 那 啊 到 时 那 个 衣 那 自己 霉

·la˧˩, la:n˧ ·la˧˩. ȶa˦˥˧ ja:u˩ ɕu˧ kwa:i˩ jiu˦˥˧ ma:u˧ · la˧˩. ɕən˧ na:i˧ kəm˧˩
烂 那 我 就 不 要 它 现 在 个

k'uk˧ ȶa˧ nəŋ˥ mi˧˩ mui˥, nəŋ˥ mi˧˩ la:n˧, n̥a˩ nəŋ˧˩ ɬai˥ ɬo˧ k'u˦˥˧."
衣 那 还 未 霉 还 未 烂 你 就 砍 喂 猪

ɬuŋ˥ kwa˥ ja˧ ka:u˧˩ loŋ˩ ȶa˧ n̥əŋ˩ hən˧˩ səu˩, hən˧˩ ʔəu˦˥˧ ȶ'i˦˥˧. ɬa˧
南 瓜 也 里 肚 那 真 很 愁 很 生 气 从

ȶi˥ na:i˧ pa:i˥ lən˩, kwa:i˩ nu˧˥ ȶəŋ˥, ɬuŋ˥ kwa˥ ɕu˧ nəŋ˧˩ ɬa:ŋ˦˥˧ ɬa:ŋ˦˥˧
这 里 去 后 不 多 久 南 瓜 就 慢 慢

·ʔa˧, kəm˧˩ n̥ən˩ ȶa˧, ma:u˧ ɕu˧ ɬa:ŋ˦˥˧ ɬa:ŋ˦˥˧ ma:n˧ · la˧˩, me˩ pjiŋ˧ · la˧˩.
个 人 那 他 就 慢 慢 黄 有 病

ɬa˧ ljtu˧˩ ja˩ ʂa:m˥ n̥a:n˥, n̥ən˩ ȶa˧ nəŋ˧˩ təi˥ ·la˧˩.
过 了 两 三 月 人 那 就 死

ʂo˧ ji˧ məi˧˩ ku˧ ɬuŋ˥ kwa˥ na:i˧ · le˧, ȶa˧ ka:ŋ˧ t'əu˦˥˧ ȶi˥ na:i˧.
所以 个 故事 南 瓜 这 那 讲 到 这 里

ja:u˩ ka:ŋ˧ ku˧ na:i˧ k'un˧˥ · la˧˩.
我 讲 故事 这 完

南瓜的故事

我讲个南瓜的故事。从前有三个妇女，她们没有后代，没有孩子。后来到庙里去求，三个妇女一同去。当时，她们商量在半路上什么都不要问。后来在半路上有一个妇女看见一个南瓜，那个南瓜象桶那样大，那妇女就称赞那个南瓜。后来到了庙里，在那里求仙保祐。回到家后，有两个女的生了两个男孩，一个妇女生了一个南瓜。后来，生南瓜的那个妇女真是忧愁得很，总是愁南瓜不会说话。一年以后，南瓜说起话来了。南瓜会讲话，她心里还是乱。

到南瓜五岁时，那头的哥哥娶妻。他娶的那妻子很不好看，是个麻子。南瓜到那新娘的下巴下讲："你这个新娘，这么个丑姑娘，我哥哥要你，我才不要你呢。"后来他母亲听见了，很生他的气，去打他一巴掌，他就滚进河里流下去了。流到哪儿呢，流到一家财主那里去了。有一个老头给财主煮饭，他到河边挑水，遇到个南瓜挡在河边。他就把那个南瓜拿走，想拿去煮猪食。第二天他想拿刀砍南瓜哩，那第一刀砍下去滑到左边，滑到老头手上，第二刀又滑到右手。当天晚上，那老头把他丢在那里。后来他半夜做梦，他说："今天你把我带到这财主家来，你想拿我煮给猪吃，你是怎么想的？我想到这个朝廷上来娶妻，你赶快去讲给皇帝听，我要娶那第七个姑娘。如果他答应给我，我对这个朝廷就不怎么样。如果你不给七姑娘给我，我就把你们朝廷里的人全部杀死。后来那煮饭的老头去说给皇帝听，那皇帝就吃不下饭，第一天早晨起不了床。朝里的姑娘，皇帝的女儿，不知道父亲为什么事情不起来吃饭。

大女儿去喊，他不做声。二女儿去喊，他也不做声。后来，那七姑娘去喊，他就说给那个姑娘听。他说："你们喊我起来吃饭，我心里烦乱得很。"七姑娘就说："你为什么要这么烦乱，都两天不吃饭了。你难道不爱护身体？"但他不好对那个女儿讲。女儿又问他："你有什么事情不要不好讲出来。我给你办到就是了。"后来她父亲拗不过她，他讲给她听："昨晚，给咱们煮饭的老头到河边码头上得到一个南瓜回来，他想拿来喂猪，他想砍进锅里去煮。后来砍第一刀砍了左手，第二刀砍了右手。到半夜南瓜托个梦给他，要来朝廷里娶七姑娘给他做妻子。就这样，我心里很乱。我饭都不想吃。"那姑娘很生气。"他还说什么呢？"那姑娘问他。她父亲回答她："他讲如果咱们把七姑娘给他，他就不让咱们朝廷里的人死。如果讲给他，我们朝廷的人就死不了。"那姑娘就答他："不要紧，如果要我去，那我就去。但第一要父亲你不要烦恼。"后来他父亲说："如你愿意去，我也不烦恼了，还有六个女儿在这家里照料我。"就这样，那姑娘答应了。就去讲给煮饭的老头听。那煮饭的老头就回去讲给南瓜听。南瓜说："限定时间在本月十五，要到我家里去。"后来皇帝松口，送很多金子，送很多银子给那姑娘，答应姑娘嫁给南瓜。

那姑娘跟南瓜回家，到半路，南瓜跟姑娘说："你后来一点。"南瓜就先赶回去交代他母亲扫房子。他母亲不信他："你南瓜能娶得妻子吗？"南瓜说："我为什么娶不到妻子？我的妻子比我哥哥的妻子还漂亮。"母亲还是不信，不给他扫房子。他又催他母亲："快点扫房子吧，再过一个钟头妻子就要来了。人家还有朝廷上那帮人送来，敲锣打鼓，还有人挑金子，挑银子，抬红猪送来。你还是要快一点给我扫房子。"他母亲无可奈何，急急忙忙地收拾房子，打扫房间。半个小时后，人家真的敲锣打鼓，挑金担银，送红猪来了。寨子里听见了的人说："南瓜娶妻来了！"有一半的人不相信，有一半的人听到敲锣打鼓，全出寨子去看，后来真的看到人家送来。到家了，寨子里的人都来看新娘，南瓜的妻子。那新娘也没有不好意思的样子，不过别人嫁丈夫都嫁个人，我却嫁个南瓜。她讲："为了父亲的身体好，心里不烦，我嫁给南瓜也不要紧，说不定以后还有好日子。"

那姑娘来了一年半。过年了，别人全去看戏，村里寨里唱戏，她都不去。她心里有点乱，有一点想法，她不去。南瓜晚晚去，南瓜去看戏，到了半路，他走进一个石洞里去，把那件南瓜衣脱去了，换了新衣，骑了一匹马，同别人到坪里去看戏。整个坪只数他阔气，算他漂亮，骑着一匹马在那里看戏。全寨都不知道他是什么人，连戏都不看，只看他。那晚又过去了，散戏了，南瓜回家又走进那个洞，换上了那件南瓜衣。第二天别人又唱戏，南瓜又去看。走到半路，又进那个洞去换衣服，又骑着匹红马，打扮得真漂亮极了。有很多人连戏都不看，只看他。一些人在那里想：昨天有这么样的一个人，今天又有一个这么样的人。这个人是什么地方的人呢？人们都在一个劲地看他。那天戏又唱过了，散了戏，别人都远远地看着他走了。他走的那条路跟别人不一样，是另一条路。走到那个洞里，他又换上了南瓜衣。象这样他又回到了家里。他讲给他母亲听："今天我去看戏，那戏有意思极了。我还放炮去贺戏呢。"他母亲说："你是个南瓜，怎么能放炮？""能放！"后来他母亲去问，问那些看戏的："你们今天去看戏，说有人放炮，上戏台贺戏？"别人说："放啊！那骑马老头放了很多。"他母亲想：老头骑马，南瓜又说是他放炮？第三天他又去看戏，走到半路，又在那个岩洞里换衣服，又骑马去看戏。看见人家戏唱得很有意思，他又放炮上台去祝贺人家。后来别人一个劲地看他："他是什么人？"那天又散戏了，回去又走那条路，又进那个洞去换衣服，换上他先前的那件南瓜衣回家去。后来寨子里的人跟他去看戏，看到他象那么样，三次都进那个洞去换衣。别人就讲给他母亲听："南瓜去看戏，第一天进那石洞去，第二天也进那个石洞去，第三天也进那个石洞去。到那里看戏，又只见一个骑马的人，我们讲那人就是南瓜。"

后来，他母亲去那洞边埋伏着。到第四天去看戏，南瓜真的去了。他母亲已经埋伏在洞边等着。南瓜从这里滚到山那边，他就进那个洞里去换衣服，骑匹马出来，这里他母亲才高兴起来：南瓜真的变成人了。她等南瓜出洞去看戏，她偷偷地进那石洞去，把那件南瓜衣拿出来。南瓜衣拿回家就把它丢进猪食里去。她想让南瓜骑着那匹红马回家来，他的妻子就高兴了。后来戏散了，南瓜想进那洞里去换衣服，看不见他的南瓜衣了，他忧愁极了。后来他无可奈何，真的骑马回家来了。他的妻子看见就高兴了。后来南瓜对他母亲讲："你今天去那洞里把我的南瓜衣拿回家来，在哪儿呢？拿来给我穿。"他母亲说："你不穿那件衣服也得了，穿（身上的）这件衣服还不好吗?"南瓜讲："我还要穿那件衣服啊，到时候那衣服会自己霉了,烂了,那我就不要它了。现在那件衣服还没霉，还没烂，你就砍它喂猪。"南瓜心里很愁，很生气。从这次以后，没多久南瓜就慢慢哩，那个人哩，他就慢慢黄了，生起病了。过了两三个月，那人就死了。

所以这个南瓜的故事，就讲到这里。我把这个故事讲完了。

3.10 ku˧ ȶu˥ la:ŋ˩
故事 珠 郎

ɕən˧ na:i˧ ka:ŋ˧ nan˥ toŋ˥ ku˧ jen˩, ka:ŋ˧ nan˥ ku˧ ȶu˥ la:ŋ˩ ɕa:i˥
现 在 讲 个 侗 故事 言 讲 个 故事 珠 郎 给

ta:u˥ ȶʻiŋ˦˥˧。 ȶu˥ la:ŋ˩ ·le˧ ɕu˧ ja˩ ke˧˥ səm˩ moi˧ ɕu˧ ȵən˩ ta:u˥ kwa:ŋ˧˨˧
咱们 听 珠 郎 呢 就 俩 他 覃 妹 就 人 咱 广

ɕi˧, ȵən˩ ta:u˥ kwa:ŋ˧ si˥ na:i˧, ma:ŋ˦˥˧ kwa:ŋ˧ si˥ na:i˧ ȵən˩ ȶam˥.
西 人 咱 广 西 这 边 广 西 这 人 侗族

ma:u˧ ·le˧ ɕi˧ ȶa˦˥˧ səm˩ moi˧ ·le˧, ɕu˧ pa:i˥ nu˧˥ ɕu˧ pa:i˥ muŋ˧˨˧ sa:u˧˨˧
她 那 时 覃 妹 就 去 怎样 就 去 个 丈夫

ka:u˦˥˧ ma:u˧ ȶa˧, ɕu˧ kwa:n˥ ȶiu˩ mjiu˥. ȶiu˩ mjiu˥ ·le˧ ma:u˧ ɕu˧
旧 他 就 叫 乔 苗 乔 苗 他

ta˧ lən˩ ·le˧ ʔu˥ ɕən˩ ȶa˧ me˩ pjiŋ˧, ɕu˧ me˩ ȵak˥ mjəu˩. me˩
后 来 身 上 那 有 病 就 有 点 麻疯 有

mjəu˩ jən˧˥ nu˧˥ ɕu˧ jən˧˥ ȶu˥ la:ŋ˩ ɕeŋ˥ ta˧˥. ɕeŋ˥ ta˧˥ ɕu˧ ta˧ ȵa˥
麻疯 跟 谁 就 跟 珠 郎 私 奔 私 奔 就 过 河

ljok˩ toŋ˧ pa:i˥. pa:i˥ ȶʻəu˦˥˧ ljoŋ˩ tu˩ kwa:n˦˥˧ toŋ˧ pa:i˥. ja˩ muŋ˧˨˧ ȵən˩
六 洞 去 去 到 龙 图 贯 洞 去 俩 个 人

ɕu˧ pa:i˥ ȶʻəu˦˥˧ kweŋ˦˥˧ ȶən˩ ȶa˧ pa:i˥ toi˧˥ sa˦˥˧, pa:i˥ toi˧˥ sa˦˥˧. li˧ nu˧˥
就 去 到 山 坳 那 去 歇一气 去 歇一气 有 谁

li˧ ȵan˩ ȵi˧ ke˧˥ ho˥ la:k˧˨˧ ha:n˦˥˧ ȶa˧ ma˧˥ ȶa˧ ȶʻa:m˧, ȶʻa:m˧ ɕi˧ li˧
有 银 宜 他 伙 后 生 来 那 走 走 得

nu˦˥˧ səm˩ moi˧ ɕi˧ fəi˧ ɕa:ŋ˩ ti˧ la:i˥ la:k˧˨˧ pəi˧˨˧ ho˧. na˧ na˧ pa:k˧˨˧,
见 覃 妹 非 常 的 好 姑 娘 多 脸 脸 白

lja˧˨˧. ɕi˧ ȶa˦˥˧ ȶam˥ ɕi˧ tan˧ wən˧, ta:i˩ nan˥ sən˧˨˧ wən˧ ȶa˧ ton˩ wan˦˥˧.
那 时 侗族 还 穿 裙 那些 个 屁股 裙 圆 溜

"ʔe˦˥˧! ja˩ ɕa:u˥ ja˩ ho˧ ȶi˥ ja˩ muŋ˧˨˧ ȵən˩ pa:i˥ nu˧˥ ·ʔo˧˨˧?" "hi˦˥˧! ja˩
俩 你们 俩 伙 计 俩 个 人 去 哪儿 啊 俩

ȶiu˥ · ʔa˧ man˥ na:i˧ ɕeŋ˥ ta˧˥ ta˧ sən˥ ma˧˥ ·ʔo˧˨˧, lja˧˨˧. kʻuŋ˧˥ ȶəm˩
我 今 天 私 奔 过 村 来 没有 地方

ȵa:u˧, lja˧˨˧, wən˧˨˧ pa:i˥ ȶa:i˧ təm˧ ja:n˩ je˦˥˧ ·ʔo˧˨˧, lja˧˨˧, ja˧ kəi˧ jo˧˨˧
住 随便 去 问 个别 家 朋友 也 不 知

ja:n˩ je˦˥˧ ȵa:u˧˨˧ ȶi˥ nu˧˥ ·ʔo˧˨˧, lja˧˨˧." li˧ ȵan˩ ȵi˧ po˦˥˧: "hi˦˥˧, na:i˧ ja˧
家 朋友 在 哪 儿 有 银 宜 说 这 也

la:i˥." ma:u˧ po˦˥˧: "ta:u˥ kəm˧˨˧ man˦˥˧ na:i˧ pa:n˦˥˧ kʻun˧˥ ɕeŋ˥ səp˩ nəŋ˧˨˧
好 他 说 咱们 个 这 些 半 路 相 遇 就

ɕeŋ˥ təm˥, nəŋ˧˨˧ ʔa:u˥ ja:n˩ ta:u˥ we˧˨˧ ja:n˩ ɕək˧˨˧ we˧˨˧ ȶa˧. ja˩ ɕa:u˥
相 碰 就 拿 家 咱们 做 家 熟 做 那 俩 你们

nəŋ˧˨˧ ma˧˥ ja:n˩ ta:u˥ ȵa:u˧. ɕən˧ na:i˧ pa:i˥ nu˧˥, ɕu˧ pa:i˥ ja:n˩ ȵan˩
就 来 家 咱 住 这 时 去 哪 就 去 家 银

ȵi˩ pa:i˥ ȵa:u˧.
宜 去 住

pa:i˥ ja:n˩ ȵan˩ ȵi˧ pa:i˥ ȵa:u˧, pa:i˥ li˧ ȶu˥ la:ŋ˩ ɕu˧ pa:i˥ ȶa˧
去 家 银 宜 去 住 去 得 珠 郎 就 去 那

jən˧˥ ȵan˩ ȵi˧ sa:k˦ koŋ˥ ·lo˧. səm˩ moi˧ ·lo˧ ɕu˧ pa:i˥ jən˧˥ ȵan˩
跟 银 宜 做 工 覃 妹 就 去 跟 银

ȵi˩ ɕu˧ sa:k˦ kəu˧˨˧. pa:i˥ li˧ ȵa:u˧ ʔi˥ ȵin˩ pet˧ ȵa:n˥ ljeu˧˨˧ ·le˧.
宜 春 米 去 得 住 一 年 八 月 了

ta˧ lən˩ səm˩ moi˧ po˥˧:"nan˥ na:i˧ ju˧ kwa:i˩ wa:ŋ˧˥ pjin˧ ·o˧˨˧, ta:u˥
后 来 覃 妹 说 个 这 又 不 方 便 咱

ȵa:u˧ ja:n˩ ke˧˥ ȵa:u˧, ta:u˥ jiu˥˧ si˥ la˧ nan˥ ja:n˩ sa:i˥ ta:u˥. ȵa˩
在 家 别人 住 咱 要 再 找 个 家 给 咱 你

ʔa:u˥ ȶiu˥ ma˧˥ we˧˨˧ ȵən˩ ja:n˩ ·le˧, ta:u˥ jiu˥˧ wa:n˧ ȶəm˩ ȵa:u˧." ɕən˧ na:i˧ ju˧
拿 我们 来 做 家 人 咱 要 换 地方 住 这 时 又

si˥ pa:i˥ ʔa˩ te˧ ȶa˧, ju˧ me˩ la:k˧˨˧ nan˥ ken˥ ja:n˩ məi˥˧. ju˧ təu˥˧ nan˥ ken˥
再 去 下面 那 又 有 小 个 间 房 新 又 留 个 间

ja:n˩ məi˥˧ ȶa˧ sa:i˥ ȶu˥ la:ŋ˩ ja˩ ke˧˥ səm˩ moi˧ ȵa:u˧. ȶa˥˧ sa:i˥ ja˩
房 新 那 给 珠 郎 俩 他 覃 妹 住 那 给 俩

ke˧˥ ȵa:u˧ ȵa:u˧˨˧·le˧.
他 住 住

ȵa:u˧ li˧ ʔi˧ pu˧·le˧, ȵan˩ ȵi˧ ɕu˧ ȵam˥˧ ȶa˥˧ ɕu˧, ȵən˩ ta:u˥
住 得 一 段 银 宜 晚 那 就 人 咱们

ɕu˧ lja:ŋ˩ səm˥ pa:ŋ˧˥·lo˧˨˧, ɕən˧ na:i˧ pa:i˥ nu˧˥? ɕu˧ pa:i˥ me˩
就 良 心 高 这 时 去 哪儿 就 去 有

si˥˧ ŋo˧˨˧ lji˧˨˧ kʻun˧˥, ɕu˧ pa:i˥ təm˥ koŋ˥ wen˧·lo˩." ʔa˩ koŋ˥ wen˧·e˧˥!
四 五 里 路 就 去 见 公 万 公 万

ja:u˩ ka:ŋ˧ ȵa˩ tʻiŋ˧˥·o˧˨˧, ja:u˩ ma˧˥ na:i˧ tʻa:m˦ ȵa˩ ȵən˩ la:u˧˨˧, ȵa˩
我 讲 你 听 我 来 这 走 你 人 老 你

kəm˧˨˧ na:i˧ kʻa:ŋ˧˥ kʻa:ŋ˧˥ təu˧˨˧ təu˧˨˧ ȶa˧." ma:u˧ po˥˧: "ja:u˩ ko˥ so˧ me˩ ȵak˥
个 这 调 皮 他 说 我 固 所 有 点

sin˩ sa:i˥ ȵa˩, me˩ ȵak˥ lji˧˨˧ ɕən˥ sa:i˥ ȵa˩." "me˩ lji˧˨˧ ɕən˥ ma:ŋ˩·a˧˥?"
钱 给 你 有 点 礼 性 给 你 有 礼 性 什么

me˩ lji˧˨˧ ɕən˥ ma:ŋ˩?" ma:u˧ po˥˧: "ɕi˩ na:i˧ pəi˧˨˧ səm˩ moi˧ ȶa˧." ma:u˧
有 礼 性 什么 他 说 这 时 女子 覃 妹 那 他

po˥˧: "ȵa:u˧˨˧ ja:n˩ ta:u˥ ȶa˧ ȵa:u˧, la:i˥ ȶiŋ˥ la:i˥ pəi˧˨˧." ma:u˧ po˥˧: "ja:u˩
说 在 家 咱 那 住 多 么 好 姑娘 他 说 我

mei˧˥ ȶeŋ˧˨˧ ɕa:ŋ˥˧ pəi˧˨˧ ȶa˧ we˧˨˧ ma:i˧˨˧. nəŋ˧˨˧ pjiu˥ ȵak˥ sin˩ sa:i˥ ȵa˩,
有一 点 想 女子 那 作 妻 就 出 点 钱 给 你

koŋ˥ wen˧, sa:i˥ ȵa˩·lo˧. ȵa˩ nu˥˧ ma:ŋ˩ nəŋ˧˨˧ sa˧ kəm˧˨˧ ȶu˥ la:ŋ˩ ȶa˧
公 万 给 你 你 看 怎样 就 杀 个 珠 郎 那

la:i˥ kwa:i˧˥?" ma:u˧ po˥˧: "ȶa˧ pe˧˥ kwa:i˩ la:i˥·e˧˨˧!" ma:u˧ po˥˧, koŋ˥ wen˧
好 不 他 说 那 为何 不 好 他 说 公 万

po˥˧: "ȶa˧ ȵa˩ sa:i˥ nu˧˥ ȶuŋ˩ sin˩·ʔa˩? ȶa:i˧˨˧ ȵan˩ ȵi˧, la:k˧˨˧ kwa:n˧˥·a˧˥."
说 那 你 给 多 么 钱 兄 银 宜 孙 儿

ma:u˧ po˥˧: "ja:u˩ sa:i˥ nu˧˥ ȶuŋ˩ sin˩·e˧˨˧ ja:u˩ sa:i˥ ŋo˧˨˧ ɕəp˩ lja:ŋ˧˨˧ ȵan˩
他 说 我 给 多 少 钱 我 给 五 十 两 银

sa:i˥ ȵa˩·we˧˨˧." sa:i˥ ŋo˧˨˧ ɕəp˩ lja:ŋ˧˨˧ ȵan˩ ɕu˧ sa:i˥ koŋ˥ wen˧·le˩. koŋ˧
给 你 给 五 十 两 银 就 给 公 万 公

wen˧ ɕən˧ na:i˧ ȶa:n˥ naŋ˥ sin˩ ȶa˧ ju˧ pa:i˥ ka:u˨˩, jin˨˩ pa:i˥. “a˧˥!
万 这 时 吃 个 钱 那 又 去 里 收 去

ɕi˧ na:i˧ ke˧˥ sən˥ nok˦ ma˧˥ keu˧˥ ɗa:u˥. ɗa:u˥·le˧ jiu˥˧ pa:i˥ ʔa˩ loŋ˥
如 今 别人 挪 村 来 打 咱 咱 要 去 深山

ȶən˩ ɗa:ŋ˩ la:n˧ pa:i˥·a˨˩. pa:i˥ ȶa˥˧ pa:i˥ we˨˩ kʻwa:n˦. we˨˩ kʻwa:n˦·lo˧
岑 塘 兰 去 去 那 去 做 款 做 款

pa:i˥ pʻa˧˥ sən˥ nok˦. jiu˥˧ ɕek˦ pa:i˥·lo˧.” ma˧˥ ju˧ ɕən˧ na:i˧ ma˧˥ ju˧
去 破坏 村 挪 要 全 去 来 又 这 时 来 又

hem˨˩: “ɕek˦ pa:i˥·lo˧!” ɕən˧ na:i˧ ɕek˦ pa:i˥. jət˧˥ ȶa˥˧ li˧ pəi˨˩ səm˩
喊 全 去 这 时 全 去 早 那 有 女子 覃

moi˧ pa:i˥ ɬa:u˧ kəu˨˩ ɕi˧ kwa:i˩ ɕok˨˩, ɗuŋ˥ kəu˨˩ kwa:i˩ ɕok˨˩·le˧.
妹 去 做 饭 没 熟 煮 饭 不 熟

“ȵa˩ ȶai˨˩ ȶiu˥ ȶu˥ la:ŋ˩! ȵa˩ ka:i˧ joŋ˦ pa:i˥, ke˧ pa:i˥ pa:i˥ ȵak˥. ja:u˩
你 哥 我 珠 郎 你 不 用 去 别人 去 去 点 我

jət˧˥ na:i˧ po˧ we˨˩ kəu˨˩·le˧ ja˧ kwa:i˩ ɕok˨˩. ȵa˩ nu˧˥ ha:ŋ˩ pa:i˥ li˧?”
早 这 做 饭 也 没 煮 你 怎 么 去 得

ma:u˧ po˥˧: “ȵa˩ ȵa˩ kəi˧ joŋ˦ pa:i˥.” “ji˧˥! ɗa:u˥ ma˧˥ ti˧ wa:ŋ˧˥ ke˧˥ ȵa:u˧,
她 说 你 你 不 用 去 咱们 来 地 方 别人 住

ke˧˥ ȶiu˥˧ ɗa:u˥ pa:i˥, ɗa:u˥ nu˧˥ ha:ŋ˩ kwa:i˩ pa:i˥ li˧? ɗa:u˥ ȵən˧ jiu˥˧
别人 调 咱们 去 咱们 怎 么 不 去 得 咱 也 要

pa:i˥. kon˧ ma:u˧ kwa:i˩ ɕok˨˩, na:i˧ wa:n˩ si˥ ɗuŋ˥.” ma:u˧ po˥˧. ɕən˧
去 管 它 不 熟 耐 烦 再 煮 他 说 这

na:i˧ ju˧ si˥ ɗuŋ˥ ʔi˥ ku˩, si˥ ɗuŋ˥ ʔi˥ ku˩ ja˧ kwa:i˩ ɕok˨˩. na:i˧ ja˩
时 又 再 煮 一 鼎罐 再 煮 一 鼎罐 也 不 熟 这 两

ku˩ ɗu˥ kwa:i˩ ɕok˨˩, ma:u˧ ja˧ nəŋ˨˩ ji˩ ȶən˥ jiu˥˧ pa:i˥. ʔa:u˥ naŋ˥
鼎罐 都 不 熟 他 也 就 一 定 要 去 拿 个

nu˧˥ ɕok˨˩ ɕu˧ ʔa:u˥ naŋ˥ ȶa˧ ȶuŋ˥, ɕu˧ nəŋ˨˩ pa:i˥.
哪 熟 就 拿 个 那 装 就 马上 去

pa:i˥ pa:i˥ li˧ koŋ˥ wen˧ po˥˧: “ɕən˧ na:i˧ tʻəu˥˧ na:i˧ ma˧˥·a˧˥, ɗa:u˥·le˧
去 走 有 公 万 说 现 在 到 这 来 咱们

ɬa˦ ʔi˥ ɗu˩ kʻu˥˧, ɕu˧ ʔa:u˥ ɗa˩ na:n˨˩, ʔa:u˥ to˧ ʔa˩ ȶa:u˧ ɕa:ŋ˥ ȶa˧.”
杀 一 只 猪 就 拿 块 肉 拿 放 头 枪 那

ma:u˧ po˥˧: “ɗa:u˥ ɕu˧ pa:i˥ pʻa˥˧ sən˥ nok˦. ɕu˧ muŋ˨˩ muŋ˨˩ ɗu˥ jiu˥˧
他 说 咱 就 去 破 挪 村 就 个 个 都 要

ȶa:n˥ na:n˨˩ ȶa:u˧ ɕa:ŋ˥. tʻəu˥˧ na:i˧ ma˧˥ ɕu˧ kwa:n˥ naŋ˥ ɗon˩ ȶe˩·lo˩.”
吃 肉 头 枪 到 这 来 就 叫 个 团 结

na:i˧ ɕu˧ ʔa:u˥ kəm˨˩ ɗa˩ na:n˨˩ na:u˥·lo˧, ʔa:u˥ to˧ la:u˧·lo˧ ȶa:u˧ ɕa:ŋ˥ ·lo˩.
这 就 拿 个 块 肉 瘦 拿 安 上 尖 枪

muŋ˨˩ na:i˧ ja˧ ʔa:u˥ ʔəp˥ pa:i˥ ŋa:u˥˧, muŋ˨˩ ȶa˥˧ ja˧ ʔa:u˥ ʔəp˥ pa:i˥
个 这 也 拿 嘴 去 咬 个 那 也 拿 嘴 去

ŋa:u˥˧. ŋa:u˥˧ ŋa:u˥˧ ɕən˧ na:i˧·a˧ tʻəu˥˧·ʔa˩ ʔəp˥·ʔa˩ ȶu˥ la:ŋ˩ pa:i˥,
咬 咬 咬 这 时 到 嘴 珠 郎 去

ɬa:i˥ koŋ˥ wen˧ ɗa:i˩ ʔəp˥ ȶa˧ nəŋ˨˩ pep˧ ʔi˥ ɕa:ŋ˥, nəŋ˨˩ ȶəi˥ ȶu˥ la:ŋ˩.
让 公 万 将 嘴 那 就 戳 一 枪 就 死 珠 郎

ɕən˧ na:i˧ ma:u˧ ho˧ ȶa˧ nəŋ˨˩ ma˧˥.
时 这 他 伙 那 就 来

li˧ pəi˧˩ səm˩ moi˧ ta˧ ja˧ nəŋ˧˩ ȵa:u˧ ja:n˩ ʔa˩ ȵan˩ȵi˧ ta˧ ȵa:u˧。
有 女子 覃 妹 那 也 就 在 家 银 宜 那 住

ȵa:u˧……ȵa:u˧ ȶʻəu˥˧ kəi˧˥ ȵin˩, li˧ pəi˧˩ ŋa:i˥ ja˩ ke˧˥ pəi˧˩ ȵi˧: "ʔa˩
住 住 到 开 年 有 培 爱 俩 他 培 宜 阿

ku˥•e˥! na:i˧ kəi˧˥ ȵin˩ ȶʻəu˥˧ ȵi˧ ɕa:m˥ ŋwet˧˩ təŋ˥ ljeu˧˩, po˥˧ ʔa˩ ȶən˩
姑 这 开 年 到 二 三 月 来 了 说 山

ȶa˧ me˩ kʻiu˧ la:u˧˩ ho˧•le˧˩。 ta:u˥ pa:i˥ tan˥ kʻiu˧•a˧˥?" "pa:i˥ pa:i˥ tan˥
那 有 蕨菜 老 火 咱们 去 摘 蕨菜 去 去 摘

kʻiu˧, pa:i˥ tan˥ kʻiu˧•ma˧˩!" ɕu˧ ȶam˥ ma:u˧ pa:i˥ tan˥ kʻiu˧, pa:i˥ tan˥
蕨菜 去 摘 蕨菜 就 邀 她 去 摘 蕨菜 去 摘

kʻiu˧ pa:i˥ ȶʻəu˥˧ ȶən˩ ȶa˧ pa:i˥。 "ʔi˧˥! ȶiu˥ kʻut˧˥ ta˧ ma:ŋ˥˧ ȶən˩ ȶa˥˧•o˥˧!
蕨菜 去 到 山 那 去 呀 我们 懒 过 边 山 那

ta˧ ȶən˩ ta:ŋ˩ la:n˧ ȶa˧, ȶən˩ ȶa˥˧•ʔa˧˥, ke˧˥ po˥˧ ta˧ kun˥˧•a˧ ʔa˩ ȶa˧ ɕa˧
过 岑 塘 兰 那 山 那 别人 说 从 前 那 里 杀

ȵən˩•a˧, ʔa˩ ȶu˥ la:ŋ˩ ȵa:u˧˩ ȶa˧ təi˥•le˧˩。 "ho˥˧, ȶu˥ la:ŋ˩ ȵa:u˧˩ ha:ŋ˥
人 珠 郎 在 那 死 啊 珠 郎 在 方

ȶa˧ təi˥•ʔa˥˧? ȵa:u˧˩ ljon˧˩ nu˧˥? pəi˧˩ ŋa:i˥•ʔa˧˥?" "ȵa:u˧ ljon˧˩ ȶa˥˧•o˥˧,ne˧˩。"
那 死 在 山谷 哪 培 爱 在 山谷 那

"ma˧˥ ma˧˥, ja:u˩ təu˥˧ təi˧ kʻiu˧ sa:i˥ ja˩ ɕa:u˥ ȶi˥ na:i˧, ɕa:i˥ ja:u˩
来 来 我 放 口袋 蕨菜 给 俩 你们 这 里 让 我

ta˧ pa:i˥ nu˥˧ nu˥˧。" ɕa:i˥ ma:u˧ təu˥˧ təi˧ kʻiu˧ ȶi˥ ȶa˧, ju˧ ȶʻa:u˧ kəm˧˩
过 去 看 看 让 她 留 口袋 蕨菜 那 里 又 换 个

kʻiu˧ ȶa˧, ju˧ ʔun˥ kəm˧˩ təi˧ mi˧ ȶa˧ pa˩ ta˧ pa:i˥。 pa:i˥ nəŋ˩ nəŋ˩ le˧
蕨菜 那 又 扛 个 口袋 空 那 爬过 去 去 看 看

nəŋ˩ məi˧˥ kəm˧˩ poŋ˧ la:k˧ ȶa:i˧˩ ke˧˥ ȶu˥ la:ŋ˩ ʔa˩ ȶa˧•le˧˩。ma:u˧ po˥˧:
真 有一 个 堆 骨头 哥 她 珠 郎 那 里 她 说

"ȶiŋ˥˧ ȶən˥ ȵa˩•o˧, nu˥˧ ȶiŋ˥˧ ȶən˥ la:k˧ ȶa:i˧˩ ȶju˥, ja:u˩ ja:u˩ kit˧˩ nan˥ ȶa:u˧
是 真 你 如 是 真 骨头 兄 我 我 咬 个 头

la:k˧˩ təŋ˥, pʻat˧˥ la:u˧ ȶa˧ pa:i˥•po˧! " nəŋ˩ ȶa:n˥ nan˥ pʻat˧˥ ma:u˧ ȶa˧。
手 指 血 进 那 去 真 吃 个 血 她 那

ɕən˧ na:i˧ ȶiŋ˥˧ ʔam˥˧ kəm˧˩ təi˧ la:k˧ ȶa˧ ha˧ ȶiŋ˥ ʔam˥˧ la:k˧ ȶu˥ la:ŋ˩。
这 时 才 背 个 口袋 骨头 那 才 是 背 骨头 珠 郎

ʔam˥˧ ȶon˥˧ ma˧˥, ʔam˥˧ ȶon˥˧ ma˧˥ ȶʻəu˥˧ sən˥ ljoŋ˩ tu˩ kwa:n˥˧ toŋ˧。
背 转 来 背 转 来 到 村 龙 图 贯 洞

ɕən˥ ljoŋ˩ tu˩ kwa:n˥˧ toŋ˧ me˩ nan˥ ku˧ ləu˩ ȶa˧ ɕi˥˧ ȵi˧ ȶin˥˧, ɕəp˩
村 龙 图 贯 洞 有 个 鼓 楼 那 十 二 层 十

ȵi˧ ȶin˥˧。 ȵa:u˧˩ ʔu˥ ku˧ ləu˩ ȶa˧ me˩ nan˥ ȶuŋ˥ la:u˧˩。 kwa:i˩ wən˧˩
二 层 在 上 鼓 楼 那 有 个 鼓 大 不 乱

ma:ŋ˩•le˧˩, jiu˥˧ me˩ sɿ˥ ɕən˩ ma:k˧ ha˧ ȶiŋ˥ pa:i˥ keu˧˥ nan˥ ȶuŋ˥ ȶa˧•le˧˩。
什么 要 有 事 情 大 才 是 去 打 个 鼓 那

ɕən˧ na:i˧ sa:i˥ pəi˧˩ səm˩ moi˧ ȶeu˧ ȶʻa˥˧ pa:i˥, ta:i˩ nan˥ ȶuŋ˥ ȶa˧
这 时 让 女子 覃 妹 攀 上 去 将 个 鼓 那

ji˧˥ ləi˩•a˧, təŋ˧˩ nan˥ ti˧ wa:ŋ˧˥ ȶa˧ təŋ˥ ljeu˧˩, ȶa:ŋ˩ ho˧ ȶa˧! "hi˥˧!
一 擂 整 个 地 方 那 来 了 场 面 那

me˩ nan˥ sɿ˥ ɕən˩ ma:ŋ˩ na:i˥˧ ma:k˧•ʔa˧˥? ma˧˥ na:i˧ keu˧˥ nan˥ ȶuŋ˥
有 个 事 情 什么 那 大 来 这 敲 个 鼓

na:i˧!” ma:u˧ po˧˥: “ʔu˦, ȵa˩ pəi˧˩ səm˩ moi˧!” li˧ koŋ˥ wen˧ ke˦ la:k˧˩
这 他 说 你 女子 覃 妹 有 公 万 他们 那

man˧˥ ɬa˧ tʻəu˧˥ təŋ˥: “ȵa˩ ma˦ na:i˧ keu˦ nan˥ ɬuŋ˥ na:i˧ ma:ŋ˩ ŋ˧˥!”
些 到 来 你 来 这 敲 个 鼓 这 什么

“keu˦ nan˥ ɬuŋ˥ ma:ŋ˩! ja:u˩ man˥ na:i˧ jən˦ pəi˧˩ ŋa:i˥ ja˩ ke˦ pəi˧˩
敲 个 鼓 什么 我 今 天 和 培 爱 俩 她 培

ȵi˧ ja˩ ke˦ pa:i˥ tan˥ kʻiu˧, tan˥ kʻiu˧ · po˧ pa:i˥ ɬa˧, li˧ ke˦ po˧˥ ʔa˩
宜 俩 她 去 摘 蕨菜 摘 蕨菜 去 那 有 人家 说 那

ɬa˧ li˧ la:k˧ ɬa:i˧˩ ɬiu˥, ja:u˩ pa:i˥ ɬa˧ jəu˦, jəu˦ li˧ la:k˧ ɬa:i˧˩
里 有 骨头 哥 我 我 去 那 找 找 得 骨头 哥

ɬiu˥ ɬu˥ la:ŋ˩。 muŋ˧˩ nu˦ · le˧ toŋ˩ ja:u˩ pa:i˥ sa:ŋ˧˥ ɬa:i˧˩ ɬiu˥ ɬu˥
我 珠 郎 个 谁 同 我 去 埋葬 哥 我 珠

la:ŋ˩·le˧, ja:u˩ nəŋ˧˩ tok˧˩ tʻən˩ pəi˦ ma:u˧, nəŋ˧˩ we˧˩ ma:i˧˩ sa:i˥
郎 我 就 独 成 配 他 就 做 妻 给

ma:u˧·po˧, nəŋ˥ me˩ li˧˩ ma:ŋ˩ ka:ŋ˧?” sa:i˥ ʔa˩ koŋ˥ wen˧ po˧˥: “nəŋ˥
他 还 有 话 什么 讲 让 公 万 说 还

tʻəu˧˥ na:u˩ ʔo˦? ȵa˩ ȵa:u˧ ja:n˩ ȵan˩ ȵi˧ na:u˧, ȵa˩ nəŋ pən˧˧˩ nəŋ˧˩
到 谁 你 在 家 银 宜 住 你 就 只 就

tok˧˩ we˧˩ pa:i˥ ɬən˩ pəi˦ ʔa˩ ȵan˩ ȵi˧ pa:i˥ ɕu˧ la:i˥ · o˧˩。 noŋ˧˩ · o˩,
独 做 去 成 配 银 宜 去 就 好 妹

ȵa˩ pi˧˩ pa:i˥ ɬəm˩ nu˦ lja:i˥ · o˩。 ɬi˥ na:i˧ kəu˧˩ ɕi˧ tok˧˩ ɬa:n˥, sin˩
你 别 去 地方 哪 远 这 里 饭 是 独 吃 钱

tok˧˩ joŋ˧, ɬən˧˩ ȵa˩ ɬa:n˥, ɬən˧˩ ȵa˩ joŋ˧, nəŋ˥ kwa:i˩ la:i˥·e˦? ne˧˩。”
独 用 随 你 吃 随 你 用 还 不 好

na:i˧ ke˦ ɬi˥ ɬa˧ ja˧ nəŋ˧˩ ɕek˧ ji˦ məŋ˧˩, kəm˧˩ təu˧˩ ji˦ məŋ˧˩ po˧˥:
这 别人 那 里 也 就 全 一 高兴 个 大伙 一 高兴 说

“ʔa˩ ȵan˩ ȵi˧ ·a˧, ȵa˩ · a˧ sa:i˥ ke˦ ma˦ ʔi˥ na:i˧ ɬuŋ˩ ȵən˩, man˥
银 宜 你 让 别人 来 这 里 多 人 今

na:i˧ nəŋ˧˩ ɬin˧ ɬa:n˥ kʻwa:u˧ ma:i˧˩ ȵa˩。 ȵa˩ man˥ na:i˧ ȵa˩ ȵa˩
天 就 好比 吃 喜 酒 你 你 今 这 你 你

ȵan˩ ȵi˧, ȵa˩ ʔa:u˥ ʔi˥ ta:m˧˥ kʻwa:u˧, sa˧ ʔi˥ ta:m˧˥ kʻu˧˥ sa:i˥ ke˦
银 宜 你 拿 一 百斤 酒 杀 一 百斤 猪 让 别人

ʔi˥ təu˧˩ la:k˧˩ ȵi˧˩ ɬa˧ ɕek˧ li˧ ɬa:n˥。 sa:i˥ ȵa˩·ʔa˧ li˧ ka:m˥ li˧ ma:i˧˩ məi˧˥
一 伙 青 年 那 全 得 吃 让 你 得 羡慕 得 媳妇 新

ȵak˥。” ɕən˧ na:i˧ ɬi˥ ɬa˧˥ ȵan˩ ȵi˧ ja˧ nəŋ˧˩ sa:i˥ ho˧ ɬa˧ hem˧˩,
点 这 时 那 里 银 宜 也 就 让 伙 那 喊

sa:i˥ ȵan˩ ȵi˧ ja˧ nəŋ˧˩ li˧ ma:i˧˩ məi˧˥。 li˧ ma:i˧˩ məi˧˥ ljeu˧˩ ·le˧,
让 银 宜 也 就 得 媳妇 新 得 媳妇 新 了

ɕən˧ na:i˧ man˥ lən˩, ɬam˥ ȵan˩ ȵi˧: “pa:i˥·ʔa˧˩, ȵan˩ ȵi˧·ʔa˧˩! man˥ na:i˧
这 时 第二 天 邀 银 宜 去 银 宜 今 天

ja:u˩ tʻa˧˥ ku˧ ləu˩ pa:i˥ keu˦ ɬuŋ˥ · le˧, ja:u˩ · le˧ man˥ na:i˧ po˧˥ jiu˧˥
我 上 鼓 楼 去 敲 鼓 我 今 天 说 要

sa:ŋ˧˥ la:k˧ ɬa:i˧˩ ɬiu˥ ɬu˥ la:ŋ˩。 ɕən˧ na:i˧, lən˥ ja˩ ta:u˥ pa:i˥ sa:ŋ˧˥。”
埋 骨头 哥 我 珠 郎 现 在 只 俩 咱 去埋

ɕən˧ na:i˧ ja˩ ke˦ ju˧ ɬən˩ ta˧ ɬən˩, ɬi˧ ta˧ ɬi˧ pa:i˥ ·le˧˩, ʔam˧˥
这 时 俩 他 又 山 过 山 岭 过 岭 去 背

la:k˧ ȶu˥ la:ŋ˩ pa:i˥. "ȶi˥ na:i˧ ʔa˧˥? sa:ŋ˧˨˧ li˧, səm˩ moi˧ ʔa˧˥?" "ʔi˧˨˧

骨头 珠 郎 去 这 里 埋 得 覃 妹 咦

ȶi˥ na:i˧ təu˧ ləm˩·ʔo˧˩." ma:u˧ po˧˨˧. "ȶi˥ na:i˧ kwa:i˩ la:i˥. nu˧˨˧ kəm˧˩

这 里 当 风 她 说 这 里 不 好 若 个

na:i˧ ləm˩ kəm˧˩ na:i˧ li˧ ti˧ təŋ˥ ɕi˧, ȶi˥ na:i˧ li˧ ləm˩ ʔu˥ ləm˩

这 风 个 这 得 地 来 这 里 有 风 上 风

te˧," ma:u˧ po˧˨˧. "nu˧˨˧ ta˧ lən˩ ja˩ ta:u˥ me˩ la:k˧˩ ma˧˥ ·le˧, ɕət˥

下 她 说 如 以 后 俩 咱 有 小孩 来 生

la:k˧˩ ȵən˩ ʔe˧." ma:u˧ po˧˨˧. "ȶi˥ na:i˧ ·le˧˥, ȶi˥ na:i˧ sa:ŋ˧˨˧ "li˧, ·ʔa˩

小孩 人 笨 她 说 这 里 这 里 埋 得

səm˩ moi˧ ·po˧˩?" "ȶi˥ na:i˧ ·ʔa˧, ləm˩ pa:i˥ ləm˩ ma˧˥," ma:u˧ po˧˨˧.

覃 妹 这 里 风 去 风 来 她 说

"ɕət˥ la:k˧˩ ȶa˧ pa˥ lja˧˩!" "ȶi˥ na:i˧ ·ʔa˧˥, sa:ŋ˧˨˧ ·ʔa˧˥?" "ȶi˥ na:i˧ ȵən˧

生 小孩 那 腿 跛 这 里 埋 这 里 也

kwa:i˩ la:i˥ ·lo˧," ma:u˧ po˧˨˧. "ȵən˧ təu˧ ləm˩ ·lo˧" ma:u˧ po˧˨˧. səm˩

不 好 她 说 也 当 风 她 说 覃

moi˧ po˧˨˧: "ləm˩ lja:i˥ ləm˩ lja:i˥ ləm˩ ȶan˧˩." ma:u˧ po˧˨˧: "ȶi˥ na:i˧ ·a˧

妹 说 风 远 风 远 风 近 她 说 这 里

nu˧˨˧ ta˧ lən˩ li˧ ti˧ təŋ˥ nəŋ˧˩ sa:i˥ ke˧˥ ɕan˧˩." ma:u˧ po˧˨˧: "ȶa˧˨˧ ɕu˧

若 以 后 得 地 来 就 让 别人 讨厌 他 说 那 就

ʔeŋ˧˨˧ pa:i˧˨˧ ·lo˩." ɕi˩ na:i˧ ji˥ pəi˧˩ ȶa˧ men˧ pa:i˥. ɕən˧ na:i˧ pa:i˥

再 去 这 时 依 女子 那 再 去 这 时 去

t'əu˧˨˧ ȶi˥ ȶa˧˨˧, poi˧ ȵən˩ təŋ˥ ljeu˧˩. "ȶi˥ na:i˧ la˧˩, ʔa˩ ȵan˩ ȵi˧

到 那 里 背 人 到 了 这 里 银 宜

·la˧˩!" sa:i˥ ȵan˩ ȵi˧ ɕu˧ ɕən˧ na:i˧ ɕu˧ lja:p˧ ɕu˩ ɕu˧ pa:i˥ ləu˥ ·le˧˩

让 银 宜 就 这 时 就 抓 锄头 就 去 挖

ləu˥ ləu˥ …… ləu˥ kəm˧˩ ȶəm˩ ȶa˧, nu˧˥ jam˥ ·le˧˩. ləu˥ lui˧ pa:i˥

挖 挖 挖 个 洞 那 多么 深 挖 下 去

si˧˨˧ ŋo˧˩ ɕik˧ jam˥ ·le˧˩. "ʔi˥ na:i˧ la:i˥ kwa:i˧?" ma:u˧ po˧˨˧ "ʔi˥ na:i˧

四 五 尺 深 这 样 好 不 他 说 这 样

jam˥ ȵa˩ nəŋ˥ ka:i˧ kəu˧˨˧!" ma:u˧ po˧˨˧: "jun˧ tu˥ jiu˧˨˧ ləu˥ t'əu˧˨˧

深 你 还 不 够 她 说 少 都 要 挖 到

ljok˩ t'ət˧˥ ɕik˧ jam˥." na:i˧ ləu˥ ləu˥ li˧ ljok˩ t'ət˧˥ ɕik˧ jam˥ ·le˧.

六 七 尺 深 这 挖 挖 得 六 七 尺 深

ma:u˧ po˧˨˧: "ȵan˩ ȵi˧ ·e˧˩!" ma:u˧ po˧˨˧: "ȵa˩ ʔa:u˥ ȶa:ŋ˧˨˧ mja˧˩ ȵa˩ ʔu˥

她 说 银 宜 她 说 你 拿 把 刀 你 上

la:i˩ ȶa˧ ma˧˥ sa:i˥ ja:u˩." ma:u˧ po˧˨˧: "sa:i˥ ja:u˩ pa:i˥ tat˥ ȶiu˩ məi˧˩

背 那 来 给 我 她 说 让 我 去 砍 根 柴

·lo˩, we˧˩ ȶa:ŋ˥ mja˧˩ kəu˥ ·na:i˧ ·lo˧. ɕən˧ na:i˧ kəm˧˩ na:i˧ təi˥

做 把 刀 钩 这 时 个 这 死

ja˧˩," ma:u˧ po˧˨˧: "jiu˧˨˧ lja:ŋ˧ ȶəm˩." ɕən˧ na:i˧ ȵan˩ ȵi˩ sa:i˥ ȶa:ŋ˥

冈 她 说 要 晃 洞 这 时 银 宜 拿 把

mja˧˩ sa:i˥ ma:u˧. ma:u˧ pa:i˥ ʔu˥ ȶəm˩ ȶa˧ lja:ŋ˧ ȶəm˩, lja:ŋ˧ ja:t˧

刀 给 她 她 去 上 洞 那 晃 洞 晃 动

lja:ŋ˧ ja:t˧ ȶa:ŋ˧˨˧ mja˧˩ ȶa˧. ɕən˧ na:i˧ ȵan˩ ȵi˧ ȶam˧ ʔa˩ ȶa˧ ləu˥

晃 动 把 刀 那 这 时 银 宜 弯腰 那 里 挖

ȶəm˩ pa:i˥ ljeu˧˩, sa:i˥ ma:u˧ ləu˥ nəŋ˧˩ ta˧ ʔa˩ ʔu˥ na:i˧ nəŋ˧˩ ma:k˧
洞 去 了 让 她 挖 就 从 上 这 就 劈

ʔi˥ mja˧˩ lui˧ pa:i˥ ·le˧˩. “ȶeu˧˩ nəi˧˩ ȵa˩ nan˥ ȵa:i˧˥ ȶa˧. ȵa˩ man˥
一 刀 下 去 日 母亲 你 个 屄 那 你 天

ȶa˧ pjiu˥ sin˩ ʂa:i˥ koŋ˧ wen˧ ʂa˧ ȶa:i˧˩ ȶiu˥ ȶu˥ la:ŋ˩, ɕən˧ na:i˧
那 出 钱 给 公 万 杀 哥 我 珠 郎 现 在

sa:i˥ ja:u˩ ʂa˧ ȵa˩ ȵak˥.” sa:i˥ pəi˧˩ ȶa˧ nəŋ˧˩ lət˧˥ ȵan˩ ȵi˧ mjiŋ˩
让 我 杀 你 点 让 女子 那 就 砍 银 宜 儿

mja˧˩. ma:u˧ ja˧ nəŋ˧˩ ʔəm˥˧ kəm˧˩ ȵan˩ ȵi˧ ȶəu˥˧ ʔa˩ ȶəm˩ ȶa˧. ma:u˧
刀 她 也 就 盖 个 银 宜 放 洞 那 她

ja˧ nəŋ˧˩ ʔam˥˧ kəm˧˩ la:k˧ ȶu˥ la:ŋ˩ ȶa˧ nəŋ˧˩ pit˧.
也 就 背 个 骨头 珠 郎 那 就 跑

nəŋ˧˩ pit˧ …… pit˧ la:u˧ kəm˧˩ loŋ˥ ȶa˥˧ pa:i˥. ȶʻəu˥˧ ʔa˩ ȶa˥˧ me˩
就 跑 跑 进 个 深山 那 去 到 那 里 有

ȵən˩. ke˧˥ po˥˧: “ȵa˩ pa:i˥ pi˧˩ la:u˧ loŋ˥ ȶa˥˧ ·le˧. loŋ˥ ȶa˥˧ me˩
人 别人 说 你 去 别 进 深山 那 深山 那 有

muŋ˧˩ me˩ mjəu˩ ȵa:u˧ ȶa˧ ȵa:u˧ ·le˧.” ma:u˧ jo˧˩ kəm˧˩ ʂa:u˧˩ ka:u˥˧
个 有 麻疯 在 那 住 她 知道 个 丈夫 旧

ma:u˧ ȶa˧ ȵa:u˧˩, sa:i˥ ma:u˧ ja˧ pa˩ la:u˧ loŋ˥ ȶa˧ pa:i˥. ɕən˧ na:i˧
他 那 住 让 她 也 爬 进 深山 那 去 这 时

ʔa˩ na:i˧ təi˥ ȵan˩ ȵi˧ ljeu˧˩, ke˧˥ nəŋ˧˩ ja:u˧ la:u˧ ȶa˧ pa:i˥ jəu˧˥ ·lo˧˩.
这 里 死 银 宜 了 别人 就 怕 进 那 去 找

ma:u˧ ɕən˧ na:i˧ ȶiŋ˥˧ tok˧˩ ʔa˩ loŋ˥ ȶa˧ ȵa:u˧. ȵa:u˧ pa:i˥ ȵa:u˧ ȶəŋ˥
她 这 时 是 独 深山 那 住 住 去 住 来

ȵa:u˧ li˧ mjiŋ˩ ȵin˩ ·le˧. ɕən˧ na:i˧ li˧ ʔa˩ loŋ˥ ȶa˥˧ me˩ ʔi˥ tu˩
住 得 几 年 这 时 在 山 那 有 一 条

sui˩ məi˧˩ ta:k˧ “pa:k˧! pa:k˧! pa:k˧!” ʔi˧˥, po˥˧ pən˧ tu˩ sui˩ na:i˧ ·a˧˥,
蛇 树 梭子 啪 啪 啪 说 只 条 蛇 这

ɕa:u˥˧ ha:ŋ˩ pjiŋ˧ ma˩ hoŋ˧ na:i˧ la:i˥ la:u˧˩ ho˧ ·le˧ kəm˧˩ pəi˧˩ na:i˧
治 种 病 麻 疯 这 好 老 火 个 女子 这

ʂa:u˧˩ ka:u˥˧ ma:u˧ ȶa˥˧ me˩ mjəu˩. ʂa:i˥ ma:u˧ pa:i˥ ʂap˥ li˧ tu˩ sui˩
丈夫 旧 她 那 有 麻疯 让 她 去 捉 得 条 蛇

ȶa˧ ma˧˥ ʂa:i˥ ʔa˩ ʂa:u˧˩ ma:u˧ ȶa˧ ȶa:n˥ ·a˧. ma:u˧ ta˧ ȶi˥ ȶa˥˧ ma:u˧
那 来 给 丈夫 她 那 吃 她 从 那 次 她

ja˧ ȶa:n˥ tu˩ sui˩ ȶa˧. ja˩ ke˧˥ ɕek˧ ȶoŋ˩ ȶa:n˥. ta˧ ȶi˥ ȶa˧ ȶʻot˧
也 吃 条 蛇 那 俩 他 全 同 吃 从 那 次 脱

pjiŋ˧ sin˥ sek˧, ja˩ nəŋ˧˩ ɕən˧ na:i˧ ȶiŋ˥˧ ȶon˥˧ ta:u˥ kwa:ŋ˧ si˥ ma˧˥,
病 干 净 也 就 这 时 才 转 咱们 广 西 来

nəŋ˧˩ ta:i˥˧ pjiŋ˩. ɕən˧ na:i˧ ma:u˧ sin˧ ʂa:u˧˩ ka:u˥˧ ma:u˧, ja˧ kʻun˧˥
就 太 平 这 时 她 叫 丈夫 旧 她 也 成

nan˥ ja:n˩ ȵən˩.
个 家 人

ha˥˧! ju˧ kəu˥˧ ·la˧˩. pən˧ ka:ŋ˧ li˧ na:i˧ ȶuŋ˩.
嘿 又 够 了 只 讲 得 这样 多

珠郎的故事

现在讲个侗族故事，讲个珠郎的故事给咱们听。珠郎和㛅妹他俩是咱广西的人，是广西这边的侗族。㛅妹那时原来的丈夫叫乔苗。乔苗后来有了病，有了麻疯病。她就跟珠郎私奔到六洞去，到龙图①、贯洞②去。到了龙图、贯洞，他俩就到山坳上去歇歇气。银宜他们一伙后生到这里来玩，看见㛅妹是个非常好看的姑娘，脸儿白白的。那时侗族还穿裙，那个屁股显得圆溜溜的。"你们俩伴当去哪儿?""哎!我们俩私奔，今天走到这个村子，没有地方住，随便去找个朋友家，也不知道朋友在哪儿呢!"银宜说:"这很好!"他说："咱们这些人现半路上相逢巧遇的，就拿咱家当旧交。你们俩就来咱家住吧。"这时，到哪里去，就到银宜的家里去住。

到了银宜家，珠郎就去给银宜做工，㛅妹就去给银宜舂米。住了一年零八个月了。后来㛅妹就说："这么样也不大方便，咱们在别人家里住，咱们要给咱们再找个房子。你(虽然)把我们当亲人，(但)咱们要换个地方住。"现在又去到那下边，还有一小间新房子。就让那间新房给珠郎㛅妹他俩住，他俩就在那里住下来。

过了一段时间，银宜有天晚上就……哎，咱们人是贪心的，那天晚上去哪儿呢?就走了四五里路，去见万公。"万公！我讲给你听，我来看看你老人家。你这个人有点调皮。"他说："我决定给你点钱，有点礼性给你。""有什么礼性?""有什么礼性？现在㛅妹在咱家住，是个好看的姑娘！我有意要那个女人作我的老婆。我就给点钱给你，万公！给你呀！你看如何把珠郎杀掉，好吗?"他说："那怎么不好哇!"万公说："那你给多少钱？银宜孙儿!"他说："我给多少钱，我给五十两银子给你。"就拿五十两银子给了万公，万公这时吃了那钱又到里面收下了。"啊！现在人家挪村来攻打咱们。咱们要到岑塘兰去啊。咱们去做款，做款去破挪村。大家都要去！"这样，大家都去了。那天早上，㛅妹姑娘去做饭呢还没熟，饭没煮熟。"我的阿哥珠郎！你不能去，让别人去吧。今早上我煮饭煮不熟，你怎么能去呢?"③她说："你不用去了。""咦!咱们到人家地方住，人家调咱们去，咱们怎么能不去呢？咱们也要去。管它熟不熟，耐烦一点，再煮吧。"他说。这样再煮一鼎罐，再煮一鼎罐还是不熟。这两鼎罐都不熟，但他还是一定要去，哪里熟就装哪里的饭带走，立刻就去了。

走着走着万公就说："现在咱们到这里来，杀了一头猪，拿块肉插在枪尖上。咱们现在去破挪村，人人都要吃枪尖肉。做到这样才叫个团结。"这就把一块瘦肉拿来插在枪尖上，这个也拿嘴去咬，那个也拿嘴去咬。咬呀咬的，现在轮到珠郎拿嘴去咬，被万公在嘴里戳了一枪，就杀死了珠郎。这样，大家就回家来了。

㛅妹姑娘还是在银宜家住。一住住到开年，培爱和培宜说："阿姑，新年二三月来了，人家说山上蕨菜多极了。咱们去摘蕨菜吧!""摘蕨菜去！摘蕨菜去!"就邀她去摘蕨菜。摘蕨菜摘到了那山上。"呀！我们别过山那边去，别到岑塘兰去。人家说以前那里杀过人，珠郎就死在那里。""啊！珠郎在哪里死的？在哪个山谷？培爱?""在那个山谷!""来来！我放这一

①② 地名，在贵州省从江县境内。

③ 侗族风俗，饭煮不熟叫煮夹生饭，是不祥之兆。

袋蕨菜在这里给你们，让我过去看看。”让她把蕨菜拿出来放在那里，拿了个空口袋就爬过去了。去看了又看，真的有她珠郎哥的一堆骨头在那里。她说：“如果真的是你，真的是我阿哥的骨头，我把手指咬破，就把我的血吸进去。”真的把她的血吸进去了。这时才把那口袋骨头，珠郎的骨头背回家来，背到龙图、贯洞来。

龙图、贯洞有一个鼓楼，有十二层，十二层呢。在那鼓楼上有个大鼓，不准乱来，要有大事情才能打那个鼓。现在，让覃妹姑娘爬上楼去，将那鼓一擂，整个地方的人全来了，那场面不得了！“有个什么事这么大？来这样的敲这个鼓！”他说：“啊，原来是覃妹这女人。”万公那伙人都来了：“你来敲个什么鼓？”“敲个什么鼓？今天我跟培爱和培宜她俩去摘蕨菜，摘蕨菜去呢，人家说那里有我阿哥的骨头，我去找，找到了我珠郎哥的骨头。谁跟我去葬我珠郎哥，我就只配给他，就给他做妻子。还有什么话说呢？”被万公说道：“还配给谁呢？你在银宜家住，你就只配给银宜算了。小妹妹啊，你别去那远地方啊，这里饭是你一个人吃，钱是你一个人用，随你吃，随你用，还不好吗？”这样大家都高兴，就说：“银宜，你今天让大家来这么多人，就算来喝你的喜酒。现在你银宜，就拿一百斤酒，杀一头一百斤的猪，叫这一伙青年都来吃，让大家来赞美你娶了新娘。”这样，银宜也被大家喊闹，他也就娶了新娘了。

第二天，新娘邀银宜：“去吧，银宜！我上鼓楼去打鼓，说今天要去埋我珠郎哥的骨头现在只好咱俩去了。”

现在，他俩过了一山又一山，一岭又一岭，背着珠郎的骨头走。“这里能埋吧？覃妹？”“这里当风，这里不好。如果这里都是好地，那这里风吹上吹下，以后咱俩如果有小孩就不聪明。”“这里呢？这里埋得吧？覃妹！”“这里风吹来吹去，生的小孩是痛子！”“这里埋吧？”“这里也不好。”她说：“也当风。这里远风吹，近风来”。她说：“以后若是好地，也要讨人嫌。”他说：“那就再走！”这时依着那姑娘又走。现在到了哪里，背静无人的地方。“就这里，银宜啊！”这时让银宜就拿锄头去挖，挖呀挖的，挖得那个坑很深了，挖下去四五尺深了。“这样好了吧？”他说：“这么深你还不够！”她说：“少都要挖六七尺深。”这样挖呀挖，挖到六七尺深。她说：“银宜，你拿你背上的那把刀给我，让我去砍一根木条来做一把钩刀。这个人是凶死的，要驱邪。”这时，银宜把刀交给她。她就到坑上来驱邪，用刀晃来晃去。这时，银宜在那里弯腰挖坑，她就从上面一刀劈下去。“日你妈的×！那天你出钱给万公杀害了我的珠郎哥，现在让我把你杀掉。”就被她砍了银宜几刀。她把银宜盖在那个坑里，背起了珠郎的骨头就跑。

跑呀跑的，跑到了一座大山，那山里有人。人家就说：“你别进那深山去，那里面有个麻疯病人在那里住啊。”她知道是她原来的丈夫在那里住，她也就进那山里去。如今银宜在那里死了，别人也怕进那山里去找，她就在那山里住下来。住来住去，住了几年。那山里有一种响尾蛇，啪！啪！啪响，说这种蛇治麻疯病灵极了。她原来的那个丈夫有麻疯病。被她去捉得那种蛇来给她丈夫吃。她从此也吃那种蛇，他俩一块吃。这样，病消除得干干净净，也就从那时才转回咱们广西来，就太平了。这样，她和她的前夫又成了一家人。

又够了，只能讲这么多。

3.11 si˦˥˧ muŋ˧˨˧ pjiŋ˩ pa:n˧˨˧

四个朋友

ja:u˩ to˧ məi˧˨˧ ku˧ ta˧ kun˦˥˧ si˦˥˧ muŋ˧˨˧ poŋ˩ jəu˧˨˧. me˩ sa:m˥ muŋ˧˨˧ ·le˧
我 讲 个 故事 从 前 四 个 朋 友 有 三 个

ɕu˧ ȵa:u˧˨˧ ja:n˩ ·le˧ sən˧ ho˩, me˩ ʔi˥ muŋ˧˨˧ ·le˧ ɕu˧ ʔuk˧ to˥ pa:i˥
就 在 家 生 活 有 一 个 就 出 门 去

·le˧ ɕu˧ pa:i˥ ta:ŋ˧ pjən˧, pa:i˥ we˧˨˧ ȶok˧˨˧, pa:i˥ fu˩ pjən˧ ju˩. ɕən˧ na:i˧
就 去 当 兵 去 做 卒 去 服 兵 役 这 时

muŋ˧˨˧ pa:i˥ fu˩ pjən˧ ju˩ ȶa˧ ·le˧, ɕu˧ pa:i˥ li˧ ɕəp˩ ta˧ ȵin˩ ·le˩.
个 去 服 兵 役 那 就 去 得 十 多 年

ɕəp˩ ta˧ ȵin˩ ɕu˧ ȶon˦˥˧ ma˧˥. ȶon˦˥˧ ma˧˥ ɕu˧ ma˧˥ ȶʻa:m˧ sa:m˥ muŋ˧˨˧
十 多 年 就 转 来 转 来 就 来 走 三 个

ȶa˧. ȶʻa:m˧ muŋ˧˨˧ na:i˧ ȶʻa:m˧ muŋ˧˨˧ hu˥ ȶa˧ ȶa˧. muŋ˧˨˧ ȶa˧ ja:n˩ ȶa˧
那 走 个 这 走 个 富 家 那 个 那 家 那

me˩ ȵak˥ la:i˥ ɕu˧. ɕən˧ na:i˧ ma:u˧ ȶʻəu˦˥˧ ja:n˩ pa:i˥ ȶʻa:m˧ ma:u˧ ɕu˧,
有 点 好 这 时 他 到 家 去 走 他 就

sun˧˨˧ ȵak˥ lji˧˨˧ ɕən˥, ʔa:u˥ ȵak˥ ta:ŋ˩ la:u˧ pa:i˥. "ji˦˥˧, pu˧˨˧ ma:k˧ ta:u˥
送 点 礼 性 拿 点 糖 进 去 大 伯 咱们

ma˧˥." ma:u˧ ɕu˧ pen˦˥˧ ha:ŋ˩ ȵən˩ ɕu˧ kwa:i˩ me˩ ha:ŋ˩ ȵən˩ kwa:i˩
来 他 就 扮 样 人 就 没 有 样 人 不

ta:ŋ˧ pjən˧ ȶa˧ ·lo˧, tan˧ man˦˥˧ kuk˧ pjen˥ ji˧ ȶa˧, kuk˧ ɕən˥ we˧˨˧ koŋ˥
当 兵 那 穿 些 衣 便 衣 那 衣 身 做 工

ȶa˧ ·lo˧. ɕən˧ na:i˧ ma˧˥ ȶʻa:m˧ muŋ˧˨˧ ȶa˦˥˧, muŋ˧˨˧ hu˥ ȶa˧ ȶa˧. ja˩ ke˧˥
那 这 时 来 走 个 个 富 家 那 俩 他

pa:i˥ ʔa˩ ljam˩ ja:n˩ ȶa˧ pa:i˥ ȶʻa:m˧ ɕi˧. ljam˩ ja:n˩ me˩ man˦˥˧ məi˧˨˧
去 背后 家 那 去 走 背面 家 有 些 树

ti˥ məi˧˨˧ jəi˩ ·a˧, ka:ŋ˧ ȶa˧˨˧ ·le˧ ɕu˧ ka:ŋ˧ kəm˧˨˧ ko˧˨˧ ɕui˥ ȶa˧. pa:i˥
李 树 梨 讲 汉话 就 讲 个 果 树 去

ȶʻa:m˧ muŋ˧˨˧ ȶa˧ "ji˦˥˧! keu˧˥ nan˥ jəi˩ ȶa:n˥ ·pa˧˨˧?" "ji˦˥˧! pi˧˨˧ keu˧˥ ·le˧˨˧!
走 个 那 打 个 梨 吃 别 才

man˥ na:i˧ tok˥ pjən˥ təŋ˥ ·le˧˨˧. nu˦˥˧ ȵa˩ pa:i˥ keu˧˥ jəi˩ ·le˧ ɕu˧ tok˥
天 这 下 雨 来 如 你 去 打 梨 就 落

ljeu˧˨˧ pa:i˥ ·le˧˨˧, na:n˩ ȶa:n˥ ·le˧˨˧." "·a˧˨˧, ʔi˥ ȶa˦˥˧ ·a˩. na:n˩ ȶa:n˥ ɕu˧
了 去 难 吃 那 样 难 吃 就

pi˧˨˧ keu˧˥." ɕən˧ na:i˧ ɕu˧ pa:i˥ ȶʻa:m˧ ʔi˥ muŋ˧˨˧ la˧˨˧.
别 打 这 时 就 去 走 一 位 了

ɕən˧ na:i˧ pa:i˥ ȶʻa:m˧ muŋ˧˨˧ ȶi˧ ȵi˧ ȶa˧ ɕu˧ po˦˥˧: "pu˧˨˧ ma:k˧ ta:u˥
现 在 去 走 个 第 二 那 就 说 大 伯 咱

ȶʻəu˦˥˧ ma˧˥ ·la˧˨˧." "ȶʻəu˦˥˧ ma˧˥ ·la˧˨˧." "we˧ səi˩ ·a˧˥?" "ʔe˦˥˧! pa:i˥ ta:ŋ˧ pjən˧
到 来 到 来 发 财 啊 去 当 兵

·o˧˨˧, pa:i˥ we˧˨˧ ta˧˨˧ ·le˧, me˩ ma:ŋ˩ we˧ səi˩ ·o˧˨˧. pən˧ ma˧˥ ȶəi˧
去 做 兵 有 什么 发 财 只 来 买

təm˧ ha:u˩ ta:ŋ˩ ljĭ˨ ɕən˥. ma˦ sa:i˥ ʈ'a:m˧ ɕa:u˥ ɳak˥ •ko˨. ʔe˧˥! ɳa˩
几 角 糖 礼 性 来 给 走 你们 点 你

ʔa˩ ja:n˩ na:i˧ ɳa˩ la:i˥ ta˧, sən˧ ho˩." "ji˧˥! ja:u˩ na:i˧ we˨ ɳak˥ sən˥
家 这 你 好 过 生 活 我 这 做 点 生

ɳi˧˥ pət˥ ka:i˧˥ •o˩. ʔi˧˥! toi˧˥ man˥ na:i˧ •o˩, man˥ na:i˧ kwa:i˩ la:i˥
意 鸭 鸡 咦 对 天 这 天 这 不 好

ʈ'a:u˧˥. man˥ na:i˧ man˥ jiu˨, nu˧˥ kwa:i˩ sa˧ təm˧ tu˩ ka:i˧˥ ʈa:n˥, toi˧˥
极 天 这 天 西 如 不 杀 个把 只 鸡 吃 对

man˥ na:i˧ na:n˩ sa˧ ka:i˧˥." ma:u˧ po˧˥: "kon˧ ma:u˧ kon˧ ma:u˧, na:n˩
天 这 难 杀 鸡 他 说 管 他 管 他 难

sa˧ na:n˩ sa˧ ɳak˥。 na:n˩ sa˧ kon˧ ma:u˧." ɕu˧ nəŋ˨ lət˦ k'un˦ ʔi˥
杀 难 杀 点 难 杀 管 他 就 完 成 一

muŋ˨ •la˨.
个

k'un˦ ʔi˥ muŋ˨ ɕən˧ na:i˧ pa:i˥ ʈ'a:m˧ muŋ˨ ʈ'i˧ sa:m˥ ʈa˧. muŋ˨ ʈi˧
完 一 个 这 时 去 走 个 第 三 那 个 第

sa:m˥ ʈa˧ ma:u˧ ɕu˧ we˨ ja:n˦ ma˥ •la˨, ɕən˧ na:i˧ pe˥ ma˥ •lo˧.
三 那 他 就 做 园 菜 这 时 卖 菜

ha:ŋ˩ na:i˧ ɕu˧ "he˧˥! pu˨ ma:k˧ ta:u˥ ʈ'əu˧˥ ma˦ la˨, ʈ'əu˧˥ ma˦ •la˨!"
样 这 呀 大 伯 咱 到 来 到 来

ma:u˧ ʈa˧ ɕi˧ ma:i˨ ma:u˧ ɕi˧ ma:ŋ˩ •a˧, ʈok˥ ha˧˥ ha˧˥ ɕu˧ məŋ˨ •lo˩.
他 妻 他 什么 呢 笑 哈 哈 就 高兴

"ʔi˧˥! ʈ'əu˧˥ ja:n˩ ma˦ la:i˥! ʈ'əu˧˥ ja:n˩ ma˦ la:i˥! ju˧ kwa:i˩ ma:ŋ˩ ʈa:n˥
到 家 来 好 到 家 来 好 又 没 什么 吃

ʈ'a:u˧˥!" "kwa:i˩ ma:ŋ˩ ʈa:n˥, ja:u˩ pən˧ jiu˧˥ li˧ ma˦ ʈ'a:m˧ •a˨." "ʔa:u˥
极 没 什么 吃 我 只 要 得 来 走 拿

ʈak˩ ma:ŋ˩ sa:i˥ ta:u˥ li˥ k'wa:u˧ li˧ •a˧˥?" sa:i˥ ma:u˧ ɕu˧ ʔa:u˥ kəm˨
个 什么 给 咱们 下 酒 得 让 他 就 拿 个

toŋ˥ kwa˥ ma˦ ɕu˧ sa:u˧ sa:i˥ ja˩ ke˦ •lo˨. kəm˨ ʈa˨ ka:ŋ˧ kəm˨ toŋ˥
冬 瓜 来 就 做 给 俩 他 个 汉人 讲 个 冬

kwa˥ ɕu˧ ka:ŋ˧ kəm˨ ʈ'əp˨, ka:ŋ˧ ʈa˨ ɕu˧ ka:ŋ˧ toŋ˥ kwa˥. ʔa:u˥ kəm˨
瓜 就 讲 个 冬瓜 讲 汉话 就 讲 冬 瓜 拿 个

toŋ˥ kwa˥ ma˦ sa:u˧ ɕu˧ ma˦ ji˦ ɕeu˧, ʔa:u˥ to˧ ɕi˧ təŋ˥ p̍jən˧˥ ɕu˧
冬 瓜 来 做 就 来 一 炒 拿 豆 豉 来 撒 就

sa:u˧ sa:i˥ ja˩ ke˦ li˥ k'wau˧. ja˩ k'e˦ ɕu˧ kwa:n˨ ʈa:ŋ˩. ʈ'əu˧˥ pa:n˧˥
做 给 俩 他 下 酒 俩 他 就 聊 天 到 半

tən˧˥ ko˩, ɕu˧ "ho˧ ʈ'i˧ •o˨! ja:u˩ ka:ŋ˧ sa:i˥ ɳa˩ ʈ'iŋ˧˥." ma:u˧ po˧˥lja˨:
饱 伙 计 我 讲 给 你 听 他 说

"ja:u˩ ɕən˧ na:i˧ •le˧, we˨ ɳak˥ ɳən˩ to˦ •le˨. ja:u˩ we˨ ʈa:ŋ˨ kon˧ •le˨.
我 现 在 做 点 人 大 我 做 长 官

ja:u˩ ma˦ na:i˧ we˨ sɿ˧ ljen˥ ʈa:ŋ˨ kon˧ •le˨, ja:u˩ ma˦ kon˧ kəm˨ ka:i˥
我 来 这 做 司 令 长 官 我 来 管 个 街

ja:ŋ˩ ʈəu˧ na:i˧. pən˧ me˩ ja:u˩ ma˦ •le˨." "ha˧˥! ʔi˥ ʈa˧ •a˦." ma:u˧
扬 州 这 只 有 我 来 嘿 那 样 他

po˧˥: "ja:u˩ ju˧ jiu˧˥ ku˧˥ ɳa˩ ʔi˥ mja˩ •o˧, ho˧ ʈi˧ •o˧, ka:ŋ˧ sa:i˥ ɳa˩
说 我 又 要 顾 你 一 手 伙 计 讲 给 你

ȶʻiŋ˥˧ ·lo˧. nu˥˧ ɲa˩ pa:i˥ ȶa˧, təu˧˨˧ sa˧˨˧ ɲa˩ ja˧ la:i˥, ɲa˩ ja˧ la:i˥. ɲa˩
听 若 你 去 那 妻 子 你 也 好 你 也 好 你

pa:i˥ pe˥ ma˥ ɲa˩ ɕu˧ jiu˥˧ ka:ŋ˧ ·lo˧."
去 卖 菜 你 就 要 讲

na:i˧ sa:i˥ ma:u˧ ɕu˧ ʔa:u˥ la:k˧˨˧ man˥˧ ɲən˩ ·a˧, ha:ŋ˧˥ ta:u˥ ɕi˩ na:i˧
这样 让 他 就 拿 那些 人 象 咱们 这 时

pa:i˥ sə˩ lja:ŋ˩ ɕep˧ ta:i˩ man˥˧ kon˥˧ wa˧˥ ȶa˧, ɕep˧ ta˧ ʔa˩ ka:i˥ ȶa˧
去 测 量 插 拿 些 杆 花 去 插 过 街 那

pa:i˥ ·le˧˨˧, ta:k˧ pa:i˧ ta˧ pa:i˥, po˥˧: "jiu˥˧ ka:i˧ kəm˧˨˧ ka:i˥ ja:ŋ˩ ȶəu˧
去 钉 牌 过 去 说 要 改 个 街 扬 州

na:i˧, ka:i˧ səŋ˩ pa:i˥. kəm˧˨˧ ka:i˥ na:i˧ ȶoŋ˥˧, kəm˧˨˧ ka:i˥ na:i˧ ɕət˥
这 改 直 去 个 街 这 弯 个 街 这 出

sak˩, jiu˥˧ ka:i˧ pa:i˥ ·le˧, ka:i˧ səŋ˩ səŋ˩ sa:i˥ ȶiu˥ la:i˥ ɕu˧ ɲak˥. nan˥
强盗 要 改 去 改 直 直 让 我们 好 守 点 个

nan˥ ma˧˨˧ təu˧˨˧ tu˥ ʔa:u˥ tok˥ ɲa˥ pa:i˥. ka:i˧ kun˧˥ su˥ su˥ fa:ŋ˧ fa:ŋ˧
个 码 头 都 拿 落 河 去 改 成 四 四 方 方

si˥˧ si˥˧ ljəm˧ ljəm˧ ȶa˧ la:i˥ la:i˥ ȶa˧. sa:i˥ joŋ˧˨˧ ȶa˧ la:i˥ ȶʻa:m˧ ɲak˥,
四 四 棱 棱 那 好 好 让 勇 那 好 走 点

la:i˥ ȶʻa˩ ka:i˧ ɲak˥.
好 查 街 点

sa:i˥ ma:u˧ pa:i˥ pe˥ ma˥ le˧, man˥˧ la:u˧˨˧ pa:n˧˨˧ ȶa˧ pa:i˥ ka:ŋ˧:
让 他 去 卖 菜 些 老 板 那 去 讲

"hi˥˧! muŋ˧˨˧ kon˥ na:i˧ ma˧˥, muŋ˧˨˧ sɿ˧ ȶa:ŋ˧˨˧ na:i˧ ma˧˥ nəŋ˧˨˧ jiu˥˧ ma˧˥
个 官 这 来 个 师 长 这 来 就 要 来

ta:i˩ kəm˧˨˧ ka:i˥ ta:u˥ na:i˧ ka:i˧ səŋ˩ pa:i˥. jiu˥˧ ta:i˩ man˥˧ pʻu˧˥
将 个 街 咱们 这 改 直 去 要 将 些 铺子

na:i˧ li˧˨˧ ljeu˧˨˧. ʔi˥˧! kon˥ kon˥ ka:ŋ˧ kʻi˧." kəm˧˨˧ pe˥ ma˥ ȶa˧ ka:ŋ˧:
这 拆 了 官 官 讲 不得 个 卖 菜 那 讲

"kon˥ to˧˥, ta:u˥ ti˧ wa:ŋ˧˥ ȶi˥ ɲən˩ ɲən˧ to˧˥." ma:u˧ po˥˧: "ʔi˥˧!
官 大 咱们 地 方 的 人 也 大 他 说 咦

ɲa˩ pa:i˥ ka:ŋ˧ li˧? na:i˧ ȶi˧ to˧ ȶi˥, me˩ ʔi˥ nu˧˥ ȶuŋ˩ la:u˧˨˧ pa:n˧˨˧
你 去 讲 得 这里 几 多 的 有 很 多 老 板

pa:i˥ ka:ŋ˧, təu˧ sa:i˥ ma:u˧ la˧˥, təu˧ sa:i˥ ma:u˧ ta:i˩." ma:u˧ po˥˧:
去 讲 被 让 他 打 被 受 他 扣留 他 说

"ȶiu˥ na:n˩ ka:ŋ˧." ma:u˧ po˥˧: "ja:u˩ pa:i˥ ka:ŋ˧ li˧." kəm˧˨˧ pe˥ ma˥
我们 难 讲 他 说 我 去 讲 得 个 卖 菜

ȶa˧ ma:u˧ ɕu˧ ka:ŋ˧: "o˥˧! nu˥˧ ɲa˩ pa:i˥ ka:ŋ˧ li˧ ɕi˧, ke˧˥ ɕi˧
那 他 就 讲 哦 如 你 去 讲 得 别人

təŋ˧˨˧ ka:i˥ na:i˧ lim˧˨˧ mjiŋ˩ tʻin˧˥ ɲan˩ sa:i˥ ɲa˩ ma˧˨˧. ɲa˩ pa:i˥ ka:ŋ˧
整 街 这 凑 几 千 银 给 你 你 去 讲

ma˧˨˧." "m˥˧! nu˥˧ ɕa:u˥ lim˧˨˧ mjiŋ˩ tʻin˧˥ ɲan˩ sa:i˥ ja:u˩ ju˧, ȶa˧
嘛 若 你们 凑 几 千 银 给 我 那

ta:u˥ we˧˨˧ le˩ kun˥˧." ji˧˥ we˧˨˧ le˩ ɕu˧ ʔa˩ ka:i˥ sa:i˥ mjiŋ˩ tʻin˧˥ ɲan˩
咱们 做 书 先 一 做 契 就 街 给 几 千 银

sa:i˥ ma:u˧. sa:i˥ mjiŋ˩ tʻin˧˥ ɲan˩ sa:i˥ ma:u˧, ma:u˧ ɕon˥˧ pa:i˥ ka:ŋ˧
给 他 给 几 千 银 给 他 他 转 去 讲

sa:i˥ ho˧ t'i˧ ma:u˧ t'iŋ˥: "ji˥, s1˧ ta:ŋ˩! " ma:u˧ po˥: " ɕi˧ na:i˧ po˥
给 伙计 他 听 师 长 他 说 现 在 说

pi˩ ka:i˧ kəm˩ ka:i˥ na:i˧ le˩." ma:u˧ po˥:" ȵa˩ po˥ kəm˩ ka:i˥ na:i˧
别 改 个 街 这 他 说 你 说 个 街 这

toŋ˥ ɕət˥ sak˩ ·a˩ , ɕən˧ na:i˧ jiu˥ kəm˩ ka:i˥ na:i˧ səŋ˩ ·le˩. ke˥
弯 出 强盗 这 时 要 个 街 这 直 别人

ɕən˧ na:i˧ lim˩ to˧ mjiŋ˩ t'in˥ ȵan˩, po˥ pi˩ ka:i˧ kəm˩ ka:i˥ na:i˧.
这 时 凑 给 几 千 银 说 别 改 个 街 这

we˩ li˧ kwa:i˩ la˥ ? " " we˩ li˧ ·a˧! ȵa˩ ta˧ jiu˥ mjiŋ˩ t'in˥ ·e˩. "
做 得 不 做 得 你 那 要 几 千

" ji˥ hi˩! ta˧ ja:u˩ pən˧ jiu˥ ke˥ ŋo˩ ljok˩ t'in˥. " " ʔi˥! ȵa˩ ʔe˩
那 我 只 要 别人 五 六 千 你 笨

lin˥!" ma:u˧ po˥: "ȵa˩ ko˩ k'un˥ jiu˥ ma:u˧ mjiŋ˩ wen˧ ·e˩? " ma:u˧
极 他 说 你 不 知 要 他 几 万 他

po˥: "ŋi˥ ! ȵa˩ pən˧ ta:i˥ li˧ ʔi˥ ta˧ tuŋ˩ , ljok˩ t'in˥ ·a˧ ljok˩
说 你 只 值 得 那 样 多 六 千 六

t'in˥? " ma:u˧ po˥. ɕən˧ na:i˧ ɕa:i˥ kəm˩ kon˥ ta˥ ɕən˧ na:i˧ p'ek˧ le˩
千 他 说 这 时 让 个 官 那 这 时 贴 布告

ta˧ ka:i˥ , pa:i˥ ·lo˩. p'ek˧ le˩ ta˧ ka:i˥ ɕu˧ , ma:u˧ ɕu˧ nan˥ na:i˧
过 街 去 贴 布告 过 街 他 个 这

ɕu˧ ka:ŋ˧ ta˩ ·lo˩, ka:ŋ˧ p'u˩ t'oŋ˧ wa˥ ·lo˩: " ma:u˩ jəu˩ pu˥ ɕa˩
就 讲 汉话 说 普 通 话 卯 酉 不 杀

ti˧ , tu˥ lo˩ jui˥ pu˩ ta˥ lji˩ , toŋ˧ kwa˧ jən˩ ji˥ ha:u˩ ·le˩. ja:ŋ˩
鸡 都 落 雨 不 打 梨 冬 瓜 人 意 好 扬

təu˧ na:i˧ ja˧ ka:i˩ pu˥ t'i˩ ·lo˧ . " ma:u˧ po˥: " ja:ŋ˩ tu˥ na:i˧ ja˧
州 这 也 改 不 起 他 说 扬 州 这 也

kwa:i˩ jiu˥ ka:i˧ səŋ˩ ·lo˩ . " ma:u˧ po˥: " man˥ meu˩ man˥ ju˩ ·le˧
不 要 改 直 他 说 天 卯 天 酉

pi˩ sa˧ kai˥." ma:u˧ po˥, lja˩, "tok˥ pjan˥ ·le˧ ɕu˧ pi˩ kɕu˥ jəi˩. "
别 杀 鸡 他 说 落 雨 就 别 打 梨

ma:u˧ po˥ : "pən˧ muŋ˩ toŋ˥ kwa˥ nai˧ ·le˩ jən˩ ji˥ la:i˥ ·le˧ . ɕən˧
他 说 只 个 冬 瓜 这 人 意 好 这

na:i˧ kəm˩ ka:i˥ na:i˧ ja˧ kwa:i˩ jiu˥ ka:i˧ səŋ˩ ·a˧ ·lo˩ ." lja˩, jau˩
时 个 街 这 也 不 要 改 直 我

ja˧ pən˧ ka:ŋ˧ ʔi˥ na:i˧ ja:i˧ ɕa:i˥ ɕau˥ t'iŋ˥ ·lo˩.
也 只 讲 这 样 长 给 你们 听

四个朋友

我讲个从前四个朋友的故事。有三个朋友在家过日子，有一个出门去，去当兵，去为卒，去服兵役。现在那个去服兵役的去了十多年了。十多年就回来了。回来就到那三家去串门。先走富裕的那家，那家比较好。现在他到他家去串门，就送点礼物，拿点糖进去。"咦！咱们大伯来了。"他扮成穷人的样子，不是当兵的样子，穿便衣，一身做工的人的衣服。他俩到房子后面去走，那里有李子树、梨树，说汉话就叫果树。走到那里："打几个梨儿吃吃吧?""别打！今天下雨。如果你去打梨儿那会全掉下来，吃不成了。""那样吗？吃不成就别打了。"这样，就走过了一家。

现在又去走那第二家。"咱们大伯来了!""来了。""发财了吧?""哎！去当兵。当兵的有什么财发！我就只买几角钱糖做礼物，来你家串串门。你们家的生活还好过。""我做点鸡鸭生意。哎！看看今天日子不是吉日，今天是酉日。若是不杀只把鸡来吃对不起，可是今天不能杀鸡。"他说："管他管他，不能杀算了。"这样又完了一个。

完了一个，现在又去走到那第三家。第三个是个种菜的，现在卖菜。是这样。"呀！咱们大伯来了！来了啊!"他和他的妻子怎么样呢？高兴得哈哈笑："到家里来好哇！到家里来好哇！实在没有什么吃的。""要什么吃的，我只要能来走走。""拿个什么给咱们下酒呢？"让他就拿个冬瓜来炒给他俩。汉人称这个"ȶəp˧"叫"冬瓜",讲汉话就叫"冬瓜"。拿个冬瓜一炒，用豆豉撒上，就拿给他俩下酒。他俩就聊起天来。吃到半醉："伙计！我讲给你听!"他说："我如今做点官，我是长官，我来这里当司令长官。我来管这条扬州街，只我一个人。""嘿！那样么!"他说："我要帮你一手呢，伙计。讲给你听，若是你去呀，你也好，你老伴也好，去卖菜你要讲啊。"

这样，被他就叫那些人哩，象咱们现在测量那样，把那些花杆插过街去，把牌子钉过去，说："要改这条扬州街，把它改直。这街弯了，这条街出强盗，要改掉，改成直直的，让我们好守卫一些。每条沟坎都要理到河边。改成四四方方、有棱有角的，好好儿的，让那些兵好走一些，查街好一些。"

他去卖菜，听到那些老板讲："这个当官的一来，这个师长一来就要把咱们这条街改直、要把这些铺子拆了。当官的讲不得。"那个卖菜的讲："官大，咱们地方的人也大。"他说："你能去讲？这里有许许多多的老板去讲，都被他鞭打了，被他拘留了。我们讲不得。"他说："我能去讲。"那个卖菜的就讲："如果你能去讲，我们整条街愿凑几千银子给你。你去讲嘛!""如果你们愿凑几千银子给我，咱们就立个文书。"立了文书，全街就给几千银子给他。给几千银子给他哩，他回去就讲给他的朋友听："师长!"他说，"现在不要改这条街。"他说："你说这条街弯,出强盗，现在要把这条街改直。现在，别人凑几千银子，说别改这些街。能做得到吗?""做得到！你只要几千?""我只要别人的五六千。""哎！你笨极了!"他说，"你不知道要他几万?"他说，"你只值得那样多，六千！六千!"这时，那个当官的把布告贴到街上去。把布告贴到街上哩，这个人讲汉话，讲普通话："卯酉不杀鸡，落雨不打梨，冬瓜人意好，扬州街也改不起。"他说："扬州街也不要改直了。"他说："卯天酉天别杀鸡，落雨别打梨。冬瓜人意好，这条街也不要改直。"

我也只讲这么长给你们听。

3.12 ku˧ hu˩ mjen˧
故事吴 勉

ja:u˩ ɕən˧ na:i˧ ɕa:ŋ˥˧ ka:ŋ˧ məi˧˩ ku˧ nu˧˥? ka:ŋ˧ məi˧˩ ku˧ hu˩
我 现 在 想 讲 个 故事 什么 讲 个 故事 吴

mjen˧ sa:i˥ ɬa:u˥ ȶ'iŋ˧˥. hu˩ mjen˧ ɕi˩ ȶa˥˧ ȵa:u˧ nu˧˥ •le˧? ɕu˧ ȵa:u˧
勉 给 咱 听 吴 勉 时 那 在 哪 就 在

la:n˧˩ toŋ˧. la:n˧˩ toŋ˧ ka:i˧ la:i˥, ɕət˥ li˧ hu˩ mjen˧ wa:ŋ˩. ȵa:u˧˩
兰 洞 兰 洞 不 好 生 得 吴 勉 王 在

la:n˧˩ toŋ˧ •le˧, hu˩ mjen˧ na:u˧˩ ha:ŋ˥ ȶa˧ ȵa:u˧˩ ɕi˩ nəŋ˥ ȵak˥ ȶa˧
兰 洞 吴 勉 在 方 那 在 时 还 小 那

ɕi˧, pən˧ jən˧˥ ke˧˥ sa:ŋ˧˩ tu˩•le˧˩. sa:ŋ˧˩ tu˩•le˩ ɕən˧ na:i˧ kəm˧˩ ȵən˩
总 跟 别人 养 牛 养 牛 这 时 个 人

ȶa˧ pən˧ lja:ŋ˧˥ ȶa:n˥ na:n˧˩ la:u˧˩ ho˧. ma:u˧ nəŋ˧˩ ȶa:n˥ kəm˧˩ na:n˧˩
那 老 想 吃 肉 老 火 他 就 吃 个 肉

tu˩ ke˧˥ ljeu˧˩. ma:u˧ ɕu˧ ʔa:u˥ kəm˧˩ sət˥ ȶa˧ ɕu˧ ȵak˩ la:u˧ ʔa˩
牛 别人 了 他 就 拿 个 尾 那 就 插 进

ȶən˩ ȶa˧ pa:i˥•le˧˩. ma˧˥ ja:n˩ ka:ŋ˧ sa:i˥ ke˧˥ ȶ'iŋ˧˥: "ʔi˧˥; kəm˧˩ tu˩
山 那 去 来 家 讲 给 别人 听 咦 个 牛

ɕa:u˥ na:i˧ ȵon˥˧ la:u˧ ȶən˩ pa:i˥• ɕa:u˥ ma˧˥ kəm˧˩ ȶa:i˩ sət˥ na:i˧
你们 这 钻 进 山 去 你们 来 个 扯 尾巴 这

nu˥˧•ma˧˩,ʔa˩ ka:u˧˩ ȶən˩ ȶa˧ wa:n˥•le˩." ɕən˧ na:i˧ pa:i˥ ka:u˧˩ ȶən˩ ȶa˧
看 里 山 那 叫 这 时 去 里 山 那

ɕu˧ wa:n˥•le˩, ka:u˧˩ ȶən˩ ȶa˧ wa:n˥. "me˧!me˧!" ȶet˧ ȶet˧ tu˥˧ p'əp˧˥
就 叫 里 山 那 叫 咩 咩 扯 扯 断 崩

kəm˧˩ sət˥•le˧˩. "ni˧˥! kəm˧˩ ȶa˧ nəŋ˧˩ ȵon˥˧ la:u˧ ȶən˩ pa:i˥, tin˥ tu˩
根 尾 呐 头 那 就 钻 进 山 去 脚 牛

la:u˧ ka:u˧˩ na:i˧。" ɕən˧ na:i˧ ma˧˥ ja:n˩ ȶa˧ ȶa:n˥ na:n˧˩。
进 里 这 这 时 来 家 那 吃 肉

ma˧˥ ja:n˩ ju˧ ka:ŋ˧ sa:i˥ nəi˧˩ ke˧˥ ȶ'iŋ˧˥. nəi˧˩ ke˧˥ po˥˧: "ʔe˥˧! na:n˧˩ tu˩ tu˥ li˧
回 家 又 讲 给 母 他 听 母 他 说 哎 牛 肉 都 得

ȶa:n˥ ljeu˧˩, mjen˧•o˧˩. ja:u˩ ju˧ lja:ŋ˧˥ ȶa:n˥ pa˥ la:u˧˩ ho˧。" "ȵa˩ lja:ŋ˧˥
吃 了 勉 我 又 想 吃 鱼 老 火 你 想

ȶa:n˥ pa˥,nəi˧˩•a˧˥。" ja˩ ke˧˥ nəi˧˩ ke˧˥ ju˧ "ja˩ ɬa:u˥ pa:i˥ ȵa˥ ʔa:u˥ pa˥!"
吃 鱼 母亲 俩 他们 母亲 他们 又 俩 咱 去 河 捕 鱼

ju˧ jən˧˥ nəi˧˩ ke˧˥ ju˧ pa:i˥ ȵa˥ ʔa:u˥ pa˥. sa:i˥ ma:u˧ kəm˧˩ ȵən˩ ȶa˧
又 跟 母亲 他 又 去 河 捕 鱼 让 他 个 人 那

ljən˥˧ ja˧ la:u˧ ʔa˩ sa:n˧ ȶa˧ pa:i˥, sak˥ kəm˧˩ ȵa˥ ȶa˧, ȵəŋ˩ tu˥˧
侧身 倒 进 滩 那 去 去 个 河 那 真 断

nəm˧˩ ȵa˥ pa:i˥•le˩, sa:i˥ nəi˧˩ ke˧˥ pa:i˥ ȶəp˥……ȶəp˥ li˧ ʔi˥ ha˧ pa˥
水 河 去 让 母亲 他 去 拣 拣 得 很 多 鱼

ma˧˥. "la:i˥, nəi˧˩•lo˧! ja:u˩ pən˧ ȶ'aŋ˧ li˧ ʔi˥ na:i˧ ȶəŋ˥•lo˧! ȵa˩ kən˧
来 好 母亲 我 只 挡 得 这 么 久 你 赶快

ȶəp˥ pa˥ wəi˦˥˧•lo˧。” ɕa:i˥ nəi˧˨˧ ke˧˥ pa:i˥ ȶəp˥ ȶəp˥ li˧ ʔi˥ pʻiu˧˥, meŋ˧
拣 鱼 快 让 母亲 他 去 拣 拣 得 一 竹篓 还

ka:i˧ ljeu˧˨˧ sa:i˧ pa˥。 ɕən˧ na:i˧ nəm˧˨˧ ȶa˧ ji˧˥ pən˧˨˧ təŋ˥ we˧˨˧ ȶi˥
不 了 心 鱼 这 时 水 那 一 溢 来 做 那

ȶa˦˥˧•le˧, hu˧ mjen˧ təu˧ kʻui˧˥ m˧˨˧ nəi˧˨˧ ke˧˥ •le˧˨˧。
里 吴 勉 被 流 个 母亲 他

ɕən˧ na:i˧ ma:u˧ ȶʻa˦˥˧ ȶən˩ ma˧˥ ɕu˧ ne˧ nəi˧˨˧ ke˧˥, ɕu˧ ȶok˧˨˧ ja˩ nan˥
这 时 他 上 山 来 就 哭 母亲 他 就 跪 两 个

kəm˧ ko˩ ʔa˩ ʔu˥ pja˥ ȶa˧, nan˥ pja˥ ȶa˧ ja˧ kun˧˥ ja˩ nan˥ təm˧˨˧
膝 盖 上 石头 那 个 石头 那 也 成 两 个 小坑

pja˥•lo˧˨˧。 ne˧ nəi˧˨˧ ke˧˥•le˧ ja˩ ȶʻik˧ nəm˧˨˧ ta˥ ȶa˧ ja˧ ljəm˦˥˧ lui˧ ʔa˩ ʔu˥
石头 哭 母亲 他 两 滴 泪 水 那 也 凹 下 上

pja˥ ȶa˧ pa:i˥•lo˩, nəi˧˨˧ ke˧˥ ɕa˦˥˧ kəm˧˨˧ wən˧•ʔa˩ ʔu˥ ȶa˧ pa:i˥ ȶa˧, ʔu˥
石头 那 去 母亲 他 晒 个 裙 上 那 去 上

pja˥ ȶa˧ ja˧ nəŋ˥ kʻun˧˥ kəm˧˨˧ ȶon˧˥ wən˧ nəi˧˨˧ ke˧˥•lo˧˨˧, ɕən˧ na:i˧
石头 那 也 还 成 个 圈 裙 母亲 他 这 时

ma:u˧ ȶiŋ˥ ma˧˥ ja:n˩。“ʔe˧˥, ja:u˩ jiu˦˥˧ ȶʻa˦˥˧ ȶən˩ pa:i˥ •la˧˨˧。” pa:i˥ ȶa:u˧
他 才 来 家 我 要 上 山 去 去 头

ȶən˩ ʔu˥ na:i˧, ȶa:u˧ ȶən˩ la:n˧˨˧ toŋ˧ ʔu˥ na:i˧, pa:i˥ ka:u˧˨˧ ŋa:m˩ ʔu˥
山 上 这 头 山 兰 洞 上 这 去 里 岩 上

ȶa˧ pa:i˥ •lo˧。 lja˧˨˧! pa:i˥ ȶa˧ ɕep˧ ȶa:ŋ˥ ȶi˩ •lo˩, kun˥ la:k˧˨˧ ȵən˩
那 去 去 那 插 张 旗 剪 小 人

•lo˧。“ja:u˩ ȶʻəu˦˥˧ ta˧ lən˩ •le˧, ja:u˩ jiu˦˥˧ li˧ we˧˨˧ ȵən˩ to˧˥
我 到 以 后 我 要 得 当 大 官

•la˧˨˧, we˧˨˧ wa:ŋ˩ la˧˨˧。” ma:u˧ po˦˥˧。 ɕən˧ na:i˧ ɕu˧ man˥ man˥ pa:i˥ ʔa˩
做 王 他 说 这 时 就 天 天 去

ȶa:u˧ ȶən˩, wa:n˩ pən˧ təi˥ nəi˧˨˧ ke˧˥ pa:i˥ ljeu˧˨˧, ma:u˧ lən˥ ma:u˧
头 山 已 经 死 母亲 他 去 了 他 孤单 他

ȶʻa˦˥˧ ʔa˩ ȶa:u˧ ȶən˩ ȶa˧ pa:i˥, ɕu˧ ʔa:u˥ kəu˧˨˧ ȶʻa˦˥˧ ʔu˥ ȶa˧ pa:i˥ ȵa:u˧。
上 头 山 那 去 就 拿 饭 登 上 那 去 住

man˥ man˥ ȵa:u˧˨˧ təi˧ ȶʻi˧ ma˧˥ kun˥ •la˧˨˧, kun˥ la:k˧˨˧ ȵən˩, kun˥ kun˥
天 天 在 买 纸 来 剪 剪 小 人 剪 剪

ju˧ soŋ˦˥˧ la:u˧ ȶəm˩ ȶa˧ pa:i˥。 kun˥ ʔi˥ tu˩ la:k˧˨˧ ȵən˩ ljeu˧˨˧, ɕu˧
又 放 进 洞 那 去 剪 一 个 小 人 了 就

ju˧ we˧˨˧ ʔi˥ ȶiu˩ ɕa:ŋ˥ ta:i˩ soŋ˦˥˧ la:u˧ ȶəm˩ ȶa˧ pa:i˥。 kun˥ kun˥
又 做 一 条 长矛 拿 放 进 洞 那 去 剪 剪

nu˧˥ ȶuŋ˩ ȶʻi˧ •le˩, ɕek˧ soŋ˦˥˧ la:u˧ ka:u˧˨˧ ȶəm˩ ȶa˧ pa:i˥ •le˩。 soŋ˦˥˧
很 多 纸 全 放 进 里 洞 那 去 放

la:u˧ ka:u˧˨˧ ȶa˧ pa:i˥ •le˩, ȶu˩ ke˧˥ po˦˥˧:“ hu˩ mjen˧ •ʔe˧, ʔuk˧ ɕən˥
进 里 那 去 哩 舅 他 说 吴 勉 啊 出 身

li˧ la˧˨˧。” ma:u˧ po˦˥˧:“ ʔuk˧ ɕən˥ li˧ la˧? nəŋ˥ mi˧˨˧ •o˩。 ȶu˩ •o˩,
得 呀 他 说 出 身 得 么 还 未 啊 舅 啊

ȵa˩ ȶu˩ •a˧ lja:ŋ˧˥ la:k˧˨˧ kʻwa:n˧˥ ȵa˩ we˧˨˧ ȵən˩ to˧˥ ho˧ •lo˩。 ja:u˩
你 舅 呀 喜欢 儿 甥 你 做 人 大 多 我

nəŋ˥ mi˧˨˧, ja:u˩ jiu˦˥˧ ȶa:u˧ ɕa:ŋ˥ pjiu˥ kwan˩ pa:i˥ •la˧˨˧, ja:u˩ ɕu˧
尚 未 我 要 头 长矛 冒 烟 去 啊 我 就

ʔuk˧ ɕən˥ ·la˨˩.” ɭo˧ ɭo˧ kun˥ li˧ kun˥ tʻəu˥˧ ja˩ ȵin˩ ɬi˧ kun˥ la:u˧
出 身 剪 剪 剪 得 剪 到 两 年 纸 剪 进

ɬəm˩ ɬa˧ pa:i˥. ɕən˧ na:i˧ ma:u˧ po˥˧: “na:n˩ ·a˥˧!” ɕən˧ na:i˧ ʂa:i˥
洞 那 去 这 时 他 说 难 啊 这 时 让

ɬu˩ ke˧˥ po˥˧: “nəŋ˥ mi˨˩ ɕi˥˧?” ʂa:i˥ ɬu˩ ke˧˥ ɕən˧ na:i˧ ʔa:u˥ hoi˥
舅 他 说 还 未 吗 让 说 他 这 时 拿 石灰

pa:i˥ ·lo˩, ɭa:i˩ kəm˨˩ tʻən˧ ɬʻi˩ ɬa˧ lo˩ ji˧˥ pʻjən˥˧ ·le˨˩, ɕən˧ na:i˧
去 将 个 根 旗 那 一 撒 这 时

kəm˨˩ ɬa:u˧ ɕa:ŋ˥ ɬa˧ ji˧˥ ləm˩ ɭəŋ˥ ji˧˥ pʻət˧˥ ·po˧ kwan˩ pʻa:u˥˧ pʻa:u˥˧.
个 头 枪 那 一 风 来 一 刮 哩 烟 腾 腾

ji˥˧, ma:u˧ ɕa:ŋ˥˧ ȵəŋ˩ pjiu˥ kwan˩ ·a˧. “hu˩ mjen˧ ·a˨˩!” ma:u˧ po˥˧.
咦 他 想 真 昌 烟 吴 勉 啊 他 说

“hi˥˧, ȵəŋ˩ pjiu˥ kwan˩ ·ʔa˧.” “ȵəŋ˩ pjiu˥ kwan˩ ɕu˧ məŋ˨˩ kʻəi˧˥ ʂo˨˩.”
真 冒 烟 啦 真 冒 烟 就 快 开 仓

ma:u˧ po˥˧. ɕən˧ na:i˧ ji˧˥ kʻəi˧˥ ʂo˨˩ ·le˩, ha:ŋ˩ ɬən˥ ma˨˩ ɬa˧ ɕu˧
他 说 这 时 一 开 仓 那些 兵 马 就

ʔuk˧ ɭəŋ˥ kʻwəŋ˥˧ kʻwəŋ˥˧ ·le˩。 pa:i˥……pa:i˥ na:i˧ nəŋ˨˩ tʻəu˥˧ ɕeu˩ pa:i˥
出 来 不 绝 去 去 这 就 到 朝 去

·le˨˩. tʻəu˥˧ ɕeu˩ pa:i˥ ·le˧ tʻəu˥˧ ɬa˧ li˧ ʔi˥ tʻət˧˥, ɭo˧ ʔi˥ nəŋ˩ “ʔe˧˥!
到 朝 去 到 那 得 一 七 试 一 看

kəm˨˩ na:i˧ pʻe˧˥ kwa:i˩ nu˥˧ ɬʻi˧ pji˥? kwa:i˩ na:u˩ ʂa:u˧ kəu˨˩ ·u˨˩,
个 这 为何 不 见 生 火 不 谁 做 饭

kwa:i˩ jiu˥˧ ɬa:n˥ kəu˨˩ ·ʔa˧˥? ma˧˥ na:i˧ ɬuŋ˩ ɬən˥ ma˨˩。” ju˧ ʔeŋ˥˧ nəŋ˩
不 要 吃 饭 来 这 多 兵 马 又 再 看

ma:u˧ ʔi˥ tʻət˧˥, ja˧ li˧ ɕəp˩ si˥˧ man˥, ja˧ kwa:i˩ nu˥˧ ʂa:u˧ kəu˨˩。
他 一 七 也 得 十 四 天 也 不 见 做 饭.

“kəm˨˩ na:i˧ kəm˨˩ ləu˨˩.” ɕeu˩ po˥˧. lja˨˩. “nəŋ˨˩ ɭəŋ˥ ȵa˩ nu˧˥ ɬuŋ˩
个 这 个 骗 朝 说 就 来 你 好 多

wen˧ ȵən˩ mjiŋ˩ ɕəp˩ wen˧ ȵən˩, nəŋ˨˩ kwa:i˩ jiu˥˧ ɬa:n˥ kəu˨˩ ·ʔa˥?”
万 人 儿 十 万 人 就 不 要 吃 饭

ma:u˧ po˥˧: “na:i˧ ɭa:u˥ wa:n˧ ha:ŋ˩。” ma:u˧ po˥˧: “ɭa:u˥ pa:i˥ hem˨˩.”
他 说 这 咱 换 样 他 说 咱们 去 喊

ɕən˧ na:i˧ ʂa:i˥ ke˧˥ peŋ˥ kʻəi˧˥ ja˩ nan˥ ʂo˨˩ ɭo˧ ʂoŋ˩ ɭəŋ˥ po˧, ha:ŋ˩
这 时 让 他 立即 开 两 个 仓 黄 豆 来 些

ja˩ nan˩ ʂo˨˩ ɭo˧ ʂoŋ˩ ɬa˧ ha:ŋ˩ ɬən˥ ma˨˩ ɬa˧ jun˧ ·a˨˩? ɕən˧ na:i˧
两 个 仓 黄 豆 那 些 兵 马 那 少 这 时

ji˧˥ ma˧˥ ɭoi˥˧ ɬən˥ ma˨˩ hu˩ mjen˧ ji˧˥ keu˧˥ ·le˨˩, keu˧˥…… keu˧˥
一 来 对 兵 马 吴 勉 一 打 打 打

nəŋ˨˩ keu˧˥ ɬa:ŋ˥˧ ɬʻi˧ jət˧˥ ɬa˧ ·le˧, ɕu˧ ka:i˧ ɭa˧ ɬən˥ ma˨˩ hu˥
就 打 仗 第 一 那 就 不 过 兵 马 吴

mjen˧。 keu˧˥ ɬa:ŋ˥˧ ɬi˧ ȵi˧ ja˧ ka:i˧ ɭa˧. ɕən˧ na:i˧ ji˧˥ mən˥ la:i˥ ɭəŋ˥
勉 打 仗 第 二 也 不 过 这 时 一 天 好 来

ljeu˨˩, ji˧˥ kʻəi˧˥ ɬʻa:ŋ˧˥ ɭəŋ˥ ljeu˨˩, ʂa:i˥ ma:u˧ po˥˧: “na:i˧ ʂa:u˧ pa:i˥ ·le˧,
了 一 开 阳光 来 了 让 他 说 这样 暖 去

ɕa:u˥ la:u˧ nəm˨˩ pa:i˥ ɭo˧.” ɕən˧ na:i˧ la:u˧ nəm˨˩ pa:i˥ keu˧˥ ·le˨˩
你们 进 水 去 打 这 时 进 水 去 打

la:u˧ nəm˧˩ ɻa:i˥ keu˧˥ .po˧, ȶən˥ ma˧˩ hu˩ mjen˧ ʔa:u˥ kəm˧˩ ȶi˧ we˧˩
进 水 去 打 兵 马 吴 勉 拿 个 纸 做

po˧, ɕən˧ na:i˧ nəŋ˧˩ ji˧˥ la:u˧ nəm˧˩ pa:i˥ nəŋ˧˩ ka:i˧ ɬa˧ ke˧˥. ɬo˧ soŋ˩
这 时 就 一 进 水 去 就 不 过 别人 黄 豆

la:u˧ nəm˧˩ pa:i˥ nəŋ˧˩ t'o˧˥ ɬəŋ˥ ·lo˧, nəŋ˧˩ jok˥ ɬəŋ˥ ·lo˧. ma:u˧ ʔa:u˥
进 水 去 就 大 来 就 胀 来 他 拿

kəm˧˩ ȶi˧ we˧˩ nəŋ˧˩ k'ui˧˥ ·lo˧. ɕən˧ na:i˧ nəŋ˧˩ ka:i˧ ɬa˧ ke˧˥. ȶen˥˧
个 纸 做 就 流 这 时 就 不 过 别人 转

ma˧˥ ɬin˥ ȶən˩ la:n˧˩ ɬoŋ˧ ne˧. ɕi˧ na:i˧ hu˩ mjen˧ we˧˩ ka:i˧ k'un˧˥
来 脚 山 兰 洞 哭 这 时 吴 勉 做 不 成

wa:ŋ˩. ma:u˧ ɬa˧ ȶi˥ ȶa˥˧ ȶiŋ˥˧ kwa:i˩ li˧ we˧˩ wa:ŋ˩. ɕən˧ na:i˧ ləi˧˥
王 他 从 里 那 才 不 得 做 王 现 在 完

məi˧˩ hu˩ mjen˧. hu˩ mjen˧ pən˧ ka:ŋ˧ t'əu˥˧ ȶi˥ na:i˧. ȵa:u˧˩ nu˦˥˧
个 吴 勉 吴 勉 就 讲 到 这 里 在 哪

ɕu˧ ȵa:u˧ lan˧˩ ɬoŋ˧ ɬi˧ wa:ŋ˧˥ ȶa˧.
就 在 兰 洞 地 方 那

吴 勉[1] 的 故 事

我现在想讲个什么故事呢？讲个吴勉的故事给咱们听。

讲个吴勉的故事给咱们听。吴勉那时在哪儿？就在兰洞[2]。兰洞不好，生出了吴勉王。在兰洞哩，吴勉在那里住的时候还小，一直给别人放牛。放牛哩，这时候这个人很想吃肉。他就吃了人家的牛肉。他就拿那条牛尾巴插进那山里去。回家来讲给人家听："喂！你们的牛钻进山去了。你们来一个扯那尾巴看看，在那山里叫呐。"这时就到山里去，真在叫，那山里"哞哞！"地叫。扯呀扯的，绷断了那条尾巴。"呐，那牛就钻进了这座山里，牛脚从这里进去。"这时就回家来吃肉。

回家来就讲给他母亲听。他母亲说："哎！牛肉都吃到了，勉儿，我又很想吃鱼了。""你想吃鱼，母亲啊。"母子俩又(说)："咱们俩去河里去捕鱼。"又跟他母亲去河里捕鱼。被他这个人侧身躺进那河滩里去，堵塞了那河里的水，竟然把河水截断了。让他母亲去拣……拣到很多的鱼来。"好了，母亲！我只挡得这么久了。你赶快拣鱼。"让他母亲去拣，拣得一竹篓鱼还不死心。这时，那里的水一下溢出来，吴勉的母亲被冲跑了。

这时，他就上山去哭他母亲，两只膝盖跪在石头上，石头上就成了两个小坑。哭他母亲两滴眼泪也滴穿了石板。他母亲把裙子晒在石头上，石头上也留下他母亲的裙子圈。这时，他才回家。

"嘿！我要上山去！"去到这山头上，这兰洞山头上，去那上面岩洞里了。到那里插了一面旗子，剪了小人。"我到以后哩，我得当大官，当王。"他说。现在就天天去那山上，

① 《明史》卷310：《土司传》称"吴面儿"。明洪武十一年（1378）他领导侗、苗等族人民举行武装起义，至洪武十八年（1385）起义失败。

② 兰洞在今贵州黎平县境内。

他母亲已经死了，他一个人上那山顶上去，就带饭上那上面去住。天天去买纸来剪，剪小人，剪了就放进那个洞去。剪了一个小人，就又做一条长矛，拿来放进那个洞去。剪了很多纸，全部放进那洞里去。放进洞里去哩，他舅舅说："吴勉啊，可以出兵啦。"他说："可以出兵么？还没呐。舅舅！舅舅你太喜欢甥儿做大官咯，我还没呐。我等到枪尖冒出烟哩，我就出兵啦。"剪呀剪的，剪了两年的纸，丢进洞里去。这时，他说："难啊！"这时，被他舅舅说道："还没有吗？"这时被他舅舅拿石灰来在那旗杆下一撒，这时候风来一刮哩，枪尖就烟雾腾腾的。咦！他想，真的冒烟了。"吴勉啊！"他说，"嘿！真的冒烟了！""真的冒烟，就赶快打开仓库。"他说。这时，一打开仓库，那些兵马就滔滔不绝地出来了。走呀走，这就到朝廷那边去了。到朝廷那边去哩，去了七天，试一看："噫！这东西为什么不见生火？没有谁做饭，不要吃饭吗？来这么多的兵马。"又看它七天，已经有了十四天，也不见做饭。"这个是个骗子！"朝廷说："你来好多万人，几十万人，就不吃饭吗？"他说："这样咱们换一样。"他说："咱们去喊。"这时，被他立刻开两个仓库的黄豆出来。那两仓库的黄豆兵马那还少吗？现在来跟吴勉的兵马一打，打呀打，打第一仗就打不过吴勉的兵马。打第二仗也打不过。现在天气一好起来，太阳一出来，（被）他说："这么暖和，你们进水去打。"这时，就到水里去打。在水里打哩，吴勉的兵马是用纸做的，就打不过人家。黄豆进水去就大起来，就膨胀起来。他拿个纸做的就冲走了。这时就打不过人家。

回到兰洞山脚下哭。现在吴勉当不成王了。他从那以后当不了王。现在讲完这个吴勉。吴勉就讲到这里。在哪儿？就在兰洞那地方。

3.13 ŋe˥˧ jo˧˩ kaŋ˧ li˧˩
水牛 会 说 话

ȶa˥˧ kəm˧˩ ja:n˩ ȶa˧ ɕa:ŋ˧˩ kəm˧˩ ɬu˩ ȶa˧, ɕa:ŋ˧˩ tʻəu˥˧ ɬa:i˩ ȵi˧ ɕəp˩
那儿 个 家 那 养 个 牛 那 养 到 些 二 十

ɬa˧ ȵin˩ •la˧˩. kəm˧˩ ŋe˥˧ ȶa˧ tʻəu˥˧ man˥ ȶa˧ ɬəŋ˥ jo˧˩ ka:ŋ˧ li˧˩ •la˧˩.
过 年 了 个 水牛 那 到 天 那 来 会 说 话 了

ma:u˧ po˥˧: “ja˩ ɬa:u˥ ȶʻa˧˥ ȶən˩ pa:i˥ sa:ŋ˧˩ •əu˧˩, man˥ na:i˧ me˩
它 说 俩 咱 上 山 去 放 嗷 天 这 有

tʻət˧˥ pəi˧˩ ȶa˧ lui˧ ma˧˥ ʔa:p˧.” na:i˧ ka:ŋ˧. ȶa˥˧ ja˩ kʻe˧˥ ȵəŋ˩ pa:i˥
七 姑娘 那 下 来 洗澡 这么 说 那么 俩 他们 真 去

•la˧˩• jiu˥˧ tʻəu˥˧ ka:i˧ tʻəu˥˧ ɬa:i˩ pəi˧˩ ȶa˧ ɕek˧ nəŋ˧ •la˧˩, pən˧ nəŋ˥
了 要 到 不 到 些 姑娘 那 都 逃 了 只 还

ȶa˥ pəi˧˩ ȶi˧ tʻət˧˥ ȶa˧ ɕu˧ la:m˩ ȶak˩ kuk˧ ʔa˩ ȶa˧ •la˧˩.
剩 姑娘 第 七 那 就 忘 个 衣服 那儿 了

pəi˧˩ ȶa˧ ju˧ ȶon˥˧ ma˧˥ ɬəu˧˥, ȶa:i˧ muŋ˧˩ sa:ŋ˧˩ ɬu˩ ȶa˧: “ȵa˩ li˧ nu˥˧
姑娘 那 又 转 来 找 问 个 放 牛 那 你 得 见

ku:k˧ ja:u˩ kwa:i˩? ȶa:i˧˩ •a˧˩, ɕu˥ kuk˧ kwa:i˩ ?” “ja:u˩ li˧ ɕu˥.”
衣服 我 没有 哥 呵 收 衣服 没有 我 得 收

“ȶa˥˧ nu˥˧ ȵa˩ li˧ ɕu˥, ʔa:u˥ ma˧˥ ɕa:i˥ ja:u˩.” “ʔe˥˧, ȶa˥˧ la:i˥ •ləu˧˩.
那么 要是 你 得 收 拿 来 给 我 哎 那么 好 喽

nu˥˧ ȵa˩ we˧˩ ma:i˧˩ ɕa:i˥ ja:u˩ ,ɕu˧ ɕa:i˥ ȵa˩.” na:i˧ ka:ŋ˧. ȶa˥˧ nəŋ˧˩
要是 你 做 妻 给 我 就 给 你 这样 说 那么 就

ɬəu˧ we˧˩ ma:i˧˩ ɕa:i˥ ma:u˧ •la˧˩.
被 做 妻 给 他 了

ȶa˥˧ ɬa˧ mjiŋ˩ ȵa:n˥ ɕa:ŋ˧˩ li˧ ʔi˥ pa:n˥, ɕən˧ na:i˧ ɕu˧ me˩ tʻət˧˥
那么 过 几 月 生 得 一 男 时 这 就 有 七

pet˧ ȵin˩ •la˧˩. la:k˧˩ ȶa˧ pən˧ jən˧˥ pu˧˩ ma:u˧ pa:i˥ sa:ŋ˧˩ ɬu˩. kəm˧˩
八 岁 了 孩子 那 只 跟 父 他 去 放 牛 个

pu˧˩ kʻe˧˥ ȶa˧ ɕu˥ məi˧˩ kuk˧ pa˥˧ ȶa˧ kwa:i˩ ʔa:u˥ ma˧˥ ja:n˩, ɬəu˥˧
父 他 那 收 件 衣服 翅膀 那 不 拿 来 家 留

ʔu˥ ȶən˩ ȶa˧ ŋa:m˩ pja˥ ȶa˧.
上 山 那 洞 石 那

ɕən˧ na:i˧ pa:i˥ sa:ŋ˧˩ ɬu˩, ʔa:u˥ ȶak˩ la:k˧˩ ȶa˧ jən˧˥ lən˩. “ȶa˥˧ ȵa˩
时 这 低 放 牛 要 个 孩子 那 跟 后 那么 你

ȶi˥ na:i˧ nəŋ˩ ɬu˩, ɕa:i˥ ja:u˩ ȶʻa˥˧ mən˥ pa:i˥ ɕap˥ ȵak˥ nok˧˩ kun˥˧.”
里 这 看 牛 让 我 上 天 去 捉 点 鸟 先

ȶʻun˧˥ məi˧˩ kuk˧ pa˥˧ ȶa˧ ȶʻa˥˧ ɕən˥ ɕu˧ ȶʻa˥˧ ʔu˥˧ mən˥ ȶa˧ pa:i˥ •la˧˩.
穿 件 衣 翅膀 那 上 身 就 上 上面 天 那 去 了

ȶa˥˧ li˧ ʔi˥ha˧ nok˧˩ lui˧ ma˧˥ ɕu˧ ʔa:u˥ pa:i˥ ja:n˩. nəi˧˩ ma:u˧ ȶa:i˧:
那么 得 许多 鸟 下 来 就 拿 去 家 母亲 他 问

“ja˩ ɕa:u˥ pu˧˩ ɕa:u˥ nu˧˥ ha:ŋ˩ ʔa:u˥ nok˧˩ li˧, noŋ˧˩ •a˧˥?” “pu˩ ȶiu˥
俩 你们 父 你 怎 样 拿 鸟 得 孩子 呵 父 我

·a˧˩? pu˧˩ ȶiu˥ me˩ məi˧˩ kuk˧ ȶa˧ wa˧˥ wa˧˥ pa:i˥, pən˧ ȶʻa˥˧ ʔu˥ mən˥
呵 父 我 有 件 衣 那 花 花 去 飞 上 上面 天

pa:i˥ wa:i˥˧ li˧ ʔi˥ ha˧ nok˧˩." "ʔəu˧˩, ȶa˥˧ ȶak˩ ·a˧˩. ma:u˧ soŋ˥˧ ʔa˩ nu˧˥?"
去 抓 得 许多 鸟 瞰 那么 个 呵 他 放 那儿

"ʔe˥˧, ma:u˧ ka:i˧ sa:i˥ ȵa˩ jo˧˩, ȵa:u˧˩ ŋa:m˩ pja˥ ȶa˧ ʔu˥ ȶən˩ ȶa˧."
哎 他 不 给 你 知道 在 洞 石 那 上面 山 那

ȶa˥˧ ta˧ kwa:i˩ nu˧˥ ȶəŋ˥, kəm˧˩ ka:u˩ la:u˩ ȶa˧ ɕu˧ ʔu˥ ɕən˥ ja˧˩,
那么 过 不 怎么 个 老 头 那 就 上 身 坏

na:n˩ pa:i˥ sa:ŋ˧˩ tu˩. kəm˧˩ ȶu˧ ke˥ ȶa˧ po˥˧: "təu˥˧ ȶak˩ tu˩ na:i˧
难 去 放 牛 个 主 家 那 说 留 个 牛 这

lu˥˧ ·ʔa˧˥? ȶa˥˧ ȵa˩ nəi˧˩ na:i˧ jiu˥˧ pa:i˥ sa:ŋ˧˩ ·la˧˩." ȶa˥˧ ja˩ kʻe˧˥ ja˩
挨饿 呵 那么 你 妈妈 这 要 去 放 了 那么 俩 他们 俩

nəi˧˩ la:k˧˩ pa:i˥ sa:ŋ˧˩, ȵən˧ ta˧ kəm˧˩ kʻun˧˥ pu˧˩ kʻe˧˥ pa:i˥ sa:ŋ˧˩ ȶa˧
母 子 去 放 也 从 个 路 父 他 去 放 那

pa:i˥. "ȶa˥˧ pu˧˩ ɕa:u˥ soŋ˥˧ kuk˧ ʔa˩ nu˧˥ ·ʔa˧˩?" "ni˧˥ ȵa:u˧˩ ŋa:m˩
去 那么 父 你 放 衣 哪儿 呵 呐 在 洞

pja˥ ȶa˧." "ȵa˩ pa:i˥ ʔa:u˥ ma˧˥ sa:i˥ ja˩ ta:u˥ nu˥˧." sa:i˥ kəm˧˩ la:k˧˩
石 那 你 去 拿 来 给 俩 咱 看 给 个 孩子

pa:i˥ ʔa:u˥ ma˧˥ ɕu˧ sa:i˥ kəm˧˩ nəi˧˩ kʻe˧˥ nəŋ˧˩ ȶʻun˧˥ ȶʻa˥˧ ɕən˥ ·la˧˩.
去 拿 来 就 给 个 妈妈 他 就 穿 上 身 了

ȶa˥˧ ma:u˧ nəŋ˧˩ ɕa:ŋ˥˧ pən˧ pa:i˥ la:k˧˩ ȶa˧ ɕu˧ ne˧, ȶa˥˧ ton˥˧ ma˧˥
那么 她 就 想 飞 去 孩子 那 就 哭 那么 转 来

ʔa:u˥ kəm˧˩ la:k˧˩ ȶa˧, ja˩ nəi˧˩ la:k˧˩ ɕu˧ ȶʻa˥˧ mən˥ pa:i˥ ·la˧˩.
带 个 孩子 那 俩 母 子 就 上 天 去 了

ȶa˥˧ ɕən˧ na:i˧ təu˥˧ kəm˧˩ ka:u˩ la:u˩ ȶa˧ te˧ na:i˧ pən˧
那么 时 这 留 个 老头 那 下边 这 只

ne˧ ·la˧˩. pən˧ ne˧ pən˧ ne˧, ȶa˥˧ kəm˧˩ tu˩ ȶa˧ po˥˧, kəm˧˩ tək˩
哭 了 只 哭 只 哭 那儿 个 牛 那 说 个 公

ŋe˥˧ ȶa˧ po˥˧: "ȵa˧˩ pi˧˩ ne˧, ja˩ ta:u˥ ja˧ ȵən˧ pa:i˥ ȶa˧ sa:ŋ˧˩,
水牛 那 说 你 别 哭 俩 咱 也 也 去 那儿 放

man˥ na:i˧ man˥ ȶa˥˧ jiu˥˧ me˩ ʔi˥ kəm˧˩ təu˧˩ la:k˧˩ ma˧˥ ȶa˧ ʔa:p˧。"
天 这 天 那 要 有 一 个 伙 孩子 来 那儿 洗澡

ȶa˥˧ man˥ ȶa˧ ȵəŋ˩ pa:i˥ ȶa˧ sa:ŋ˧˩, li˧ kəm˧˩ təu˧˩ la:k˧˩ ȶa˧ la:u˧ ȶa˧
那么 天 那 真 去 那儿 放 得 个 伙 孩子 那 进 那儿

ma˧˥ ʔa:p˧. ka:u˩ la:u˩ ȶa˧ to˧ kəm˧˩ ta:p˧ ta:ŋ˩ ȶʻa˥˧ ȶa˧ pa:i˥, ʔi˥
来 洗澡 老 头 那 挑 个 担 糖 上 那儿 去 一

la:k˧˩ ma˧˥ ʔau˥ ʔi˥ na˥ ta:ŋ˩ sa:i˥ ʔi˥ ləu˥˧, ʔi˥ la:k˧˩ ma˧˥ ʔa:u˥ ʔi˥
孩子 来 拿 一 个 糖 给 一 敲 一 孩子 来 拿 一

na˥ ta:ŋ˩ tok˧˩ ʔi˥ ləu˥˧. ȶa˥˧ ȶʻəu˥˧ la:k˧˩ ma:u˧ təŋ˥, ȵən˧ ʔa:u˥ na˥
个 糖 （敲）一 敲 那么 到 儿子 他 来 也 拿 个

ta:ŋ˩ tok˧˩ ʔi˥ ləu˥˧。"ʔe˥˧, ȵa˩ pu˧˩ ȶiu˥, ʔau˥ na˥ taŋ˩ tu˥ jiu˥˧ tok˧˩
糖 敲 一 敲 哎 你 父 我 拿 个 糖 都 要

ʔi˥ ləu˥˧·a˧˥?" ȶa˥˧ kəm˧˩ pu˧˩ ma:u˧ nəŋ˧˩ kʻəp˧ lja:p˧ kəm˧˩ la:k˧˩ ȶa˧,
一 敲 呵 那么 个 父 他 就 抢 抓 个 孩子 那

"nəi˧˩ ɕa:u˥ ȵa:u˧˩ nu˧˥, pa:u˧·a˧˥?" "nəi˧˩ ȶiu˥ ȵa:u˧˩ ȶʻən˧ ka:u˧˩ ȶa˧."
妈妈 你 在 哪儿 宝儿 呵 妈妈 我 在 深处 里面 那

"ȶa˦˥˧ ȵa˩ jən˧˩ ja:u˩ pa:i˥." ȶa˦˥˧ ɕu˧ jən˧˩ ma:u˧ pa:i˥·la˧˩.
那么 你 带 我 去 那么 就 带 他 去 了

ȶa˦˥˧ man˦˥˧ ȶu˩ ljoŋ˧ ȶa˧ ɕu˧ po˦˥˧ ta:u˥ ti˧ ti˧ ja:ŋ˩ ȵən˥
那么 些 舅 舅 那 就 说 咱 地 上 阳 臭

sa:u˥·ləu˧˩. ɕu˧ po˦˥˧: "ʔa:u˥ kəm˧˩ ka:u˩ la:u˩ na:i˧ pa:i˥ loŋ˥ ka:u˧˩
臊 喽 就 说 要 个 老 头 这 去 山谷 里

ȶa˧ pam˧ məi˧˩ la:u˧˩, ȵe˧˩ ma:u˧ təi˥ pa:i˥ la:i˥·la˧˩." ȶa˦˥˧ ɕən˧ na:i˧
那 砍 树 大 压 他 死 去 好 了 那么 时 这

ʔa:u˥ kəm˧˩ ka:u˩ la:u˩ pa:i˥ ȶa˧ pam˧ məi˧˩, jiu˦˥˧ wen˧˥ ka:i˧ wen˧˥,
要 个 老 头 去 那儿 砍 树 要 倒 不 倒

jeu˧˥ ʔi˥ tu˩ ləm˩ təŋ˥, ȶap˩ ȶak˩ ka:u˩ la:u˩ ȶa˧ təi˥·la˧˩. k'un˧˥ ku˧·la˧˩.
飘 一股 风 来 压 个 老 头 那 死 了 完 故事 了

会说话的水牛

有那么一家养条水牛，养了二十多年了。那条水牛到那一天会说话了。它说："咱俩上山去放呵，今天有七个姑娘下来洗澡。"这么说。那么他们俩真的去了。要到不到，那些姑娘都跑了，只还剩下七姑娘把个衣裳忘在那儿了。

那个姑娘又转回来找，问那个放牛的："你看见我的衣裳没有？哥呵，收了衣裳没有？""我收了。""那么要是你收了，拿来给我。""哎，那么好喽，要是你给我做妻子，就给你。"这样说。那么就只好给他做妻子了。

那么过了几个月生了一个男孩儿，这时候就有七八岁了。那孩子总跟他父亲去放牛，他父亲收起那件翅膀衣裳不拿回家来，留在那山上的石洞里。

这时候去放牛，要那个孩子在后面跟着。"那么你在这儿看着牛，让我先上天去捉点儿鸟儿。"穿上那件翅膀衣裳就上天上去了。那么捉了许多鸟儿下来就拿回家来。他母亲问："你们爷儿俩怎么拿住鸟了，孩子呵？""我父亲呵？我父亲有件花花的衣裳，飞上天去抓了许多鸟儿。""噢，是那样呵。他放在哪儿？""哎，他不叫你知道，在那座山上石洞里。"

那么过不多久，那个老头儿身体不好，不能去放牛。那个主家说："留下这个牛挨饿呵？那么你母亲要去放了。"那么他们母子俩去放，也从他父亲去放的那条路上走。"那么你父亲把衣裳放哪儿呵？""喏，在那石洞里。""你去拿来咱俩看。"被这孩子去拿来呢，就被他母亲穿到身上了。那么她就想飞走，那孩子就哭，那么转回来带着那个孩子，母子俩就上天去了。

那么这时候留下那老头儿在下边只哭了。只哭只哭，那么那条牛说，那条公牛说："你别哭，咱俩也去那儿放，今天明天会有一伙儿孩子来洗澡。"那么那天真的去那儿放，有一伙孩子进那儿洗澡。那老头儿挑个糖担儿上那儿去，一个孩子来拿一块儿糖（老头儿用手指头）敲他一下儿，一个孩子来拿一块儿糖就笃地敲他一下儿。那么到他的儿子过来，也拿一块儿糖笃地敲他一下儿。"哎，你是我父亲，拿一块儿糖都要笃地敲一下呵？"那么他父亲就一把抓住那个孩子，"你母亲在哪儿，宝儿呵？""我母亲在尽里头。""那么你带我去。"那么就带他去了。

那么那些舅舅就说咱地上阳间的人臊臭喽。就说："要这老头儿去山谷里砍大树，压死他算了。"那么这时候要这个老头儿去哪儿砍树，要倒时，刮来一股儿风，把那个老头儿压死了。故事完了。

3.14 ʈa:u˥ jok˥
胀 藤

kun˥˧ ɕi˩ ʈa:u˥ jok˥ ʈa˧ pjin˥˧ kʻun˧˥ ȵən˩ ·le˨˩ ɕu˧ ȵa:u˨˩ ʈiu˩ ɕət˩ loŋ˩.
前 时 胀 藤 那 变 成 人 了 就 在 桥 石 龙

man˥ ʈa˥˧ ʈak˩ ʈa˧ pjin˥˧ kʻun˧˥ ja˩ muŋ˨˩ la:k˨˩ ȵi˨˩, ɕu˧ pa:i˥ ʈʻəu˥˧ wa:ŋ˩
天 那 个 那 变 成 两 个 后 生 就 去 到 黄

ʈʻu˧ pa:i˥ la:m˧, pa:i˥ ɕa:i˧ la:u˨˩ ʈa˧ pa:i˥ la:m˧。 kəm˨˩ ja:n˩ ʈa˧ me˩
土 去 玩要 去 寨 大 那 去 玩要 个 家 那 有

ja˩ pəi˨˩, ʔi˥ pəi˨˩ kwa:n˥ pəi˨˩ wa˧˥, ʔi˥ pəi˨˩ kwa:n˥ pəi˨˩ moi˧ ja˩ pəi˨˩
两 姑娘 一 姑娘 叫 婄 花 一 姑娘 叫 婄 妹 两 姑娘

ʈa˧ ȵəŋ˩ la:i˥ pəi˨˩ ȵəŋ˩·ləu˨˩, ja˩ muŋ˨˩ la:k˨˩ ȵi˨˩ nu˥˧ ja˩ pəi˨˩ ʈa˧
那 真 漂 亮 真 喽 两 个 后 生 见 两 姑娘 那

la:i˥ pəi˨˩ ho˧, ɕu˧ ȵam˥˧ ȵam˥˧ pa:i˥ pin˩ ja˩ kʻe˧˥, pa:i˥ pin˩ me˩
漂 亮 很 就 晚 晚 去 求爱 俩 她们 去 求爱 有

ȵak˥ ʈəŋ˥ ʈəŋ˥ ɕi˧, ja˩ pəi˨˩ ʈa˧ na:n˨˩ na˧ ɕu˧ pa:i˧ se˩ pa:i˥ ·la˨˩,
点儿 久 来 呢 两 姑娘 那 肉 脸 就 败 色 去 了

pu˨˩ kʻe˧˥ nəi˨˩ kʻe˧˥ ɕu˧ jun˥˧·la˨˩。
父 她们 母 她们 就 惊 了

“ʈa˥˧ ja˩ ɕa:u˥ ja˩ pəi˨˩ na:i˧ nu˧˥ ha:ŋ˩ ʈa:ŋ˩ na:i˩ na:n˨˩ na˧ na:i˥˧
那么 俩 你们 俩 姑娘 这 怎 么 段 这 肉 脸 这么

pa:i˧ se˩ pa:i˥? ja˩ ɕa:u˥ we˨˩ nan˥ ma:ŋ˩?” pu˨˩ kʻe˧˥ ɕu˧ ʈa:i˧· la˨˩。
败 色 去 俩 你们 做 个 什么 父 她们 就 问 了

ja˩ pəi˨˩ ʈa˧ po˥˧: “ja˩ ʈiu˥ kwa:i˩ we˨˩ ma:ŋ˩·ʔa˧, pən˧ ȵam˥˧ ȵam˥˧
两 姑娘 那 说 俩 我们 没有 做 什么 呵 只 晚 晚

sui˥˧ la:k˨˩ ȵi˨˩。” “la:k˨˩ ȵi˨˩ nu˧˥·ʔa˨˩?” ja˩ kʻe˧˥ po˥˧: “la:k˨˩ ȵi˨˩ ja˩
坐 后 生 后 生 哪儿呵 俩 她们 说 后 生 两

ma:ŋ˥˧ na:i˧ ɕek˧ me˩, pən˧ ja˩ muŋ˨˩ ʈa˧ ɕeŋ˥ ɕeŋ˥ ʈa˧.
边 这 都 有 只 两 个 那 (陌)生 生

ja˩ ʈiu˥ ʈa:i˧ ja˩ kʻe˧˥, ja˩ kʻe˧˥ pən˧ po˥˧ ‘ɕik˩ loŋ˩’, nu˧˥ kwa:n˥
俩 我们 问 俩 他们 俩 他们 只 说 石 龙 哪儿 叫

ɕək˨˩ loŋ˩ ja˩ kʻe˧˥ ja˧ kwa:i˩ ka:ŋ˧。” “ʈa˥˧ nu˥˧ na:ŋ˨˩ kwa:i˩ ka:ŋ˧,
石 龙 俩 他们 也 不 说 那么 要是 这样 不 说

ȵam˥˧ lən˩ ja˩ ɕa:u˥ ʔeŋ˥ ʈa:i˧ kʻe˧˥.”
晚 后 俩 你们 再 问 他们

ʈa˧ lən˩ pəi˨˩ wa˧˥ ja˩ kʻe˧˥ pəi˨˩ moi˧ ȵəŋ˩ ʈa:i˧ ja˩ muŋ˨˩ ʈa˧·la˨˩,
过 后 婄 花 俩 她们 婄 妹 真 问 两 个 那 了

ja˩ muŋ˨˩ ʈa˧ po˥˧: “ʈiu˥ ljəm˩ ʈʻi˧˥ ɕək˩ loŋ˩.” ʈa˥˧ ja˩ pəi˨˩ ʈa˧ ɕu˧
两 个 那 说 我们 林 溪 石 龙 那么 两 姑娘 那 就

pa:i˥ po˥˧ pu˨˩ kʻe˧˥. pu˨˩ kʻe˧˥ po˥˧: “ʈa˥˧ ja˩ ɕa:u˥ ȵam˥˧ lən˩·le˨˩, ʈʻəu˥˧
去 告诉 父 她们 父 她们 说 那么 俩 你们 晚 后 咧 到

tin˥ ka:i˥˧ jan˥, nu˥˧ ma:u˧ jiu˥˧ pəp˩ na:k˧˥, ja˩ ɕa:u˥ ʔi˥ pəi˨˩ ɕu˧
脚 鸡 啼 要是 他 要 伏 睡 俩 你们 一 个 就

ʔa:u˥ ʔi˥ ʈiu˩ joŋ˩ ja˥˧, ʔi˥ pəi˨˩ ɕu˧ ʔa:u˥ ʔi˥ ʈiu˩ joŋ˩ su˥, ɕu˧
拿 一 条 线 红 个 就 拿 一 条 线 绿 就

me˥ nan˥ tin˥ k'uk˧ ma:u˧ ȶa˧.” ton˧ t'əu˦˥˧ ka:i˥˧ jan˥ ɕi˩ ȶa˧ ja˩ muŋ˧˩
记 个 脚 衣服 他 那 就 到 鸡 啼 时 那 两 个

ȶa˧ pəp˩ na:k˧˥ pa:i˥, ɕu˧ me˥ ljeu˧˩ ɕe˥˧ k'uk˧ ja˩ muŋ˧˩ ȶa˧.
那 伏 睡 去 就 记 了 衩 衣服 两 个 那

jət˧˥ lən˩ k'e˧˥ ja:n˩ na:i˧ ɕu˧ p'a:i˧˥ ȵən˩ ma˧˥ t'əu˦˥˧ ljəm˧˩ ȶ'i˧˥ ma˧˥
早 后 他们 家 这 就 派 人 来 到 林 溪 来

ȶa:i˧: “ʔe˥˧, ljəm˩ ȶ'i˧˥ ȶi˥ nu˧˥ me˩ ɕa:i˧ ɕət˩ loŋ˩ •ʔa˧˥?” ȶa:i˧ t'əu˦˥˧
问 哎 林 溪 里 哪 有 寨 石 龙 呵 问 到

“ɕa:i˧ ʔu˥” təŋ˥, po˥˧ k'e˧˥: “ɕa:i˧ ɕət˩ loŋ˩ ɕi˧ kwa:i˩ me˩, ȶiu˥
上 寨 来 告诉 他们 寨 石 龙 呢 没 有 我们

pən˧ me˩ ȶak˩ ȶiu˩ ɕət˩ loŋ˩.” “ʔo˧˥, me˩ ȶiu˩ ɕit˩ loŋ˩.” ȶa˥˧ k'e˧˥
只 有 个 桥 石 龙 噢 有 桥 石 龙 那么 他们

man˥˧ ȵən˩ ȶa˧ ɕu˧ la:u˧ pa:i˥ nu˥˧, la:u˧ ȶa:u˧ ȶiu˩ məi˧˩ ta:i˧ ȶa˧
些 人 那 就 进 去 看 进 头 桥 树 大 那

pa:i˥ nu˥˧, ȶi˥ ȶa˥˧ me˩ ja˩ ȶiu˩ ȶa:u˥ jok˥, ja˩ kəm˧˩ ȶiu˩ ȶa:u˥ jok˥
去 看 里 那 有 两 棵 胀 藤 两 个 棵 胀 藤

ȶa˧ ɕu˧ ȵeu˧ pjət˩ ȶ'a˥˧ məi˧˩ pa:i˥. pa:i˥ ʔa˩ tin˥ məi˧˩ ȶa˧ nu˥˧ ɕi˧,
那 就 绕 缠 上 树 去 去 脚 树 那 看 呢

ȵəŋ˩ me˩ ja˩ ȶiu˩ joŋ˩ su˥ joŋ˩ ja˥˧, keu˥ ʔa˩ tin˥ ȶa:u˥ ȶa˧. ta˧
真 有 两 条 线 绿 线 红 粘 脚 藤 那 过

lən˩ k'e˧˥ ho˧ ȵən˩ la:u˧˩ ȶa˧ ɕu˧ t'iŋ˧ ɕen˥ sən˥ “we˧˩ nəm˧˩”, ɕu˧
后 他们 伙 人 老 那 就 请 先 生 做 水 就

la:u˧ pa:i˥ tat˥ ʔi˥ pe˥˧ pa:i˥. nəŋ˥ me˩ ʔi˥ pe˥˧ ɕu˧ ləu˥ k'un˧˥ nəŋ˥
进 去 砍 一 枝 去 还 有 一 枝 就 挖 完 又

pa:i˥. ləu˥ k'un˧˥ nan˥ ȶəm˩ pa:i˥, ȶa˥˧ ma:u˧ ɕu˧ na:n˩ pa:i˥ heŋ˥ •la˧˩.
去 挖 成 个 洞 去 那么 它 就 难 去 走 了

ȵam˥˧ lən˩ ɕu˧ nəŋ˧˩ kwa:i˩ nu˥˧ ma˧˥•la˧˩. k'e˧˥ ja:n˩ ȶa˧ ja˧ “we˧˩ nəm˧˩”,
晚 后 就 就 不 见 来 了 他们 家 那 也 做 水

ȶa˥˧ ja˩ pəi˧˩ ȶa˧ ɕu˧ ta:ŋ˥˧ la:i˥ •la˧˩. ta˧ lən˩ ja˩ ȶiu˩ ȶa:u˥ jok˥ ȶa˧
那么 两 姑娘 那 就 慢 好 了 过 后 两 根 胀 藤 那

ja˧ na:n˩ pa:i˥ heŋ˥ •la˧˩.
也 难 去 走 了

nan˥ ku˧ na:i˧ ɕi˧ ɕu˧ ȶiŋ˥˧ ȵa:u˧˩ ljəm˩ ȶ'i˧˥ ɕa:i˧ ʔu˥, ɕu˧ ȶi˥ ȶiu˩
个 故事 这 呢 就 是 在 林 溪 上 寨 就 处 桥

ɕət˩ loŋ˩ na:i˧. ja˩ ȶiu˩ ȶa:u˥ •le˧˩, ja:u˩ nəŋ˥ ȵak˥, tu˥ nəŋ˥ li˧
石 龙 这 两 棵 藤 咧 我 还 小 都 还 得

nu˥˧. ɕi˩ na:i˧, ȶiu˩ ɕu˧ nəŋ˥ ȵa:u˧, ȶa:u˥ jok˥ ɕu˧ tat˥ pa:i˥ •la˧˩.
见 时 这 桥 就 还 在 胀 藤 就 砍 去 了

胀　　藤

从前，那胀藤变成人咧就在石龙桥。那一天那个胀藤变成两个后生，就去黄土那儿玩耍，去那个大寨子玩耍。那家有两个姑娘，一个叫焙花，一个叫焙妹。两个姑娘真漂亮喽。两个后生见那两个姑娘很漂亮就每天晚上去向她们俩求爱，去求爱有点久了呢，两个姑娘的脸色就灰败了，她们的父母就吃惊了。

“那么你们俩姑娘怎么这些日子脸色这么不好？你们做什么来着？”她们的父亲就问了。那两个姑娘说：“我们没有做什么呵，就是每天晚上坐后生。”“哪儿的后生呵？”“这两边儿的后生都有，就是两个后生很生疏。我们俩问他们俩，他们俩只说：‘石龙’，哪儿叫石龙他们俩也不说。”“那么要是这样不肯说，明天晚上你们再问他们。”

后来焙花、焙妹她们俩真的问那两个人了，那两个人说：“我们是林溪石龙。”那么那两个姑娘就去告诉她们的父亲。她们的父亲说：“那么你们明天晚上咧，到鸡叫前，要是他们要趴下睡觉，你们俩一个就拿一条红线，一个就拿一条绿线，在他的衣脚做个记号。”后来到鸡叫那时候，那两个人趴下睡觉了，就在那两个人的衣衩上做了记号。

第二天早晨，他们这家就派人到林溪来问：“哎，林溪哪儿有石龙寨呵？”问到上寨来，告诉他们：“石龙寨呢没有，我们就有个石龙桥”。“噢，有石龙桥。”那么他们那些人就进去看，进那个桥头大树那儿去看，那里有两棵胀藤。那两棵胀藤已经缠绕上树了。去那树根儿看呢，真的有两条红线绿线，粘在那藤根儿上。后来他们那伙儿老人就请先生“做水”，就进去砍下一棵，还有一棵把它挖去了，挖成个窟洞了，那么它就不能走了。

转天晚上就不见来了。他们家也“做水”，那么那两个姑娘就慢慢好了。后来那两根胀藤也不能去走了。

这个故事呢就是在林溪上寨，就这石龙桥那儿。两棵藤咧，我小时候都还见过。现在，桥呢还在，胀藤就砍去了。

3.15 ʈuʃ ɕen˥ paʃ
朱 拴 扒

ɕi˩ ʈa˧ me˩ ja˩ muŋ˨ poŋ˩ jəu˨, ʔi˥ muŋ˨ kwa:n˥ su˧ sʅ˥ loŋ˩,
时 那 有 两 个 朋 友 一 个 叫 苏 子 龙

ʔi˥ muŋ˨ kwa:n˥ wa:ŋ˩ ʈi˧ ʈʻən˩. ja˩ kʻe˦ we˨ poŋ˩ jəu˨ la:i˥ •ləu˨. pa:i˥
一 个 叫 王 继 臣 俩 他们 做 朋 友 好 喽 去

tok˨ le˩ toŋ˩ ɕo˩ ʈən˥ ʈən˥, səi˨ ȵa˩ la:u˧ ta:ŋ˩ ha:k˨ nu˦ tu˥ la:i˥,
读 书 同 学 尽 随 你 进 堂 学 哪 都 好

ja˩ muŋ˨ tu˥ pən˧ toŋ˩ tok˨ le˩, si˥ ʈʻiŋ˦ ʔi˥ ka:u˩ la:u˩ ljəu˩ po˩
两 个 都 只 同 读 书 再 请 一 老 头 刘 们

ljən˩ jən˦ ja˩ kʻe˦ we˨ koŋ˥ jəu˨ sa:u˧ kəu˨. ʈa˧ lən˩ wa:ŋ˩ ʈi˧
林 跟 俩 他们 做 工 友 造 饭 过 后 王 继

ʈʻən˩ po˧: "ja˩ ta:u˥ tok˨ ʈʻəu˦ sa:m˥ si˧ ȵin˩ li˧, ja˩ ta:u˥ ɕeŋ˥ la:i˥
臣 说 俩 咱们 读 到 三 四 年 得 俩 咱们 相 好

la:u˨ ho˧, ɕi˩ na:i˧ ɕek˦ mi˨ ʔa:u˥ ma:i˨, ta˧ lən˩ nu˧ ta:u˥ ʔa:u˥ ma:i˨
老 火 时 这 都 未 娶 妻 过 后 要是 咱们 娶 妻

•le˨, ja˩ ta:u˥ we˨ ta:ŋ˩ ʈʻən˦ •la˨." su˧ sʅ˥ loŋ˩ po˧: "ʔe˧, ja˩ ta:u˥
咧 俩 咱们 做 堂 亲 了 苏 子 龙 说 哎 俩 咱们

ʔi˥ na:i˧ ka:ŋ˧ tu˥ ɕek˦ təu˧ •ʔəu˨. ʔa˩ pa:n˧ ȵa˥ ʈa˧ me˩ ʔi˥ kəm˨
这 样 说 都 都 合 噢 半 河 那 有 一 个

ŋa:n˥ ʈa˧, ja˩ ta:u˥ la:u˧ ka:u˨ ŋa:n˥ ʈa˧ pa:i˥ ʈəu˩ ɕen˥ nu˧." ʈa˧ ja˩
庵 那 俩 咱们 进 里 庵 那 去 求 签 看 那么 俩

kʻe˦ ȵəŋ˩ la:u˧ ka:u˨ ŋa:n˥ ʈa˧ pa:i˥ to˧ ja:ŋ˦ ʈəu˩ ɕen˥ •la˨. "ʔe˧,
他们 真 进 里 庵 那 去 烧 香 求 签 了 哎

ja˩ ʈiu˥ ɕek˦ nəŋ˥ mi˨ ʔa:u˥ ma:i˨, nu˥ ta˧ lən˩ ʔa:u˥ ma:i˨ təŋ˥
俩 我们 都 还 未 娶 妻 要是 过 后 娶 妻 来

ɕi˧ ja˩ ʈiu˥ jiu˧ we˨ ta:ŋ˩ ʈʻən˦." ja˩ kʻe˦ pa:i˥ ta˧ na˧ la:u˨ ta˥
呢 俩 我们 要 做 堂 亲 俩 他们 去 中 面 老 大

ho˩ ɕa:ŋ˦ ʈa˧ ka:ŋ˧. la:u˨ ta˥ ho˩ ɕa:ŋ˦ po˧: "we˨ li˧, nu˧ ja˩
和 尚 那 说 老 大 和 尚 说 做 得 要是 俩

ɕa:u˥ me˩ ha:ŋ˩ səm˥ sa:i˧ na:i˧ ɕeŋ˥ ʔəi˧ pa:i˥ ɕi˧, ʈa˧ ja:u˩ ɕu˧
你们 有 种 心 肠 这 相 爱 去 呢 那么 我 就

ta:i˩ kəm˨ ɕen˥ ɕi˧ ʈəu˩ nu˧." ʈʻəu˦ ʈʻəu˦ ʈʻəu˦, pjiu˥ la:k˨ ʈiu˩ ɕen˥
把 个 签 试 求 看 摇 摇 摇 跳 个 根 签

ʈa˧, ʔa:u˥ to˧ ʔi˥ nəŋ˩, "ʔe˧, ja˩ ɕa:u˥ we˨ ta:ŋ˩ ʈʻən˦ ho˩ li˧ hən˨,
那 拿 给 一 看 哎 俩 你们 做 堂 亲 合 得 很

ʈiu˩ ɕen˥ na:i˧ la:i˥ li˧ hən˨."
根 签 这 好 得 很

ta˧ lən˩ kwa:i˩ nu˦ ʈəŋ˥, ja˩ kʻe˦ ma˦ ja:n˩ •la˨, ɕek˦ ʔa:u˥
过 后 不 怎么 久 俩 他们 来 家 了 都 娶

ma:i˨ •la˨. ka:u˩ la:u˩ su˧ sʅ˥ loŋ˩ ʈa˧ sa:ŋ˨ ʔi˥ la:k˨ pəi˨, ʔa:u˥ pəi˨
妻 了 老 头 苏 子 龙 那 养 一 姑 娘 要 姑娘

ʈa˧ kwa:n˥ su˧ ʈʻin˦ jui˥. ta˧ ȵin˩ lən˩, ka:u˩ la:u˩ wa:ŋ˩ ka˥ ʈa˧ ju˧
那 叫 苏 琴 王 过 年 后 老 头 王 家 那 又

sa:ŋ˨˩ ʔi˥ pa:n˥, ʔa:u˥ kwa:n˥ wa:ŋ˩ tɕeu˩ toŋ˥. ta˥˧ ti˥ na:i˧ wa:ŋ˩ ti˧ tʻən˩
养 一 子 取 叫 王 桥 栋 那么 时 这 王 继 臣

ɕu˧ kʻwa:n˧˥ tʻi˧ ·la˨˩, ɕu˧ ki˧ ɕi˧ ka:ŋ˧ sa:i˥ kəm˨˩ ma:i˨˩ ma:u˧ tʻiŋ˥˧
就 欢 喜 了 就 不 是 说 给 个 妻 他 听

·la˨˩: "ja:u˩ ka:ŋ˧ sa:i˥ na˩ tʻiŋ˥˧ ·ləu˨˩, ɕi˩ na:i˧ pəi˨˩ su˧ tʻin˧ jui˥
了 我 说 给 你 听 喽 时 这 姑娘 苏 琴 玉

ta˧ tiŋ˥˧ pəi˨˩ lja˧ ta:u˥ ·la˨˩. ɕi˩ ta˥˧ tiu˥ la:u˧ mjiu˧ ta˧ pa:i˥ tɕəu˩
那 是 媳 妇 咱们 了 时 那 我们 进 庙 那 去 求

ɕen˥ ka:ŋ˧ ta˧ ljeu˨˩, ni˧˥ nəŋ˥ me˩ ka:u˩ la:u˩ pu˨˩ ma:k˧ ljəu˩ po˩ ljən˩
签 说 过 了 噢 还 有 老 头 伯 父 刘 伯 林

ta˧, ma:u˧ jən˧˥ tiu˥ pa:i˥ tuŋ˥ kəu˨˩. ɕi˩ na:i˧ ja:u˩ ljok˩ ɕəp˩ ta˧
那 他 跟 我们 去 煮 饭 时 这 我 六 十 过

nin˩ ljeu˨˩, kʻui˧ tu˥ koŋ˨˩ ljeu˨˩ kwa:i˩ na:u˩ pa:ŋ˥ ja:u˩ tʻau˥˧. ki˧
岁 了 腰 都 弯 了 没有 谁 帮 我 一点儿 不

ɕi˧ hem˨˩ pu˥˧ ma:k˧ ljəu˩ po˩ ljən˩ pa:i˥ lət˧˥ tɕeŋ˨˩ pʻe˧˥ ta˧ kun˥˧.
是 叫 伯 父 刘 伯 林 去 了结 点 尾 那 先

ɕi˩ ta˥˧ ka:ŋ˧ tu˥ ka:ŋ˧ ljeu˨˩, ɕi˩ na:i˧ ja:u˩ la:u˨˩ ljeu˨˩ ɕi˧ hem˨˩
时 那 说 都 说 了 时 这 我 老 了 呢 叫

ma:u˧ ma˧˥ pa:ŋ˥ ja:u˩."
她 来 帮 我

ta˥˧ jət˧˥ lən˩ ɕu˧ hem˨˩ ka:u˩ la:u˩ ljəu˩ po˩ ljən˩ ma˧˥ ta:n˥
那么 早 后 就 叫 老 头 刘 伯 林 来 吃

ɕe˩ ta:n˥ ɕe˩ ljeu˨˩ ɕu˧ pa:i˥ ja:n˩ su˧ sɿ˥ loŋ˩ ta˧ pa:i˥。
油茶 吃 油茶 了 就 去 家 苏 子 龙 那 去

ka:u˩ la:u˩ su˧ ka˥ ta˧ ta:i˩ nin˩ na:i˧ sən˥ ho˧ ma:u˧ la:i˥, ke˥
老头 苏 家 那 些 年 这 生 活 他 好 家产

ju˧ we˨˩ tʻa˥˧ tɕeŋ˨˩, ha:ŋ˩ nən˩ ta˥˧ ɕu˧ me˩ nak˥ tɕen˧ ·la˨˩. ta˥˧
又 做 上 点儿 样 人 那 就 有 点儿 好 了 那么

ka:u˩ la:u˩ wa:ŋ˩ ka˥ we˨˩ nan˥ sɿ˥ tʻən˧ la:u˨˩ ɕət˩ tɕeŋ˨˩, ke˥ ju˧ ʔi˥
老 头 王 家 做 个 事 情 老 实 点儿 家产 又 一

nin˩ ʔi˥ pjet˨˩ lui˧ pa:i˥, ɕu˧ ka:i˧ ta˧ ma:u˧ la:i˥ ·ləu˨˩. li˧ kəm˨˩ nəi˨˩
年 一 跌 下 来 就 不 过 他 好 喽 得 个 老婆

ta˧ pa:i˥ ta:i˧ su˧ sɿ˥ loŋ˩: "pu˨˩ ma:k˧ ljəu˩ po˩ ljən˩ ma˧˥ ja:n˩ ta:u˥
那 去 问 苏 子 龙 伯父 刘 伯 林 来 家 咱们

ka:ŋ˧ ma:ŋ˩ ·ʔa˧˥?" ka:u˩ la:u˩ su˧ sɿ˥ loŋ˩ po˥˧: "ʔe˧˥, ka:ŋ˧ ma:ŋ˩ ·ʔa˧˥? ma:u˧
说 什么 呵 老头 苏 子 龙 说 哎 说 什么 呵 他

pən˧ po˥˧ ɕa:ŋ˥˧ ʔa:u˥ kəm˨˩ ma:ŋ˩ su˧ tʻin˧ jui˥! ja:u˩ nəŋ˥ pa:i˥ ma:u˧
只 说 想 要 个 什么 苏 琴 玉 我 还 去 他

·ʔa˧˥ ɕi˩ na:i˧?" nəi˨˩ ta˧ ja˧ po˥˧: "ʔe˧˥, ma:u˧ pu˨˩ la:k˨˩ sən˧ ho˩ ɕi˩
呵 时 这 老婆 那 也 说 咳 他 父 子 生 活 时

na:i˧ tʻen˥˧ ·na˨˩, ɕeu˧˥ ·ʔa˨˩, ta:u˥ kwa:i˩ jən˧˥ ma:u˧ we˨˩ tʻən˧˥. nu˥˧ ma:u˧
这 歉 呐 穷 呵 咱们 不 跟 他 做 亲 要是 他

jiu˥˧ ʔa:u˥, po˥˧ ma:u˧ pen˧ ʔi˥ pek˧ ni˧ ɕi˥ kʻwa:i˥˧ ta˥ ja:ŋ˩ ma˧˥ ta˧
要 娶 告诉 他 办 一 百 二 十 块 大 洋 来 过

lji˨˩." ta˧ pən˧ to˧ la:k˨˩ tiu˧ ɕe˩ sa:i˥ ma:u˧ ta:n˥, ja˧ kwa:i˩ sa:u˧ ma˥.
礼 那么 只 打 小 锅 茶 给 他 吃 也 没有 做 菜

kaːu˩ laːu˩ ljəu˩ po˩ ljən˩ ton˦˥ paːi˥jaːn˩, nəi˨˩ kʼe˦˥ ɕu˧ taːi˧ •la˨˩:
老头 刘 伯 林 转 去 家 母 他 就 问 了

"ta˦˥ na˩ ɕi˩ naːi˧ li˧ lji˨˩ maːŋ˩ kwaːi˩ •ʔa˦˥?" "ʔe˦˥, kwaːi˩ ŋak˥ tʼa˦˥
那么 你 时 这 得 话 什么 没有 呵 哎 不 理睬

jaːu˩ ʔəu˨˩, pən˧ li˧ taːn˥ laːk˨˩ paːk˧ kəu˨˩ tok˨˩. maːu˧ jiu˦˥ taːu˥ pen˧
我 噢 只 得 吃 个 口 饭 独 他 要 咱 办

ʔi˥ pek˧ ni˧ ɕi˥ kʼwaːi˦˥ ta˥ jaːŋ˩ saːi˥ maːu˧ ta˧ lji˨˩." nəi˨˩ kʼe˦˥ po˦˥:
一 百 二 十 块 大 洋 给 他 过 礼 母 他 说

"taːu˥ nu˦˥ me˩ sin˩ •ʔa˦˥? taːu˥ laːu˧ si˦˥ tən˨˩ ja˦˥ kəu˨˩ tim˥ tok˨˩. ʔi˥
咱 哪儿 有 钱 啊 咱 只 四 囤 田 米 粳 独 一

nin˩ ʔi˥ pe˥ ja˦˥ •ʔəu˨˩." pu˨˩ kʼe˦˥ po˦˥: "pi˨˩ tən˧ kaːŋ˧ kun˦˥, ta˦˥ maːu˧
年 一 卖 田 噢 父 他 说 别 赶紧 说 先 那么 他

jiu˦˥ naːi˦˥ tuŋ˩ sin˩ paːi˥, taːu˥ nəŋ˨˩ naːn˩ kaːŋ˧ kəm˨˩ naːi˧ •la˨˩."
要 这么 多 钱 去 咱 就 难 说 个 这 了

ti˥ naːi˧ ha˧ tiŋ˦˥ kwaːi˩ kaːŋ˧ kəm˨˩ ta˧ •la˨˩.
时 这 才 不 说 个 那 了

ta˦˥ waːŋ˩ teu˩ toŋ˥ man˥ man˥ paːi˥ tok˨˩ le˩. ɕən˧ naːi˧ me˩ ʔi˥
那么 王 桥 栋 天 天 去 读 书 时 这 有 一

pəi˨˩, pəi˨˩ su˧ jin˧ ta˧ ɕu˧ po˦˥ su˧ tʼin˧ jui˥ •la˨˩, "ʔa˩ ku˥ •ʔa˨˩, na˩
姑娘 姑娘 苏 云 那 就 告诉 苏 琴 玉 了 阿 姑 呵 你

jo˨˩ me˥ waːŋ˩ teu˩ toŋ˥ kwaːi˩?" maːu˧ po˦˥: "jaːu˩ kwaːi˩ me˥." "ʔe˦˥,
认识 王 桥 栋 不 她 说 我 不 认识 哎

na˩ kaːi˧ jo˨˩ me˥ waːŋ˩ teu˩ toŋ˥ •ʔəu˨˩, maːu˧ laːi˥ tiŋ˥ laːi˥ muŋ˨˩
你 不 认识 王 桥 栋 噢 他 非常 好 个

nən˩ •əu˨˩, muŋ˨˩ ta˧ tʼe˦˥ nan˥ taːu˧ ljan˥ lju˦˥ ta˧ təu˧ nan˥ ke˨˩ sən˩ səi˦˥,
人 噢 个 那 梳 个 头 光光溜溜 象 个 粪 小母牛

tan˧ məi˨˩ kʼuk˧ tʼəu˦˥ paːu˥ ta˧, tʼaːm˧ kʼun˦˥ tu˥ me˩ taːŋ˧ paːi˥. sən˥ ti˧
穿 件 衣服 骨扣 那 走 路 都 有 步数 去 地方

taːu˥ haːŋ˩ nən˩ ʔi˥ ta˧ tu˥ taːi˩ jun˧ ta˧ •le˨˩. nu˦˥ kaːŋ˧ we˨˩ maːi˨˩
咱们 样 人 那么 都 些 少 咧 要是 说 做 妻

saːi˥ maːu˧, tiu˥ ton˧ ɕəm˦˥ maːu˧ ki˧ ʔəu˨˩." "ʔe˦˥, ta˦˥ laːi˥ muŋ˨˩ paːi˥
给 他 我 端的 配上 他 不得 噢 哎 那么 好 个 去

•ʔa˦˥? ta˦˥ man˥ nu˦˥ ja˥ taːu˥ taːi˩ nak˥ man˦˥ paːi˥ tan˥ ɕən˩ ta˧
呵 那么 天 哪 俩 咱们 拿 点儿 针线活 去 城墙 垛子 那

paːi˥ nu˦˥."
去 看

ta˦˥ ja˩ kʼe˦˥ ʔaːu˥ laːk˨˩ nak˥ man˦˥ paːi˥ ʔa˩ te˥ tan˥ ɕən˩ ta˧ we˨˩
那么 俩 她们 拿 点儿 针线活 去 边 埂 城 那 做

man˦˥. ho˧ ɕo˩ sən˥ ta˧ ji˦˥ tʼaːm˧ ta˧ təŋ˥, waːŋ˩ teu˩ toŋ˥ tʼaːm˧
针线活 伙 学 生 那 一 走 过 来 王 桥 栋 走

laːu˧ taːŋ˩ ta˦˥ ta˧ nan˥ ke˦˥ ta˧, taːŋ˧ paːi˥ taːŋ˧ ton˦˥. su˧ tʼin˧
进 中 间 那 个 来回 摆臂 步 去 步 转 苏 琴

jui˥ po˦˥ maːu˧: "na˩ hem˨˩ maːu˧ ma˦˥." ta˦˥ ji˦˥ hem˨˩ maːu˧ ɕu˧ nəŋ˨˩
玉 告诉 她 你 叫 他 来 那么 一 叫 他 就 就

tʼaːm˧ tʼəu˦˥ te˥ tan˥ ɕən˩ təŋ˥ •la˨˩. ta˧ su˧ tʼin˧ jui˥ ɕu˧ hem˨˩:
走 到 边 埂 城墙 来 了 那么 苏 琴 玉 就 叫

“wa:ŋ˩ ȶeu˩ toŋ˥!” ma:u˧ to˧ ʔi˥ nəŋ˩; ju˧ hem˧˩: “wa˧˥ waŋ˩ ȶeu˩
王 桥 栋 他 打 一 看 又 叫 喂 王 桥

toŋ˥!” ma:u˧ ju˧ to˧ ʔi˥ tʻən˧. waŋ˩ ȶeu˩ toŋ˥ ȶi˥ na:i˧ ɕu˧ ka:ŋ˧
栋 他 又 打 一 褪 王 桥 栋 时 这 就 说

·la˧˩: “hem˧˩ ȶiu˥ ma:ŋ˩ ·ʔa˧˥?” ȶa˥˧ su˧ tʻin˧ jui˥ ɕu˧ ka:ŋ˧: “ȵa˩
了 叫 我 什么 啊 那么 苏 琴 玉 就 说 你

ȶa:i˧˩ wa:ŋ˩ ȶeu˩ toŋ˥ ·ʔa˧˩, ja:u˩ man˥ na:i˧ ȶiŋ˥˧ jo˧˩ me˥ ȵa˩· pən˧
哥 王 桥 栋 啊 我 天 这 才 认识 你 只

tʻiŋ˥˧ ka:ŋ˧ ɕi˩ ȶa˥˧ pu˧˩ ɕa:u˥ jən˧˥ pu˧˩ ȶiu˥ wa:n˩ ka:ŋ˧ ja˩ ta:u˥
听 说 时 那 父 你 跟 父 我 原来 说 俩 咱们

we˧˩ tʻən˧˥, la:u˧ mjiu˧ pa:i˥ ka:ŋ˧ ta˧ ljeu˧˩.” “ʔe˥˧, ȶiu˥ kəm˧˩ na:i˧
做 亲 进 庙 去 说 过 了 哎 我们 个 这

kʻu˧ ho˧, kwa:i˩ me˩ ȵan˩ ·ʔəu˧˩.” “ȶa˥˧ ɕa:u˥ jəŋ˧ ȶiu˥ ·ʔa˧˥?” ȶa˥˧
苦 很 没 有 银 噢 那么 你 答应 我 啊 那么

wa:ŋ˩ ȶeu˩ toŋ˥ nu˥˧ su˧ tʻin˧ jui˥ la:i˥ pəi˧˩, su˧ tʻin˧ jui˥ ja˧ nu˥˧
王 桥 栋 见 苏 琴 玉 漂 亮 苏 琴 玉 也 看

wa:ŋ˩ ȶeu˩ toŋ˥ la:i˥ muŋ˧˩. ja˩ kʻe˧˥ ȶi˥ ȶa˥˧ ka:ŋ˧ li˧˩ tu˥ na:n˩
王 桥 栋 漂 亮 俩 他们 里 那 说 话 都 难

ɕeŋ˥ kʻwe˥˧ ·ʔəu˧˩. ȶa˥˧ ȶi˥ na:i˧ wa:ŋ˩ ȶeu˩ toŋ˥ po˥˧: “nəi˧˩ ȶiu˥ ja:n˩
相 舍 噢 那么 时 这 王 桥 栋 说 母 我 家

ȶa˧ me˩ pjiŋ˧, kwa:i˩ me˩ sin˩ ɕa:u˥˧.” “ʔe˥˧, ka:i˧ jiu˥˧ ȶən˧.” li˧
那 有 病 没 有 钱 治 哎 不 要 紧 得

su˧ tʻin˧ jui˥ po˥˧: “ja:u˩ me˩ sin˩ sa:i˥ ȵa˩ pa:i˥. ja:u˩ ȶi˥ na:i˧
苏 琴 玉 说 我 有 钱 给 你 去 我 时 这

ʔa:u˥ nat˥ ɕi˥ jəm˥˧ ȶəm˥ sa:i˥ ȵa˩ pa:i˥ wa:n˧, ʔa:u˥ sin˩ pa:i˥
拿 个 戒 指 金 给 你 去 换 拿 钱 去

ɕa:u˥˧ nəi˧˩ ɕa:u˥ kun˥˧.” sa:i˥ ma:u˧ li˧ nat˥ ɕi˥ jəm˥˧ ȶəm˥ ȵəŋ˩
治 母 你 先 给 他 得 个 戒 指 金 真

pa:i˥ ʔa˩ ka:i˥ ȶa˧ wa:n˧ ·la˧˩.
去 街 那 换 了

ta˧ lən˩ su˧ tʻin˧ jui˥ ju˧ po˥˧: “ȵam˥˧ na:i˧ ȵa˩ ma˧˥ ja:n˩ ȶiu˥,
过 后 苏 琴 玉 又 说 晚 这 你 来 家 我

ja:n˩ ȶiu˥ ȵam˥˧ na:i˧ we˧˩ hwən˧, ju˧ sa:u˧ ȵak˥ ma˥, ju˧ pen˧ ȵak˥
家 我 晚 这 做 粉 又 做 点儿 菜 又 办 点儿

na:n˧˩, ta:u˥ we˧˩ ‘ɕeu˥ je˥’, ȵam˧˥ ȵak˥. ȵam˥˧ na:i˧ ja:u˩ ɕu˧ pen˧ ȵak˥
肉 咱们 做 消 夜 喝 点 晚 这 我 就 办 点儿

ja˥ sa:i˥ ȵa˩, pen˧ ȵak˥ sin˩ sa:i˥ ȵa˩, ȵa˩ jiu˥˧ ma˧˥ ja:n˩ ȶiu˥ ma˧˥ ʔa:u˥
布 给 你 办 点儿 钱 给 你 你 要 来 家 我 来 取

·əu˧˩.” ȶa˥˧ wa:ŋ˩ ȶeu˩ toŋ˥ ɕu˧ jəŋ˧ ·ləu˧˩.
噢 那么 王 桥 栋 就 答应 喽

li˧ kəm˧˩ ȶu˩ ɕen˥ pa˩ ȶa˧ kwa:i˩ me˩ ȶa:ŋ˧ ȶəm˩, pən˧ ljak˩ ja:n˩
得 个 朱 拴 扒 那 没 有 正 经 只 偷 家

kʻe˧˥ ȶən˥ ȶən˥. li˧ waŋ˩ ȶeu˩ toŋ˥ ja˩ kʻe˧˥ nəi˧˩ kʻe˧˥ ʔu˥ ɕa:ŋ˩ ȶa˧
别人 总是 得 王 桥 栋 俩 他们 母 他 上 床 那

ka:ŋ˧· la˧˩: “ȵam˥˧ na:i˧ su˧ tʻin˧ jui˥ hem˧˩ ja:u˩ pa:i˥ ʔa:u˥ sin˩, ȵa˩
说 了 晚 这 苏 琴 玉 叫 我 去 拿 钱 你

ju˧ kʻit˧ loŋ˩, na:n˩ ʨəu˥˧ mja˩ ·ʔəu˧˩.” li˧ tu˩ ʈu˩ ɕen˥ pa˩ ʔa:u˥ ʈʻa˧˥
又 疼 肚 难 留 手 噢 得 只 朱 拴 扒 拿 耳

pa:i˥ ʈuŋ˥ ʈʻa˧˥, li˧ ʈʻiŋ˥˧ ja˩ kʻe˧˥ ja˩ nəi˧˩ la:k˧˩ʔa˩ ʈa˧ ka:ŋ˧ li˧˩, ɕu˧
去 听 得 听 俩 他们 俩 母 子 那儿 说 话 就

po˥˧: “ʔe˥˧, ɕa:i˥ ja:u˩ pa:i˥ ʔa:u˥!” ma:u˧ pən˧ we˧˩ ɕak˩ ·ləu˧˩. ma:u˧
说 哎 让 我 去 拿 他 只 做 贼 喽 他

ma˧˥ ja:n˩ ʈa:i˩ mjut˧˩ ʈa˧ ʈʻe˥˧ pa:i˥, ɕu˧ pa:i˥ ja:n˩ su˧ ʈʻin˧ jui˥ ʈa˧
来 家 把 胡须 那 剃 去 就 去 家 苏 琴 玉 那

ʔa:u˥ sin˩ ·la˧˩.
拿 钱 了

pa:i˥ ʈʻəu˥˧ ʈa˧ li˧ ja˩ pəi˧˩ ʈa˧ ʔa˩ ka:u˧˩ ʈa˧ ɕa:u˧ hwən˧, pən˧ ʈiŋ˥˧
去 到 那儿 得 两 姑娘 那 里面 那 做 粉 只 听

ʔa˩ ʈa˧ sa:u˧ ma˥ ʈa˩ʈʻu˧ ʈa˧. ma:u˧ ton˧ ɕu˧ po˥˧: “kʻəi˧˥ to˥ ·ʔa˧˩.”
那里 做 菜 忙碌 他 就 就 说 开 门 啊

ja˩ pəi˧˩ ʈa˧ kwa:i˩ kʻəi˧˥ to˥. “ju˧ hem˧˩ ja:u˩ ma˧˥, ju˧ kwa:i˩ kʻəi˧˥
两 姑娘 那 不 开 门 又 叫 我 来 又 不 开

to˥ ·ʔa˧˥?” ɕa:i˥ pəi˧˩ ja˧ ʈəu˩ ʈa˧ pa:i˥ kʻəi˧˥ to˥, ŋe˥ kʻəi˧˥ kəm˧˩ to˥
门 啊 给 个 丫 头 那 去 开 门（开门声）开 个 门

ja˩ ma:ŋ˥˧ ʈa˥ ʈa˧, pʻom˥˧ ma:ŋ˥˧ tin˥ la:u˧ ja:n˩. kəm˧˩ ʈu˩ ɕen˥ pa˩
两 边 关 那 “扑”地 边 脚 进 屋 个 朱 拴 扒

ju˧ pʻa:ŋ˧˥, wa:ŋ˩ ʈau˩ toŋ˥ ju˧ ʈʻam˥˧ ʈeŋ˧˩, “ʔe˥˧, kəm˧˩ na:i˧ kwa:i˩
又 高 王 桥 栋 又 低 点 哎 个 这 不

ʈəu˧, ʔa˩ ku˥. kəm˧˩ na:i˧ ka:i˧ ʈa:ŋ˧.” nəŋ˧˩ ʈa:i˩ kəm˧˩ to˥ ʈa˧ ne˧˩
象 阿 姑 个 这 不 是 就 把 个 门 那 掩

ɕa:t˥˧ ·la˧˩.
快 了

ʈa:i˩ kəm˧˩ to˥ ʈa˧ pʻəm˧˩ ʈa˥, ma:u˧ ɕu˧ ʔa˩ ʈe˥ to˥ ʈa˧ po˥˧: “hen˧
把 个 门 那（关门声）关 他 就 边 门 那 说 约

ja:u˩ ma˧˥ ju˧ kwa:i˩ kʻəi˧˥ to˥!” ma:u˥ ʈak˥ kəm˧˩ mja˧˩ ʔi˥ na:i˧ ja:i˧,
我 来 又 不 开 门 他 背 个 刀 这 么 长

kəm˧˩ mja˧˩ ʈa˧ mja˧˩ kʻe˧˥ sa˧ kʻu˥˧ ʈa˧. ma:u˧ ʈa˧ ʔu˥ ɕən˥ ʈa˧ ɕa:t˧
个 刀 那 刀 人家 杀 猪 那 他 从 上 身 那 抽

kəm˧˩ mja˧˩ ʈəŋ˥, kəm˧˩ to˥ ʈa˧ ja˩ ma:ŋ˥˧ kʻun˧˥ kəm˧˩ han˩, ma:u˧ si˩
个 刀 来 个 门 那 两 边 成 个 缝儿 他 顺

kəm˧˩ to˥ ʈa˧ nəŋ˧˩ sa:i˥ ʔi˩ mja˧˩ ʈʻoŋ˧ ʈa˧ pa:i˥ ·la˧˩. kəm˧˩ pəi˧˩ ʈa˧
个 门 那 就 给 一 刀 捅 过 去 了 个 姑娘 那

jən˥˧ ʔa˩ ka:u˧˩ ʈa˧, ʔa:u˥ kəm˧˩ ʈak˥ pa:i˥ jən˥˧ ʔa˩ ʈa˧, ɕa:i˩ kəm˧˩
贴 里面 那 拿 个 胸膛 去 贴 那儿 给 个

ʈu˩ ɕen˥ pa˩ ʈa˧ lan˥˧ ʔi˥ ɕep˧, pəi˧˩ ja˧ ʈəu˩ ʈa˧ nəŋ˧˩ ʈau˧˩ pam˧˩ ʔa˩
朱 拴 扒 那 猛力 一 插 个 丫 头 那 就 倒 扑地

ʈa˧ ·la˧˩, pʻa:t˧ ləm˩ la:ŋ˧ pa:i˥. ma:u˧ kʻəi˧˥ to˥ la:u˧ ja:n˩ pa:i˥
那儿 了 血 遍地流 去 他 开 门 进 屋 去

le˧˩, li˧ kəm˧˩ su˧ ʈʻin˧ jui˥ ja:u˧ la:u˧˩ ho˧, pəi˧˩ ʈa˧ nəŋ˧˩ wi˧˥ la:u˧
咧 得 个 苏 琴 玉 怕 极 姑娘 那 就 跑 进

ʈe˧ ʈoŋ˩ pa:i˥ ləp˥ pa:i˥ ·la˧˩. ʈa˥˧ ɕən˧ na:i˧ sa:i˥ tu˩ ʈu˩ ɕen˥ pa˩
楼下 去 藏 去 了 那么 时 这 给 只 朱 拴 扒

la:u˧ ja:n˩ pa:i˥, man˥˧ ȵan˩, man˥˧ ja˥ ɕu˩, ma:u˧ ɕek˧ ljot˧˩ pa:i˥ ·la˧˩.
进 屋 去 些 银 些 布 绸 他 都 捧 去 了

ʨa˥˧ ʨi˥ na:i˧ pu˧˩ ma:u˧ jən˧˥ nəi˧˩ ma:u˧ ʔa˩ ɕa:ŋ˩ ʨa˧ na:k˧˥ ɕi˧
那么 时 这 父 她 跟 母 她 床 那 睡 呢

ljok˧˥·ʔəu˧˩, ɕi˩ na:i˧ p'e˧˥ nəŋ˧˩ kwa:i˩ ʨ'iŋ˥˧ ka:ŋ˧ li˧˩ ʨ'a:u˥˧ ·ʔa˧˩? ʔa˩ ʨe˥
奇怪 噢 时 这 怎么 就 不 听 说 话 一点 儿啊 边

pi˥ ʨa˧ kwa:i˩ ka:ŋ˧ li˧˩ ·ʔa˧˥? pu˧˩ k'e˧˥ ʨən˩ ʔəŋ˥ nu˥˧, ʔe˥˧, ʔa˥ ʨe˥ pi˥
火塘 那 不 说 话 啊 父 她 起 来 看 哎 边 火塘

ʨa˧ nəŋ˧˩ sa˧ kəm˧˩ ȵən˩ ljeu˧˩. nəŋ˥ me˩ su˧ ʨ'in˧ jui˥ ʔa˩ nu˧˥ ·la˧˩?
那 就 杀 个 人 了 还 有 苏 琴 玉 哪儿 了

ʔəu˧˩, pa:i˥ la:u˧ ka:u˧˩ sən˧˩ ʨoi˥˧ ʨa˧ pa:i˥ ləp˥·la˧˩, na˧ ʨu˥ p'a˧˥ pa:i˥,
噢 去 进 里 碓 臂 那 去 藏 了 脸 都 灰 去

ja:u˧ ka:ŋ˧ li˧˩ ·ləu˧˩. ʨa˥˧ ɕən˧ na:i˧ p'a:i˧˥ ȵən˩ ɕi˥˧ pa:i˥ ʨ'a˧ nu˥˧,
怕 说 话 喽 那么 时 这 派 人 试 去 查 看

li˧ kəm˧˩ ljəu˩ jon˩ ʨa:ŋ˥ ʨa˧ ȵa:u˧˩ ʨa˧ we˧˩ la:u˧˩ pa:n˧˩. ʔa:u˥ nan˥
得 个 刘 元 章 那 在 那儿 做 老 板 拿 个

ʨəm˥ ʨa˧ ma˧˥ ljiŋ˥, ʔe˥˧, na˥ ʨam˥ na:i˧ me˩ ȵak˥ la:i˥ ·ʔa˧˩, ka:i˥ nan˥
金 那 来 瞧 哎 个 金 这 有 点儿 好 啊 盖 个

ʨa:ŋ˧ na:i˧.“ʔe˥˧, ʨa˧ nu˧˥ ʔa:u˥ kəm˧˩ ʨəm˥ ʨiu˥ na:i˧ ma˧˥? li˧ ·la˧˩, li˧
章 这 哎 从 哪儿 拿 个 金 我们 这 来 得 了 得

ʨu˩ sak˩ na:i˧ ·la˧˩. ma:u˧ po˥˧: “ka:i˧ ʨa:ŋ˧ ja:u˩ ·ʔəu˧˩.” “na:u˩? kəm˧˩
只 贼 这 了 他 说 不 是 我 噢 谁 个

ʨa˧?” “nan˥ na:i˧ wa:ŋ˩ ʨeu˩ toŋ˥ ʔa:u˥ ma˧˥ wa:n˧, ʨu˥ mi˧˩ sa:i˥
那 个 这 王 桥 栋 拿 来 换 都 未 给

sin˩ sa:i˥ ma:u˧ ljeu˧˩·le˧˩.” ʨa˥˧ ɕu˧ ʨa:i˩ kəm˧˩ wa:ŋ˩ ʨeu˩ toŋ˥ li˧·la˧˩,
钱 给 他 了 咧 那么 就 把 个 王 桥 栋 得 了

suk˧˩ wa:ŋ˩ ʨeu˩ toŋ˥·la˧˩. ʨa˥˧ ɕi˩ na:i˧ ɕu˧ ʨa:i˩ kəm˧˩ wa:ŋ˩ ʨeu˩
捆 王 桥 栋 了 那么 时 这 就 把 个 王 桥

toŋ˥ ʨam˧·la˧˩。 ma:u˧ po˥˧: “ja:u˩ kwa:i˩ ʔa:u˥ ʨəm˥, ja:u˩ kwa:i˩ ʔa:u˥
栋 关 了 他 说 我 没有 拿 金 我 没有 拿

man˥˧ ɕa:u˥, ja:u˩ kwa:i˩ sa˧ ȵən˩ ·ʔəu˧˩。” “ȵa˩ kwa:i˩ sa˧ ȵan˩, man˥˧
些 你们 我 没有 杀 人 噢 你 没有 杀 人 些

ʨəm˥ na:i˧ ȵa˩ ʨa˧ nu˧˥ ʔa:u˥ ma˧˥?” “nan˥ ʨəm˥ na:i˧ ɕi˧ pəi˧˩ ʨa˧
金 这 你 从 哪儿 拿 来 个 金 这 呢 姑娘 那

sa:i˥ ja:u˩ ·ʔa˧˥.”
给 我 啊

ʨa˥˧ ɕən˧ na:i˧ ȵən˩ ʨəu˩ ka:u˧˩ sən˥ ʨa˧ ɕu˧ po˥˧: “nan˥ na:i˧ nu˧˥
那么 时 这 人 头 里 村 那 就 说 个 这 怎

ha:ŋ˩ we˧˩ ·ʔa˧˥?” ma:u˧ ɕu˧ ʨ'a˥˧ “muŋ˧ ɕa:ŋ˩” ·la˧˩, kəm˧˩ jəm˥ ja:ŋ˩ ʨi˧
样 做 啊 他 就 上 梦 床 了 个 阴 阳 地

lji˧˩ ɕek˧ li˧ jo˧˩. ma:u˧ ɕu˧ nu˥˧: ʨa˧ ka:u˧˩ ȵa˥ ʨa˧ k'ui˧˥ ʨiu˩ pan˥
理 都 得 知 他 就 看 从 里 河 那 流 条 竹

ʨəŋ˥, ʔo˧˥? ʔəu˧˩. pan˥ ɕu˧ “ʨu˩”. ja˩ ʨ'əi˥˧ pan˥, ʨ'əu˥˧ ʨi˥ p'e˧˥ ʨa˧ ju˧
来 噢 噢 竹 就 朱 两 块 竹 到 处 尾 那 又

k'un˧˥ ja˩ ʨ'əi˥˧, me˩ ʔi˥ ʨiu˩ ɕen˥, ʔəu˧˩, “ɕen˥”. “ʨu˩ ɕen˥ pa˩.” ʔe˥˧,
成 两 块 有 一 条 闩 噢 拴 朱 拴 扒 哎

nan˥ ȶa˧ na:i˧·la˧˩。 ma:u˧ ljo˧˥ ȶən˩ təŋ˥ ɕu˧ ȶa:i˧：“ɬa:u˥ ȶi˥ na:i˧ me˩
个 那 这样 了 他 醒 起 来 就 问 咱们 里 这 有

ȵən˩ siŋ˥˧ ‘ȶu˩’ kwa:i˩?” kʻe˧˥ po˥˧：“me˩ ·ʔa˧˩。” “ma:u˧ we˧˩ kəm˧˩ ma:ŋ˩?”
人 姓 朱 没有 他们 说 有 啊 他 做 个 什么

“ma:u˧ we˧˩ ɕak˩， pu˥ ȶa:ŋ˥ pu˥ ȶu˥˧ ·ləu˧˩。” “ʔo˧˥? ȶa˥˧ ɕən˧ na:i˧ ɬa:u˥
他 做 贼 不 三 不 四 喽 噢 那么 时 这 咱们

ɕu˧ na:i˧·ləu˧˩， po˥˧ ma:u˧ ɬa:i˩ ȶiu˥˧ səŋ˩ ȶa˧ ka:ŋ˧。” ȶa˥˧ ɕən˧ na:i˧
就 这样 喽 告诉 他 把 照 直 那 说 那么 时 这

ɬa:i˩ ɬu˩ ȶu˩ ɕen˥ pa˩ ʔa:u˥ ma˧˥， ho˥˧ ȶa˧ ɕek˧ ȶʻoi˥˧ ɕa:i˥ su˧ ka˥ pa:i˥，
把 个 朱 拴 扒 拿 来 货 那 都 退 给 苏 家 去

ȵən˩ ɬəu˩ ȶa˧ ɕu˧ ʔuk˧ ɬəŋ˥ ka:ŋ˧·la˧˩：“ȶu˩ ɕen˥ pa˩， li˧ ȵa˩·la˧˩，
人 头 那 就 出 来 说 了 朱 拴 扒 得 你 了

ljiŋ˧˩ ɕoi˧˩ kwa:i˩?” ɬa:i˩ ɬu˩ ȶu˩ ɕen˥ pa˩ pa:i˥ ȶən˧·la˧˩， ɕa˧ ma:u˧ pa:i˥·la˧˩。
认 罪 不 把 个 朱 拴 扒 去 惩办了 杀 他 去 了

ȶa˥˧ ɕən˧ na:i˧ hem˧˩ nu˧˥? hem˧˩ ka:u˩ la:u˩ su˧ sɿ˥ loŋ˩ ma˧˥·la˧˩。kəm˧˩
那么 时 这 叫 谁 叫 老 头 苏 子 龙 来 了 个

ȵən˩ ɬəu˩ ȶa˧ ɕu˧ ka:ŋ˧：“ɕi˩ ȶa˥˧ ja˩ ɕa:u˥ ka:ŋ˧ we˧˩ ȶʻən˧˥， ɕi˩ na:i˧
人 头 那 就 说 时 那 俩 你们 说 做 亲 时 这

ȵa˩ nu˥˧ pu˧˩ kʻe˧˥ ȶoŋ˩ ju˧ ka:i˧ ɕa:i˥ we˧˩ ma:i˧˩。 ȵa˩ ȶʻiŋ˥˧ ja:u˩ ka:ŋ˧ ɕu˧ la:i˥，
你 见 父 他 穷 又 不 给 做 妻 你 听 我 说 就 算

kwa:i˩ ȶʻiŋ˥˧ ja:u˩ ka:ŋ˧ ɕa˧ ȵa˩ pa:i˥! nu˥˧ ȵa˩ kwa:i˩ ji˥ ja:u˩，
不 听 我 说 杀 你 去 要是 你 不 依 我

nan˥ ke˥ ȵa˩ ɕek˧ kui˧ wa:ŋ˩ ȶeu˩ ɬoŋ˥ kwa:n˧， ʔa:u˩ ma:u˧ ȶʻa˥˧ ɬo˥
个 家产 你 都 归 王 桥 栋 管 要 他 上 门

ma˧˥ we˧˩ la:k˧˩ ɕa:u˧˩。 ȵa˩ ji˥ ja:u˩ kwa:i˩ ji˥?” ȶa˥˧ ka:u˩ la:u˩ ȶa˥˧
来 做 女婿 你 依 我 不 依 那么 老头 那

ɕu˧ ȶən˩ ma˧˥ ho˩ ji˩ ȶok˧˩ ·ləu˧˩：“ʔe˥˧， ja:u˩ ji˥ ȵa˩ ·ləu˧˩。” ɕu˧ ȶok˧˩
就 起 来 合 揖 跪 喽 哎 我 依 你 喽 就 跪

kəp˩ kwa:i˩ ȶən˩ ɬəŋ˥ ·ləu˧˩。 ɕən˧ na:i˧ ʔa:u˥ su˧ ȶʻin˧ jui˥ pʻi˥˧ wa:ŋ˩
下 不 起 来 喽 时 这 拿 苏 琴 玉 配 王

ȶeu˩ toŋ˥ ·ləu˧˩。 kʻun˧˥ ·la˧˩ ɕən˧ na:i˧。
桥 栋 喽 完 了 时 这

朱 拴 扒

过去有两个朋友，一个叫苏子龙，一个叫王继臣。他们俩做好朋友喽。去读书总是同学，不管你进哪个学堂都好，两个都总在一块读书，再请一个老头儿刘伯林跟他们当工友做饭。后来王继臣说："咱们俩读了三四年了，咱们俩十分相好，现在都还没有娶妻子，以后咱们俩要是娶妻子咧，咱们俩做个亲戚了。"苏子龙说："哎，咱俩这样说都对心思噢。那河腰儿有一座庵，咱俩进庵里去求签看看。"那么他们俩真的进那庵里面去烧香求签了。"哎，我们俩都还没有娶妻子，要是以后娶了妻子呢，我们俩要做亲戚。"他们去那长老僧面前说。长老僧说："行呵，要是你们俩有这样的心意相好呢，那么我就求个签看看。"摇摇摇，跳出一根签儿。拿来一看，"哎，你们俩做亲戚合得很，这根签儿好得很。"

后来不久，他们俩回家来了，都娶妻了。苏子龙老头儿生了一个姑娘，那姑娘取名叫苏

琴玉。转年，王家老头儿也生得一子，取名王桥栋。那么这时候王继臣就很欢喜了，于是就说给他的妻子听了："我说给你听喽，现在苏琴玉姑娘是咱们的媳妇了。从前我们到庙里去求签说过，噢，还有刘伯林老伯，他给我们（去）煮饭。现在我六十多岁了，腰都弯了，没有谁帮助我一点儿。是不是先叫刘伯林老伯去了了这点儿事儿。那个时候说都说了，现在我老了呢，叫她来帮助我。"

那么第二天早上就叫刘伯林老伯来吃油茶，吃了油茶就去苏子龙家。苏家老头儿这几年他的生活富裕，家产又发了一点儿，那样的人就有点儿奸了。而王家老头儿行事老实一点儿，家产就一年比一年破落下来，就比不得他富裕喽。那么那妻子问苏子龙，"刘伯林老伯到咱家来说什么呵？"苏子龙老头儿说："哎，说什么呵？他只是说什么想娶苏琴玉！我现在还嫁她啊？"那妻子也说："他父子现在这么歉哪，穷啊，咱不跟他做亲。要是他要来娶，告诉他办一百二十块大洋来过礼。"那么只打了一小锅油茶给他（刘伯林）吃，也没有做菜。

刘伯林老伯转回家来，他（王桥栋）的母亲就问了："那么你这回去有个什么回话儿没有啊？""哎，不理睬我噢，就只是吃了一口饭，他要咱准备一百二十块大洋给他过礼。"他母亲说："咱那儿有钱呵？咱就只有四囤[①]籼米田。一年卖一次田噢。"他父亲（王继臣）说，"先别着急说了，那么他要这么多钱，咱就不能提这个了。"这时候就不提这个（事儿）了。

那么王桥栋天天去读书。这时候有一个姑娘，那苏云姑娘，就告诉苏琴玉了："阿姑，你认得王桥栋不！"她说："我不认识。""哎，你不认识王桥栋噢。他是非常好的一个人噢。那个人梳的头光溜溜的象个小母牛粪蛋儿，穿件包扣儿衣裳，走路都有步数。咱这地方那样的人都很少咧。要是说给他做妻子，我真的配不上他哪。""哎，那么好啊！那么哪一天咱们拿点儿针线活儿去那城墙垛子那儿看看。"

那么她们俩拿一点儿针线活儿，去那城墙垛子旁边做针线活儿。那伙儿学生一走过来，王桥栋走在中间儿，来回地摆着手臂，走一步摆一步。苏琴玉告诉她，"你叫他来。"那么一叫他就走到城墙垛子这边来了。那么苏琴玉就叫："王桥栋！"他看了一看；又叫，"喂，王桥栋！"他又停了一停。王桥栋这时候就说了："叫我做什么啊？"苏琴玉就说，"王桥栋哥哥你呵，我今天才认识你。只听说从前你父亲跟我父亲原说是咱们俩做亲，进庙里去说过了。""哎，我这个（人）很苦，没有银子噢。""那么你答应我啊？"那么王桥栋见苏琴玉漂亮，苏琴玉也见王桥栋漂亮。他们俩在那儿说话都难分难舍噢。那么这时候王桥栋说："我母亲在家有病，没有钱治。""不要紧。"苏琴玉说："我有钱给你，我现在给你拿这个金戒指儿去换，拿钱先给你母亲治病。"那么他拿了金戒指儿真的去那街上去换了。

后来苏琴玉又说："今天晚上你到我家里来，我家今晚上做粉，又做点儿菜，又准备点儿肉，咱们做'消夜'，喝点儿。今晚上我办点儿布给你，办点儿钱给你，你要到我家来取喽。"那么王桥栋就答应喽。

有个朱拴扒不务正业，总是偷别人家的。那么王桥栋他们母子俩在床上说了："今天晚上苏琴玉叫我去拿钱，你又肚子疼，我离不开噢。"正好朱拴扒用耳朵去听，听见他们母子俩在那儿说话："就说：哎，我去拿！"他总是做贼喽。他回家来把胡子剃了，就去苏琴玉家拿钱去了。"

去到那儿有两个姑娘正在那儿做粉，只听见那儿忙忙碌碌地做菜。他就说："开门啊。"

①囤为三江计算田亩的单位，六囤田合一市亩。

那两个姑娘不开门。“又叫我来，又不开门啊？”被那个丫头开了门，那两边关的门“吱”地开了，“扑”地一只脚进屋来。朱拴扒又高，王桥栋又矮点儿，“哎，这个（人）不象，阿姑。这个人不是。”就把那个门赶快关上了。

把那个门“砰”一关，他就在门边儿说：“约我来又不开门！”他背个刀子这么长，那个刀子是人家杀猪的刀子。他从身上抽下刀子来，那个门两边儿成一条缝儿，他顺那个门就一刀捅过去了。那个姑娘贴在那里面，用胸脯儿贴在那儿。被那个朱拴扒猛力一插，那个丫头“扑通”倒那儿了，血流了满地。他开门进屋去咧，苏琴玉害怕极了，那姑娘就跑到楼下去藏了。那么这个时候被朱拴扒走进屋里去，那些银子、那些绸子、布，他都捧走了。

那么这时候她父亲和她母亲在那床上躺着呢，觉得奇怪噢，怎么现在就一点儿也听不见人说话啊？连那火塘旁边也没人说话啊？她父亲起来一看，哎，那火塘旁边杀了一个人，还有苏琴玉去哪儿了？哎，进那碓臂那里面藏了，脸都发灰了，不敢说话喽。那么这时候派人去查看，有个刘元章在那儿当老板。拿那金子来瞧，哎，这个金子不错啊，盖这个章。“哎你从哪儿拿我们这金子来？找着了，找着这个贼了。”他说：“不是我噢。”“谁？那个？”“这个（金子）是王桥栋拿来换，都还没有给他钱咧。”那么就把个王桥栋抓住了，捆了王桥栋了。那么这时候就把王桥栋关起来了。他说：“我没有拿金子，我没有拿你们的，我没有杀人啊。”“你没有杀人，这些金子你从哪儿拿来？”“这个金子呢那姑娘给我的啊。”

那么这时候那村里的头人就说：“这个（事）怎么办呵？”他就上“梦床”了，阴阳地理都知道。他就看：“从河里流来一根竹子，噢？噢。竹就是“朱”。两块竹子，到那稍儿上又成两块儿，有一条“闩”，噢，“拴。”“朱拴扒。”哎，那个（事）就这样儿。他醒了就问：“咱们这里有姓朱的人没有？”他们说：“有啊。”“他做什么的？”“他做贼，不三不四喽。”“噢？那么现在咱们就这样喽，告诉他照直说。”那么这时候把朱拴扒拿来，那些东西都退给苏家去，头人就出来说话了：“朱拴扒，抓住你了，认罪不？”把个朱拴扒惩办了，把他杀掉了。

那么这时候叫谁？叫苏子龙老头儿来了。那个头人就说：“过去你们俩说做亲，现在你见他的父亲穷，就不给做媳妇。你听我说就算，不听我说，杀了你！要是你不依着我，你的家产都归王桥栋管。要他上门来做女婿。你依我不依？”那么那老头儿就起来作揖磕头喽，“哎，我依你喽。”就跪下不起来喽。这时候要苏琴玉配王桥栋喽。现在完了。

3.16 wa:ŋ˩ ȶən˧ la:i˩
王 金 来

ta:u˥ ȵən˩ ȶam˥ ɕi˩ ȶa˥˧ me˩ ʔi˥ muŋ˧˩ kwa:n˥ wa:ŋ˩ ȶən˧ la:i˩. ma:u˧
咱 人 侗 时 那 有 一 个 叫 王 金 来 他

ȶiŋ˥˧ ȵən˩ ɕoŋ˥ ka:ŋ˥. ma:u˧ kwa:i˩ me˩ sin˩, ja:n˩ ma:u˧ ȵən˧ kʻu˧
是 人 双 江 他 没 有 钱 家 他 也 苦

ɕu˩ la:u˧˩ ho˧. pu˧˩ ʔo˥˧ kʻe˦˥ me˩ sin˩, ma:u˧ po˥˧: “ȵa˩ wa:ŋ˩ ȶən˧
极 叔父 他 有 钱 他 说 你 王 金

la:i˩ ʔi˥ na:i˧ kwa:i˩ we˧˩ koŋ˥ pa:i˥, ȵu˦˥ ha:ŋ˩ ʔa:u˥ ma:i˧˩ li˧?”
来 这 么 不 做 工 去 怎 样 娶 妻 得

“ja:u˩ kwa:i˩ sin˩, pa:i˥ nu˦˥ we˧˩ sən˥ ji˥˧ ma:ŋ˩ li˧ •ʔa˧˩?” “ja:u˩ me˩
我 没有 钱 去 哪儿 做 生 意 什么 得 呵 我 有

ʔi˥ ȶak˩ pa:i˧ pen˧ ȶa˧, sa:i˥ ȵa˩ pa:i˥ we˧˩ sən˥ ji˥˧ •ma˧˩.” ɕa:ŋ˥˧
一 个 片 杉树 那 给 你 去 做 生 意 嘛 想

ma:u˧ kwa:i˩ ʔi˥ nai˥ sin˩, ȵa˩ pa:i˥ we˧˩ sən˥ ji˥˧ li˧ •ʔa˦˥? ȶa˥˧ ɕən˧
他 没有 一 个 钱 你 去 做 生 意 得 啊 那么 时

na:i˧ pən˧ jiu˥˧ ȵa˩ we˧˩ li˧, ȶak˩ pa:i˧ pen˧ ȶa˧ mjiŋ˩ tʻin˦˥ pen˧
这 只 要 你 做 得 个 片 杉树 那 儿 千 杉树

pa:i˥.
去

ʔe˥˧, sa:i˥ ma:u˧ ha:ŋ˩ ȵən˩ ȶa˥˧ ju˧ me˩ ȵak˥ jo˧˩ mje˧, ʔa:u˥ ʔi˥
哎 给 他 种 人 那 又 有 点儿 会 想 拿 一

ma:ŋ˧ sa:i˥ kʻe˦˥, ʔa:u˥ ʔi˥ ma:ŋ˧ sa:i˥ ma:u˧, ma:u˧ ja˧ kwa:i˩ jiu˥˧
半 给 人家 拿 一 半 给 他 他 也 不 要

pa:i˥ pam˧ •ləu˧˩, tok˧˩ sa:i˥ kʻe˦˥ pa:i˥ pam˧. pam˧ məi˧˩ ȶa˧ tok˥ ȵa˥
去 砍 喽 只 给 人家 去 砍 砍 树 那 落 河

pa:i˥, tʻəu˥˧ nu˦˥ pa:i˥? tʻəu˥˧ ka:u˧˩ ɕən˩ ȶu˧.
去 到 哪儿 去 到 里 靖 州

ȶa˥˧ me˩ ʔi˥ ȶiu˩ məi˧˩ ȶa˧ me˩ ja˩ ŋe˦˥, kʻun˦˥ nan˥ po˧. man˥ ȶa˧
那么 有 一 棵 树 那 有 两 叉 成 个 葫芦 天 那

me˩ ja˩ tu˩ fa:n˧ kui˧ tʻəu˥˧ ȶa˧ təŋ˥ nəŋ˩, ȶiu˩ məi˧˩ na:i˧ me˩ nan˥
有 两 个 贩 鬼 到 那儿 来 看 棵 树 这 有 个

pjiŋ˩ pa:k˧˩ kwa:n˥ hu˩ lu˩ ȶən˧, “ʔe˥˧, ȶiu˩ məi˧˩ na:i˧ pe˥ kwa:i˩?” “pe˥
瓶 白 叫 葫 芦 精 哎 棵 树 这 卖 不 卖

•ʔa˧˩.” “nu˦˥ ȶuŋ˩ sin˩?” “jiu˥˧ ŋo˧˩ pek˧ ljaŋ˧˩.” “ŋo˧˩ pek˧ ljaŋ˧˩ ɕu˧ ŋo˧˩
啊 多 少 钱 要 五 百 两 五 百 两 就 五

pek˧ ljaŋ˧˩.” ja˩ ȶak˩ fa:n˧ kui˧ pa:i˥ ja:n˩ ʔa:u˥ sin˩ ma˦˥ •la˧˩. ȶa˥˧
百 两 两 个 贩 鬼 去 家 拿 钱 来 了 那么

ɕən˧ na:i˧ wa:ŋ˩ ȶən˧ la:i˩ ma:k˧ ȶak˩ ʔi˥ kwa:n˥, li˧ la:k˧˩ nan˥ pjiŋ˩
时 这 王 金 来 砍 个 一 斧 得 个 瓶

pa:k˧˩. ma:u˧ ɕu˧ ta:i˩ kəm˧˩ məi˧˩ ȶa˧ sa:i˥ kʻe˦˥ ljeu˧˩ pa:i˥.
白 他 就 把 个 树 那 给 人家 了 去

ȶa˧˥ wa:ŋ˩ ȶən˧ la:i˩ ʔa:u˥ pa:i˥ ja:n˧˩˧ ɕu˧ ȶʻəu˦˥˧ ·la˧˩˧, "ʔe˧˥, nan˥ hu˩
那么 王 金 来 拿 去 家 就 摇 了 哎 个 葫

lu˩ ȶən˧ na:i˧ ȵa˩ jiu˧˥ ʔuk˧ na:n˧˩˧ təŋ˥!" ma:u˧ po˧˥. ȶa˧˥ ta˧ ka:u˧˩˧
芦 精 这 你 要 出 肉 来 他 说 那么 从 里

ȶa˧ ȵəŋ˩ ʔuk˧ na:n˧˩˧ təŋ˥. ȶa˧˥ ma:u˧ ju˧ hem˧˩˧ ju˧ ȶʻəu˦˥˧, ju˧ ʔuk˧
那 真 出 肉 来 那么 他 又 叫 又 摇 又 出

təŋ˥ ja˩ toŋ˩ kəu˧˩˧. "ʔe˧˥, nəŋ˥ kwa:i˩ me˩ kʻwa:u˧˩, kwa:i˩ me˩ ma˥ su˥ ·le˧˩˧!"
来 两 筒 米 哎 还 没 有 酒 没 有 菜 青 咧

ju˧ ta˧ ȶa˧ ʔuk˧ ma˥ su˥ ʔuk˧ kʻwa:u˧˩ təŋ˥. li˧ kəm˧˩˧ pjiŋ˩ pa:k˧˩˧ ma˥˧
又 从 那儿 出 菜 青 出 酒 来 得 个 瓶 白 来

ja:n˩·ne˧, ka:u˩ la:u˩ ʔo˧˥ kʻe˥˧ ɕu˧ ȶa:i˧·la˧˩˧: "ȵa˩ wa:ŋ˩ ȶən˧ la:i˩
家 呢， 老 头 叔父 他 就 问 了 你 王 金 来

ɕən˧ na:i˧ we˧ səi˩ ma˥˧·la˧˩˧." "ʔe˧˥, kwa:i˩·əu˧˩˧, ja:u˩ ɕi˩ na:i˧ pən˧
时 这 发 财 来了 哎 没有 噢 我 时 这 只

li˧ la:k˧˩˧ nan˥ pjiŋ˩ pa:k˧˩˧ tok˧˩˧." ȶa˧˥ ɕu˧ hem˧˩˧ ka:u˩ la:u˩ ȶa:n˥ kəu˧˩˧
得 个 瓶 白 独 那么 就 叫 老 头 吃 饭

ȵam˧˥, sa:i˥ ma:u˧ ʔa:u˥ nan˥ ȶa˧ ȶʻəu˦˥˧ ȶʻəu˦˥˧, ju˧ ʔuk˧ na:n˧˩˧, ju˧
晚 给 他 拿 个 那 摇 摇 又 出 肉 又

ʔuk˧ kʻwa:u˧˩ təŋ˥. "ʔo˧˥, li˧ la:k˧˩˧ nan˥ pjiŋ˩ na:i˧ hən˧˩˧ la:i˥."
出 酒 来 噢 得 个 瓶 这 很 好

ȶa˧˥ ma:u˧ ju˧ kwa:i˩ pa:i˥ ȶən˩ we˧˩˧ koŋ˥ ·ləu˧˩˧, man˥ man˥ ʔa˩ ja:n˩
那么 他 又 不 去 山 做 工 喽 天 天 家

na:i˧ ȶʻəu˦˥˧ nan˥ pjiŋ˩ ȶa˧, ʔa˩ ja:n˩ na:i˧ ɕeu˧ na:n˧˩˧. ȶa˧˥ təŋ˧˩˧ nan˥
这 摇 个 瓶 那 家 这 炒 肉 那么 整 个

ɕa:i˧ ȶa˧ kwa:i˩ nu˥˧ kʻwa:ŋ˧, pən˧ ȶʻiŋ˦˥˧ ta:ŋ˥ na:n˧˩˧ ljok˥ ljok˥ pa:i˥.
寨 那 不 怎么 宽， 只 闻 香 肉 （喷喷香） 去

man˧˥ ȵən˩ ȶa˧ ɕu˧ kan˧·ləu˧˩˧: "ŋ˧˥, wa:ŋ˩ ȶən˧ la:i˩ ɕi˩ na:i˧ me˩
些 人 那 就 夸 喽 嗯 王 金 来 时 这 有

ȶak˩ pjiŋ˩ pa:k˧˩˧ la:i˥ pa:i˥·la˧˩˧, kwa:i˩ pa:i˥ ȶən˩ tu˥ man˥ man˥ ʔa˩
个 瓶 白 好 去 了 不 去 山 都 天 天

ja:n˩ na:i˧ ɕeu˧ na:n˧˩˧ ȶa:n˥!"
家 这 炒 肉 吃

me˩ si˧˥ pəi˧˩˧ ɕu˧ ȶʻiŋ˦˥˧ ka:ŋ˧·la˧˩˧, kʻe˥˧ ho˧ ȶa˧ ɕu˧ ɕeŋ˥ lja:ŋ˩·la˧˩˧.
有 四 姑娘 就 听 说 了 她们 伙 那 就 商 量 了

"ta:u˥ ȵam˧˥ na:i˧ pa:i˥ hem˧˩˧ na:u˩? pa:i˥ hem˧˩˧ ʔa˩ ȶa:i˧˩˧ wa:ŋ˩ ȶən˧
咱们 晚 这 去 叫 谁 去 叫 阿 哥 王 金

la:i˩ ma˥˧ jən˥˧ ta:u˥ tuŋ˥ ɕe˩. ma:u˧ me˩ kəm˧˩˧ pjiŋ˩ ȶa˧ ʔuk˧ na:n˧˩˧
来 来 跟 咱 煮 茶 他 有 个 瓶 那 出 肉

təŋ˥·le˧˩˧, ma:u˧ ju˧ tan˧ kʻuk˧˩ tu˧˥, ta:u˥ ʔa:u˥ pʻət˥˧ ja˥ jən˥˧ ma:u˧
来 咧 他 又 穿 衣服 破 咱 拿 匹 布 跟 他

wa:n˧." ȶa˧˥ ȶʻəu˦˥˧ ȶa:u˧ ȵam˧˥ ɕu˧ pa:i˥·la˧˩˧. "ʔe˧˥, wa:ŋ˩ ȶən˧ la:i˩,
换 那么 到 晚 上 就 去 了 哎 王 金 来

ȶiu˥ ȵam˧˥ na:i˧ ȵa:u˧˩˧ ja:n˩ ȶiu˥ hem˧˩˧ ȵa˩ ma˥˧ we˧˩˧ pa:n˧˩˧." ȶa˧˥ ma:u˧
我们 晚 这 在 家 我们 叫 你 来 做 伴 那么 他

ɕu˧ ta:i˩ nan˥ pjiŋ˩ pa:k˧˩˧ pa:i˥·la˧˩˧.
就 拿 个 瓶 白 去 了

“ʔa˩ ʈa:i˧˩ ʈən˧ la:i˩•əu˧˩, ɬa:u˥ ȵam˦ na:i˧ we˧˩ ‘ɕeu˥ je˥’.” “ɕa:u˥
阿 哥 金 来 噢 咱 晚 这 做 消夜 你们

ʔa:u˥ loŋ˧ ma˧˥ ʈuŋ˥•ma˧˩.” sa:i˥ ma:u˧ ʈʻəu˦ ʈʻəu˦ ʈʻəu˦, ɕu˧ kwa:t˧˩
拿 簸箕 来 装 嘛 给 他 摇 摇 摇 就 掉下

təŋ˥ ʔi˥ ʈən˥ na:n˧˩. ʈʻəu˦ si˦ ŋo˧˩ ɕon˧ ju˧ təŋ˥ si˦ ŋo˧˩ ʈən˥ na:n˧˩.
来 一 斤 肉 摇 四 五 次 又 来 四 五 斤 肉

ɬa:i˩ pəi˧˩ ʈa˧ ha:ŋ˩ ja:k˧ na:n˧˩ ʈa˧ liŋ˦, nəŋ˧˩ ljot˧˩ ka:i˧ wəi˦ pa:i˥.
些 姑娘 那 样 饿 肉 那 极 就 撮 不 快 去

ɬa:i˩ pəi˧˩ ʈa˧ ju˧ ɕa:ŋ˦ pa:n˥ fa˩•la˧˩, “ʔe˦, ʈən˧ lai˩, ȵa˩ ɬan˧ kʻuk˧
些 姑娘 那 又 想 办 法了 哎 金 来 你 穿 衣服

ɬu˦ ho˧, ʈa˦ ʔa:u˥ kəm˧˩ ɓət˧˥ ja˥ sa:i˥ ȵa˩, ʔa:u˥ kəm˧˩ pjiŋ˩ sa:i˥
破 很 那么 拿 个 匹 布 给 你 拿 个 瓶 给

ʈiu˥•ləu˧˩, sa:i˥ ʈiu˥ ho˧ na:i˧ li˧ we˧˩ pa:n˧˩ ȵak˥.” ma:u˧ po˦: “na:n˩ʔəu˧˩,
我们 喽 给 我们 伙 这 得 玩耍 点儿 他 说 难 噢

ʔa:u˥ sa:i˥ ɕa:u˥ we˧˩ li˧•ʔa˧˥? ja:u˩ jiu˦ ɕa:ŋ˧˩ nəi˧˩ ʈiu˥.” “ʔe˦, sa:ŋ˧˩
拿 给 你们 做 得 呵 我 要 养 母 我 哎 养

nəi˧˩ ɕa:u˥ ma:ŋ˩•ʔa˧˥? ʔa:u˥ ɓət˧˥ ja˥ sa:i˥ ȵa˩ la:i˥•la˧˩.” ɬa:i˩ pəi˧˩
母 你 什么 呵 拿 匹 布 给 你 算 了 些 姑娘

ʈa˧ ɕu˧ nəŋ˧˩ ʈa:ŋ˩ ma:n˩•la˧˩, ʔa:u˥ kəm˧˩ ɓət˧˥ ja˥ ȵet˧˩ la:u˧ mja˩
那 就 就 强 蛮 了 拿 个 匹 布 塞 进 手

ma:u˧ ɕu˧ ʔa:u˥ kəm˧˩ pjiŋ˩ pa:k˧˩ ʈa˧ pa:i˥•la˧˩.
他 就 拿 个 瓶 白 那 去 了

ɬa:i˩ pəi˧˩ ʈa˧ ɬa˧ lən˩ ʔa:u˥ kəm˧˩ pjiŋ˩ pa:k˧˩ ʈa˧ pa:i˥ ʈʻəu˦, ja˧
些 姑娘 那 过 后 拿 个 瓶 白 那 去 摇 也

kwa:i˩ ʔuk˧ na:n˧˩, kəu˧˩ ja˧ kwa:i˩ ʔuk˧, ʔi˥ ha:ŋ˩ tu˥ kwa:i˩ ʔuk˧.
不 出 肉 米 也 不 出 一 样 都 不 出

ɕən˧ na:i˧ kʻe˧˥ ɕu˧ ljeu˧˩ kəm˧˩ pjiŋ˩ ʈa˧ pa:i˥•la˧˩.
时 这 她们 就 丢 个 瓶 那 去 了

jət˧˥ lən˩ wa:ŋ˩ ʈən˧ la:i˩ ju˧ ʈak˥ mja˧˩ pa:i˥ ʔa:u˥ ʈət˥, nəi˧˩ kʻe˧˥
早 后 王 金 来 又 背 刀 去 打 柴 母 他

ʈa:i˧: “ʈən˧ la:i˩, jət˧˥ na:i˧ pa:i˥ ʔa:u˥ ʈət˥•a˧˥?” ma:u˧ po˦: “pa:i˥,
问 金 来 早 这 去 打 柴 啊 他 说 去

ʔa:u˥ ʈət˥. ɬa:u˥ miŋ˧ ja˧˩ ho˧, nəi˧˩ •ʔa˧˩. li˧ nan˥ pjiŋ˩ pa:k˧˩ ju˧
打 柴 咱 命 坏 很 妈 啊 得 个 瓶 白 又

sa:i˥ kʻe˧˥ ho˧ ʈa˧ ȵam˦ ȵuŋ˥ ma˧˥ ʈʻa:u˧˩ ja:u˩, ja:u˩ təu˧ ʔa:u˥ kəm˧˩
给 她们 伙 那 昨 晚 来 骗 我 我 被 拿 个

pjiŋ˩ pa:k˧˩ ʈa˧ jən˧˥ kʻe˧˥ wa:n˧ pa:i˥ •la˧˩. ɕi˩ na:i˧ to˧ ja:u˩ kwa:i˩
瓶 白 那 跟 她们 换 去 了 时 这 使 我 没

me˩ pa:n˥ fa˩ pa:i˥ •la˧˩.” ma:u˧ ɕu˧ pa:i˥ ʔa:u˥ ʈət˥ •la˧˩.
有 办 法 去 了 他 就 去 打 柴 了

ʈa˦ ɕən˧ na:i˧ li˧ kəm˧˩ ɬa:p˧ ʈət˥ .la˧˩, ɕu˧ pa:i˥ ʔa:u˥ ʈa:u˥ suk˧˩
那么 时 这 得 个 担 柴 就 去 取 藤 捆

ʈət˥. la:u˧ pja˩ pa:i˥ ʈa:i˩ ɕi˧, ʔe˦, pja˩ ʈa˧ ɓe˧˥ me˩ kwe˥ •ʔa˧˥?
柴 进 草丛 去 拉 呢 哎 草丛 那 怎么 有 黄瓜 啊

ȶa˦˥˧ ɕən˧ na:i˧ ja˧ me˩ ȵak˥ tun˥, ja˧ ja:k˧ nəm˧˩˧ ho˧, pa:i˥ ȶa˧ ta:i˩
那么时 这 也 有 点 热 也 饿 水 很 去 那儿 拉

kəm˧˩˧ kwe˥ ma:n˧ ʔa:u˥ ma˥˧ ȶa:n˥ ·la˧˩˧ ȶa:n˥ ja˩ kəm˧˩˧ kwe˥ la:u˧ pa:i˥,
个 黄 瓜 拿 来 吃 了 吃 两 个 黄瓜 进 去

kʻit˧ ȶa:u˧ ho˧, nəŋ˧˩˧ ɕun˦˥˧ ja˩ kəm˧˩˧ pa:u˥ təŋ˥, təu˧ kəm˧˩˧ kui˩ təŋ˥.
疼 头 很 就 长出 两 个 角 来 象 个 水牛 来

kəm˧˩˧ ȶa˧ na:n˩ ʔuk˧ pja˩ ·ləu˧˩˧, nu˥˧ ha:ŋ˩ we˧˩˧ .ʔa˥˧? "ʔe˦˥˧, na:n˩
个 那 难 出 草丛 喽 怎 么 做 啊 哎 难

ʔuk˧ pja˩ ɕu˧ na:n˩ ʔuk˧ pja˩, sa:i˥ ja:u˩ pa˩ lui˧ ȶi˥ te˧ nu˦˥˧. ȶi˥
出 草丛 就 难 出 草丛 让 我 爬 下 处 下面 看 里

ȶa˦˥˧ pʻe˥˧ me˩ kwe˥ su˥ ·ʔa˧˩˧? sa:i˥ ja:u˩ ja˧ ʔa:u˥ ma˥˧ ȶa:n˥ kun˦˥˧."
那 怎么 有 青 瓜 啊 让 我 也 拿 来 吃 先

ȶa:n˥ ȶa:n˥, kəm˧˩˧ pa:u˥ ju˧ jam˦˥˧ pa:i˥ ·la˧˩˧. "ʔe˦˥˧, jam˦˥˧ pa:u˥ ɕən˧
吃 吃 个 角 又 退 去 了 哎 退 角 时

na:i˧ we˧˩˧ li˧ ta˧ ·la˧˩˧, sa:i˥ ja:u˩ ɕuk˧˩˧ kəm˧˩˧ ta:p˧ ȶət˥ pa:i˥ ·ləu˧˩˧."
这 做 得 过 了 让 我 捆 个 担 柴 去 喽

ɕən˧ na:i˧ kwe˥ su˥ ja˧ ʔa:u˥ mjiŋ˩ kəm˧˩˧ la:u˧ ȶa:u˧ ȶət˥ pa:i˥,
时 这 青 瓜 也 拿 儿 个 进 头 柴 去

kwe˥ ma:n˧ ja˧ ʔa:u˥ mjiŋ˩ kəm˧˩˧ la:u˧ ȶa:u˧ ȶət˥ pa:i˥. ɕən˧ na:i˧
黄 瓜 也 拿 儿 个 进 头 柴 去 时 这

to˧ kəm˧˩˧ ta:p˧ pa:i˥ ja:n˩ ·la˧˩˧.
挑 个 担 去 家 了

ket˧˩˧ket˧˩˧ la:u˧ ɕa:i˧ ma˥˧ ɕi˧, ta:i˩ pəi˧˩˧ ȶa˧ na:u˧˩˧ ȶi˥ ȶa˧ ʔa:u˥ nəm˧˩˧.
(挑担声) 进 寨 来 呢 些 姑娘 那 在 里 那 打 水

"ʔe˦˥˧, ȶa:i˧˩˧ ȶən˧ la:i˩ .ʔa˧˩˧, ȵa˩ ta˧ nu˥˧ li˧ na:i˦˥˧ ȶuŋ˩ kwe˥ pa:i˥? ȵam˦˥˧
哎 哥 金 来 啊 你 从 哪儿 得 这么 多 黄瓜 去 晚

na:i˧ ma˥˧ ja:n˩ ȶiu˥ .ʔa˥˧? ȶiu˥ ȵam˦˥˧ na:i˧ ȶam˥ toi˦˥˧ ma˥˧ ja:n˩ ȶiu˥
今 来 家 我们 啊 我们 晚 这 约 对 来 家 我们

we˧˩˧ pa:n˧˩˧. ʔa:u˥ kwe˥ ma˥˧ ·ma˧˩˧." "ȶa˦˥˧ ta:i˩ pəi˧˩˧ na:i˧ na:i˦˥˧ ȶen˧
为 伴 拿 黄瓜 来 嘛 那么 些 姑娘 这 这么 好

pa:i˥! ja:u˩ li˧ nan˥ hu˩ lu˩ ȶən˧ sa:i˥ ɕa:u˥ ta:i˩ pəi˧˩˧ ȵam˥ pa:i˥,
去 我 得 个 葫 芦 精 给 你们 些 姑娘 抓 去

ja:u˩ ȵam˦˥˧ na:i˧ kwe˥ma:n˧ ja˧ ʔa:u˥ pa:i˥ sa:i˥ ɕa:u˥ ȶa:n˥."
我 晚 这 黄 瓜 也 拿 去 给 你们 吃

sa:i˥ ma:u˧ ȵam˦˥˧ ȶa˧ ɕu˧ ȶak˥ mjiŋ˩ kəm˧˩˧ kwe˥ ma:n˧ pa:i˥ ·la˧˩˧.
给 他 晚 那 就 背 儿 个 黄 瓜 去 了

tʻəu˦˥˧ ȶa˧ pa:i˥ ta:i˩ pəi˧˩˧ ȶa˧ ɕu˧ ȶa:i˧ ·la˧˩˧: "ʔe˦˥˧, ȶa:i˧˩˧ ȶən˧ la:i˩,
到 那儿 去 些 姑娘 那 就 问 了 哎 哥 金 来

ʔa:u˥ kwe˥ ma˥˧ kwa:i˩?" "ʔa:u˥ ma˥˧ ·la˧˩˧." ma:u˧ ta˧ ka:u˧˩˧ kʻin˥˧
拿 黄瓜 来 没有 拿 来 了 他 从 里 袖

kʻuk˧ ŋwəi˧˩˧ soŋ˦˥˧ təŋ˥, ta:i˩ pəi˧˩˧ ȶa˧ nəŋ˧˩˧ pa:i˥ ŋe˥˧ .la˧˩˧, tʻən˦˥˧ ȵa:u˩
衣服 散 放 来 些 姑娘 那 就 去 抓 了 比 谁

ŋe˥˧ li˧ kəm˧˩˧ la:u˧˩˧ ȶa˧. ji˥˧ ȶa:n˥ kwe˥ la:u˧ pa:i˥, ʔi˥ pəi˧˩˧ ɕun˦˥˧
抓 得 个 大 那 一 吃 黄瓜 进 去 一 姑娘 长出

ja˩ kəm˧˩˧ pa:u˥ təŋ˥. ȶa˦˥˧ ɕən˧ na:i˧ ta:i˩ pəi˧˩˧ ȶa˧ ʔa˩ ȶe˥ pi˥ ȶa˧
两 个 角 来 那么 时 这 些 姑娘 那 边 火塘 那

japː˩ jap˩ sui˥˧ •ʔa˩ ȶa˧ •ləu˨˩. ɕek˧ ȶa:i˨˩ na˧ ne˧ •ləu˨˩. "ʔe˥˧ ȶa:i˨˩
眼 巴巴 坐 那儿 喽 都（哭脸 貌）哭 喽 哎 哥

ȶən˧ la:i˩ •əu˨˩, ȶa˥˧ ȶiu˥ nu˧˥ ha:ŋ˩ we˨˩ a˧˥?" ɕən˧ na:i˧ me˩ ʔi˥ pəi˨˩
金 来 噢 那么 我们 怎 么 做 呵 时 这 有 一 姑娘

ɕa:ŋ˥˧ la:u˧ səm˨˩ pa:i˥ tʻim˧˥ ju˩ pi˥ ma˨˩ ȶa:ŋ˧ pi˥, pa:i˥ kʻəi˧˥ to˥
想 进 房间 去 添 油 灯 来 点 灯 去 开 门

sa:i˥ nəi˨˩ kʻe˧˥ ta˧ ȶa˧ ʔuk˧ təŋ˥, "ʔo˨˩, kəm˨˩ pa:u˥ ȶa˧ ta˧ nu˧˥ la:u˧
给 母 她 从 那儿 出 来 噢 个 角 那 从 哪儿 进

kəm˨˩ səm˨˩ ȶa˧?" nəi˨˩ kʻe˧˥ ɕu˧ ʔa:u˥ kəm˨˩ ka:n˩ la:u˨˩ ȶa˧ ŋweŋ˧
个 房间 那 母 她 就 拿 个 扁担 大 那 猛地

kʻeu˧˥ təŋ˥ •la˨˩. "ʔe˥˧, pi˨˩ we˨˩ •a˨˩, ja:u˩ •əu˨˩." "ʔe˥˧, ɕa:u˥ si˥˧
打 来 了 哎 别 做 呵 我 噢 哎 你们 四

pəi˨˩ ɕek˧ na:i˧ ȵa:u˧ •ʔa˧˥?" sa:i˥ nəi˨˩ kʻe˧˥ ʔa:u˥ pi˥ ma˧˥ nəŋ˩, si˥˧
姑娘 都 这 样 呵 让 母 她们 拿 灯 来 看 四

pəi˨˩ •ʔa˩ ȶe˥ pi˥ ȶa˧ ne˧ •ləu˨˩· "ʔe˥˧, ȶiu˥ təi˥ •ləu˨˩ kʻun˧˥ kəm˨˩
姑娘 边 火塘 那 哭 喽 哎 我们 死 喽 成 个

na:i˧ ja:ŋ˧."
这 样

ȶa˥˧ wa:ŋ˩ ȶən˧ la:i˩ po˥˧ •la˨˩: "ɕa:u˥ si˥˧ pəi˨˩ man˥ mu˧ ja:u˩ ȶəu˥
那么 王 金 来 说 了 你们 四 姑娘 明 天 我 赶

tʻa˥˧ tən˩ pa:i˥ ȶa:n˥ ȵa:ŋ˧ pa:i˥, sa:i˥ ja:u˩ pa:i˥ sa:ŋ˨˩ ɕa:u˥ ho˧
上 山 去 吃 草 去 让 我 去 放 你们 伙

na:i˧ pa:i˥. hem˨˩ pu˨˩ ɕa:u˥ nəi˨˩ ɕa:u˥ ʔuk˧ ma˧˥ jən˧˥ ja:u˩ ka:ŋ˧
这 去 叫 父 你们 母 你们 出 来 跟 我 说

kun˥˧, ȶa˥˧ ɕa:u˥ ɕek˧ jiu˥˧ we˨˩ ma:i˨˩ sa:i˥ ja:u˩, jiu˥˧ ɕa˧ 'pet˧ si˧'
先 那么 你们 都 要 做 妻 给 我 要 写 八 字

la:u˧ mja˩ ja:u˩ ma˧˥. nu˥˧ kwa:i˩ ɕi˧, ɕa:u˥ ho˧ na:i˧ pjin˥˧ ja:ŋ˧
进 手 我 来 要是 不 呢 你们 伙 这 变 畜

ɕeŋ˥ pa:i˥ •la˨˩." ta˧ lən˩ sa:i˥ pu˨˩ kʻe˧˥ nəi˨˩ kʻe˧˥ ȶən˩ təŋ˥, li˧ nu˥˧
牲 去 了 过 后 给 父 她们 母 她们 起 来 得 见

si˥˧ pəi˨˩ ȶa˧ ɕek˧ ɕun˥˧ ta:i˩ kəm˨˩ pa:u˥ ȶa˧, ja˧ na:n˩ nəŋ˩ lau˨˩ ho˧,
四 姑娘 那 都 长出 些 个 角 那 也 难 看 极

ju˧ nu˥˧ wa:ŋ˩ ȶən˧ la:i˩ me˩ kəm˨˩ hu˩ lu˩ ȶən˧ ʔi˥ na:i˧ la:i˥
又 见 王 金 来 有 个 葫 芦 精 这 么 好

pa:i˥, ɕu˧ we˨˩ li˧ •la˨˩. "ɕa:u˥ si˥˧ pəi˨˩ ɕek˧ pa:i˥ we˨˩ ma:i˨˩ sa:i˥
去 就 做 得 了 你们 四 姑娘 都 去 做 妻 给

ma:u˧ pa:i˥!" wa:ŋ˩ ȶən˧ la:i˩ ju˧ ka:ŋ˧ •la˨˩: "ȶa˥˧ ɕən˧ na:i˧ ka:ŋ˧
他 去 王 金 来 又 说 了 那么 时 这 说

mi˧ ȶi˥ kwa:i˩? man˥ na:i˧ jiu˥˧ tʻoi˥˧ ȶak˩ hu˩ lu˩ ȶən˧ ja:u˩ sa:i˥
空话 还是 不 天 这 要 退 个 葫 芦 精 我 给

ja:u˩ ȶon˥˧ ma˧˥ ja:n˩ kun˥˧. ja:u˩ jiu˥˧ ʔa:u˥ nan˥ pa:u˧ pi˥ ja:u˩ pa:i˥
我 转 来 家 先 我 要 拿 个 宝 贝 我 去

ja:n˩ sa:ŋ˨˩ nəi˨˩ ȶiu˥ •əu˨˩." ȶa˥˧ pu˨˩ kʻe˧˥ nəi˨˩ kʻe˧˥ ɕu˧ po˥˧ ta:i˩
家 养 母 我 噢 那么 父 她们 母 她们 就 告诉 些

pəi˨˩ ȶa˧ tʻoi˥˧ ȶak˩ nan˥ pa:u˧ pi˥ ȶa˧ ʔa:u˥ sa:i˥ wu:ŋ˩ ȶən˧ la:i˩, si˥˧
姑娘 那 退 个 个 宝 贝 那 拿 给 王 金 来 四

pəi˧˩　ȶa˧　ɕek˧　ɕa˧˩　"pet˧　si˧"　sa:i˥　wa:ŋ˩　ȶən˧　la:i˩，　we˧˩　ma:i˧˩　sa:i˥
姑娘　那　都　写　八　字　给　王　金　来　做　妻　给

waŋ˩　ȶən˧　la:i˩　pa:i˥　•la˧˩。　ta:i˩　pa:u˥　ȶa˧　ja˧　jam˦˥˧　pa:i˥　•la˧˩，　ʔi˥
王　金　来　去　了　些　角　那　也　消　去　了　这

na:i˧　k'un˧˥　ku˧　•ləu˦˥˧。
样　完　故事　喽

王　金　来

咱侗族人从前有一个人叫王金来，他是双江人。①他没有钱，他家里非常苦。他叔父有钱，他说："你王金来这样地不干活儿，怎么能娶得上老婆？""我没有钱，能去哪儿做什么生意呵？""我有一片杉树，给你去做生意嘛。"想他没有一个钱，你能去做生意呵？那么这时候只要你能做，那片杉树好几千杉树呢。

哎，他这种人又有点儿会算计，拿一半儿给人家，给他一半儿，他也不用去砍喽，只叫人家去砍。砍那树落到河里去，到哪儿去？到靖州。②

那么有一棵树有两个叉儿，长成了个肿包。那天有两个贩鬼到那儿去看，这棵树有个白瓶儿叫葫芦精。"哎，这棵树卖不？""卖啊。""多少钱？""要五百两。""五百两就五百两。"两个贩鬼回家拿钱去了。那么这时候王金来砍一斧子，得了个白瓶，他就把那个树给了人家。

那么王金来拿回家来就摇了，"哎，这个葫芦精你要出肉！"他说。那么真的从里面出来肉了。那么他又叫又摇，又出来两筒米。"哎，还没有酒，没有青菜咧！"又从那儿出来了青菜，出来了酒。得了这个白瓶儿家来呢，他叔父这老头儿就问了："你王金来现在发财了。""哎，没有噢，我现在只是得了个白瓶儿。"那么就叫老头儿吃晚饭，他拿那个摇啊摇的，又出来肉，又出来酒。"噢，得了这个瓶儿很好。"

那么他又不去山上做工喽，天天在家里摇那个瓶儿，在家里炒肉。那么那整个寨子不怎么宽，只闻着香喷喷儿的。那些人就赞扬喽："嗯，王金来现在有个白瓶就好得很了，不去山上都天天在家炒肉吃！"

有四个姑娘就听说了，她们一伙儿就商量了。"咱们今晚上去叫谁？去叫王金来阿哥来跟咱煮茶。他有那个瓶能出肉来咧，他又穿得破，咱拿匹布跟他换。"那么到晚上就去了。"哎，王金来，我们今晚上在我们家叫你来做伴。"那么他就拿那个白瓶儿去了。

"金来阿哥噢，咱今晚上做'消夜'。""你们拿簸箕来装㤖。"他摇摇摇，就掉出来一斤肉。摇四五次又出来四五斤肉。那些姑娘馋肉极了，就忙不迭地撮。那些姑娘又想办法了，"哎，金来，你穿的衣服很破，那么拿匹布给你，给我们这个瓶儿喽，叫我们这些人玩玩。"他说："不行噢，给了你们能行呵？我要养活我母亲。""哎，养活你什么母亲呵？拿匹布给你算了。"那些姑娘就行蛮了，拿匹布塞进他手里就拿那个白瓶儿走了。

那些姑娘后来拿那个白瓶去摇，也不出肉，米也不出，一样都不出。这时候她们就把那个瓶儿扔了。

①双江，今湖南通道侗族自治县内。
②靖州，今湖南靖县。

第二天早上王金来又背着刀去打柴，他母亲问："金来，今早上去打柴呵？"他说："去打柴。咱命很不好，妈啊，得了个白瓶儿又叫她们那伙儿人昨天晚上来骗我，我（被）拿那个白瓶儿跟她们换了。现在叫我没有办法了。"他就去打柴了。

那么这时候打了一担柴了，就去拿藤子捆柴。进草丛去拉呢，哎，那草丛里怎么有黄瓜啊？那么这时候也有点儿热，也很口渴，去那儿拉个黄瓜来吃了。吃进去两个黄瓜，头很疼，就长出两个角来，象个水牛。那么（他）难以出草丛喽，怎么办啊？"哎，难以出不来草丛就难以出草丛，让我爬到下面去看看。那里怎么有青瓜啊？让我也拿来吃了再说。"吃着吃着，那个角又消退下去了。"哎，角消退了现在就行了，我捆上这担柴走喽。"这时候青瓜也拿几个塞进柴里头，黄瓜也拿几个塞进柴里头。这时候担个担子回家去了。

"嚓吃嚓吃"挑进寨子来呢，那几个姑娘正在那儿打水。"哎，金来哥啊，你从哪儿弄来这么多黄瓜？今晚上到我家来呵？我们今晚上凑一块儿来我们家玩耍。拿黄瓜来嘛。""那么这几个姑娘这么坏！我得了个葫芦精叫你们这些姑娘抢去，我今晚上黄瓜也拿去叫你们吃！"

他晚上就背几个黄瓜去了。到那儿去，那几个姑娘就问了，"哎，金来哥，拿黄瓜来没有？""拿来了。"他从衣袖里抖了出来，那些姑娘就抓了，谁都想抓得那个大的。一把黄瓜吃进去，每一个姑娘都长出两个角来。那么这时候那几个姑娘在火塘旁边儿眼巴巴地坐在那儿喽，都咧着嘴哭喽。"哎，金来哥噢，那么我们怎么办啊？"这时候有一个姑娘想进里屋去添灯油来点灯，去开门呢她母亲从那儿出来，"噢，这个带角的从哪儿进屋的？"她母亲就拿那个大扁担猛地打过来。"哎，别打呵，我噢。""哎，你们四个姑娘都这样呵？"她母亲拿灯来看，四个姑娘在火塘旁边儿哭喽。"哎，我们死喽，成个这样儿。"

那么王金来说了，"你们四个姑娘明天我赶你们上山去吃草，我去放你们这一伙儿去。先叫你父亲你母亲出来跟我说，那么你们都要给我做老婆，要在我手上写上'八字'，要不呢，你们这一伙儿变成畜牲了。"后来她们的父母起来，看见那四个姑娘都长出些个角来，就难看极了，又见王金来有个葫芦精这么好，就同意了。"你们四个都给他做妻子去！"王金来又说了，"那么现在说空话不？今天先要把葫芦精退给我回家去。我要拿我的宝贝回家养活我妈噢。"那么她们的父母就告诉那几个姑娘把那个宝贝退给王金来，那四个（姑娘）都给王金来写了"八字"，给王金来做妻子去了，那些角也消下去了。就这样，故事完喽。

3.17 məm˧˩ jən˧˥ sak˩
老虎 和 小偷儿

ɕi˩ ȶa˥˧ kəm˧˩ ja:n˩ ȶa˧ la:i˥ la:u˧˩ ho˧, ȶiu˩ tʻi˧˨˧ ʔa:u˥ ja˩ muŋ˧˩
时 那 个 家 那 富好 极 特 地 要 两 个
ȵən˩ təŋ˥ sa:ŋ˧˩ kəm˧˩ təu˧˩ tu˩ ȶa˧. ju˧ tu˩ ju˧ ma˧˩ •əu˧˩. ȵa:u˧˩
人 来 养 个 群 牛 那 又 牛 又 马 噢 在
te˧ ȶoŋ˩ ȶa˧. tʻəu˧˥ ȵam˥˧ ȶa˥˧ tok˥ pjən˥ la:u˧˩ la:u˧˩ ho˧, ju˧ li˧ kəm˧˩
楼 下 那 到 晚 那 落 雨 大 极 又 得 个
ȵən˩ kwa:i˩ sin˩ joŋ˧ ma:u˧ ɕa:ŋ˥˧ ma˧˥ ʔa:u˥ tu˩ ma˧˩ pa:i˥ pe˥. li˧
人 没有 钱 用 他 想 来 弄 只 马 去 卖 得
ȶak˩ məm˧˩ ȶa˥˧ ja˧ ɕa:ŋ˥˧ pa:i˥ te˧ ȶoŋ˩ ȶa˧ pa:i˥ ljak˩ ʔi˥ kəm˧˩ tu˩
个 虎 那 也 想 去 楼 下 那 去 偷 一 个 牛
ma˧˥ ȶa:n˥. ja˩ kəm˧˩ ȶa˧ ɕek˧˨˧ la:u˧ te˧ ȶoŋ˩ ȶa˧ pa:i˥ •la˧˩.
来 吃 两 个 那 都 进 楼 下 那 去 了

kəm˧˩ ȵən˩ ȶa˧ ɕu˧ ɕa:ŋ˥˧ pʻut˧˨˧ tu˩ ma˧˩ ȶa˧, tu˩ nu˧˥ ljan˥ tu˩ ma˧˩.
个 人 那 就 想 摸 只 马 那 只 哪 光滑 只 马
ma:u˧ ɕa:ŋ˥˧ tʻa˧˥ la:i˩ tu˩ ma˧˩ ȶa˧. kəm˧˩ məm˧˩ ȶa˧ ȵən˧ ȵa:u˧˩ ȶa˧.
他 想 上 背 只 马 那 个 虎 那 也 在 那儿
ȶa˥˧ ti˥ na:i˧ tok˥ pjən˥ la:u˧˩, ja˩ muŋ˧˩ sa:ŋ˧˩ tu˩ ȶa˧ ɕu˧ po˥˧: “ho˧
那么 时 这 落 雨 大 两 个 养 牛 那 就 说 伙
ti˧, ȵa˩ ȶa˥ to˥ la:i˥ kwa:i˩?” “to˥ tu˥ ȶa˥ la:i˥ •ləu˧˩. la:u˧˩ hu˥˧
计 你 关 门 好 没有 门 都 关 好 喽 老 虎
ja˧ me˥ pʻa˧˥. ȶa:ŋ˩ ta:u˥ ja˧ me˥ pʻa˧˥, pən˧ pʻa˧˥ ʔu˩ ləu˥ tok˧˩.”
也 没 怕 强 盗 也 没 怕 只 怕 屋 漏 独
ȶa˥˧ li˧ ȶak˩ sak˩ ȶa˥˧ ʔam˥˧ ȶak˩ si˥ pa:i˥ ȶa˧ pʻut˧˨˧ ȶak˩ man˥˧ tu˩
那 得 个 小偷儿 那 披 个 蓑衣 去 那儿 摸 个 些 牛
ȶa˧, sa:i˥ ma:u˧ pʻut˧˨˧ pa:i˥ pʻut˧˨˧ təŋ˥, pʻut˧˨˧ tʻəu˥˧ kəm˧˩ la:i˩ məm˧˩ ȶa˧
那 给 他 摸 去 摸 来 摸 到 个 背 虎 那
pa:i˥ •ləu˧˩. pən˧ ȶak˩ məm˧˩ ȶa˧ ljan˥, pe˥˧ tʻa˥˧ la:i˩ ȶak˩ məm˧˩ ȶa˧
去 喽 只 个 虎 那 光滑 背 上 背 个 虎 那
pa:i˥ •la˧˩.
去 了

kwa:ŋ˥ ljeu˧˩ mən˥, kəm˧˩ pjən˥ si˥ ȶa˧ mja:m˥˧ mja:m˥˧ ȵa:u˧˩ ʔu˥
亮 了 天 个 毛 蓑衣 那 扎扎 拉拉 在 上
la:i˩ ȶa˧, kəm˧˩ məm˧˩ ȶa˧ kon˧ təŋ˥ nəŋ˩, “ʔe˥˧, pən˧ ȶak˩ na:i˧ ‘ʔu˩
背 那 个 虎 那 转 来 看 哎 就 个 这 屋
ləu˥’ •la˧˩!” ma:u˧ po˥˧: “ȶa˥˧ tʻa˥˧ la:i˩ ja:u˩ təŋ˥, nu˧˥ we˧˩ tʻo:˧˨˧ mja˩
漏 了 它 说 那么 上 背 我 来 怎么 做 脱 手
•ʔa˧˥?” ȶa˥˧ kəm˧˩ məm˧˩ ȶa˧ ja:u˧˨˧ la:u˧˩ ho˧, ɕu˧ wi˧˥ •leu˧˩ kəm˧˩ ȵən˩
啊 那么 个 虎 那 怕 极 就 跑 喽 个 人
ȶa˧ ja˧ siu˥ səm˥, pən˧ ja:u˧˨˧ kəm˧˩ məm˧˩ ȶa˧ ȶa:n˥ ma:u˧. ȶa˥˧ ɕən˧
那 也 担 心 只 怕 个 虎 那 吃 他 那么 时

na:i˧ li˧ jiu˥˧ tʻəu˥˧ kweŋ˥˧ ȶən˩ ȶa˥˧ pa:i˥ •la˧˩, kəm˧˩ ȵən˩ ȶa˧ ɕu˧
这 得 要 到 坳 山 那 去 了 个 人 那 就

ɕa:ŋ˥˧: "ʔe˥˧, ja:u˩ pjiu˥ ȶʻa˦˥ məi˧˩ ȶa˧ pa:i˥ la:i˥ •la˧˩, nu˥˧ kwa:i˩ sa:i˥
想 哎 我 跳 上 树 那 去 好 了 要是 不 给

tu˩ məm˧˩ ȶa˧ ȶa:n˥ •ləu˧˩." ȶa˥˧ ma:u˧ ɕu˧ pja:t˧ ȶʻa˦˥ ȶak˩ məi˧˩ ȶa˧ pa:i˥.
只 虎 那 吃 喽 那么 他 就 倏地 上 个 树 那 去

ɕən˧ na:i˧ məm˧˩ ȶa˧ ja˧ wi˦˥ la:u˧ loŋ˥ ȶa˧ pa:i˥ •la˧˩. li˧ kəm˧˩
时 这 虎 那 也 跑 进 峪 那 去 了 得 个

man˥˧ ja:ŋ˧ ɕeŋ˥ ȶa˧ po˥˧: "ȵa˩ ta˧ nu˦˥ ma˦˥, koŋ˧ •a˦˥? pʻe˦˥ ȶa˥˧ ȶəu˧
些 野 兽 那 说 你 从 哪儿 来 公 啊 怎么 那么 吃

so˧ pa:i˥?" "ja:u˩ ta˧ na:i˧ ta˧ ȶa˥˧ ma˦˥ •ʔəu˧˩. pən˧ ɕa:ŋ˥˧ pa:i˥ jəu˦˥
力 去 我 从 这儿 从 那 来 噢 只 想 去 找

ȶak˩ tu˩ ma˦˥ ȶa:n˥, la:u˧ ȶa˧ pa:i˥ li˧ ȶak˩ 'ʔu˩ ləu˥' nəŋ˧˩ ȶʻa˦˥ la:i˩
个 牛 来 吃 进 那儿 去 得 个 屋 漏 就 上 背

ma˦˥, ȵəŋ˩ ja:u˧ nəŋ˩ •ʔa˧˩!" "ȶa˥˧ ma:u˧ ȵa:u˧˩ nu˦˥? ȶiu˥ kwa:i˩ ɕoŋ˥
来 真 怕 真 啊 那么 他 在 哪儿 我们 没有 总

li˧ nu˥˧ 'ʔu˩ ləu˥' •a˧˩." "ni˦˥ ȵa:u˧˩ kweŋ˥˧ ȶən˩ ȶa˧, ma:u˧ ȶʻa˦˥ məi˧˩
得 见 屋 漏 啊 （叹气）在 坳 山 那 他 上 树

ȶa˧ pa:i˥ •la˧˩." "ʔe˥˧, ȶa˥˧ ta:u˥ ɕek˧ pa:i˥ nu˥˧!"
那 去 了 哎 那么 咱们 都 去 看

ȶa˥˧ ɕən˧ na:i˧ kəm˧˩ təu˧˩ kəŋ˥ mun˧ ȶa˧ ʔi˥ muŋ˧˩ ʔa:u˥ kəm˧˩ ȶiu˩
那么 时 这 个 群 猩猩 猴子 那 一 个 拿 个 条

ȶa:u˥ kʻwa:i˥˧ ma˦˥ suk˧˩ nan˥ ȵən˧ ȶa˧, ju˧ ʔa:u˥ ȶot˧˩ suk˧˩ ȶak˩ kʻui˧
藤 葛 来 捆 个 脖 那 又 拿 头 捆 个 腰

məm˧˩ ȶa˧, ȶa˥˧ ɕəp˩ ta˧ ȵi˧ ɕəp˩ la:k˧˩ kəŋ˥ mun˧, tu˩ nu˦˥ ta˧ kun˥˧
虎 那 那么 十 多 二 十 个 猩猩 猴子 只 哪 过 前

tu˩ nu˦˥ ta˧ lən˩, ɕu˧ pa:i˥ tʻəu˥˧ tin˥ koŋ˥ məi˧˩ ȶa˧. "ʔe˥˧, ȵa:u˧˩ ʔu˥
只 哪 过 后 就 去 到 脚 棵 树 那 哎 在 上

məi˧˩ ȶa˧, ɕa:u˥ ɕi˥˧ nu˥˧ •ma˧˩." sa:i˥ man˥˧ mun˧ ȶa˧ ta˥ ja:i˧ ɕu˧
树 那 你们 试 看 嘛 给 些 猴子 那 眼 快 就

li˧ nu˥˧ •la˧˩. "ʔo˦˥, ȶak˩ ȶa˧ ȶak˩ 'ʔu˩ ləu˥' •ʔa˦˥? ȶak˩ ȵən˩ •əu˧˩.
得 见 了 噢 个 那 个 屋 漏 啊 个 人 噢

ta:u˥ ȶʻa˦˥ ȶa˧ pa:i˥ ȶa:n˥ ma:u˧ pa:i˥, ʔa˩ koŋ˧!" ȶa˥˧ kəm˧˩ məm˧˩ ȶa˧
咱们 上 那儿 去 吃 他 去 阿 公 那么 个 虎 那

ja:u˧ la:u˧˩ ho˧. ta˧ ȶa˧ peŋ˥˧ ȶak˩ si˥ lui˧ təŋ˥, ȶək˩ məm˧˩ ȶa˧ ɕu˧
怕 极 从 那儿 丢 个 蓑衣 下 来 个 虎 那 就

nəŋ˧ •ləu˧˩. li˧ kəm˧˩ man˥˧ kəŋ˥ mun˧ ȶa˧ ɕek˧ suk˧˩ nan˥ ȵən˧ ȶa˧,
跑 喽 得 个 些 猩猩 猴子 那 都 捆 个 脖 那

ȶa˥˧ ma:u˧ ji˦˥ wi˦˥, nəŋ˥ kwa:i˩ tu˩ nu˦˥ ta:u˦˥ ȶi˦˥ nu˦˥ təi˥ pa:i˥ •ʔəu˧˩
那么 它 一 跑 还 不 只 哪 套 里 哪 死 去 噢

sa:i˥ kəm˧˩ koŋ˧ ȶa˧ po˥˧: "ka:n˧ ma˦˥ kwa:i˩? ɕa:u˥ nəŋ˥ ʔa˩ ȶa˧ ȶo˥
给 个 公 那 说 赶 来 没有 你们 还 那儿 笑

•le˧˩." man˥˧ ȶa˧ lai˩ ŋe˩ we˧˩ ȵin˥ ȶa˧, ma:u˧ ka:i˧ jo˧˩ təi˥ ljeu˧˩ •la˧˩
咧 些 那 伸 牙 （呲牙 咧 嘴状） 它 不 知道 死 了 了

kʻun˦˥ •la˧˩.
完 了

老虎和小偷儿

从前那一家非常富裕，专门要两个人来养那群牛。又（有）牛又(有)马噢，在那楼下边儿。那晚上雨下得大极了，就有个人没有钱用，他想来弄匹马去卖。正好又有个老虎也想去楼下偷一头牛来吃。那两个都走进楼下面去了。

那个人就想摸匹马，哪个光滑哪个就是一匹马。他想上那匹马背上去。那个老虎也在那儿。那么这时候下着大雨，两个养牛的就说话："伙计，你关好门没有？""门都关好喽。老虎也不怕，强盗也不怕，就是怕屋漏。"那么那个小偷儿正披着个蓑衣，去那儿摸那些牛，叫他摸来摸去，摸到老虎背喽。就这只老虎光滑，哎，上那只老虎背上去了。

天亮了，那个蓑衣在背上扎扎拉拉的，那只老虎转过脸来看，"哎，就这个是'屋漏'了！"它说："那么上我的背上来,怎么脱身呵？"那么那只老虎十分害怕，就跑喽。那个人也担心，只怕那只老虎吃他。那么这时候快走到那山坳了，那个人就想，"我跳上那棵树去好了，要不就被那只老虎吃喽。"那么他就嗖地上了那棵树。

这时候，那只老虎也跑进山谷里去了。有那么些野兽就说："你从哪儿来？公呵！怎么那么吃力呀！""我从这儿从那儿来呀。只想去找个牛来吃，进那儿去呢有个'屋漏'上我的背上来了，真害怕啊！""那么他在哪儿啊？我们从来没见过'屋漏'啊。""哎哟，在那山坳里，他上那树上去了。""哎，那么咱们都去看看！"

那么这时候那群猩猩、猴子一个拿一根儿藤子来捆住脖子，又拿（另）一头捆住老虎的腰。那么十多二十只猩猩、猴子，也不知哪一只在前头，哪一只在后头，就到那棵树底下去了。"哎，在那树上，你们看看嘛。"那些猴子眼尖，就看见了。"噢，那个（是）'屋漏'啊？（是）个人噢。咱上那儿去吃了他去，阿公！"那么那个老虎非常害怕。从那儿扔下个蓑衣下来，那个老虎就跑喽。那么那些猩猩！猴子都捆着脖子，那么它一跑，还不哪只套在哪儿都死噢。那（老虎）公说，"赶上来没有？你们还在那儿笑咧。"那些（野兽）都龇牙咧咀的，它不知道死了。完了。

3.18 pi˩ we˩ sa:i˧ məu˩
别 做 心 贪

ɕi˩ ȶa˥ ja˩ ȶa:i˩ ȵoŋ˩ ȶa˧ kʻu˧ su˩ la:u˩ ho˧. ȶa:i˩ kʻe˦ pʻe˦ ɕu˧
时 那 俩 兄 弟 那 穷 苦 极 哥哥 他 分 就

kwa:i˩ sa:i˥ ȶeŋ˩ ma:ŋ˩ sa:i˥ noŋ˩ kʻe˦, pən˧ sa:i˥ la:k˩ ȶa:ŋ˥ mja˩
不 给 点儿 什么 给 弟弟 他 只 给 (小) 把 刀

ȶət˥ sa:i˥ noŋ˩ kʻe˦, noŋ˩ kʻe˦ kwa:i˩ ma:ŋ˩ sa:ŋ˩ so˧. ma:u˧ ɕu˧
柴 给 弟弟 他 弟弟 他 没有 什么 养 活 他 就

pən˧ la:u˧ loŋ˥ pa:i˥ ʔa:u˥ ȶət˥, man˥ man˥ li˧ ʔi˥ ta:p˧ ȶət˥ ma˦
只 进 山谷 去 打 柴 天 天 得 一 担 柴 来

pe˥, li˧ ȵak˥ kəu˩ ȶa:n˥, pən˧ na:i˧ ta˧ man˥.
卖 得 点儿 米 吃 只 这样 过 日子

tʻəu˥ man˥ ȶa˥ la:u˧ loŋ˥ ka:u˩ ȶa˧ pa:i˥, ɕa:ŋ˥ pa:i˥ pam˧ ȶiu˩ ȶət˥
到 天 那 进 山谷 里 那 去 想 去 砍 棵 柴

so˧ ȶa˧. kəm˩ məi˩ ȶa˧ me˩ ȵak˥ la:u˩, ʔa:u˥ ȶak˩ kwa:n˥ pa:i˥ pam˧,
干 那 个 树 那 有 点儿 大 拿 个 斧 去 砍

li˧ kəm˩ məi˩ nok˩ ȶa˥ ȵa:u˩ ʔu˥ ta˧, "ʔe˥, pi˩ ma˦ pam˧ ȶiu˩ məi˩
得 个 雌 鸟 那 在 上 那 喂 别 来 砍 棵 树

na:i˧·ʔəu˩, ja:u˩ jiu˥ ʔu˥ na:i˧ sa:ŋ˩ la:k˩·ləu˩." məi˩ nok˩ ȶa˧ na:ŋ˩
这 噢 我 要 上面 这 养 孩子 喽 雌 鸟 那 这样

ka:ŋ˧. "ʔe˥, ȵa˩ ton˧ jiu˥ sa:ŋ˩ la:k˩, ja:u˩ ȵən˧ jiu˥ sa:ŋ˩ so˧·ʔəu˩."
说 哎 你 若是 要 养 孩子 我 也 要 养 活 噢

"ȶa˥ ȵa˩ jiu˥ sa:ŋ˩ so˧ ɕi˧, ȵa˩ pa:i˥ ja:n˩ ɕa:u˥ ʔa:u˥ təi˧ ma˦,
那么 你 要 养 活 呢 你 去 家 你 拿 袋子 来

sa:i˥ ja:u˩ ʔa:u˥ ȵa˩ pa:i˥ tin˥ mən˥ tin˥ ma˧ ȶa˧ pa:i˥, ʔa:u˥ ȵak˥
让 我 带 你 去 脚 天 脚 云 那 去 拿 点儿

ȵan˩ sa:i˥ ȵa˩ la:i˥·la˩." ȶa˥ ma:u˧ ȵəŋ˩ ma˦ ja:n˩ ʔa:u˥ ȶak˩ təi˧
银 给 你 好了 那么 他 真 来 家 拿 个 袋子

loŋ˩ pa:i˥, "ma˦·a˦, məi˩ nok˩, lui˧ ma˦·a˩." ȶa˥ ta˧ ȶa˧ pən˧ pʻu˥
空 去 来啊 雌 鸟 下 来呵 那么 从 那儿 飞 扑地

lui˧ ma˦ jəu˥ kwat˥ ʔa˩ ȶa˧, kəm˩ ȵən˩ ȶa˧ ȶʻa˥ la:i˩ nok˩ ȶa˧ pa:i˥.
下 来 蹲 那儿 个 人 那 上 背 鸟 那 去

ȶa˥ pən˧ ta˧ mən˥ su˥ pa:i˥, kəm˩ pa:i˧ ȶa˥ ȵan˩ ȶən˥ ȶən˥·ləu˩.
那么 飞 过 天 青 去 个 斜坡 那 银 尽 喽

ɕi˩ na:i˧ ɕu˧ tok˥ kwat˥ ʔa˩ ʔu˥ pa:i˧ ȵan˩ ȶa˧. "ʔa:u˥ wəi˥·ləu˩,
时 这 就 落 上 斜坡 银 那 拿 快 喽,

ʔa:u˥ wəi˥·ləu˩. nu˥ ta˥ mən˥ ʔuk˧ ma˦, tun˥ la:u˩ho˧, ta:u˥ na:n˩
拿 快 喽 要是 太阳 出 来 热 极 咱 难

pa:i˥." ȶa˥ nəŋ˩ ʔa:u˥ nəŋ˩ ʔa:u˥, tʻik˧ ȶak˩ təi˧ pa:i˥·la˩, ɕu˧ nəŋ˩
去 那么 就 拿 就 拿 满 个 袋子 去 了 就 就

kʻut˧ ʔəp˥ təi˧ ȶʻa˥ la:i˩ ma˦·la˩.
扎 口 袋子 上 背 来 了

ɕən˧ na:i˧ ʈa:i˨ k'e˥ po˦: "ȵa˩ ta˧ nu˥ li˧ kəm˩ ha˩ ȵan˩ ʈa˧ ma˥,
时 这 哥哥 他 说 你 从 哪儿 得 个 许多 银 那 来

noŋ˨·a˥?" "ʔe˦, ta˧ nu˥ li˧ ma˥? ja:u˩ pa:i˥ ʔa:u˥ ʈət˥, kəm˨ məi˨
弟弟 啊 哎 从 哪儿 得 来 我 去 打 柴 个 雌

nok˨ ʈa˦ po˦ ja:u˩ pi˨ pam˧ ʈiu˩ ʈət˥ ʈa˧, ma:u˧ jiu˦ ʔu˥ ʈa˧ saŋ˨
鸟 那 告诉 我 别 砍 根 柴 那 他 要 上 那 养

la:k˨. ja:u˩ ja˧ po˦ ja:u˩ jiu˦ sa:ŋ˨ so˧, ʈa˦ ma:u˧ po˦ ja:u˩ ma˥
孩子 我 又 说 我 要 养 活 那么 她 告诉 我 来

ja:n˩ ʔa:u˥ təi˧ pa:i˥ ɕiŋ˩ ȵan˩. ʔe˦, kəm˨ pa:i˧ ʈən˩ ʈa˦ ȵan˩ ʈən˥ ʈən˥
家 拿 袋子 去 盛 银 哎 个 偏坡 山 那 银 尽

·əu˨. ja:u˩ pa:i˥ ʈa˧ pən˧ li˧ ʔi˥ təi˧ ɕu˧ nəŋ˨ ma˥·la˨." ʔəu˨, ʈa˦
噢 我 去 那儿 只 得 一 袋子 就 就 来 了 噢 那么

ʈak˩·a˥? ȵa:u˨ loŋ˥ nu˥?" kəm˨ ʈa:i˨ k'e˥ ju˧ ʈa:i˧ loŋ˥ na:i˧ loŋ˥
个 啊 在 山谷 哪 个 哥哥 他 又 问 山谷 这 山谷

ʈa˦. ʈa˦ ma:u˧ ɕu˧ ʔa:u˥ kwa:n˥ ju˧ pa:i˥ pam˧ ʈiu˩ ʈa˧·la˨. kəm˨ məi˨
那 那么 他 就 拿 斧 又 去 砍 棵 那 了 个 雌

nok˨ ʈa˧ jo˧ ko˩ təŋ˥ nəŋ˩, "ȵa˩ la:k˨ na:i˧ man˥ ȵuŋ˥ ha˧ ʈiŋ˦ ʔa:u˥
鸟 那 伸 脖 来 看 你 孩子 这 昨天 才 拿

ʈak˩ təi˧ ȵan˩ pa:i˥, man˥ na:i˧ ju˧ ma˥ pam˧ ʈak˩ ʈət˥ na:i˧·a˥?"
个 袋 银 去 天 这 又 来 砍 个 柴 这 啊

"ja:u˩ ka:i˧ jo˨·a˨, ja:u˩ ɕi˩ nu˥ li˧ ma˥ ʔa:u˥ ȵan˩?" "nu˦ ȵa˩
我 不 知道啊 我 时 哪 得 来 拿 银 要是 你

kwa:i˩ li˧ ma˥ ʔa:u˥, ɕu˧ pi˨ pam˧, təu˦ ʈiu˩ ʈət˥ na:i˧ sa:i˥ ja:u˩
没有 得 来 拿 就 别 砍 留 棵 柴 这 给 我

sa:ŋ˨ la:k˨. nu˦ ȵa˩ pam˧ wen˥ ·le˨, la˦ man˦ ʈəi˦ na:i˧ ljeu˨·la˨.
养 孩子 要是 你 砍 倒 咧 破 些 蛋 这 了 了

ʈa˦ ȵa˩ pa:i˥ ja:n˩ ʔa:u˥ təi˧ ma˥, sa:i˥ ja:u˩ ʔa:m˦ ȵa˩ pa:i˥ ʔa:u˥ ȵak˥
那么 你 去 家 拿 袋子 来 让 我 背 你 去 拿 点儿

ȵan˩." ʈa˦ ʈa:i˨ k'e˥ sa:i˧ məu˩, ma˥ ja:n˩ ʔa:u˥ ta:i˩ si˦ ŋo˨ nan˥
银 那么 哥哥 他 谋 心 来 家 拿 些 四 五 个

təi˧ pa:i˥ t'əu˦ ʔa˩ ʈa˧ pa:i˥.
袋子 去 到 那儿 去

ɕən˧ na:i˧ t'əu˦ tin˥ mən˥ tin˥ ma˧ ʈa˧ pai˥, ʔa:u˥ ʔi˥ nan˥ təi˧ k'ut˧
时 这 到 脚 天 脚 云 那 去 拿 一 个 袋子 捆

ʔəp˥ soŋ˦ ʈa˧ ju˧ ʔeŋ˦ ʔa:u˥, kəm˨ məi˨ nok˨ ʈa˦ pən˧ po˦: "wəi˦,
口 放 那儿 又 再 拿 个 雌 鸟 那 只 说 快

·ʔəu˨, wəi˦ ·ʔəu˨." ljəu˧ ljəu˧ ju˧ ljəu˧, ʈa˦ ma:u˧ li˧ t'əu˦ nan˥ ʈi˧
噢 快 噢 催 催 又 催 那么 他 得 到 个 第

sa:m˥ təŋ˥ ljeu˨, kəm˨ məi˨ nok˨ ʈa˦ ja˧ nəŋ˨ pən˧ p'u˦ ma˥ ·la˨,
三 来 了 个 雌 鸟 那 也 就 飞 扑地 来 了

təu˦ kəm˨ ʈa:i˨ k'e˥ ʔu˥ pa:i˧ ȵan˩ ʈa˧ təi˥ pa:i˥ ·la˨.
留 个 哥哥 他 上 斜坡 银 那 死 去 了

别 贪 心

过去有两弟兄非常穷苦。他哥哥分呢什么都不给他弟弟一点儿，就给他弟弟一把柴刀。他弟弟没有什么养活自己。他就只得进山谷里去打柴，天天打回来一担柴卖，换点儿米吃，就这样过日子。

有一天进山谷里面去，想去砍那棵枯树。那棵树可不小，拿个斧子去砍，有个雌鸟儿在那上头，“哎，别来砍这棵树噢，我要在这上头养孩子哩。”那雌鸟这样说。“哎，你若是要养孩子，我也要养活自己噢。”“那么你要养活自己呢，你去你家里拿袋子来，我带你天脚云脚那儿去，拿点银子给你好了。”那么他真的回家去拿个空袋子来。“来啊，雌鸟儿，下来呵。”那么（雌鸟儿）从那儿“扑”地飞下来蹲在那儿，那个人就骑上鸟儿背上去。那么飞过青天，那个斜坡上尽是银子喽。这时就落在那银坡上。“快拿喽，快拿喽。要就太阳出来，热极了，咱就不能回去了。”那么他就拿呀拿呀，装满一袋子了，就捆上袋子口儿上鸟儿背上回来了。

这时候他哥哥说：“你从哪儿得到许多银子来，弟弟呵？”“哎，从哪儿得来？我去打柴，那个雌鸟儿告诉我别砍那树根儿，他要在那上头养小孩儿。我就说我要养活自己，那么他告诉我回家来拿袋子去装银子。哎，那个斜坡上尽是银子噢。我去那儿只装了一袋子就回来了”。“噢，那样呵？在哪个山谷？”他哥哥又问这山谷那山谷。那么他就拿斧子又去砍那棵树了。那个雌鸟儿伸出脖子来看：“你这孩子昨天才拿一袋银子去，今天又来砍这棵树啊？”“我不知道呵，我什么时候来拿过银子？”“要是你没有来拿过，就别砍，留下这棵树叫我养小孩儿。要是你砍倒了，这些蛋就破了。那么你回家去拿袋子来，让我背你去拿点儿银子。”那么他哥哥贪心，回家拿了四五个袋子到那儿去。

这时候到天脚云脚那儿去了，拿一袋（银子）捆上口儿放那儿又再拿。那个雌鸟只是说：“快噢，快噢”。催了又催，那个雌鸟儿也就扑地飞回来了，留下他哥哥死在那银坡上了。

3.19 ku˧ sui˩ pa:k˧˩
故事 蛇 白

ɕi˩ ȶa˧˨˧ ɕui˩ ha:n˥ wən˧ jən˧˥ təu˧˩ la:k˧˩ ʔun˧ ȶa˧ li˧ nu˧˨˧ kəm˧˩ sui˩
时 那 许 汉 文 跟 伙 孩 子 那 得 见 个 蛇

pa:k˧˩ ȶa˧, təu˧˩ la:k˧˩ʔun˧ ȶa˧ po˧˨˧: "ta:u˥ kʻeu˧˥ tu˩ sui˩ na:i˧ ·ʔa˧˩!"
白 那 伙 孩子 那 说 咱 打 只 蛇 这 啊

ɕui˩ ha:n˥ wən˧ po˧˨˧: "ʔe˧˨˧ ɕa:u˥ pi˧˩ kʻeu˧˥, ʔa:u˥ sa:i˥ ja:u˩, sa:i˩
许 汉 文 说 哎 你们 别 打 拿 给 我 给

ja:u˩ soŋ˧˨˧ ma:u˧ lui˧ ȵa˥ pa:i˥ la:i˥ ·la˧˩." ȶi˥ na:i˧ ɕui˩ ha:n˥ wən˧
我 放 它 下 河 去 好 了 时 这 许 汉 文

ɕu˧ soŋ˧˨˧ lui˧ ȵa˥ pa:i˥ ·la˧˩.
就 放 下 河 去 了

tu˩ sui˩ pa:k˧˩ ȶa˧ pa:i˥ jən˧˥ pu˧˩ kʻe˧˥ la:u˧˩ ljoŋ˩ wa:ŋ˩ po˧˨˧: "pu˧˩·a˧˩
只 蛇 白 那 去 跟 父 她 老 龙 王 说 父 呀

ja:u˩ ma˧˥ ·la˧˩." "ȶa˧˨˧ ȵa˩ ta˧ nu˧˥ ma˧˥? pən˧ ɕa:ŋ˧˨˧ ȵa˩ təi˥ ·ləu˧˩."
我 来 了 那么 你 从 哪儿 来 只 想 你 死 喽

"ʔe˧˨˧, ɕa˥ ȵak˥ təi˥ ·ləu˧˩, kəm˧˩ təu˧˩ la:k˧˩ʔun˧ ȶa˧ jiu˧˨˧ kʻeu˧˥ ja:u˩,
哎 差 点儿 死 喽 个 伙 孩 子 那 要 打 我

kʻa:u˧˥ ȶa:i˧˩ ɕui˩ ha:n˥ wən˧ ȶu˧˨˧ ja:u˩, soŋ˧˨˧ ja:u˩ ma˧˥ ·la˧˩." "ʔe˧˨˧,
靠 哥 许 汉 文 救 我 放 我 来 了 哎

ȵəŋ˩ kʻa:u˧˥ ma:u˧ ·ləu˧˩. ȶa˧˨˧ ȵa˩ jiu˧˨˧ pa:i˥ pui˩ siŋ˩ ma:u˧ ·ʔa˧˩."
真 靠 他 喽 那么 你 要 去 赔 情 他 啊

sui˩ ȶa˧ po˧˨˧: "we˧˩ li˧." ɕu˧ ju˧ ȶʻa˧˨˧ ȵa˥ ma˧˥ ·la˧˩.
蛇 那 说 做 得 就 又 上 河 来 了

ȶa˧˨˧ kəm˧˩ tu˩ ȶa˧ ȶʻa˧˨˧ ȵa˥ ma˧˥ ɕi˧ la:u˧ kəm˧˩ pjiŋ˩ pa:i˧˨˧ ȶa˧, kəm˧˩
那么 个 只 那 上 河 来 呢 进 个 坪 草 那 个

pjiŋ˩ pa:i˧˨˧ ȶa˧ jam˥ kʻui˧ pa:i˥. ju˧ me˩ ʔi˥ ȶak˩ sui˩ su˥ ʔa˩ ȶa˧.
坪 草 那 淹 腰 去 又 有 一 个 蛇 青 那儿

ȶak˩ ȶa˧ po˧˨˧: "ȵa˩ pi˧˩ la:u˧ ti˧ kwa˧˨˧ ja:u˩ na:i˧ təŋ˥, ȵa˩ pa:i˥!"
个 那 说 你 别 进 地 界 我 这 来 你 去

"ʔe˧˨˧ ja:u˩ kwa:i˩ pa:i˥, ja:u˩ jiu˧˨˧ na:i˧ ȵa:u˧ ·ʔəu˧˩." "ȶa˧˨˧ ȵa˩ kwa:n˥
哎 我 不 去 我 要 这儿 住 噢 那么 你 叫

ma:ŋ˩?" "ja:u˩ kwa:n˥ pe˩ ȶən˧ ȵa:ŋ˩. ȶa˧ ȵa˩ ·le˧?" "ja:u˩ kwa:n˥ ɕa:u˧˩
什么 我 叫 白 贞 娘 那么 你 咧 我 叫 小

ȶʻən˧." kəm˧˩ sui˩ su˥ ȶa˧ ɕu˧ po˧˨˧: "ȶa˧˨˧ ja˩ ta:u˥ kʻeu˧˥ muŋ˧˩ nu˧˥
青 个 蛇 青 那 就 说 那么 俩 咱 打 个 哪

ka:i˧ ta˧, muŋ˧˩ ȶa˧ ɕu˧ we˧˩ ku˥." ȶa˧˨˧ ɕən˧ na:i˧ ja˩ kʻe˧˥ kʻeu˧˥ ·la˧˩,
不 过 个 那 就 做 姑 那么 时 这 俩 她们 打 了

kʻeu˧˥ mjiŋ˩ ɕon˧ tu˥ ka:i˧ ta˧ pe˩ ȶən˧ ȵa:ŋ˩, ȶa˧˨˧ ʔa:u˥ ɕa:u˧˩ ȶʻən˧
打 儿 回 都 不 过 白 贞 娘 那么 拿 小 青

we˧˩ ja˧ təu˩ ·la˧˩, ja˩ kʻe˧˥ ɕu˧ toŋ˩ ʔa˩ ȶa˧ ȵa:u˧ ·la˧˩.
做 丫 头 了 俩 她们 就 同 那儿 住 了

man˥ ɬa˥˧ pe˩ ɬən˧ ȵa:ŋ˩ po˥˧: "ɕa:u˧˩˥ ɬʻə:n˧, ja˩ ta:u˥ pən˧ ȵa:u˧˩˥ ɬak˩
天 那 白 贞 娘 说 小 青 俩 咱 只 在 个
pjiŋ˩ pa:i˥˧ na:i˧ ȵa:u˧ we˧˩˥ li˧ .ʔa˧˥? ja˩ ta:u˥ jiu˥˧ we˧˩˥ ja:n˩ məi˥˧
坪 草 这 住 做 得 么 俩 咱 要 做 房 新
·la˧˩˥." ɬa˥˧ kəm˧˩˥ ɕa:u˧˩˥ ɬʻən˧ ɕu˧ pa:i˥ ka:ŋ˧ sa:i˥ kʻe˧˥ ɬʻiŋ˥˧, "ʔe˥˧,
了 那么 个 小 青 就 去 说 给 人家 听 哎
ɕa:u˥ jiu˥˧ pen˧ nəm˧˩˥ pen˧ ɬət˥, ɬiu˥ jiu˥˧ we˧˩˥ ja:n˩ məi˥˧ ·ləu˧˩˥, ɕən˧
你们 要 办 水 办 柴 我们 要 做 房 新 喽 时
na:i˧ jiu˥˧ təŋ˥˧ sa:m˥ man˥ sa:m˥ ɬa:n˥." ɬa˥˧ pən˧ ɬʻiŋ˥˧ ʔa˩ ɬa˧
这 要 黑 三 天 三 夜 那么 只 听 那么
ɕa:p˧˩˥ ɕa:p˧˩˥, ta˧ lən˩ kwa:ŋ˥ mən˥ təŋ˥, kʻun˧˥ kəm˧˩˥ ja:n˩ la:u˧˩˥ la:u˧˩˥,
（做房的声音） 过 后 亮 天 来 成 个 房 大 大
su˥ ho˩ ɬʻen˧ ɬən˧˩˥. ja˩ kʻe˧˥ ɕu˧ pa:i˥ kəm˧˩˥ ja:n˩ məi˥˧ ɬa˧ pa:i˥
四 合 天 井 俩 他们 就 去 个 房 新 那 去
ȵa:u˧ ·la˧˩˥.
住 了

ɕən˧ na:i˧ jiu˥˧ tʻəu˥˧ ɬʻiŋ˧˥ mjiŋ˩ ·la˧˩˥, pe˩ ɬən˧ ȵa:ŋ˩ po˥˧: "ɕa:u˧˩˥
时 这 要 到 清 明 了 白 贞 娘 说 小
ɬʻən˧, ȵa˩ ɕi˥˧ pa:i˥ pa:k˧ ɬa˧ nəŋ˩, nu˥˧ ɕui˩ ha:n˥ wən˧ pa:i˥ kwa˥˧
青 你 试 去 外面 那 看 要是 许 汉 文 去 挂
ɬʻiŋ˧˥, ja˩ ta:u˥ ta˧ lən˩ pa:i˥." ɬa˥˧ la:k˧˩˥ pəi˧˩˥ ɕa:u˧˩˥ ɬʻən˧ pa:i˥ pa:k˧
清 俩 咱 过 后 去 那么 姑娘 小 青 去 外面
ɬa˧ pa:i˥ nəŋ˩, ȵəŋ˩ li˧ ɕui˩ ha:n˥ wən˧ ɬʻa˥˧ lo˥ pa:i˥ kwa˥˧ ɬʻiŋ˧˥
那 去 看 真 得 许 汉 文 上 船 去 挂 清
·la˧˩˥. "ʔe˥˧, ʔa˩ ku˥ ɕi˩ na:i˧ ɕui˩ ha:n˥ wən˧ ɬʻa˥˧ ȵa˥ pa:i˥ ·la˧˩˥,
了 哎 阿 姑 时 这 许 汉 文 上 河 去 了
pa:i˥ kwa˥˧ ɬʻiŋ˧˥ la:u˧ lo˥ ·la˧˩˥." ɬa˥˧ ja˩ kʻe˧˥ ɕu˧ ta:p˧ ȵak˥ ho˥˧ ta˧
去 挂 清 进 船 了 那么 俩 她们 就 挑 点儿 货 过
lən˩ pa:i˥ ·la˧˩˥.
后 去 了

kwa˥˧ ɬʻiŋ˧˥ kʻun˧˥ ljeu˧˩˥, tok˥ pjən˥ təŋ˥ ·ləu˧˩˥. pe˩ ɬən˧ ȵaŋ˩ ɕu˧ po˥˧:
挂 清 完 了 落 雨 来 喽 白 贞 娘 就 说
"ɕui˩ ha:n˥ wən˧, ja˩ ɬiu˥ kwa:i˩ ta:i˩ təm˥ ma˧˥, ȵa˩ ju˧ me˩ ɬak˩
许 汉 文 俩 我们 没有 拿 笠 来 你 又 有 个
lo˥, ʔa:u˥ ɬak˩ sa:n˥˧ ȵa˩ sa:i˥ ja˩ ɬiu˥ pa:i˥ ·ʔa˧˥?" "we˧˩˥ li˧ ·ma˧˩˥,
船 拿 个 伞 你 给 俩 我们 去 啊 做 得 嘛
ʔa:u˥ sa:i˥ ja˩ ɕa:u˥ pa:i˥ ·ma˧˩˥." pe˩ ɬən˧ ȵa:ŋ˩ ju˧ po˥˧: "ɬa˥˧ na:i˧
拿 给 俩 你们 去 嘛 白 贞 娘 又 说 那么 这样
·ləu˧˩˥, ȵa˩ man˥ mu˧ jiu˥˧ ma˧˥ ʔa:u˥ ·ləu˧˩˥." "ʔəu˧˩˥, ja:u˩ ma˧˥ ʔa:u˥."
喽 你 明 天 要 来 取 喽 噢 我 来 取
ɬi˥ na:i˧ ja˩ kʻe˧˥ ma˧˥ ja:n˩ ·la˧˩˥.
时 这 俩 她们 来 家 了

ɬʻəu˥˧ man˥ lən˩, ɬak˩ ɕui˩ ha:n˥ wən˧ ɕu˧ ȵəŋ˩ ma˧˥ ʔa:u˥ sa:n˥˧ ·la˧˩˥.
到 天 后 个 许 汉 文 就 真 来 拿 伞 了
ɕa:u˧˩˥ ɬʻən˧ ɕu˧ po˥˧: "ku˥ ɬiu˥ po˥˧: ȵa˩ jiu˥˧ ɬa:n˥ kəu˧˩˥ jət˧˥, ȵa˩ pi˧˩˥
小 青 就 说 姑 我 说 你 要 吃 饭 早 你 别

paːi˥ ·ʔa˧˩.” ȶa˦˥˧ ɕui˩ haːn˥ wən˧ ɕu˧ ȵaːu˧˩ ɬa˧ ȶaːn˥ kəu˧˩ jət˧˥ ·la˧˩,

去 啊 那么 许 汉 文 就 在 那儿 吃 饭 早 了

ȶaːn˥ kəu˧˩ jət˧˥ ȶʻeŋ˦˥˧ ȶʻəp˧˥, pe˩ ȶən˧ ȵaːŋ˩ po˦˥˧: “ɕaːu˧˩ ȶʻən˧, ȵa˩ paːi˥

吃 饭 早 完 毕 白 贞 娘 说 小 青 你 去

kaːŋ˧ saːi˥ maːu˧ ȶʻiŋ˦˥˧, po˦˥˧ maːu˧ nəŋ˧˩ pi˧˩ paːi˥ ·la˧˩, jən˧˥ ja˩ ɬaːu˥

说 给 他 听 告诉 他 就 别 去 了 跟 俩 咱

kon˧ ȶak˩ jaːn˩ naːi˧ laːi˥ ·la˧˩. kəm˧˩ jaːn˩ ʔi˥ naːi˧ laːu˧˩, ʔaːu˥ naːu˩

管 个 家 这 好 了 个 家 这么 大 拿 谁

kon˧ li˧ʔ po˦˥˧ maːu˧ ʔa˩ naːi˧ ȵaːu˧, ɬok˧˩ po˦˥˧ ‘ʔaːu˥ ku˥ ȶiu˥ ȶən˩

管 得 告诉 他 在 这儿 住 只 说 要 姑 我 成

pʻəi˧˥ ȵa˩’.” ȶa˦˥˧ ɕaːu˧˩ ȶʻən˧ paːi˥ kaːŋ˧ saːi˥ ɕui˩ haːn˥ wən˧ ȶʻiŋ˦˥˧

配 你 那么 小 青 去 讲 给 许 汉 文 听

·la˧˩. ɕui˩ haːn˥ wən˧ po˦˥˧: “jaːu˩ me˩ ȵan˩ sin˩ ʔaːu˥ ku˥ ɕaːu˥ ·ʔa˧˥?

了 许 汉 文 说 我 有 银 钱 娶 姑 你 啊

jaːu˩ ɕi˩ naːi˧ jən˧˥ kʻe˧˥ saːŋ˧˩ ɬu˩ ·ʔa˧˩.” ɕaːu˧˩ ȶʻən˧ po˦˥˧: “ʔe˦˥˧, ȵa˩

我 时 这 跟 人家 放 牛 啊 小 青 说 哎 你

kwaːi˩ me˩, ku˥ ȶiu˥ me˩ ·ma˧˩.” ȶa˦˥˧ ɕən˧ naːi˧ ɕui˩ haːn˥ wən˧ ɕu˧

没 有 姑 我 有 嘛 那么 时 这 许 汉 文 就

ȵaːu˧˩ ɬa˧ ȵaːu˧ ·la˧˩.

在 那儿 住 了

ɕən˧ naːi˧ pe˩ ȶən˧ ȵaːŋ˩ ɕu˧ po˦˥˧ ɕaːu˧˩ ȶʻən˧: “ja˩ ɬaːu˥ ȵam˦˥˧ naːi˧

时 这 白 贞 娘 就 告诉 小 青 俩 咱 晚 这

ɬa˧ mən˥ paːi˥ ɕen˥ ȶʻaːi˧˥ je˩ ȶa˧ paːi˥, ʔaːu˥ ȵan˩ ma˧˥ pen˧ kʻwaːu˧.”

过 天 去 县 太 爷 那 去 拿 银 来 办 酒

ȶa˦˥˧ ȶaːu˧ ȵam˦˥˧ ja˩ ȶak˩ sui˩ ȶa˦˥˧ ɕu˧ paːi˥ laːu˧ ȶak˩ pʻu˦˥˧ ɕen˥ ȶʻaːi˧˥

那么 晚上 两 个 蛇 那 就 去 进 个 铺 县 太

je˩ ȶa˧ paːi˥ ·la˧˩, paːi˥ ȶa˧ ʔaːu˥ saːm˥ ɕəp˩ ljok˩ nan˥ ɬa˥ paːu˥.

爷 那 去 了 去 那儿 拿 三 十 六 个 大 宝

li˧ ȶak˩ ha˧ ɬa˥ paːu˥ ma˧˥ ɕi˧, saːi˥ ɕui˩ haːn˥ wən˧ paːi˥ pen˧ kʻwaːu˧.

得 个 许多 大 宝 来 呢 给 许 汉 文 去 办 酒

ȶa˦˥˧ ɕen˥ ȶʻaːi˧˥ je˩ ljeu˧˩ saːm˥ ɕəp˩ ljok˩ nan˥ ɬa˥ paːu˥ ·le˧˩, li˧ ȶak˩

那么 县 太 爷 丢 三 十 六 个 大 宝 哩 得 个

ɕui˩ haːn˥ wən˧ ʔaːu˥ saːm˥ nan˥ paːi˥ ȶəi˧ naːn˧˩, “ʔəu˧˩, ȵa˩ ɕui˩ haːn˥

许 汉 文 拿 三 个 去 买 肉 噢 你 许 汉

wən˧ ʔaːu˥ ɬa˥ paːu˥ ɕen˥ ȶʻaːi˧˥ je˩ ·ʔa˧˩, man˦˥˧ kwaːn˥ ɕen˥ ȶʻaːi˧˥ je˩ ȵaːu˧˩

文 拿 大 宝 县 太 爷 啊 些 名子 县 太 爷 在

naːi˧ ·ma˧˩. ȵa˩ nəŋ˥ me˩ man˦˥˧ ȶa˧ ȵaːu˧˩ nu˧˥ʔ ȵa˩ ʔaːu˥ ma˧˥!” ɕui˩

这儿 嘛 你 还 有 些 那 在 哪儿 你 拿 来 许

haːn˥ wən˧ po˦˥˧: “jaːu˩ kaːi˧ jo˧˩, jaːu˩ jən˧˥ ja˩ kəm˧˩ pəi˧˩ ȶa˧ ʔaːu˥

汉 文 说 我 不 知道 我 跟 两 个 姑娘 那 拿

ma˧˥ ·ʔəu˧˩.” “ȶa˦˥˧ ɕaːu˥ nu˧˥ ȵaːu˧? ȵa˩ jiu˦˥˧ jən˧˩ ȶiu˥ paːi˥ ʔaːu˥!” ȶa˧

来 噢 那么 你们 哪儿 住 你 要 带 我们 去 取 那么

ɕu˧ jən˧˩ kʻe˧˥ ho˧ ȶa˧ paːi˥ ·la˧˩. li˧ ȶak˩ pe˩ ȶən˧ ȵaːŋ˩ ȶa˧ nəŋ˧˩

就 带 他们 伙 那 去 了 得 个 白 贞 娘 那 就

ɬaːi˩ ȶak˩ jaːn˩ ȶa˧ ɬaːu˧˩ paːi˥, ju˧ kʻun˧˥ ȶak˩ pjiŋ˩ paːi˦˥˧ ·la˧˩. ɕui˩

把 个 房 那 倒 去 又 成 个 坪 草 了 许

ha:n˥ wən˧ po˥˧: “ʔe˥˧, ja:u˩ ma˧˥ tu˥ ȶak˩ ja:n˩, ɕi˩ na:i˧ nu˧˥haŋ˩
汉 文 说 哎 我 来 都 个 房 时 这 怎么

kʻun˧˥ ȶak˩ pjiŋ˩ pa:i˥˧ pa:i˥ʔ ta:u˥ la:u˧ ka:u˧˩ na:i˧ pa:i˥ jəu˧˥.” pa:i˥
成 个 坪 草 去 咱 进 里 这 去 找 去

jəu˧˥ ɕi˧, man˥˧ ȵan˩ ȶa˧ we˧˩ ʔi˥ poŋ˧ ʔa˩ ta˥˧ pa:i˥˧ ȶa˧. “ȶa˥˧ nan˥
找 呢 些 银 那 做 一 堆 在 中 草 那 那么 个

na:i˧ ɕi˧ ka:i˧ ȶaŋ˧ ja˩ pəi˧˩ ȶa˧ ·la˧˩. ɕu˧ ɕi˥ ȵa˩ ɕui˩ ha:n˥ wən˧
这 呢 不 是 两 姑娘 那 了 就 是 你 许 汉 文

ʔa:u˥ ·la˧˩!” ɕən˧ na:i˧ ta:i˩ kəm˧˩ ɕui˩ ha:n˥ wən˧ suk˧˩ ·la˧˩, jiu˥˧
拿 了 时 这 把 个 许 汉 文 捆 了 要

ka:i˥˧ ȶʻa˧˥ ɕeu˩ pa:i˥ ·la˧˩. li˧ pəi˧˩ ku˥ pa˧ kʻe˧˥ ɕu˧ tok˥ ʔu˥ ɕeu˩
押解 上 朝 去 了 得 个 姨 他 就 嫁 上 朝

ȶa˧, nəŋ˧˩ pa:i˥ ȶu˥˧ ma:u˧ ʔuk˧ təŋ˥ ·ləu˧˩, ju˧ ʔa:u˥ la:u˧ pʻu˥˧ pa:i˥
那 就 去 救 他 出 来 喽 又 拿 进 铺 去

ȵa:u˧ ·ləu˧˩.
住 喽

ȶa˥˧ ɕi˩ na:i˧ pe˩ ȶən˧ ȵa:ŋ˩ ja˩ kʻe˧˥ ɕa:u˧˩ ȶʻən˧ li˧ jo˧˩ ɕui˩ ha:n˥
那么 时 这 白 贞 娘 俩 她们 小 青 得 知 许 汉

wən˧ ʔuk˧ təŋ˥ ·la˧˩, ɕu˧ pa:i˥ ȶʻəu˥˧ pʻu˥˧ ȶa˧ pa:i˥ jəu˧˥ ma:u˧, “ʔe˥˧,
文 出 来 了 就 去 到 铺 那 去 找 他 哎

ȵa˩ ȵa:u˧˩ na:i˧ ·a˧˥ʔ ja˩ ȶiu˥ ma˧˥ ·la˧˩.” sa:i˥ ɕui˧˩ ha:n˥ wən˧ ʔəu˥˧
你 在 这儿 啊 俩 我们 来 了 给 许 汉 文 生

ȶʻi˥˧ la:u˧˩ ho˧, nəŋ˧˩ kwa:i˩ ɕa:n˥ ·la˧˩. sa:i˥ kʻe˧˥ la:k˧˩ man˥˧ la:u˧˩ pa:n˧˩
气 极 就 不 理睬 了 给 他们 些 老 板

ȶa˧ ɕu˧ po˥˧: “ha:ŋ˩ la:k˧˩ mjek˧ ʔi˥ na:i˧ la:i˥ ȵa˩ tu˥ nəŋ˧˩ kwa:i˩
那 就 说 样 姑 娘 这 么 好 你 都 就 不

ɕa:n˥ kʻe˧˥, ȵa˩ ka:i˧ ka:i˥ ·ʔa˧˩.” ȶa˥˧ hem˧˩ ja˩ pəi˧˩ ȶa˧ la:u˧ pʻu˧˥
理睬 人家 你 不 该 呵 那么 叫 两 姑娘 那 进 铺

ma˧˥ ȵa:u˧ ·la˧˩. ɕən˧ na:i˧ li˧ nu˧˥ʔ li˧ sa˧˩la:u˩ wa:ŋ˩ mu˩ ʔu˥ mən˥
来 住 了 时 这 得 谁 得 老太 王 母 上 天

ȶa˧ li˧ jo˧˩ ·la˧˩, ɕu˧ ta:i˩ ȶak˩ ɕui˩ ha:n˥ wən˧ ʔa:u˥ pa:i˥ jən˩
那 得 知 了 就 把 个 许 汉 文 拿 去 仁

ŋa:n˩ su˥ ȶa˧ pa:i˥ ·la˧˩. ȶa˥˧ ja˩ pəi˧˩ ȶa˧ ʔi˥ nu˧˥ we˧˩ ɕəi˧·ʔa˧˥ʔ pe˩
安 寺 那 去 了 那么 两 姑娘 那 怎么 做 啊 白

ȶən˧ ȵa:ŋ˩ ja˩ kʻe˧˥ ɕa:u˧˩ ȶʻən˧ ɕu˧ ja˧ pa:i˥ ȶa˧ pa:i˥ ·la˧˩. “ʔe˥˧, ʔa˩
贞 娘 俩 她们 小 青 就 也 去 那儿 去 了 哎 阿

ku˥ ·ʔa˧˩, kəm˧˩ ŋa:n˥ ja˩ ta:u˥ na:n˩ la:u˧ ·ʔəu˧˩.” pe˩ ȶən˧ ȵa:ŋ˩ po˥˧:
姑 呵 个 庵 俩 咱 难 进 噢 白 贞 娘 说

“ʔe˥˧, jam˥ kəm˧˩ na:i˧! ja˩ ta:u˥ ʔeŋ˥˧ jim˥ ma:u˧ jam˥ ȵak˥. ɕui˩
哎 淹 个 这 俩 咱 再 蓄水 它 深 点儿 许

ha:n˥ wən˧ kʻui˧˥ lui˧ təŋ˥ ɕi˧, ja˩ ta:u˥ tok˧˩ ʔa:u˥ ·ləu˧˩.” ɕən˧ na:i˧
汉 文 冲 下 来 呢 俩 咱 独 拿 喽 时 这

ta:i˩ kəm˧˩ pe˥ ȶa˧ jim˥ jam˥ jam˥, ɕui˩ ha:n˥ wən˧ kʻui˧˥ lui˧ ȵa˥
把 个 坝 那 蓄 深 深 许 汉 文 冲 下 河

pa:i˥, ȶa˥˧ ɕu˧ ʔa:u˥ ma:u˧ ta˥˧ loŋ˥ ȶa˧ pa:i˥ ȵa:u˧ ·ləu˧˩.
去 那么 就 拿 他 中 山谷 那 去 住 喽

pa:i˥ ta˦˥˧ loŋ˥ ȶa˧ pa:i˥ ȵa:u˧ me˩ ȵak˥ ȶəŋ˥ .la˧˩, pe˩ ȶən˧
去 中 山谷 那 去 住 有 点儿 久 了 白 贞

ȵa:ŋ˩ ɕu˧ po˦˥˧: "ȶa:i˧˩ ɕui˩ ha:n˥ wən˧, ȶa˦˥˧ ȵa˩ pa:i˥ nu˦˥˧ ɕi˥
娘 就 说 哥 许 汉 文 那么 你 去 看 戏

ȵak˥·ma˧˩, kʻe˧˥ ȶʻa:ŋ˦˥˧ ɕi˥ na:u˥ ȵe˩ la:u˧˩ ho˧." ˀa:u˥ ɕui˩ ha:n˥
点儿 嘛 人家 唱 戏 热 闹 极 要 许 汉

wən˧ ɕu˧ pa:i˥ nu˦˥˧ ɕi˥·la˧˩. ta˧ la˧ ȶon˦˥˧ ma˧˥ li˧ pe˩ ȶən˧ ȵa:ŋ˩ ˀa˩
文 就 去 看 戏 了 过 后 转 来 得 白 贞 娘

ȶa˧ ˀa:p˧ ɕən˥, kəm˧˩ sui˩ pa:k˧˩ ȶa˧ ka˦˥˧ ȶa˧, sa:i˥ ɕui˩ ha:n˥ wən˧
那儿 洗 身 个 蛇 白 那 架 那儿 给 许 汉 文

nəŋ˧˩ jun˦˥˧ pa:i˥, pʻəi˧˥ ti˧ ti˧ nəŋ˧˩ mji˩ pa:i˥·la˧˩. pe˩ ȶən˧ ȵa:ŋ˩ po˦˥˧:
就 惊 去 栽倒 地 上 就 昏迷 去 了 白 贞 娘 说

"kwa:i˩ la:i˥·ləu˧˩, ɕən˧ na:i˧ ja:u˩ jiu˦˥˧ pa:i˥ jən˧˥ ɕen˧˥ mu˩ ˀu˥ mən˥
不 好 喽 时 这 我 要 去 跟 仙 母 上 天

ȶa˧ ˀa:u˥ ˀəm˧ ma˧˥ sa:i˥ ma:u˧ ȶa:n˥ kun˦˥˧." ȶa˦˥˧ pe˩ ȶən˧ ȵa:ŋ˩ ɕu˧
那 要 药 来 给 他 吃 先 那么 白 贞 娘 就

pa:i˥·la˧˩. pa:i˥ tʻəu˦˥˧ ˀa˩ ˀu˩ ȶa˧, kəm˧˩ ȶa:ŋ˧ kwe˧ ȶʻa˦˥˧ mən˥ ȶa˧
去 了 去 到 了 上 那 个 梯 级 上 天 那

la:u˧˩ la:u˧˩, me˩ ˀi˥ la:k˧˩ pəi˧˩ ȶa˧ ɕu˧ ˀa˩ ȶa˧, kwa:i˩ sa:i˥ ȶʻa˦˥˧ kwe˧
大 大 有 一 姑 娘 那 守 在 那儿 不 让 上 梯

pəi˧˩ ȶa˧ po˦˥˧: "ȵa˩ pi˧˩ ȶʻa˦˥˧ kwe˧ ȶiu˥ təŋ˥!" pe˩ ȶən˧ ȵa:ŋ˩ po˦˥˧:
姑娘 那 说 你 别 上 梯 我们 来 白 贞 娘 说

"ja:u˩ jiu˦˥˧ ȶʻa˦˥˧!" sa:i˥ pəi˧˩ ȶa˧ ju˧ po˦˥˧: "nu˦˥˧ ȵa˩ ȶʻi˧ nan˥ pja˥
我 要 上 给 姑娘 那 又 说 要是 你 顶 个 石

na:i˧ li˧, ȵa˩ ɕu˧ ȶʻa˦˥˧ təŋ˥." ta˧ ȶa˧ ha:m˧ kəm˧˩ pja˥ lui˧ təŋ˥, kəm˦˥˧
这 得 你 就 上 来 从 哪儿 丢 个 石 下 来 盖

kəp˧˩ kəm˧˩ pe˩ ȶən˧ ȵa:ŋ˩ ˀa˩ tiŋ˦˥˧ ȶa˧. ɕi˩ na:i˧ pe˩ ȶən˧ ȵa:ŋ˩
住 个 白 贞 娘 在 底 那 时 这 白 贞 娘

to˧ ˀi˥ tʻa:n˦˥˧ təŋ˥, "ˀe˦˥˧, ȶa:i˧˩ ɕui˩ ha:n˥ wən˧·ˀəu˧˥, ja:u˩ ɕa:ŋ˦˥˧ ma˧˥
打 一 叹 来 哎 哥 许 汉 文 噢 我 想 来

ˀa:u˥ ˀəm˧ sa:i˥ ȵa˩ ȶa:n˥, ɕən˧ na:i˧ nəŋ˧˩ ljen˩ ja:u˩ tu˥ təi˥·ləu˧˩."
讨 药 给 你 吃 时 这 就 连 我 都 死 喽

ȶa˦˥˧ ɕən˧ na:i˧ sa:i˥ kəm˧˩ ɕen˥ mu˩ li˧ ȶʻiŋ˦˥˧, ɕu˧ po˦˥˧: "nu˦˥˧ ma:u˧
那么 时 这 给 个 仙 母 得 听 就 说 要是 她

ma˧˥ ˀa:u˥ ˀəm˧ sa:i˥ ɕui˩ ha:n˥ wən˧ ȶa:n˥, ȶa˦˥˧ wəi˦˥˧ lja:ŋ˧ kʻəi˧˥ ma:u˧
来 讨 药 给 许 汉 文 吃 那么 赶 快 开 她

ˀuk˧ təŋ˥, ˀa:u˥ ˀəm˧ sa:i˥ ma:u˧ pa:i˥." ȶa˦˥˧ ɕən˧ na:i˧ kʻəi˧˥ ma:u˧
出 来 拿 药 给 她 去 那么 时 这 开 她

ˀuk˧ təŋ˥, ˀa:u˥ ˀəm˧ sa:i˥ ma:u˧ pa:i˥·la˧˩.
出 来 拿 药 给 她 去 了

ȶa˦˥˧ ɕən˧ na:i˧ ˀa:u˥ ˀəm˧ sa:i˥ ɕui˩ ha:n˥ wən˧ ȶa:n˥, ȶa:n˥ ɕu˧
那么 时 这 拿 药 给 许 汉 文 吃 吃 就

nəŋ˩ la:i˥·la˧˩. ȶi˥ na:i˧ ju˧ ȶʻim˧˥ ȵən˩ məi˦˥˧·la˧˩. pe˩ ȶən˧ ȵa:ŋ˩ po˦˥˧:
真 好 了 时 这 又 添 人 新 了 白 贞 娘 说

"ɕa:u˧˩ ȶʻən˧, ȵa˩ ȶi˥ pa:k˧ to˥ ȶa˧ ɕu˧, man˥ man˥ tu˥ jiu˦˥˧·ləu˧˩." ȶa˦˥˧
小 青 你 处 外面 门 那 守 天 天 都 要 喽 那么

sa˧˩ la:u˩ wa:ŋ˩ mu˩ ȶa˧ ta˧ ȶa˧ lui˧ mən˥ təŋ˥, li˧ ɕa:u˧˩ ȶ'ən˦ ȵa:u˧˩
老 太 王 母 那 从 那儿 下 天 来 得 小 青 在

ȶi˥ to˥ ȶa˧ ɕu˧, “ȵa˩ pi˧˩ la:u˧ ja:n˩ ȶiu˥ təŋ˥!” sa˧˩ la:u˩ po˥˧: “nu˥˧
处 门 那 守 你 别 进 家 我们 来 老 太 说 要是

pi˧˩ la:u˧ ja:n˩·ne˧, ȵa˩ ȶe˧ to˥ sa:i˥ ja:u˩ nu˥˧ ȶeŋ˧˩。” ȶa˥˧ ȶe˧ la:k˧˩
别 进 屋 呢 你 开缝儿 门 给 我 看 点儿 那么 开缝儿 个

nan˥ to˥, sa:i˥ ma:u˧ p'ut˦ liu˥ ja˩ nan˥ ȶəi˥˧ la:u˧ ka:u˧˩ ȶa˧ pa:i˥, ɕu˧
门 给 她 嗖地 丢 两 个 蛋 进 里 那 去 就

pjin˥˧ k'un˧˥ ja˩ kəm˧˩ pja˥ ȶa˧ ŋep˦ pep˧ ȶak˩ pe˩ ȶən˧ ȵaŋ˩, ɕən˧ na:i˧
变 成 两 个 石 那 夹 住 个 白 贞 娘 时 这

ljeu˧˩ pe˩ ȶan˧ ȵa:ŋ˩·la˧˩。 ȶi˥ na:i˧ sa˧˩ la:u˩ wa:ŋ˩ mu˩ ɕa:t˦ jən˥ kəm˧˩
完 白 贞 娘 了 时 这 老 太 王 母 快速 提 个

ɕui˩ ha:n˥ wən˧ ju˧ pa:i˥ ŋa:n˥ ȶa˧ pa:i˥·la˧˩。 ʔi˥ na:i˧ ha:ŋ˩·po˧˩,
许 汉 文 又 去 庵 那 去 了 这 样 吧

k'un˧˥·la˧˩。
完 了

白蛇的故事

从前，许汉文跟一帮孩子看见一条白蛇，那帮孩子说：“咱打这条蛇啊！”许汉文说：“哎，你们别打，给我，让我把它放下河去好了。”这时候许汉文就放它到河里去了。

那条白蛇去跟它父亲老龙王说：“爹呵，我回来了。”“那么你从哪儿来？只以为你死了哩。”“哎，差点儿死喽，那帮孩子要打我，靠许汉文哥哥救我，放我回来了。”“哎，真的靠他喽。那么你要去还他的情啊。”那条蛇说：“行呵。”就又到河上来了。

那么那条蛇到河上来呢，钻进一个草坪，那个草坪齐腰深。还有一条青蛇在那儿。那条青蛇说：“你别进我这个地界来，你去！”“哎，我不去，我要在这儿住哩。”“那么你叫什么？”“我叫白贞娘。那么你咧？”“我叫小青。”那条青蛇就说：“那么咱俩哪个是打不过的，那一个就做姑姑。”那么这时候她们俩就打了，打了几次都打不过白贞娘，那么小青就做丫头了，她们俩就一块儿住在那儿了。

那一天白贞娘说：“小青，咱俩就在这个草坪上住，行么？咱要做新房了。”那么小青就去说给人家：“哎，你们要准备水准备柴，我们要做新房喽，现在要黑三天三夜。”那么只听那儿“沙沙沙沙”，后来天亮了，做成很大很大的房子，四合天井。她们俩就去那新房子里住了。

这时候要到清明了，白贞娘说，“小青，你去外面看看，要是许汉文去挂清，咱俩就跟着去。”那么小青姑娘去外面看，真的看见许汉文上船去挂清了。“哎，阿姑，现在许汉文上河去了，去挂清进船了。”那么她们俩就挑点东西跟着去了。

挂清完了，下起雨来了。白贞娘就说：“许汉文，我们俩没有带笠儿来，你又有船，把你的伞给我们啊？”“可以嘛，你们俩拿去吧。”白贞娘又说：“那么这样喽，你明天要来取呀。”“噢，我来取。”这时候她们俩回家来了。

到第二天，许汉文就真的来拿伞了。小青就说：“我姑说，你要吃早饭，你别走啊。”那么许汉文就在那儿吃早饭了。吃完早饭，白贞娘说：“小青，你去说给他听，告诉他别走了，跟咱俩管这个家好了。这个家这么大，谁能管得？告诉他在这儿住，只管说‘把我姑配给你’。”那么小青去说给许汉文听了。许汉文说：“我有银钱娶你姑么？我现在给人家放牛啊。”小青说：“哎，你没有，我姑有嘛。”那么这时候许汉文就在那儿住了。

这时候白贞娘就告诉小青：“咱俩今晚上从天上去县太爷那儿去，拿银子来办酒。”那么晚上那两条蛇就进县太爷的铺子里去了，去那儿拿了三十六个大宝。得来许多大宝呢，叫许汉文去办酒，那么县太爷丢了三十六个大宝咧，看到许汉文拿三个去买肉，“噢，你许汉文拿县太爷的大宝啊，县太爷的名字在这儿嘛。你还有那些在哪儿？你拿来！”许汉文说：“我不知道，我从那两个姑娘拿来的。”“那么你们住哪儿？你要带我们去取。”那么就带他们那伙人去了。那么白贞娘就把那个房子弄倒，又变成了草坪了。许汉文说：“哎，我来的时候都是个房子，现在怎么变成个草坪了？咱进这里面去找。”去找呢，那些银子在那草丛里堆傲一堆儿。“那么这个（事）不是那两个姑娘了，就是你许汉文拿了！”这时候把许汉文捆了，要带上朝去了。有许汉文的一个姨就嫁在朝上，就去救他出来喽，又弄进铺子去住喽。

那么这时候白贞娘和小青她们俩得知许汉文出来了，就去那铺子找他。“哎，你在这儿啊？我们俩来了。”叫许汉文生气极了，就不理睬了。那些老板就说：“这么好的姑娘你都不理睬人家，你不该啊。”那么叫那两个姑娘进铺子来住了。这时候让谁呢？让那天上的王母娘娘知道了，就把个许汉文拿到仁安寺去了。那么那两个姑娘怎么办啊？白贞娘和小青她们俩也就去那儿了。“哎，阿姑呵，这个庵咱俩难进噢。”白贞娘说，“哎，淹这个庵！咱俩再（把水）涨深点儿。许汉文冲下来哩，咱俩只管拿喽。”这时候把那个坝子涨得（水）深深的，许汉文冲下河去，那么就把他弄到山谷中间儿去住喽。

到山谷里儿住得有些时候了，白贞娘就说：“许汉文哥哥，那么你去看看戏嘛，人家唱戏，热闹极了。”许汉文就去看戏了。后来回来见到白贞娘正在那儿洗澡，那条白蛇盘在那儿，许汉文就吃一惊，栽倒在地上昏过去了。白贞娘说：“不好喽，现在我要先去跟天上的仙母给他要药来吃。”那么白贞娘就去了。去到那上头，那个天梯很大很大，有一个姑娘在那儿守着，不让上天梯。那姑娘说：“你别上我们的梯子！”白贞娘说：“我要上！”那个姑娘说：“要是你能顶住这块石头，你就上来。”从那儿扔下块石头来，把白贞娘盖在那底下。这时候白贞娘叹了一口气：“哎，许汉文哥哥噢，我想给你来讨药吃，现在就连我都死喽。”那么这时候叫仙母听见了，就说：“要是她来给许汉文讨药吃，那么赶快放她出来，拿药给她去。”那么这时候放她出来，给她拿药去了。

那么这时候拿药叫许汉文吃，吃了真的就好了。这时候又生小孩了。白贞娘说：“小青，在门外面守着，天天都要守喽。”那么王母娘娘从那儿下天来，见小青正在那门外面守着，“你别进我们屋里来！”娘娘说：“要是别进屋呢，你把门开个小缝儿叫我看看。”那么把门开个小缝儿，叫她倏地扔进两个蛋去，就变成两个石头夹住白贞娘。这时候白贞娘完了。这时候王母娘娘赶快提着许汉文又去那庵里了。就这样吧，完了。

3.20 pu˩ na:i˧ ȶi˥ ho˩
不奈其何

ɕi˩ ȶa˦, sa:m˥ pa:u˧ kʻən˦ na:n˩ la:u˨ ho˧, ma:u˧ ɕu˧ pa:i˥ ȵa˥ ȶa˧
时 那 三 宝 困 难 极 他 就 去 河 那

pa:i˥ to˧ sip˧. to˧ sip˧ to˧ sip˧ li˧ kəm˨ keŋ˦ ȶa˧ ʔi˥ pən˩ na˧ la:u˨,
去 钓 鱼 钓鱼 钓鱼 得 个 蚌 那 一 盆 脸 大

"ʔe˦, li˧ ȶak˩ na:i˧!" peŋ˦ ma:u˧ ta˦ ȵa˥ pa:i˥ la˨. peŋ˦ pʻut˧ ȶa˧
哎 得 个 这 丢 它 中 河 去 了 丢 那儿

pa:i˥ ɕi˧, ju˧ to˧ ju˧ li˧. "ʔe˦, ha:ŋ˩ na:i˧ •əu˨, man˥ na:i˧ nəŋ˨ li˧
去 呢 又 钓 又 得 哎 样 这 啊 天 这 就 得

ȶak˩ na:i˧!" ju˧ peŋ˦ ʔa˩ məŋ˥ ȶe˧. ȶa˦ wi˦ ȶʻa˦ sa:n˧ ʔu˥ ȶa˧ pa:i˥ to˧,
个 这 又 丢 在 潭 那 那么 跑 上 滩 上面 那 去 钓

ja˧ ȵən˧ li˧. "ʔe˦, kon˧ ma:u˧, ʔa:u˥ ma:u˧ pa:i˥ ja:n˩ ȶa:n˥ la:i˥ •la˨."
也 也 得 哎 管 它 拿 它 去 家 吃 好 了

ȶa˦ ta˧ lən˩ ʔa:u˥ kəm˨ ȶa˧ ma˦ ja:n˩, to˧ pi˥ ɕu˧ ɕa:ŋ˦ tuŋ˥ kəm˨
那么过 后 拿 个 那 来 家 生 火 就 想 煮 个

ȶa˧ la˨. tuŋ˥ tuŋ˥ ȶʻa:p˧ jiu˦ la:k˧ •əu˨, ɕu˧ poŋ˨ la:u˧ pi˥ təi˥
那 了 煮 煮 刚 要 开 噢 就 溢 进 火 灭(死)

pa:i˥ ljeu˨. ju˧ ȶʻi˧ pi˥, ju˧ ȶʻa:p˧ ȶʻa:p˧ jiu˦ la:k˧, ju˧ poŋ˨ la:u˧ pi˥
去 了 又 起 火 又 刚 刚 要 开 又 溢 进 火

təi˥ pi˥ •la˨. "ʔe˦, ȶak˩ na:i˧ nəŋ˨ ko˩ ja:ŋ˥, peŋ˦ ma:u˧ la:u˧ ka:ŋ˥
灭 火 了 哎 个 这 就 奇 怪 丢 它 进 缸

nəm˨ pa:i˥ la:i˥ la˨." peŋ˦ ma:u˧ la:u˧ ka:ŋ˥ nəm˨ pa:i˧ ɕi˧, sa:m˥
水 去 好 了 丢 它 进 缸 水 去 呢 三

pa:u˧ ȶi˥ na:i˧ ɕu˧ pa:i˥ ȶən˩ •la˨. ȶa˦ ɕən˧ na:i˧ ta˧ ka:ŋ˥ ȶa˧ ʔuk˧
宝 时 这 就 去 山 了 那么 时 这 从 缸 那 出

pəi˨ la:k˨ mjek˧ la:u˨ ljoŋ˩ wa:ŋ˩ təŋ˥, ɕu˧ ma˦ pen˧ kəu˨ pen˧ ma˥,
个 姑 娘 老 龙 王 来 就 来办 饭 办 菜

ha:ŋ˩ ha:ŋ˩ tu˥ me˩. sa:m˥ pa:u˧ ju˧ ta˧ ȶən˩ ma˦ ɕu˧ "ʔe˦, na:u˩ ma˦
样 样 都 有 三 宝 又 从 山 来 就 哎 谁 来

ja:n˩ ja:u˩ ʔi˥ na:i˧ pen˧ la:u˨ ho˧ pa:i˥? ha:ŋ˩ ha:ŋ˩ tu˥ me˩!" ȶa˦
家 我 这 样 办 极 去 样 样 都 有 那么

sa:m˥ pa:u˧ ɕu˧ ȶa:n˥ •la˨.
三 宝 就 吃 了

man˥ lən˩ sa:m˥ pa:u˧ pa:i˥ ȶən˩, pəi˨ ȶa˧ ju˧ ma˦ pen˧ •la˨. ȶa˦
天 后 三 宝 去 山 姑娘 那 又 来 办 了 那么

ɕən˧ na:i˧ pen˧ kʻun˦, ɕu˧ sa:i˥ kʻe˦ ȶo˨ ȶa˦ li˧ nu˦ •la˨, "ʔe˦,
时 这 办 完 就 给 人家 头 那 得 见 了 哎

sa:m˥ pa:u˧ nəŋ˥ po˦ na:u˩ ma˦ ja:n˩ ma:u˧ pen˧ kəu˨ •le˨. ma:u˧
三 宝 还 说 谁 来 家 他 办 饭 哩 他

ta˧ nu˦ ʔa:u˥ ȶak˩ ma:i˨ ma˦ ʔi˥ ȶa˧ la:i˥ •əu˨. kwa:ŋ˥ nan˥ ja:n˩
从 哪儿 娶 个 妻子 来 那么 好 啊 亮 个 家

•əu˧˩! pai˧˩ ta˧ la:i˥ pai˧˩ li˧ hən˧!" ʨa˦˥˧ ɕən˧ na:i˧ sa:m˥ pa:u˧ ta˧
啊 姑娘 那 漂 亮 得 很 那么 时 这 三 宝 从

ʨən˩ ma˧˥ •la˧˩, "ʔe˦˥˧, man˥ man˥ ma˧˥ ja:n˩ ja:u˩ na:i˦˥˧ pen˧ kəu˧˩." "ʔe˦˥˧
山 来 了 哎 天 天 来 家 我 这样 办 饭 哎

hi˧˥, ȵa˩ ȵəŋ˥ po˦˥˧ na:u˩ ma˧˥ ja:n˩ ȵa˩pen˧ kəu˧˩, ȵa˩ ko˧˩ ta˧ nu˧˥
呀 你 还 说 谁 来 家 你办 饭 你 不知 从 哪儿

ʔa:u˥ ma:i˧˩ na:i˦˥˧ la:i˥ ma˧˥ •əu˧˩." "ʔəu˧˩, ja:u˩ tu˥ kwa:i˩ •a˧˩. ʨa˦˥˧ man˥
娶 妻子 这样 好 来 啊 啊 我 都 没有 啊 那么 天

lən˩ sa:i˥ ja:u˩ ɕi˦˥˧ ljak˩ ljak˩ nəŋ˩." sa:m˥ pa:u˧ ɕu˧ we˧˩ ʨi˦˥˧ pa:i˥
后 让 我 试 偷 偷 看 三 宝 就 假 装 去

ʨən˩ •la˧˩. ʨa˦˥˧ pai˧˩ ʨa˧ ɕu˧ ju˧ ta˧ ʨa˧ ʔuk˧ təŋ˥ •la˧˩, ʔuk˧ təŋ˥
山 了 那么 姑娘 那 就 又 从 那儿 出 来 了 出 来

pen˧ kəu˧˩ pen˧ ma˥. sa:m˥ pa:u˧ ɕən˧ na:i˧ kʻəi˧˥ to˥ la:u˧ ja:n˩ nəŋ˧˩
办 饭 办 菜 三 宝 时 这 开 门 进 家 就

lja:p˧ •la˧˩, "ʔe˦˥˧, ɕən˧ na:i˧ li˧ ȵa˩ ləu˧˩, ȵa˩ ma˧˥ ja:n˩ ja:u˩ na:i˦˥˧
抓 了 哎 时 这 得 你 喽 你 来 家 我 这样

pen˧ kəu˧˩." "ja:u˩ jiu˦˥˧ ma˧˥ pui˩ siŋ˩ ȵa˩, ʨa:i˧˩ •a˧˩." ʨa˦˥˧ sa:m˥ pa:u˧
办 饭 我 要 来 赔 情 你 哥哥 啊 那么 三 宝

pa:i˥ ta:i˩ ʨak˩ kʻuk˧ keŋ˦˥˧ ʨa˧ ɕu˥ •la˧˩, ɕən˧ na:i˧ pai˧˩ ʨa˧ ɕu˧ na:n˩
去 把 个 衣 蚌 那 收 了 时 这 姑娘 那 就 难

la:u˧ ka:ŋ˥ •la˧˩. ja˩ kʻe˧˥ ɕu˧ ʔa˩ ʨa˧ ȵa:u˧.
进 缸 了 俩 他们 就 在 那 住

ʨa˦˥˧ sa:m˥ pa:u˧ li˧ ma:i˧˩ ʨa˧ la:i˥ ɕu˧ ʨa:n˥ kʻwa:u˧ •la˧˩. la:k˧˩ man˦˥˧
那么 三 宝 得 妻子 那 好 就 吃 酒 了 些

kwa:n˥ ma:k˧ kwa:n˥ ʔun˧ ʨa˧ ɕek˧ ma˧˥ •la˧˩, nu˦˥˧ pai˧˩ ʨa˧ la:i˥ pai˧˩ la:u˧˩
官 大 官 小 那 都 来 了 见 姑娘 那 漂亮 极

ho˧, ɕu "ʔe˦˥˧, ta:u˥ pa:i˥ hem˧˩ sa:m˥ pa:u˧ ma˧˥ ʨa:n˥ kʻwa:u˧ ha:i˧
就 哎 咱 去 叫 三 宝 来 吃 酒 害

ʨak˩ ʨa˧, ʔa:u˥ ʨak˩ ma:i˧˩ sa:i˥ ta:u˥." ʨa˦˥˧ ɕən˧ na:i˧ pa:i˥ hem˧˩
个 那 要 个 妻子 给 咱 那么 时 这 去 叫

sa:m˥ pa:u˧ pa:i˥ ʨa:n˥ kʻwa:u˧, ʨa:n˥ kʻwa:u˧ təi˥ kʻwa:u˧•la˧˩, ta:i˩
三 宝 去 吃 酒 吃 酒 死 酒 了 把

ʨak˩ ɕən˩ ɕa:ŋ˩ ʨa˧ kʻeu˧˥wa:ŋ˧˥•la˧˩, ʨak˩ ɕən˩ ɕa:ŋ˩ kwa:n˥ ʨa˧. ʔe˦˥˧,
个 城 墙 那 打 坏 了 个 城 墙 官 那 哎

ȵa˩ sa:m˥ pa:u˧ ʨa:n˥ kʻwa:u˧ təi˥ kʻwa:u˧ tu˥ la:i˥ ɕi˦˥˧, ȵa˩ nəŋ˧˩
你 三 宝 吃 酒 死 酒 都 好 你 就

kʻeu˧˥ ʨak˩ ɕən˩ ɕa:ŋ˩ na:i˧ wa:ŋ˧˥, ȵa˩ jiu˦˥˧ sa:u˧ ʔi˥ ta˧ kun˦˥˧ na:i˧
打 个 城 墙 这 坏 你 要 造 象 从 前 这样

la:i˥! nu˦˥˧ ȵa˩ sa:u˧ ki˧ la:i˥, ʨiu˥ ɕu˧ ma˧˥ ʔa:u˥ ma:i˧˩ ȵa˩ pa:i˥!"
好 要是 你 造 不得 好 我们 就 来 要 妻子 你 去

ʨa˦˥˧ ma:u˧ ɕu˧ ma˧˥ ja:n˩ ka:ŋ˧ sa:i˥ pai˧˩ ʨa˧ ʨʻiŋ˧˥: "ʔe˦˥˧, man˥ na:i˧
那么 他 就 来 家 讲 给 姑娘 那 听 哎 天 这

pa:i˥ ʨa:n˥ kʻwa:u˧, sa:i˥ kʻe˧˥ kʻeu˧˥ ʨak˩ ɕən˩ ɕa:ŋ˩ ʨa˧ wa:ŋ˧˥•la˧˩, po˦˥˧
去 吃 酒 给 他们 打 个 城 墙 那 坏 了 说

jiu˦˥˧ ja:u˩ sa:u˧ ʔi˥ ta˧ kun˦˥˧ ʨa˧ la:i˥, nu˦˥˧ kwa:i˩ ɕi˧, kʻe˧˥ jiu˦˥˧ ma˧˥
要 我 造 象 从 前 那么 好 要是 不 呢 他们 要 来

ʔa:u˥ ȵa˩ pa:i˥." pə:i˨ ʈa˧ ɕu˧ ka:ŋ˧·la˨, "ȵa˩ pa:i˥ ʔu˥ ʈən˩ ʈa˧ ʔa:u˥
娶 你 去 姑娘 那 就 说 了 你 去 上 山 那 拿

pa˦ pja:k˧ ma˦, ʈa:i˩ ʈak˩ ʈa˧ ʈən˧ʈən˧ ʈa˧ p̍u˦ ta˧ pa:i˥, pji˧ ta˧
叶 芭蕉 来 把 个 那 逐次 铺 过 去 比 从

kun˦ nəŋ˥ jiu˦ la:i˥ pa:i˥." ʈa˦ sa:i˥ sa:m˥ pa:u˧ pa:i˥ ʈən˩ ʔa:u˥ pa˦
前 还 要 好 去 那么 给 三 宝 去 山 弄 叶

pja:k˧ ma˦, təŋ˨ ʈak˩ ɕən˩ ɕa:ŋ˩ p̍u˦ ta˧ pa:i˥·la˨.
芭蕉 来 整 个 城 墙 铺 过 去 了

"ʔe˦, ȵa˩ sa:m˥ pa:u˧ ʔi˥ nu˦ we˨ ʔi˥ na:i˧ la:i˥ pa:i˥?" man˦ kwa:n˥
哎 你 三 宝 怎 么 做 这 么 好 去 些 官

ʈa˧ ɕu˧ na:i˦ ka:ŋ˧。"ʔe˦, ja:u˩ ja˧ pu˩ na:i˥ ʈi˥ ho˩." ma:u˧ po˦.
那 就 这样 说 哎 我 也 不 奈 其 何 他 说

"ʔe˦, ʈa˦ nəŋ˨ jiu˦ ȵa˩ ʔa:u˥ ʈak˩ 'pu˩ na:i˥ ʈi˥ ho˩' ma˦, nu˦ kwa:i˩,
哎 那么 就 要 你 讨 个 不 奈 其 何 来 要是 不

ʈiu˥ ma˦ ʔa:u˥ ma:i˨ ȵa˩ pa:i˥!" ʈa˦ ɕən˧ na:i˧ ma:u˧ ju˧˧ ma˦ ka:ŋ˧
我们 来 拿 妻子 你 去 那么 时 这 他 又 来 讲

sa:i˥ pəi˨ ʈa˧ ʈ'iŋ˦·la˨, "ʔe˦, ha:i˧ təi˥·la˨, k'e˦ po˦ 'ȵa˩ ʔi˥ nu˦ we˨
给 姑娘 那 听 了 哎 害 死 了 他们 说 你 怎 么 做

na:i˦ la:i˥ pai˥', ja:u˩ po˦ ja:u˩ pu˩ na:i˥ ʈi˥ ho˩. ʈa˦ nəŋ˨ jiu˦ ja:u˩
这么 好 去 我 说 我 不 奈 其 何 那么 就 要 我

ʔa:u˥ ʈak˩ 'pu˩ na:i˥ ʈi˥ ho˩' pa:i˥, nu˦ kwa:i˩, k'e˦ ju˧ jiu˦ ma˦
拿 个 不 奈 其 何 去 要是 不 他们 又 要 来

ʔa:u˥ ȵa˩." "nu˦ ʔi˥ ʈa˧ ha:ŋ˩, pa:i˥ pa:i˥ pa:i˥, ja˩ ʈa:u˥ pa:i˥ jən˦
拿 你 要是 那 么 样 去 去 去 俩 咱 去 跟

pu˨ ʈiu˥ ʔa:u˥ ma˦." ʈa˦ ɕən˧ na:i˧ pa:i˥ ʔa˩ tiŋ˦ hu˩ həi˧ ʈa˧, jən˦
父亲 我 要 来 那么 时 这 去 到 底 湖 海 那 跟

pu˨ k'e˦ ʔa:u˥ ʈak˩ "pu˩ na:i˥ ʈi˥ ho˩" ma˦·la˨, kəm˨ ʈa˧ təŋ˨ man˥
父 她 要 个 不 奈 其 何 来 了 个 那 整 天

təŋ˨ man˥ pən˧ ŋa:p˨ ŋa:p˨, "ja:u˩ ja˧ pu˩ na:i˥ ʈi˥ ho˩." kəm˨ ʈa˧
整 天 只 (嘴一张一合状) 我 也 不 奈 其 何 个 那

pən˧ na:i˦ hem˨. ʈa˦ ta˧ lən˩ sa:m˥ pa:u˧ ɕu˧ ʈəu˥ pa:i˥ la˨.
只 这样 叫 那么 过 后 三 宝 就 赶 去 了

"ʔe˦, sa:m˥ pa:u˧ nəŋ˩ la:u˨ho˧! nəŋ˩ li˧ ʈak˩ 'pu˩ na:i˥ ʈi˥ ho˩'
哎 三 宝 真 利害 真 得 个 不 奈 其 何

ma˦·la˨! ʈa˦ kəm˨ na:i˧ ʈa:n˥ ma:ŋ˩, sa:m˥ pa:u˧?" "ʔe˦, ʈa:n˥ ŋo˨
来 了 那么 个 这 吃 什么 三 宝 哎 吃 五

ʈən˥ sa:n˦ pi˥, ju˧ ʈa:n˥ ŋo˨ ʈən˥ ɕa˥。" "ʔəu˨, ʔa:u˥ man˦ ʈa˧ ma˦
斤 炭 火 又 吃 五 斤 沙 啊 拿 些 那 来

sa:i˥ ma:u˧ ʈa:n˥。" ʈa˦ sa:i˥ k'e˦ man˦ ʈa˨ ʈa˧ ʔa:u˥ ma˦ sa:i˥ kəm˨
给 它 吃 那么 给 他们 些 汉人 那 拿 来 给 个

ʈa˧ ŋa:u˦·la˨. ma:u˧ ju˧ ŋa:p˨ ŋa:p˨: "ja:u˩ ja˧ pu˩ na:i˥ ʈi˥ ho˩!"
那 嚼 了 它 又 (嘴一张一合) 我 也 不 奈 其 何

təŋ˨ ʈak˩ ka:i˥ ɕa:ŋ˧ ɕek˧ ma˦ ʈa˧ nu˦, ʈ'ik˧·la˨, ʈak˩ ʈa˧ ʈa:n˥ ljeu˨
整 个 街 上 都 来 那儿 看 满 了 个 那 吃 了

ɕu˧ ta˧ ʈa˧ peu˦ pam˨ təŋ˥, k'ut˧ ʈak˩ ɕeu˩ ɕa:ŋ˧ ljeu˨.
就 从 那儿 爆 (声貌) 来 烧 个 朝 上 了

ȶa˧˨˧ ɕən˧ na:i˧ pəi˧˩ ȶa˧ ja˧ pa:i˥ ja:n˩ ma:u˧ ·la˧˩, təu˧˨˧ sa:m˥ pa:u˧,
那么 时 这 姑娘 那 也 去 家 她 了 留 三 宝

ȶi˥ na:i˧ ju˧ kwa:i˩ me˩ kəu˧˩ ȶa:n˥ ·la˧˩. ma:u˧ ɕu˧ pa:i˥ ʔu˥ pja˥
时 这 又 没 有 饭 吃 了 他 就 去 上 石

ȶa˧ ne˧, ȶa˧˨˧ ɕən˧ na:i˧ la:k˧˩ mja:n˩˧ ȶa˧ ta˧ tiŋ˧˨˧ nəm˧˩ ȶa˧ təŋ˥ ·la˧˩
那 哭 那儿 时 这 水獭 那 从 底 水 那 来 了

"ʔe˧˥, ȵa˩ ne˧ ma:ŋ˩?" "ɕi˩ na:i˧ pəi˧˩ ȶa˧ jən˧˥ pu˧˩ kʻe˧˥, ja:u˩ ja˧
哎 你 哭 什么 时 这 姑娘 那 跟 父 她 我 也

kwa:i˩ kəu˧˩ ȶa:n˥ ·la˧˩." "ȶa˧˨˧ ȵa˩ ʔa:u˥ pa˥ ma˧˥ sa:i˥ ȶiu˥ ȶa:n˥,
没有 饭 吃 了 那么 你 拿 鱼 来 给 我 吃

sa:i˥ ȶiu˥ pa:i˥ ka:ŋ˧ sa:i˥ ma:u˧ ȶʻiŋ˧˨˧."
让 我 去 说 给 他 听

ȶa˧˨˧ ʔa:u˥ pa˥ sa:i˥ mja:n˩˧ ȶa:n˥, kəm˧˩ ȶa˧ ɕu˧ pa:i˥ ka:ŋ˧ sa:i˥ pəi˧˩
那 拿 鱼 给 水獭 吃 个 那 就 去 说 给 姑娘

ȶa˧ ȶʻiŋ˧˨˧ ·la˧˩, "ʔe˧˨˧, sa:m˥ pa:u˧ ʔa˩ ta˧ ne˧ ·le˧˩, hem˧˩ ɕa:u˥ pa:i˥
那 听 了 哎 三 宝 那儿 哭 哩 叫 你 去

·ləu˧˩." "ʔe˧˨˧ ja:u˩ kʻut˧˥ pa:i˥ ·ləu˧˩." sa:i˥ pu˧˩ kʻe˧˥ ȶi˥ na:i˧ ɕu˧ ne˥
喽 哎 我 懒得 去 喽 让 父 她 时 这 就 扯

mjiŋ˩ ȶiu˩ mjut˧˩ ma˧˥ sa:i˥ ma:u˧, "po˧˨˧ ma:u˧ ʔi˥ tən˧˩ ja˧˨˧ ɕep˩˧ ʔi˥
几 根 胡子 来 给 他 告诉 他 一 囤 田 插 一

ȶiu˩ la:u˧, ʔi˥ tən˧˩ ja˧˨˧ ɕep˩˧ ʔi˥ ȶiu˩ la:u˧. pa:i˥ ȶʻa:n˧˥ kəu˧˩ təŋ˧˩
根 进 一 囤 田 插 一 根 进 去 摘 禾 整

man˥ ȶʻa:n˧˥ təŋ˧˩ man˥ me˩." ȶi˥ na:i˧ ha˧ ȶiŋ˧˨˧ ʔa:u˥ mjut˧˩ pu˧˩ kʻe˧˥
天 摘 整 天 有 时 这 才 拿 胡子 父 她

ma˧˥ sa:i˥ ma:u˧. ʔa:u˥ pa:i˥ ɕep˩˧ ja˧˨˧ ȶa˧, təŋ˧˩ man˥ ȶʻa:n˧˥ kəu˧˩ təŋ˧˩
来 给 他 拿 去 插 田 那 整 天 摘 禾 整

ȵin˩ ȶʻa:n˧˥ kəu˧˩ tu˥ me˩. ɕən˧ na:i˧ ju˧ me˩ kəu˧˩ ȶa:n˥ ·la˧˩, ja˧
年 摘 禾 都 有 时 这 又 有 饭 吃 了 也

kwa:i˩ ka:ŋ˧ "pu˩ nai˥ ȶi˥ ho˩" ·la˧˩. kʻun˧˥ ·la˧˩.
不 说 不 奈 其 何 了 完 了

不　奈　其　何

从前，三宝非常困难，他就去河上钓鱼。钓鱼钓鱼，钓了一个脸盆大的蚌。"哎，钓了个这个！"把它扔到河里去了。扔到那儿去了呢，再钓又钓上来了。"哎，这样噢，今天就钓了个这个！"又扔进那深潭里。那么跑到那河滩上头去钓，还是钓到了（那个蚌）。"哎，管它，拿它回家去吃好了。"

那么后来拿那个（蚌）回家来，生火就想煮那个（蚌）了。煮煮刚要开锅噢，（水）就溢出来把火浇灭了。又点火，水又刚刚要开，又溢进水去把火浇灭了。"哎，这个（蚌）就奇怪，扔进水缸里去好了。"扔进水缸里去呢，三宝这时候就上山了。那么这时候，从水缸里走出个老龙王的姑娘来，就做饭做菜，样样儿都有。三宝又从山上回来就："哎，谁到我家来做得这样好？样样儿都有！"那么三宝就吃了。

第二天三宝上山，那姑娘又来做饭了。那么这时候做完了，就给邻居家看见了，"哎，三宝还说谁来他家做饭咧，他从哪儿娶个妻子来这么好噢。屋里生光噢！那姑娘漂亮得很！”那么这时候三宝从山上回来了，“哎，天天来我家里这样做饭。”“哎呀，你还说谁到你家里来做饭，你不知道从哪儿娶来这么好的妻子来噢。”“噢，我没有呵。那么明天我偷偷地看看。”三宝就假装上山了。那么那姑娘又从那儿出来了，出来做饭做菜。三宝这时候开门进屋就抓住了，“哎，现在抓住你喽，你来我家这样做饭。”“我要来还你的情，哥哥啊。”那么三宝去把那个蚌壳衣收了，这时候那姑娘就不能进缸里去了，他们俩就在那儿住。

那么三宝娶来那媳妇漂亮，就吃酒了。那些大官儿小官儿都来了，见那姑娘漂亮极了，就：“哎，咱去叫三宝来吃酒，害那个（三宝），要那个妻子给咱。”那么这时候去叫三宝去吃酒，吃酒(呢)吃醉了，把那个城墙打坏了，那城墙官家的。“哎，你三宝吃酒吃醉都还好，你就把这个城墙打坏了，你要修得象从前这样好！要是你修不好，我们就来要你的妻子！”

那么他回家来说给那姑娘听，“哎，今天去吃酒，被他们把城墙打坏了，说要我修得象从前那么好，要不呢，他们要来娶你去。”那姑娘就说了：“你到那山上拿芭蕉叶儿来，把它挨个儿铺过去，比从前还要好呢。”那么三宝去山上弄回芭蕉叶儿来，整个城墙铺过去了。

“哎，你三宝怎么做得这么好啊？”那些官儿就这样说。“哎，我也（是）不奈其何。”他说。“哎，那么你就拿个‘不奈其何’来，要不，我们来娶你的妻子！”那么这时候他又来说给那姑娘听了：“哎，倒霉死了，他们说‘你怎么修得这么好啊’，我说‘我也是不奈其何’。那么就要我拿个‘不奈其何’去，要是不，他们就来娶你。”“要是这样，去去去，咱俩去跟我父亲要来。”那么这个时候去那湖海底下跟她父亲要‘不奈其何’来了，那个（东西）整天整天嘴巴一张一合的，那个（东西）只是这样叫：“我也不奈其何。”那么后来三宝就赶着去了。

“哎，三宝你真利害！真的弄个‘不奈其何’来了！那么这个（东西）吃什么，三宝？”“哎！吃五斤火炭，又吃五斤砂。”“噢，拿那些来给它吃。”那么让那些汉人他们拿来叫那个（东西）嚼了。它又嘴一张一合的：“我也不奈其何！”整个街上都来那儿看，满了，那个（“不奈其何”）吃了就从那儿“砰”地炸出来，把整个朝上都烧了。

那么这时候那姑娘也回她家去了，留下三宝，这时候又没有饭吃了。他就去那石头上哭，那么这时候一个水獭从水底出来了：“哎，你哭什么？”“现在那姑娘去跟着她父亲，我也没有饭吃了。”“那么你给我拿鱼来吃，我去说给她听。”

那么拿鱼给水獭吃，那个（水獭）就去告诉那姑娘了：“哎，三宝在那儿哭咧，叫你去喽。”“哎，我懒得去喽。”她父亲这时候揪下几根胡子给它，“告诉他一圈田插上一根儿，一圈田插上一根儿。去剪稻子整天剪整天有。”这时候才拿她父亲的胡子给他。拿去插在田那儿，整天剪稻子整年剪稻子都有。现在又有饭吃了，也不说“不奈其何”了。完了。

3.21 ja˩ muŋ˧˩ ho˧ ȶi˥
两 个 伙 计

ȶa˥˧ ȶi˥ na:i˧ ȶəu˧ jui˩ ja˩ k'e˧˥ ȶ'ən˩ ɕən˧ pa:u˥˧ we˧˩ sən˥ ji˥˧. we˧˩
那么 时 这 周 羽 俩 他们 陈 生 宝 做 生 意 做

t'əu˥˧ ljeu˧˩ mjiŋ˩ ȵin˩ təŋ˥, me˩ ȵak˥ we˧˩ səi˩ ·ləu˧˩. “ʔe˥˧, ja˩ ta:u˥
到 了 几 年 来 有 点 发 财 喽 哎 俩 咱

pa:i˥ ja:n˩ ·na˧, ho˧ ȶi˧. ɕən˧ na:i˧ ja˩ ta:u˥ we˧˩ li˧ ta˧ ·la˧˩.”
去 家 啊 伙 计 时 这 俩 咱 做 得 过 了

“we˧˩ li˧, ta˧ lən˩ ja˩ ta:u˥ muŋ˧˩ nu˧˥ k'ən˧˥ na:n˩ tu˥ jiu˥˧ ɕeŋ˥ ku˥˧ ·ləu˧˩.”
做 得 过 后 俩 咱 个 哪 困 难 都 要 相 顾 喽

ȶa˥˧ ȶ'ən˩ ɕən˧ pa:u˥˧ ȶi˥ na:i˧ k'ən˧˥ na:n˩ təŋ˥ ·la˧˩, kwa:i˩ kəu˧˩
那么 陈 生 宝 时 这 困 难 来 了 没有 饭

ȶa:n˥ ·la˧˩. “ʔe˥˧, ta:u˥ ɕən˧ na:i˧ pa:i˥ səm˧ ȶəu˧ jui˩ pai˥.” ȶa˥˧
吃 了 哎 咱 时 这 去 找 周 羽 去 那么

ɕən˧ na:i˧ pu˧˩ la:k˧˩ jəŋ˥˧ jəŋ˥˧ ɕu˧ ma˧˥ ·la˧˩, pa:i˥ t'əu˥˧ ja:n˩ ȶəu˧
时 这 父 子 拖拖拉拉 就 来 了 去 到 家 周

jui˩ ·la˧˩. “ʔe˥˧, ho˧ ȶi˧, ma˧˥ səm˧ ȵa˩ ·ləu˧˩.” ȶa˥˧ ȶəu˧ jui˩ “ma˧˥ ·a˧˩,
羽 了 哎 伙 计 来 找 你 喽 那么 周 羽 来 啊

la:u˧ ja:n˩ ma˧˥, la:i˥ la:i˥ la:i˥.” ɕu˧ ȵa:u˧˩ ta˧ ȵa:u˧ ·la˧˩.
进 家 来 好 好 好 就 在 那儿 住 了

ȶa˥˧ ɕən˧ na:i˧ ȵa:u˧˩ ȶa˧ ȵən˧ me˩ ȵak˥ ȶəŋ˥ ·la˧˩, ja˩ k'e˧˥ ɕu˧
那么 时 这 在 那儿 也 有 点儿 久 了 俩 他们 就

ɕek˧ la:k˧˩ ȶuŋ˩. man˥˧ la:k˧˩ ʔun˧ ȶa˧ ɕu˧ ɕeŋ˥ k'eu˧˥ ɕeŋ˥ kwa˥˧,
都 孩子 多 些 孩子 那 就 相 打 相 骂

ȶa˥˧ t'ən˧˩ ɕən˧ pa:u˥˧ ɕu˧ po˥˧: “ho˧ ȶi˧, ɕən˧ na:i˧ ja:u˩ jiu˥˧
那么 陈 生 宝 就 说 伙 计， 时 这 我 要

pa:i˥·la˧˩, ma˧˥ʔi˥ na:i˧ ȶəŋ˥·ləu˧˩.” ȶəu˧ jui˩ po˥˧: “nu˥˧ ȵa˩ jiu˥˧
去 了 来 这 么 久 喽 周 羽 说 要是 你 要

pa:i˥, ʔi˥ nu˧˥ we˧˩ li˧? ” ȶa˥˧ ɕi˩ na:i˧ ɕu˧ ʔa:u˥ lo˩ ma˧˥ jo˧˥ kəu˧˩,
去 怎么 做 得 那么 时 这 就 拿 箩 来 量 米

ta:p˧ li˧ nu˧˥ ȶuŋ˩ ɕu˧ ta:p˧ ȶa˧ ȶuŋ˩ pa:i˥ we˧˩ pon˩ wəi˧˥·la˧˩. ȶa˥˧
挑 得 多 少 就 挑 那么 多 去 做 盘 费 了 那么

ɕən˧ na:i˧ ʔa:u˥ ja˩ kəm˧˩ lo˩ pa:i˥ jo˧˥ kəu˧˩, ʔi˥ ȶot˧˩ ɕu˧ to˧ ŋo˧˩
时 这 要 两 个 箩 去 量 米 一 头 就 装 五

ɕi˥ lja:ŋ˧˩ ȵan˩ la:u˧ tiŋ˥˧ lo˩ ȶa˧ pa:i˥.
十 两 银 进 底 箩 那 去

ȶa˥˧ pu˧˩ la:k˧˩ ma˧˥ t'əu˥˧ ȶiu˩ ȶa˧ ma˧˥·la˧˩. “ʔe˥˧, ȵam˥˧ na:i˧ təŋ˥˧·la˧˩,
那么 父 子 来 到 桥 那 来 了 哎 晚 这 黑 了

ta:u˥ ɕu˧ ȵa:u˧˩ ȶi˥ na:i˧ ȵa:u˧ ·la˧˩.” ȶa˥˧ ta˧ tiŋ˥˧ lo˩ ȶa˧ jo˧˥ kəu˧˩
咱们 就 在 里 这 住 了 那么 从 底 箩 那 量 米

li˧ ʔi˥ kəm˧˩ peu˥ ȵan˩ ȶa˧, ŋo˧˩ ɕi˥ lja:ŋ˧˩. “ʔe˥˧, ʔa:u˥ na:i˥˧ ȶuŋ˩
得 一 个 包 银 那 五 十 两 哎 要 这么 多

ȵan˩ ma˧˥ sa:i˥ ta:u˥·əu˧˩. ʈak˩ na:i˧ ta:u˥ tu˥ pi˧˩ joŋ˧, kəm˧˩ pu˧
银 来 给 咱 啊 个 这 咱 都 别 用 个 座

ʈiu˩ nəŋ˥ mi˧˩ k'un˧˥, la:u˧ ɕa:i˧ pa:i˥ ʈa:i˧ k'e˧˥ man˦ təu˩ koŋ˧ ʔi˥ nu˧˥
桥 还 未 成 进 问 去 问 他们 些 公老 怎

ha:ŋ˩ kwa:i˩ we˧˩ k'un˧˥." ʈa˦ la:u˧ ɕa:i˧ pa:i˥ ʈa:i˧ k'e˧˥, "ʔe˦, pu˧
么 不 做 成 那么 进 问 去 问 他们 哎 座

ʈiu˩ na:i˧ ʈiu˥ ɕu˧ kwa:i˩ sin˩, təu˦ mja˩ kun˦." ʈa˦ ʈ'ən˩ ɕən˧
桥 这 我们 就 没有 钱 留 手 先 那么 陈 生

pa:u˧ po˦: "ja:u˩ na:i˧ ʔa:u˥ ŋo˧˩ ɕi˥ lja:ŋ˧˩ ȵan˩ we˧˩ nan˥ 'koŋ˥ ko˧ ,
宝 说 我 这儿 要 五 十 两 银 做 个 功 果。

kəm˧˩ na:i˧ ʈəu˧ jui˩ ta:i˦ ma˧˥·ləu˧˩."
个 这 周 羽 带 来 喽

ʈa˦ ʈ'əu˦ man˥ lən˩ ɕu˧ pa:i˥·la˧˩. pa:i˥ pa:i˥ pai˥ ju˧ ʈ'əu˦ mjiu˧ ʈa˧
那么 到 天 后 就 去 了 去 去 去 又 到 庙 那

pa:i˥·la˧˩. "ʈa˦ ʈi˥ na:i˧ ju˧ təŋ˦·la˧˩, ta:u˥ ȵam˦ na:i˧ pa:i˥ ʈa˧ ȵa:u˧."
去 了 那么 时 这 又 黑 了 咱 晚 这 去 那儿 住

ʈa˧ kəm˧˩ mjiu˧ ʈa˧ ju˧ kwa:i˩ we˧˩ k'un˧˥, ju˧ pa:i˥ ʔa˩ tiŋ˦ lo˩ ʈa˧
那么 个 庙 那 又 没有 做 成 又 去 在 底 箩 那

li˧ ŋo˧˩ ɕi˥ lja:ŋ˧˩ ȵan˩. "ʔe˦, ta:u˥ ɕən˧ na:i˧ ju˧ li˧ ŋo˧˩ ɕi˥ lja:ŋ˧˩
得 五 十 两 银 哎 咱 时 这 又 得 五 十 两

ȵan˩, ʈak˩ mjiu˧ na:i˧ ju˧ kwa:i˩ we˧˩ k'un˧˥, ʔa:u˥ nan˥ sin˩ na:i˧
银 个 庙 这 又 没 做 成 要 个 钱 这

pa:i˥ to˧ 'koŋ˥ ko˧ ' pa:i˥ la:i˥·ləu˧˩." ʈa˦ ɕən˧ na:i˧ ju˧ la:u˧ ɕa:i˧
去 做 功果 去 好 喽 那么 时 这 又 进 寨

pa:i˥ ʈa:i˧, la:k˧˩ man˦ təu˩ koŋ˧ ʈa˧ po˦:" təu˦ mja˩ kun˦, nan˥
去 问， 些 公老 那 说 留 手 先 个

na:i˧ ɕi˧ kwa:i˩ me˩ sin˩ joŋ˧·ləu˧˩." "ʔe˦, ja:u˩ ʈ'ən˩ ɕən˧ pa:u˦ ʔa:u˥
这 呢 没 有 钱 用 喽 哎 我 陈 生 宝 拿

nan˥ ȵan˩ na:i˧ we˧˩ koŋ˥ ko˧, ʈəu˧ jui˩ ta:i˦ ma˧˥·la˧˩."
个 银 这 做 功果 周 羽 带 来 了

ʈa˦ ʈa:i˧ k'e˧˥ la:k˧˩ man˦ təu˩ koŋ˧ ʈa˧: "ɕa:u˥ ʈi˥ nu˧˥ me˩ ja:n˩
那么 问 他们 些 公老 那 你们 里 哪 有 房

ʈi˥ kwa:i˩? təu˦ ja:n˩ kwa:i˩? ʔa:u˥ sa:i˥ ʈiu˥ pu˧˩ la:k˧˩ ȵa:u˧ ʔi˥
还是 没有 留 房 没有 拿 给 我们 父 子 住 一

ȵam˦· " "ʔe˦, ʈa:u˧ pja:n˦ ʔu˥ ʈa˧ me˩ ʔi˥ kəm˧˩ ɕoŋ˩ ja:n˩ məi˦
晚 哎 头 田坝 上 那 有 一 个 座 房 新

la:u˧˩ la:u˧˩, k'e˧˥ ɕek˧ po˦ me˩ sa˧˩ pa˧. ja:u˧ ·a˧˩ ʈa˧ ȵa:u˧, k'uŋ˧
大 大 人家 都 说 有 变婆 怕 呵 那儿 住 响

la:u˧˩ ho˧ ʈa:u˧ ȵam˦. ʔa:u˥ ɕa:u˥ pu˧˩ la:k˧˩ pa:i˥ ʈa˧ ȵa:u˧, ɕa:u˥
极 晚上 要 你们 父 子 去 那儿 住 你们

kəm˧˩ təu˧˩ na:i˦ ʈuŋ˩, kwa:i˩ ja:u˧." ʈa˦ ɕən˧ na:i˧ kəm˧˩ təu˧˩ pu˧˩
个 伙 这样 多 不 怕 那么 时 这 个 伙 父

la:k˧˩ ʔa˩ ja:n˩ məi˦ ʈa˧ pa:i˥ ȵa:u˧ pa:i˥ ·la˧˩.
子 房 新 那 去 住 去 了

ʈa˦ ʈa:u˧ ȵam˦ nəŋ˧˩ wəm˧˩ wəm˧˩, ʔi˥ na:i˧. li˧ ʈ'ən˩ ɕən˧ pa:u˦
那么 晚 上 就 （声 貌） 这 样 得 陈 生 宝

ʔa:u˥ pi˥ pa:i˥ ȶiu˦˥˧ nu˦˥˧, ʔi˥ kəm˧˩ kui˩ ȶəm˥ ju˧ ʔi˥ kəm˧˩ kui˩
拿 灯 去 照 看 一 个 水牛 金 又 一 个 水牛

ȵan˩ ʔa˩ ȶa˧ ɕeŋ˥ ɬa:u˧. ʔe˦˥˧, nəŋ˥ po˦˥˧ ʂa˧˩ pa˧ le˧˩! nəŋ˩ ʔi˥ɬu˩
银 那儿 相 斗 哎 还 说 变 婆 咧 看 一只

la:u˧ ʔi˥ma:ŋ˦˥˧ tin˥ ɬuŋ˧ pa:i˥。 ȶa˦˥˧ ȶʻən˩ ɕən˧ pa:u˦˥˧ ɕu˧ pa:i˥ ta:i˩
进 一 边 脚 柱 去 那么 陈 生 宝 就 去 把

kəm˧˩ ȶa˧ ləu˥ ·la˧˩, li˧ ʔi˥ kəm˧˩ ka:ŋ˥ ȶəm˥, li˧ ʔi˥ kəm˧˩ ka:ŋ˥
个 那 挖 了 得 一 个 缸 金 得 一 个 缸

ȵan˩。
银

ȶa˦˥˧ ɕən˧ na:i˧ li˧ ja˩ kəm˧˩ ka:ŋ˥ ȶəm˥ ȵan˩, ȶʻən˩ ɕəu˧ pa:n˦˥˧ ɕu˧
那么 时 这 得 两 个 缸 金 银 陈 生 宝 就

pa:i˥ po˦˥˧ ɕa:i˧ ȶa˧ ma˧˥ ɬa:p˧ pa:i˥ ·la˧。 “ʔe˦˥˧, ɕi˩ na:i˧ ȶiu˥ li˧
去 告诉 寨 那 来 挑 去 了 哎 时 这 我们 得

ju˧ ka:ŋ˥ ȶam˥ ju˧ ka:ŋ˥ ȵan˩, ɕa:u˥ ta:p˧ pa:i˥ ma˧˩。” “ʔe˦˥˧, nan˥
又 缸 金 又 缸 银 你们 挑 去 吗 哎 个

ȶa˧ nan˥ ȵa˩. ȶa˦˥˧ ɕi˧ ʔa:u˥ ʂa:i˥ ȵa˩ ·la˧˩, ȶju˥ pəu˧ ɕa:ŋ˦˥˧ ʂa˧˩ pa˧
那 个 你 那么 呢 拿 给 你 了 我们 只 想 变 婆

·le˧˩. ɕj˩ na:i˧ ȵa˩ ma˧˥ ȵa˩ li˧, ɬəu˦˥˧ ʂa:i˥ ȵa˩ joŋ˧· la˧˩.” ȶa˦˥˧ ȶʻən˧˩
咧 时 这 你 来 你 得 留 给 你 用 了 那么 陈

ɕən˧ pa:u˦˥˧ ɕən˧ na:i˧ wet˦ ʂəi˩ ·la˧˩. “ȶa˦˥˧ ɕa:u˥ nu˧˥ me˩ man˦˥˧ ja˦˥˧
生 宝 时 这 发 财 了 那么 你们 那儿 有 些 田

ma:ŋ˩ kwa:i˩? ʂa:i˥ ja:u˩ ȶəi˧ ʔi˥ ȵak˥·ma˧˩.” “me˩·əu˧˩, ȶiu˥ ʔa˩
什么 没有 给 我 买 一 点儿 嘛 有 哩 我们

ȶa˧ me˩ ʔi˥ pjan˦˥˧ ja˦˥˧ ȶa˧ ʂa:m˥ ȶʻin˧˥ ɬa˧ ɬən˧˩.” ȶa˦˥˧ ma:u˧ ɕu˧ ȶəi˧
那儿 有 一 坝 田 那 三 千 过 囤 那么 他 就 买

kəm˧˩ ha˧ ja˦˥˧ ȶa˧ ·la˧˩.
个 许多 田 那 了

ȶa˦˥˧ ɕən˧ na:i˧ ȶʻən˩ ɕən˧ pa:u˦˥˧ ȶʻa:i˧˥ ɕi˧ .la˧˩, ja:n˩ ja˧ me˩, ja˦˥˧
那么 时 这 陈 生 宝 富 裕 了 房 也 有 田

ja˧ me˩. ȶa˦ li˧ nu˧˥? li˧ ȶəu˧ jui˩ ju˧ kʻən˧˥ na:n˩ .la˧˩, ju˧ ma˧˥
也 有 那么 得 谁 得 周 羽 又 困 难 了 又 来

səm˧ ȶʻən˩ ɕən˧ pa:u˦˥˧ .la˧˩. ma˧˥ ma˧˥ ma˧˥ ȶʻəu˦˥˧ ȶa:u˧ ȶiu˩ ȶa˧ ɬəŋ˥,
找 陈 生 宝 了 来 来 来 到 头 桥 那 来

nu˦˥˧ la:k˧˩ man˦˥˧ pəi˥ ȶa˧, “ʔe˦˥˧, ʔa:u˥ ȶak˩ sin˩ ja:u˩ ma˧˥ na:i˧ ɬo˧
见 些 碑 那 哎 拿 个 钱 我 来 这儿 做

koŋ˥ ko˧, muŋ˧˩ na:i˧ nəŋ˧˩ ʔi˥ ȶeŋ˧˩ ɬu˥ kwa:i˩ joŋ˧.” man˥ lən˩ ɕu˧
功 果 个 这 就 一 点儿 都 没有 用 天 后 就

ju˧ ma˧˥ ȶʻəu˧˥ mjiu˧ ȶa˧ ɬəŋ˥, ju˧ nu˦˥˧ la:k˧˩ man˦˥˧ pəi˥ ȶa˧, “ʔe˦˥˧, ʔa˩
又 来 到 庙 那 来 又 见 些 碑 那 哎 在

na:i˧ ju˧ ʔa:u˥ ŋo˧˩ ɕi˥ lja:ŋ˧˩ ʔa:u˥ ma˧˥ we˧˩ koŋ˥ ko˧, muŋ˧˩ na:i˧ ȶən˥
这儿 又 拿 五 十 两 拿 来 做 功 果 个 这 真

lja:ŋ˩ səm˥ la:i˥ .əu˧˩, ʔa:u˥ sin˩ na:i˧ ma˧˥ ɬo˧ ȶa:u˧ pəi˥ ljeu˧˩.”
良 心 好 啊 拿 钱 这 来 做 头 碑 了

ȶa˦ ɕən˧ na:i˧ ȶʻən˧ ɕən˧ pa:u˦˥˧ ȵa:u˧˩ nu˧˥? “ʔe˦˥˧, pja:n˦˥˧ ʔu˥ ȶa˧,
那么 时 这 陈 生 宝 往 哪儿 哎 田坝 上 那

jaːn˩ laːu˧˩ laːu˧˩ ʔa˩ ȶa˧. maːu˧ ȶa˧ ȵaːu˧ .a˧˩.” ȶa˧ ɕən˧ naːi˧ ȶəu˧
房 大 大 那儿 他 那儿 住 啊 那么 时 这 周

jui˩ paːi˥ səm˧, “ʔe˥˧, ho˧ ȶi˧, jaːu˩ ɕən˧ naːi˧ ju˧ ma˧˥ səm˧ ȵa˩
羽 去 找 哎 伙 计 我 时 这 又 来 找 你

.ləu˧˩.” “ʔe˥˧, ma˧˥ laːi˥ ma˧˥ laːi˥.” ȶa˧ ȶʻən˩ ɕən˧ paːu˥˧ ɕu˧ ʔaːi˩
喽 哎 来 好 来 好 那么 陈 生 宝 就 把

kəm˧˩ jaːn˩ ȶa˧ pʻe˥˧ we˧˩ ja˩ ȶo˧˩, ja˩ kʻe˧˥ ɕu˧ muŋ˧˩ ȵaːu˧ ʔi˥ maːŋ˧.
个 房 那 分 做 两 头(半) 俩 他们 就 个 住 一 半

ja˥˧ ȶa˧ ja˧ pʻe˥˧ muŋ˧˩ ʔi˥ maːŋ˧. ɕən˧ naːi˧ ja˩ kʻe˧˥ ɕek˧ ʔa˩ ȶa˧
田 那 也 分 个 一 半 时 这 俩 他们 都 那儿

ȵaːu˧, ja˥˧ ja˧ me˩, jaːn˩ ja˧ me˩, ja˩ muŋ˧˩ ʔu˥ kʻun˧˥ ȵən˩ laːi˥ .la˧˩.
住 田 也 有 房 也 有 两 个 都 成 人 好(富) 了

两 个 伙 计

那么这个时候周羽、陈生宝他们俩做生意，做了几年，发了点儿财喽。“哎，咱们俩回家去啊，伙计。现在咱俩好过了。”“好哇，以后咱俩谁（有）困难都要相顾喽。”

那么陈生宝这时候困难了，没有饭吃了。“哎，咱现在找周羽去。”那么这时候他们父子拖拖拉拉地就来了，来到周羽的家了。“哎，伙计，来找你喽。”那么周羽（说）：“来啊，到我家来，好好好。”就在那儿住了。

那么这时候在那儿住得也有些日子了，他们俩呢孩子都多。那些孩子就相打相骂，那么陈生宝就说：“伙计，现在我要走了，来这么久喽。”周羽说：“要是你要走，怎么办？”那么这时候就拿箩来量米，能挑多少就挑多少做盘费了。那么这时候拿两个箩去量米，一头就在那箩底儿装五十两银子。

那么他们父子来到那桥那儿，“哎，今晚上天黑了，咱就在这儿住了。”那么从这箩底量米见有一包银子，五十两。“哎，给咱这么多银子噢。这个咱都别用，这个桥还没有修完，进寨子去问问那些公老儿怎么不修完。”那么进寨子去问他们，“哎，这座桥我们没有钱，先放一放。”那么陈生宝说：“我这儿拿五十两做个‘功果’，这个（是）周羽带来的喽。”

那么到第二天就走了。走走走又走到一个庙。“那么现在又黑了，咱今晚上就住那儿。那么那个庙又没有修完，又在箩底得到五十两银子。“哎，咱现在又有五十两银子，这个庙又没有修完，把这个钱去做‘功果’好喽。”那么这时候又进寨子去问，那些公老儿说：“先放一放，这个（庙）呢没有钱用喽。”“哎，我陈生宝用这个银子做‘功果’，周羽带来了。”

那么问他们那些公老儿：“你们哪儿有房子没有？留房子没有？叫我们父子住一宿。”“哎，那田坝上头有一栋很大的新房，人家都说有“变婆”，怕在那儿住，夜里老是响。叫你们父子在那儿住，你们这一伙这么多（人），不怕。”那么这时候这父子一伙儿就到那新房子里住去了。

那么晚上就“嗡，嗡”这样儿响。陈生宝拿灯去一照，一个金牛和一头银牛正在那儿顶撞。哎，还说是“变婆”咧！见一头（牛）进了一边的柱脚儿。那么陈生宝就去把那个（柱脚儿）给挖了，得一缸金子，得一缸银子。

那么这时候得了两缸金银，陈生宝就去告诉那个寨子挑走了。“哎，现在我挖出来一缸金子和一缸银子，你们挑去嘛。""哎，那个（是）你的。那么呢给你了，我们本想是"变婆"咧。现在你来了你得，留给你用了。"那么陈生宝这时候发财了。"那么你们哪儿有田什么的没有？叫我买一点儿嘛。""有噢，我们那儿有一坝田，三千多囤。"那么他就买了那许多田了。

那么这时候陈生宝富裕了，房也有，田也有。那么是谁？是周羽又困难了，又来找陈生宝了。来、来、来到那桥头儿，见那些石碑，"哎，拿我的钱来这儿做功果，这个（钱）就一点儿都没有用。"第二天又来到那庙那儿，又见些石碑，"哎，这儿又拿五十两来做功果，这个（人）真（是）心眼儿好噢，拿这钱来做碑头了。"

那么这时候陈生宝住哪儿？"哎，那田坝上头，很大的房子那儿。他在那儿住啊。"那么这时候周羽去找，"哎，伙计，我现在又来找你喽。""哎，来好来好。"那么陈生宝就把那房子分成两半儿，他们俩一人住一半。田也一人分一半。现在他们俩都在那儿住，田也有，房也有，两个都成富翁了。

3.22 la:k˧˩ ɕa:u˧˩ wa:ŋ˩ ŧi˥˧
女 婿 皇 帝

kəm˧˩ ja:n˩ ŧa˥˧ ʔa:u˥ ja˩ nəi˧˩. ɬa˧ lən˩ nəi˧˩ ma:u˧ təi˥ pa:i˥ •la˧˩
个 家 那 讨 两 妻 过 后 妈 他 死 去 了

nəŋ˥ me˩ nəi˧˩ la:u˧˩. ŧa˥˧ nəi˧˩ la:u˧˩ ŧa˧ ɕu˧ po˥˧: "ta:u˥ man˥ mu˧
还 有 妈 大 那么 妈 大 那 就 说 咱 明 天

ɕu˧ we˧˩ kəu˧˩ ŧoŋ˧ •ləu˧." "ŧa˥˧ ja:u˩ ʔi˥ nu˧˥ we˧˩ •je˧˥? k'e˧˥ p'e˥˧
就 做 米 种 喽 那么 我 怎 么 做 呀 人家 分

pa:i˥ ljeu˧˩ •la˧˩, ja:u˩ ʔi˥ nu˧˥ we˧˩ li˧?" "ŧa˥˧ ȵa˩ ȵən˧ we˧˩. ʔi˥
去 了 了 我 怎 么 做 得 那么 你 也 做 一

tən˧˩ ɕu˧ to˧ ʔi˥ ŧoŋ˥, me˩ nu˧˥ ŧuŋ˧˩ tən˧˩ to˧ nu˧˥ ŧuŋ˩ ŧoŋ˥, nu˥˧
囤 就 播 一 碗 有 多 少 囤 播 多 少 碗 要是

ȵa˩ ȵui˧˩ k'un˧˥ ljeu˧˩, ɕu˧ ʔa:u˥ kəm˧˩ pi˥ ŧa˧ tuŋ˥ •ləu˧˩, ʔa:u˥ kəm˧˩
你 搓 成 了 就 拿 个 火 那 煮 喽 拿 个

pi˥ sa:u˥˧ ŧa˧ tuŋ˥ nat˥ kəu˧˩ ŧa˧ k'əi˧˥ wa˧˥ təŋ˥, ŧa˥˧ ȵa˩ jiu˥˧ la:u˧
火 灶 那 煮 颗 米 那 开 花 来 那么 你 要 进

lo˩ pa:i˥ tok˥ to˧."
箩 去 撒 种

ŧa˥˧ ma:u˧ ȵəŋ˩ tuŋ˥ nat˥ ŧa˧ k'əi˧˥ wa˧˥ ʔa:u˥ pa:i˥ tok˥, k'e˧˥ ɕek˧
那么 他 真 煮 碗 那 开 花 拿 去 撒 人家 都

ʔuk˧ •la˧˩, ma:u˧ kwa:i˩ ʔuk˧. "ʔe˥˧, ŧak˩ kəm˧˩ kəu˧˩ ja:u˩ p'e˧˥ nəŋ˧˩
出 了 他 不 出 哎 个 个 米 我 怎么 就

kwa:i˩ ʔuk˧, nəi˧˩ ma:k˧ •a˧˩?" "ŧa˥˧ ka:i˧ jo˧˩. "t'əu˥˧ ɬa˧ lən˩ k'e˧˥
不 出 妈 大 啊 那 不 知道 到 过 后 人家

ɕu˧ lam˧˥ ja˥˧ •la˧˩, ɕən˧ na:i˧ ma:u˧ pa:i˥ ʔa˩ ŧa˧ ŧap˥, ŧap˥
就 插 田 了 时 这 他 去 那儿 拣 拣

ŧap˥ ŧap˥, kəm˧˩ ja˥˧ ŧa˧ la:u˧˩, pən˧˩ lam˧˥ li˧ ʔi˥ ton˩.
拣 拣 个 田 那 大 只 插 得 一 团

ŧa˥˧ ɕən˧ na:i˧ man˥˧ kəu˧˩ ŧa˧ ȵəŋ˩ ʔuk˧ təŋ˥ •la˧˩, ma:u˧ pən˧ ŧap˥
那么 时 这 些 稻 那 真 出 来 了 他 只 拣

ke˧˩ k'u˥˧ pa:i˥ joŋ˥ kəm˧˩ kəu˧˩ ŧa˧. man˥ ŧa˧ ɕa:i˥ kəm˧˩ ʔam˥ ŧa˧ ɬa˧
粪 猪 去 追肥 个 稻 那 天 那 给 个 鹰 那 从

lja:i˥ lja:i˥ ŧa˧ ma˧˥ mjut˧ ʔi˥ kəm˧˩ ŧiu˥ pa:i˥, ʔa:u˥ ma:u˧ "ʔe˧˥ hi˧,
远 远 来 叼 一 个 束 去 拿 他 哎 呀

ȵəŋ˩ ka:i˧ ka:i˥ na:i˥˧ ʔəu˥˧ ŧi˥˧ pa:i˥!" ɕu˧ pa:i˥ ʔa:u˥ ŧak˩ ɕoŋ˥˧ ma˧˥
真 不 该 这么 生 气 去 就 去 拿 个 枪 来

peŋ˥˧, təŋ˥˧ •la˧˩, kwa:i˩ li˧ nu˥˧ peŋ˥˧, nəŋ˧˩ ʔu˥ məi˧˩ ŧa˧ na:k˧˥ •la˧˩,
射 黑 了 不 得 见 射 就 上面 树 那 睡 了

ka˥˧ ŧak˩ ɕoŋ˥˧ ʔa˩ ŧa˧ na:k˧˥ •la˧˩.
架 个 枪 在 那儿 睡 了

pa:n˥˧ ŧa:n˥ me˩ ʔi˥ kəm˧˩ təu˧˩ kəŋ˥ mun˧ ɕu˧ pa:i˥ ʔa˩ tin˥ məi˧˩ ɬa˧
半 夜 有 一 个 群 猩猩 猴子 就 去 到 脚 树 那

to˧ pi˥. "ʔe˥˧, pən˧ lja:i˥˧ ja:ŋ˩ ȵən˩ ka:i˧ jo˧˨˧, nu˥˧ ja:ŋ˩ ȵən˩ li˧
点 火 哎 只 因为 阳 人 不 知 要是 阳 人 得

jo˧˨˧, pa:i˥ ȶi˥ na:i˧ ȶi˥ ȶa˥˧, ti˧ wa:ŋ˧˥ na:i˧ ti˧ wa:ŋ˧˥ ȶa˥˧. me˩ ʔi˥
知 去 里 这 里 那 地 方 这 地 方 那 有 一

koŋ˥ məi˧˨˧ ti˥ ȶa˧, ma:u˧ toŋ˥ ɕi˩ kʻəi˧˥ wa˧˥, kʻe˧˥ kʻəi˧˥ wa˧˥ ma:u˧
棵 树 李子 那 它 冬 天 开 花 别的 开 花 它

kwa:i˩ kʻəi˧˥ wa˧˥. ʔi˥ ma:ŋ˥˧ kʻəi˧˥ wa˧˥ ma:n˧, ʔi˥ ma:ŋ˥˧ kʻəi˧˥ wa˧˥
不 开 花 一 边 开 花 黄 一 边 开 花

pa:k˧˨˧. ʔa˩ tiŋ˥˧ ȶa˧ me˩ ʔi˥ ka:ŋ˥ ȶəm˥, ʔi˥ ka:ŋ˥ ȵan˩. ȶiu˩ ti˥ ȶa˧
白 在 底 那 有 一 缸 金 一 缸 银 棵 李子 那

ȵa:u˧˨˧ ʔu˥ nəm˧˨˧ mən˥˧ ȶa˧." ȶa˥˧ ɕən˧ na:i˧ kəm˧˨˧ mun˧ ȶa˧? ka:ŋ˧ kʻun˧˥
在 上 水 井 那 那么 时 这 个 猴子 那 说 完

·la˧˨˧, ju˧ kəm˧˨˧ kəŋ˥ ȶa˧ po˥˧: "ȶa˥˧ sa:i˥ ja:u˩ to˧ ʔi˥ məi˧˨˧ sa:i˥ ɕa:u˥
了 又 个 猩猩 那 说 那么 让 我 说 一 个 给 你们

tʻiŋ˥˧, pən˧ lja:i˥˧ ja:ŋ˩ ȵən˩ ka:i˧ jo˧˨˧, nu˥˧ ja:ŋ˩ ȵən˩ li˧ jo˧˨˧, pa:i˥
听 只 因为 阳 人 不 知 要是 阳 人 得 知 去

ȶi˥ na:i˧ ȶi˥ ȶa˥˧, la:k˧˨˧ mjek˧ wa:ŋ˩ ȶi˥˧ man˥ man˥ kʻit˧ loŋ˩, ja˩
里 这 里 那 姑娘 皇 帝 天 天 疼 肚 两

sa:m˥ ȵin˩ ·la˧˨˧ pʻek˧ pa:ŋ˧˨˧, ʔi˥ toŋ˥˧ ka:i˥ ȶa˧ ɕek˧ pʻek˧, kwa:i˩
三 年 了 贴 榜 一 段 街 那 都 贴 没

me˩ na:u˩ pa:i˥ ja:k˧ pa:ŋ˧˨˧ tʻa:u˥˧, kwa:i˩ me˩ na:u˩ ɕa:u˥˧ li˧ pəi˧˨˧
有 谁 去 撕 榜 一点儿 没 有 谁 治 得 姑娘

ȶa˧. nu˥˧ pa:i˥ ɕa:u˥˧ kəm˧˨˧ pəi˧˨˧ ȶa˧, li˧ we˧˨˧ la:k˧˨˧ sa:u˧˨˧ sa:i˥ wa:ŋ˩
那 要是 去 治 个 姑娘 那 得 做 女 婿 给 皇

ȶi˥ pa:i˥." ȶa˥˧ ma:u˧ ɕu˧ to˧ ka:u˧˨˧ joŋ˩ ·la˧˨˧. ɕən˧ na:i˧ kəm˧˨˧ kəŋ˥
帝 去 那么 他 就 记 里 肚 时 这 个 猩猩

ȶa˧ ju˧ po˥˧: "nu˥˧ pa:i˥ ɕa:u˥˧ pəi˧˨˧ ȶa˧ ·le˧˨˧, ta:ŋ˥˧ tam˥ ma:u˧ ʔa˩
那 又 说 要是 去 治 姑娘 那 哩 弄乾 塘 她

tin˥ ɕa:i˧ ȶa˧ mjiŋ˩ ɕəp˩ tən˧˨˧ la:u˧˨˧, mjiŋ˩ ɕəp˩ ȵin˩ kwa:i˩ kʻim˧, ʔa˩ tiŋ˥˧
脚 寨 那 几 十 囤 大 几 十 年 没有 排水 底

ȶa˧ me˩ ʔi˥ pa:ŋ˧ pja˥ ȶa˧ ʔi˥ kəm˧˨˧ pa:ŋ˧ to˥ la:u˧˨˧, me˩ ʔi˥ tu˩
那 有 一 块 石 那 一 个 块 门 大 有 一 只

ljoŋ˩ ȵo˧ ʔi˥ peŋ˧ pa˥ la:u˧˨˧. pa:i˥ ʔa:u˥ tu˩ ȶa˧ ma˧˥, ʔa:u˥ tu˩ so˧ ma˧˥,
黄鳝 一 条 腿 大 去 么 只 那 来 拿 只 活 来

ʔa:u˥ ȶiu˩ sui˧ la:k˧ ȶa˧ pʻeu˧˥ ta:u˩ sa:i˥ pəi˧˨˧ ȶa˧ ȶa:n˥, ɕu˧ nəŋ˧˨˧ kwa:i˩
拿 条 脊 骨 那 泡 甜酒 给 姑娘 那 吃 就 就 不

kʻit˧ la˧˨˧. ju˧ ʔa:u˥ nan˥ pʻa:t˧ ȶa˧ ȵən˧ pʻeu˧˥ ta:u˩ sa:i˥ ma:u˧ ȶa:n˥,
疼 了 又 拿 个 血 那 也 泡 甜酒 给 她 吃

nəŋ˧˨˧ ȶim˧˥ pʻat˧ sa:i˥ ma:u˧, nəŋ˧˨˧ ja˧˥ ȶən˩ təŋ˥·la˥˧." ȶa˥˧ kəm˧˨˧ təu˧˨˧ ȶa˧ pa:i˥·la˧˨˧。
就 添 血 给 她 就 红 起 来了 那么 个 群 那 去 了

ȶa˥˧ ma:u˧ ɕu˧ lui˧ məi˧˨˧ ma˧˥, ɕu˧ kʻut˧˥ peŋ˥˧ ȶak˩ ʔam˥·ləu˧˨˧。ma:u˧ ma˧˥
那么 他 就 下 树 来 就 懒得 射 个 鹰 喽 他 来

ja:n˩ ŋwiŋ˥˧ ŋwiŋ˥˧, "ʔe˥˧ hi˧, ja:u˩ ta˧ ti˧ wa:ŋ˧˥ na:i˧ pa:i˥ kun˥˧, ɕi˥˧
家 呆 呆 哎 呀 我 从 地 方 这 去 先 试

wən˧˨˧ pa:i˥ nu˥˧." ma:u˧ ko˧˨˧ ȶən˥ ko˧˨˧ ka˧, nəŋ˩ tʻəu˥˧ ȶi˥ ȶa˧ pa:i˥·la˧˨˧。
乱 去 看 他 不知 真 不知 假 真 到 里 那 去 了

ȶi˥ na:i˧ ɬəŋ˥˧·la˧˩, nəŋ˧˩ ʔa˩ ʔu˥ mən˥˧ ȶa˧ na:k˧˥, tʻəu˧˥ jət˧˥ lən˩, me˩
时 这 黑 了 就 在 上 井 那 睡 到 早 后 有

ʔi˥ kəm˧˩ nəi˧˩ ȶa˧ ma˧˥ ʔa:u˥ nəm˧˩·la˧˩, “ȶa˥˧ ȵa˩ ȵən˩ ȶi˥ ȶui˧?” “ja:u˩
一 个 妈妈 那 来 取 水 了 那么 你 人 还是 鬼 我

ȵən˩·əu˧˩。” “ȶa˥˧ ȵa˩ pʻe˧˥ ȵa:u˧˩ na:i˧ na:k˧˥·a˧˩?” “ȵam˥˧ ȵuŋ˥ ɬəŋ˥˧·la˧˩,
人 噢 那么 你 怎么 在 这儿 睡 啊 昨晚 黑 了

ja:u˩ ka:i˧ jo˧˩ ɕa:i˧ ɕa:u˥ ȵa:u˧˩ nu˧˥, nəŋ˧˩ ȵa:u˧˩ ʔu˥ təŋ˥˧ mən˥˧ ȶa˧
我 不 知 寨 你们 在 哪儿 就 在 上 凳 井 那

na:k˧˥。nəi˧˩ ma:k˧·a˧˩, koŋ˥ ɬi˥ na:i˧ koŋ˥ ɬi˥ ja:n˩ nu˧˥·a˧˩? ja:u˩ ɕa:ŋ˥˧
睡 大 妈 啊 棵 李子 这 棵 李子 家 哪 啊 我 想

ȶa:i˧ ȵa˩ ȵak˥。” “koŋ˥ ɬi˥ ȶiu˥·a˧˩。” “ko˧˩ ɕa:u˥ jəŋ˧ pe˥ kwa:i˩?” “ȵa˩
问 你 点儿 棵 李子 我们 啊 不知 你们 愿意 卖 不 你

pa:i˥ ja:n˩ ȶa:i˧ koŋ˧ ȶiu˥·ma˧˩, ȶiu˥ ja:n˩ ȶa˧ me˩ koŋ˧。”
去 家 问 公 我们 嘛 我们 家 那 有 公

ȶa˥˧ jən˧˥ nəi˧˩ ȶa˧ pa:i˥ ja:n˩ ȶa:i˧ koŋ˧ kʻe˧˥, koŋ˧ kʻe˧˥ po˥˧: “pe˥·ma˧˩,
那么 跟 妈 那 去 家 问 公 他们 公 他们 说 卖 嘛

nu˥˧ ȵa˩ jiu˥˧ ȶəi˧ ɕi˧, ȶa˥˧ ɕu˧ we˧˩ ɕəp˩ ȶiu˥˧ sin˩。” ɕu˧ pe˥ sa:i˥ kəm˧˩
要是 你 要 买 呢 那么 就 做 十 吊 钱 就 卖 给 个

la:k˧˩ ȶa˧·la˧˩。“ȶa˥˧ ja:u˩ jiu˥˧ ləu˥·le˧˩。” “səi˧˩ ȵa˩·əu˧˩, ɕi˧ sa:ŋ˥ ɕi˧ ma:ŋ˩
后生 那 了 那么 我 要 挖 咧 随 你 噢 连 根 带 什么

səi˧˩ ȵa˩ ʔi˥ nu˧˥ we˧˩。” ȶa˥˧ ma:u˧ la:u˧ ɕa:i˧ pa:i˥ tʻiŋ˧ tʻət˧˥ pe˧ muŋ˧˩
随 你 怎 么 做 那么 他 进 寨 去 请 七 八 个

jən˧˥ ma:u˧ ləu˥, ju˧ pam˧ ju˧ ləu˥。ləu˥ tʻəu˧˥ ɬiŋ˥˧ ȵəŋ˩ li˧ kəm˧˩ pa:ŋ˧
跟 他 挖 又 砍 又 挖 挖 到 低 真 得 个 块

pja˥ ȶa˧ ka˥˧ ɬa˧ ʔu˥ ja˩ nan˥ ka:ŋ˥·əu˧˩。ʔe˥˧, ji˧˥ kʻəi˧˥ ȶak˩ pa:ŋ˧ pja˥
石 那 架 过 上 两 个 缸 哩 哎 一 开 个 块 石

ȶa˧, li˧ ʔi˥ ka:ŋ˥ ȶəm˥, li˧ ʔi˥ ka:ŋ˥ ȵan˩。ɕən˧ na:i˧ ma:u˧ nəŋ˧˩
那 得 一 缸 金 得 一 缸 银 时 这 他 就

ʔa:u˥ kəm˧˩ ɬəu˧˩ ȶa˧ ɬa:p˧ ma˧˥ ja:n˩·la˧˩。
要 个 伙 那 挑 来 家 了

ɕən˧ na:i˧ ɬa˧ kwa:i˩ nu˧˥ ȶəŋ˥, me˩ təm˧ ȶo˧˩ ȵa:n˥, ju˧ pa:i˥·la˧˩。
时 这 过 不 那么 久 有 大约 半 月 又 去 了

pa·i˥ pa:i˥ pa:i˥ tʻəu˧˥ ka:i˥ ɕa:ŋ˧ ȶa˧, ɕek˧ pʻek˧ man˥˧ pa:ŋ˧˩ ȶa˧。ȶi˥
去 去 去 到 街 上 那 都 贴 些 榜 那 里

nu˧˥ me˩ ʔi˥ tʻəi˧˥ pa:ŋ˧˩ ȶa˧, ɕu˧ me˧ ʔi˥ ɬəu˧˩ ȶa˧˩ ɕa:i˥ ȶa˧ ɕu˧。ɕən˧
哪 有 一 道 榜 那 就 有 一 伙 差 役 那 守 时

na:i˧ ma:u˧ tʻəu˧˥ kəm˧˩ ȶa:u˧ ka:i˥ ȶa˧ pa:i˥ ɕi˧, me˩ ʔi˥ kəm˧˩ ɬəu˧˩ pən˧
这 他 到 个 头 街 那 去 呢 有 一 个 伙 只

ɕu˧ ʔa˩ ȶa˧。ma:u˧ ɕu˧ we˧˩ ȶi˥˧ ka:i˧ jo˧˩, pa:i˥ ja:k˧ kəm˧˩ ȶa˧ ma˧˥
守 那儿 他 就 做 计 不 知 去 撕 个 那 来

tʻuk˧ jin˥ ȶa:n˥。ȶa˥˧ kəm˧˩ ɬəu˧˩ ȶa˧˩ ɕa:i˥ ȶa˧: “ʔe˥˧, ȵa˩ we˧˩ li˧ ·a˧˥?
卷 烟 吃 那么 个 伙 差 役 那 哎 你 做 得 啊

ȵa˩ wən˧˩ ma˧˥ ja:k˧ ȶak˩ ȶʻi˧ na:i˧?” “ʔe˥˧, ja:u˩ ka:i˧ jo˧˩ ȶak˩ ma:ŋ˩
你 乱 来 撕 个 纸 这 哎 我 不 知 个 什么

·əu˧˩。ja:u˩ pən˧ ɕa:ŋ˥˧ jiu˥˧ ȶʻi˧ tʻu:k˧ jin˥。” “ȶa˥˧ ȵa˩ na:n˩ ·ləu˧˩,
咧 我 只 想 要 纸 卷 烟 那么 你 难 喽

jiu˦ pa:i˥ təm˥ wa:ŋ˩ ʈi˦ kun˦."
要 去 见 皇 帝 先

ʈa˦ pa:i˥ la:u˧ ʈa˧ pa:i˥ ʈa:n˥ kəu˨, ti˧ ʈ'iŋ˦ pəi˨ ʈa˧ səm˨ ʈa˧ wa:n˥
那么 去 进 那儿 去 吃 饭 得 听 姑娘 那 房间 那 叫唤

la˨. ma:u˧ po˦: "ja:n˩ ta:u˥ na:i˧ ma:ŋ˩ na:i˦ wa:n˥ pa:i˥?" "ʔe˦,
了 他 说 家 咱 这 什么 这样 叫 去 哎

me˩ ʔi˥ pəi˨ ʈa˧, la:k˨ ja:u˩ •əu˨." kəm˨ wa:ŋ˩ ʈi˦ ʈa˧ po˦: "ma:u˧
有 一 姑娘 那 女儿 我 咧 个 皇 帝 那 说 她

k'it˧ loŋ˩ ʈ'əu˦ ljeu˨ mjiŋ˩ ȵin˩ •la˨, kwa:i˩ na:u˩ ɕa:u˦. ȵa˩ ɕa:u˦
疼 肚 到 了 几 年 了 没有 谁 治 你 治

li˧ •a˥?" ma:u˧ po˦: "ja:u˩ ɕa:u˦ li˧, ja:u˩ wən˨ to˧." ʈa˦ ma:u˧ ɕu˧
得 啊 他 说 我 治 得 我 胡乱 治 那么 他 就

nəŋ˨ ʈa:n˥ kəu˨, ʈa:n˥ ʈəŋ˦ ljeu˨ ɕu˧ pa:i˥ heŋ˥. "ʔe˦, wa:n˥ səi˥
就 吃 饭 吃 饱 了 就 去 走 哎 万 岁

•a˨, ʈa:ŋ˦ tam˥ na:i˧ na:i˦ la:u˨, ko˨ tam˥ ta:u˥ ja˧ ko˨ tam˥ k'e˥.
啊 块 塘 这 这么 大 不知 塘 咱 也 不知 塘 人家

ʈiu˩ ʔəm˧ na:i˧ ȵa:u˨ tiŋ˦ tam˥ na:i˧ ləu˨." "tam˥ ta:u˥ •əu˨." "ʈa˦
条 药 这 在 底 塘 这 喽 塘 咱 啊 那么

jiu˦ k'im˧ ʈa:ŋ˦ tam˥ na:i˧ ha˧ ʈiŋ˦ ʔa:u˥ ʈiu˩ ʔəm˧ ʈa˧ li˧." "ʈa˦
要 排(水) 块 塘 这 才 拿 根 药 那 得 那

ka:i˧ jiu˦ ʈən˧. nu˦ ka:ŋ˧ me˩ ʈiu˩ ʔəm˧ ȵa:u˨ tiŋ˦ ʈa˧, k'im˧ ʈak˩
不 要 紧 要是 说 有 条 药 在 底 那 排 个

ʈa:ŋ˦ tam˥ ʈa˧ pa:i˥ jiu˦ ʈ'ət˥ man˥ ʈ'ət˥ ʈa:n˥ ha˧ ʈiŋ˦ ʈa:ŋ˦ •a˨."
干 塘 那 去 要 七 天 七 夜 才 干 啊

ɕən˧ na:i˧ k'im˧ ʈa:ŋ˦ tam˥ ʈa˧ ʈa:ŋ˦ •la˨, ȵəŋ˩ me˩ kəm˨ pa:ŋ˧
时 这 排 干 塘 这 干 了 真 有 个 块

pja˥ ȵa:u˨ ta:ŋ˩ ta˦ ʈa˧, ʔi˥ ʈa˧ la:u˨, man˦ təu˨ ʈa˨ ɕa:i˥ ʈa˧ ɕu˧
石 在 处 中 那 那么 大 些 伙 差 役 那 就

ʈ'ik˧ pa:i˥ •la˨. təŋ˨ kəm˨ ton˩ ɕa:i˧ ʈa˧ ma˥ ʔa:u˥ pa˥• ləu˨. ɕən˧
踢 去 了 整 个 团 寨 那 来 拿 鱼 喽 时

na:i˧ ʔa:u˥ kəm˨ ljoŋ˩ ȵo˧ ʈa˧ ma˥ ʔa˩ ta˦ ta:ŋ˩ ʈa˧ ka:i˧ sa:i˥ təi˥,
这 拿 个 黄鳝 那 来 在 中 塘 那 不 给 死

tu˩ ʈa˧ tu˩ so˧. ʈi˥ na:i˧ ta:i˩ təŋ˥ la˦, ju˧ ʔa:u˥ pən˩ na˧ tiŋ˦ ʈa˧
只 那 只 活 时 这 拿 来 破 又 拿 盆 脸 底 那

ʈuŋ˥ p'a:t˧. li˧ ʈiu˩ sui˧ la:k˧ ʈa˧ ma˥ p'eu˦ ta:u˩ sa:i˥ pəi˨ ʈa˧ ʈa:n˥,
装 血 得 条 脊 骨 那 来 泡 甜酒 给 姑娘 那 吃

ʔi˥ man˥ ʔi˥ la:i˥, man˥ ʔi˥ la:i˥. ʈa:n˥ ʈiu˩ sui˧ la:k˧ ʈa˧ k'un˥ nəŋ˨
一 天 一 好 天 一 好 吃 条 脊 骨 那 完 就

la:i˥ ʈak˩ pəi˨ ʈa˧ •ləu˨. ju˧ ʔa:u˥ ʈak˩ p'a:t˧ ʈa˧ ma˥ p'eu˦ ta:u˩ ʈa:n˥,
好 个 姑娘 那 喽 又 拿 个 血 那 来 泡 甜酒 吃

pəi˨ ʈa˧ nəŋ˨ ʈon˦ ʔi˥ ka:u˦, na˧ ja˦ hot˨• ləu˨• pəi˨ ʈa˧ ju˧ ʔi˥
姑娘 那 就 转 一 旧 脸 红 扑扑 喽 姑娘 那 又 一

ta˧ ka:u˦ la:i˥ pəi˨ .ləu˨.
从 旧 漂亮 喽

ʈa˦ ɕən˧ na:i˧ muŋ˨ ʈa˧ po˦: "ja:u˥ jiu˦ pa:i˥ ja:n˩ •la˨, wa:n˥ səi˥
那么 时 这 个 那 说 我 要 去 家 了 万 岁

•a˧˩.” “ȵa˩ pa:i˥ li˧? ȵa˩ ja:n˩ ŧa˧ me˩ pu˧˩ me˩ nəi˧˩ tu˥ jiu˥˧ ʔa:u˥
啊 你 去 得 你 家 那 有 父 有 母 都 要 接

ma˧˥ •la˧˩. ȵa˩ nəŋ˧˩ jiu˥˧ ʔa˩ na:i˧ we˧˩ la:k˧˩ ʂa:u˧˩ ʂa:i˥ ja:u˩ •la˧˩.” “ʔe˥˧,
来 了 你 就 要 在 这儿 做 女 婿 给 我 了 哎

ja:u˩ ton˥˧ kwa:i˩ pu˧˩ kwa:i˩ nəi˧˩, ja˧ jiu˥˧ pa:i˥ ʔa:u˥ man˥˧ ho˥˧ ja:u˩
我 倒 没 父 没 母 也 要 去 取 些 东西 我

ma˧˥.” ŧa˥˧ ɕən˧ na:i˧ ʔa:u˥ kəm˧˩ təu˧˩ ŧa˧˩ɕa:i˥ sa:i˥ ma:u˧, jən˧˥ ma:u˧ ma˧˥
来 那么 时 这 要 个 伙 差役 给 他 跟 他 来

ja:n˩ ta:p˧ man˥˧ ŧəm˥ ȵan˩. ŧi˥ na:i˧ ma:u˧ la:i˥ •la˧˩, we˧˩ la:k˧˩
家 挑 些 金 银 时 这 他 好 了 做 女

ʂa:u˧˩ wa:ŋ˩ ŧi˥˧ •la˧˩.
婿 皇 帝 了

皇帝的女婿

有那一家讨了两个老婆。后来他的妈妈死了，还有大妈。那么那大妈就说：“咱明天就做种籽喽。”“那么我做呀?人家都分完了,我怎么做得?”“那么你也做。一囤田种一碗，有多少囤田种多少碗。要是你搓完了，就用那火煮喽，用那个灶火。煮得那米粒儿开花了，那你要盛到箩里去撒种。”

那么，他真煮得那米粒儿开花了才拿去撒，人家都出了，他的不出。“哎，我的稻怎么就不出，大妈啊？”“那不知道。”到后来人家就插秧了，这时候他就去拣，拣拣拣，那个田大，只够插一段儿的。

那么这时候那些稻子真出来了，他就总去拣猪粪给那稻子追肥。那一天有个鹰打老远的来叼了一束儿去，叫他“哎呀,真不该这么叫人生气!”就去拿枪来打，天黑了，看不见打，就到树上头睡了，把枪架在那儿睡了。

半夜，有一群猩猩、猴子就去那树底下烧火烤。“哎,就是因为阳间的人不知道，要是阳间的人知道，去这儿那儿，这地方那地方，有一棵李树，它冬天开花，别的树开花，它不开花。一边开黄花，一边开白花。那底下有一缸金一缸银。那棵李子在那水井上头。”那么这个时候那个猴子说完了，那个猩猩又说：“那么叫我说一个给你们听，只因为阳间的人不知道，要是阳间的人知道了，去这儿那儿，皇帝的女儿天天肚子疼，两三年了。贴出榜来，一条街上都贴了，没有哪一个人去撕榜，没有谁能治得那姑娘的病。要是去给那姑娘治好，就能做皇帝的女婿了。”那么他就记在心里了。这时候那个猩猩又说：“要是能给那个姑娘治病咧，寨子跟前也有一块水塘几十囤大，几十年没有排水，那底下有一块石头一扇门大，有一条黄鳝，一条腿大，去抓那条黄鳝鱼来，抓活的来，拿那脊骨给那姑娘泡甜酒吃，就不疼了。再拿那血也给她泡甜酒吃，就给她添血了，皮色儿就红起来了。”那么那一群野兽就走了。

那么他从树上下来，就不想打那个鹰喽。他回到家里发愣：“哎呀，我从这地方先去，胡乱去看看。”他不知是真还是假，真到那儿去了。这时候天黑了，就在那井上头睡，到第二天早上，有一个妈妈来打水了：“那么你是人是鬼？”“我是人噢。”“那么你怎么在这儿睡呵？”“昨晚上黑了，我不知道你们寨子在哪儿，就在这井凳上睡了。大妈啊，这棵李子是谁家的李子呵？我想问一问。”“我们的李子啊。”“不知道你们愿意卖不？”“你去问我们公公嘛，我们家里有公公。”

那么跟那妈妈，去问她的公公，她的公公说：“卖嘛，要是你要买呢，那么就做十吊钱。”就卖给那个后生了。“那么我要挖咧。”“随你便噢，连根儿带什么的随你怎么办。”

那么他进寨子请了七八个人跟他挖，又砍又挖。挖到底儿真的有块石头架在两个缸上咧。哎，一开那个石头，有一缸金，有一缸银。这时候他就叫那伙人挑回家来了。

这时候没过多久，大约有半个月，又走了。走走走到街上，都贴些榜。哪儿有一道榜，就有一伙差役守着。这时候，他走到街头上去呢，有一伙差役总守在那儿。他就假装不知道，去撕那个榜来卷烟抽。那么那伙差役：“哎，你做得好啊？你随便来撕这张纸？”“哎，我不知道是个什么噢，我就想要纸卷烟。”“那么你不好办喽，要先去见皇帝。”

那么，进那儿去吃饭，听见个姑娘在房间里叫唤。他说：“咱这家里什么这样叫唤啊？”“哎，有一个姑娘，我的女儿噢。”那个皇帝说：“她肚子疼了好几年了，没有谁能治。你能治么？”他说：“我能治，我胡乱能治。”那么他就吃饭，吃饱了就去散步。“哎，万岁呵，这块水塘这么大，不知道是咱的水塘，也不知道是人家的水塘。这剂药在这水塘底下喽。”“咱的水塘噢。”“那么要给这块水塘排了水才能取出这剂药来。”“那不要紧，要是有剂药在底下，排干这块水塘得七天七夜才干啊。”

这时候把那水塘排干了，真的有块石头在那中间儿，那么大。那伙差役就给踢走了。整个团寨都来抓鱼喽。这时候抓那个黄鳝来放堂屋中间儿不叫死了，那只黄鳝是活的。这时候拿来破开，又拿个脸盆底儿盛血。拿那条脊骨来给那姑娘泡甜酒吃，一天天好，一天天好。吃完那条脊骨，那姑娘就好喽。又拿那血来泡甜酒吃，那姑娘就恢复原来的样儿了，脸红扑扑喽。那姑娘又跟从前一样漂亮喽。

那么，这时候那个后生说：“我要回家去了，万岁啊。”“你能回去么？你家里有爹有妈都要接来了。你就要在这儿给我做女婿了。”“我倒是没爹没妈也要回去拿我那些东西来。”那么这时候给他要了一伙差役，跟他回家来挑些金银。现在他好了，做皇帝的女婿了。

3.23 ȶ'əi˧˥ ku˥ ʔu˥ mən˥

七仙姑

ȶa˥˧ ȶi˥ na:i˧ ja˩ pu˧˩ la:k˧˩ k'u˦ su˩ ho˧, pən˧ na:i˧ pa:i˥ sa:ŋ˧˩ tu˩
那么时 这 俩 父 子 苦 很 只 这样 去 放 牛

ȶən˥ ȶən˥. sa:ŋ˧˩ tu˩·ne˧, man˥ man˥ sa:ŋ˧˩ tu˩. ta˧ lən˩ pu˧˩ k'e˧˥ k'i˦
总是 放 牛 呢 天 天 放 牛 过 后 父亲 他 病

təŋ˥·la˧˩. "ʔe˥˧, ȵa˩ pa:i˥ jən˧˥ pəi˧˩ ta:u˥ ja:m˥ ȵak˥ sin˩ ma˧˥ joŋ˧,
来 了 哎 你 去 跟 姐姐 咱 借 点儿 钱 来 用

ja˩ ta:u˥ ʔi˥ nu˧˥ we˧˩ ɕəi˧·əu˧˥?" ȶa˥˧ suŋ˧ jin˧ ɕu˧ pa:i˥ ja:m˥ sin˩
俩 咱 怎么 做 用 噢 那么 松 英 就 去 借 钱

jən˧˥ ku˥ pa˧ k'e˧˥. "ʔa˩ pəi˧˩·e˧˩, ja:m˥ ȵak˥ sin˩ sa:i˥ ja˩ ȶiu˥ pu˧˩
跟 姐 妹 他 阿 姐 呀 借 点 钱 给 俩 我们 父

ta:u˥, ja˩ ȶiu˥ kwa:i˩ kəu˧˩ ȶa:n˥·ləu˧˩." "ʔe˧˥, ma˧˥ səm˧ ȶiu˥ ja:m˥
咱 俩 我们 没有 米 吃 喽 哎 来 找 我们 借

sin˩·na˧? ȶiu˥ kwa:i˩ sin˩ sa:i˥ ɕa:u˥, ɕa:u˥ ȶiŋ˥˧ pəi˧ ȶiu˥ li˧·a˧˥?
钱 哪 我们 没有 钱 给 你们 你们 是 赔 我们 得 啊

ka:i˧ sa:i˥!" ma:u˧ po˥˧.
不 给 她 说

ȶa˥˧ ma:u˧ ɕu˧ ma˧˥ ja:n˩ ka:ŋ˧ sa:i˥ pu˧˩ k'e˧˥ ȶ'iŋ˥˧: "la:u˧ pəi˧˩ ku˥
那么 他 就 来 家 说 给 父 他 听 仅 个 姐

pa˧ tu˥ kwa:i˧ ku˥˧ ta:u˥·əu˧˩, ma:u˧ kwa:i˧ ja:m˥ sin˩ sa:i˥ ja˩ ta:u˥."
妹 都 不 顾 咱们， 她 不 借 钱 给 俩 咱们

"ȶa˥˧ ȵa˩ pa:i˥ jən˧˥ ȶu˧ ke˥ ta:u˥ ja:m˥, ȶ'əu˥˧ ja:u˩ la:i˥ ja˩ ta:u˥
那么 你 去 跟 主 家 咱们 借 到 我 好 俩 咱

pa:i˥ sa:ŋ˧˩ tu˩ pəi˧ k'e˧˥." ȶa˧ ɕu˧ ʔa:u˥ ma˧˥·ləu˧˩. ȶa˥˧ ta˧ lən˩ pu˧˩
去 放 牛 赔 人家 那么 就 拿 来 喽 那么 过 后 父

k'e˧˥ təi˥ pa:i˥·la˧˩, ʔi˥ nu˧˥ we˧˩ ɕəi˧·a˧˥? ɕən˧ na:i˧ ʔa:u˥ pu˧˩ k'e˧˥
他 死 去 了， 怎么 做 事呢 时 这 弄 父 他

ȶ'a˥˧ ȶən˩ sin˥ sek˧, suŋ˧ jin˧ ɕu˧ pən˧ na:i˥˧ pa:i˥ sa:ŋ˧˩ tu˩·la˧˩.
上 山 完 毕 松 英 就 只 这样 去 放 牛 了

ȶa˥˧ li˧ nu˧˥? li˧ ȶ'əi˧˥ ku˥ ʔu˥ mən˥ ɕu˧ ta˧ ȶa˧ lui˧ mən˥ təŋ˥·ləu˧˩.
那么 得 谁 得 七 姑 上 天 就 从 那 下 天 来 喽

"ʔe˥˧, wa˧˥ ȶa:i˧˩ suŋ˧ jin˧, sa˥˧ kun˥˧, ta:u˥ ȶi˥ na:i˧ ȶa:n˥ jin˥ kun˥˧."
哎 哥 松 英 休息 先 咱 时 这 吃 烟 先

"ʔe˥˧, kwa:i˧ ȶan˧˩ ȶu˧. kwa:i˧ ȶan˧˩ ɕa:u˥ ȶu˧ ta˧ lja:i˥ nəŋ˩, kwa:i˧
哎 不 近 你 不 近 你 情人 从 远 看 不

ȶan˧˩ ɕa:u˥ ȶu˧ ta˧ lja:i˥ nu˥˧." ȶ'əi˧˥ ku˥ ju˧ po˥˧. "ȶan˧˩ ma˧˥ ȶu˧.
近 你 情人 从 远 看 七 姑 又 说 近 来 你

ȶan˧˩ ma˧˥ ȶan˧˩ ma˧˥ məi˧˩ k'uk˧ sa:i˥, ȶan˧˩ ma˧˥ ȶan˧˩ ma˧˥ sa:i˥ məi˧˩
近 来 近 来 件 衣 给 近 来 近 来 给 件

kuk˧." "ka:i˧ ȶan˧˩ ȶu˧·ləu.˧˩" ȶ'əi˧˥ ku˥ po˥˧:" məi˧˩ kuk˧ sa:i˥ ȶu˧ ȵiu˧
衣 不 近 你 喽 七 姑 说 件 衣 给 你 缝

keu˥ la:i˩.” suŋ˧ jin˧ po˥˧: “tan˥ ja:u˧ sa:u˧˩ ɕa:u˥ n̥ən˩ ȶu˧ məm˧˩
沾 背 松 英 说 单 怕 丈夫 你 情 人 虎

la:u˧˩ kʻit˧ kʻu˥˧ ta˧ lən˩ ȶa:i˩.”
大 咬 猪 过 后 拉

ȶa˥˧ lam˥ tʻəu˥˧ ˀa˩ tin˥ məi˧˩ ja:ŋ˧ moi˩ ȶa˧ pa:i˥, suŋ˧ jin˧ tan˧
那么 追 到 那 脚 树 杨 梅 那 去 松 英 穿

kuk˧ tu˥˧ ho˧ n̥a:n˩ pa:i˥, ɕu˧ sui˥˧ pa:m˧˥ ˀa˩ ȶa˧. ɕən˧ na:i˧ tʻət˧˥
衣 破 很 难 去 就 坐 在 那儿 时 这 七

ku˥ ˀa:u˥ tʻa:u˧˥ kuk˧ məi˥˧ məi˥˧ sa:i˥ suŋ˧ jin˧ tan˧·la˧˩, “ˀe˧˥. ja˩
姑 拿 套 衣 新 新 给 松 英 穿 了 哎 俩

ta:u˥ pjiŋ˩ ȶiu˩ məi˧˩ jaŋ˧ moi˩ ka:ŋ˧·la˧˥, nu˥˧ n̥a˩ kwa:i˧ jiu˥˧ ja:u˩
咱 凭 棵 树 杨 梅 说 了 要是 你 不 要 我

ljok˩ ɕi˥ n̥in˩·ne˧, ja˩ ta:u˥ ka:ŋ˧ ljok˩ ɕi˥ man˥ la:i˥·la˧˩.” suŋ˧
六 十 年 呢 俩 咱 说 六 十 天 好 了 松

jin˧ ja˧ kwa:i˩ ɕun˥. “ȶa˥˧ ja˩ ta:u˥ pən˧ ka:ŋ˧ ljok˩ ɕi˥ man˥.” ȶa˥˧
英 也 不 作声 那么 咱 俩 只 说 六 十 天 那么

ɕən˧ na:i˧ ja˩ kʻe˧˥ ɕu˧ pa:i˥ ja:n˩ suŋ˧ jin˧·la˧˩.
时 这 俩 他们 就 去 家 松 英 了

“ȶa˥˧ ja:n˩ na:i˧ ˀi˥ na:i˧ tʻok˧˥·a˧, suŋ˧ jin˧·a˧˥? ȶa˥˧ ɕa:u˥ me˩ sa:k˧˩
那么 家 这 这 么 窄 啊 松 英 啊 那么 你们 有 基

ja:n˩ ȶi˥ kwa:i˩?” “ȶiu˥ me˩, ŋo˧˩ ljok˩ tʻət˧˥ ken˥ sa:k˧˩ ja:n˩·ne˧˩.”
房 还是 没有 我们 有 五 六 七 间 基 房 呢

“ȶa˥˧ ja˩ ta:u˥ we˨ ja:n˩ məi˥˧·la˧˩.” tʻəu˥˧ kwa:ŋ˥ mən˥, kʻun˧˥ kəm˧˩
那么 俩 咱 做 房 新 了 到 亮 天 成 个

ja:n˩ la:u˧˩ lu:u˧˩, su˥ ho˧ tʻen˧ ȶən˧˩· ja˩ kʻe˧˥ ɕən˧ na:i˧ ɕu˧ la:u˧
房 大 大 四 合 天 井 俩 他们 时 这 就 进

ja:n˩ məi˥˧ pa:i˥ n̥a:u˧ ·la˧˩.
房 新 去 住 了

ȶa˥˧ ɕən˧ na:i˧ la:k˧˩ man˥˧ ȶa˧˩ ȶa˧ təŋ˥ pjiŋ˩ pa:i˥˧ ȶa˧ kʻeu˧˥
那么 时 这 些 汉人 那 来 草 坪 那 打

nok˧˩ mun˧˩, “ˀe˥˧, ta:u˥ ha˧ ȶiŋ˥˧ ta˧ ȶi˥ na:i˧ tu˥ kəm˧˩ pjiŋ˩ pa:i˥˧, ɕi˩
鹌鹑 哎 咱 才 过 里 这 都 个 草 坪 时

na:i˧ kəm˧˩ ja:n˩ na:i˥˧ la:u˧˩! ta:u˥ la:u˧ pa:i˥ nu˥˧ ɕi˧.” la:u˧ pa:i˥
这 座 房 这么 大 咱 进 去 看 呀 进 去

nu˥˧ ta˧, li˧ tʻət˧˥ ku˥ jəp˥ ja:p˧ la:u˧ səm˧˩ sa:i˥ ma:ŋ˥˧ ɕən˥ sa:i˥
看 呢 得 七 姑 一 闪 进 房间 给 半边 身 给

kʻe˧˥ nu˥˧.” ˀəu˧˩, na:i˥˧ la:i˥ pəi˧˩ ho˧!” kəm˧˩ ȶa˧˩ ȶa˧ ta:i˩ kəm˧˩ toŋ˩
他们 看 呀 这么 漂 亮 很 个 汉人 那 把 个 筒

jin˥ ja:i˧ ja:i˧ ˀoi˥ la:u˧ pi˥, ta:n˥ ta:n˥ ta:n˥ la:i˥˧ tʻəu˧˥ ˀəp˥ ha˧ ȶiŋ˥˧
烟 长 长 烧 进 火塘 吃 吃 吃 烫 到 嘴 才

liu˥ ·la˧˩. “ˀe˥˧, ˀa:u˥ ȶak˩ pəi˧˩ na:i˧ pa:i˥! pəi˧˩ na:i˧ na:i˥˧ la:i˥ pəi˧˩!”
丢 了 哎 拿 个 姑娘 这 去 姑娘 这 这么 漂 亮

ȶa˥˧ kəm˧˩ təu˧˩ ȶa˧˩ jiu˥˧ ˀa:u˥ tʻət˧˥ ku˥ pa:i˥, sa:i˥ tʻət˧˥ ku˥ we˨ hu˩
那么 个 伙 汉人 要 讨 七 姑 去 给 七 姑 做 符

wep˧ ˀa:u˥ kəm˧˩ təu˧˩ sui˥˧ ˀa˩ kweŋ˥˧ ȶən˩ ȶa˧, ȶən˩ ȶən˩ ki˧, pa:i˥
法 要 个 伙 坐 在 坳 山 那 起 起 不得 去

pa:i˥ ki˧. kəm˧˩ ɬəu˧˩ ɬa˧˩ ɬa˧ ɕu˧ na:n˩ ma˧˥ ʔa:u˥ ·la˧˩.
去 不得 个 伙 汉人 那 就 难 来 讨 了

ɬa˥˧ ɕən˧ na:i˧ ɬəm˧˩ ljok˩ ɕi˥ man˥ ɬəŋ˥ ·la˧˩, ma:u˧ ɕu˧ po˥˧: "suŋ˧
那么 时 这 满 六 十 天 来 了 她 就 说 松

jin˧, ja:u˩ pa:i˥ ja:n˩ ɬiu˥ ·ləu˧˩." "ʔe˥˧, ja:u˩ kwa:i˩ ɕa:i˥ ȵa˩ pa:i˥."
英 我 去 家 我们 喽 哎 我 不 让 你 去

ma:u˧ ju˧ po˥˧: "ȵa˩ pi˧˩ ka:i˧ ɕa:i˥ ja:u˩ pa:i˥, ja˩ ɬa:u˥ man˥ ɬa˥˧
她 又 说 你 别 不 让 我 去 俩 咱咱 天 那

pən˧ ka:ŋ˧ ljok˩ ɕi˥ man˥. jəŋ˧ ka:ŋ˧ ljok˩ ɕi˥ ȵin˩ ·le˧˩, ja:u˩ jin˧˥
只 说 六 十 天 如果 说 六 十 年 哩 我 跟

ȵa˩ na:i˧ ȵa:u˧. ɕən˧ na:i˧ ɬəm˧˩ ljok˩ ɕi˥ man˥ ɬəŋ˥, ja:u˩ jiu˥˧ pa:i˥ ·la˧˩."
你 这儿 住 时 这 满 六 十 天 来 我 要 去 了

ɬa˥˧ ma:u˧ ɕu˧ nəŋ˧˩ pa:i˥ ·la˧˩.
那么 她 就 就 去 了

pa:i˥ pa:i˥ pa:i˥ t̔əu˧˥ tin˥ məi˧˩ ja:ŋ˧ moi˩, ja˩ k̔e˧˥ ɬa˧ ɕa˥˧ ɬa˧
去 去 去 到 脚 树 杨 梅 俩 他们 那里 休息 那

pa:i˥ ·la˧˩. "ʔe˥˧, ȵa˩ ɬa:i˧ ɬiu˩ məi˧˩ ja:ŋ˧ moi˩ na:i˧, ja˩ ɬa:u˥ man˥
去 了 哎 你 问 棵 树 杨 梅 这 俩 咱 天

ɬa˧ pən˧ ka:ŋ˧ ljok˩ ɕi˥ man˥." ɬa˥˧ kəm˧˩ suŋ˧ jin˧ ju˧ po˥˧: "ja˩
那 只 说 六 十 天 那么 个 松 英 又 说 俩

ɬa:u˥ ka:ŋ˧ ljok˩ ɕi˥ ȵin˩." məi˧˩ ja:ŋ˧ moi˩ kwa:i˩ ɕa:n˥. "ɬa˥˧ ȵa˩
咱 说 六 十 年 棵 杨 梅 不 答应 那么 你

nu˥˧, ɬiu˩ məi˧˩ ja:ŋ˧ moi˩ nəŋ˧˩ kwa:i˩ ɕa:n˥ ȵa˩." ɕən˧ na:i˧ ɬiu˩ məi˧˩
看 棵 树 杨 梅 就 不 答应 你 时 这 棵 树

po˥˧ ·la˧˩: "ȵəŋ˩ ·əu˧˩, ka:ŋ˧ ljok˩ ɕi˥ man˥ ȵa˩ nəŋ˥ keu˥ ma:u˧· ləu˧˩?"
说 了 真 哩 说 六 十 天 你 还 逼 她 喽

ɬa˥˧ t̔ət˧˥ ku˥ ɕu˧ nəŋ˧˩ t̔a˧˥ mən˥ pa:i˥ ·la˧˩.
那么 七 姑 就 就 上 天 去 了

t̔a˧˥ ʔu˥ mən˥ pa:i˥ ljok˩ ɕi˥ man˥ ɕu˧ ɕa:ŋ˧˩ li˧ la:k˧˩ ʔun˧ ·la˧˩, ɬa˥˧
上 上面 天 去 六 十 天 就 养 得 孩 子 了 那么

ɕu˧ ɕun˧˩ lui˧ ma˧˥ ɕa:i˥ suŋ˧ jin˧, kwa:n˥ "ja:ŋ˩ ka:n˧ pa:u˧˩". "ha:u˧˩ min˥
就 送 下 来 给 松 英 叫 阳 间 宝 好 命

na:n˩ ɬe˩ kwa:i˩ lən˧˩ ɬi˧, ɕi˩ na:i˧ t̔a˧˥ mən˥ pa:i˥ ȵa:u˧ ɬəu˥˧ la:ŋ˩
难 得 不 到 头 时 这 上 天 去 住 留 郎

ɬok˥ k̔ui˧˥, ʔi˥ ɕam˧ ljiŋ˧."
落 难 一 辈子 孤零

七 仙 姑

从前那个时候，有父子俩很苦，总是去放牛。放牛呢，天天放牛。后来他父亲病了，“哎，你去跟咱的姑娘借点钱来用，咱俩怎么办噢？”那么松英就去跟他的姐妹去借钱。“阿姐呀，借给咱父子俩点儿钱，我们俩没有米吃喽。”“哎，来找我们借钱哪？我们没有钱给你们，你们还得起我们么？不给。”她说。

那么他就回家说给他父亲听,"就是姐妹都不看顾咱噢，她不借给咱们俩。""那么你去跟咱的主家借，等到我好了，咱俩去放牛还人家。"那么就借来喽。那么后来他父亲死了，怎么办啊？这时候把他父亲弄到山上埋了呢，松英就是这样去放牛了。

那么是谁？是七仙姑从那儿下界来喽。"哎，松英哥哥啊，先歇会儿，咱现在先抽烟。""哎，不近你。不近你来从远看,不近你来从远瞧。"①七仙姑又说："你过来，过来过来把衣给,过来过来给件衣。""不挨着你噢。""这件衣服给你缝连背。"松英说："只怕你丈夫情人以后老虎把猪拉。"

那么（七仙姑）追到那棵杨梅树底下，松英穿的衣服很破，走不了，就扑通坐在那儿。这时候七仙姑拿一身儿很新很新的衣服叫松英穿上了，"哎，咱俩冲着这棵杨梅树说了，要是你不要我六十年呢，咱俩说六十天好了。"松英也不作声。"那么咱俩只说六十天。"那么他们俩就回松英的家去了。

"那么这房子这么窄啊，松英啊，你们还有房基没有？""我们有五、六、七间房基呢。""那么咱盖新房子。"到了天亮，盖成一座很大很大的房子，四合天井。他们俩这时候就上新房里去住了。

那么这时候有些汉人来草坪打鹌鹑，"哎，咱才经过这儿还是个草坪，现在这么大的一座房子！咱进去看看。"进去看呢，正好七仙姑一闪走进房，叫他们看见了半个身子。"噢，这么漂亮啊！"那个汉人把个长长的烟袋烧进火塘，抽抽抽烫着咀了才扔了。"哎，娶这个姑娘去！这姑娘这么漂亮！"

那么这伙儿汉人要讨七仙姑去，七仙姑使个符法叫这伙儿（汉人）坐在山坳里起也起不来，走也走不了。那伙汉人就不能来讨了。

那么这时候满六十天了，她就说："松英,我回我们家去喽。""哎，我不让你走。"她又说："你别不让我走，咱们俩那天只说六十天。要是说六十年咧，我跟你在这儿住。现在满六十天了，我要走了。"那么她就走了。

走走走到他们俩在那儿歇着的那棵杨梅树底下了。"哎，你问这棵杨梅树，咱们俩那天就说六十天。"那么松英又说："咱俩说六十年。"杨梅树不答应。"那么你看，杨梅树就不答应你。"这时候杨梅树说话了："真的噢，说六十天，还是你逼她喽？"那么七仙姑就上天去了。

到天上去了六十天就养了个孩子,那么就给松英送下来,叫阳间宝。"好命难得不到头，这时上天去住留下落难的郎君，一辈子受孤单。"

---

①这两句话以及下面出现的一些对话,都采用了诗歌形式。侗语和汉语一样;有一些音异而义同的动词,常可用于诗歌当中以求谐韵,此处的"nəŋ˩ nu˧"(看、瞧),即是一例。

3.24 ku˧ ɕa:ŋ˧ peŋ˩
故事 香 屏

ɕi˩ ȶa˥˧ ·e˧, ɕa:ŋ˧ peŋ˩ kʻe˧˥ tǝu˧˩ la:k˧˩ ȵi˧˩ ȶa˧ pa:i˥ ʔa:u˥ pan˥
时 那 哩 香 屏 他们 伙 后生 那 去 要 竹

lun˩, pa:i˥ tʻǝu˥˧ ʔa˩ kweŋ˥˧ ȶǝn˩ ȶa˧ ɕu˧ me˩ ja˩ pǝi˧˩ la:k˧˩ mjek˧
芦笙 去 到 坳 山 那 就 有 两 个 姑 娘

mǝm˧˩ ȵa:u˧˩ ȶa˧ ɕui˥˧, ɕu˧ jǝn˧˥ ja˩ pǝi˧˩ ȶa˧ kʻwa:n˧˩ ȶa:ŋ˩ .la˧˩. kʻwa:n˧˩
虎 在 那儿 坐 就 跟 俩 姑娘 那 聊天 了 聊

ȶa:ŋ˩ kʻwa:n˧˩ ȶa:ŋ˩ man˥˧ ȶa˥˧ ɕek˧ jo˧˩ me˥ ·la˧˩, “ʔe˧˥, ȶak˩ na:i˧
天 聊 天 些 那 都 认识 了 哎 个 这

ȶak˩ mǝm˧˩, ȶak˩ na:i˧ ȶak˩ ȵǝn˩ .ǝu˧˩, ȶa˥˧ ta:u˥ pa:i˥ ·la˧˩.” ʔi˥ muŋ˧˩
个 虎 个 这 个 人 嘛 那么 咱 去 了 一 个

ȶa:i˩ ʔi˥ muŋ˧˩, muŋ˧˩ ȶa:i˩ ʔi˥ muŋ˧˩ ɕek˧ pa:i˥ .la˧˩, lǝn˥ ȶǝu˥˧ ȶak˩
拉 一 个 个 拉 一 个 都 去 了 只 剩 个

ɕa:ŋ˧ peŋ˩ ʔa˩ ȶa˧ kʻwa:n˧˩ ȶa:ŋ˩ .la˧˩。
香 屏 那儿 聊 天 了

ȶa˥˧ kʻwa:n˧˩ ȶa:ŋ˩ tʻǝu˥˧ ȶo˧˩ ȵam˥˧ tǝŋ˥˧ .lǝu˧˩. ja˩ pǝi˧˩ ȶa˧ po˥˧:
那么 聊 天 到 傍 晚 黑(天) 喽 俩 姑娘 那 说

“ȵam˥˧ na:i˧ pa:i˥ ja:n˩ ȶiu˥ ȵa:u˧ ·a˧˩?” “ʔǝu˧˩, pa:i˥ ja:n˩ ɕa:u˥ ȵa:u˧.”
晚 这 去 家 我们 住 啊 噢 去 家 你们 住

ȶa˥˧ lui˧ ȶak˩ loŋ˥ ȶa˧ pa:i˥ ·la˧˩. lui˧ ȶak˩ loŋ˥ ȶa˧ pa:i˥ ɕi˧, la:u˧
那么 下 个 山谷 那 去 了 下 个 山谷 那 去 呢 进

kǝm˧˩ ŋa:m˩ pja˥ ȶa˧ pa:i˥ ·lǝu˧˩, kǝm˧˩ ŋa:m˩ pja˥ la:u˧˩ la:u˧˩ ȶa˧.
个 洞 石 那 去 喽 个 洞 石 大 大

ȶa˥˧ li˧ ka:u˩ la:u˩ ȶa˥˧ sa:i˥ ja˩ ȶak˩ mǝm˧˩ ȶa˧ kʻeu˧˥ tak˥ pa˥ ·la˧˩,
那么 得 老 头 那 给 两 个 虎 那 打 断 腿 了

ʔa:u˥ pa:i˥ ȶa˧ ɕu˧ ȶak˩ ja:n˩ la˧˩ jǝn˧˥ kʻe˧˥. “ʔe˥˧, ȵa˩ pʻe˧˥ la:u˧
拿 去 那儿 守 个 家 了 跟 他们 哎 你 怎么 进

na:i˧ tǝŋ˥? ȵa˩ ɕa:ŋ˥˧ ja˩ ȶak˩ na:i˧ ja˩ ȶak˩ ȵǝn˩ ·na˧? ja˩ ȶak˩
这儿 来 你 想 两 个 这 两 个 人 哪 两 个

mǝm˧˩ la:u˧˩ ·ǝu˧˩! ja:u˩ tu˥ sa:i˥ kʻe˧˥ kʻeu˧˥ tak˥ pa˥ ·lǝu˧˩.” “ʔe˥˧, ja:u˩
虎 大 哩 我 都 给 他们 打 断 腿 喽 哎 我

ɕa:ŋ˥˧ ja˩ ȶak˩ ȵǝn˩ ·nǝu˧˩, ha:i˧ tǝi˥ ·lǝu˧˩, ȶa˥˧ ja˩ ta:u˥ nu˧˥ ha:ŋ˩
想 两 个 人 呢 害 死 喽 那 俩 咱 怎 么

we˧˩?” ȶa˥˧ ɕǝn˧ na:i˧ ka:u˩ la:u˩ ȶa˧ ɕu˧ po˥˧: “ɕa:ŋ˧ peŋ˩, ȵa˩ la:u˧
办 那么 时 这 老 头 那 就 说 香 屏 你 进

ɕa:ŋ˩ pa:i˥ na:k˧˥, sa:i˥ ja:u˩ ɕu˧ po˥˧ ȵa˩ kʻit˧ loŋ˩. sa:i˥ ja˩ ȶak˩
床 去 睡 让 我 就 说 你 疼 肚 让 两 个

pǝi˧˩ na:i˧ pa:i˥ ȶǝn˩ ·ne˧ jǝu˧˥ ma:ŋ˩ ma˧˥ ɕa:u˥˧ ȵa˩, ɕǝn˧ na:i˧ ja˩
姑娘 这 去 山 呢 找 什么 来 治 你 时 这 俩

ta:u˥ sa:u˧ ȶu˧ ji˥˧ kun˥˧.” ȶa˥˧ ɕa:ŋ˧ peŋ˩ la:u˧ ɕa:ŋ˩ pa:i˥ ɕi˧, ja˩
咱 做 主 意 先 那么 香 屏 进 床 去 呢 两

kəm˧˩ pəi˧˩ ȶa˧ ɕu˧ ȶa:i˧•la˧˩, "ȶa:i˧˩ ȶiu˥ nu˧˥•la˧˥, koŋ˧•a˧˥?" "ʔe˥˧, ȶa:i˧˩
个 姑娘 那 就 问 了 哥哥 我们 哪儿 了 公 啊 哎 哥哥

ɕa:u˥ k'it˧ loŋ˩ •əu˧˩, la:u˧ ɕa:ŋ˩ pa:i˥ na:k˧˥•ləu˧˥." "ʔe˥˧, ȶa˥˧ jiu˥˧
你们 疼 肚 哩 进 床 去 睡 喽 哎 那么 要

ʔa:u˥ ma:ŋ˩ ma˧˥ ɕa:u˥˧ ma:u˧ li˧?" "ja˩ ɕa:u˥ pa:i˥ jəu˧˥ tu˩ ɕa:n˥ pa˩
拿 什么 来 治 他 得 俩 你们 去 找 只 鹿

ma˧˥ •ma˧˩." ȶa˥˧ ja˩ pəi˧˩ ɕu˧ pa:i˥•la˧˩, ɕu˧ pa:i˥ jəu˧˥ ɕa:n˥ pa˩ •la˧˩.
来 嘛 那么 两 姑娘 就 去 了 就 去 找 鹿 了

ȶa˥˧ ɕən˧ na:i˧ ka:u˩ la:u˩ ȶa˧ ɕu˧ po˥˧ ɕa:ŋ˧ peŋ˩:" pa:i˥, ȵa˩ ɕən˧
那么 时 这 老 头 那 就 告诉 香 屏 去 你 时

na:i˧ pan˩ mja˧˩ ja:i˧ ja:i˧ ɕu˧ ȶ'a˥˧ kəm˧˩ məi˧˩ ʔu˥ mən˥˧ ȶa˧ pa:i˥.
这 磨 刀 快(利)快 就 上 个 树 上面 井 那 上

ȵa˩ pa:i˥ ȶa˧ pa:i˥ sa˧ ma:u˧ pa:i˥, nu˥˧ ma:u˧ təŋ˥."
你 去 那儿 去 杀 他 去 要是 他 来

ȶa˥˧ ɕən˧ na:i˧ ja˩ kəm˧˩ pəi˧˩ ɕu˧ li˧ kəm˧˩ ɕa:n˥ pa˩ ma˧˥•la˧˩, liu˥ ʔa˩
那么 时 这 两 个 姑娘 就 得 个 鹿 来 了 丢 在

pa:k˧ ȶa˧. "ʔa˩ koŋ˧, ȶa:i˧˩ ȶiu˥ nu˧˥•a˧?" "ȶa:i˧˩ ɕa:u˥ ɕən˧ na:i˧ pa:i˥
外面 那 阿 公 哥哥 我们 哪儿 啊 哥哥 你们 时 这 去

mən˥˧ pa:i˥, pa:i˥ ȶuk˧ ȶa:u˧•la˧˩." "ʔəu˧˩, ȶa˥˧ ja˩ ta:u˥ pa:i˥ nu˥˧!"
井 去 去 洗 头 了 噢 那么 俩 咱们 去 看

pa:i˥ nu˥˧ ȶa˧, kəm˧˩ ȵən˩ ȶa˧ ȵa:u˧˩ ʔu˥ məi˧˩ ȶa˧, kəm˧˩ jiŋ˧ ȶa˧
去 看 个 人 那 在 上面 树 那 个 影子 那

ȵa:u˧˩ tiŋ˥˧ məm˥˧ ȶa˧. "ʔe˥˧, ʔuk˧ ma˧˥ ȶa:i˧˩ •a˧, ȵa˩ p'e˧˥ la:u˧ tiŋ˥˧
在 底 井 那 哎 出 来 哥哥 啊 你 怎么 进 底

mən˥˧ ȶa˧•a˧˥? ȶa˧ nu˥˧ ȵa˩ kwa:i˩ ʔuk˧ ma˧˥, ȵa˩ nəŋ˩ ja˩ ȶiu˥."
井 那 啊 那么 要是 你 不 出 来 你 看 俩 我们

ȶa˥˧ kəm˧˩ məm˧˩ ja˧˥ ȶa˧ p'om˧˥ la:u˧ mən˥˧ ȶa˧ ȶa˧ k'am˧˥ kwat˩
那么 个 虎 红 那 扑通 进 井 那 那么 混 浊

•la˧˩, ɕən˧ na:i˧ ju˧ ʔuk˧ ma˧˥, ju˧ lu˧˥ nəm˧˩ •la˧˩. ȶa˥˧ kəm˧˩
了 时 这 又 出 来 又 清 水 了 那么 个

məm˧˩ ken˥˧ ȶa˧: "ʔe˥˧, sa:i˥ ja:u˩ la:u˧ ma˧˥ ʔa:u˥ ȵa˩ ɕən˧ na:i˧!"
虎 花格 那 哎 让 我 进 来 拿 你 时 这

ja˧ p'om˥˧ la:u˧ mən˥˧, ju˧ k'am˧˥ kwat˩. ȶa˥˧ ɕən˧ na:i˧ ɕa:ŋ˧ peŋ˩ ʔu˥
也 扑通 进 井 又 混浊 那么 时 这 香 屏 上

məi˧˩ ȶa˧ jan˥˧ ȶo˥ təŋ˥ •la˧˩, sa:i˥ ja˩ məm˧˩ ȶa˧ ŋa:ŋ˧ ka:ŋ˩ li˧
树 那 扑嗤 笑 来 了 给 两 虎 那 仰 下巴 得

nu˥˧ ɕi˧, "ʔe˥˧ je˧˥, kəm˧˩ ȶa:i˧˩ ta:u˥ ȵa:u˧˩ ʔu˥ məi˧˩ ȶa˧ •le˧˩! ȵa˩
见 呢 哎 呀 个 哥哥 咱 在 上 树 那 咧 你

lui˧ ma˧˥, lui˧ ma˧˥!" "ʔe˥˧, kwa:i˩ lui˧." "ȶa˥˧ nu˥˧ ȵa˩ kwa:i˩ lui˧
下 来 下 来 下 不 下 那么 要是 你 不 下

ɕi˧ ȶiu˥ ʔa:u˥ ȵa˩ ma˧˥ ȶa:n˥ na:n˧˩ •ləu˧˩." "ʔa:u˥ •ma˧˩, ɕa:u˥ ma˧˥
呢 我们 拿 你 来 吃 肉 喽 拿 嘛 你们 来

ʔa:u˥ ja:u˩ •ma˧˩." ȶa˥˧ ɕən˧ na:i˧ kəm˧˩ məm˧˩ ken˥˧ ȶa˧ p'əi˧˩ ȶ'a˥˧ məi˧˩
拿 我 嘛 那么 时 这 个 虎 花格 那 忽地 上 树

•la˧˩, lja:p˧ ȶak˩ məi˧˩ tin˥ təŋ˥, ʔa:u˥ ma˧˥ p'e˥˧ ȶa:n˥ •la˧˩. "ʔe˥˧ na:n˧˩
了 抓 个 大拇 趾 来 拿 来 分 吃 了 哎 肉

na:i˧ la:i˥ ȶa:n˥ la:u˧˩ ho˧! ȶa˥˧ ȵa˩ ɕən˧ na:i˧ lui˧ ma˦˥ kwa:i˩?"
这 好 吃 极 那 你 时 这 下 来 不

"kwa:i˩ lui˧." ȶa˥˧ ɕən˧ na:i˧ ʂa:i˥ kəm˧˩ məm˧˩ ja˦˥ ȶa˧ ju˧ p‘əi˧˩
不 下 那么 时 这 给 个 虎 红 那 又 倏地

ȶ‘a˥˧ məi˧˩ ·ləu˧˩. ʂa:i˥ ɕa:ŋ˧ peŋ˩ nəŋ˧˩ ɬat˥ nəŋ˧˩ ɬat˥, ɕu˧ nəŋ˧˩ kon˥
上 树 喽 给 香 屏 就 砍 就 砍 就 就 滚

ȵon˥ lui˧ məi˧˩ təi˥ ȶak˩ ja˧˩ ·la˧˩. "ʔe˥˧, ȵa˩ ʂa˧ ȶa:i˧˩ ȶiu˥ wa˦˥ ȵeŋ˧
一骨碌 下 树 死 个 红 了 哎 你 杀 姐姐 我 花 娘

pa:i˥, ʂa:i˥ ja:u˩ ȶ‘a˥˧ təŋ˥!" ȶa˥˧ məm˧˩ ken˥˧ ȶa˧ ɕu˧ p‘əi˧˩ ȶ‘a˥˧ məi˧˩
去 让 我 上 来 那么 虎 花格 那 就 倏地 上 树

·la˧˩. ȶa˥˧ ɕa:ŋ˧peŋ˩ ju˧ ɬat˥, ju˧ təi˥ kəm˧˩ məm˧˩· la˧˩。
了 那 香 屏 又 砍 又 死 个 虎 了

ȶa˥˧ ɕən˧ na:i˧ lui˧ məi˧˩ ma˦˥ ɕu˧ po˥˧ ka:u˩ la:u˩ ȶa˧·la˧˩! "ja˩ ɬa:u˥
那 时 这 下 树 来 就 告诉 老 头 那 了 俩 咱们

pa:i˥ ʔa:u˥ ja˩ kəm˧˩ məm˧˩ ȶa˧ ma˦˥ ȶa:n˥ na:n˧˩ kun˥˧." ȶa˥˧ ja˩ k‘e˦˥
去 拿 两 个 虎 那 来 吃 肉 先 那么 俩 他们

ɕu˧ ȶa:n˥ ʂa:m˥ man˥ na:n˧˩ məm˧˩ ·la˧˩. "ʔe˥˧, ȶak˩ loŋ˥ na:i˧ ɕi˧ me˩
就 吃 三 天 肉 虎 了 哎 个 山谷 这 呢 有

man˥ məm˧˩ la:u˧˩ ho˧, ja˩ ɬa:u˥ nu˦˥ we˧˩ ʔuk˧ li˧?" ʂa:i˥ ka:u˩ la:u˩
些 虎 极 俩 咱 怎么 做 出 得 让 老 头

ȶa˧ we˧˩ "hu˩ wep˧", ʔa:u˥ ja˩ k‘e˦˥ k‘un˦˥ ja˩ ȶak˩ kun˥˧ məi˧˩ ·ləu˧˩,
那 做 符 法 拿 俩 他们 成 两 个 桩 树 喽

k‘ui˦˥ lui˧ ȶak˩ na:n˧ ȶa˧ pa:i˥.
冲 下 个 瀑布 那 去

ʂa:i˥ ȶak˩ man˥˧ mun˧ ȶa˧ ʔa:u˥ man˥˧ məi˧˩ ȶa˧ təŋ˥, "ʔe˥˧,' nəm˧˩
给 个 些 猴子 那 弄 些 木头 那 来 哎 水

ma:k˧ poŋ˩ pa:u˧ kun˥˧ ɬa:ŋ˥ ka˩' lja:u˦˥ ma:u˧ lui˧ na:n˧ pa:i˥, lja:u˦˥
大 浮 宝 桩 香 菌 推 它 下 瀑布 去 推

ma:u˧ lui˧ na:n˧ pa:i˥!" ɬa:i˧˩ ja˩ ȶak˩ ȶa˧ lja:u˦˥ t‘əu˥˧ joŋ˦˥ pa:k˧ na:i˧ təŋ˥ ·la˧˩.
它 下 瀑布 去 把 两 个 那 推 到 溪 外 这 来 了

t‘əu˥˧ ȵa˥ ma˦˥ ȶi˥ na:i˧ me˩ ȵak˥ kwa:ŋ˥ ·la˧˩. li˧ la:k˧˩ man˥˧ mun˧
到 河 来 时 这 有 点儿 亮 了 得 些 猴子

ȶa˧ jin˦˥ la:k˧˩ man˥˧ ȶak˥ ȶa˧ ɕeŋ˥ ʂa˧ ·ləu˧˩. ȶa˥˧ man˥˧ ȶak˥ ȶa˧ ʂa:i˥
那 跟 些 蚂蚱 那 相 杀 哩 那么 些 蚂蚱 那 给

k‘e˦˥ ʔi˥ ɬu˩ ɬu˩ pan˧ təi˥ ljeu˧˩, man˥˧ ȶak˥ ȶa˧ ɬu˥ kwa:i˧ ɬa˧. "ʔe˥˧,
它们 一 只 只 捍 死 了 些 蚂蚱 那 都 不 过 哎

ɬa:u˥ man˥ mu˧ hen˧ nan˥ pa:n˥˧ man˥ ŋo˧˩ ɕi˩." ȶa˥˧ man˥ lən˩ la:k˧˩
咱 明 天 约 个 半 日 午 时 那么 天 后 些

man˥˧ mun˧ ȶa˧ ju˧ təŋ˥ ·la˧˩, ʂa:i˥ la:k˧˩ man˥˧ ȶak˥ ȶa˧ pa:i˥ kan˥˧
猴子 那 又 来 了 给 些 蚂蚱 那 去 割破

man˥˧ pja:k˧ mun˧ ȶa˧ ·ləu˧˩. ʔi˥ ɬu˩ ʂa:i˥ ʔi˥ kui˥˧, ʔi˥ ɬu˩ ʂa:i˥ ʔi˥
些 额头 猴子 那 喽 一 只 给 一 锤 一 只 给 一

kui˥, təi˥ ȶak˩ ha˧ mun˧ ·ləu˧˩.
锤 死 个 许多 猴子 喽

ɕən˧ na:i˧ mun˧ kui˥˧ mnu˧, ȶa:u˧ pjiu˧ ȵui˧ ·ləu˧˩. man˥˧ mun˧ ȶa˧
时 这 猴子 锤 猴子 头 喷 浆 喽 些 猴子 那

ɕek˩˧ təi˥ pa:i˥ ·la˧˩. ʔe˧˥, ja˨ k'e˦˥ ɕən˧ na:i˧ ʔuk˧ tak˨ loŋ˥ ma˦˥ ɕu˧
都 死 去 了 哎 俩 他们 时 这 出 个 山谷 来 就

nəŋ˧˩, ha˧ tiŋ˧˥ pa:i˥ ja:n˨ ·la˧˩.
就 才 去 家 了

香 屏 的 故 事

从前，香屏他们那伙后生去采芦笙竹，走到山坳里呢，有两个虎姑娘正在那儿坐着，就跟她们俩聊天了。聊天聊天，那些后生都认出来了，“哎，一个是老虎，一个是人噢。那么咱们走了。”一个拉一个，一个拉一个都走了，只剩下香屏在那儿聊天了。

那么聊天聊到傍晚天黑了。两个姑娘就说：“今晚上去我们家住啊？”“噢，去你们家住。”那么下那个山谷去了。下那个山谷去呢，走进一个石洞喽，好大个石洞。那么有一个老头儿被老虎打断腿了，拿到那儿给她们看家。“哎，你怎么进这儿来？你以为这两个是两个人哪？两个大老虎噢。我都叫她们打断腿喽。”“噢，倒霉死喽，那么咱们俩怎么办？”那么这时候那老头儿就说：“香屏，你上床去睡觉，我就说你肚子疼。叫这两个姑娘去山上呢找什么药来治你，这时候咱们俩先打个主意。”那么香屏就上了床，那两个姑娘就问了：“我哥哥在哪儿，公啊？”“哎，你们哥哥肚子疼噢，上床去睡觉喽。”“哎，那么要用什么才能治好他？”“你们俩去找只鹿来嘛。”那么两个姑娘就去了，就去找鹿了，那么这时候那老头儿就告诉香屏：“去吧，现在你把刀磨得快快的就上那井上头那棵树上去。你去那儿去杀她去，要是她来。”

那么这时候两个姑娘就弄到一个鹿来了，扔在（洞）外头。“阿公，我哥哥在哪儿啊？”“你们哥哥现在到井那儿去了，去洗头哩。”“噢，那么咱俩去看！”去看呢，那个人（香屏）在树上，那个影儿在井底儿。“哎，出来哥哥啊，你怎么上井底儿呵？那么要是你不出来，你看我们俩。”那么那只红老虎扑通跳进井去，那么水就混了。这时候又出来，水又清了。那么那个花格儿老虎：“哎，现在叫我进去拿你！”也“扑通”跳进井去，又混了。那么这时候香屏在树上“扑嗤”笑起来了，那两个老虎仰脖儿看见呢，“哎，咱哥哥在那树上咧，你下来，下来！”“哎，不下！”“那么要是你不下来呢，我们拿住你吃肉喽。”“拿嘛，你来拿我嘛。”那么这时候那个花格儿老虎忽地上树了，抓个大拇趾下来，拿来分着吃了。“哎，这肉好吃极了！那么现在你下来不？”“不下。”那么这时候那个红老虎又忽地上树喽。香屏直砍直砍，那个红老虎一骨碌滚下树来死了。“哎，你杀我花娘姐姐，我上来！”那么那花格儿老虎就忽地上树了。那么香屏又砍，这个老虎又死了。

那么这时候从树上下来就告诉那个老头儿了：“咱们俩先吃那两个老虎的肉。”那么他们俩就吃了三天老虎肉了。“哎，这个山谷呢有很多的老虎，咱们俩怎么办才能出去呢？”那个老头儿就做“符法”，把他们俩变成两个木头桩儿喽，冲下那个瀑布去。

那些猴子弄些木头来，“哎，‘大水浮宝香菌桩’，把它推下瀑布去，把它推下瀑布！”把那两个（人）推到小溪外面来了。

到了大河的时候，天有点亮了。遇上那些猴子跟那些蚂蚱相杀喽，那么那些蚂蚱叫它们一只只捏死了。这些蚂蚱都打败了。“哎，咱们明天约定中午（再打）。”那么第二天那些猴子又来了，叫那些蚂蚱把那些猴子的额头拉破喽。一个（猴子）给一锤，一个给一锤，许多猴子都死喽。

这时候猴子打猴子，脑袋喷出脑浆喽。那些猴子都死了。哎，他们俩这时候就出了山谷才回家去了。

3.25 nəŋ˥
鼻 子

ta˧ kun˥˧, ka:ŋ˧ me˩ ja˩ ȶa:i˧˩ n̥oŋ˧˩ ɕeŋ˥ ȶeŋ˥, ȶa:i˧˩ k'e˧˥ ɕu˧ “ʔe˥˧,
从 前 说 有 两 兄 弟 相 争 哥哥 他 就 哎

kwa:i˩ sa:i˥ ja˥˧ sa:i˥ n̥a˩, sa:i˥ ȶak˩ kwa:i˥˧ ȶən˩ ȶa˧ sa:i˥ n̥a˩ la:i˥
不 给 田 给 你 给 个 块 山 那 给 你 算(好)

•la˧˩.” ȶa˥˧ ɕu˧ sa:i˥ ȶak˩ kwa:i˥˧ ȶən˩ ȶa˧ sa:i˥ noŋ˧˩ k'e˧˥, ja˧ ʔi˥ tən˧˩
了 那么 就 给 个 块 山 那 给 弟弟 他 田 一 囤

tu˥ kwa:i˩ sa:i˥ noŋ˧˩ k'e˧˥.
都 没有 给 弟弟 他

ȶa˥˧ noŋ˧˩ k'e˧˥ ɕən˧ na:i˧ ʔi˥ nu˧˥ we˧˩ li˧ •a˧˥? ɕu˧ ʔun˥ ɕu˩ pa:i˥ te˥˧
那么 弟弟 你 时 这 怎么 做 得 呀 就 扛 锄 去 挖

ȶak˩ ȶən˩ ȶa˧ we˧˩ ti˧ •la˧˩. pa:i˥ te˥˧ ȶak˩ ȶən˩ ȶa˧ we˧˩ ti˧ ɕi˧ ȶi˥
个 山 那 做 地 了 去 挖 个 山 那 做 地 呢 时

na:i˧ təŋ˥˧ •ləu˧˩, kwa:i˩ ȶəm˩ n̥a:u˧ •ləu˧˩, n̥am˥˧ na:i˧ na:n˩ t'əu˥˧
这 黑(天) 喽 没有 地方 住 喽 晚 这 难 到

ja:n˩ •ləu˧˩. ʔe˥˧, la:u˧ ʔa˩ koŋ˧ ti˧ na:i˧ pa:i˥ n̥a:u˧. “ʔe˥˧, ka:u˩
家 喽 哎 进 公 土地 这 去 住 哎 老

la:u˩ koŋ˧ •e˧˩, n̥a˩ jiu˥˧ sa:i˥ ja:u˩ n̥a:u˧ ʔi˥ n̥am˥˧ •əu˧˩, ja:u˩ n̥am˥˧
头 公 呐 你 要 让 我 住 一 晚 哩 我 晚

na:i˧ na:n˩ t'əu˥˧ ja:n˩ •ləu˧˩.” ka:u˩ la:u˩ ȶa˧ po˥˧: “na:n˩ •əu˧˩, ja:n˩
这 难 到 家 喽 老 头 那 说 难 哩 家

na:i˧ me˩ məm˧˩, ju˧ me˩ man˥˧ kəŋ˥, mun˧, man˥˧ ȶa˧ ɕek˧ ma˧˥ na:i˧
这 有 虎 又 有 些 猩猩 猴子 些 那 都 来 这儿

ȶam˥ toi˧ •ʔəu˧˩.” “ȶa˥˧ kon˧ ma:u˧ ma˧˩.” “n̥a˩ jiu˥˧ na:i˧ wa:n˩ •na˧,
聚 伴 咧 那么 管 它 嘛 你 要 耐 烦 呢

ȶa˥˧ we˧˩ li˧. sa:i˥ ja:u˩ ʔa:u˥ n̥a˩ t'a˥˧ ʔu˥ mən˥ ȶa˧ pa:i˥ na:k˧˥
那 做 得 让 我 带 你 上 上面 楼 那 去 睡

pa:i˥.” wa˥˧ ȶak˩ məi˧˩ soŋ˩ ȶa˧ k'un˧˥ ȶak˩ səm˧˩, ɕu˧ t'a˥˧ ʔu˥ mən˥
去 化 个 树 松 那 成 个 房间 就 上 上面 楼

ȶa˧ pa:i˥ na:k˧˥.
那 去 睡

t'əu˥˧ pa:n˥˧ ȶa:n˥ •ne˧˩, ma:n˥˧ me˥ ȶa˧, man˥˧ məm˧˩ ȶa˧ ɕek˧ ma˧˥
到 半 夜 呢 些 熊 那 些 虎 那 都 来

ȶa˧ ȶam˥ toi˧ •la˧˩. “ʔe˥˧, ja:n˩ n̥a˩ n̥ən˥ sa:u˥ ja:ŋ˩ n̥ən˩ la:u˧˩ ho˧,
那儿 聚 伴 了 哎 家 你 臭 臊 阳 人 极

koŋ˧, •ʔe˧˩. jəu˧˥ •a˧˩ sa:i˥ ȶiu˥, na:i˥˧ n̥ən˥ sa:u˥.” “pi˧˩ •ʔəu˧˩, k'e˧˥
公 哎 找 啊 给 我们 这么 臭 臊 别 呀 人家

n̥am˥˧ na:i˧ ta˧ ȶi˥ na:i˧ pa:i˥ we˧˥ •la˧˩, nəŋ˥ n̥ən˥ sa:u˥ ɕi˥˧.” “n̥a˩
晚 这 从 里 这 去 迟 了 还 臭 臊 你

pi˧˩ t'am˧˥, koŋ˧ •ʔe˧˩, sa:i˥ ȶiu˥ jəu˧˥.” “pi˧˩ •ʔəu˧˩, me˩ li˧˩ ka:ŋ˧ li˧˩,
别 瞒 公 哎 给 我们 我 别 呀 有 话 说 话

me˩ ku˧ ka:ŋ˧ ku˧, nu˥˧ kwa:i˩, ja:u˩ ʔi˥ tu˩ sa:i˥ ȵa˩ ʔi˥ kon˥˧ pəu˥."

有 故事 说 故事 要是 不 我 一 只 给 你 一 拐杖 疙瘩

ȶa˥˧ kəm˧˩ təu˧˩ ȶa˧ ɕən˧ na:i˧ ȶəm˥˧ ȶ'iu˧ •la˧˩.

那么 个 群 那 时 这 静 悄悄 了

ȶi˥ na:i˧ man˥˧ ȶa˧ ɕu˧ k'wa:n˧˩ ȶa:ŋ˩. la˧˩, "ʔe˥˧, k'e˧˥ we˧˩ ja:ŋ˩ ka:n˥

时 这 些 那 就 聊 天 了 哎 他们 做 阳 间

ȶi˥ ȵən˩ ɕi˧ ka:i˧ jo˧˩. ȶa˥˧ jəŋ˧ ta:u˥ we˧˩ ja:ŋ˩ ka:n˥ •ne˧˩, joŋ˧

的 人 呢 不 知道 那么 如果 咱 做 阳 间 呢 用

sin˩ tu˥ joŋ˧ ka:i˧ ljeu˧˩. ȶa˧ ȶi˥ na:i˧ la:u˧ ti˥ ka:u˧˩ ȶa˧ pa:i˥,

钱 都 用 不 了 从 里(处) 这 进 里(处) 里面 那 去

kəm˧˩ pja:n˥˧ ja˥˧ ȶa˧ k'wa:ŋ˧ k'wa:ŋ˧ ȶa˧ ɕa:m˥ ȶ'in˧˥ ta˧ tən˧˩. ȶ'ən˧ pja:n˥˧

个 片 田 那 宽 宽 三 千 多(过) 圆 深处 片

ȶa˧ me˩ ʔi˥ koŋ˥ ti˥• əu˧˩, me˩ ʔi˥ ma:ŋ˥˧ k'əi˧˥ wa˧˥ ma:n˧, me˩

那 有 一 棵 李子 哩 有 一 半 开 花 黄 有

ʔi˥ ma:ŋ˧ k'əi˧˥ wa˧˥ pa:k˧˩. ʔi˥ ma:ŋ˥˧ me˩ ʔi˥ ka:ŋ˥ ȶəm˥, ʔi˥ ma:ŋ˥˧

一 半 开 花 白 一 边 有 一 缸 金 一 边

me˩ ʔi˥ ka:ŋ˥ ȵan˩. muŋ˧˩ nu˧˥ jo˧˩ ȶa˧ pa:i˥ ləu˥ koŋ˥ ȶa˧, ju˧

有 一 缸 银 个 哪 知道 去 挖 棵 那 又

təŋ˥ kəm˧˩ nəm˧˩ mən˥˧ ȶa˧ ʔi˥ tuŋ˧ la:u˧˩ le˧˩, sa:ŋ˧˩ nan˥ pja:n˥˧ ja˥˧

来 个 水 泉 那 一 柱子 大 咧 养(浇) 个 片 田

ȶa˧ ȶən˧˩ ȵa˩ me˩ nəm˧˩ ləu˧˩. ju˧ me˩ ka:ŋ˥ ȶəm˥, ju˧ me˩ ka:ŋ˥

那 尽 你 有 水 喽 又 有 缸 金 又 有 缸

ȵan˩, ma:u˧ we˧ səi˩ •ləu˧˩." ȶa˥˧ ɕən˧ na:i˧ ma:u˧ ɕu˧ li˧ ȶ'iŋ˥˧ •la˧˩.

银 他 发 财 喽 那么 时 这 他 就 得 听 了

ka:u˩ la:u˩ ȶa˧ ɕu˧ po˥˧: "ȵa˥˧ ȵa˩ li˧ ȶ'iŋ˥˧ kwa:i˩?" "li˧ ȶ'iŋ˥˧."

老 头 那 就 说 那么 你 得 听 没有 得 听

"ȶa˧ ȵa˩ pa:i˥ ʔa:u˥ nan˥ ȶa˧ •ləu˧˩."

那么 你 去 拿 个 那 喽

ȶa˧ ɕən˧ na:i˧ ɕu˧ kwa:ŋ˥ mən˥ təŋ˥, ma:u˧ ɕu˧ ma˧˥ ja:n˩ .la˧˩,

那么 时 这 就 亮 天 来 他 就 来 家 了

ju˧ pa:i˥ la:u˧ ka:u˧˩ ȶa˧ pa:i˥ nu˥˧ man˥˧ ȶa˧ •ləu˧˩。ʔe˥˧, man˥˧ na:i˧

又 去 进 里面 那 去 看 些 那 喽 哎 些 这

ȵəŋ˩ me˩ •ʔəu˧˩, me˩ ʔi˥ koŋ˥ məi˧˩ ti˥ •ne˧˩, ȵəŋ˩ k'əi˧˥ wa˧˥ ma:n˧,

真 有 咧 有 一 棵 树 李子 呢 真 开 花 黄

ju˧ k'əi˧˥ wa˧˥ pa:k˧˩. ma:u˧ ɕu˧ la:u˧ ɕa:i˧ pa:i˥ ȶa:i˧ k'e˧˥ •la˧˩,

又 开 花 白 他 就 进 寨 去 问 人家 了

"ɕa:u˥ •a˧˥, nan˥ pja:n˥˧ ja˥˧ ȶa˧ nu˧˥ ha:ŋ˩ kwa:i˩ we˧˩ •a˧˥?" "kwa:i˩

你们 啊 个 片 田 那 怎 么 不 做 啊 没有

nəm˧˩ ɕa:ŋ˧˩ •ʔəu˧˩." "ʔe˥˧, kwa:i˩ nəm˧˩ ɕa:ŋ˧˩ •a˧˩. ȶa˥˧ ɕa:u˥ ȶiu˩ məi˧˩

水 养 哩 哎 没有 水 养 啊 那么 你们 棵 树

ti˥ na:i˧ jəŋ˧ ɕa:i˥ ləu˥ kwa:i˩?" "ȶiu˥ jəŋ˧ ɕa:i˥ ləu˥." "ȶa˧ nu˥˧

李子 这 答应 给 挖 不 我们 答应 给 挖 那么 要是

li˧ ha:ŋ˩ ma:ŋ˩ ʔa:u˥ sa:i˥ ja:u˩ •le˧˩." "ʔəu˧˩, ʔa:u˥ sa:i˥ ȵa˩ •ma˧˩."

得 样 什么 拿 给 我 咧 噢 拿 给 你 嘛

ȶa˥˧ ja:u˩ ʔa:u˥ nəm˧˩ mən˥˧ təŋ˥ ɕa:ŋ˧˩ nan˥ pja:n˥˧ ja˥˧ ɕa:u˥ na:i˧ li˧."

那么 我 取 水 泉 来 养 个 片 田 你们 这 得

"ȶa:˧ nu˩˧ ȵa˩ ʔa:u˥ nəm˧˩ ma˧˥ ɕa:ŋ˧˩ li˧ nan˥ ja˩˧ na:i˧, ȶiu˥ ɕa:i˥ ʔi˥
那么 要是 你 取 水 来 养 得 个 田 这 我们 给 一

ma:ŋ˧ ɕa:i˥ ȵa˩." ȶa˧ ma:u˧ ȶi˥ na:i˧ pa:i˥ ləu˥ ȶak˩ koŋ˥ ti˥ ȶa˧
半 给 你 那么 他 时 这 去 挖 个 棵 李子 那

li˧ ʔi˥ ka:ŋ˥ ȶəm˥, ju˧ li˧ ʔi˥ ka:ŋ˥ ȵan˩. ju˧ ŋa:k˧˩ kəm˧˩ pja˥ ȶa˧
得 一 缸 金 又 得 一 缸 银 又 撬 个 石 那

k'wəŋ˧˩, kəm˧˩ nəm˧˩ mən˩˧ ȶa˧ ʔi˥ tuŋ˧ la:u˧˩ təŋ˥ •ləu˧˩. ɕən˧ na:i˧
用力 个 水 泉 那 一 柱子 大 来 喽 时 这

ɕa:ŋ˧˩ nan˥ pja:n˩˧ ja˧ ȶa˧ rəŋ˥ ȶa˥ rəm˧˩ pa:i˥ .ləu˧˩. ma:u˧ ju˧ li˧ ʔi˥
养 个 片 田 那 还 余 水 去 喽 他 又 得 一

ma:ŋ˧ ja˩˧, ju˧ li˧ ka:ŋ˥ ȶəm˥, ju˧ li˧ ka:ŋ˥ ȵan˩. ɕən˧ na:i˧ ʔa:u˥
半 田 又 得 缸 金 又 得 缸 银 时 这 拿

ma˧˥ ja:n˩, la˧˩.
来 家 了

ȶa˧ ȶa:i˧˩ k'e˧˥ na:i˧ ka:ŋ˧ •ləu˧˩: "ȵa˩ pa:i˥ nu˧˥ ljak˩ man˩˧ k'e˧˥, noŋ˧˩
那么 哥哥 他 这样 说 喽 你 去 哪儿 偷 些 人家 弟弟

a˧˥?" "jau˩ nu˧˥ ljak˩ man˩˧ k'e˧˥ •a˧˩? na:i˧ pa:i˥ na:i˧ təŋ˥ •ma˧˩."
啊 我 哪儿 偷 些 人家 啊 这样 去 这样 来 嘛

"ȶa˩˧ ɕi˩ na:i˧ ʔa:u˥ ja˩˧ ɕa:i˥ ȵa˩, ʔa:u˥ ȶən˩ ɕa:i˥ ja:u˩. ɕa:i˥ ja:u˩
那么 时 这 拿 田 给 你 拿 山 给 我 让 我

ja˧ pa:i˥ te˩˧ ȶən˩ ȶa˧."
也 去 挖 山 那

ȶa:i˧˩ k'e˧˥ ɕu˧ ʔa:u˥ ȶak˩ ja˩˧ ɕa:i˥ noŋ˧˩ k'e˧˥ •la˧˩, ʔa:u˥ ma:u˧ pa:i˥
哥哥 他 就 拿 个 田 给 弟弟 他 了 拿 他 去

te˩˧ ti˧ •la˧˩. ȵam˩˧ ȶa˧ ɕu˧ we˧˥ •la˧˩, "ʔe˩˧, ka:u˩ la:u˩ koŋ˧, ȵa˩
挖 地 了 晚 那 就 迟 了 哎 老 头 公 你

ȵən˩ la:u˧˩ jiu˩˧ ȶu˥ ja:u˩ ȵa:u˧ ʔi˥ ȵam˩˧ •ʔəu˧˩, ja:u˩ ȵam˩˧ na:i˧ na:n˩
人 老 要 留 我 住 一 晚 咧 我 晚 这 难

ȶ'əu˩˧ ja:n˩ •ləu˧˩." ȶa˩˧ ȶak˩ koŋ˧ ti˧ ȶa˩˧, "ʔe˩˧, me˩ məm˧˩ me˩ me˥
到 家 喽 那么 个 公 土地 那 哎 有 虎 有 熊

•a˧˩, na:n˩ ȵa:u˧ •a˧˩." "kwa:i˩ ja:u˧ •ʔəu˧˩, ȵa˩ na:i˧ wa:n˩ ȶu˥ ja:u˩
啊 难 住 啊 不 怕 咧 你 耐 烦 留 我

ʔi˥ ȵam˩˧ •ʔəu˧˩." ȶa˩˧ ka:u˩ la:u˩ ȶa˧ ʔa:u˥ ȶak˩ kon˩˧ ȶa˧ wa˩˧ ʔi˥
一 晚 吧 那么 老 头 那 拿 个 拐杖 那 化 一

ȶak˩ poŋ˩ ȶa˧, "ʔe˩˧, ȵa˩ ʔa˩ tiŋ˩˧ poŋ˩ na:i˧ ȵa:u˧."
个 棚 那 哎 你 在 底 棚 这 住

ȶ'əu˧˥ ȵam˩˧ •le˧˩, man˩˧ me˥ man˩˧ məm˧˩ ȶa˧ ju˧ təŋ˥ •la˧˩. "ʔe˩˧, ʔa˩
到 晚 哩 些 熊 些 虎 那 又 来 了 哎 阿

koŋ˧? ma:ŋ˩ na:i˩˧ ȵən˥ ɕa:u˥ ȵam˩˧ na:i˧?" "ʔe˩˧, k'e˧˥ ȵam˩˧ na:i˧ ta˧
公 什么 这样 臭 臊 晚 这 哎 人家 晚 这 过

ȶi˥ na:i˧ we˧˥ •la˧˩." "kwa:i˩ kwa:i˩, nan˥ na:i˧ ȵəŋ˩ ȵən˥ ɕa:u˥ ȵəŋ˩."
里 这 迟 了 不 不 个 这 真 臭 臊 真

ɕa:i˥ kəm˧˩ təu˧˩ ȶa˩˧ ȵu˧ pa:i˥ jəu˧˥ •ləu˧˩, pa:i˥ ʔa˩ ljam˧ məi˧˩ ɕoŋ˩
给 个 群 那 就 去 找 哩 去 在 背后 树 松

ȶa˧ ŋa:k˧˩ li˧ kəm˧˩ ȶa:i˧˩ k'e˧˥ ʔa˩ ȶa˧ jəu˥. "ʔe˩˧, li˧ kəm˧˩ ȵən˧˩ .la˧˩!"
那 发现 得 个 哥哥 他 在 那儿 蹲 哎 得 个 人 了

ɬa:i˩ kəm˧˩ nəŋ˥ ȶa˧ lan˦˥˧ ʔi˥ loi˩, nəŋ˧˩ ɕəŋ˥ ʔa˩ pa:n˦˥˧ ɬak˥ kəm˧˩
把 个 鼻子 那 用力 一 拽 就 挂 在 半 胸 个

nəŋ˥ ȶa˧.
鼻子 那

ɕən˧ na:i˧ ma˧˥ ja:n˩ ·la˧˩, noŋ˧˩ kʻe˧˥ po˦˥˧: "li˧ ȵan˩ kwa:i˩ ·a˧˥, ȶa:i˧˩?"
时 这 来 家 了 弟弟 他 说 得 银 没有 啊 哥哥

"ʔe˦˥˧, li˧ ȵan˩ ·a˧˩, ɬəi˥·ləu˧˩. sa:i˥ kəm˧˩ man˦˥˧ məm˧˩ ȶa˧ ȵəu˥ kəm˧˩
哎 得 银 啊 死 喽 给 个 些 虎 那 抓 个

nəŋ˥ na:i˧ pa:n˦˥˧ ɬak˥ təŋ˥, ko˧˩ nu˧˥ we˧˩ ɕəi˧." noŋ˧˩ kʻe˧˥ ɕən˧ na:i˧
鼻子 这 半 胸 来 不知 怎么 做 弟弟 他 时 这

ka:i˧ la:i˥ ȵa:u˧, ɕu˧ pa:i˥ ·la˧˩. noŋ˧˩ kʻe˧˥ ju˧ pa:i˥ ʔa˩ koŋ˧ ti˧ ȶa˧
不 好 在 就 去 了 弟弟 他 又 去 公 土地 那

ȵa:u˧ ʔi˥ ȵam˦˥˧, la:k˧˩ man˦˥˧ me˥ man˦˥˧ məm˧˩ ȶa˧ ju˧ təŋ˥ ʔa˩ ȶa˧
住 一 晚 些 熊 些 虎 那 又 来 那儿

ȶəm˥ ɬoi˧ ·la˧˩. "ʔe˦˥˧, ȵam˦˥˧ kun˦˥˧ ɬa:u˥ ɬa:i˩ kəm˧˩ muŋ˧˩ ȶa˧ loi˩ kəm˧˩
聚 伴 了 哎 晚 前 咱 把 个 个 那 拽 个

nəŋ˥ ȶa˧, ȶa˦˥˧ ɕən˧ na:i˧ ma:u˧ ja:ŋ˩ ka:n˥ ka:i˧ ɕo˧˩ ʔa:u˥ ȶak˩ ma:ŋ˩
鼻子 那 那么 时 这 他 阳 间 不 知 拿 个 什么

ɕa:u˦˥˧. jəŋ˧ ɬa:u˥· le˧˩, lui˧ ȶi˥ pəŋ˦˥˧ na:i˧ pa:i˥ ·a˧˩, ʔu˥ pəŋ˦˥˧ ja˦˥˧ ȶa˧,
治 要是 咱们 咧 下 里(处) 坎 这 去 啊 上 坎 田 那

me˩ nan˥ 'ȶʻe˧ tuŋ˧' ɕa:u˦˥˧ nəŋ˥ ·le˧˩. ɬo˧ ʔi˥ 'ȶʻe˧,' ɕu˧ ləp˥ pa:i˥,
有 个 嚓 咚 治 鼻子 咧 打 一 嚓 就 缩 去

ɬo˧ ʔi˥ 'ȶʻe˧' ju˧ ləp˥ ȶeŋ˧˩. men˧ 'ȶʻe˧' men˧ 'ȶʻe˧' ɕu˧ nəŋ˧˩ la:i˥ ·la˧˩,
打 一 嚓 又 缩 点儿 老 嚓 老 嚓 就 就 好 了

kəm˧˩ nəŋ˥ ȶa˧ ɕu˧ nəŋ˧˩ ȶʻa˧˥ pa:i˥ ·la˧˩."
个 鼻子 那 就 就 上 去 了

ȶa˦˥˧ ɕən˧ na:i˧ kwa:ȵ˥ mən˥ təŋ˥, noŋ˧˩ kʻe˧˥ ɕu˧ lui˧ ȶa˧ pa:i˥ ʔa:u˥
那么 时 这 亮 天 来 弟弟 他 就 下 那儿 去 取

nan˥ ȶʻe˧ tuŋ˧ ȶa˧ pa:i˥ ja:n˩ ·la˧˩. ma:i˧˩ kʻe˧˥ ja˧ ȵa:u˧˩ ȶi˥ ȶa˧. ma:u˧
个 嚓 咚 那 去 家 了 嫂子 他 也 在 里 那 他

ɕi˩ na:i˧ ʔa:u˥ kəm˧˩ ȶʻe˧ tuŋ˧ ȶa˧, ɬa:ŋ˦˥˧ ȶʻe˧ ɬa:ŋ˦˥˧ ləp˥, sa:i˥ ma:i˧˩
时 这 拿 个 嚓 咚 那 慢 擦 慢 缩 给 嫂子

kʻe˧˥ "ʔe˦˥˧, ʔi˥ ȶa˧ kan˦˥˧!" ɕu˧ ȶap˧ ɕa˧, ʔa:u˥ pa:i˥ "ȶʻe˧" ɕa˧, nəŋ˧˩
他 哎 这么 割 就 抢 快速 拿 去 擦 快速 就

kwa:i˩ ȶak˩ nəŋ˥ ·le˧˩. ʔe˦˥˧ ɕən˧ na:i˧ la:i˥ ·la˧˩, nəŋ˥ ɬu˥ kwa:i˩ ·a˧˩.
没有 个 鼻子 咧 哎 时 这 好 了 鼻子 都 没有 了

鼻 子

从前，说有兄弟俩相争，他哥哥就“哎，不给你田，给你块儿山好了。”那么就给他弟弟一块儿山，田一闆都没有给他弟弟。

那么他弟弟这时候怎么办呵？就扛锄头去挖那个山做地了。去挖那个山做地呢，这时候天黑喽，没有地方住喽，当晚不能到家喽。哎，进这土地公那儿住。“哎，公老儿啊，你要叫我住一宿噢，我今晚上不能到家喽。”那老头儿说：“不行噢，这屋子有老虎，还有些猩猩、猴子，那些东西都到这儿来聚会噢。”“那管它嘛。”“你要耐烦呢，那么行啊。我带你到楼上去睡。”去把那棵松树变成个房子，就到楼上去睡。

到半夜呢，那些熊、那些老虎都来那儿聚会了。“哎，你房子里阳间人的臊臭气太大，公公啊。让我们找找，这么臊臭。”“别噢，人家今儿晚上打这儿走晚了，还臊臭哩。”“你别隐瞒，公公哎，让我们找吧。”“别噢，有话说话，有古（故事）讲古。要不，我一个给你一拐杖疙瘩。”那么这时候那群（野兽）才静悄悄的了。

这时候那些（野兽）就聊天了，“哎，他们做阳间的人呢不知道。那么要是咱做阳间的人呢，用钱都用不了。从这儿进那里面去，那一片田宽宽的有三千多囤。那片地的尽里头有一棵李树，有一半开黄花，有一半开白花。一边有一缸金，一边有一缸银。谁（要）知道呢去挖那棵树，又冒出个泉水来象柱子那么粗咧，浇那片田尽你用水喽。又有一缸金，又有一缸银，他发财喽。”那么这时候他就听见了。那（土地公）老头就说：“那么你听见没有？”“听见了。”“那么你去取那个东西喽。”

这时候天亮了，他就来家了，又走进那里面去看看，哎，这些东西真有噢，有一棵李树哩，真是又开黄花，又开白花。他就进寨子去问人家了：“你们呵，那片田怎么不种呵？”“没有水浇噢。”“哎，没有水浇呵。那么你们这棵李树答应给挖不？”“我们答应给挖。”“那么要是挖出什么来要归我咧。”“噢，归你嘛。”“我能引泉水来浇你们这片田。”“要是你能引水来浇这片田呢，我们给你一半。”那么这时候他去挖那棵李树，得了一缸金子，又得了一缸银子。又使劲撬那块石头，那股泉水喷出来有一棵柱子大哩，现在浇足这片田还有余哩。他得了一半田，还得了一缸金，又得了一缸银，这时候就拿回家来了。

那么他哥哥这样说喽：“你从哪儿偷了人家的，弟弟啊？”“我哪儿偷人家的啊？这么去这么来嘛？”“那么现在把田给你，把山给我，我也去挖那个山。”

他哥哥就把田给他弟弟了，他自己去挖地了。那天晚上很晚了，“哎，老公公啊，您老人家要留我住一宿噢，我今儿晚上到不了家喽。”那么那土地公说：“哎，有虎有熊啊，不能住啊。”“不怕噢，你耐烦留我住一宿吧。”那么那老头儿拿那个拐杖变成一个棚子，“哎，你在这棚子下面住。”

到晚上咧，那些熊、老虎又来了。“哎，阿公？今晚上什么（东西）这样臊臭？”“哎，人家今晚上从这儿走过，晚了些。”“不对不对，这个（东西）太臊臭了。”那群野兽就去找喽，在那松树后面发现了他哥哥正蹲在那儿。“哎，找着这个人了！”把（他）那鼻子一拽，那鼻子就挂在胸脯儿上了。

这时候回家来了，他弟弟说：“得了银子没有啊？哥哥！”“哎，得银子呢，死喽。叫那些老虎把个鼻子抓得挂到胸脯上来了，不知怎么办呢。”他弟弟这时候很不好受，就走了。他弟弟又去土地公那儿住了一宿，那些熊、老虎又来那儿聚会了。“哎，前天晚上咱把那个人的鼻子拽了，那么现在他们阳间还不知道拿什么治。要是咱咧，从这坎儿下去，那个田坎上有个‘嚓咚’治鼻子哩。打一‘嚓’就缩点儿，打一‘嚓’又缩一点儿。老‘嚓’老‘嚓’就好了。那个鼻子就上去了。”

那么这时候天亮了，他弟弟就下那儿去拿那个“嚓咚”回家去了。他嫂子也在那儿。他这时候拿那个嚓咚，慢嚓慢缩，叫他嫂子“哎，这么割！”就一把抢过去了，抢过去使劲嚓，就没有鼻子了。哎，现在好了，鼻子都没有了。

3.26 ja˩ ȶa:i˧˩ ȵoŋ˧˩

两 兄 弟

ɕi˩ ȶa˦˥˧ me˩ ja˩ ȶa:i˧˩ ȵoŋ˧˩ ȶa˧ kʻu˧ su˩ la:u˧˩ ho˧, pu˧˩ nəi˧˩ ma:u˧
时 那 有 两 兄 弟 那 苦 极 父 母 他

ɬəu˦˥˧ sam˥, nəŋ˥ ȶa˥ ja˩ ȶa:i˧˩ ȵoŋ˧˩ ɬok˧˩. ja˩ kʻe˧˥ ɕən˧ na:i˧ ma:k˧
去世 早 还 剩 两 兄 弟 独 俩 他们 时 这 (长)大

•la˧˩, pje˦˥˧•la˧˩. ȶa:i˧˩ kʻe˧˥ ɕu˧ ȶen˧ ȵak˥, ʔa:u˥ ɬu˩ ɬok˥ ȶa:i˧˩ kʻe˧˥,
了 分 了 哥哥 他 就 奸猾 点儿 拿 牛 落 哥哥 他

ʔa:u˥ ȶak˩ kʻwa˧˥ ɬok˥ ȵoŋ˧˩ kʻe˧˥. ȶa:i˧˩ kʻe˧˥ ȶak˩ ɬu˩ ȶa˧ ȶʻa:i˦˥˧ ja˦˥˧
拿 个 狗 落 弟弟 他 哥哥 他 个 牛 那 犁 田

li˧•ʔəu˧˩, ȵoŋ˧˩ kʻe˧˥ ʔi˥ nu˧˥ we˧˩ ɕəi˧ •a˧˥?
得 喽 弟弟 他 怎么 做 事 啊

ȵoŋ˧˩ kʻe˧˥ ɕən˧ na:i˧ ɕu˧ ɬo˧ ʔi˥ pʻjiu˧˥ kəu˧˩ •la˧˩, ɬo˧ ʔi˥ pjiu˧˥ kəu˧˩
弟弟 他 时 这 就 装 一 篓 饭 了 装 一 篓 饭

pa:i˥ ȶʻa:i˦˥˧ ja˦˥˧ ɕi˧, liu˥ pʻom˦˥˧ ʔi˥ ɬa˩ ɬa˧ ma:ŋ˦˥˧ kun˦˥˧ pa:i˥ ɕu˧ sa:i˥
去 犁 田 呢 丢 下 一 团 过 边 前 去 就 给

ȶak˩ kʻwa˧˥ ȶa˧ pa:i˥ lam˥ ȶʻa:i˦˥˧ ȶʻa:i˦˥˧ ȶʻa:i˦˥˧ ju˧ liu˥ pʻom˦˥˧ ʔi˥ ɬa˩
个 狗 那 去 追 犁 犁 犁 又 丢 下 一 团

kəu˧˩, ju˧ sa:i˥ kəm˧˩ kʻwa˧˥ ȶa˧ pa:i˥ lam˥. ȶʻa:i˧˥ ȶʻa:i˧˥ ʔi˥ jət˧˥ ȵəŋ˩
饭 又 给 个 狗 那 去 追 犁 犁 一 早 真

kʻun˧˥ ʔi˥ ɬa:ŋ˩ ja˦˥˧. sa:i˥ ȶa:i˧˩ kʻe˧˥ pa:i˥ nəŋ˩ •le˧˩, "ʔe˧˥, ȶa˧ ȵa˩ ȵəŋ˩
成 一 塘 田 给 哥哥 他 去 看 咧 哎 那 你 真

ȶʻa:i˦˥˧ kʻun˧˥ ȶak˩ ja˦˥˧ •la˧˩, ȶak˩ kʻwa˧˥ ɬu˥ ȶʻa:i˦˥˧ li˧ •a˧˥?" ɕən˧
犁 成 个 田 了 个 狗 都 犁 得 啊 时

na:i˧ sa:i˥ ȶa:i˧˩ kʻe˧˥ "ʔe˦˥˧, ja:u˩ si˥ pa:i˥ ȶʻa:i˦˥˧ nu˦˥˧." ȶa:i˧˩ kʻe˧˥ jət˧˥
这 给 哥哥 他 哎 我 再 去 犁 看 哥哥 他 早

ɬən˩ ɕu˧ ȵəŋ˩ ʔa:u˥ ma:u˧ pa:i˥ ȶʻa:i˧˥. ma:u˧ kwa:i˩ ɬa:i˩ kəu˧˩ pa:i˥,
后 就 真 拿 它 去 犁 他 不 拿 饭 去

ȶak˩ kʻwa˧˥ ȶa˧ ka:i˧ pa:i˥ •ləu˧˩, ɕu˧ nəŋ˧˩ ɬa:i˩ kʻwa˧˥ ȶa˧ kop˥ ɬəi˥
只 狗 那 不 去 喽 就 就 把 狗 那 掐 死

pa:i˥ •la˧˩.
去 了

ɬa:i˩ kʻwa˧˥ kop˥ ɬəi˥ ɕu˧ sa:i˥ ȵoŋ˧˩ kʻe˧˥ pa:i˥ nu˦˥˧, "ʔe˧˥, ȵa˩ nəŋ˧˩
把 狗 掐 死 就 给 弟弟 他 去 看 哎 你 就

kop˥ ȶak˩ kʻwa˧˥ ja:u˩ ɬəi˥ •la˧˩?" sa:i˥ ȵoŋ˧˩ kʻe˧˥ ɬa:i˩ kʻwa˧˥ ȶa˧ ne˧
掐 个 狗 我 死 了 给 弟弟 他 把 狗 那 哭

•ləu˧˩, ʔa:u˥ kʻwa˧˥ pa:i˥ mok˥ •la˧˩. mok˥ ɕu˧ ɬa˧ ȶa˧ ɕun˦˥˧ ȶiu˩ pan˥
喽 拿 狗 去 埋 了 埋 就 从 那儿 长出 竿 竹

ɬəŋ˥, ɕun˦˥˧ ȶiu˩ pan˥ ɬaŋ˥ məm˧ məm˧ la:i˥ la:i˥ •ləu˧˩. ʔu˥ pan˥ ȶa˧
来 长出 竿 竹 来 茂盛 好 好 喽 上 竹 那

ɬa:n˥ nu˦˥˧ ma:n˧ ɬa:n˥ nu˦˥˧ ma:n˧ pa:i˥ •la˧˩, sa:i˥ ȵoŋ˧˩ kʻe˧˥ pa:i˥ ɬa:i˩
单 见 黄 单 见 黄 去 了 给 弟弟 他 去 把

ɬak˩ paŋ˥ ɬa˧ ȶʻəu˧˥ ȶʻəu˥˧, ɕu˧ nəŋ˧˩ li˧ ti˥ ɬəm˥ ȵan˩. ti˥ ɬəm˥ ȵan˩
个 竹 那 摇 摇 就 就 得 许多 金 银 许多 金 银

ʔa:u˥ ma˧˥ ja:n˩ ta:u˥˧ kʻuŋ˧˦ ho˧˩, sa:i˥ ɬa:i˧˩ kʻe˧˥, "ʔe˥˧, ȵa˩ nu˧˥ na:i˥˧
拿 来 家 倒 响 （声貌） 给 哥哥 他 哎 你 哪儿 这么

ti˥ ȵan˩? ȵa˩ nu˧˥ ljak˩ man˥˧ kʻe˧˥?" "ja:u˩ nu˧˥ ljak˩ man˥˧ kʻe˧˥? ȵa˩
许多 银子 你 哪儿 偷 些 人家 我 哪儿 偷 些 人家 你

ta:i˩ kʻwa˧˥ ja:u˩ kʻeu˧˥ təi˥, ja:u˩ pa:i˥ mok˥, ɕun˥˧ ɬiu˩ paŋ˥ ȵəŋ˩
把 狗 我 打 死 我 去 埋 长出 竿 竹 真

la:i˥ ȵəŋ˩, sa:i˥ ja:u˩ pa:i˥ ta:i˩ ɬak˩ ȶʻəu˥˧ ɕu˧ li˧ ti˥ ȵan˩." "ɬa˥˧
好 真 让 我 去 把 个 摇 就 得 许多 银 那儿

jət˧˥ lən˩ sa:i˥ ja:u˩ ɕi˥˧ pa:i˥ ȶʻəu˧˥ nu˥˧!" sa:i˥ ɬa:i˧˩ kʻe˧˥ po˥˧.
早 后 给 我 试 去 摇 看 给 哥哥 他 说

ɕən˧ na:i˧ sa:i˥ ɬa:i˧˩ kʻe˧˥ pa:i˥ ȶʻəu˥˧, ȶʻəu˥˧ ȶʻəu˥˧ li˧ ʔi˥ ɕən˥ pa˩
时 这 给 哥哥 他 去 摇 摇 摇 得 一 身 小

la:i˧. ɬa:i˧˩ kʻe˧˥ ɕu˧ ʔəu˥˧ ȶʻi˧˥ ·la˧˩, ɕu˧ ta:i˩ paŋ˥ ɬa˧ tat˥ ljeu˧˩ pa:i˥
虫儿 哥哥 他 就 生 气 了 就 把 竹 那 砍 了 去

·la˧˩. ta:i˩ ɬak˩ paŋ˥ ɬa˧ tat˥ ljeu˧˩ pa:i˥ ɕu˧ sa:i˥ noŋ˧˩ kʻe˧˥ ʔa:u˥ ma˧˥
了 把 个 竹 那 砍 了 去 就 给 弟弟 他 拿 来

we˧˩ nan˥ jəu˩ ka:i˥˧. we˧˩ nan˥ jəu˩ ka:i˥˧ ɕu˧ ʔa:u˥ pa:i˥ pjiŋ˩ ȵa˥ soŋ˥˧,
做 个 笼 鸡 做 个 笼 鸡 就 拿 去 坪 河 放

man˥˧ pət˥ ka:i˥˧ ɬa˧ ɕek˧˦ pa:i˥ ɬa˧ soŋ˥˧ ɬəi˥˧ ·ləu˧˩. ko˩ tek˧ ko˩ tek˧,
些 鸭 鸡 那 都 去 那儿 下 蛋 喽 （鸡鸭下蛋时叫声）

li˧ ʔi˥ pek˧ ɬəi˥˧, ko˩ tek˧, ko˩tek˧ li˧ ʔi˥ pek˧ ɬəi˥˧. sa:i˥ ma:u˧ nəŋ˧˩ lja:u˩
得 一 百 蛋 得 一 百 蛋 给 他 就 捞

li˧ ti˥ ɬəi˥˧ ma˧˥ ja:n˩ ɕeu˧˦, ta:ŋ˥ ta:ŋ˥ ·ləu˧˩. sa:i˥ ɬa:i˧˩ kʻe˧˥ ju˧ "ȵa˩
得 许多 蛋 来 家 炒 香 香 喽 给 哥哥 他 又 你

nu˧˥ na:i˥˧ ti˥ ɬəi˥˧ pa:i˥? ȵa˩ nu˧˥ ljak˩ man˥˧ kʻe˧˥?" "ja:u˩ nu˧˥ ljak˩
哪儿 这么 许多 蛋 去 你 哪儿 偷 些 人家 我 哪儿 偷

man˥˧ kʻe˧˥?" ȵa˩ ta:i˩ paŋ˥ ja:u˩ ɬa˧ tat˥, ja:u˩ ʔa:u˥ ma˧˥ we˧˩ nan˥
些 人家 你 把 竹 我 那 砍 我 拿 来 做 个

jəu˩ ka:i˥˧, ʔa:u˥ pa:i˥ ȵa˥ ɬa˧ soŋ˥˧, la:k˧˩ man˥˧ pət˥ ka:i˥˧ ɬa˧ ɕek˧˦
笼 鸡 拿 去 河 那 放 些 鸭 鸡 那 都

la:u˧ pa:i˥ soŋ˥˧ ɬəi˥˧." "ʔe˥˧, man˥ lən˩ sa:i˥ ja:u˩ pa:i˥ ʔa:u˥!" ɬa:i˧˩
进 去 下 蛋 哎 天 后 让 我 去 拿 哥哥

kʻe˧˥ ju˧ po˥˧.
他 又 说

man˥ lən˩ ɬa:i˧˩ kʻe˧˥ ɕu˧ pa:i˥ ʔa:u˥, men˧ pa˩ men˧ pa˩, nəŋ˧˩ li˧
天 后 哥哥 他 就 去 拿 老 抓 老 抓 就 得

ʔi˥ mja˩ ke˧˩. ma:u˧ ɕu˧ ʔəu˥˧ ȶʻi˥˧ ·la˧˩, nəŋ˧˩ ta:i˩ ɬak˩ jəu˩ ka:i˥˧ ɬa˧
一 手 粪 他 就 生 气 了 就 把 个 笼 鸡 那

ɬam˧˩ la:n˧ pa:i˥ ·la˧˩. ɬam˧˩ la:n˧ nəŋ˧˩ ʔoi˥ təp˥ ta:p˧. sa:i˥ ȵoŋ˧˩ kʻe˧˥
踹 烂 去 了 踹 烂 就 烧 （干净貌） 给 弟弟 他

ɕu˧ "ʔe˥˧, ȵa˩ pʻe˧˥ ta:i˩ jəu˩ ja:u˩ ʔoi˥ təp˥ta:p˧ pa:i˥.la˩?" sa:i˥ ȵoŋ˧˩ kʻe˧˥
就 哎 你 怎么 把 笼 我 烧 （干净貌） 去 给 弟弟 他

ka:i˧ ljeu˧˩ sa:i˧ ho˧ pa:i˥ ȵe˥, ȵe˥ ȵe˥ ȵe˥ li˧ nat˥ to˧. li˧
不 了 肚 很 去 捞 捞 捞 捞 得 颗 豆 得

nət˥ to˧ ma:u˧ ȶa:n˥ ·la˧˩, p'om˧˥ ȶak˩ ɬət˥ ɬa:ŋ˥ ɬa:ŋ˥ ·la˧˩. "ʔe˧˥, kəm˧˩
颗 豆 他 吃 了（声貌）个 屁 香 香 了 哎 个

na:i˧ na:i˥˧ ɬa:ŋ˥ ·a˩?" man˥ lən˩ ɕu˧ ȶ'a˥˧ ka:i˥ pa:i˥ pe˥ ·la˧˩. "pe˥
这 这么 香 啊 天 后 就 上 街 去 卖 了 卖

ɬət˥ ɬa:ŋ˥, ŋo˧˩ ɕi˥ lja:ŋ˧˩; pe˥ ɬət˥, ȵən˥ ŋo˧˩ ɕi˥ ka:ŋ˥˧." sa:i˥ ma:u˧
屁 香 五 十 两 卖 屁 臭 五 十 杠 给 他

ȵəŋ˩ p'om˧˥ ȶak˩ ɬət˥, nəŋ˧˩ ɬəŋ˧˩ ȶak˩ ka:i˥ ɬa:ŋ˥ pa:i˥ ·ləu˧˩. sa:i˥
真 放 个 屁 就 整 个 街 香 去 喽 给

k'e˧˥ ȵəŋ˩ sa:i˥ ŋo˧˩ ɕi˥ lja:ŋ˧˩ sa:i˥ ma:u˧.
人家 真 给 五 十 两 给 他

ʔa:u˥ ma˧˥ ja:n˩ ta:u˧˩ ɕu˧ k'uŋ˦ ho˧˩, sa:i˥ ȶa:i˧˩ k'e˧˥ ju˧ "ʔe˥˧, ȵa˩
拿 来 家 倒 就 响（声） 给 哥哥 他 又 哎 你

nu˧˥ li˧ man˥˧ na:i˧, ȵa˩ nu˧˥ ljak˩ man˥˧ k'e˧˥?" "ʔe˥˧, ja:u˩ kwa:i˩ ljak˩
哪儿 得 些 这 你 哪儿 偷 些 人家 哎 我 没有 偷

man˥˧ k'e˧˥ ·ʔu˧˩. ȵa˩ pa:i˥ ta:i˩ jəu˩ ka:i˥˧ ja:u˩ ʔoi˥, ja:u˩ pa:i˥ ȵe˥
些 人家 咧 你 去 把 笼 鸡 我 烧 我 去 捞

li˧ nət˥ to˧. ja:u˩ ȶa:n˥ ljeu˧˩ ɕu˧ p'om˧˥ ȶak˩ ɬət˥ ɬa:ŋ˥ ɬa:ŋ˥, ja:u˩
得 颗 豆 我 吃 了 就 放 个 屁 香 香 我

nəŋ˧˩ ʔa:u˥ pa:i˥ ka:i˥ pa:i˥ pe˥, pe˥. le˧˩ ɕu˧ ȵəŋ˩ li˧ ŋo˧˩ ɕi˥ ljaŋ˧˩ ȵan˩."
就 拿 去 街 去 卖 卖 咧 就 真 得 五 十 两 银

ȶa˥˧ man˥ lən˩ ȶa:i˧˩ k'e˧˥ pa:i˥ ·la˧˩, "ʔe˥˧ pe˥ ɬət˥ ɬa:ŋ˩, ŋo˧˩ ɕi˥ ljaŋ˧˩;
那么 天 后 哥哥 他 去 了 哎 卖 屁 香 五 十 两

pe˩ ɬət˥ ȵən˥, ŋo˧˩ ɕi˥ ka:ŋ˥˧." sa:i˥ ma:u˧ p'om˧˥ ȶak˩ ɬət˥, ȵən˥ ȵən˥
卖 屁 臭 五 十 杠 给 他 放 个 屁 臭 臭

ȵən˥, ɬəŋ˧˩ ȶak˩ ka:i˥ ȵən˥ pa:i˥ ·la˧˩. sa:i˥ k'e˧˥ k'eu˧˥ ma:u˧ ŋo˧˩ ɕi˥
臭 整 个 街 臭 去 了 给 人家 打 他 五 十

ka:ŋ˥˧ ·le˧˩, sa:i˥ ma:u˧ li˧ ȶak˩ na˧ nam˥ mja:u˧˥ ma˧˥ ja:n˩. ja:u˩ ja˧
杠 咧 给 他 得 个 脸 黑 麻麻 来 家 我 也

li˧ nu˥˧ ma:u˧ na˧ nam˥ mja:u˧˥, ja:u˧ ja˧ ma˧˥ ·la˧˩.
得 见 他 脸 黑 麻麻 我 也 来 了

两 兄 弟

从前有兄弟两个非常苦，父母早去世了，就留下兄弟两个。这时候他们俩长大了，分家了。他哥哥就奸猾点儿，把牛落到他哥哥手里，把那条狗落到他弟弟手里。他哥哥那头牛能犁田，弟弟怎么办啊？

弟弟这个时候就装了一篓儿饭，装一篓儿饭去犁田呢，往前边丢过一团饭就叫那只狗去追。犁犁犁，又丢过一团饭，又叫那只狗去追。犁呀犁，一个早晨真犁完了一块儿田。他哥哥去看咧，"哎，那么你真犁完田了，一只狗都能犁田啊？"这时候他哥哥说："哎，我再去犁犁看。"他哥哥第二天早晨就真的要它去犁田。他不拿饭去，那个狗不走喽，就把那狗掐死了。把狗掐死呢，他弟弟去看，哎，你就把我的狗给掐死了？他弟弟哭那条狗喽，拿狗去埋了。埋了呢，就从那儿长出一竿竹子来，长出竿竹子来又茂盛又好喽。那竿竹子上面只见黄，只见黄了，他弟弟去把那个竹子摇摇，就得到了许多金子银子。许多金子银子拿回家来哗啦一倒，他哥哥问："哎，你哪儿得这么多银子？你哪儿偷人家的？""我哪儿偷人家的？你把我的狗打死，我去埋，长出竿竹子好极了，我去把那竹子一摇，就得到了许多银子。""那么明天早上让我去摇摇看！"他哥哥说。

这时候他哥哥去摇，摇，摇了一身小虫儿。他哥哥就生气了，就把那竹子砍去了。把那竹子砍去呢，他弟弟拿来做个鸡笼子。做个鸡笼就拿去放在河边的平地上，那些鸡鸭都去那儿下蛋喽。"咯得咯得"下一百个蛋，"咯得咯得"下一百个蛋，他就拣了许多蛋回家来炒，香极喽，他哥又问："你哪儿得这么多蛋？你在哪儿偷人家的？""我从哪儿偷人家的？你把我的竹子砍了，我拿回来做个鸡笼子。拿到河上放了，那些鸡鸭都进去下蛋。""哎，明天我去拿。"他哥哥又说。

第二天他哥哥就去拿，抓来抓去就得了一手鸡屎，他就生气了，就把个鸡笼子踹烂了。踹烂就一下子烧了。他弟弟就说："哎，你怎么一下子把我的笼子烧了？"他弟弟很不甘心，就去捞，捞，捞，捞着了一颗豆儿，得了一颗豆儿他吃了。"咚"，放一个屁，香极了。"哎，这个屁这么香啊？"第二天就上街去卖了。"卖香屁，五十两；卖臭屁，五十杠。"他真放个屁，就整个街香喽。人家真给了他五十两银子。

拿回家来哗啦一倒，他哥哥又问："哎，你哪儿来的这些？你哪儿偷人家的？""哎，我没有偷人家的噢。你把我的鸡笼子烧了，我去拣来一颗豆儿。我吃了就放个屁，香香的，我就拿到街上去卖，卖咧就得了五十两银子。"那么转天他哥哥去了，"哎，卖香屁，五十两；卖臭屁，五十杠。"他放了个屁，臭哇，臭哇，臭哇，一条街都臭掉了。叫人家打他五十杠咧，他落个乌黑的脸回家来。我也看见他乌黑的脸了，我也来了。

3.27 sa:u˥ wa:ŋ˩ pu˩ sa˥
灶 王 菩 萨

kun˧˨˧ ɕi˩ me˩ ʔi˥ ka:u˩ la:u˩ n̥ən˩ la:u˧˩ ȶa˧, ja:n˩ ma:u˧ ɕu˧ n̥əŋ˩
先 时 有 一 老 头 人 老 那 家 他 就 真

me˩ n̥ak˥ la:i˥ •ləu˧˩. ma:u˧ pa:i˥ nəŋ˩ so˧, pa:i˥ sa:i˥ muŋ˧˩ ɕen˥ sən˥
有 点儿 好(富) 喽 他 去 看 命 去 让 个 先 生

pa:i˥ nu˧˨˧ miŋ˧ la:k˧˩ ma:u˧, la:k˧˩ ȶa˧ hən˧˩ kwa:i˩ la:i˥, miŋ˧ ȶa˧ ȶʻa˧.
去 看 命 儿子 他 儿子 那 很 不 好 命 那 轻

ma:u˧ po˧˨˧: "ja:u˩ ɕən˧ na:i˧ nu˧˥ ha:ŋ˩ ʔa:u˥ pəi˧˩ miŋ˧ la:i˥ ȶəŋ˧˩,
他 说 我 时 这 怎 么 娶 姑娘 命 好 点儿

ʔa:u˥ ma˧˥ ȶa:i˩ n̥a˩ n̥ak˥, pa:u˧˩ nan˥ ke˥ ȶi˧˨˧ ta:u˥ na:i˧ li˧?" ma:u˧
娶 来 拉 你 点儿 保 个 财产 咱们 这 得 他

ɕu˧ ʔa:u˥ kəm˧˩ kʻwa:i˧˨˧ n̥an˩ ʔa:u˥ ȶiu˧˨˧ ʔu˥ to˥ ȶa˧ •ləu˧˩, me˩ man˧˨˧
就 拿 个 块 银子 拿 吊 上 门 那 喽 有 些

n̥ən˩ ma˧˥ nəŋ˩ •le˧, pən˧ li˧ nu˧˨˧ kəm˧˩ kʻwa:i˧˨˧ tʻa:n˧˨˧ ʔa˩ ȶa˧.
人 来 看 咧 只 得 见 个 块 炭 在 那儿

ta˧ lən˩ me˩ ja˩ nəi˧˩ la:k˧˩ ɕu˧ lja:i˧˨˧ kəu˧˩ ma˧˥ •la˧˩, la˧ kəu˧˩ tʻəu˧˨˧
过 后 有 俩 母 女 就 讨 饭 来 了 讨 饭 到

ȶa˧ ma˧˥ •le˧˩, "ʔe˧˨˧, ja:n˩ kʻe˧˥ ha:ŋ˩ la:i˥ na:i˧ •əu˧˩! kʻe˧˥ ȶiu˧˨˧ n̥an˩
那儿 来 咧 啊 家 他们 样 好(富) 这 噢 他们 吊 银子

ʔa˩ ʔu˥ to˥ ȶa˧ •le˧˩." ɕən˧ na:i˧ ka:u˩ la:u˩ ȶa˧ ȶiŋ˧˨˧ pa:i˥ ta:i˧
上 门 那 咧 时 这 老 头 那 才 去 问

pəi˧˩ ȶa˧, "ʔe˧˨˧, n̥a˩ kwa:n˥ ma:ŋ˩ •a˧˥?" "ja:u˩ kwa:n˥ ȶən˩ ɕa:u˥ te˧˨˧."
姑娘 那 哎 你 叫 什么 啊 我 叫 陈 小 姐

"ʔe˧˨˧, n̥a˩ kwa:n˥ ȶən˩ ɕa:u˧˨˧ me˥. əu˧˩, ȶa˧ ɕi˧ nəi˧˩ ɕa:u˥ ɕi˧ ma:ŋ˩
哎 你 叫 陈 小 妹 噢 那么 连 母亲 你 连 什么

təŋ˩ ʔa˩ na:i˧ n̥a:u˧•a˩˧? n̥əŋ˩ kʻu˧ ja˩ ȶiu˥ ja˧˥ pu˧˩ la:k˧˩•le˧˩, kʻuŋ˧˥
同 在 这儿 住 啊 真 苦 俩 我们 俩 父 子 咧 没

me˩ nəi˧˩, nəi˧˩ ma:u˧ ta˧ ɕən˥ pa:i˥ səm˥•ləu˧˩. n̥a˩ ʔa˩ na:i˧ we˧˩
有 母亲 母亲 他 过 身 去 早 喽 你 在 这儿 做

lja˧ sa:i˥ ja:u˩ we˧˩ li˧ kwa:i˩?" "we˧˩ li˧." ma:u˧ po˧˨˧. ɕən˧ na:i˧ ja˩
媳妇 给 我 做 得 不 做 得 她 说 时 这 俩

kʻe˧˥ ja˩ nəi˧˩ ɕu˧ n̥a:u˧˩ ȶa˧, n̥a:u˧ ɕu˧ we˧˩ lja˧•la˧˩.
她们 俩 母亲 就 住 那儿 住 就 做 媳妇了

n̥a:u˧ pa:i˥ n̥a:u˧ təŋ˥, n̥a:u˧ tʻəu˧˨˧ li˧ ja˩ sa:m˥ n̥in˩•le˧˩, nəi˧˩
住 去 住 来 住 到 得 两 三 年 咧 母亲

ma:u˧ ju˧ ta˧ ɕən˥ pa:i˥•ləu˧˩. ɕən˧ na:i˧ pən˧ nəŋ˥ ȶa˥ pəi˧˩ ȶa˧•ləu˧˩.
她 又 过 身 去 喽 时 这 只 还 剩 姑娘 那 喽

ta˧ lən˩ la:k˧˩ ȶa˧ ɕu˧ pa:i˥ ta:ŋ˩ ha:k˧˩ pa:i˥ tok˧˩ le˩, pa:i˥ to˧le˩•le˧˩,
过 后 儿子 那 就 去 学 堂 去 读 书 去 读书咧

sa:i˥ kʻe˧˥ man˧˨˧ ɕo˩ sən˥ ȶa˧ ɕu˧ ȶʻa:ŋ˧˨˧ ma:u˧•ləu˧˩, "ʔe˧˨˧, pek˧ la:i˥
给 他们 些 学 生 那 就 唱 他 喽 哎 百样 好

ȵa˩·əu˨˩, ȵa˩ me˩ ke˥ me˩ ȶi˥˧, sa:i˥ pu˨˩ ɕa:u˥ ʔa:u˥ kəm˨˩ ma:i˨˩ ka:u˥
你噢 你 有 财产 有 地 让 父亲 你 娶 个 妻子 叫

wa˧˥ sa:i˥ ȵa˩," ju˧ hem˨˩ ma:u˧ sa:u˨˩ ka:u˥ wa˧˥. ȶa˥˧ ma:u˧ ɕu˧ ma˧˥
化 给 你 又 叫 他 丈夫 叫 化 那么 他 就 来

ja:n˩ ka:i˧ jiu˥˧ pəi˨˩ ȶa˧·ləu˨˩. pəi˨˩ ȶa˧ po˥˧:" nu˧˥ we˨˩ li˧·a˧˥? nəi˨˩
家 不 要 姑娘 那 喽 姑娘 那 说 怎么 做 得呀 母亲

ȶiu˥ ɬa˧ ɕən˥ pa:i˥ ljeu˨˩, pən˧ lən˥ ȶa˥ sa:m˥ ɬa:u˥. ȵa˩ ljoŋ˧ lja:ŋ˧˥
我 过 身 去 了 只 单 剩 三 咱们 你 公 可怜

ja:u˩·a˨˩. muŋ˨˩ na:i˧ ɕən˧ na:i˧ pa:i˥ ɬa:ŋ˩ ha:k˨˩ ɬok˨˩ le˩, ma:u˧ ɕu˧
我 啊 个 这 时 这 去 学 堂 读 书 他 就

jim˧˥ ja:u˩ ȶoŋ˩, kwa:i˩ lja:ŋ˧˥ ja:u˩ ȶ'au˥˧, nu˧˥ we˨˩ li˧·a˧˥? nan˩ ȵa:u˨˩
嫌 我 穷 不 喜欢 我 一点儿 怎么 做 得啊 难 在

ȶi˥ na:i˧ ȵa:u˧·ləu˨˩, nan˩ ȵa:u˨˩ ȶi˥ na:i˧ we˨˩ ma:i˨˩ sa:i˥ ɕa:u˥·ləu˨˩."
里 这 住 喽 难 在 里 这 做 妻子 给 你们 喽

ka:u˩ la:u˩ ȶa˧ ka:ŋ˧: "ʔe˥˧ pəi˨˩·a˨˩, ja:u˩ jək˩ sa˩ ȵa˩ la:u˨˩ ho˧ ȵa˩
老 头 那 说 哎 姑娘 啊 我 可 怜 你 极 你

ma˧˥ ka:u˨˩ na:i˧ sui˧ lji˨˩ ȵən˩ la:u˨˩ la:i˥ la:u˨˩ ho˧. ʔa:u˥ ȶəm˥ sa:i˥
来 里 这 照 应 人 老 好 极 拿 金子 给

ȵa˩ pa:i˥·a˧˥?" "ja:u˩ ka:i˧ jiu˥˧." "ʔa:u˥ ȵan˩ sa:i˥ ȵa˩ pa:i˥·a˧˥?" "ja:u˩
你 去 啊 我 不 要 拿 银子 给 你 去 啊 我

ja˧ ka:i˧ jiu˥˧." "ȶa˥˧ ʔa:u˥ ma:ŋ˩ sa:i˥ ȵa˩ pa:i˥ li˧? ʔe˥˧, ja:u˩ ʔu˥
也 不 要 那么 拿 什么 给 你 去 得 哎 我 上

ȶau˧ na:i˧ nəŋ˥ me˩ ȶiu˩ ȶ'əm˧˥ ȶəm˥ na:i˧, ȵa˩ ʔa:u˥ pa:i˥ we˨˩ li˧
头 这 还 有 根 簪子 金 这 你 拿 去 做 得

kwa:i˩?" "ʔəu˥˧, sa:i˥ ȶiu˩ ȶ'əm˧˥ ȶəm˥ na:i˧ sa:i˥ ja:u˩ la:i˥." ȶa˧ sa:i˥
不 噢 给 根 簪子 金 这 给 我 好 那么 给

ma:u˧·la˨˩. "ȶa˥˧ ju˧ sa:i˥ nan˥ ma:ŋ˩·le˧?" "ʔe˥˧, ȶon˧ ma˨˩ ɬa:u˥ ȶa˧ me˩
她 了 那么 又 给 个 什么 '咧 哎 圈 马 咱们 那 有

ʔi˥ ɬu˩ ma˨˩, wa˥˧ ke˨˩ ȶa˧ ɬu˩ ma˨˩ ma:n˧ ȶa˧, sa:i˥ ɬu˩ ma˨˩ ȶa˧ sa:i˥
一 匹 马 脏 粪 匹 马 黄 那 给 匹 马 那 给

ja:u˩ pa:i˥ la:i˥·la˨˩." ȶa˥˧ ɕən˧ na:i˧ pəi˨˩ ȶa˧ ɕu˧ ʔuk˧ ja:n˩ pa:i˥·la˨˩,
我 去 好 了 那么 时 这 姑娘 那 就 出 家 去 了

sa:i˥ ka:u˩ la:u˩ ȶa˧ ɕu˧ sun˨˩ ma:u˧ pa:i˥, sun˨˩ pa:i˥ ɕəp˩ ɬa˧ lji˨˩·le˧,
给 老 头 那 就 送 她 去 送 去 十 过 里 咧

ma:u˧ ka:ŋ˧: "ʔa˩ ljoŋ˧·əu˨˩, ȵa˩ ȵən˩ la:u˨˩ ȶon˥˧ pa:i˥·ləu˨˩, ɕən˧ na:i˧
她 说 阿 公 噢 你 人 老 转 去 喽 时 这

ja:u˩ ka:k˧ pa:i˥·la˨˩."
我 自己 去 了

ȶa˥˧ ɕən˧ na:i˧ ma:u˧ ji˧˥ ȶ'a˥˧ la:i˩ ma˨˩ pa:i˥, ɬa:i˩ ɬu˩ ma˨˩ ȶa˧ sa:i˧
那么 时 这 她 一 上 背 马 去 把 匹 马 那 抽

ʔi˥ məi˨˩, ɬu˩ ma˨˩ ȶa˧ ɬu˩ fəi˥ loŋ˩ ma˨˩ nəŋ˨˩ fu˥ ɬa˧ mən˥ pa:i˥·la˨˩.
一 棍子 匹 马 那 匹 飞 龙 马 就 倏地 过 天 去 了

pa:i˥ pa:i˥ ɕu˧ ɬok˥ ka:u˨˩ ɬa:u˧ ȶən˩ ȶa˥˧ pa:i˥·la˨˩, ma:u˧ ɕən˧ na:i˧
去 去 就 落 里 头 山 去 去 了 她 时 这

to˧ ʔi˥ nəŋ˩, "ʔe˥˧, ȵa˩ ɬu˩ ma˨˩ na:i˧·əu˨˩, ɬok˥ na:i˧·ləu˨˩, ʔu˥ ra:i˧
做 一 看 哎 你 匹 马 这 噢 落 这儿 喽 上面 这

kwa:i˩ me˩ ja:n˩ ȵən˩ kwa:n˩ pi˥, ja˩ ta:u˥ pa:i˥ nu˧˥ ȵa:u˧•a˧˥?” ma:u˧
没 有 家 人 烟 火 俩 咱们 去 哪儿 住 啊 她

ɕu˧ lui˧ tiŋ˥˧ ljon˧˩ ȶa˧ pa:i˥ nu˥˧, ʔe˥˧, tiŋ˥˧ ljon˧˩ na:i˧ me˩ nan˥ ja:n˩
就 下 底下 山谷 那 去 看 哎 底下 山谷 这 有 个 家

kʻe˧˥ ȵa:u˧˩ na:i˧ te˥˧ ti˧ wa:ŋ˩ ȶi˥˧, ȶa˥˧ ta˩ ja:n˩ kʻe˧˥ ȵa:u˧ ʔi˥ ȵam˥˧
人家 在 这儿 挖 地 玉 米 那么 搭 家 人家 住 一 夜晚

ȵa:u˧ li˧ kwa:i˩? “ʔe˥˧, ʔa˩ ku˥ •əu˧˩, ja:n˩ ɕa:u˥ ȵa:u˧ li˧ kwa:i˩ •a˧˥?”
住 得 不 哎 阿 姑 噢 家 你们 住 得 不 啊

“ȵa:u˧ li˧ •a˧˩, ja:n˩ ȶiu˥ na:i˧ ja˧˩ la:u˧˩ ho˧, ʔa:u˥ kəm˧˩ wa:ŋ˩ ȶi˥˧
住 得 啊 家 我们 这 破 极 拿 个 玉 米

sak˥ kəm˧˩ ja:n˩ •əu˧˩.” ȶa˥˧ ma:u˧ ɕu˧ ȵa:u˧˩ na:i˧ ȵa:u˧ •la˧˩.
寒 个 房 哩 那么 她 就 在 这儿 住 了

ȶa˥˧ pəi˧˩ ȶa˧ po˥˧:“ la:k˧˩ ɕa:u˥ kwa:n˥ ma:ŋ˩ •a˧˥, ʔa˩ ku˥ •a˧˩?” “la:k˧˩
那么 姑娘 那 说 儿子 您 叫 什么 啊 姑 啊 儿子

ȶiu˥ •a˧˩? la:k˧˩ ȶiu˥ kwa:n˥ ‘nam˥’.” sa:i˥ pəi˧˩ ȶa˧ ɕu˧ pa:i˥ to˧ nəm˧˩
我 啊 儿子 我 叫 黑 （给） 姑娘 那 就 去 打 水

ȶuk˧ na˧ sa:i˥ muŋ˧˩ ȶa˧. no˩ pa:i˥ no˩ təŋ˥, no˩ wa˧˥ no˩ ȶe˧, no˩
洗 脸 给 个 那 搓 去 搓 来 搓 右 搓 左 搓

ʔu˥ no˩ te˧, na˧ ȶa˧ nəŋ˧˩ pa:k˧˩ təŋ˥ •le˧˩. man˥ lən˩ nəi˧˩ ȶa˧ po˥˧:“ pəi˧˩
上 搓 下 脸 就 白 来 咧 天 后 母亲 那 说 姑娘

•əu˧˩, ȵa˩ nəŋ˥ pa:i˥ kwa:i˩ •a˧˥?” “ja:u˩ •a˧˥? ja:u˩ nəŋ˧˩ jiu˥˧ we˧˩
噢 你 还 去 不 啊 我 啊 我 就 要 做

ma:i˧˩ sa:i˥ ɕa:u˥ •ləu˧˩, we˧˩ lja˧ •ləu˧˩.” ȶa˥˧ ma:u˧ ɕu˧ we˧˩ ma:i˧˩
妻子 给 你们 噢 做 媳妇 喽 那么 她 就 做 妻子

sa:i˥ ja:n˩ ȶa˧ •la˧˩.
给 家 那 了

ɕən˧ na:i˧ ȶ'əu˥˧ ȶe˥ ȵin˩ təŋ˥ •la˧˩, ma:u˧ po˥˧: “ʔa˩ nam˥, man˥
时 这 到 边 年 来 了 她 说 阿 黑 天

man˥ pən˧ jən˧˥ ɕa:u˥ ʔa˩ na:i˧ ȶa:n˥ kəu˧˩ wa:ŋ˩ ȶi˥˧ ȶən˥ ȶən˥, ja:u˩
天 只 跟 你们 在 这儿 吃 饭 玉 米 总 我

ɕa:ŋ˥˧ ȶa:n˥ ȵak˥ kəu˧˩ pa:k˧˩ la:i˥, ȵa˥ ʔa:u˥ ȶiu˩ ȶ'əm˧˥ ȶəm˥ ja:u˩
想 吃 点 米 白 好 你 拿 根 簪子 金 我

na:i˧ pa:i˥ ka:i˥ pa:i˥ wa:n˧ kəu˧˩ wa:n˧ ma˥ wa:n˧ na:n˧˩ sa:i˥ ta:u˥,
这 去 街 去 换 米 换 菜 换 肉 给 咱们

sa:i˥ ta:u˥ tok˧˩ ȶa:n˥ ȶiu˩ na:i˧ •lau˧˩, ta:u˥ sa:m˥ muŋ˧˩ kwa:i˩ jiu˥˧
让 咱们 只管 吃 根 这 喽 咱 三 个 不 要

sa:k˧ ja:ŋ˩ ɕən˥ tu˥ ȶa:n˥ li˧ sa:m˥ ȵin˩ •ləu˧˩.” sa:i˥ muŋ˧˩ ȶa˧ ɕu˧
种 庄 稼 都 吃 得 三 年 喽 给 个 那 就

ʔa:u˥ pa:i˥ ka:i˥ pa:i˥ ȶa:i˧ •ləu˧˩, ma:u˧ ɕu˧ kwa:i˥ la:u˧˩ ha:ŋ˥ p'u˥˧
拿 去 街 去 问 喽 他 就 不 进 种 铺子

ma:k˧ ȶa˧ pa:i˥ ȶa:i˧: “ʔe˥˧, ɕa:u˥ jiu˥˧ ȶiu˥ na:i˧ kwa:i˩ •a˧˥?” “ȶiu˥
大 那 去 问 哎 你们 要 根 这 不 啊 我们

na:n˩ •na˧, ȶiu˥ ȶak˥ ki˧ •əu˧˩. ȵa˩ pa:i˩ ȶəm˩ siŋ˧ pai˥ ȶa:i˧ •ma˧˩.”
难 哪 我们 戴 不得 噢 你 去 地方 懂 去 问 嘛

ma:u˧ pa:i˥ ȶa:i˧ la:k˧˩ man˥˧ p'u˧˥ ȵak˥ ȶa˧, kʻe˧˥ ɕek˧ po˥˧ na:n˩,
他 去 问 些 铺子 小 那 人家 都 说 难

ma:u˧ ɕən˧ na:i˧ ɕu˧ ton˥˧ ma˦˥ •ləu˧˩. ma˦˥ t'əu˦˥ pa:n˥˧ k'un˦˥, sa:i˥

他 时 这 就 转(回)来 喽 来 到 半 路 给

muŋ˧˩ ta˧ ɕu˧ nəŋ˧˩ liu˥ la:u˧ n̥a˥ pa:i˥ •la˧˩. liu˥ la:u˧ n̥a˥

个 那 就 就 丢 进 河 去 了 丢 进 河

pa:i˥ ljeu˧˩ ɕi˧, pəi˧˩ ta˧ ɕu˧ ta:i˧ •la˧˩, "n̥a˩ li˧ kəu˧˩ li˧ na:n˧˩ ma˦˥

去 了 呢 姑娘 那 就 问 了 你 得 来 得 肉 来

kwa:i˩ •a˦˥?" "ʔe˥˧, kwa:i˩ li˧ •əu˧˩, ja:u˩ ʔa:u˥ tak˩ t'əm˦˥ təm˥ n̥a˩

没有 啊 哎 没有 得 啊 我 拿 个 簪子 金 你

ta˧ pa:i˥ wa:n˧ ta˧, k'e˦˥ ka:i˧ jiu˥˧." "ʔe˥˧, n̥a˩ joŋ˧ ki˧, ja:u˩ joŋ˧

那 去 换 (呢) 人家 不 要 哎 你 用 不得 我 用

li˧, təu˥˧ sa:i˥ ja:u˩ pa:i˥ wa:n˧ •ma˧˩, n̥a˩ p'e˦˥ pa:i˥ liu˥ pa:i˥

得 留 给 我 去 换 嘛 你 怎么 去 丢 去

•a˦˥?" "ʔa˩ ta:u˧ ljon˧˩ wa:ŋ˩ ti˥˧ ja˩ tiu˥ nəi˧˩ tiu˥ ta˧ kwa:i˥ me˩

啊 头 山谷 王 米 俩 咱们 母 我 那 没 有

•a˦˥?" "ta˥˧ n̥a˩ jən˩ ja:u˩ pa:i˥ nu˥˧."

啊 那么 你 带 我 去 看

ɕən˧ na:i˧ jən˧˩ pəi˧˩ ta˧ pa:i˥ nu˥˧ •le˧˩, ʔe˥˧, ʔi˥ tot˧˩ ljon˧˩ •a˦˥ təm˥

时 这 带 姑娘 那 去 看 咧 哎 一 头 山谷 啊 金子

tən˥ tən˥. ta˥˧ pəi˧˩ ta˧ po˥˧: "n̥a˩ joŋ˧ ki˧, ja:u˩ joŋ˧ li˧, n̥a˩ ʔa:u˥

尽(是) 那么 姑娘 那 说 你 用 不得 我 用 得 你 拿

la:u˧ poŋ˧ ta:u˥ ma˦˥•" ta˥˧ ji˦˥ wən˧ ma˦˥, t'ik˧ tak˩ poŋ˥ pa:i˥ •ləu˧˩.

进 棚 咱们 来 那么 一 搬 来 满 个 棚 去 喽

ta˥˧ ɕən˧ na:i˧ k'e˦˥ pa:i˥ ka:i˥ ɕa:ŋ˧ pa:i˥ su˥ p'u˥˧ ma:k˧ n̥a:u˧ •ləu˧˩.

那么 时 这 他们 去 街 上 去 租 铺子 大 住 喽

ɕən˧ na:i˧ muŋ˧˩ ɕi˩ ta˥˧ po˥˧ ma:u˧ sa:u˧˩ ka:u˥ wa˦˥ ta˧, kwa:i˧ jiu˥˧

时 这 个 时 那 说 他 丈夫 叫 化(花)子 那 不 要

pəi˧˩ ta˧ ta˧ ɕu˧ ja˥˧ tən˩ ta:ŋ˩ ji˩ lu˧ kui˧ k'uŋ˧ ljeu˧˩ •la˧˩, kwa:i˩

姑娘 那 那 就 田 山 塘 一 路 溪 空 了 了 没

me˩ tam˥ ja˥˧ •la˧˩, pa:i˥ la˧ kəu˧˩ •la˧˩. t'au˦˥ ta˧ pa:i˥ ɕi˧, k'e˦˥

有 鱼池 田 了 去 讨 饭 了 到 那儿 去 呢 人家

ji˦˥ sa:n˥˧ kəu˧˩ pa:i˥ ma:u˧ pa:i˥ tot˧˩ ɕoŋ˩ na:i˧ sui˥˧, k'e˦˥ ju˧ ta˧

一 散 饭 去 他 去 头 桌 这 坐 人家 又 从

tot˧˩ ɕoŋ˩ ta˥˧ sa:n˥˧ pa:i˥, ma:u˧ ja˧ kwa:i˩ li˧ kəu˧˩。ma:u˧ la:u˧

头 桌 那 散 去 他 也 不 得 饭 他 进

ta:ŋ˩ ta˥˧ pa:i˥ sui˥˧, k'e˦˥ ju˧ ta˧ ja˩ tot˧˩ sa:n˥˧ pa:i˥, ju˧ pən˧ ta˥

中间 去 坐 人家 又 从 两 头 散 去 又 只 剩

teŋ˧˩ sa:i˥ ma:u˧, ɕən˧ na:i˧ li˧ pəi˧˩ ta˧ po˥˧: "ʔe˥˧, n̥a˩ ʔa:u˥ ja˩

点儿 给 他 时 这 得 姑娘 那 说 哎 你 拿 两

ta˩ kəu˧˩ pa:i˥, ʔi˥ ta˩ kəu˧˩ na:i˧ ɕu˧ me˩ ʔi˥ ta˩ n̥an˩ n̥a:u˧˩ ka:u˧˩

团 饭 去 一 团 饭 这 就 有 一 团 银子 在 里面

ta˧, ʔi˥ ta˩ kəu˧˩ na:i˧ ɕu˧ me˩ ʔi˥ ta˩ na:n˧˩ n̥a:u˧˩ ka:u˧˩ ta˧。ta˩

那 一 团 饭 这 就 有 一 团 肉 在 里面 那 团

kəu˧˩ me˩ ʔi˥ ta˩ n̥an˩ na:i˧ ɕu˧ ʔa:u˥ sa:i˥ muŋ˧˩ sa:u˧˩ ka:u˥˧ ja:u˩

饭 有 一 团 银子 这 就 拿 给 个 丈夫 旧 我

ta˧, ta˩ kəu˧˩ me˩ ʔi˥ ta˩ nan˧˩ •ne˧ ɕu˧ ʔa:u˥ sa:i˥ muŋ˧˩ ja˩ k'e˦˥ we˧˩

那 团 饭 有 一 团 肉 呢 就 拿 给 个 俩 他们 做

ȶoi˧ ȶa˧.” ȶa˥˧ kəm˧˩ ta˩ me˩ ʔi˥ ta˩ ȵan˩ ȶa˧ la:u˧˩, na:n˩ la:u˧ ȶoŋ˩
伴 那 那么 个 团 有 一 团 银子 那 大 难 进 筒
ma:u˧ ȶa˧, ma:u˧ ɕu˧ jən˧˥ muŋ˧˩ ȶa˧ wa:n˩·ləu˧˩. ma:u˧ pa:i˥ p'ja˧
他 那 他 就 跟 个 那 换 喽 他 去 掰
k'əi˧˥ nu˥˧, pən˧ li˧ nu˥˧ ta˩ na:n˧˩, kəm˧˩ ta˩ ȵan˩ ɕən˧ na:i˧ sa:i˥ muŋ˧˩
开 看 只 得 见 团 肉 个 团 银 时 这 给 个
ȶa˧ wa:n˧ pa:i˥ ljeu˧˩. muŋ˧˩ ȶa˥˧ pa:i˥ k'ei˧˥·le˧˩, li˧ ʔi˥ ta˩ ȵan˩. “ʔe˥˧,
那 换 去 了 个 那 去 开 哩 得 一 团 银子 哎
na:i˥˧ miŋ˧ ja˧˩ pa:i˥!” ma:u˧ po˥˧.
这么 命 坏 去 他 说

ɕən˧ na:i˧ sa:i˥ pəi˧˩ ȶa˧ ȵa:u˧˩ ʔu˥ wa:ŋ˧˥ ləu˧ ȶa˧ li˧ nu˥˧ ma:u˧·la˧˩,
时 这 给 姑娘 那 在 上面 望 楼 那 得 见 他 了
həm˧˩ ma:u˧ ȶ'a˥˧ ma˧˥ ȶa:i˧: “ȵa˩ ɕi˩ ȶa˥˧ sa:u˧˩ ka:u˥˧ ȶiu˥·a˧˥,” “ȶiŋ˥˧·a˧˩.”
叫 他 上 来 问 你 时 那 丈夫 旧 我 啊 是 啊
ma:u˧ po˥˧. “ȵən˩ la:u˧˩ nəŋ˥ ȵa:u˩ kwa:i˩·a˧˥?” “ȵən˩ la:u˧˩ ja˧ pa:i˥·la˧˩.”
他 说 人 老 还 在 不 啊 人 老 也 去 了
“ɕən˧ na:i˧ man˥˧ tam˥ ja˥˧ ta:u˥·le˧˩?” “tam˥ ja˥˧ ja˧ k'uŋ˧˥ me˩·la˧˩.” ma:u˧
时 这 些 塘 田 咱 呢 塘 田 也 没 有 了 他
ɕən˧ na:i˧ ȶiŋ˥˧ ka:i˧ la:i˥ jak˩ pəi˧˩ ȶa˧ la:u˧˩ ho˧·le˧˩. ma:u˧ ɕu˧ ȵap˧˥
时 这 才 不 好 意思 姑娘 那 极 咧 他 就 钻
la:u˧ ka:u˧˩ pi˥ ȶa˧ pa:i˥ təi˥·la˧˩. sa:i˥ pəi˧˩ ȶa˧ po˥˧: “ja:u˩ ȵən˧ hoi˧
进 里面 火塘 那 去 死 了 让 姑娘 那 说 我 也 叹
ȵa˩ ʔi˥ ȶiu˩ miŋ˧ ʔi˥ na:i˧ ȶ'a˧ pa:i˥! ȵa˩ man˥ na:i˧ ȵon˥˧ la:u˧
你 一 条 命 这 么 轻 去 你 天 这 钻 进
ka:u˧˩ pi˥ sa:u˥˧ ȶa˧ təi˥ pa:i˥.”
里面 火 灶 那 死 去

ta˧ lən˩ pəi˧˩ ȶa˧ ɕu˧ hoŋ˥ kəm˧˩ muŋ˧˩ ȶa˧ we˧˩ sa:u˥ wa:ŋ˩·ləu˧˩, pəi˧˩
过 后 姑娘 那 就 封 个 个 那 做 灶 王 喽 姑娘
ȶa˧ ɕu˩ we˧˩ pu˩ sa˥·ləu˧˩。k'un˧˥·la˧˩. pən˧ ka:ŋ˧ ʔi˥ na:i˧ ja:i˧·la˧˩.
那 就 做 菩 萨 喽 完 了 只 讲 这么 长 了

灶 王 菩 萨

从前，有一个老头儿，他家里呢真够富裕喽。他去看命，叫个先生给他的儿子看命。那孩子命很不好，命轻。他说：“现在我怎么样娶个命好一点儿的姑娘来拉扯你点儿，能保住咱这个财产呢？”他就拿块儿银子吊在门上头喽。有些个人过来看咧，光看见一块儿炭在那儿。后来，有母女俩呢来讨饭了，讨到这儿来咧，“哎，他们家这样富裕噢！人家把银子吊在门上头咧。”这时候，那老头儿才去问那个姑娘：“哎，你叫什么啊？”“我叫陈小姐。”“噢，你叫陈小妹噢。那么你和你母亲就都在这儿住吗？真苦我们爷儿俩咧，没有老伴儿，他母亲早去世喽。你在这儿给我做儿媳妇行不行啊？”“行啊。”她说。这时候，她们母女俩就在那儿住，她就做媳妇了。

住来住去，住到两三年咧，她母亲又去世喽。这时候只还剩下那姑娘喽。后来，那个儿子就上学堂去读书，去读书咧，叫那些学生就数落他喽，“哎，你一百个好噢，你有家产，有土地，叫你父亲给你娶个叫化子老婆。”又叫他是叫化子的丈夫。那么他就回家来不要那姑娘喽。那姑娘说：“怎么行啊？我母亲去世了，就剩下咱们三个，公公您可怜我呵。现在这个人去学堂读书，他就嫌我穷，一点儿也不喜欢我，怎么办啊？不能在这儿住喽，不能在这儿给你们做媳妇喽。”那老头儿说：“哎，姑娘呵，我可怜你得很，你在这儿侍候老人好极了。拿金子给你去啊？”“我不要。”“拿银子给你去啊?”“我也不要。”“那么拿什么给你呢？哎，我头上还有这根金簪子，你拿去行吧？”“噢，给我这根金簪子好。”那么就给她了。“那么再给个什么咧？”“哎，咱的马圈里有一匹马，满身脏粪的那匹黄马，给那匹马给我好了。”那么这时候那姑娘离家走了，那老头儿就送她走，送去十多里路咧，“公公噢，你老人家回去喽，现在我自己走了。”

那么这时候她一上马背把那匹马抽了一棍子，那匹马，那匹飞龙马就倏地上天了。走着走着就落到那山头上了，她这时候一看，“哎，你这匹马噢，落这儿喽，这上面没有人烟，咱俩去哪儿住啊？”她就到山谷底下去看，哎，这山谷里有一家人家，在这儿挖玉米地，那么借人家的房子住一宿行不？“哎，阿姑噢，你们的房子能不能住呵？ “能住啊，我们这房子太破，拿玉米秸塞的噢。”那么她就在这儿住了。

那么那姑娘说:“您的孩子叫什么啊?阿姑啊。”“我儿子啊？我儿子叫‘黑’。”那么这姑娘就去打水给那个后生洗脸。搓来搓去，搓左搓右，搓上搓下，那脸就白了。第二天那妈妈说:“姑娘噢，你还走么？”“我啊？我就要做妻子给你们喽，做媳妇喽。”那么她就给那一家做妻子了。

这时候到了年底了，她说：“阿黑，天天老是跟你们在这儿吃玉米饭，我想吃点儿好白米，你拿我这根金簪子去街上给咱们换米、换菜、换肉。咱们只管吃这根金簪子喽，不要种庄稼都能吃三年喽。那么那个人就拿到街上去问喽，他呢不进那种大铺子去问，“哎，你们要这根金簪子不要？”“我们难啊，我们戴不了噢。你去懂的地方问嘛。”他去问那些小铺子，人家都说难，这时候他就回家来喽。来到半路，就叫他给丢进河里去了。丢进河里去了呢，那姑娘就问了:“你换米、换肉回来没有啊？”“哎，没有换来噢，我拿你那个金簪子去换呢，人家不要。”“哎，你用不得，我用得，留给我去换嘛。你怎么丢掉了呢？”“我们俩跟我母亲种玉米的那个山谷头上没有啊？”“那么你带我去看。”这时候，带那姑娘去看咧。哎，半截山谷尽是金子。那么姑娘说：“你用不得我用得，你拿进咱的棚子里来。”那么一搬来，棚子就满了。那么这时候他们到街上去租大铺子住喽。

这时候，从前说他是叫化子丈夫的那个人，不要那姑娘呢就田、山、塘一齐都完了，没有塘、田了，去讨饭了。到哪儿去呢，人家一散饭，他到桌子这头儿坐着，人家却从桌子那头儿散，他也得不着饭。他进中间去坐，人家又从两头儿散，又只给他剩一点儿。这时候那姑娘就说：“哎，你拿这两团饭去，一团饭呢有一团银子，一团饭呢里面有一块儿肉。有一团银子的这团饭就拿给我那个旧丈夫，有一块肉的这团饭呢，就拿给他们做伴儿的那个人。那么有一团银子的那团饭大，装不进他的筒里去，他就跟那个人换喽。他去掰开看，就看见一团肉，那团银子这时候叫那一个人换去了，那个人去开咧，得了一团银子。“哎，这么命不好！”他说。

这时候叫那个姑娘在望楼上看见他了，叫他上来问：“你是我的旧丈夫啊？”“是啊。”他说。“老人还在不在？”“老人家也去世了。”“现在咱那些塘、田咧？”“塘、田也没有了。”他这时候才觉着太对不起那个姑娘咧，他就钻进那火塘里去死了。那姑娘说；“我也叹你一条命这么轻噢！你今天钻到灶火里死了。”

后来那个姑娘就供奉他做灶王喽，那姑娘就做菩萨喽。完了，只说这么长了。

3.28　ɕe˩　mi˥
社　妹

kun˦ ɕi˩, wa:ŋ˩ jon˩ wa:i˥ ťa:i˦ ɕi˧ la:u˨ ho˧. ma:u˧ ɕu˧ me˩ ɕi˦
先 时 王 员 外 富 裕 极 他 就 有 四

pa:n˥, ɕən˧ na:i˧ ɕu˧ ʔa:u˥ sa:m˥ pəi˨ lja˧·la˨, nəŋ˥ me˩ ʔi˥ muŋ˨
男儿 时 这 就 娶 三 个 媳妇 了 还 有 一 个

ȶa˧ mi˨ ʔa:u˥。 ȶa˦ ta:i˩ pəi˨ na:i˧ ko˨ pa:u˨ nan˥ ke˥ ja:u˩ li˧
那 未 娶 那么 些 姑娘 这 不知 保 个 财产 我 得

kwa:i˩? ka:u˩ la:u˩ ɕu˧ ɕa:ŋ˦·la˨.
不 老 头 就 想 了

ȶa˦ tuŋ˥ kəu˨·la˨, "tuŋ˥ ʔi˥ nu˦ ȶuŋ˩ kəu˨, ʔa˩ ljoŋ˧·a˦?" "ʔe˦, ʔi˥
那么 煮 饭 了 煮 多 少 米 阿 公 啊 哎 一

toŋ˩ pa:n˦, ja˩ toŋ˩ pa:n˦, sa:m˦ nan˥ pa:n˦ toŋ˩ ɕi˦ toŋ˩ pa:n˦."
筒 半 两 筒 半 三 个 半 筒 四 筒 半

ta:i˩ pəi˨ ȶa˧ ka:i˧ jo˨ nu˦ ȶuŋ˩·ləu˨." "ʔe˦ ta:i˩ pəi˨ na:i˧ na:i˦ ʔe˧·əu˨.
些 姑娘 那 不 知 多 少 喽 哎 些 姑娘 这 这么 笨 喽

na:i˧ tu˥ ka:i˧ jo˨ nu˦ ȶuŋ˩, pu˩ ɕa:u˥ pu˩ ɕa:u˥, na:n˩ pa:u˨ nan˥
这 都 不 知 多 少 不 肖 不 肖 难 保 个

ke˥ ja:u˩ na:i˧." ťəu˦ ȵin˩ təŋ˥·ləu˨, ȶa˧ kʻe˦ jiu˦ pa:i˥ ja:n˩ te˥,
财产 我 这 到 年 来 喽 那么 她们 要 去 家 外婆

ka:u˩ la:u˩ ju˧ po˦: "ȶa˧ nu˦ ɕa:u˥ jiu˦ pa:i˥ ja:n˩·le˨, ja:u˩ ɕu˧
老 头 又 说 那么 要是 你们 要 去 家 咧 我 就

ka:ŋ˧ ɕa:u˥ ťiŋ˦·ləu˨: ɕa:u˥ ɕu˧ ʔi˥ pəi˨ pa:i˥ ɕəp˩ ȵam˦, ʔa:u˥ ja˩
说 你们 听 喽 你们 就 一 个 去 十 晚 要 两

pəi˨ ɕu˧ pa:i˥ ŋo˨ ȵam˦, ɕa:u˥ jiu˦ toŋ˩ ȵam˦ ȶa˧ ma˦ ·ləu˨,
个 就 去 五 晚 你们 要 同 晚 那 来 喽

nu˦ kwa:i˩ ja:u˩ ɕu˧ kwa:i˩ ɕa:i˥ ɕa:u˥ la:u˧ ja:n˩ ·ləu˨. ɕa:u˥
要是 不 我 就 不 让 你们 进 家 喽 你们

jiu˦ ʔa:u˥ tu˩ pjin˧ kwa:i˩ tin˥, jiu˦ ʔa:u˥ sa:m˥ ȶən˥ mjin˩ pʻa:u˦
要 拿 只 鳖 没有 脚 要 拿 三 斤 棉花

kwa:i˩ ȵui˧, ju˧ jiu˦ ʔa:u˥ toi˦ lo˥ wa˦, ju˧ jiu˦ ʔa:u˥ pak˩ pa:k˨
没有 籽 又 要 拿 对 船 花 又 要 拿 萝卜 白

ka:u˨ ja˦, ja:u˩ ȶi˥ na:i˧ jəŋ˧ sa:i˥ ɕa:u˥ la:u˧ ja:n˩." ȶa˦ sa:m˥ ȶak˩
里面 红 我 时 这 答 给 你们 进 家 那么 三 个

pəi˨ ka:i˧ jo˨ ·ləu˨. sok˨ kʻun˦ sok˨ kʻun˦ ne˧ pa:i˥ ·ləu˨. ne˧ ne˧ ne˧ ťəu˦
姑娘 不 知 喽 沿 路 沿 路 哭 去 喽 哭 哭 哭 到

ʔa˩ ȵa˥ ȶa˧ pa:i˥ ȶa˧, me˩ ʔi˥ pəi˨ ȵa:u˨ ȶa˧ sak˥, "ʔe˦, ɕa:u˥ sa:m˥
河 那 去 （呢） 有 一 姑娘 在 那儿 洗 哎 你们 三

ȶa:i˨ na:i˧, ma:ŋ˩ na:i˧ ne˧ la:u˨ ho˧ pa:i˥? ɕa:u˥ ne˧ ma:ŋ˩?" "ʔe˦,
姐姐 这 什么 这么 哭 极 去 你们 哭 什么 哎

ȶiu˥ ·a˨, na:i˧ pa:i˥ na:i˧ taŋ˥. ju˧ jiu˦ li˧ man˦ na:i˧ pa:i˥, ȶiu˥
我们 啊 这么 去 这么 来 又 要 得 些 这 去 我们

nəŋ˧˩ ka:i˧ jo˧˩ ȶak˩ ma:ŋ˩." "ʔe˥˧, sa:i˥ ja:u˩ ka:ŋ˧ sa:i˥ ɕa:u˥ ȶ'iŋ˥˧
就 不 知 个 什么 哎 让 我 说 给 你们 听

ma˧˩, ɕa:u˥ ɕu˧ ʔi˥ na:i˧ •ləu˧˩. sa:m˥ pəi˧˩ pa:i˥ ȶoi˧˩ ȵa:n˥ ɕu˧ ȶon˥˧
嘛 你们 就 这样 喽 三 个 去 半 日 就 转

pa:i˥ ja:n˩. ʔi˥ pəi˧˩ ʔa:u˥ man˥˧ ȶəi˥˧ pəi˥, ju˧ ʔa:u˥ sa:m˥ ȶən˥ ju˩
去 家 一 个 拿 些 蛋 鸭 又 拿 三 斤 油

k'u˥˧ ʔi˥ pəi˧˩ ɕu˧ we˧˩ ȶəu˧ ha:i˩ sa:i˥ koŋ˥ ɕa:u˥, ju˧ ʔi˥ pəi˧˩ ɕu˧
猪 一 个 就 做 双 鞋 给 公 你们 又 一 个 就

ʔa:u˥ ȶiu˩ sət˥ k'u˥˧. ɕa:u˥ li˧ man˥˧ na:i˧ ɕa:u˥ ɕu˧ pa:i˥ ja:n˩ •la˧˩."
拿 条 尾巴 猪 你们 得 些 这 你们 就 去 家 了

ȶa˥˧ ɕən˧ na:i˧ ɕu˧ pen˧ la:k˧˩ man˥˧ ȶa˧ ȶ'eŋ˥˧ ȶ'əp˦˥, ɕu˧ ma˦˥ ja:n˩
那么 时 这 就 办 些 那 完 毕 就 来 家

•la˧˩. ka:u˩ la:u˩ koŋ˧ k'e˦˥ ɕu˧ ka:ŋ˧: "nu˦˥ ka:ŋ˧ sa:i˥ ɕa:u˥ ȶ'iŋ˥˧
了 老 头 公 她们 就 说 谁 说 给 你们 听

•la˧˩, ɕa:u˥ na:i˧ jo˧˩?" "ʔe˥˧, ȶiu˥ ȵəŋ˩ ka:i˧ jo˧˩, ljoŋ˧ •e˧; ȶiu˥ pa:i˥
了 你们 这么 知道 哎 我们 真 不 知 公 哎 我们 去

ȶ'əu˥˧ ʔa˩ ȵa˥ ȶa˧ pa:i˥ ȶa˧, pəi˧˩ na:i˧ kon˥ ɕe˩ mi˥, ka:ŋ˧ sa:i˥
到 河 那 去 （呢） 姑娘 这 叫 社 妹 说 给

ȶiu˥ ȶ'iŋ˥˧ •le˧˩." "ʔe˥˧, pa:i˥ ʔa:u˥ pəi˧˩ ȶa˧ ma˦˥ we˧˩ pəi˧˩ lja˧ ȶi˧ si˥˧.
我们 听 咧 哎 去 娶 姑娘 那 来 做 个 媳妇 第 四

pəi˧˩ na:i˧ ɕu˧ ȵəŋ˩ pa:u˧˩ nan˥ ke˥ ja:u˩ li˧ •la˧˩."
姑娘 这 就 真 保 个 财产 我 得 了

ȶa˥˧ ɕən˧ na:i˧ ʔa:u˥ pəi˧˩ ȶa˧ ma˦˥ ȶ'eŋ˥˧ ȶ'əp˦˥ •la˧˩. ȶa˥˧ li˧ nu˦˥?
那么 时 这 娶 姑娘 那 来 完 毕 了 那么 得 哪儿

li˧ ka:i˥ ɕa:ŋ˧ ȶa˧ ma˦˥ hem˧˩ ka:u˩ la:u˩ wa:ŋ˩ jon˩ wa:i˥ ȶa˧ pa:i˥
得 街 上 那 来 叫 老 头 王 员 外 那 去

ȶa:n˥ k'wa:u˧ •ləu˧˩. "ta:u˥ pa:i˥ hem˧˩ ka:u˩ la:u˩ ȶa˧ ma˦˥ ȶa:n˥ k'wa:u˧
吃 酒 喽 咱 去 叫 老 头 那 来 吃 酒

ȶa˧, ha:i˧ ma:u˧ ʔa:u˥ ȵak˥ sin˩ sa:i˥ ta:u˥ kun˥˧" ȶa˥˧ hem˧˩ ma:u˧
（呢） 害 他 拿 点 钱 给 咱 先 那么 叫 他

pa:i˥ ȶa:n˥ k'wa:u˧ •la˧˩. ȶa:n˥ k'wa:u˧ ȶa:n˥ k'wa:u˧, təi˥ k'wa:u˧ •ləu˧˩,
去 吃 酒 了 吃 酒 吃 酒 醉 酒 喽

ta:i˩ ȶak˩ meu˧˩ ȶa˧ k'eu˦˥ təi˥ •ləu˧˩ k'e˦˥. "ʔe˥˧, ȵa˩ ton˥˧ we˧˩ li˧
把 个 猫 那 打 死 喽 他们 哎 你 倒 做 得

la:i˥, ȶa:n˥ k'wa:u˧ joŋ˩ ji˧, nəŋ˧˩ k'eu˦˥ ȶak˩ meu˧˩ ȶiu˥ təi˥ pa:i˥
好 吃 酒 容 易 就 打 个 猫 我们 死 去

•la˧˩. ȵa˩ jiu˥˧ pəi˧ ȶiu˥! tu˩ meu˧˩ ȶiu˥ na:i˧ ȶ'a˥˧ ka:i˥ ɕu˧ tu˩ məm˧˩
了 你 要 赔 我们 只 猫 我们 这 上 街 就 只 虎

lui˧ ka:i˥ ɕu˧ tu˩ ljoŋ˩. ȶiu˥ jiu˥˧ sa:m˥ ȶ'in˦˥ ȵan˩, ȵa˩ jiu˥˧ pa:i˥
下 街 就 只 龙 我们 要 三 千 银子 你 要 去

ja:n˩ pen˧ sa:i˥ ȶiu˥, ȶiu˥ ka:u˧˩ ja:˩ sam˥ man˥ na:i˧ jiu˥˧ pa:i˥ ʔa:u˥ •ləu˧˩."
家 办 给 我们 我们 里 两 三 天 这 要 去 讨 喽

ȶa˧ ma:u˧ ma˦˥ ja:n˩ •ləu˧˩, ma˦˥ ja:n˩ na˧ təŋ˥˧ tap˥, la:u˧ ɕa:ŋ˩
那么 他 来 家 喽 来 家 脸 黑 沉沉 进 床

pa:i˥ na:k˦˥ pa:i˥, kəu˧˩ ja˧ k'ut˦˥ ȶa:n˥. ȶa˥˧ pəi˧˩ ɕe˩ mi˥ ȶa˧ pa:i˥ hem˧˩,
去 睡 去 饭 也 懒得 吃 那么 姑娘 社 妹 那 去 叫

“ʔa˩ ljoŋ˧, ȶa˦˥˧ ȵa˩ ʔi˥ nu˧˥ ha:ŋ˩ kwa:i˩ ȶən˩? ȶən˩ ma˧˥ ȶa:n˥ kəu˧˩ ·ma˧˩.”
阿 公 那么 你 怎 么 不 起(来) 起 来 吃 饭 嘛

“ʔe˦˥˧, ʔəu˦˥˧ ȶʻi˦˥˧ la:u˧˩ ho˧, pəi˧˩ ·əu˧˩. kəu˧˩ ɬu˥ kwa:i˩ ja:k˦˥˧.” “ʔi˥ nu˧˥ ha:ŋ˩ ·a˧?”
哎 生 气 极 姑娘 呀 饭 都 不 饿 怎么 呵

“pa:i˥ ʔa˩ ka:i˥ ȶa˧ ȶa:n˥ kʻwa:u˧ ȶa˧, po˦˥˧ ja:u˩ kʻeu˧˥ meu˧˩ kʻe˧˥ ɬəi˥
去 街 那 吃 酒 (呢) 说 我 打 猫 他们 死

pa:i˥, ɕi˩ na:i˧ jiu˦˥˧ ka:u˧˩ ja˩ sa:m˥ ma:n˥ na:i˧ ma˧˥ ja:n˩ ɬa:u˥, ʔa:u˥
去 时 这 要 里 两 三 天 这 来 家 咱们 讨

sa:m˥ tʻin˧˥ ȵan˩. po˦˥˧ ɬu˩ mɕu˧˩ ȶa˧ ȶʻa˦˥˧ ka:i˥ ɬu˩ məm˧˩, lui˧ ka:i˥ ɬəu˧
三 千 银子 说 只 猫 那 上 街 只 虎 下 街 象

ɬu˩ ljoŋ˩ ɬəŋ˥·a˧˩。 ʔi˥ nu˧˥ we˧˩ ɕai˧·a˧˥?” “ʔe˦˥˧, kwa:i˩ ja:u˧,ʔa˩ ljoŋ˧.
只 龙 来 啊 怎么 做 事 啊 哎 不 怕 阿 公

ȵa˩ ȶən˩ ɬəŋ˥·ma˧˩, ȵa˩ wa:ŋ˦˥˧ səm˥·ma˧˩.” pəi˧˩ ȶa˧ ɕu˧ na:i˦˥˧ ka:ŋ˧.
你 起 来 嘛 你 放 心 嘛 姑娘 那 就 这么 说

“ȵa˩ we˧˩ li˧·a˧˥?” “we˧˩ li˧.”
你 做 得 啊 做 得

ȶa˦˥˧ ȶi˥ na:i˧ ɬa˧ ja˩ sa:m˥ man˥·la˧˩, kəm˧˩ ɬəu˧˩ ȶa˧ ȵəŋ˩ ɬəŋ˥·ləu˧˩。
那么 时 这 过 两 三 天 了 个 群 那 真 来 喽

pəi˧˩ ȶa˧ ɕu˧ ʔa:u˥ mja:i˦˥˧ po˧ pa:i˥ kəm˦˥˧ ma:ŋ˦˥˧ ɬo˥ ka:u˧˩ ȶa˧。kəm˧˩
姑娘 那 就 拿 瓢 瓜 去 扣 边 门 里面 那 个

ɬəu˧˩ ȶa˧ kʻoŋ˦˥˧ kʻəi˧˥ ɬo˥ ɬəŋ˥, pem˥ ʔi˥ kəm˧˩ tin˥ ɕu˧ ɕa:i˧ la˦˥˧ kəm˧˩
群 那 响声 开 门 来 踹 一 个 脚 就 踩 破 个

mja:i˦˥˧ po˧ ma:u˧ pa:i˥·la˧˩. “koŋ˧ ɕa:u˥ nu˧˥·la˧˥?” “səm˧ koŋ˧ ȶiu˥ ma:ŋ˩·a˧˥?”
瓢 瓜 她 去 了 公 你们 哪儿 了 找 公 我们 什么 啊

“koŋ˧ ɕau˥ ɬo˧ ɬəi˥ ȶak˩ meu˧˩ ȶiu˥, ȶiu˥ man˥ na:i˧ ma˧˥ ʔa:u˥ sa:m˥
公 你们 搞 死 个 猫 我们 我们 天 今 来 讨 三

tʻin˧˩ ȵan˩.” “ʔəu˧˩, ʔi˥ ȶa˦˥˧·a˧˥? ȶa˧ ɕau˥ jiu˦˥˧ pəi˧ nan˥ mja:i˦˥˧ ja:u˩
千 银子 噉 这样 啊 那么 你们 要 赔 个 瓢 我

na:i˧ kun˦˥˧.” “ʔe˦˥˧, ȶak˩ mja:i˦˥˧ ȵa˩ na:i˧ lon˧ la:i˩ ɬəu˩·a˧˥?” “ʔe˦˥˧, lon˧
这 先 哎 个 瓢 你 这 乱 名(来) 堂(头)啊 哎 乱

la:i˩ ɬəu˩? nan˥ mja:i˦˥˧ ja:u˩ na:i˧, ja:u˧ tʻa:i˧˥ tʻa:i˧˥ ȶʻən˧ jiu˧, ja:u˧
名(来)堂(头) 个 瓢 我 这 舀 菜 菜 成 肉 舀

ɕoi˧˩ ɕoi˧˩ ȶʻən˧ hon˧˥, jən˩ ȶa˧ ȶo˩ ljeu˧˩ lu˩ wa:n˥ lu˩, ŋo˧ ɬu˥ pu˩
水 水 成 饭 人 家 给 了 六 万 六 我 都 不

ɕa:ŋ˦˥˧ ma:i˥.” ma:u˧ po˦˥˧: “ȶa˧˩ ɬe˧ ɬo˧ ljeu˧˩ ljok˩ wen˧ ljok˩ ȵan˩ ja:u˩
想 卖 她 说 汉人 下边给 了 六 万 六 银子 我

ɬu˥ ka:i˧ pe˥. ɬui˧ ma˥ ɕu˧ kʻun˧˥ na:n˧˩ ɬəŋ˥, ɬui˧ ȵəm˧˩ ɕu˧ kʻun˧˥ kəu˧˩
都 不 卖 舀 菜 就 成 肉 来 舀 水 就 成 饭

ɬəŋ˥. ȵa˩ pəi˧ ja:u˩ li˧ ȶʻi˧ ·a˧˥? ȵa˩ la:u˧ sa:m˥ tʻin˧˥ ȵan˩, nəŋ˥
来 你 赔 我 得 起 啊 你 只 三 千 银子 还

jiu˦˥˧ pəi˧ ja:u˩ ʔi˥ ha˧ ·ləu˧˩.” ȶa˦˥˧ kəm˧˩ ɬəu˧˩ ȶa˧ pa:i˥ ·la˧˩.
要 赔 我 许多 喽 那么 个 群 那 去 了

ȶa˦˥˧ ju˧ tʻəu˦˥˧ ɕon˧ lən˩ ɬəŋ˥. ləu˧˩. kəm˧˩ ɬəu˧˩ la:k˧˩ ȵi˧˩ ȶa˧ ɕu˧
那么 又 到 次 后 来 喽 个 群 后生 那 就

“ʔe˥˧, ta:u˥ pa:i˥ʔa˩ kweŋ˥˧ ʨən˩ ʨa˧ to˧ ku˧, ma:u˧ jiu˥˧ ʨəp˥ ke˧˩ kʻu˥˧
哎 咱们 去 坳 山 那 讲 故事 他 要 拣 粪 猪

ta˧ na:i˧ pa:i˥ tam˥ la:u˧˩ ho˧, nu˥˧ ma:u˧ ʨa:i˧ ta:u˥ •a˧˩, ta:u˥ ja˧
从 这儿 去 塘 极 要是 他 问 咱们 啊 咱们 也

to˧ ma:u˧ ljeu˧˩ sin˩; ma:u˧ kwa:i˩ ʨa:i˧ ta:u˥ •a˧˩, ta:u˥ ja˧ to˧ ma:u˧
叫 他 出 钱 他 不 问 咱们 啊 咱们 也 叫 他

ljeu˧˩ sin˩.” ʨa˥˧ ka:u˩ la:u˩ ʨa˧ ɕu˧ pa:i˥ •la˧˩, ta:i˩ ɕeu˥˧ ke˧˩ kʻu˥˧
出 钱 那么 老 头 那 就 去 了 拿 泥箕 粪 猪

ta˧ ʨa˧ pa:i˥ •la˧˩. li˧ kʻe˧˥ kəm˧˩ təu˧˩ ʨa˧ to˧ ku˧ •la˧˩, “ʔe˥˧, ɕa:u˥
从 那儿 去 了 得 他们 个 群 那 讲 故事 了 哎 你们

ʔa˩ na:i˧ to˧ ku˧ •a˧˥, ta:i˩ pa:n˥?” “ʔa˧˩, ʨiu˥ na:i˧ to˧ ku˧, ȵa˩
在 这儿 讲 故事 啊 些 小伙子 啊 我们 这儿 讲 故事 你

jiu˥˧ ʨa:i˧ ʨiu˥ ma:ŋ˩ •a˧˥? to˧ tu˥˧ ku˧ ʨiu˥ •la˧˩. ȵa˩ jiu˥˧ pen˧ sin˩
要 问 我们 什么 啊 做 断 故事 我们 了 你 要 办 钱

sa:i˥ ʨiu˥, jiu˥˧ mjiŋ˩ pek˧ kwa:i˥˧ •ləu˧˩ ʨiu˥ jiu˥˧. ka:u˧˩ ja˩ sa:m˥ man˥
给 我们 要 几 百 块 喽 我们 要 里 两 三 天

na:i˧ ʨiu˥ jiu˥˧ ma˧˥ ja:n˩ ȵa˩ ʔa:u˥ •ləu˧˩.”
这 我们 要 来 家 你 讨 喽

ʨa˥˧ ma:u˧ ma˧˥ ja:n˩ ju˧ na˧ təŋ˥˧ tap˥, ʔəu˥˧ ʨʻi˥˧ li˧ hən˧˩. “pət˧˩
那么 他 来 家 又 脸 黑 沉沉 生 气 得 很 姑娘

•əu˧˩,” ma:u˧ po˥˧, “man˥ na:i˧ pa:i˥ tam˥ ʨa˧ li˧ ʨak˩ təu˧˩ ʨa˧ ʔa˩
嗽 他 说 天 这 去 塘 那 得 个 群 那 在

ʨa˧ to˧ ku˧, sa:i˥ ja:u˩ ton˥˧ ȵəŋ˩ ʨa:i˧ kʻe˧˥: ‘ɕa:u˥ ʔa˩ na:i˧ to˧
那儿 讲 故事 让 我 倒 真 问 他们 你们 在 这儿 讲

ku˧, ta:i˩ pa:n˥ •na˥?, nəŋ˧˩ po˥˧ ja:u˩ to˧ tu˥˧ ʨak˩ ku˧ kʻe˧˥ •la˧˩. ɕən˧
故事 些 小伙子 啊 就 说 我 做 断 个 故事 他们 了 时

na:i˧ ju˧ jiu˥˧ ma˧˥ ja:n˩ ta:u˥ ʔa:u˥ mjiŋ˩ pek˧ kʻwa:i˥˧ sin˩ •la˧˩.”
这 又 要 来 家 咱们 讨 几 百 块 钱 了

“ʨa˥˧ ʨak˩ ʨa˧ ȵa˩ kwa:i˩; ja:u˧, ʔa˩ ljoŋ˧. ja:u˩ we˧˩ li˧.” pəi˧˩ ʨa˧
那么 个 那 你 不 怕 阿 公 我 做 得 姑娘 那

ɕu˧ na:i˧ •la˧˩.
就 这样 了

ʨa˥˧ ta˧ ja˩ sa:m˥ man˥, tʻəu˥˧ ʨo˧˩ ȵam˥˧, kəm˧˩ təu˧˩ ʨa˧ ta˧ ʨa˧
那么 过 两 三 天 到 傍 晚 个 群 那 从 那儿

ŋwəi˧˩ təŋ˥. ləu˧˩, “ʔe˥˧, koŋ˧ ɕa:u˥ nu˧˥ ʔa˧˥?” “səm˧ koŋ˧ ma:ŋ˩ •a˧˥?
猛地 来 喽 哎 公 你们 哪儿 啊 找 公 什么 啊

kon˧ ʨiu˥ pa:i˥ ʨən˩ nəŋ˥ mi˧˩ ma˧˥ •le˧˩.” “səm˧ kon˧ ɕa:u˥ ma:ŋ˩
公 我们 去 山 还 未 来 哩 找 公 你们 什么

•a˧˥? man˥ ʨa˥˧ to˧ tu˥˧ ʨak˩ ku˧ ʨiu˥, ʨiu˥ man˥ na:i˧ ma˧˥ ʔa:u˥ sin˩
啊 天 那 做 断 个 故事 我们 我们 天 这 来 讨 钱

•la˧˩”. “ʔo˧˥? ʔi˥ ʨa˥˧. koŋ˧ ʨiu˥ man˥ na:i˧ pa:i˥ ʨən˩ pa:i˥ tat˥ pan˥,
了 噢 那样 公 我们 天 这 去 山 去 砍 竹子

jiu˥˧ ʔa:u˥ ʨak˩ pan˥ ku˥ ʨa˧ la:u˧˩ l:u˧˩, sa:m˥ ɕəp˩ ljok˩ muŋ˧˩ ho˩ ɕa:ŋ˧
要 拿 个 竹 箍 那 大 大 三 十 六 个 和 尚

ʨa˧ ʨuŋ˧ ʔi˥ nan˥ pən˩ ʨa˧ ʔa:p˧ ɕən˥.” ma:u˧ po˥˧: “ju˧ jiu˥˧ pa:i˥
那 共 一 个 盆 那 洗 身 她 说 又 要 去

jəu˧˥ kəm˧˨˧ tak˩ sən˩ ȶa˧, kəm˧˨˧ ȶa˧ ȵa:u˧˨˧ ma:ŋ˦˥˧ ȵa˥ na:i˧ ȵa:u˧,
找 个 公 牛 那 个 那 在 边 河 这 住

jo˦ ȶak˩ ko˩ ta˧ ma:ŋ˦˥˧ ȵa˥ ȶa˦˥˧ pa:i˥ ȶa:n˥ ȵa:ŋ˦, ʔa:u˥ kəm˧˨˧ pji˩ ȶa˧
伸 个 脖子 过 边 河 那 去 吃 草 拿 个 皮 那

ȶa˧ ma˧˥ peŋ˥ nan˥ tiŋ˦˥˧ pən˩ ȶa˧, ha˧ ȶiŋ˦˥˧ tok˥ li˧ ȶa˦˥˧ ȶuŋ˩ ȵən˩
那 来 绷 个 底 盆 那 才 装 得 那么多 人

·le˧˨˧." "ʔe˦˥˧, nu˧˥ me˩ ȶak˩ ʔi˥ ȶa˦˥˧ ȶak˩? kwa:i˩ me˩ ȶak˩ ʔi˥ ȶa˦˥˧ ȶaik˩."
咧 哎 哪儿 有 个 那样 个 没 有 个 那样 个

"ȶa˦˥˧ nu˦˥˧ kwa:i˩ me˩ ȶak˩ ʔi˥ ȶa˦˥˧ ȶak˩, ȶak˩ ku˧ ja˧ kwa:i˩ me˩ sin˩
那么 要是 没 有 个 那样 个 个 故事 也 没 有 钱

·ma˧˨˧." kəm˧˨˧ təu˧˨˧ ȶa˧ pa:i˥ ·la˧˨˧.
嘛 个 群 那 去 了

ta˧ ja˩ ɕon˧ ·la˧˨˧, ɕən˧ na:i˧ ju˧ ȶʻəu˦˥˧ ɕon˧ ȶi˧ sa:m˥ na:i˧ təŋ˥
过 两 次 了 时 这 又 到 次 第 三 这 来

·le˧˨˧. ʔa˩ ka:i˥ ȶa˧ ʔeŋ˦˥˧ hem˧˨˧ ma˧˥ ȶa:n˥ kʻwa:u˧, na:n˩ ʔa:u˥ ma:u˧
咧 街 那 再 叫 来 吃 酒 难 拿 他

ʔi˥ ȶeŋ˧˨˧ sin˩ ·ne˧· ȶa˦˥˧ ɕən˧ na:i˧ ju˧ hem˧˨˧ ma:u˧ pa:i˥ ȶa:n˥ kʻwa:u˧
一 点儿 钱 呢 那么 时 这 又 叫 他 去 吃 酒

·la˧˨˧. ȶa:n˥ kʻwa:u˧ ȶa:n˥ kʻwa:u˧, ɕən˧ na:i˧ təi˥ kʻwa:u˧ ·la˧˨˧, "ʔa:u˥
了 吃 酒 吃 酒 时 这 醉 酒 了 拿

kəm˧˨˧ ma:ŋ˩ ɕa:i˥ ȵa˩ pa:i˥ ja:n˩ ·ne˧? ʔe˧˥, ʔa:u˥ ȶak˩ tak˩ ma˧˨˧ na:i˧
个 什么 给 你 去 家 呢 哎 拿 个 公 马 这

ɕa:i˥ ȵa˩ ȶi˧ pa:i˥ ja:n˩. ȶa˦˥˧ na:i˧ ·ləu˧˨˧, tak˩ ma˧˨˧ na:i˧ ɕu˧ me˩
给 你 骑 去 家 那么 这样 喽 公 马 这 就 有

la:k˧˨˧, ȵa˩ ɕu˧ sun˧˨˧ ma˧˥ ɕa:i˥ ȶiu˥, nu˦˥˧ kwa:i˩, ȶiu˥ ma˧˥ ʔa:u˥ ɕa:m˥
崽儿 你 就 送 来 给 我们 要是 没有 我们 来 讨 三

tʻin˧˥ ȵan˩." ȶa˦˥˧ ma:u˧ ɕu˧ ʔa:u˥ ȶak˩ ma˧˨˧ ȶa˧ ma˧˥ ja:n˩ ·la˧˨˧.
个 银子 那么 他 就 拿 个 马 那 (回)来 家 了

ka:u˩ la:u˩ ȶa˧ ju˧ po˦˥˧ pəi˧˨˧ lja˦ ȶa˧, "ʔe˦˥˧, ha:i˧ təi˥ ·əu˧˨˧, ʔa u˥
老 头 那 又 告诉(个) 媳妇 那 哎 害 死 咧 拿

kəm˧˨˧ tak˩ ma˧˨˧ na:i˧ ma˧˥, jiu˦˥˧ me˩ la:k˩ ha˧ ȶiŋ˦˥˧ sun˧˨˧ ɕa:i˥ kʻe˧˥, nu˦˥˧ kwa:i˩,
个 公 马 这 来 要 有 崽儿 才 送 给 他们 要是 没有

kʻe˧˥ jiu˦˥˧ ma˧˥ ja:n˩ ta:u˥ ʔa:u˥ ɕa:m˥ tʻin˧˥ ȵan˩. ko˧˨˧ nu˧˥ ha:ŋ˩ we˧˨˧
他们 要 来 家 咱们 讨 三 千 银子 不识 怎 么 做

·əu˧˨˧." "ʔe˦˥˧, ȶak˩ ȶa˦˥˧ kwa:i˩ ja:u˧, ʔa˩ ljoŋ˧." "ȶa˦˥˧ ȵa˩ we˩ li˧ ·a˧˥?"
咧 哎 个 那 不 怕 阿 公 那么 你 做 得 啊

"we˧˨˧ li˧." ȶa˦˥˧ ȶi˥ na:i˧ ʔa:u˥ ma˧˥ li˧ ja˩ ɕa:m˥ ȵa:n˥ ·la˧˨˧。 kəm˧˨˧ təu˧˨˧
做 得 那么 时 这 弄 来 得 两 三 月 了 个 群

ȶa˧ təŋ˥ ·la˧˨˧, təŋ˥ ʔa:u˥ ma˧˨˧ ·la˧˨˧. "koŋ˧ ɕa:u˥ nu˧˥ ·a˧˨˧? ʔa:u˥ ȶak˩
那 来 了 来 讨 马 了 公 你们 哪儿 啊 弄 个

ma˧˨˧ ȶiu˥ ma˧˥, nəŋ˧˨˧ kwa:i˩ ʔa:u˥ ȶoŋ˦˥˧." "ʔe˦˥˧, koŋ˧ ȶiu˥ ȵa:u˧˨˧ ȵa:n˥
马 我们 来 就 不 弄 转 哎 公 我们 坐 月

ȶa:ŋ˩ na:i˧." "ʔe˦˥˧, koŋ˧ ɕa:u˥ ȵa:u˧˨˧ ȵa:n˥? kwa:i˩ sən˦˥˧ ȵa˩." "ʔe˦˥˧,
段 这 哎 公 你们 坐 月 不 信 你 哎

ɕa:u˥ pi˧˨˧ ka:i˧ sən˦˥˧. ɕa:u˥ man˥ na:i˧ ʔa:u˥ kəm˧˨˧ ma˧˨˧ ȶa˧ ma˧˥ ȶa˧,
你们 别 不 信 你们 天 这 讨 个 马 那 来

ja˩　k'e˦　kəm˧˩　ma˧˩　ȶa˧　ɬoŋ˩　ȵa:u˧˩　ȵa:n˥　pa:i˥　•le˧˩.”　kəm˧˩　ɬəu˧˩　ȶa˧˥
俩　他们　个　马　那　同　坐　月　去　咧　个　群　那

ʔa:u˥　ma˧˩　pa:i˥　•la˧˩.　k'un˦　•la˧˩.
弄　马　去　了　完　了

社　妹

从前，王员外富裕得很。他呢，有四个儿子，这时候就娶了三房媳妇，还有一个儿子没有娶。那么不知道这几个媳妇能不能保住我这个家当？老头儿就算计了。

那么煮饭了，“煮多少米，阿公啊？”“哎，一筒半，两筒半，三个半筒四筒半。”那几个姑娘不知道多少喽。“哎，这几个姑娘这么笨噢，这都不知道多少，不肖不肖，难保我这个家产。”到过年哩，那么她们要去外婆家，老头儿又说了：“那么要是你们要回家咧，我就说给你们听喽：你们就一个去十个晚上，两个就去五个晚上，你们要在同一个晚上回来喽。要不我就不让你进家喽。你们要拿一只无脚鳖，要拿三斤没籽棉花，要拿一对花船，还要拿红心白萝卜，这时候我才答应让你们进家。”那么三个姑娘不懂喽，一路上哭着走喽。哭哭哭到河上去呢，有一个姑娘在那儿洗衣裳，“哎，你们这三个姐姐，为什么这么大哭？你们哭什么？”“哎，我们啊，这么去，这么来，又要拿这些东西去，我们就不懂是些个什么。”“哎，我来说给你们听嘛，你们就这样喽：三个人去半个月就转回家。一个拿些鸭蛋，再拿三斤猪油，一个就给你们公公做一双鞋，又一个就拿一条猪尾巴。你们有了这些东西，你们就回家了。”

那么，这时候那些东西就准备齐了，就回家来了。她们公公这老头儿就说：“谁讲给你们听了，你们这么明白？”“哎，我们真不明白，公公；我们走到了河上呢，这姑娘叫社妹，讲给我们听了。”“哎，去娶那个姑娘来做第四房媳妇，这姑娘就真能保住我的家产了。”

那么这时候娶完那个姑娘了。那么哪儿？那街上来叫王员外去吃酒喽。“咱去叫那老头儿来吃酒呢，先害他拿点儿钱给咱。”那么叫他去吃酒了。吃酒吃酒，吃醉喽，他们把一个猫打死了。“哎，你倒干得好，吃酒容易，就把我们的猫打死了。你要赔我们！我们这只猫上街就是一只虎，下街就是一条龙。我们要三千银子，你要回家给我们办，我们这两三天里要去讨喽。”

那么他回家来喽，回家呢脸色阴沉沉的，上床去睡觉，饭也不想吃。那么社妹姑娘就去叫他：“阿公，那么你怎么不起来？起来吃饭嘛。”“哎，气坏了，姑娘噢。饭都不想吃。”“怎么了呵？”“去街上吃酒呢，说我打死他们的猫，现在两三天里要到咱们家里讨三千银子。说那只猫上街一只虎，下街象条龙啊。可怎么办啊？”“哎，不怕，阿公。你起来嘛，你放心嘛。”那姑娘这么说。“你能办么？”“能办。”

那么现在过了两三天了，那一伙人真来喽。那个姑娘就拿个瓢去扣在大门里边。那伙人砰地开门进来，踹一脚，就把个瓢踩烂了。“你公公哪儿去了？”“找我公公干什么啊？”“你公公打死了我们的猫，今天我们来讨三千银子。”“噢，这样呵？那么你们先要赔我这个瓢。”“你这个瓢什么名堂呵？”“哎，什么名堂？我这个瓢，舀菜菜成肉，舀水水成饭，人家给了我六万六，我都不想卖。”她说：“下边的汉人给了我六万六千两银子我都不卖。舀菜就成肉，舀水就成饭。你赔得起我啊？你只三千银子，还要赔我许多哩。”那么那伙人就走了。

那么又到了第二次喽。那伙后生就说："哎，咱们去那山坳里讲故事，他常常打这儿走到塘里拣猪粪，要是他问咱，咱也叫他出钱；他不问咱呢，咱也叫他出钱。"那么老头儿就去了，拿着猪粪箕子打那儿去了。那么就有他们那伙人在那儿讲故事了，"哎，你们在这儿讲故事呵，小伙子们？""啊，我们在这儿讲故事，你要问我们什么事啊？打断我们的故事了。你要给我们办钱，要几百块喽，我们要。这两三天里我们要来你家讨喽。"

那么他回家来脸色又是阴沉沉的，生气得很。"姑娘噢，"他说，"今天到塘里去，正好那伙后生在那儿讲故事，我倒是真问他们：'你们到这儿讲故事啊，小伙子们？'就说我打断他们的故事了。现在又要来咱家讨几百块钱了。""那么那个你不要怕，阿公。我能办。"那个姑娘就这样了。

那么过了两三天，到傍晚，那伙人从那儿猛地来喽。"哎，你们公公在哪儿啊？""找我公公干什么啊？我公公去山上还没有回来咧。""找你们公公干什么啊，那一天打断了我们的故事，我们今天来要钱了。""噢，那么样。我公公今天去山上砍竹子，要打个很大很大的竹箍儿，三十六个和尚在一个盆里洗澡。"她说："又要去找个公牛，那个牛在河这边住，伸脖子过河那边吃草，拿那个皮来绷那个盆底儿，才装得下那么多人咧。""哎，哪儿有那样的事？没有那样的事。""那么要是没有这样的事，故事也没有钱嘛。"那伙人就走了。

过两次了，现在又到第三次咧。那街坊又叫他去吃酒。弄不了他一点钱呢，那么这回又叫他去吃酒了。吃酒吃酒。这时候吃醉了，"拿个什么叫你回家呢？哎，拿这个公马给你骑回家。那么就这样喽，这公马呢有崽儿，你就给我们送来，要是没有，我们来讨三千银子。"那么他就弄着这个马回家来了。

老头儿又告诉那个媳妇，哎，害死我噢，弄个马来，要有崽儿才能送给他们，要是没有，他们要来咱家讨三千银子。不知道怎么办噢。""哎，那不怕，阿公。""那么你能办么？""能办。"那么这时候弄来有三个月了。那伙人来了，来讨马了。"你公公在哪儿？弄我们的马来，就不送回去？""哎，我公公这段时间坐月子。""哎，你公公坐月子？不信你。""哎，你们别不信，你们今天来讨那个马呢，他们俩一块儿坐月子去咧。"那伙人弄那个马走了。完了。

3.29 ku˧ ȶiŋ˥ la:n˩
故事 菁 兰

ȶa˧˥ •e˧ ta˧ kun˧˥ •e˧, ȶiŋ˧˥ la:n˩ ɕu˧ pa:i˥ sa:ŋ˨˩ tu˩ •ləu˨˩. jən˦˥
那么 从 前 菁 兰 就 去 放 牛 喽 跟

kʰe˦˥ təu˨˩ la:k˨˩ ʔun˧ ȶa˧ pa:i˥ sa:ŋ˨˩ tu˩ ȶa˧, təu˨˩ la:k˨˩ ʔun˧ ȶa˧
他们 群 孩子 那 去 放 牛 群 孩子 那

ɕu˧ pa:i˥ sap˥ pa˥ •ləu˨˩. sap˥ pa˥ sap˥ pa˥ ȶi˥ na:i˧ li˧ tu˩ ken˧˥ wa˦˥
就 去 抓 鱼 喽 抓 鱼 抓 鱼 时 这 得 只 花格鱼

ȶa˧ la:i˥ tu˩ la:u˨˩ ho˧. kʰe˦˥ jiu˧˥ ʔa:u˥ tu˩ ȶa˧ pa:i˥ ȶʰik˦ ȶa:n˥.
那 好 只 极 他们 要 拿 只 那 去 烧 吃

"ʔe˧˥, ɕa:u˥ pi˨˩ •jəu˨˩, tu˩ na:i˧ la:i˥ tu˩ la:u˨˩ ho˧, ja:u˩ jən˦˥ ɕa:u˥
哎 你们 别 哟 只 这 好 只 极 我 跟 你们

ȶəi˧." ma:u˧ ɕu˧ jən˦˥ kʰe˦˥ ȶəi˧, ɕu˧ soŋ˧˥ lui˧ ȵa˥ pa:i˥ •la˨˩. soŋ˧˥ lui˧
买 他 就 跟他们 卖 就 放 下 河 去 了 放 下

ȵa˥ pa:i˥ ɕi˧, ma:u˧ ɕu˧ pa:i˥ ȶʰəu˦˥ ʔa˩ te˧ ȶa˧ pa:i˥, la:k˨˩ mjek˧
河 去 呢 她 就 去 到 底 那 去 女儿

la:u˨˩ ljoŋ˩ wa:ŋ˩. ma:u˧ ɕu˧ pa:i˥ təm˥ pu˨˩ kʰe˦˥ •la˨˩, "ʔa˩ pu˨˩ •e˧, ja:u˩
老 龙 王 她 就 去 见 父 她 了 阿 爸 我

ma˦˥ •la˨˩." "ȶa˧˥ ȵa˩ pʰe˦˥ pa:i˥ na:i˧ ȶəŋ˥ •a˧? pən˧ ɕa:ŋ˧˥ ȵa˩ təi˥
回来 了 那 你 怎么 去 这么 久 啊 只 想 你 死

pa:i˥ •la˨˩." "ʔe˧˥, kʰa:u˦˥ ʔa˩ ȶa:i˨˩ ȶiŋ˥ la:n˩ ȶu˧˥ ja:u˩ •əu˧, jəŋ˧
去 了 哎 靠 阿 哥 菁 兰 救 我 哩 要

kwa:i˩ ȵəŋ˩ təi˥ •ləu˨˩. təu˨˩ la:k˨˩ ʔun˧ ȶa˧ jiu˧˥ ʔa:u˥ ja:u˩ pa:i˥ ȶa:n˥,
不 真 死 喽 群 孩子 那 要 拿 我 去 吃

ȶa:i˨˩ ȶiŋ˥ la:n˩ ʔa:u˥ sin˩ ʔa:u˥ ʂa:i˥ kʰe˦˥, ʔa:u˥ ja:u˩ lui˧ ȵa˥ ma˦˥•la˨˩."
哥 菁 兰 拿 钱 拿 给 他们 拿 我 下 河 来 了

"ʔə˧˥, nu˧˥ na:i˧ ha:ŋ˩ ȵa˩ jiu˧˥ pa:i˥ pui˩ siŋ˩ ma:u˧ •ləu˨˩." ȶa˧˥ pəi˨˩
哎 要是 这 样 你 要 去 赔 情 他 喽 那么 姑娘

ȶa˧ ma:u˧ ɕu˧ ta˥ pen˧˥ ju˧ ȶʰa˦˥ ȵa˥ ma˦˥ •la˨˩.
那 她 就 打 扮 又 上 河 来 了

ȶʰa˦˥ ȵa˥ ma˦˥ ma˦˥ ma˦˥ ɕu˧ ȶʰəu˦˥ ɕa:i˧ ȶiŋ˥ la:u˩. pei˨˩ ȶa˧ ɕu˧
上 河来 来 来 就 到 寨 菁 兰 姑娘 那 就

ȶa:i˧ ja:n˩ ȶiŋ˥ la:n˩, "ja:n˩ ȶa:i˨˩ ȶiŋ˥ la:n˩ ȵa:u˨˩ ȶi˥ nu˦˥•əu˨˩?" "ʔe˧˥, ȵa:u˨˩
问 家 菁 兰 家 哥 菁 兰 在 里 哪 吗 哎 在

ȶi˥ na:i˧ ȶi˥ na:i˧." ȶa˧˥ kəm˨˩ ja:n˩ ȶa˧ ja˨˩ la:u˨˩ ho˧. la:u˧ ja:n˩ ȶa˧ pa:i˥•le˨˩
里 这 里 这 那么 个 房 那 破 极 进 房 那 去 咧

ȶa˧˥ nəi˨˩ kʰe˦˥ ʔa˩ ȶa˧ ɕu˧ "ʔe˧˥ noŋ˨˩•e˧, ȵa˩ pʰe˦˥ la:u˧ na:i˧ ma˦˥, noŋ˨˩
那么 母亲 他 在 哪儿 就 哎 妹妹 你 怎么 进 这儿 来 妹

•a˦˥? ɕa:u˥ la:k˨˩ mjek˧ ȵən˩ la:i˥•əu˨˩." "ʔe˧˥, ja:u˩ jiu˧˥ ma˦˥ jən˦˥ ȶa:i˨˩
啊 您 姑娘 人 好 噢 哎 我 要 来 跟 哥

ȶiu˥ ȶiŋ˥ la:n˩•ne˧." "ȶa˧˥•e˧ kwa:i˩ kəu˨˩ ȶa:n˥ •le˨˩." "ʔe˧˥, me˩•əu˨˩."
我 菁 兰 哪 那么 没有 饭 吃 咧 哎 有 噢

ma:u˧ po˦˥˧. ȶa˦˥˧ sui˦˥˧ sui˦˥˧ sui˦˥˧, ja:k˧ kəu˧˩ təŋ˥ •le˧˩, ʔa˩ pa˧
她 说 那么 坐 坐 坐 饿 饭 来 咧 阿 姑

ɕu˧ "ʔe˦˥˧, po˦˥˧ kwa:i˩ kəu˧˩ ȶa:n˥, ȶa˦˥˧ ȵa˩ ma˧˥ nu˧˥ ha:ŋ˩ we˧˩ •a˧˥?"
就 哎 说 没有 饭 吃 那 你 来 怎 么 做 啊

ma:u˧ ɕu˧ ʔa:u˥ ȶ'əm˧˥ ȶəm˥ sa:i˥ ȶiŋ˥ la:n˩ pa:i˥ wa:n˩ kəu˧˩•
她 就 拿 簪 金 给 菁 兰 去 换 米

ləu˧˩. wa:n˩ kəu˧˩ ɕu˧ ha:ŋ˩ ha:ŋ˩ tu˥ ʔa:u˥ ma˧˥ •ləu˧˩, na:n˧˩•na˧.
喽 换 米 就 样 样 都 拿 来 喽 肉啊

k'wa:u˧ •a˧, ʔa:u˥ ma˧˥ •la˧˩. ʔa:u˥ ma˧˥ ȶi˥ na:i˧ hem˧˩ k'e˧˥ ȶa:n˥
酒 啊 拿 来 了 拿 来 时 这 叫 人家 吃

k'wa:u˧ •ləu˧˩, ȶa:n˥ k'wa:u˧ ȶa:n˥ k'wa:u˧, ȶa˦˥˧ ɕən˧ na:i˧ sa:n˦˥˧ k'ek˧
酒 喽 吃 酒 吃 酒 那么 时 这 散 客

pa:i˥ ljeu˧˩, lja˧˩, pəi˧˩ ȶa˧ ɕu˧ po˦˥˧: "ȶiŋ˥ la:n˩ •ne˧, ȶa˧ ɕa:u˥ me˩
去 了 姑娘 那 就 说 菁 兰 哪 那么 你们 有

sa:k˧˩ ja:n˩ ȶi˥ kwa:i˩•e˧˥?" "me˩ •əu˧˩, ŋo˧˩ ljok˩ ȶ'ət˧˥ ken˥ sa:k˧˩ ja:n˩
基地 房 还是 没 有 有 噢 五 六 七 间 基地 房

•ne˧." "ʔa˧˩, ȶa˦˥˧ na:i˧•la˧˩, ta:u˥ jiu˦˥˧ we˧˩ ja:n˩ məi˦˥˧•ləu˧˩. ȶa˦˥˧ ɕən˧
哪 啊 那么 这样 了 咱们 要 做 房 新 喽 那么 时

na:i˧ jiu˦˥˧ təŋ˦˥˧ sa:m˥ man˥ sa:m˥ ȶa:n˥, ȵa˩ jiu˦˥˧ pa:i˥ po˦˥˧ k'e˧˥
这 要 黑 三 天 三 夜 你 要 去 告诉 人家

pen˧ nəm˧˩ pen˧ ȶət˥ •le˧˩." ȶiŋ˥ la:n˩ ɕu˧ pa:i˥ ka:ŋ˧ sa:i˥ k'e˧˥ ȶ'iŋ˦˥˧
办 水 办 柴 咧 菁 兰 就 去 说 给 人家 听

•la˧˩, "ta:u˥ jiu˦˥˧ pen˧ sa:m˥ man˥ ȶi˥ nəm˧˩ ləu˧˩, pen˧ ȶət˥•ləu˧˩, təŋ˦˥˧
了 咱们 要 办 三 天 的 水 喽 办 柴 喽 黑

sa:m˥ man˥ sa:m˥ ȶa:n˥ •ləu˧˩, jiu˦˥˧ we˧˩ ja:n˩ məi˦˥˧ •ləu˧˩." ȶa˦˥˧ ɕən˧ na:i˧
三 天 三 夜 喽 要 做 房 新 喽 那 时 这

təŋ˦˥˧ sa:m˥ man˥ sa:m˥ ȶa:n˥, pən˧ ȶ'iŋ˦˥˧ ʔa˩ ȶa˧ ɕa:p˧˩ ɕa:p˧˩ ɕa:p˧˩
黑 三 天 三 夜 只 听 那儿 （做木房的声音）

ɕa:p˧˩, ta˧ lən˧˩ kwa:ŋ˥ mən˥ təŋ˥, k'un˧˥ kəm˧˩ ja:n˩ la:u˧˩ la:u˧˩, su˥
过 后 亮 天 来 成 个 房 大 大 四

ho˧ ȶ'en˧ ȶən˧˩.
合 天 井

ja˩ k'e˧˥ ɕi˩ na:i˧ la:u˧ ȶa˧ pa:i˥ ȵa:u˧ •ləu˧˩. la:u˧ ȶa˧ pa:i˥ ȵa:u˧,
俩 他们 时 这 进 那儿 去 住 喽 进 那儿 去 住

sa:i˥ man˦˥˧ la:k˧˩ mjek˧ ȶa˧ ɕu˧ "ȶiŋ˥ la:n˩, ȶa˧ ȵa˩ ʔa:u˥ kəm˧˩ ma:i˧˩
给 些 姑娘 那 就 菁 兰 那么 你 娶 个 妻子

na:i˧ kwa:i˩ ȶ'ən˧ kwa:i˩ p'e˧˥, ʔa:u˥ ȶiu˥ man˦˥˧ la:k˧˩ mjek˧ ȵən˩ la:i˥ na:i˧ ma˧˥
这 没 根 没 梢 娶 我们 些 那 姑娘 人 好 这 来

•ne˧˩! ȵa˩ soŋ˦˥˧ ȶak˩ na:i˧ pa:i˥, ʔa:u˥ ȶiu˥ ma˧˥ ne˧˩." ȶa˦˥˧ ma:u˧ ɕən˧
吧 你 放 个 这 去 娶 我们 来 吧 那么 他 时

na:i˧ sən˦˥˧ ȶak˩ təu˧˩ la:k˧˩ mjek˧ ȶa˦˥˧, po˦˥˧ ȶak˩ pəi˧˩ ȶa˧, "ȵa˩ pa:i˥
这 信 个 群 姑娘 那 告诉 个 姑娘 那 你 去

ja:n˩ ɕa:u˥, ɕi˩ na:i˧ ja:u˩ kwa:i˩ jiu˦˥˧ ȵa˩ ʔa˩ na:i˧ ȵa:u˧ •la˧˩." pəi˧˩
家 你们 时 这 我 不 要 你 在 这儿 住 了 姑娘

ȶa˧ po˦˥˧: "nu˦˥˧ ȵa˩ jiu˦˥˧ ja:u˩ pa:i˥ ja:n˩ ȶiu˥, ȶ'əu˦˥˧ ŋo˧˩ ŋwet˧˩ ɕu˥
那 说 要是 你 要 我 去 家 我们 到 五 月 初

ŋo˨˩ kun˧˥, ŋo˨˩ ŋwet˨˩ ɕu˥ ŋo˨˩ ja:u˩ jiu˧˥ pa:i˥ ·la˨˩."

五　先　五　月　初　五　我　要　去　了

ȶa˧˥ ·ʔe˧ t'əu˧˥ ŋo˨˩ ŋwet˨˩ ɕu˥ ŋo˨˩ təŋ˥, ji˦ nəm˨˩ la:u˨˩ təŋ˥, ta:u˧˥

那么　到　五　月　初　五　来　一　水　大　来　倒

ȶak˩ ja:n˩ ȶa˧ lui˧ ȵa˥ pa:i˥ ·la˨˩. pəi˨˩ ȶa˧ ja˧ pa:i˥ ja:n˩ pu˨˩ k'e˦

个　房　那　下　河　去　了　姑娘　那　也　去　家　父亲　她

·ləu. ʔi˥ na:i˧ ha:ŋ˩ ·pə˧, k'un˦ ·la˨˩.

喽　（就）　这　样　吧　完　了

菁兰的故事

从前，菁兰就去放牛喽。跟他们那群孩子去放牛哩。那群孩子就去抓鱼喽，抓呀抓的，这时候抓了一条花格鱼，漂亮极了。他们要拿那条鱼去烧了吃。“哎，你们别哟，这条鱼非常漂亮，我跟你们买下来。”他就跟他们买了，就放进河里去了。放进河里去呢，就到河底去了。她是老龙王的女儿。她就去见她的父亲了：“阿爸，我回来了。”“那么你怎么去这么久呵？只以为你死掉了。”“哎，靠菁兰阿哥救了我噢，要不就真死喽。那群孩子要拿我去吃，菁兰哥哥拿钱给他们，放我到河里来了。”“哎，要是这样，你应该去还他的情喽。”那么这个姑娘就打扮了又到河上来了。

到河上来，走走就到了菁兰的寨子。那个姑娘就打听菁兰的家，“菁兰哥哥的家在哪儿噢？”“哎，在这儿，在这儿。”那么那个房子破极了。走进那个房里去咧，那么他的母亲在那儿就问：“哎，小妹妹，你怎么进我们这儿来，小妹妹啊？姑娘你是富人家的噢。”“哎，我要来跟着我菁兰哥哥哪。”“那么没有饭吃咧。”“哎，有噢。”她说。那么坐坐坐，肚子饿了，那个妈妈就：“哎，说没有饭吃，那么你来怎么办啊？”她就拿根金簪子叫菁兰去换米喽。换米呢就样样都换来喽。肉呵，酒呵，取来了。这时候就叫人家来吃酒喽。吃呀吃的，那么这时候客人散了，那姑娘就说：“菁兰哪，那么你们有房基没有？”“有噢，五六七间房基哪。”“啊，那么就这样了，咱们要盖新房喽。那么这时候要黑三天三夜，你要告诉人家办水办柴咧。”菁兰就去说给他们听了：“咱们要办三天的水喽，办柴喽，黑三天三夜哩，要盖新房喽。”那么这时候黑三天三夜，只听着那儿“唰唰唰唰”，后来天亮了，盖成一座很大很大的房子，四合天井。

他们俩这时就搬进那儿住喽。去那儿住呢，那么那些姑娘们就说：“菁兰，那么你娶这个妻子没根没梢，来娶我们这些好人家的姑娘吧，你放这个姑娘走，来娶我们吧。”那么他这时候就相信那伙姑娘了。告诉那个姑娘：“你回你们家，现在我不要你在这儿住了。”那个姑娘说：“要是你要我回我们家，先等到五月初五，五月初五我就要走了。”

那么到了五月初五，大水一来，那个房子倒到河里去了。那个姑娘也回她父亲家里去了。就这样吧，完了。

3.30 te˥ sa˧˩ pa˧
外 婆 鬼

ɕi˩ ȶa˥˧, me˩ ja˩ ȶa:i˧˩ noŋ˧˩ ȶa˧ jiu˥˧ pa:i˥ ja:n˩ te˥·ləu˧˩. "ʔa˩ nəi˧˩·e˧,
时 那 有 俩 姐 弟 那 要 去 家 外婆 喽 阿 妈

ta˧ kʻun˧˥ nu˧˥ pa:i˥ ja:n˩ te˥ ta:u˥, nəi˧˩·a˧˥?" na:i˧ ka:ŋ˧. "ʔe˥˧, ta˧
从 路 哪 去 家 外婆 咱 妈 啊 这样 说 哎 从

ȶiu˩ kʻun˧˥ ke˧˩ kʻu˥˧ ȶa˧ ɕu˧ pa:i˥ ja:n˩ te˥ ta:u˥, ta˧ kun˧˥ ke˧˩ kʻwa˧˥
条 路 粪 猪 那 就 去 家 外婆 咱 从 路 粪 狗

ȶa˧ ɕu˧ pa:i˥ ja:n˩ te˥ sa˧˩ pa˧·le˧˩." sa:i˥ kəm˧˩ sa˧˩ pa˧ ȶa˧ li˧
那 就 去 家 外婆 鬼 咧 给 个 鬼 那 得

ȶiŋ˥˧·ləu˧˩, ʔa:u˥ kəm˧˩ ke˧˩ kʻu˥˧ ȶa˧ la:u˧ kʻun˧˥ ma:u˧, ʔa:u˥ ke˧˩ kʻwa˧˥
听 喽 拿 个 粪 猪 那 进 路 他 拿 粪 狗

la:u˧ kʻun˧˥ te˥ kʻe˧˥·ləu˧˩. sa:i˥ ja˩ ȶa:i˧˩ noŋ˧˩ ȶa˧ ta˧ kʻun˧˥ ke˧˩ kʻu˥˧
进 路 外婆 他们 喽 给 俩 姐 弟 那 从 路 粪 猪

ȶa˧ pa:i˥·la˧˩.
那 去 了

ja˩ ȶa:i˧˩ noŋ˧˩ pa:i˥ pa:i˥ pa:i˥ ȶʻəu˥˧ ȶo˧˩ ȵam˥˧, "ʔe˥˧, pʻe˧˥ nəŋ˥ kwa:i˩
俩 姐 弟 去 去 去 到 傍 晚 哎 怎么 还 不

ȶʻəu˥˧ ja:n˩ te˥ ta:u˥ ɕi˥˧? ʔa˩ na:i˧ tu˥ nəŋ˧˩ təŋ˥˧ ·la˧˩." na:i˧ ka:ŋ˧.
到 家 外婆 咱 （语气） 这时 都 就 黑 了 这样 说

ta˧ lən˩ ma:ŋ˥˧ pa:i˧ ȶa˧ ma:ŋ˥˧ la:n˥ ȶa˧ kwa:ŋ˥ pi˥ təŋ˥·la˧˩, "ʔe˥˧,
过 后 斜 坡 那 对 面 那 亮 灯 来 了 哎

ja:n˩ te˥ ta:u˥ ȵa:u˧˩ ȶa˧. ʔa˩ te˥, ʔa˩ te˥!" kəm˧˩ sa˧˩ pa˧ ȶa˧ ɕa:n˥
家 外婆 咱 在 那儿 阿 婆 阿 婆 个 鬼 那 答应

·ləu˧˩:" ja˩ ɕa:u˥ ma˧˥ ·la˧˩, noŋ˧˩·a˧˥?" "ʔa˧˩, ja˩ ȶiu˥ ma˧˥·la˧˩." "ma˧˥ ma˧˥,
喽 俩 你们 来 了 孩子 啊 俩 咱们 来 了 来 来

la:u˧ ja:n˩ ma˧˥." ȶa˥˧ ɕən˧ na:i˧ la:u˧ ja:n˩ ma˧˥, kəm˧˩ sa˧˩ pa˧ ȶa˧
进 家 来 那么 时 这 进 家 来 个 鬼 那

ɕu˧ pen˧ kəu˧˩ sa:i˥ ja˩ ȶa:i˧˩ noŋ˧˩ ȶa˧ ȶa:n˥·ləu˧˩.
就 办 饭 给 俩 姐 弟 哪 吃 喽

ȶa˥˧ ȶʻəu˥˧ ɕən˧ pa:i˥ nun˩·le˧˩, kəm˧˩ ȶa˧ ka:ŋ˧ "ʔa:u˥ noŋ˧˩ ta:u˥ jən˧˥
那么 到 时 去 睡 咧 个 那 说 拿 弟弟 咱 跟

ja:u˩ ȶuŋ˧ ȶo˧˩, lən˥ ȵa˩ ʔa˩ ȶo˧˩ pəi˧˩·əu˧˩." "we˧˩ li˧." ȶa˥˧ ɕən˧ na:i˧
我 同 头 单 你 （一） 头 姑娘 咧 做 得 那么 时 这

ʔa:u˥ noŋ˧˩ jən˧˥ kəm˧˩ sa˧˩ pa˧ ȶa˧ ȶuŋ˧ ʔi˥ ȶo˧˩ na:k˧˥·ləu˧˩. ȶʻəu˥˧ pa:n˥˧
拿 弟弟 跟 个 鬼 那 同 一 头 睡 喽 到 半

ȶa:n˥·ne˧˩, jak˥ kəm˧˩ noŋ˧˩ kʻe˧˥ ɕu˧ ȶa:n˥ pʻat˧, so˧ so˧ so˧ ɕu˧ təi˥
夜 呢 掐 个 弟弟 人家 就 吃 血 吸 吸 吸 就 死

ȶak˩ noŋ˧˩ kʻe˧˥ ·ləu˧˩. ȶa˥˧ ma:u˧ ɕu˧ ŋa:u˥˧ kəm˧˩ ȶa˧ ȵa:p˧˩ ȵa:p˧˩ ȶa˧
个 弟弟 人家 喽 那么 他 就 嚼 个 那 （嚼骨头的声貌）

ȶa:n˥, "ȶa˥˧ ȵa˩ ȶa:n˥ ma:ŋ˩, ʔa˩ te˥·a˧?" "ȶa:n˥ to˧ ɕəu˧." "sa:i˥ ȵak˥
吃 那么 你 吃 什么 阿 婆 阿 吃 豆 炒 给 点儿

ɕa:i˥ ja:u˩·a˧˥?" "ka:u˥˧ ȶa:n˥ ljeu˨˩." na:i˧ ka:ŋ˧. "ȶa˥˧ p̓e˧˥ ȶa˧ we˨˩,
给 我 啊 全 吃 了 这样 讲 那么 怎么 这样 做

te˥ ·a˨˩? man˥˧ ma:ŋ˩·a˧, pjət˩ tin˥ ȵon˩." "se˥ ɕa˩ noŋ˨˩." "kəm˨˩ ma:ŋ˩
外婆 啊 些 什么 啊 缠 脚 人 袋儿 背 弟 个 什么

na:i˥˧ kəŋ˧ kəm˨˩ tin˥ ja:u˩, ʔa˩ te˥·a˧?" "kəm˨˩ na:i˧ kəm˨˩ mun˥ ȶun˩,
这样 挡 个 脚 我 阿 婆 啊 个 这 个 枕头

noŋ˨˩." na:i˧ ka:ŋ˧.
孩子 这样 说

ta˧ lən˨˩ pəi˨˩ ȶa˧ ju˧ ka:ŋ˧·la˨˩, "ʔe˥˧, ʔa˩ te˥, ja:u˩ ɕən˧ na:i˧ jiu˥˧
过 后 姑娘 那 又 说 了 哎 阿 婆 我 时 这 要

pa˥˧ ·le˨˩." "ȶa˥˧ ɕa:i˥ ja:u˩ pa:n˨˩ ȵa˩ pa:i˥." pa:n˨˩ pa:i˥ pa:i˥ ta˧ lən˩,
解手 哩 那么 给 我 伴 你 去 伴 去 去 过 后

"ȶa˧ ȵa˩ p̓e˧˥ nəŋ˥ kwa:i˩ ma˧˥ ɕi˥˧·a˨˩, pəi˨˩ ·a˧?" "mi˨˩ ·əu˨˩." ma:u˧ po˥˧.
那么 你 怎么 还 不 来 啊 姑娘 啊 没 哩 她 说

ȶa˥˧ men˧ jəu˥ men˧ jəu˥, lja˨˩, ɕa:i˥ kəm˨˩ sa˨˩ pa˧ ȶa˥˧ ta:i˩ kəm˨˩
那么 老 蹲 老 蹲 给 个 鬼 那 把 个

məi˨˩ ȶa˧ jeu˧˥ ʔi˥ kit˨˩, he˧ he˧ tak˥ ŋe˩ te˥, ha˥˧ ha˥˧ tak˥ ŋe˩ sa˨˩.
木头 那 咬 一 口 嘿 嘿 断 牙 外婆 哈 哈 断 牙 奶奶

"ʔe˥˧, ɕən˧ na:i ma˧˥ mi˨˩?" "ma˧˥ la˨˩."
哎 时 这 来 没 来 了

ȶa˥˧ ɕən˧ na:i˧ ma˧˥ la:u˧ ɕa:ŋ˩ ȶ̓a:p˧ ȶ̓a:p˧ na:k˧˥·la˨˩, ʔa˩ ȶa˧ ju˧ ŋa:u˥˧
那么 时 这 (回)来 进 床 刚 刚 睡 了 那儿 又 嚼

ȵa:p˨˩ ȵa:p˨˩·le˨˩. "ȶa˧ ȵa˩ ju˧ ȶa:n˥ ma:ŋ˩, ʔa˩ te˥·a˧?" "ʔe˥˧, ȶa:n˥
(嚼物声) 咧 那 你 又 吃 什么 阿 婆 啊 哎 吃

to˧ ɕeu˧." "ȶa˧ ȵa˩ ɕa:i˥ ȵak˥ ɕa:i˥ ja:u˩·ma˨˩." "ka:u˥˧ ȶa:n˥ ljeu˨˩."
豆 炒 那么 你 给 点儿 给 我 嘛 全 吃 了

"ʔe˥˧, ʔa˩ te˥·e˧, ja:u˩ ɕən˧ na:i˧ ju˧ jiu˥˧ pa˥˧." "ʔe˥˧, ɕən˧ na:i˧ ȵa˩
哎 阿 婆 我 时 这 又 要 解手 哎 时 这 你

jiu˥˧ pa˥˧, ka:i˧ joŋ˧ pa:n˨˩ ȵa˩ pa:i˥·la˨˩. ɕən˧ na:i˧ me˩ ȵak˥ kwa:ŋ˥
要 解手 不 用 伴 你 去 了 时 这 有 点儿 亮

mən˥·la˨˩, ȵa˩ ka:k˧ pa:i˥ ɕu˧ la:i˥·la˨˩."
天 了 你 自己 去 就 (好)了

ɕən˧ na:i˧ ma:u˧ ɕu˧ ma˧˥·la˨˩, ȶ̓un˧ ȶ̓əu˥˧ ja:n˩ ma˧˥·la˨˩. "ʔa˩ nəi˨˩·e˧,
时 这 她 就 (回)来了 跑 到 家 来 了 阿 妈

kəm˨˩ sa˨˩ pa˧ ȶa˧ ȵam˥˧ ȵuŋ˥ nəŋ˨˩ ȶa:n˥ ȶak˩ noŋ˨˩ ta:u˥·ləu˨˩. ja˩
个 鬼 那 晚 昨 就 吃 个 弟弟 咱 喽 俩

ȶiu˥ pa:i˥, pa:i˥ la:u˧ ȶak˩ ja:n˩ te˥ sa˨˩ pa˧ ȶa˧ pa:i˥ le˨˩." nəi˨˩ k̓e˧˥
我们 去 去 进 个 家 外婆 鬼 那 去 咧 母亲 她

po˥˧: " ma:ŋ˩ na:i˧ ha:i˧ pa:i˥! ȶa˧ nəŋ˨˩ ɕa:i˥ ȶak˩ sa˨˩ pa˧ ȶa:n˥ ȶak˩
说 什么 这样 害 去 那么 就 给 个 鬼 吃 个

noŋ˨˩ ta:u˥ pa:i˥! ha:i˧ təi˥·əu˨˩. ȶa˧ ȵa˩ pa:i˥ hem˨˩ ma:u˧ ma˧˥, pəi˨˩·a˨˩,
弟弟 咱 去 害 死 哩 那么 你 去 叫 他 来 姑娘啊

ɕa:i˥ ta:u˥ ləu˥ ȶak˩ ŋa:m˩ na:i˧, hem˨˩ ma:u˧ ma˧˥ sa˧ ma:u˧ pa:i˥ ɕu˧
让 咱们 挖 个 洞 这 叫 他 来 杀 他 去 就

la:i˥·la˨˩. ɕən˧ na:i˧ ȵa˩ ʔok˨˩ po˥˧ pa:i˥ ja:n˩ ȶiu˥ ȶa:n˥ nəm˨˩ ma˥ ŋa:n˧."
好 了 时 这 你 只 说 去 家 我们 吃 粥 鹅

ȶa˧˥　pəi˧˩　ȶa˧　ɕu˧　pa:i˥　hem˧˩　te˥　sa˧˩　pa˧　pa:i˥，“ʔa˩　te˥·e˧，ȵa˩　ma˦
那么　姑娘　那　就　去　叫　外婆　鬼　去　呵　婆　你　来

ja:n˩　ȶiu˥·əu˧˩，ȶiu˥　sa˧　ŋa:n˧　nam˧˥　na:i˧。”ȶa˧˥　kəm˧˩　ȶa˧　ɕu˧　ma˦·la˧˩，
家　我们　吧　我们　杀　鹅　晚　这　那么　个　那　就　来　了

ma˦　tʻəu˧˥　ja:n˩　·la˧˩。“ȵa˩　la:u˧　ma:ŋ˧˥　kʻwəŋ˦　to˥　ka:u˧˩　ȶa˧　pa:i˥，ʔa˩
来　到　家　了　你　进　边　槛　门　里面　那　去　阿

te˥·a˧˩。”ȶa˧˥　la:u˧　ma:ŋ˧˥　to˥　ka:u˧˩　ȶa˧　pʻom˧˥　lui˧　kəm˧˩　ŋa:m˩　ȶa˧　pa:i˥·ləu˧˩。
婆啊　那么　进　边　门　里面　那　摔　下　个　洞　那　去　喽

sa:i˥　kʻe˦　nəŋ˧˩　ʔau:˥　nəm˧˩　tun˥　tun˥　tʻa:ŋ˧˥　kəm˧˩　sa˧˩　pa˧　ȶa˧·ləu˧˩。ȶa˧˥
给　她们　就　拿　水　热　热　烫　个　鬼　那喽　那么

ɕən˧　na:i˧　mja˧˩　ȶi˥　mja˧˩　pa:i˥　te˧˥　kəm˧˩　ȶa˧，təi˥　kəm˧˩　ȶa˧·la˧˩　ɕən˧
时　这　刀　的　刀　去　砍　个　那　死　个　那　了　时

na:i˧。nəi˧˩　kʻe˦　po˧˥：“ʔə˧˥，sa:i˥　ȵa˩　ȶa:n˥　la:k˧˩　na:i˧　pa:i˥，lja˧˩，ȵa˩
这　母亲　她　说　哎　给　你　吃　孩子　这　去　你

na:i˧˥　kwa:i˩　la:i˥　pa:i˥！sa˧　ȵa˩　pa:i˥　ɕən˧　na:i˧！”ȶa˧˥　ɕən˧　na:i˧　sa˧
这么　不　好　去　杀　你　去　时　这　那么　时　这　杀

ȶa:n˥　na:n˧˩　sa˧˩　pa˧·　la˧˩。
吃　肉　鬼　了

鬼外婆

从前，有姐弟两个要去外婆家喽。“阿妈，从哪条路去我们外婆家，妈呵？”这样说。“哎，从猪粪路就去咱外婆家，从狗粪路就去鬼外婆家咧。”叫那个鬼听到了，把猪粪放到她的路上，把狗粪放到去他们外婆家的路上喽。那么姐弟俩从那条猪粪路走了。

姐弟俩走呀走，走到傍晚，“哎，怎么还不到咱外婆家啊？现在天都要黑了。”这样说。过了一会儿，那对面的斜坡上亮灯了，“哎，咱外婆家在那儿。阿婆，阿婆！”那个鬼就答应喽：“你们俩来了，孩子！”“啊，我们来了。”“来来，进屋来。”那么这时走进屋里，那个鬼就做饭给那姐弟俩吃喽。

那么到了睡觉的时候，那个鬼说：“叫咱的小弟弟跟我一头，你一个人一头吧，姑娘噢。”“行啊。”那么这时候就叫弟弟跟那个鬼在一头儿睡喽。到半夜呢，掐小弟弟吸血，吸呀吸呀吸得小弟弟死喽。那么他就嚓嗤嚓嗤地嚼那个（骨头）吃，“那么您吃什么，阿婆啊？”“吃炒豆。”“给我（吃）点儿啊？”“吃完了。”这样说。“那么（这是）怎么回事，外婆啊？（是）些什么呵，缠人的脚。”“背孩袋儿。”“什么这么挡我的脚，外婆啊？”“这是枕头，孩子。”这样说。

一会儿，那个姑娘又说了：“哎，阿婆，我这会儿要解手咧。”“那么我陪你一块儿去。”陪去呢，过了一会儿，“那么你怎么还不回来啊，姑娘？”“还没有解完噢。”她说。那么老蹲老蹲着，叫那个鬼把个木头咬了一口，“嘿嘿”婆婆牙断，“哈哈”奶奶牙折。“哎，现在回来没有？”“回来了。”

那么这时刚刚上床睡觉了，那儿又嚓嗤嚓嗤嚼起来咧。“那么您又吃什么，阿婆呵？”“哎，吃炒豆。”“那么你给我点儿（吃）嘛。”“吃完了。”“哎，阿婆，我这会儿又要解手。”“哎，你现在要解手，不用陪你去了。天有点儿亮了，你自己去好了。”

这时候她就回来了，跑回家来了。“阿妈，那个鬼外婆昨天晚上把小弟弟吃了，我们俩走进鬼外婆的家咧。”她妈妈说：“怎么这么害人！就叫鬼把小弟弟吃去喽！害死人噢。那么姑娘你去叫她来，咱们挖个洞，叫她来，杀了她好了。现在你去呢，就光说去我们家吃鹅粥去。”那么这个姑娘就去叫鬼外婆，“阿婆，你去我们家噢，我们今儿晚上杀鹅。”那么那个鬼就来了，来到家了。“你到门槛里边去，外婆啊。”那么进了门槛就掉进那个洞里去喽。叫她们拿很热很热的水来烫这个鬼外婆喽。那么这时候，乱刀砍这个鬼外婆，这个鬼外婆就死了。她妈妈说：“哦，你吃掉这个孩子，你这么坏！现在杀了你！”那么这时候杀了，吃鬼的肉了。

3.31 ku˧ to˧ je˧

故事 撒 网

ɕi˩ ʈa˥˧•e˧, muŋ˧˩ ʈa˧ pa:i˥ to˧ je˧˥。 pa:i˥ to˧ je˧˥, to˧ je˧˥, tu˩
时 那 个 那 去 撒 网 去 撒 网 撒 网 只

kwa:n˥ ȵən˩ ʈa˧ ɕu˧ pa:i˥ jən˧˥ ma:u˧ toŋ˩ to˧ je˧˥•la˧˩。"ʔa˥˧, ho˧ ʈi˧•e˧,
鬼 那 就 去 跟 他 同 撒 网 了 啊 伙 计

ʈi˥ na:i˧ me˩ pa˥ ho˧, ho˧ ʈi˧•əu˧˩。" ma:u˧ ɕu˧ pa:i˥ ʈi˧ ʈa˧ to˧•la˧˩。
里 这 有 鱼 很 伙 计 呀 他 就 去 里 那 撒 了

pa:i˥ ʈi˥ ʈa˧ to˧ ȵəŋ˩ li˧ pa˥ ho˧•le˧˩。"ʈi˥ na:i˧ ȵən˧ me˩ ho˧ ho˧
去 里 那 撒 真 得 鱼 多 咧 里 这 也 有 很 伙

ʈi˧•e˧, ȵa˩ ma˧˥ ʈi˥ na:i˧ to˧•le˧˩." ma:u˧ ɕu˧ pa:i˥ ʈi˥ ʈa˧ to˧, ju˧
计 你 来 里 这 撒 咧 他 就 去 里 那 撒 又

ȵəŋ˩ li˧ li˧ li˧。"ʈa˥˧ ʈi˥ na:i˧ ȵən˧ me˩ ho˧, ho˧ ʈi˧•ləu˧˩, ȵa˩ ma˧˥
真 得 得 得 那么 里 这 也 有 很 伙 计 喽 你 来

to˧•a˧˥?" "ʔa˥˧, ja:u˩ ma˧˥ to˧." ʈa˥˧ ma:u˧ ju˧ pa:i˥ to˧, to˧ ɕən˧ na:i˧
撒 啊 啊 我 来 撒 那么 他 又 去 撒 撒 时 这

nəŋ˧˩ t'ik˦ p̓jiu˧˥•la˧˩ nəŋ˧˩。"ʔe˥˧, ɕən˧ n:ai˧ ja:u˩ la:i˥•la˧˩, ja:u˩ jiu˥˧
就 满 篓 了 就 哎 时 这 我 好 啦 我 要

pa:i˥ ja:n˩•la˧˩." "ʈa˥˧ ʔa:m˥˧ ja:u˩, ʔa:m˥˧ ja:u˩•əu˧˩?" "ʔəu˧˩, ȵa˩ jiu˥˧
去 家 了 那么 背 我 背 我 喽 噢 你 要

ʔa:m˥˧•a˧˩? ʈa˧ ȵa˩ ʈ'a˥˧ la:i˩ ja:u˩ ma˧˥." sa:i˥ kəm˧˩ kwa:n˥ ȵən˩ ʈa˧ ɕu˧
背 啊 那么 你 上 背 我 来 给 个 鬼 那 就

ʈ'a˥˧ la:i˩•la˧˩, ʈ'an˧˥ ʈəm˥˧ ʈəm˥˧ ʈa˧. ʔa:u˥ kəm˧˩ je˧˥ pa:t˦ pəi˥˧ ɕu˧
上 背 了 沉 甸甸的 拿 个 网 搭 就

nəŋ˧˩ ʔa:m˥˧ ʈak˩ ʈa˧ ma˧˥•la˧˩。ma˧˥ t'əu˥˧ ʈi˥ pa:k˦ to˥ siŋ˥ ʈa˧, me˩
就 背 个 那 来 了 来 到 处 外面 寨 亭 那 有

ʔi˥ nan˥ "təu˧ ti˧" ʈi˥ ʈa˧。kəm˧˩ kwa:n˥ ȵən˩ ʈa˧ po˥˧: "ti˧ ja:u˩,
一 个 土地 处 那 个 鬼 那 说 放(地)我

ti˧ ja:u˩!" "ʔa˥˧, nəŋ˥ ti˧ ȵa˩? ʔa:u˥ ȵa˩ pa:i˥ ja:n˩•ləu˧˩。" kəm˧˩ ʈa˧
放(地)我 啊 还 放(地)你 拿 你 去 家 喽 个 那

na:n˩ ta˧ "təu˧ ti˧"ʈa˧, ʔa:m˥˧ ma˧˥ ja:n˩ ti˧ ʈak˩ ʈa˧ təŋ˥ k'un˧˥ ʈak˩
难 过 土 地 那 背 来 家 放 个 那 来 成 个

pa:ŋ˧ sa:k˧。"ʔe˥˧, ʔa:u˥ ȵa˩ la:u˧ pi˥ pa:i˥ ʔoi˥ la:i˥•la˧˩。" ʔoi˥ ʔoi˥
块 木札 哎 拿 你 进 火塘 去 烧 算 了 烧 烧

ʔoi˥, kəm˧˩ ʈa˧ kwa:i˩ k'ut˦, ʔi˥ na:i˧ ʔoi˥ ja˧ kwa:i˩ k'ut˦, ʔi˥ ʔoi˥
烧 个 那 不 着(火) 这么 烧 也 不 着 那么 烧

ja˧ kwa:i˩ k'ut˦。"ʔe˥˧, peŋ˥˧ ȵa˩ la:u˧ jəu˥˧ pa:i˥ la:i˥,la˧˩, kəm˧˩ na:i˧
也 不 着 我 丢 你 进 水沟 去 算 了 个 这

na:i˥˧ kwa:i˩ k'ut˦!" ɕu˧ ta:i˩ ʈak˩ poŋ˧ sa:k˧ ʈa˧ p̓ut˦ liu˥ la:u˧ jəu˥˧•la˧˩。
这么 不 着 就 把 个 堆 木札 那 一下子 丢 进 水沟了

"wa˧˥ nəi˧˩ ja:u˩, ɕa˥ ȵak˥ təi˥•ləu˧˩!" kəm˧˩ kwa:n˥ ȵən˩ ʈa˧ po˥˧。ʈa˥˧
哎哟 妈 我 差 点儿 死 喽 个 鬼 那 说 那么

ɕən˧ na:i˧ kəm˧˩ kwa:n˥ ȵən˩ ȶa˧ ɕu˧ pa:i˥·la˧˩。
时 这 个 鬼 那 就 去 了

ȶa˥˧ ma:u˧ ju˧ pa:i˥ to˧ je˧˥, pa:i˥ to˧ je˧˥ kəm˧˩ kwa:n˥ ȵən˩ ȶa˧ ju˧
那么 他 又 去 撒 网 去 撒 网 个 鬼 那 又

təŋ˥·la˧˩。"ʔa˥˧, ho˧ ȶi˧·e˧, ȶi˥ na:i˧ me˩ pa˥ ho˧, ȵa˩ ma˧˥ to˧·a˧˩。"
来 了 呵 伙 计 里 这 有 鱼 很 你 来 撒 呵

ma:u˧ ju˧ pa:i˥ to˧, to˧ to˧ ju˧ li˧·la˧˩, li˧ ha˧ pa˥·la˧˩。"ȶa˥˧ ȶi˥ na:i˧
他 又 去 撒 撒 撒 又 得 了 得 许多 鱼 了 那么 里 这

ȵən˧ me˩ ho˧ ho˧ ȶi˧·e˧, ȵa˩ ma˧˥ to˧·le˧˩。" "ʔa˧˩, ja:u˩ ma˧˥ to˧。" ju˧
也 有 很 伙 计 你 来 撒 咧 啊 我 来 撒 又

pa:i˥ to˧, ju˧ li˧ ha˧ pa˥。"ʔe˥˧, ho˧ ȶi˧, ȶa˧ ȵa˩ pʻe˧˥ kw:ai˩ ɕoŋ˥
去 撒 又 得 许多 鱼 哎 么 计 那么 你 怎么 不 总

ɕa:i˥ ȶak˩ na˧ sa:i˥ ja:u˩ nu˥˧·a˧˩, ja˩ ta:u˥ pən˧ na:i˥˧ to˧ je˧˥?" "ȶa˥˧
给 个 脸 给 我 看 呵 咱 咱们 只 这样 撒 网 那么

nu˥˧ ja:u˩ ʔa:u˥ na˧ ɕa:i˥ ȵa˩ nu˥˧, ja:u˧ ja:u˩·le˧˩。" "ja:u˩ kwa:i˩ ja:u˧。
要是 我 拿 脸 给 你 看 怕 我 咧 我 不 怕

ȵa˩ ɕi˥˧ kon˧ na˧ sa:i˥ ja:u˩ nu˥˧·ma˧˩。" kon˧ na˧ sa:i˥ ma:u˧ nu˥˧ ȶa˧,
你 试 转 脸 给 我 看 嘛 转 脸 给 他 看

kəm˧˩ ma˩ ȶa˧ lət˩ ta˧ pa:n˥˧ tak˥。"ȶa˥˧ ȵa˩ kwa:i˩ ja:u˧ ja:u˩ ho˧
个 舌头 那 伸 过 半 胸 那么 你 不 怕 我 伙

ȶi˧·a˧?" "kwa:i˩ ja:u˧。" "ȶa˥˧ ja:u˩ ka:ŋ˧ sa:i˥ ȵa˩ ȶʻiŋ˥˧, ho˧ ȶi˧。 nu˥˧
计 啊 不 怕 那么 我 说 给 你 听 计 要是

ȵa˩ ʔi˥ na:i˧ la:i˥·əu˧˩, ȵa˩ ɕu˧ ʔa:u˥ ja:u˩ pa:i˥ we˧˩ ȵən˩ la:i˥ pa:i˥。
你 这样 好 哩 你 就 拿 我 去 做 人 好 去

ja:u˩ ɕu˧ kʻut˧˥ ɕu˧ ȶak˩ toŋ˥˧ ȵa˥ na:i˧ ·la˧˩。 ȶa˧ ja:u˩ man˥ na:i˧
我 就 懒得 守 个 段 河 这 了 那么 我 天 这

man˥ ȶa˥˧ jiu˥˧ wa:n˧ ɕən˥ ·la˧˩, me˩ ʔi˥ muŋ˧˩ ma˧˥ ȶi˥ na:i˧ we˧˩ koŋ˥,
天 那 要 换 身 了 有 一 个 来 里 这 做 工

ja:u˩ jiu˥˧ ʔa:u˥ muŋ˧˩ ȶa˧ wa:n˧ ɕən˧ ·la˧˩, ȵa˩ ɕu˧ pi˧˩ ka:ŋ˧ sa:i˥ kʻe˧˥
我 要 拿 个 那 换 身 了 你 就 别 说 给 人家

ȶʻiŋ˥˧。" ȶa˥˧ li˧ ȶak˩ muŋ˧˩ ȶa˥˧ ma˧˥ ja:n˩ ka:ŋ˧ sa:i˥ kʻe˧˥ ȶʻiŋ˥˧, "ni˧˥
听 那么 得 个 个 那 来 家 说 给 人家 听 (唉)

ɕa:u˥ man˥ na:i˧ man˥ ȶa˥˧ pi˧˩ pa:i˥ ȶi˥ ȶa˧ we˧˩ koŋ˥ ·ləu˧˩, tu˩ kwa:n˥
你 天 这 天 那 别 去 里 那 做 工 喽 只 鬼

ȵən˩ ȶa˧ jiu˥˧ ʔa:u˥ ȵa˩ wa:n˧ ɕən˧ ·la˧˩。" ʔe˥˧, ȶa˥˧ kʻe˧˥ ɕu˧ kwa:i˩
那 要 拿 你 换 身 了 哎 那么 人家 就 没有

pa:i˥ we˧˩ koŋ˥。 ta˧ lən˩ ma:u˧ ju˧ pa:i˥ to˧ je˧˥ ·la˧˩, "ʔe˥˧, ho˧ ȶi˧,
去 做 工 过 后 他 又 去 撒 网 了 哎 伙 计

ja:u˩ ɕa:ŋ˥˧ wa:n˧ ɕən˥ tu˥ na:n˩ ·le˧˩, ȵa˩ ju˧ ka:ŋ˧ sa:i˥ kʻe˧˥ ȶʻiŋ˥˧。
我 想 换 身 都 难 咧 你 又 说 给 人家 听

nu˥˧ ȵa˩ ʔi˥ na:i˧ ha:ŋ˩, ȵa˩ pa:i˥ ʔa˩ pa:n˥˧ ȶən˩ ȶa˧ we˧˩ nan˥ 'təu˧
要是 你 这 样 你 去 处 半 山 那 做 个 土

ti˧' sa:i˥ ja:u˩, ȵa˩ ɕu˧ pa:i˥ ɕeu˥ ja:ŋ˧˥ sa:i˥ ja:u˩, ja:u˩ ja˧ we˧˩ ȵən˩
地公(庙) 给 我 你 就 去 烧 香 给 我 我 也 做 人

la:i˥ ·la˧˩。" "ȶa˥˧ we˧˩ li˧"。 ma:u˧ po˥˧。 ma:u˧ ɕu˧ pa:i˥ ʔa˩ pa:n˥˧ ȶən˩
好 了 那么 做 得 他 说 他 就 去 处 半 山

ȶa˧ we˧˩ nan˥ "ɬəu˧ ti˧", ȶa˧ ɕu˧ man˥ man˥ pa:i˥ ɬo˧ ja:ŋ˧˥, jət˧˥
那 做 个 土 地(庙) 那么 就 天 天 去 烧 香 早

ɲam˧˨˧ pa:i˥ ɬo˧ ja:ŋ˧˥ ȶi˥ na:i˧ kəm˧˩ kwa:n˥ ɲən˩ ȶa˧ ja˧ kwa:i˩ jən˧˥
晚 去 烧 香 时 这 个 鬼 那 也 不 跟

ma:u˧ •la˧˩. ma:u˧ ɕən˧ na:i˧ ɬok˧˩ pa:i˥ ɕeu˥ ja:ŋ˧˥ ȶak˩ ȶa˧ ʔi˥ na:i˧
他 了 他 时 这 只(独) 去 烧 香 个 那. 这样

la:i˥ •la˧˩, k'un˧˥ •la˧˩.
算(好) 了 完 了

撒网的故事

从前有个人去撒网。撒呀撒的，那个鬼就去跟他一块儿撒网了。“啊，伙计，这儿鱼多，伙计噢。”他就去那儿撒。去那儿撒，真捕得很多鱼咧。“这儿鱼也很多，你来这儿撒咧。”他就去那儿撒，真又捕到（很多鱼）。“那么这儿也有很多鱼，伙计啊，你来撒啊？”“啊，我来撒。”那么他又去撒，撒呢这时候鱼篓儿就满了。“哎，现在我好了，我要回家了。”“那么背我，背我噢？”“噢，你要背啊？那么你上我的背上来。”那么那个鬼就上背上来了，沉甸甸的。拿网一搭，就背着那个鬼回来了。来到寨门外面，那儿有一个“土地（庙）”。“哎”，他说，“放下我，放下我！”“啊，还放下你？拿你回家去喽。”那个鬼不能过那个“土地(庙)”。背回家放到地上来变成一块木札。“哎，把你填进火塘里烧了算了。”烧烧烧，这个东西烧不着。这么烧也烧不着，那么烧也烧不着。“哎，扔到水沟里去算了，这个东西这么不着火！”就把那堆木札一下子丢进水沟里了。“哎哟我的妈呀，差一点儿死喽！”那个鬼说。那么这时候，那个鬼就走了。

那么他又去撒网。去撒网呢，那个鬼又来了。“啊，伙计，这儿有很多鱼，你来撒啊。”他又去撒，撒撒又捕到（鱼）了，捕到许多鱼了。“那么这儿也有很多鱼，伙计，你来撒咧。”“啊，我来撒。”又去撒，又捕到许多鱼。“哎，伙计，那么你怎么老不让我看你的脸呵？咱们俩只是撒网。”“那么要是我把脸叫你看，（你）怕我咧。”“我不怕。你就转过脸来给我看看嘛。”转过脸给他看呢，那个舌头伸到胸口儿。“那么你不怕我，伙计啊？”“不怕。”“那么我说给你听，伙计。要是你这样好噢，你就叫我去做人算了。我就懒得看守这段河了。那么我这天那天要换身了。有一个人来这儿做工，我要拿那个人换身了，你就别告诉给他。”那么他这个人回家来讲给人家听。“唉，你这天那天不要去那儿做工喽，那个鬼要拿你换身了。”那么人家就没有去做工。后来他又去撒网了，“哎，伙计，我想换身都不能咧，你又去说给人家听。要是这样呢，你去那半山腰儿给我敬个“土地(庙)”，你就去给我烧香，我也做个人算了。”“那么，行啊。”他说。他就去那半山腰儿敬了个“土地(庙)”，就天天去烧香，早晚都去烧香。

现在，那个鬼也不跟着他了，他这时候还总去烧香。这样算了，完了。

3.32　pək˥ po˩ jən˦ ljoŋ˩ lje˧
小鱼　和　大鱼

ɕi˩ ȶa˥˧ pək˥ po˩ ja˩ kʻe˦ ljoŋ˩ lje˧ we˨˩ je˥˧. ljoŋ˩ lje˧ po˥˧："je˥˧，ȵa˩
时 那 小鱼 俩 他们 大鱼 做 朋友 大鱼 说 朋友 你

jiu˥˧ ma˦ ja:n˩ ja:u˩ ȶa:n˥ kəu˨˩ jət˦ ·ləu˨˩，man˥ mu˧．" ȶa˥˧ pək˥ po˩
要 来 家 我 吃 饭 早(午) 喽 明天 那么 小鱼

ȶʻəu˥˧ man˥ lən˩ ɕu˧ pa:i˥ ·la˨˩. ljoŋ˩ lje˧ ȶa˧ ʔa:u˥ kəm˨˩ pa˥ la:u˨˩ la:u˨˩
到 天 后 就 去 了 大鱼 那 拿 个 鱼 大 大

ma˦ ɕeu˧，ʔa:u˥ ȶʻa˥˧ ɕoŋ˩ ȶa˧ pa:i˥ ɕi˧ ȶak˩ la:k˨˩ pək˥ po˩ ȶa˧ ȶa:n˥
来 炒 拿 上 桌 那 去 呢 个 (个) 小鱼 那 吃

la:k˨˩ ȵak˥ ȶu˥ kwa:i˩ ȶa:n˥ ljeu˨˩. ȶa˥˧ ma:u˧ ɕən˧ na:i˧ ɕu˧ pa:i˥ ·la˨˩，
点儿 都 没有 吃 了 那么 他 时 这 就 去 了

ma:u˧ po˥˧："je˦ ·ʔa˨˩，man˥ na:i˧ man˥ ȶa˥˧ ȵa˩ jiu˥˧ ma˦ ja:n˩ ja:u˩
他 说 朋友 呵 天 这 天 那 你 要 来 家 我

·ləu˨˩．""ʔəu˨˩，we˨˩ li˧．" kəm˨˩ ljoŋ˩ lje˧ ȶa˧ ɕa:n˥ ·la˨˩.
喽 噢 做 得 个 大鱼 那 答应 了

ȶa˥˧ ɕən˧ na:i˧ kəm˨˩ pək˥ po˨˩ ȶa˧ pa:i˥ ʔa:u˥ pa˥ la:u˨˩ ki˧，man˥
那么 时 这 个 小鱼 那 去 弄 鱼 大 不得 天

man˥ pa:i˥ ȵap˦，li˧ la:k˨˩ ȶeŋ˨˩ ȵo˩ ma˦ ȶəm˥. ȶəm˥ ȶəm˥ ȶəm˥ ȶʻəu˥˧
天 去 潜水 得 点儿 虾 来 凑 凑 凑 凑 到

man˥ ȶa˥˧ pa:i˥ ɕi˧ li˧ ʔi˥ pa:n˩ ȵo˩.
天 那 去 呢 得 一 碟 虾

man˥ ȶa˥˧ ȶak˩ ljoŋ˩ lje˧ ȶa˧ ma˦ ·la˨˩，"je˥˧，ja:u˩ ma˦ ·la˨˩．""ʔəu˨˩，
天 那 个 大鱼 那 来 了 朋友 我 来 了 噢

ȵa˩ ma˦ ·la˨˩?""ja:u˩ ma˦ ·la˨˩．" ȶa˥˧ pen˧ kəu˨˩ ȶʻa˥˧ ɕoŋ˩，la:k˨˩ pa:n˩
你 来 了 我 来 了 那么 办 饭 上 桌 个 碟

ȵo˩ ȶok˨˩ ȶok˨˩. sa:i˥ kəm˨˩ ljoŋ˩ lje˧ ȶa˧ nəŋ˨˩ peu˩ hot˨˩ ȶa:n˥ ljeu˨˩ ·la˨˩，
虾 独 独 给 个 大 鱼 那 就 一股脑儿 吃 了 了

nəŋ˨˩ kwa:i˩ sa:i˥ ma:u˧ ȶa:n˥ ·la˨˩. ɕən˧ na:i˧ ȶa:n˥ ljeu˨˩，ȶak˩ ljoŋ˩
就 不 给 他 吃 了 时 这 吃 了 个 大

lje˧ ɕu˧ kun˧ ʔuk˧ ja:n˩ pa:i˥ ·la˨˩，sok˨˩ kʻun˦ sok˨˩ kʻun˦ kun˧ pa:i˥，
鱼 就 骂 出 家 去 了 沿 路 沿 路 骂 去

"ȵa˩ ma˦ ja:n˩ ja:u˩ ȶa:n˥ pa˥ ka:i˧ ljeu˨˩，ja:u˩ ma˦ ja:n˩ ȵa˩ ȶa:n˥
你 来 家 我 吃 鱼 不 了 我 来 家 你 吃

la:k˨˩ pa:n˩ ȵo˩. man˥ nu˦ ma˦ ȶa:n˥ ȵa˩ pa:i˥! sa:i˥ ja:u˩ we˨˩ ʔi˥ pa:k˧
个 碟 虾 天 哪 来 吃 你 去 让 我 做 一 口

ȶa:n˥ ȵa˩ pa:i˥!"
吃 你 去

ȶa˥˧ kun˧ kun˧ ȶa˧ ȶi˥ lo˨˩ pa:i˥ ɕi˧，sa:i˥ ȶak˩ ȶa:m˧ ko˧ ȶa˧ li˧ ȶʻiŋ˥˧
那么 骂 骂 过 处 小桥 去 呢 给 个 "鲍鱼"① 那 得 听

① 校者注：当地汉族把河滩急流中的一种嘴很大的小鱼叫"鲍（pǎo）鱼"，非大海中的鲍鱼。此鱼易上钩，侗族称此鱼为ka:m˧(ȶa:m˧)。

la˩. "pək˥ po˩ •ʔəu˩, ȵa˩ jiu˦ ləp˥ la:i˥ •ləu˩. ljoŋ˩ lje˧ po˦:' ȵa˩ pa:i˥ ja:n˩
了 小鱼 呀 你 要 躲 好 喽 大鱼 说 你 去 家

ja:u˩ ʨa:n˥ pa˥ ka:i˧ ljeu˩, ja:u˩ pa:i˥ ja:n˩ ȵa˩ ʨa:n˥ la:k˩ pa:n˩ ȵo˩, ma:u˧
我 吃 鱼 不 了 我 去 家 你 吃 （个） 碟 虾 他

jiu˦ ma˦ ʨa:n˥ ȵa˩ •ləu˩. ma:u˧ ka:ŋ˧ jiu˦ ma˦ we˩ ʔi˥ pa:k˧, ȵa˩
要 来 吃 你 喽 他 说 要 来 做 一 口 你

jiu˦ la:u˩ ɕət˩ ləp˥ •ləu˩." ʨa˦ ɕən˧ na:i˧ pək˥ po˩ po˦: "ja:u˩ ȵəŋ˩
要 老 实 躲 喽 那么 时 这 小 鱼 说 我 真

ja:u˧ •ʔəu˩。" ma:u˧ ɕu˧ ʨa˦ ʔu˥ to˥ ja:n˩ ʨa˧ pa:i˥ la:u˧ la:k˩ nat˥
怕 呀 他 就 上 上 门 屋 那 去 进 （个） 个

ŋa:m˩ pja˥ ʨa˧ pa:i˥ ləp˥ •la˩。
洞 石 那 去 躲 了

ʨak˩ ljoŋ˩ lje˧ ʨa˧ ta˧ ja˩ man˥ ȵəŋ˩ təŋ˥ •la˩。 ma:u˧ po˦: "je˦,
个 大 鱼 那 过 两 天 真 来 了 他 说 朋友

ma˦ •a˩!" pək˥ po˩ po˦: "na:n˩ ma˦ •ləu˩." "ʨa˦ pe˦ na:n˩ ma˦ ʔ•a˩?"
来 啊 小 鱼 说 难 来 喽 那么 怎么 难 来 啊

"ʔe˦, na:n˩ ʔuk˧ ma˦ •ləu˩." ljoŋ˩ lje˧ po˦: "na:n˩ ʔuk˧ ma˦? ɕon˧
哎 难 出 来 喽 大 鱼 说 难 出 来 次

ʨa˧ ja:u˩ ma˦ səm˧ je˦ ʨa˧, je˦ ja:n˩ ma:k˧; ɕon˧ na:i˧ ja:u˩ ma˦
那 我 来 找 朋友 朋友 房 大 次 这 我 来

səm˧ je˦ ʨa˧ ɕo˧ pu˥ sa˥ •ləu˩." pək˥ po˩ po˦: "ɕon˧ ʨa˦ ȵa˩ ma˦
找 朋友 声音 肩 膀 喽 小 鱼 说 次 那 你 来

səm˧ je˦ ton˦ ȵəŋ˩ ja˧ je˦ ja:n˩ ma:k˧, ɕon˧ na:i˧ ȵa˩ ma˦ səm˧ je˦,
找 朋友 倒 真 也 朋友 房 大 次 这 你 来 找 朋友

je˦ ka:m˥ la:u˩." "ʼe˦ ȵa:u˧ ka:m˥ la:u˩, ʔəp˥ lju˥ lje˦," "ɕən˧ na:i˧
朋友 石 洞 朋友 住 石 洞 口 干 燥 时 这

ȵa˩ je˦ nəŋ˩ jiu˦ ʨa:n˥ ja:u˩." ljoŋ˩ lje˧ po˦: "nu˦ ʨa˧ ka:ŋ˧? nu˦
你 朋友 就 要 吃 我 大 鱼 说 谁 那么 说 谁

ʨa˧ ka:ŋ˧?" "ʔe˦, ʨa:m˧ ko˧ •əu˩." "tu˩ na:i˧ na:i˦ ʔəp˥ lau˩ ho˧ pa:i˥!
那么 说 哎 鲍 鱼 呀 只 这 这么 口 快 去

sa:i˥ ja:u˩ pa:i˥ ja:k˧ ʔəp˥ ma:u˧ pa:i˥! pa:i˥ ta:i˩ ʨak˩ ʨa:m˧ ko˧ ʨa˧
让 我 去 撕 口 他 去 去 把 个 鲍 鱼 那

ʔi˥ tu˩ tu˩ ja:k˧ ʔəp˥ ljeu˩!"
一 只 只 撕 口 了

ɕən˧ na:i˧ tu˩ ljoŋ˩ lje˧ ʨa˧ pa:i˥ •la˩, ʔi˥ na:i˧ ha:ŋ˩ •ləu˩。
时 这 只 大 鱼 那 去 了 这么 样 喽

小鱼和大鱼

从前，小鱼跟大鱼他们两个交朋友。大鱼说："朋友，明天你要到我家来吃午饭喽。"那么小鱼到第二天就去了。大鱼拿条很大很大的鱼来炒，拿到桌上去呢，那个小鱼连一点儿都没有吃完。那么这时候他就走了，他说："朋友啊，这天那天你要到我家去喽。""噢，可以。"那个大鱼答应了

那么这时候小鱼弄不来大鱼，天天钻到水里去弄一点虾来凑。凑凑凑到那一天呢，凑到了一小碟儿虾。

那一天，那个大鱼来了："朋友，我来了。""噢，你来了？""我来了。"那么饭摆在桌上，仅仅一小碟儿虾。给那个大鱼一股脑儿吃了，就不给他（小鱼）吃了。这时候吃完了，大鱼就骂着出屋去了，一路上骂："你到我家来，吃鱼吃不了；我到你家来只吃一小碟儿虾。哪一天来吃你！叫我做一口把你吃了！"

就那么骂过小桥去呢，叫那个鲍鱼听见了。"小鱼噢，你要躲好喽。大鱼说'你来我家吃鱼吃不了，我到你家吃碟儿虾'，他要来吃你喽。他说要来做一口（吃你），你要老实躲着噢。"那么这时候小鱼说："我真怕噢。"他就上屋门上面，进那个石洞里躲起来了。

那个大鱼过了两天真来了。他说："朋友，来呵！"小鱼说："不能来喽。""那么怎么不能来啊？""哎，不能出来喽。"大鱼说："不能出来？那回我来找朋友呢，朋友屋子很大；这回我来找朋友呢，声音（在）肩膀（上）喽。"小鱼说："那次你来找朋友，倒真的朋友屋子很大，这次你来找朋友，朋友(住)石洞（里)。""朋友住石洞，口干啊。""现在朋友你就要吃我。"大鱼说："谁那么说？谁那么说？""哎，鲍鱼噢。""这家伙这么嘴快！我去撕他的嘴！把那个鲍鱼一个个都撕了（他们的）嘴！"

这时候那个大鱼走了，就这样喽。

3.33 ku˧ ȵan˧˥
故事 野猫

kun˥˧ kʻe˧˥ ȶəu˥ wa:ŋ˩ pʻi˥˧ ta˩ ȶi˧,
前 他 纣 王 配 妲 己

siŋ˩ ȵi˧ pjin˥˧ ȵan˧˥ man˥ ȶʻa˥˧ pja˩.
情 人 变 野猫 日 上 草丛

kun˥˧ ma:u˧ ɕi˩ pa˩ ȶəu˧˩ ljen˥ pjin˥˧ kʻun˧˥ hu˩ lji˩ ȶən˧,
前 她 十 八 九 炼 变 成 狐 狸 精

ha:p˧˨˧ jo˧˩ ma:u˧ wa:n˧˥ ȶən˥ su˧ ta˩.
才 知 她 还 真 斯 文

ȵan˧˥ pjin˥˧ kʻun˧˥ mjek˧˨˧ we˧˩ ka:u˧˩ wəi˧,
野猫 变 成 女 子 做 继 室

men˧ kan˧ ȶu˧ siŋ˧ ma:u˧ ka:u˥ ȶʻen˧ ɕa˥.
老 夸 情 人 他 高 天 下

ȶa˥˧ ɕən˧ na:i˧ kəm˧˩ pəi˧˩ ȶa˥˧ ja˧ pa:i˥ ȶa˧ nu˥˧ ɕi˥, ȶən˩ ɕa:ŋ˧ nu˥˧
那么 时 这 个 姑娘 那 也 去 那儿 看 戏 丞 相 见
la:i˥ pəi˧˩ la:u˧˩ ho˧, ɕu˧ pa:i˥ hem˧˩·la˧˩, “noŋ˧˩ ·ʔa˧, pa:i˥ ja:n˩ ȶiu˥
漂 亮 极 就 去 叫 了 姑娘 啊 去 家 我
ȵa:u˧·ʔa˧˩?” “ʔa˧˩, pa:i˥ ja:n˩ ɕa:u˥ ȵa:u˧ ·ma˧˩.” ȶa˥˧ ɕən˧ na:i˧ we˧˥·la˧˩,
住 啊 啊 去 家 你 住 嘛 那么 时 这 晚 了
ɕu˧ ʔa:u˥ pa:i˥ ja:n˩ ma:u˧ ȵa:u˧·la˧˩. ma:u˧ ɕu˧ pa:i˥ ka:ŋ˧ sa:i˥ ȶəu˥
就 领 去 家 他 住 了 他 就 去 说 给 纣
wa:ŋ˩ ȶʻiŋ˥˧, “pəi˧˩ na:i˧ la:i˥ pəi˧˩ ho˧, ʔa:u˥ we˧˩ pja:n˧ koŋ˧ sa:i˥ ȵa˩,
王 听 姑娘 这 漂 亮 很 要 做 偏 宫 给 你
ȵa˩ jiu˥˧ kwa:i˩·ʔa˧˥? wa:n˥ səi˥!” ȶa˥˧ ȶəu˥ wa:ŋ˩ ɕu˧ jiu˥˧·la˧˩, ʔa:u˥ pa:i˥
你 要 不 啊 万 岁 那么 纣 王 就 要 了 要 去
·la˧˩.
了

ȶa˥˧ ɕən˧ na:i˧ ɕu˧ man˥ man˥ ȶʻa:ŋ˥˧ ɕi˥, man˥ man˥ ȶa:n˥ kʻwa:u˧˨˧, li˧
那么 时 这 就 天 天 唱 戏 天 天 吃 酒 得
ȶən˥ koŋ˧ po˥˧: “ȵa˩ nəŋ˧˩ kwa:i˩ kon˧ ȶak˩ ɕeu˩·la? ȵa˩ pa:i˥ ja:n˩ ȶi˥
正 宫 说 你 就 不 管 个 朝廷 了 你 去 家 还是
kwa:i˩?” ȶa˥˧ ȶa:n˥ kʻwa:u˧˨˧ ȶi˥ na:i˧, la:k˧˩ man˥˧ ȶʻən˧˥ siŋ˩ ȶa˧ ɕek˧˨˧
不 那么 吃 酒 时 这 些 亲 戚 那 都
ma˧˥, sa:i˥ pəi˧˩ ȶa˥˧ ju˧ səp˩ ʔi˥ ȶiu˩ pjən˥ ta˧ mən˥ pa:i˥, ȶa˥˧ təŋ˥
来 给 姑娘 那 又 吹 一 根 毛 过 天 去 那么 来
ʔi˥ kəm˧˩ təu˧˩ ȵan˧˥, ɕek˧˨˧ pjin˥˧ man˥˧ ȵən˩ ȶa˧ ɕek˧˨˧ ma˧˥ ȶa:n˥ kʻwa:n˧˨˧
一 个 群 野猫 都 变 些 人 那 都 来 吃 酒
·la˧˩, ȶa˥˧ sa:i˥ noŋ˧˩ ȶəu˥ wa:ŋ˩, kʻe˧˥ kwa:n˥ pji˩ ka:n˧, “ʔe˥˧, nəi˧˩ ja:u˩
了 那么 给 弟弟 纣 王 他 叫 比 干 哎 妈 我
·ʔa˧˩, man˥˧ na:i˧ man˥˧ ȶu˩ sən˧ ȶən˥ ȶən˥.” man˥˧ ȵən˩ ma˧˥ ȶa:n˥ kʻwa:u˧˨˧
啊 些 这 些 畜 牲 尽 些 人 来 吃 酒

ȶa˧. noŋ˧˩ kʻe˦˥ jo˧˩ me˥•ləu˧˩. ȶa˧˥ sa:i˥ noŋ˧˩ kʻe˦˥ sa:u˧ ɕəp˩ ta˧ ȶiu˩

那 弟弟 他 认识 喽 那么 让 弟弟 他 造 十 多(过) 根

kon˧˥ pan˥, ɕek˨ to˧ hoi˥ la:u˨ ȶa˧ pa:i˥, ʔi˥ muŋ˧˩ sa:i˥ ȶiu˩ kon˧˥, muŋ˧˩ sa:i˥

拐杖 竹 都 盛 石灰 进 那里 去 一 个 给 根 拐杖 个 给

ȶiu˩ kon˧˥. ȶa˧˥ kəm˧˩ təu˧˩ ȶa˧ pa:i˥ la:u˧ ȶak˩ ŋa:m˩ pja˥ pa:i˥ •la˧˩.

根 拐杖 那么 个 群 那 去 进 个 洞 石 去 了

ȶa˧˥ ɕən˧ na:i˧ sok˧˩ kəm˧˩ ȶa˧ pa:i˥, tʻəu˧˥ ȶak˩ ŋa:m˩ pja˥ ȶa˧ pa:i˥

那么 时 这 沿 个 那 去 到 个 洞 石 那 去

ȶa˧, təu˧˩ nan˦˥ ȶa˧ ɕek˨ la:u˧ ȶa˧ pa:i˥ •la˧˩.

群 野猫 那 都 进 那儿 去 了

ȶa˧ ɕən˧ na:i˧ sa:i˥ pəi˧˩ nan˦˥ ta˧ ȶi˥ ȶa˧ ɕu˧ sa:u˧ ȶu˧ ji˧˥, po˧˥ kʻit˨

那么 时 这 给 姑娘 野猫 从 里 那 就 打 主 意 说 疼

loŋ˩ ho˧, na:n˩ na:u˧ •la˧˩. "ȶa˧˥ noŋ˧˩ ȶiu˥ na:i˧˥ kʻit˨ loŋ˩, ʔa:u˥ ma:ŋ˩

肚 很 难 在 了 那么 妹 说 这么 疼 肚 拿 什么

ɕa:u˧˥•ʔa˦˥?" "ʔe˧˥, pən˧ jiu˧˥ ȶa:n˥ nan˥ səm˥ pji˩ ka:n˧. ȶa:n˥ nan˥ səm˥

治 啊 哎 只 要 吃 个 心 比干 吃 个 心

pji˩ ka:n˧ ɕu˧ la:i˥ təŋ˥•la˧˩." ȶa˧˥ sa:i˥ ȶəu˥ wa:ŋ˩ ȶi˥ na:i˧ pa:i˥ hem˧˩

比干 就 好 来 了 那么 给 纣王 时 这 去 叫

noŋ˧˩ kʻe˦˥ ma˦˥ sui˧˥ ʔa˩ ȶeu˧ ȶa˧, la˧˥ ȶak˩ loŋ˩ noŋ˧˩ kʻe˦˥ ʔa:u˥ səm˥

弟弟 他 来 坐 椅子 那 破 个 肚 弟弟 他 取 心

sa:i˥ kəm˧˩ pəi˧˩ ta˩ ȶi˧ ta:n˥•la˧˩. ʔa:u˥ ȶa:n˥ ɕən˧ na:i˧ noŋ˧˩ kʻe˦˥ ju˧

给 个 姑娘 妲己 吃 了 取 吃 时 这 弟弟 他 又

ka:p˧ ȶak˩ loŋ˩ ȶa˧.

接 个 肚 那

ȶi˥ na:i˧ kəm˧˩ pəi˧˩ ta˩ ȶi˧ ȶa˧ ɕu˧ pa:i˥ ja:n˦˥ ʔa:u˥ ma˥•la˧˩. li˧ noŋ˧˩

时 这 个 姑娘 妲己 那 就 去 园子 拿 菜 了 得 弟弟

kʻe˦˥ pa:i˥ sən˥, "ʔe˧˥, kəm˧˩ ma˥ ȵa˩ ȶa˧ nəŋ˧˩ kwa:i˩ me˩ səm˥•ʔa˧˩."

他 去 村 哎 个 菜 你 那 就 没 有 心 呵

"ȶak˩ ma˥ kwa:i˩ me˩ səm˥ ȶiŋ˧˥ ȵa:u˧ ki˧•ʔa˦˥? kəm˧˩ ȵən˩ kwa:i˩ me˩

个 菜 没 有 心 是 活 不得啊 个 人 没 有

səm˥ ȶən˥ na:n˩ ȵa:u˧•ʔəu˧˩." sa:i˥ noŋ˧˩ kʻe˦˥ ɕa:ŋ˧˥ tʻəu˧˥ ma:u˧ təŋ˥, "ʔe˦˥

心 真 难 活 啊 让 弟弟 他 想 到 他 来 哎

je˦˥, ja:u˩ kwa:i˩ me˩ ȶak˩ səm˥•ləu˧˩." ta:u˧˩ kok˥ lui˧ ma˧˩ pa:i˥, ȶi˥

呀 我 没 有 个 心 喽 倒 骨碌 下 马 去 时

ȶa˧ nəŋ˧˩ təi˥ noŋ˧˩ kʻe˦˥ pji˩ ka:n˧•la˧˩.

那 就 死 弟弟 他 比 干 了

野猫的故事

从前纣王配妲己，
那一天野猫进了草丛变美女。
从前她十八九岁炼成狐狸精，
才知道她原来真斯文。
野猫变成女子做继室，
总夸他的情人天下无人比。

那么，这个时候那个姑娘也去那儿看戏，丞相见她十分漂亮，就去叫了："姑娘啊，去我家住吧？""啊，去你家住嘛。"那么这时候天晚了，就领到他家住了，他就去说给纣王听："这个姑娘很漂亮，给你做偏宫，你要不要啊？万岁！"那么纣王就要了，娶去了。

那么这时候就天天唱戏，天天吃酒。正宫就说："你就不管朝廷了？你回家不回？那么吃酒的时候，那些亲戚都来，那姑娘又吹一根毛上天去，那么来了一群野猫，都变成人，都来吃酒了。那么纣王的弟弟，他叫比干，"哎，我的妈啊，这些（人）尽是些畜牲。"吃酒的那些人，他弟弟认识喽。那么他造了十多根儿竹子拐杖，里面装进石灰，一个（人）给一拐杖，一个一拐杖，那么那群畜牲就进石洞去了。那么这时候跟着那个（畜牲）去，到那个石洞去呢，那群野猫都进那儿去了。

那么这时候野猫姑娘在那儿就打主意，说肚子很疼，不好过了。那么我的妹妹肚子这么疼，拿什么治呵？"哎，只要吃比干的心。吃比干的心就好了。"那么纣王这时候去叫他弟弟来，坐在那椅子上，把他弟弟的肚子破开，取出心来，给妲己姑娘吃了。取心吃这时候他弟弟又把肚子接上了。

这时候妲己姑娘就去园子拿菜了。他弟弟正去村边，"哎，你那个菜没有心啊。"菜没有心不能活啊？人没有心真的不能活噢。"他弟弟想起他(自己)来，"哎呀，我没有心喽。"一骨碌倒下马来，这时候他弟弟比干就死了。

4. 风俗谭

4.1 t̪ʻit˧ t̪ən˦
结 亲

t̪iu˥ ɕi˩ t̪a˥˧ la:k˧˩ mjek˧ ȵa:u˧˩ ja:n˩ we˧˩ man˥˧, ȵa:u˧˩ ka:u˧˩ ja:n˩ t̪a˧
我们时 那 姑 娘 在 家 做 针线 在 里面 家 那

ȵa:u˧. la:k˧˩ ȵi˧˩ ma˦ la:m˧, ɕu˧ t̪ʻau˥˧ t̪e˥ to˥ ɕu˧ po˥˧, "kʻəi˦ to˥ sa:i˥
坐 后 生 来 玩要 就 到 边 门 就 说 开 门 让

ja:u˩ la:u˧, ka:i˧ t̪a:ŋ˧ ȵən˩ t̪uŋ˩, tok˧˩ la:u˧ ja˩ t̪iu˥ ho˧ t̪i˧ ma˦."
我 进 不 是 人 多 只 俩 我们 伙 计 来

ʔa˩ pa:k˧ t̪a˧ ɕu˧ t̪o˥ kʻit˧ kʻit˧ t̪a˧. ȵən˩ la:u˧˩ ta:u˥ mi˧˩ na:k˦·ʔəu˧˩,
外面 那 就 笑 嘻 嘻 人 老 咱 未 睡 哩

t̪iu˥ ka:u˧˩ ja:n˩ na:i˧ ka:ŋ˧: "ȵa:p˦ ta˥ po˥˧ ta:ŋ˩ siŋ˩ ȵi˧ t̪on˥˧ tin˥
我们 里面 屋 这样 说 闭 眼告诉 个 情 人 转 脚

lən˩." ma:u˧ ɕu˧ t̪on˥˧ pa:i˥ t̪ʻa:m˧ ɕa:i˧·la˧˩. pa:i˥ pa:i˥ ʔi˥ ɕən˧ t̪on˥˧
后 他 就 转 去 走 寨 了 去 去 一 时 转

ma˦ ·la˧˩, ȵən˩ la:u˧˩ ta:u˥ na:k˦, ɕu˧ la:u˧ ja:n˩ ma˦·la˧˩. kʻwa:n˧˩ kʻwa:n˧˩
来 了 人 老 咱 睡觉 就 进 屋 来 了 摆 谈

t̪ʻau˥˧ pa:n˥˧ t̪a:n˥ ɕu˧ kʻe˦ ju˧ pa:i˥·la˧˩ ȵam˥˧ ȵam˥˧ tu˥ ma˦.
到 半 夜 就 他 又 去 了 晚 晚 都 来

ta˧ lən˩ ma:u˧ t̪ʻiŋ˥˧ ta:u˥ təu˧ sa:i˧, ta:u˥ ja˧ t̪ʻiŋ˥˧ ma:u˧ təu˧ ji˥˧,
过 后 他 觉得 咱 合 心 咱 也 觉得 他 合 意

ɕən˧ na:i˧ ɕu˧ t̪am˥ wa:n˧ ta:ŋ˥˧ ·la˧˩. muŋ˧˩ pa:n˥ t̪a˧ ɕu˧ ka:ŋ˧: "la:ŋ˩
时 这 就 相约 换 信物 了 个 后生 那 就 说 郎

ȵa:ŋ˩ t̪ʻit˧ ɕa:ŋ˥ jiu˥˧ pjiŋ˧˩ ɕon˧, ȵa˩ jəŋ˧ ja:u˩ ȵon˧ ton˧ ʔa:u˥ ȵəŋ˩.
娘 结 情 要 达 事 你 应 我 愿 就 要 真

ɕa:ŋ˥˧ təŋ˥ ja:ŋ˩ t̪ʻiu˧ ȵa:u˧ p̪ʻa:ŋ˦ ja˧ me˩ t̪ʻaŋ˦ t̪iu˥˧ t̪əm˩, ɕa:ŋ˥˧ noŋ˧˩
想 来 阳雀 住 高 也 有 阳光 照 山洞 想 妹

ʔi˥ sam˧ ɕəp˩ wən˦ ɕəp˩," la:k˧˩ mjek˧ ɕu˧ ɕa:n˥ ·la˧˩: "ȵa˩ jəŋ˧ ja:u˩
一 世 十 分 十 姑 娘 就 答 了 你 肯 我

ji˥ t̪ʻi˦ lja:ŋ˧˩ hu˧, t̪u˧ ȵən˩ la:i˥ sa:i˥ pa˧ pjən˩ t̪ot˧˩ na:i˧ pa:i˥ lən˩;
依 妻 两 夫 情 人 好 给 凭 据 头 这 去 后

lja:ŋ˧˩ mjin˧ toŋ˩ ɕoŋ˥ koŋ˥ t̪uŋ˧ sa:k˧, jit˧˩ t̪a:k˧ kʻəi˦ ka:u˥ ta:u˥ sa:n˧˩
两 面 同 双 工 同 种 打草鞋 开 麻线 咱们 展

t̪ən˥." t̪a˥˧ t̪i˥ na:i˧ ȵəŋ˩ ·pə˧? ȵəŋ˩ ȵəŋ˩ ȵəŋ˩, ɕi˩ na:i˧ jiu˥˧ hen˧
劲 那 时 这 真 吧 真 真 真 时 这 要 限定

man˥ ʔa:u˥ ·la˧˩, muŋ˧˩ pa:n˥ po˥˧: "we˧˩ li˧." "ɕəp˩ ŋwet˧˩ ɕəp˩ ȵi˧ li˧
日子 娶 了 个 后生 说 做 得 十 月 十 二 得

man˥ ha:u˧, t̪a:i˧˩ pen˧ kəu˧˩ kʻwa:u˧ jən˦ pa˥ ja:u˩ pen˧ ɕən˥."
日子 好 哥 办 米 酒 和 鱼 我 办 身

t̪a˥˧ ɕi˩ na:i˧ ȵəŋ˩ səm˧ man˥ ʔa:u˥ ta˧ ja:n˩, li˧ man˥ ʔa:u˥ ta˧
那么时 这 真 寻 日子 娶 过 家 得 日子 娶 过

ja:n˩ •la˧˩, ɕu˧ pa:i˥ ȶiŋ˥ pəi˧˩ pa:n˧˩ •la˧˩, ja˩ pəi˧˩ pa:n˧˩. pəi˧˩ pa:n˧˩
家 了 就 去 定 姑娘 陪伴 了 两 姑娘 陪伴 姑娘 陪伴

ɕən˧ na:i˧ ljiŋ˧˩ •la˧˩, ɕek˨ ȶʻip˨ ɕən˥ pen˧ pu˧ •la˧˩. ɕən˧ na:i˧ ɕəp˩
时 这 答应 了 都 缝 身 准 备 了 时 这 十

ŋwet˧˩ ɕəp˩ ȵi˧ ȵəŋ˩ ma˧˥ ʔa:u˥ •la˧˩, ʔa:u˥ ja˩ ȶak˩ təu˧ pi˥ •la˧˩,
月 十 二 真 来 娶 了 要 两 个 伴 郎官 了

ma˧˥ tʻəu˥˧ ja:n˩ ta:u˥. ȶa˥˧ ɕu˧ ʔa:u˥ kəu˧˩ peu˥ ma˧˥, ju˧ me˩ pa˥ tʻa:u˨
来 到 家 咱 那么 就 拿 饭 包 来 又 有 草 鱼

•la˧˩. ȶa˥˧ ɕən˧ na:i˧ hem˧˩ təu˧˩ pu˧˩ la:k˧˩ tʻən˧˥ siŋ˩ ȶan˧˩ •na˧
了 那么 时 这 叫 伙 家 族 亲 戚 近 哪

ma˧˥ ȶa:n˥ “kəu˧˩ meu˧˩.” ȶa:n˥ kəu˧˩ meu˧˩ ɕən˧ na:i˧ tʻəu˥˧ ka:i˥˧ jan˥,
来 吃 送嫁饭 吃 送 嫁饭 时 这 到 鸡 叫

ȶa˥˧ ɕu˧ hem˧˩ ma:i˧˩ ma˧˥ pa:ŋ˥ ȶʻe˧˥ ȶa:u˧ ȶʻap˧˥ ɕən˥ •la˧˩. luj˧ mən˥
那么 就 叫 嫂子 来 帮 梳 头 套 身 了 下 楼

ma˧˥ ɕi˧ ma:i˧˩ ta:u˥ ɕu˧ tun˥ ju˩ ȶʻeŋ˥˧ ȶʻeŋ˥˧, ta:u˥ ɕu˧ wet˨ peu˥˧, to˧
来 呢 嫂子 咱 就 热 油 沙 沙 咱 就 发 米花 做

ʔi˥ kwa˧ peu˥˧ ta:u˥ ɕu˧ ʔuk˧ ja:n˩, ȶa:i˩ to˥ pa:i˥ •la˧˩. ȶa:i˩ to˥ pa:i˥
一 把 米花 咱 就 出 屋 拉 门 去 了 拉 门 去

ɕu˧ pi˧˩ kon˧ na˧ ȶon˥˧ •la˧˩, nu˥˧ kon˧ na˧ ȶon˥˧ ɕu˧ təu˧ ka:u˧˩ ja:n˩ •la˧˩.
就 别 扭 脸 转 了 要是 扭 脸 转 就 象 里面 家 了

ɕən˧ ȵa:i˧ ȵəŋ˩ tʻən˥˧ ja:n˩ kʻe˧˥ •la˧˩. sa˧˩ ȶa˧ ɕu˧ pen˧ ʔi˥ sin˨[①] kəu˧˩
时 这 真 到 家 他 了 婆婆 那 就 办 一 捆 禾把（糯谷）

ȶi˥ pa:k˧ to˥ ȶa˧, ma:i˧˩ ȶa˧ ɕu˧ jən˥ ȶʻa˥˧ ŋa:ŋ˧ pa:i˥. ɕən˧ na:i˧ ju˧
里（处）外 门 那 媳妇 那 就 提 上 火炕 去 时 这 又

to˧ ɕe˩. ȶo˧˩ sa:u˧˩ ȶa˧, hem˧˩ man˥˧ sa˧˩ ja˩ ȶo˧˩ ȶa˨ sa˧˩ ʔu˥ sa˧˩ te˧
打 油茶 头 丈夫 那 叫 些 妇女 两 头 那 妇女 上面 妇女 下面

ȶa˧ ɕek˨ ma˧˥ ȶa:n˥ ɕe˩. ȶa:n˥ ɕe˩ kʻan˧˥ kʻəu˥˧, jət˧˥ lən˩ ɕu˧ hem˧˩
那 都 来 吃 油茶 吃 油茶 完 了 早 后 就 叫

təu˧˩ pu˧˩ la:k˧˩ ma˧˥ sa˨ kʻu˥˧, hem˧˩ man˥˧ lak˧˩ ȵi˧˩ ȶa˧ ɕu˧ pa:i˥ “po˥˧ soŋ˥”,
伙 家 族 来 杀 猪 叫 些 后 生 那 就 去 报喜

pa:i˥ po˥˧ soŋ˥ •le˧˩, ho˧ ka:i˥ man˥ mu˧ ȶa:n˥ kʻwa:u˨ •ʔa˥˧, ɕa:u˥ ma˧˥ ȶa:n˥
去 报 喜 咧 伙 街 明 天 吃 酒 啊 你们 来 吃

kʻwa:u˨, ʔa:u˥ ma:i˧˩ •la˧˩. ȶa˥˧ tʻən˧˥ siŋ˩ man˥ lən˩ ȵəŋ˩ to˧ soŋ˥ ma˧˥
酒 娶 媳妇 了 那么 亲 戚 天 后 真 送 礼 来

•la˧˩, ju˧ to˧ kʻwa:u˨, ju˧ to˧ kəu˧˩, ju˧ ȶuŋ˥ kʻu˥˧ ja˥˧ ma˧˥ •la˧˩, ku˥
了 又 送 酒 又 送 米 又 抬 猪 红 来 了 姐

pa˧ si˧ ka˥ ɕu˧ ȶuŋ˥ kʻu˥˧ ja˥˧ ma˧˥ •la˧˩.
妹 自 己 就 抬 猪 红 来 了

ȶa:n˥ ja˩ sa:m˥ man˥ kʻwa:u˨ ɕu˧ man˥ lən˩ ɕu˧ sun˧˩ ȶon˥˧ •la˧˩, sun˧˩
吃 两 三 天 酒 就 天 后 就 送 转 了 送

ja˩ ȶak˩ kʻu˥˧ ja˥˧ •le˧˩, ju˧ mjiŋ˩ ta:p˧ pa˥, ju˧ jak˧ ja˨ suk˧˩ kui˧
两 个 猪 红 咧 又 几 担 鱼 又 撕 布 束 腰

sa:i˥ təu˧ pi˥. ɕən˧ na:i˧ ɕu˧ pen˧ ȶən˧˩ ȶʻət˨, ɕu˧ sun˧˩ tʻəu˧˥ ja:n˩ ma˧˥
给 伴郎 官 时 这 就 办 整 齐 就 送 到 家 来

•la˧˩. ja:n˩ ma:u˧ ɕu˧ hem˧˩ man˥˧ pu˧˩ la:k˧˩ ȶan˧˩ ȶa˧ ma˧˥ pji˧˥
了 家 她 就 叫 些 家 族 近 那 来 劈削

① sin˨，禾把的量词。

ɕon˥ ʈʻun˧ na:n˩, ju˧ hem˩ "pəi˩nəi˦" we˩ ku˧ "ʈa:u˧ ke˥", ʔi˥ ku˧ ŋo˩
竹竿 穿 肉 又 叫 帮厨女 做 把 串肉 一 把 五

ɕon˥ nəŋ˩ ɕi˩.
串 往 时

si˥ sun˩ ʈon˥ ɕu˧ jiu˥ ʔa:u˥ ja˥ ʈa˥ ɕoŋ˥ kʻwa:u˧ ·la˩. jiu˥ pʻa˥ sa:i˥
再 送 转 就 要 拿 布 盖 坛 酒 了 要 帕 给

ʈo˩ ʈa˧, pʻa˥ na˧ ɕu˧ sa:n˥ koŋ˧ ·la˩. pʻa˥ kam˥ ɕu˧ sa:n˥ sa˩ la˩
头 那 帕 面 就 散 公公 了 帕 黑 就 散 婆婆 了

ɕən˧ na:i˧ ʈʻiŋ˦ ʈʻu˧ ta:ŋ˩ kʻwa:u˧ ·la˩, man˥ la:k˩ ɳi˩ ʈa˧ ɕu˧ ma˦ "ʈʻa:u˧
时 这 清 楚 堂 酒 了 些 后 生 那 就 来 逗

ɕe˩," ma˦ ʈʻa:u˧ ɕe˩ ɳam˥ ɳam˥ ʈa˧ ·le˩. ʈa˥ ɕu˧ hem˩ pəi˩ pa:n˩ ma˦
油茶 来 逗 茶 晚 晚 咧 那么 就 叫 姑娘 陪伴 来

to˧ ɕe˩ sa:i˥ la:k˩ ɳi˩ ʈa:n˥. ɕa:i˧ nu˦ tu˥ ma˦, ɳam˥ nam˥ ma˦ ʈʻa:u˧.
打 油茶 给 后 生 吃 寨 哪 都 来 晚 晚 来 逗

ta:i˩ ɳam˥ lən˩ ɕu˧ ŋən˥ pje˩ ɳa˩ to˧ ɕe˩, ŋən˥ ʔa:u˥ kəm˩ ta:u˥ ʈʻa˥
几 晚 后 就 硬 逼 你 打 油茶 硬 拿 个 锅 上

pi˥ pa:i˥ ʈa:ŋ˥, ʈa:ŋ˥ ʈa:ŋ˥ ja˥ hoŋ˩ jiu˥ ɳa˩ to˧. ʈʻəu˥ ta:i˩ ɕon˧ ta˧
火 去 烧(空锅) 烧 烧 红 一定 要 你 打(油茶) 到 几 次 过

lən˩ kʻut˩ to˧ ·ləu˩, ɕu˧ pa:i˥ na:k˦ ·ləu˩.
后 懒得 打 喽 就 去 睡 喽

ɕən˧ na:i˧ ʈʻəu˥ lam˦ ju˧ ma˦ sip˧ ·la˩, ma˦ sip˧ ɕi˧ kwa:i˩ ʈa˥ jəŋ˧
时 这 到 插田 又 来 接 了 来 接 呢 不 那么 愿意

pa:i˥ ·ləu˩, ɕu˧ pa:i˥ ləp˥. ja:n˩ ta˧ ja:n˩ ʈa˧ pa:i˥ jəu˦, ta:i˩ pəi˩
去 喽 就 去 躲 屋 过 屋 去 找 几个 姑娘

ʈa˧. ta˧ lən˩ ɳəŋ˩ pa:i˥ ·la˩, pa:i˥ ja˩ sa:m˥ ɳam˥ ɕu˧ ʈon˥ ma˦ ja:n˩,
那 过 后 真 去 了 去 两 三 晚 就 转 来 家

ɕu˧ ʈam˥ kʻe˦ sun˩, ɕəp˩ pəi˩ pet˧ pəi˩ ɕu˧ sun˩ ʈon˥ ma˦ ja:n˩ ·la˩.
就 约 他们 送 十 姑娘 八 姑娘 就 送 转 来 家 了

ʈa˥ ɕən˧ na:i˧ ma˦ ja:n˩ ɕu˧ we˩ ʔi˥ tən˥ kəu˩ jət˦, ɳən˧ ka:u˩ təu˩
那么 时 这 来 家 就 做 一 顿 饭 早 也 里 伙

pu˩ la:k˩ ɕek˧ ma˦ la˦, nəi˩ nəi˩ ɕek˧ ʔun˥ pa:n˩ ma˦ la˦, we˩ ɕeu˥.
家 族 都 来 吃 妇女(们) 都 端 碟子 来 吃 做 包(饭)

ʈʻəu˥ ʈʻa:n˦ kəu˩·le˩ ju˧ ʔi˥ ɕon˧, ju˧ ɳən˧ ʔa:u˥ ja˩ pəi˩ ma˦ sip˧.
到 摘禾[①] 咧 又 一 次 又 也 要 两 姑娘 来 接

ɳən˧ ma˦ ja:n˩ sa:m˥ ɳam˥, ɕon˧ lən˩ ju˧ ma˦ ʔi˥ ɳam˥, ju˧ həm˩.
也 来 家 三 晚 次 后 又 来 一 晚 又 叫

sun˩ pa:i˥. hem˩ sun˩ pa:i˥·le˩, ɳən˧ təu˩ pu˩ la:k˩ ma:u˧ ʈa˧ ma˦ la˦,
送 去 叫 送 去 咧 也 伙 家 族 他 那 来 吃

ɕek˧ ʔa:u˥ pa:n˩ ma˦ la˦.
都 拿 碟 来 吃

sa:m˥ ɳin˩ ʈʻa˥, ŋo˩ ɳin˩ lui˧. me˩ man˥ sa:m˥ ɳin˩, me˩ man˥ ŋo˩
三 年 上 五 年 下[②] 有 些 三 年 有 些 五

ɳin˩. ɕu˧ me˩ la:k˩ ʔun˧ ·la˩. me˩ la:k˩ʔun˧ ɕu˧ man˥ ʈi˧ hem˩ ʔi˥
年 就 有 小 孩 儿 了 有 小孩儿 就 天 第(一) 叫 一

təu˩ pu˩ la:k˩, təu˩ sa˩·le˩ ɕek˧ ma˦ ʈa:n˥ ta:u˩. man˥ lən˩ ju˧ hem˩
伙 家族 妇女 咧 都 来 吃 甜酒 天 后 又 叫

① 校者注：用禾刀去摘（剪）禾（糯谷）。
② 校者注：以前侗族姑娘结婚兴"三年上，五年下"，即结婚后三至五年内不落夫家，直至生小孩子后才长居夫家。

te˥, ja:n˩ te˥ ja˧ ʔi˥ təu˧˩ pu˧˩ la:k˧˩ ɕek˧ ma˧˥ ʨa:n˥ ia:u˩. ʔeŋ˥˧ ta˧
外婆 家 外婆 也 一 伙 家族 都 来 吃 甜酒 再 过

mjiŋ˩ man˥, ɕu˧ ma˧˥ we˧˩ ɕa˩ ·la˧˩. ja:n˩ na:i˧ ɕu˧ hem˧˩ pu˧˩ la:k˧˩ ma˧˥
几 天 就 来 做 背带儿 了 家 这 就 叫 家族 来

sa˧ k'u˥˧, we˧˩ na:n˧˩ ɕon˥˧。ɕən˧ na:i˧ təŋ˧˩ ɕa:i˧ la:k˧˩ mjek˧ ʨam˥, təŋ˧˩
杀 猪 做 肉 串 时 这 整 寨 姑娘 约 整

təu˧˩ pu˧˩ la:k˧˩ ʨam˥, təu˧˩ sa˧˩ ȵi˧˩ ɕu˧ ma˧˥ we˧˩ ɕa˩, ju˧ we˧˩ ja˩ tu˩
伙 家族 约 妇女 年轻 就 来 做 背带儿 又 做 两 个

ja:ŋ˧. man˥ lən˩ ɕu˧ hem˧˩ ta˥ ma˧˥ ʨa:n˥ k'wa:u˧·la˧˩, na:i˧ ha:ŋ˩. ʨa˥˧
被子 天 后 就 叫 外公 来 吃 酒 了 这 样 那么

ɕu˧ t'ik˧ ȵa:n˥·la˧˩, ju˧ ma˧˥ ja:n˩ te˥ ʔuk˧ ȵa:n˥, ȵən˧ ʨam˥ ʔi˥ ha˧
就 满 月 了 又 来 家 外婆 出 月 也 约 许多

ȵən˩ la:u˧˩ sun˧˩ pa:i˥, pa:i˥ t'əu˥˧ ja:n˩ ma:u˧ ɕu˧ to˧ ɕe˩, ju˧ ʔi˥ təu˧˩
人 老 送 去 去 到 家 他 就 打 油茶 又 一 伙

pu˧˩ la:k˧˩ ma˧˥ la˧˥.
家族 来 吃

ɕən˧ na:i˧ la:k˧˩ ja˧ me˩·la˧˩, k'un˧˥ ʔi˥ sam˧·la˧˩, ja˧ son˥˧ li˧ ʔi˥ sam˧ ·la˧˩.
时 这 孩子 也 有 了 成 一 世(人) 了 也 算 得 一 世人 了

结 亲

过去我们姑娘在家里做针线，在家里坐着。后生来玩耍，就到门口说：“开门叫我进去耍，人不多，就我们两个伙伴。”“那门外面就嘻嘻地笑着。咱的老人还没睡噢，我们在屋里这样说，闭眼告诉情人先往别处游。”① 他就转回去在寨子里蹓跶。去了一会儿转回来了，咱的老人睡觉了，就进屋来了。聊天聊到半夜，他就走了。晚晚都来。

后来他觉得咱合意，咱也觉得他对心思，这时候就商量换礼了。那个后生就说：“情郎小娘结情要凭心，你肯我愿心要真。想那阳雀高高住着也有阳光照山洞，想着妹妹一辈子十分心。”② 姑娘就回答了：“你肯我依两夫妻，多情的人给凭证我这头跟，两方成双同耕种，麻线起头咱们要上劲。”③那么这时候真吧？真真真。这时候要约定日子娶了，那个后生说：“可以。”“十月十二日子好，哥办米酒鱼来我办衣。”④

那么这时候真看日子过门了，定了过门的日子哩，就去定伴嫁的姑娘了，两个伴嫁的姑娘。伴嫁姑娘这时候答应了，都做衣裳准备了。这时候十月十二真来娶了，要两个伴郎官哩，来到咱家。那么就拿饭包来，还有草鱼。那么这时候就叫那些较近的本家亲戚来吃送嫁饭。吃送嫁饭吃到鸡叫那么就叫嫂子来帮着梳头、打扮了。下楼去呢，咱的嫂子就已经把油热好，咱就发米花，做一把米花咱就出屋，拉开门去了。拉开门去呢就别回头看，要是回头看（生了小孩儿）就象家里的人了。

这时候真到了他家了。婆婆就在门外准备一捆禾把，媳妇就提到禾炕上去。这时又打油茶。丈夫那头，叫两边邻居那些妇女、上边下边那些妇女都来吃油茶，吃了油茶后，就叫一些本家的人来杀猪，叫那些后生就去报喜，去报喜咧，街坊明天吃酒呵你们来吃酒，娶媳妇

①②③④ 当地侗族的婚姻习惯，青年男女通过对歌的方式定情。这些对话都是用诗歌体裁表现的。

了。那么第二天亲戚真送礼来了，又送酒，又送米，又抬着红猪来了，自己的大姑小姨（从儿称）就抬着红猪来了。

吃了两三天酒，第二天就送回（娘家）去了，送两个红猪咧。还有几担鱼，又撕束腰布给伴郎官，这时候就办齐了，就送到（娘）家来了。她家里就叫那些近亲来劈开竹竿儿穿肉，又叫“帮厨姑娘”做“串肉”把儿，那时候一把儿五串儿。

再送回去就要拿布来盖酒坛子了。要拿帕儿给那头儿的（指婆家），面帕儿就给公公，黑帕儿就给婆婆了。这时候酒席散了，那些后生就来“逗茶”，每天晚上来逗茶咧。那么就叫陪伴的姑娘来打油茶来给那些后生吃。哪个寨子都来，夜夜来逗。过了几个晚上就硬逼着你打油茶，硬把个锅放到火上去烧，烧烧烧红了硬叫你打（油茶），打了几次以后，懒得打喽，就去睡觉喽。

这就到插秧的时候又来接喽，来接呢不那么愿意去喽，就去躲。那几个姑娘挨个屋地找。后来真去了，去两三个晚上就转回家来，就约他们送，十个八个姑娘就送回家来了。那么这时候回家就做一顿午饭，也是那些近亲都来吃，妇女们都端着碟子来吃，做包饭。

到摘禾咧又一次，也要两个姑娘来接。也到（婆）家三个晚上，以后又来住一晚，又叫送回去。叫送去咧，也是那些本家来吃，都拿碟子来吃。

三五年上下，有些三年，有些五年，就有小孩儿了。有小孩呢，第一天叫一伙本家、妇女咧都来吃甜酒。第二天叫外婆，外婆家也是一伙本家来吃甜酒。再过几天，就来做小孩儿背袋儿了。这一家（指婆家）就叫本家来杀猪，做串肉。这时候全寨姑娘，所有本家，年轻的妇女就来做背袋儿，还做两个被子。后天就叫外公来吃酒了，这样子。那么满月了，又来外婆家出月，也约许多老人送去，到他家就打油茶，又是一伙本家来吃。

这时候孩子也有了，成一辈儿人了，也算是一辈人了。

4.2 ȵən˩ pa:i˥ la:u˧˩

丧 俗 (一)

ta:u˥ ȵən˩ k'it˧ ʔu˥ ɕa:ŋ˩·le˧˩, k'it˧ ȶəŋ˥·la˧˩, ɕən˧ na:i˧ kwa:i˩ me˩
咱们 人 病 上 床 咧 病 久 了 时 这 没 有

pa:n˥˧ fa˩ ɕa:u˥˧·la˧˩, ta˧ lən˩ ma:u˧ təi˥ pa:i˥·le˧˩ ȶa˧ ta:u˥ ɕu˧ pa:i˥
办 法 治 了 过 后 他 死 去 咧 那么 咱 就 去

hem˧˩ ȶa:i˧˩ noŋ˧˩ ma˧˥, pu˧˩ lja:i˥ pu˧˩ ȶan˧˩ ɕek˧ hem˧˩ ma˧˥, la:k˧˩ mjek˧
叫 兄 弟 来 族 远 族 近 都 叫 来 姑娘

ke˥˧ pa:i˥ lja:i˥ ɕu˧ jiu˥˧ ȵən˩ pa:i˥ hem˧˩·ləu˧˩. ji˧˥ hem˧˩ t'əu˥˧ ma˧˥·le˧˩,
嫁 去 远 就 要 人 去 叫 喽 一 叫 到 来 咧

ɕən˧ na:i˧ ɕeŋ˥ lja:ŋ˩·ləu˧˩, ho˧ ȶi˥ me˩ məi˧˩ kwa:i˩·a˧˥? me˩ k'u˧˥ kwa:i˩
时 这 商 量 喽 或 者 有 棺木 没有 啊 有 猪 没有

·a˧˥? ju˧ hem˧˩ ɕen˥ sən˥ t'əu˥˧ ja:n˩ ma˧˥ ɕeŋ˥ ljaŋ˩, ho˧ ȶi˥ ʔa:u˥
啊 又 叫 先 生 到 家 来 商 量 或 者 要

pa:i˥ haŋ˥ nu˧˥ mok˥·a˧˩? la:k˧˩ ma:u˧ pen˧ ʔi˥ ɕoŋ˩ "sa:m˥ toŋ˩ sa:m˥
去 地方 哪 埋葬 啊 儿子 他 办 一 桌 三 筒 三

ȵam˥," ju˧ me˩ "lji˧ ɕi˧", ɕu˧ təu˥˧ sa˩·ləu˧˩. təu˥˧ sa˩ sin˥ sek˧, ka:u˧˩
抓 又 有 礼 市 就 拜 神 喽 拜 神 完 毕 里

ia:n˩ na:i˧ ɕu˧ ja:k˧ ja˥ k'əi˧˥ ɕeu˥˧·la˧˩. ɕən˧ na:i˧ la:k˧˩ ma:u˧ ha˧ ȶiŋ˥˧
家 这 就 撕 布 开 孝了 时 这 儿子 他 才

jən˧˩ t'a˥˧ ȶən˩ pa:i˥ ɕa:i˧, ta:i˩ lo˩ pon˩ pa:i˥ ʔu˥ ȶən˩ ȶa˧ ɕa:i˧ nu˥˧,
带 上 山 去 踩 拿 罗 盘 去 上 山 那 踩 看

nu˥˧ ti˧ wən˩, nu˥˧ ȶi˥ nu˧˥ ho˩ ma:u˧. ta˧ lən˩ ma:u˧ ɕu˧ ta:i˥˧ ton˥˧
看 地 坟 看 里(处) 哪 合 他 过 后 他 就 带 转

ma˧˥, ɕek˧ ton˥˧ ma˧˥ ja:n˩·la˧˩, ɕu˧ p'a:i˧˥ ȵən˩ pa:i˥ ləu˥ ȶəm˩·la˧˩.
来 都 转 来 家 了 就 派 人 去 挖 洞 了

ȶa˥˧ ɕən˧ na:i˧ ɕu˧ muŋ˧˩ nu˧˥ pa:i˥ po˥˧ t'ən˧˥ siŋ˩, man˥˧ nu˧˥ pa:i˥
那么 时 这 就 个 哪 去 告诉 亲戚 些 哪 去

lja:i˥, man˥˧ nu˧˥ ȵa:u˧˩ ȶan˧˩, ȵam˥˧ ȶa˧ ɕu˧ we˧˩ ʔi˥ tən˥˧ kəu˧˩ pa˥·la˧˩,
远 些 哪 住 近 晚 那 就 做 一 顿 饭 鱼 了

ʔa:u˥ pa˥ t'au˧ təŋ˥ kun˥, t'əu˥˧ man˥ lən˩ ha˧ ȶiŋ˥˧ hem˧˩ sa˧ k'u˥˧.
拿 草鱼 来 剪 到 天 后 才 叫 杀 猪

ȶa˥˧ ɕən˧ na:i˧ ta:u˥ ɕu˧ ɕeŋ˥ lja:ŋ˩ pa:i˥ hem˧˩ ɕa:ŋ˧ seu˥ ma˧˥·ləu˧˩,
那么 时 这 咱 就 商 量 去 叫 匠 唢呐 来 喽

t'iŋ˧ ɕi˥ seu˥.
请 吹 唢呐

man˥ lən˩ ɕu˧ t'əu˥˧ ɕu˥·la˧˩, la:k˧˩ sa:u˧˩ ma:u˧·le˧˩, t'ən˧˥ siŋ˩·le˧˩, ɕu˧ sa˧
天 后 就 到 收 了 女 婿 他 咧 亲戚 咧 就 杀

k'u˥˧·ləu˧˩. t'ən˧˥ siŋ˩ ma:u˧ ɕu˧ ʔi˥ ja:n˩ to˧ ȶa:ŋ˥ ɕa:ŋ˥ ȶi˥ ȶa˧. t'əu˥˧
猪 喽 亲戚 他 就 一 家 送 张 幛 子 那 到

ɕi˩ ȶen˧ ta:u˥ ɕu˧ ȶuŋ˥ t'əu˥˧ sa:k˧˩ ȶa˧ pa:i˥, tok˧˩ ʔa˩ ȶa˧ təu˥˧ sa˩,
时 间 咱 就 抬 到 坪 那 去 跪 那儿 拜 神

la:k˨˩ ma:u˧ lja˧ ma:u˧ ɕa˩ jo˨˩ jiu˥˧ ne˧•le˨˩. ɕən˧ na:i˧ ɕu˧ ɕi˥ seu˥
儿子 他 媳妇 他 一定 要 哭了 时 这 就 吹 唢呐

soŋ˥˧ pʻeu˥˧, sip˧ ma:u˧ ȵən˩ lau˨˩. sip˧ ma:u˧ sin˥ sek˧, ɕən˧ na:i˧ ɕu˧
放 炮 接 他 人 老 接 他 完 毕 时 这 就

ɬuŋ˥ pa:i˥•la˨˩, ʔa:u˥ ja˥ kam˥˧ ma˧˥ pjət˩ məi˨˩, nəŋ˥ ʔa:u˥ ʔi˥ pʻət˧˥ ja˥
抬 去了 拿 布 黑 来 绕 棺木 还 拿 一 匹 布

pa:k˨˩ pjət˩ məi˨˩, ju˧ ja˩ pʻət˧˥ ja˥ pa:k˨˩ we˨˩ tʻen˧˥ ɬa:i˩•la˨˩.
白 绕 棺木 又 两 匹 布 白 做 牵 拉了

ɬa˥˧ ɕən˧ na:i˧ ɕu˧ mon˨˩ heu˥˧•la˨˩. ha:ŋ˩ man˥˧ ȵən˩ ȵa:u˧ lja:i˥ ɬa˧ kwa:i˩
那么 时 这 就 满 孝 了 样 些 人 住 远 那 没

me˩ ma˧˥ ɬa:n˥ kəu˨˩, ma˧˥ ɬa˧ nu˥˧ ɬa˧, sun˨˩ ɬa:u˥ ȵən˩ lau˨˩, ma:u˧
有 来 吃 饭 来 那儿 看 送 咱 人 老 他

nu˥˧ muŋ˨˩ nu˧˥ kwa:i˩ ɬa:i˥˧ heu˥˧, ɬu˥ ɕek˧ sa:i˥ ja˥. ȵa˩ ka:u˥ wa˧˥
见 个 哪 不 戴 孝 都 都 给 布 你 叫 化

ɬu˥ la:i˥, nu˥˧ ma:u˧ ɕən˧ ɬa˧ ȵa:u˨˩ ɬa˧ nu˥˧,ɬu˥ jiu˥˧ sa:i˥ ja˥ mon˨˩
都 好 要是 你 时 那 在 那儿 看 都 要 给 布 满

heu˨˩. ɕən˧ na:i˧ ɬuŋ˥ tʻəu˥˧ ɬən˩ ɬa˧ pa:i˥•la˨˩, ɕu˧ ʔa:u˥ man˥˧ kwa:ŋ˥
孝 时 这 抬 到 山 那 去了 就 拿 些 草

•a˧, məi˨˩ mjin˩•na˧, sa:u˧ ɬəm˩•la˨˩. ʔoi˥ sin˥ sek˧, ɕu˧ ʔa:u˥ ɬu˩ sai˩
啊 树 棉 啊 暖 洞 了 烧 完 毕 就 拿 只 公

ka:i˥˧ ma˧˥ ɬat˥, ɕu˧ ʔa:u˥ la:u˧ ka:u˨˩ ɬəm˩ pa:i˥ tʻeu˥˧, ɬa˧ lən˩ ʔa:u˥
鸡 来 砍 就 拿 进 里面 洞 去 跳 过 后 拿

ɬu˩ ka:i˥˧ ʔuk˧ ma˧˥ soŋ˥˧ məi˨˩ lui˧ pa:i˥. ma:u˧ ɕu˧ ɬa:i˩ nan˥ ma:k˨˩
只 鸡 出 来 放 棺木 下 去 他 就 把 个 土

peu˩ la:u˧•la˨˩, nan˥ la:i˩ məi˨˩ pən˧ ʔuk˧ ʔi˥ ɬeŋ˨˩. ɕən˧ na:i˧ ja˩ sa:m˥
扒 进 了 个 背 棺木 只 出 一 点儿 时 这 两 三

muŋ˨˩ ɕen˥ sən˥ ɕek˧ hem˨˩ ma˧˥, ʔi˥ muŋ˨˩ ɕen˥ sən˥ ɕu˧ ʔi˥ pʻe˥˧ ja˥,
个 先 生 都 叫 来 一 个 先 生 就 一 庹 布

pʻai˧ ʔu˥ məi˨˩ ɬa˧, ɬa˧ ɬo˨˩ na:i˧ ɕu˧ ɕa:i˧ tʻəu˥˧ ɬo˨˩ məi˨˩ ɬa˥˧, ju˧
排 上 棺木 那 从 头 这 就 踩 到 头 棺木 那 又

ɬa˧ ɬo˨˩ məi˨˩ ɬa˥˧ ɬon˥˧ ma˧˥, to˧ “hu˥˧ ɬui˥˧”•ləu˨˩. ɕən˧ na:i˧ ɕu˧ ɬa:i˩
从 头 棺木 那 转 来 唱 富 贵 喽 时 这 就 把

pʻe˥˧ ja˥ ɬa˧ ɕat˧ ljun˨˩ jat˧ ɬon˥˧ ma˧˥•la˨˩. ɕən˧ na:i˧ ju˧ si˥ si˥ muŋ˨˩
庹 布 那 利索地 卷 转 来了 时 这 又 再 再 个

na:i˧, wa:n˧ muŋ˨˩ ɕen˥ sən˥ la:u˧ pa:i˥•la˨˩, ju˧ ȵən˧ ɬa˧ ɬo˨˩ na:i˧
这 换 个 先 生 进 去了 又 也 从 头 这

to˧ “hu˥˧ ɬui˥˧”, tʻəu˥˧ ɬo˨˩ məi˨˩ ɬa˥˧, ju˧ ɬa˧ ɬo˨˩ ɬa˥˧ ɬon˥˧ ma˧˥, ju˧
唱 富 贵 到 头 棺木 那 又 从 头 那 转 来 又

tit˧ jat˧ ʔa:u˥ pʻe˥˧ ja˥ ɬa˧ ʔuk˧ ma˧˥•la˨˩. sa:m˥ muŋ˨˩ ɕen˥ sən˥ ɬu˥
掀 拿 庹 布 那 出 来了 三 个 先 生 都

ɕek˧ ʔi˥ ɬa˧ ha:ŋ˩.
都 那 样

ɕən˧ na:i˧ to˧ “hu˥˧ ɬui˥˧” sin˥sek˧, ha˧ɬiŋ˥˧ peu˩ na:m˧ ɬip˨˩ wən˩.
时 这 唱 富 贵 完毕 才 扒 土 砌 坟

ho˧ ɬip˨˩ wən˩ ɕu˧ ȵa:u˨˩ ʔu˥ ɬən˩ ɬa˧•la˨˩, ɬa:u˥ ɕu˧ ɬon˥˧ ma˧˥ ja:n˩.
伙 砌 坟 就 在 上 山 那了 咱 就 转 来 家

“tu˩ kaːi˧˨˧ pek˧˩ səi˩” ȶiu˥ laːm˩ kaːŋ˧·la˧˩. tu˩ kaːi˧˨˧ ȶa˧ ɕu˧ ʔaːu˥ ma˧˥
只 鸡 打 棺木 我 忘 说 了 只 鸡 那 就 拿 来

jaːn˩ ʔaːu˥ muŋ˧˩ təŋ˥ tuŋ˥, ȶak˥ si˧˨˧ si˧˨˧ ɕu˧ we˧˩ taːu˥ ȶʻaːŋ˧˥. ta˧ ȶən˩
家 要 个 来 煮 剁 细 细 就 做 锅 汤 从 山

ȶon˧˨˧ ma˧˥ jaːn˩·le˧˩, ȵa˩ nu˩ ȶuŋ˧˥ ȵən˩ tu˥ laːi˥, ɕek˧ to˧ ʔi˥ ȶoŋ˥
转（回）来 家 咧 你 多 少 人 都 好 都 盛 一 碗

kəu˧˩ ju˧ tui˧ ȶeŋ˧˩ ȶʻaːŋ˧˥ ȶaːn˥ tu˩ kaːi˧˨˧ ɕu˧ naːi˧ haːŋ˩.
饭 又 舀 点儿 汤 吃 只 鸡 就 这 样

ta˧ ȶən˩ ȶa˧ ȶon˧˨˧ ma˧˥ ·la˧˩ ɕən˧ naːi˧ ɕu˧ nəŋ˧˩ pen˧ kəu˧˩ ·la˧˩,
从 山 那 转 来 了 时 这 就 就 办 饭 了

ɕu˧ we˧˩ naːn˧˩ ɕon˧˨˧, ʔi˥ jaːn˩ ʔi˥ ɕon˧˨˧, taːu˥ ɕi˧ naːi˧ haːŋ˩. haːŋ˩
就 做 肉 串 一 家 一 串 咱们 呢 这 样 样

laːk˧˩ paːn˥ ȶa˧, ȶaːi˧˩ ȵoŋ˧˩ maːu˧ ·ʔa˧˥, ȶʻən˧˥ siŋ˩ maːu˧ ·ʔa˧˥, ɕu˧ ɕoŋ˧˨˧
后 生 那 兄 弟 他 啊 亲 戚 他 啊 就 放

ɕoŋ˩ pʻaːŋ˧˥ ȶaːn˥ ·la˧˩. ȶaːn˥ ȶʻəu˧˨˧ paːn˧˨˧ tən˧˨˧, ɕu˧ kaːŋ˧ “kəu˧˩ ȵaːn˥”
桌 高 吃 了 吃 到 半 顿 就 说 出月 饭

·la˧˩. ȵa˩ ja˧ jiu˧˨˧ ʔaːu˥ paːi˥ jaːn˩ ȵa˩, jaːu˩ ja˧ jiu˧˨˧ ʔaːu˥ paːi˥ jaːn˩
了 你 也 要 讨 去 家 你 我 也 要 讨 去 家

jaːu˩. ȵa˩ jiu˧˨˧ jaːu˩ jiu˧˨˧ ɕu˧ ȶeŋ˥ nan˥ ȶa˧ ·la˧˩. nu˧˨˧ kaːu˩ laːu˩ təi˥
我 你 要 我 要 就 争 个 那 了 要是 老 头 死

paːi˥, ɕu˧ paːi˥ “ȶʻa˧˨˧” ku˥ pa˧, nu˧˨˧ təu˧˩ sa˧˩, maːu˧ ta˥ ti˥ nu˧˥ ma˧˥
去 就 去 积上 姐 妹 要是 妇 女 她 从 里 哪 来

ɕu˧ paːi˥ jaːn˩ te˥ “ȶʻa˧˨˧”. mjiŋ˩ taːŋ˩ ȶuŋ˩ ·ʔəu˧˩ ɕi˩ȶa˧˨˧. man˧ ɕen˥
就 去 家 外婆 积上 名 堂 多 哩 时那 些 先

sən˥ ta˧ ti˥ ȶa˧ ȶaːn˥ kʻwaːu˧ ·le˧˩, ɕek˧ ʔa˩ ȶa˧ jim˧˩ jo˧˨˧ jo˧˨˧ ȶa˧,
生 那 里 那 吃 酒 咧 都 那儿 喝 （猜拳行令状）

muŋ˧˩ ɕen˥ sən˥ ȶa˧ ʔi˥ nu˧˥ haːŋ˩ kaːŋ˧, taːu˥ ɕu˧ jəŋ˧ maːu˧ ʔi˥ ȶok˧˩.
个 先 生 那 怎 样 说 咱 就 应 他 一 句

ɕən˧ naːi˧ ȶaːn˥ ljeu˧˩ tən˧˨˧ kəu˧˩ ȶa˧, ju˧ kʻəi˧˥ nan˥ man˥ ·la˧˩, ho˧
时 这 吃 了 顿 饭 那 又 开 个 日子 了 或

kaːi˥ ŋo˧˩ man˥, ho˧ kaːi˥ ȶʻət˧˥ man˥ paːi˥ “ȶʻa˧˨˧” ·la˧˩, ja˧ ȵən˧ paːi˥
者 五 天 或 者 七 天 去 积上 了 也 也 去

jaːn˩ ku˥ pa˧ kun˧˨˧. ŋo˧˩ man˥ paːi˥ jaːn˩ ku˥ pa˧, ȶʻət˧˥ man˥ paːi˥ jaːn˩
家 姐 妹 先 五 天 去 家 姐 妹 七 天 去 家

laːk˧˩ saːu˧˩, ɕu˧ paːi˥ ja˩ ɕon˧ ·la˧˩. ȶo˧˩ taːu˥ naːi˧ paːi˥ ·le˧˩, ɕu˧
女婿 就 去 两 次 了 头 咱 这 去 咧 就

we˧˩ ʔi˥ taːp˧ kəu˧˩. ju˧ ʔaːu˥ nan˥ kʻiŋ˧˨˧, ja˩ tu˩ pa˥, saːm˥ ȶʻəi˧˨˧ naːn˧˩,
做 一 担 饭 又 拿 个 篮子 两 只 鱼 三 块 肉

ɕu˧ kʻun˧˥ ŋo˧˩ ȶin˧˩, ju˧ me˩ ʔi˥ nan˥ ʔoŋ˧˨˧ kʻwaːu˧。 man˥ taːu˥ paːi˥
就 成 五 件 又 有 一 个 坛 酒 天 咱 去

ȶa˧ maːu˧ ȶo˧˩ ȶa˧ ɕu˧ ʔaːu˥ muŋ˧˩ ma˧˥ taːp˧ paːi˥ ·la˧˩, taːu˥ ɕu˧
那 他 头 那 就 要 个 来 挑 去 了 咱 就

ʔaːu˥ nan˥ ja˥ saːi˥ muŋ˧˩ ȶa˧. paːi˥ jaːn˩ maːu˧ ȶa˧ ɕu˧ təu˧˨˧ sa˩
拿 个 布 给 个 那 去 家 他 那 就 拜 神

·la˧˩, taːu˥ ɕu˧ ʔa˩ ȶa˧ ȶaːn˥ kəu˧˩ jət˧˥ ·la˧˩, taːu˥ ɕu˧ pən˧ paːi˥ ȶaːn˥
了 咱 就 那儿 吃 饭 早 了 咱 就 只 去 吃

kəu˧˩ jət˦˥ ɕu˧ ȶon˧˥ ma˦˥ ·la˧˩. nan˥ "ȶ'a˧˥" ɕu˧ na:i˧ ha:ŋ˩. man˥ lən˩

饭 早 就 转 来 了 个 积上 就 这 样 天 后

ta:u˥ ju˧ pa:i˥ ja:n˩ la:k˧˩ sa:u˧˩, ȵən˧ ʔi˥ na:i˩ ha:ŋ˧ pen˧。

咱 又 去 家 女 婿 也 这 样 办

ta˧ lən˩ ju˧ ȶ'əu˧˥ ʔi˥ ȵa:n˥ ·la˧˩, ma:u˧ mon˧˩ ʔi˥ ȵa:n˥ ·la˧˩,

过 后 又 到 一 月 了 他 满 一 月 了

ȵən˧ ʔi˥ ȶa˧ ȵa:u˧。

也 那 样

丧 俗（一）

咱们人病在床上咧，病久了，这时候没有办法治了。后来他死咧，那么咱就去叫兄弟来，远亲近亲都叫来，远嫁的姑娘就要人去叫喽。一叫来，这时候商量喽，或者有棺材没有啊？有猪没有啊？又叫先生到家来商量，或者要去哪个地方埋呵？他（指死者）儿子就办一桌“三筒三抓”，又有“礼市”，就拜神喽。拜神完了，这家里就撕布开孝了。这时候他儿子才带到山上去踩，拿着罗盘去山上踩看，看坟地，看哪个地方合他。后来他就带着（人）回来，都回家来了，就派人去挖洞（坟坑）了。

那么这时候就有个人去告诉亲戚，哪些（亲戚）路远，哪些（亲戚）住得近。那天晚上就做一顿鱼饭了，拿草鱼来煎。到第二天才叫杀猪。那么这时候咱就商量去叫吹鼓手来喽，请（他们）吹唢呐。

第二天就收敛了，他的女婿咧，亲戚咧，就杀猪喽。他的亲戚呢就一家送一块幛子。到时间咱就抬到寨坪上去，跪在那儿拜神，他的儿子，他的媳妇一定要哭了。这时候就吹唢呐放炮，接他老人家去。接他完了，这时候就抬走了，拿黑布来缠棺材，还拿一匹白布缠棺材，又有两匹白布做拉牵儿了。

那么这时候就满孝了。那些住得远的人没有来吃饭，来那儿看呢，送咱的老人家，他（指孝子）见一个不戴孝的，都给他布。你讨饭的都算，要是你那个时候在那儿看，都要给布满孝。这时候抬到山上去了，就拿些草啊，棉树啊，来暖洞了。烧完了，就拿只公鸡来砍，就放进洞里面（让它）去跳，以后就拿出这只鸡来，把棺材放下去。他（指孝子）就把土扒进（坟坑）里了，那个棺材只露出一点儿，这时候两三个先生都叫来，一个先生就一庹布。排在那棺材上面。从这头儿踩到棺材那头儿，又从棺材那头儿转回来，唱“富贵”喽。这时候就把那庹布很快地卷好就转回来了。这时候再（换）这一个，换个先生进去了，也唱“富贵”从这头儿到棺材那头儿，又从那头转回来，又掀起（那庹布）拿着出来了。三个先生都这样。这时候唱“富贵”完了，才扒土砌坟。砌坟的那伙人就在山上了，咱就回家了。“打棺材的那只鸡”我忘了说了。那只鸡就拿回家来要个人来煮，细细地切，就做一锅汤。从山上回家来咧，你多少人都好，都盛一碗饭又舀点儿汤吃。这只鸡就这样。

从山上回来这个时候就办饭了，就做串肉，一家一串，咱们呢就是这样儿。那些后生们，他的兄弟啊，他的亲戚啊，就放高桌吃了。吃到半顿饭就说“出月饭”了。你也要拿到你家去，我也要拿到我家去。你要我要就争那个（“出月饭”）了。要是男的老人死去，就到他的姐妹家“积上”，要是老太太，她从哪儿（嫁）来就到那外婆家去“积上”。那个时候名堂多噢。

那些先生在那儿吃酒咧，都在那儿猜拳行令，吵吵嚷嚷地喝，那个先生怎么说，咱就应答他一句。

这时候吃完了那顿饭，又订个日子了。或者五天，或者七天去“积上”了，也是先去姐妹家。五天去姐妹家，七天去女婿家，就去两次了。咱这头儿去呢，就做一担饭。又拿个篮子，两条鱼，三块肉，就成五件儿。又有一坛子酒。咱去的那天，他那头儿就要个人来挑了，咱就给那个人一块儿布。到他家去就拜神了，咱就在那儿吃午饭了，咱就光吃顿午饭就回来了。那个“积上”就（是）这样儿。过两天咱又去女婿家，也是这样办。

后来又到一个月了，他（指死者）满一个月了，也这样儿。

4.3 ɲən˩ pa:i˥ la:u˧˩
丧 俗（二）

kun˨˦ ɕi˩ ɲən˩ la:u˧˩ kʰit˧ ɲa:u˧˩ ʔu˥ ɕa:ŋ˩, kʰit˧ ljeu˧˩ mjiŋ˩ ɲa:n˥,
前 时 人 老 病 在 上 床 病 了 几 月
ɕən˧ na:i˧ ɕa˧ jo˧˩ na:n˩ la:i˥ ·la˧˩. na:n˩ la:i˥ ·le˧˩ ɕu˧ tok˥ so˧ ·la˧˩. ȶa˥
时 这 肯定 难 好 了 难 好 咧 就 落气 了 那么
nəŋ˧˩ pa:i˥ sip˧ ɕen˥ sən˥ ma˧˥ ɕen˥ ljaŋ, hem˧˩ təu˧˩ pu˧˩ la:k˧˩ ma:u˧ ma˧˥
就 去 接 先 生 来 商 量 喊 伙 家族 他 来
ɕeŋ˥ ljaŋ˩. ju˧ ʔa:u˥ ɲən˩ pa:i˥ po˨˦ ȶʰən˧˥ siŋ˩, ʔa:u˥ ɲən˩ pa:i˥ sip˧
商 量 又 要 人 去 告诉 亲戚 要 人 去 接
ɕa:ŋ˧ ɕeu˥. ȶʰən˧˥ siŋ˩ pu˧˩ la:k˧˩ ɕek˧ ȶən˧˩ ·la˧˩. ho˧ ɕa:ŋ˧ ɕeu˥ ȶa˧ ta˧
师付 唢呐 亲戚 家族 都 齐 了 伙 师傅 唢呐 那 从
ɽa:k˧ ɕi˥ ɕeu˥ la:u˧ ja:n˩ ma˧˥ ·la˧˩, ɕən˧ na:i˧ ɕu˧ ja:k˧ ja˥, pa:i˥ ɲa˥
外 吹 唢呐 进 家 来 了 时 这 就 撕 布 去 河
ʔa:u˥ nəm˧˩ wa:ŋ˩ ɕon˩ ma˧˥ ȶuk˧ ɕən˥.
取 水 施涡 来 洗 身

ɕi˩ na:i˧ ju˧ hem˧˩ mjiŋ˩ “pəi˧˩ nəi˧˥” ma˧˥ paŋ˥, “pəi˧˩ nəi˧˥” ȶuŋ˧ ɲa:u˧
时 这 又 喊 几 帮厨女 来 帮 帮厨女 同 在
ka:u˧˩ ja:n˩ ʔi˥ ja:ŋ˧, ŋo˧˩ ɕik˧ ŋo˧˩ ɕek˨˦.sa:n˨˦ ɕeu˨˦ sin˥ sek˧·le˩, ɕen˥ sən˥ ɕu˧
里 家 一 样 五 尺 五 都 散 孝 完 毕 咧 先 生 就
jən˧˩ la:k˧˩ ma:u˧ ȶʰa˧˥ ȶən˩ pa:i˥, ʔa:u˥ lo˩ pon˩ pa:i˥ ȶiŋ˧ ja:ŋ˨˦ ·la˧˩.
带 儿子 他 上 山 去 拿 罗 盘 去 定 向 了
jəu˧˥ ȶi˥ na:i˧ jəu˧˥ ȶi˥ ȶa˨˦, ɕən˧ na:i˧ li˧ ha:ŋ˧˥ la:i˥ ·la˧˩. jiu˨˦ li˧ ha:ŋ˧˥ ȶa˧
找 里 这 找 里 那 时 这 得 向 好 了 要 得 向 那
la:i˥ ha˧ ȶiŋ˨˦ ta˧ lən˩ pa:i˥ we˧˩ ha:ŋ˩ nu˧˥ tu˥ si˩ mja˩. jiu˨˦ ləu˥ ʔi˥
好 才 过 后 去 做 样 哪 都 顺 手 要 挖 一
ɕa:ŋ˧ jam˥, ləu˥ kʰun˧˥ ɕu˧ ȶon˨˦ ma˧˥ ja:n˩ ·la˧˩. ɕən˧ na:i˧ ȶuŋ˥ ɲən˩
丈 深 挖 成 就 转 来 家 了 时 这 抬 人
la:u˧ məi˧˩ pa:i˥, soŋ˨˦ ɲən˩ la:u˧ məi˧˩ pa:i˥ ɕi˧, ʔa:u˥ ȶoŋ˥ nəm˧˩ ȶu˥
进 棺木 去 放 人 进 棺木 去 呢 拿 碗 水 砵
ɕa˥ ma˧˥, ʔa:u˥ la:k˧˩ ma:u˧ pʼjən˨˦ ȶak˩ na˧ ȶa˧, pʼjən˨˦ na˧ ha˧ ȶiŋ˨˦ ta˧
砂 来 要 儿子 他 喷 个 脸 那 喷 脸 才 过
lən˩ ma:u˧ pa:i˥ təu˩ tʰəi˧˥ ha˧ ȶiŋ˨˦ na˧ ja˧˥, na:ŋ˨˦ nan˥ ȶa˧.
后 他 去 投 胎 才 脸 红 这样 个 那

ɕən˧ na:i˧ ɕu˧ ȶa˥ kam˧ məi˧˩ ·la˧˩, ʔa:u˥ tu˩ ka:i˨˦ ma˧˥ pek˧˩ məi˧˩,
时 这 就 盖 盖子 棺木 了 拿 只 鸡 来 打 棺木
ɕən˧ na:i˧ təu˧˩ ȶʰən˧˥ siŋ˩ pu˧˩ la:k˧˩ ɕu˧ ȶuŋ˧ pa:i˥ ·la˧˩. tu˩ ka:i˨˦ ɕu˧
时 这 伙 亲 戚 家族 就 同 去 了 只 鸡 就
ʔa:u˥ ma˧˥ ja:n˩ ȶuŋ˥, ȶʰit˧ si˨˦ si˨˦ ʔi˥ ɲak˥ ʔi˥ ɲak˥ ȶa˧· ɕi˩ na:i˧ ȶuŋ˥
拿 来 家 煮 切 细 细 一 点儿 一 点儿 时 这 抬
pa:i˥ ȶən˩ ɕu˧ mok˥ ·la˧˩, ho˧ ȶa˧ ȶon˨˦ ma˧˥ ja:n˩ ɕu˧ ʔa:u˥ tu˩ ka:i˨˦,
去 山 就 埋 了 伙 那 转 来 家 就 拿 只 鸡

ȶa˧ we˧˩ “kəu˧˩ pʻa˦˥˧ ʔəp˥”. ɕən˧ na:i˧ ȶa:n˥ kʻwa:u˧ jiu˦˥˧ sa:n˦˥˧ kʻek˦ •la˧˩.
那 做 洗 口饭 时 这 吃 酒 要 散 客 了

ɕu˧ ka:ŋ˧ “ȶʻa˦˥˧” •la˧˩ la:k˧˩ sa:u˧˩ •ʔa˧, ȶʻən˧˥ siŋ˥ •ʔa˧, ɕək˦ ma˧˥ ka:ŋ˧. ȶa˦˥˧ ɕen˥
就 说 积上 了 女婿 啊 亲戚 啊 都 来 说 那么 先

sən˥ ȶa˧ ɕu˧ ton˦˥˧ •la˧˩, ɕu˧ tok˥ muŋ˧˩ ȶʻən˧˥ siŋ˩ ɬəu˩ ȶa˧ •la˧˩. ɬa˧ lən˩
生 那 就 断 了 就 落 个 亲戚 近 那 了 过 后

kʻe˧˥ ɕu˧ ȶam˥ pa:i˥ “ȶʻa˦˥˧”, ȶam˥ mjiŋ˩ ɕəp˩ ȵən˩, ȶʻət˧˥ pet˧ ɕəp˩ muŋ˧˩
他们 就 约 去 积上 约 几 十 人 七 八 十 个

ɬu˥ me˩. pa:i˥ ja:n˩ ma:u˧ •le˧˩, ju˧ ȵən˧ we˧˩ na:n˧˩ kʻu˦˥˧, we˧˩ ȶon˧˥,
都 有 去 家 他 咧 又 也 做 肉 猪 做 圈

ʔi˥ muŋ˧˩ li˧ ʔi˥ ȶʻon˧˥. ȶa:n˥ kəu˧˩ ȶəŋ˥ •la˧˩, ɕu˧ to˧ ɕe˩, ɬəu˧˩ la:k˧˩
一 个 得 一 圈(肉) 吃 饭 饱 了 就 打 油茶 伙 儿子

ma:u˧ ȶe˥ pi˥ ȶa˧ sui˦˥˧ to˧ ɕe˩. ʔi˥ ȶoŋ˥ ɕe˩ ɕu˧ ʔi˥ nan˥ “li˧ ɕi˧”,
他 边 火塘 那 坐 打 油茶 一 碗 油茶 就 一 个 利时

pʻa:i˦ ɬa˧ ȶe˥ pi˥ ȶa˧ pa:i˥ •la˧˩.
排 过 边 火塘 那 去 了

ɕən˧ na:i˧ ȶon˦˥˧ pa:i˥ ja:n˩ •la˧˩, la:k˧˩ ma:u˧ ʔun˥ sa:n˦˥˧ ɬa˧ kun˦˥˧,
时 这 转 去 家 了 儿子 他 扛 伞 过 先

ɕən˧ na:i˧ ȶon˦˥˧ pa:i˥ ja:n˩ ɕu˧ ȶʻa:i˦˥˧ pjiŋ˩ •la˧˩.
时 这 转 去 家 就 太 平 了

丧 俗 (二)

过去老人病在床上，病了几个月，这时候断定难好了，难好咧就断气了。那么就去接先生来商量，喊他的那些家族来商量。又要人去告诉亲戚，要人去接吹鼓手。亲戚、本家都齐了，吹鼓手打外面吹着唢呐进家来了，这时候就撕布，去河里取旋涡水来洗（死者）身子。

这时候又喊几个帮厨姑娘来帮忙，帮厨姑娘跟在家里一样，都是五尺五（布）。散孝完了呢，先生就带他（指死者）的儿子上山去，拿罗盘定方向。找这儿，找那儿，这时候找到好地方了。要找到好地方以后才做哪样（事）都顺手。要挖一丈深，挖完了就回家来了。这时候把人抬进棺材，把人放进棺材呢，拿一碗硃砂水来，要他的儿子喷那（死者的）脸，喷脸呢过后才去投胎，才是红脸，那个（事）是这样。

这时候盖上棺材了，拿只鸡来拍打棺材，这时候一伙儿亲戚、家族就一块儿去了。那只鸡拿回家来煮，细细地切，一点儿一点儿的。这时候抬到山上就埋了，那伙人回家来就拿那只鸡做“洗口饭”。这时候吃酒要散客了，就说“积上”了。女婿啊，亲戚啊，都来说。那么那先生就断了，就断给那近的亲戚了。后来他们就商量去“积上”，约好几十人，七八十人都有。去他家咧，又做猪肉，做串儿，一个人给一串儿肉。吃饱了饭，就打油茶，他的儿女们坐在火塘旁边儿打油茶。一碗油茶就给一份“利市”，排到那火塘的旁边儿。

这时候回家去了，他的儿子在前面扛着伞，这时候转回家去就平安了。

5. 歌　谣

5.1 ka˥ ka:i˧ we˩ məŋ˩ ma:ŋ˩ we˩ məŋ˩?

唱歌不高兴什么高兴

ka˥ ka:i˧ we˩ məŋ˩ ma:ŋ˩ we˩ məŋ˩?
歌 不 为 高兴 什么 为 高兴

ta:u˩ li˩ ka:i˧ k'wa:n˦ ma:ŋ˩ we˩ k'wa:n˦?
甜 话 不 甜 什么 为 甜

ȶi˥ pa:n˥ sɿ˥ sai˩ təi˥ təu˦ jən˦,
有 男儿 仕 才 死 留 印

ȶi˦ tu˩ səi˧ ka:i˦ jan˥ la:i˥ təi˥ təu˦ ja:n˥.
养 只 公 鸡 啼 好 死 留 夜

wa:ŋ˩ ljoŋ˩ ka:u˩ ȵa˥ t'on˦ ɕən˥ ka:i˧ ta˧ təi˥ təu˦ pa:u˧,
龙王 里 河 脱 身 不 过 死 留 宝

ja˩ ȶiu˥ ȵa:ŋ˩ na:i˧ ɕen˥ pu˧ na:i˧ ha:u˧ ka˥ ten˧ ta:n˩.
俩 我们 娘 这 趁 时 这 好 歌 尽情 弹

唱歌不算心欢什么算心欢?

唱歌儿不算心欢，什么才算欢？
甜话儿不甜，什么才算甜？
仕才郎死后留官印；
叫得好的公鸡死后只留得夜沉沉；
河里龙王脱身死后空留宝；
咱们姑娘们趁着年华正好唱欢情。

5.2 ɲan˩ siŋ˩ ne˦˥˧

爱 情 病

ɕi˥ tʻət˧˥ ɕəp˩ pet˧ ȶʻit˧˩ ȶu˧ ja:u˩ la:i˥ kʻun˧˥ lja:i˥ ɕi˦˥˧,
十 七 十 八 结 情人 我 好 路 远

ʔi˥ ɲin˩ si˦˥˧ ȶi˦˥˧ ljən˩ tʻuŋ˧˩ ta˥.
一 年 四 季 没有 见 眼

ɲin˩ ɕi˧ toi˦˥˧ ȶu˥ ŋwet˧˨˧ toi˦˥˧ ɕoi˦˥˧,
年 呀 对 周 月 对 岁

ma:ŋ˥ li˧ we˧˨˧ toi˧ poi˧ ɕa:n˥ pʻa˧˥.
很少 得 做 伴 避 山 坡

ja:u˩ ɲa:u˧ ɕa:i˧ ja:u˩ ȶu˧ ɲa:u˧ ɕa:i˧ ȶu˧
我 住 寨 我 你 住 寨 你

ʔi˥ ja:ŋ˧ ȶu˧ ka˥ jin˧ ta:i˩ təu˦˥˧ lja:ŋ˩ sa:n˧,
一 样 祝 家 英 台 留 梁 山

ka:i˧ jo˧˨˧ siŋ˩ la:i˥ tok˥ na:n˧ ɕi˧ tok˥ ɲa˥.
不 知 情 好 落 瀑布 呢 落 河

man˥ la:ŋ˩ ȶʻa˦˥˧ ȶən˩ we˧˨˧ koŋ˥ ȶʻa:ŋ˧˥ poi˧ ȶi˧,
白天 郎 上 山 做 工 太阳 避 岭

hoi˧ ɕa:ŋ˦˥˧ noŋ˧˨˧ pən˧ siŋ˩ ɲi˧ lon˧ təŋ˥ na˥.
怀 想 妹 亲 情 人 乱 来 厚

ɲam˦˥˧ la:ŋ˩ ma˧˥ ja:n˩ sui˧ ɕən˥ pa:i˥ la:m˧˩ ȶʻa:m˧˩ ȶʻa˦˥˧ lui˧,
晚 郎 来 家 打 扮 去 玩耍 走 上 下

tʻuŋ˧˩ pa:n˧˨˧ tʻuŋ˧˩ tui˧ ka:i˧ tʻuŋ˧˩ ɲa˩.
见 伴 见 伙伴 不 见 你

ȶəŋ˥ kʻuŋ˧˥ tʻuŋ˧˩ ɲa:ŋ˩ sa:i˧ la:ŋ˩ lon˧,
久 未 见 娘 心 郎 乱

ton˧ tʻuŋ˧˩ ɲən˩ ɕa:u˥ ja:u˩ ɕu˧ ɕa˩.
凡 见 人 你 我 就 问

pjiŋ˩ pa:n˧˨˧ təŋ˥ pa:u˦˥˧:
同 伴 来 说

“soŋ˧˥ pʻa:ŋ˥ li˧˨˧ tʻam˦˥˧ ham˦˥˧ ȶa:i˧ tʻən˧˩,
话 高 话 低 问 问 根由

ȶiŋ˥ ȶən˥ ɲən˩ pən˧ tʻən˧˩ pa:u˦˥˧ ɲa˩.
真 真 人 亲 根由 告诉 你

kun˦˥˧ ɕi˩ ȶu˧siŋ˩ ɕa:u˥ la:i˥ ɲa:u˧ ka:u˧˨˧ ȶe˥ pa˥ pu˧˨˧ nəi˧˨˧ sui˧
前 时 情人 你 好 在 里 身 边 父 母 打

ɕən˥ ȶʻa:p˧˩ tu˩ tən˥ ʔu˥ ke˦˥˧,
扮 象 只 翡翠鸟 上 檩

ka:i˧ ɕa:ŋ˦˥˧ ɲin˩ na:i˧ ɕən˥ tok˥ məi˧˨˧ ne˦˥˧ ȶʻe˦˥˧ ʔuk˧ pja˩.
不 想 年 这 身 落 个 病 怕 出 草丛

na:i˧ ma:u˧ sa:m˥ tən˦˥˧ pek˧˨˧ wen˧ men˧ ȶa:n˥ kem˧,
现在 她 三 顿 白 饭 频 吃 减

naːn˩ na˧ sik˧ ɕem˧ kwaːi˧ ton˥ wa˥，
肉 脸 憔悴 不 转 花

naːn˩ na˧ sik˧ ɕem˧ kwaːi˧ ton˥ ja˥，
肉 脸 憔悴 不 转 红

soŋ˩ ta˧ ti˥ ŋwe˧ kʻi˧ tʻa˥ ja˩ naːn˥ ta˥。”
从 打 正月 病 上 两 月 余

laːŋ˩ tam˥ təŋ˥ paːu˥：
郎 金① 来 说

“tʻiŋ˥ li˩ pjiŋ˩ paːn˩ səm˥ toŋ˥ poŋ˩ paːu˧ naːu˧ kaːi˧ li˧，
听 话 同伴 心 中 烦乱 在 不 得

mən˥ kʻun˥ lji˩ ti˧ tʻi˧ ɕən˥ ma˥。
天 路 离 地 起 身 来

ma˥ tʻəu˥ te˥ jaːn˩ pu˩ ɕaːu˥ nən˩ tu˧ kwiŋ˥ nan˥ saːm˥ ken˥
来 到 边 屋 父 你 人 主 望 个 三 间

taːŋ˩ ʔok˥ ljok˥ poŋ˧ poŋ˧，
堂 屋 痴 呆 呆

ʔuk˧ paːi˥ taːu˧ jaːn˩ pəŋ˧ tuŋ˧ mjuŋ˧ tuŋ˥ tʻa˥。
出 去 头 房 依 柱子 盼 听 耳

kaːi˧ kaːm˧ laːu˧ jaːn˩ paːk˧ ljak˩ pi˥，
不 敢 进 屋 外面 偷 躲闪

tʻiŋ˥ nan˥ so˧ jaːŋ˥ noŋ˩ pən˧ siŋ˩ ni˧ nəm˩ ta˥ ma˥。
听 个 声 叹 妹 亲 情 人 泪水 眼 来

ju˩ ɕi˩ mən˥ pʻa˥ laːŋ˩ laːu˧ ɕaːi˧，
酉 时 天 灰 郎 进 寨

ta˧ te˥ paːi˥ taːi˧ pjiŋ˩ paːn˩ na˩。
从 旁边 去 问 同 伴 你

tok˩ laːŋ˩ heŋ˥ lu˧ pu˧ naːn˩ laːu˧，
独 郎 走(行) 路 也 难 进

nu˥ ɕaːu˥ pəi˩ nu˥ pjiŋ˩ paːn˩ toi˧ maːu˧ jən˩ tiu˥ tu˧ pən˧
看 你们 姑娘 哪 同伙 伙伴 她 带 我 情人 亲

siŋ˩ kaːu˥ tʻəu˥ te˥ pa˥?”
情 旧 到 旁 大腿（身）

pjiŋ˩ paːn˩ təŋ˥ paːu˥：
同伴 来 说

“tʻiŋ˥ li˩ ɕaːu˥ laːŋ˩ naːŋ˩ pʻa˥ saːi˧，
听 话 你 郎 娘 灰 肠（心）

saːi˥ jaːu˩ jən˩ ni˧ toŋ˩ paːi˥ tam˥ tu˧ na˩。”
让 你 带 你 同 去 见 情人 你

paːi˥ tʻəu˥ te˥ pa˥ naːŋ˩ paːŋ˥ taːi˧：
去 到 旁 大腿（身）娘 帮 问

“siŋ˩ ni˧ ɕaːu˥ laːi˥ nam˥ naːi˧ ma˥，
情 人 你 好 晚 这 来

ɕoŋ˩ tən˩ kek˧ kaːŋ˥ jən˩ jaːŋ˥ lu˧，
座 山 隔 岗 远 乡 路

nam˥ naːi˧ tu˧ pən˧ te˥ pa˥ ma˥ nu˥ na˩。”
晚 这 情人 亲 旁 大腿（身）来 看 你

① 校者注：在情场上称男伴为郎金，称女伴为娘金。

la:ŋ˩ ȶəm˥ təŋ˥ pa:u˧
郎 金 来 说

"ma˦ ȶ'əu˧ ȶe˥ pa˥ ȶu˧ ȵən˩ ȶu˧ ɕa:ŋ˥
来 到 边 身 情人 情人

ka:i˧ jo˨ pjiŋ˧ ȵa:ŋ˩ k'it˧ ȶ'an˦ ȶi˥ k'it˧ ȶ'a˧,
不 知 病 娘 病 重 尚 病 轻

ma:ŋ˩ kwa:i˧ ȶən˩ ma˦ ta˧ na˧ li˨ ɕeŋ˥ wa˧?"
(为)什么 不 起 来 中 面 话 相 说

ȵa:ŋ˩ ȶəm˥ təŋ˥ pa:u˧:
娘 金 来 说

"na:i˧ jau˩ ɕən˥ k'it˧ wən˥ wən˩ ȶən˩ ka:i˧ li˧,
今 我 身 病 沉 沉 起 不 得

nu˧ ȶa:i˨ ȶən˥ lja:ŋ˦ siŋ˩ ȵi˧ wəi˧ pa:ŋ˥ mja˩."
如 哥 真 爱 情 人 快 帮 手

la:ŋ˩ ȶəm˥ təŋ˥ pa:u˧:
郎 来 说

kwiŋ˧ nan˥ piŋ˧ ȵa:ŋ˩ ȶu˧ ȶ'an˦ ʔi˥ ja:ŋ˧ pət˥ tam˧ ka:u˨ jəu˩
望 个 病 娘 情人 重 一 样 鸭子 关 里 笼

səu˩ na:n˩ p'ui˧,
愁 难 脱

sa:i˥ ja:u˩ ȶan˨ ma˦ ȶe˥ ɕən˥ si˨ sui˧ p'ok˦ loŋ˩ səm˥ tu˧ ləp˩
让 我 近 来 边 身 齐 坐 倾到 肚 心 肚 讲

sa:i˥ ȵa˩.
给 你

nu˦ li˧ məi˨ ʔəm˧ ma:ŋ˩ la:i˥?
哪儿 得 剂 药 什么 好

ɕən˩ɕen˥ pja:n˧ ȶ'iu˦ sən˧?
神仙 好似 挑 刺儿

jəŋ˧ ka:ŋ˧ ȵa˩ noŋ˨ to˧ ta:p˧ ma:ŋ˩ ȶ'an˦
如 说 你 妹 挑 担 什么 重

sa:i˥ ŋo˨ tu˩ ȵən˩ la:ŋ˩ ȶəm˥ ȶ'i˧ təm˧ sa˥."
让 我 个 人 郎 金 替 儿 肩

ȵa:ŋ˩ ȶəm˥ təŋ˥ pa:u˧:
娘 金 来 说

"na:i˧ ta:u˥ nəŋ˥ mi˨ ta˧ ja:n˩ na:n˩ ʔuk˧ la:ŋ˧,
今 咱 还 未 过 门 难 出 众

jiu˧ we˨ nəm˨ jam˥ sa:m˥ ɕaŋ˧ pi˨ sa:i˥ la:ŋ˧ ka:ŋ˥ ha˩.
要 做 水 深 三 丈 别 给 众 江 河

ȵam˧ ta:u˥ ȵa:u˧ we˦ k'e˦ pa:n˨ ȶa:i˧,
(今)晚 咱 坐 晚 人家 同伴 问

pi˨ we˨ li˨ ja:i˧ pa:i˥ ju˧ ma˦.
别 做 话 长 去 又 来

ȶu˧ ɕa:ŋ˥ ta:i˩ mja˩ ȵa˩ pi˨ ȶon˧,
情人 拉 手 你 别 转

son˧ to˧ k'it˧ ȶ'an˦ man˥ na:i˧ ka˥.
算 得 病 重 天 这 加

'sən˧ kəu˩' ʔu˥ mja˩ ta˥ li˧ nu˦,
神 米 上 手 眼 得 见

ɬim˧ kwa˦ sɿ˥ hu˩ pu˧ ka:ŋ˧ ɕa˥.
占 卦 师 傅 也 说 差

ɕen˥ sən˥ son˦ miŋ˧ pən˧ po˦ ȵən˩ na:i˧ ɕa:i˩ pjiŋ˧ ma:k˧,
先 生 算 命 只 说 人 这 踩 病 大

t'a:k˧ ma˥ ɕon˧ lən˩ pən˧ ja:u˧ təi˥ pa:i˥ wən˩ mu˧ ta˥.
再 来 回 后 只 怕 死 去 坟 墓 盖

na:i˧ wa:n˩ ɕeŋ˥ təm˥ ʔi˥ la:k˩ ȵam˦,
耐 烦 相 见 一 个 晚

tot˩ na:i˧ pa:i˥ lən˩ li˧ ka:m˥ ʔi˥ sam˧ ʔa:m˦ kwa:n˥ ȵa˩."
头 这 去 后 得 值 一 世 背 名 你

la:ŋ˩ ɬəm˥ təŋ˥ pa:u˦:
郎 金 来 说

"ɬu˧ ɕa:ŋ˥ ka:ŋ˧ li˩ ma:ŋ˩ na:i˦ sik˧?
情人 说 话 为什么 这样 惨(淡)

to˧ ja:u˩ ɕoŋ˥ t'ik˧ ŋen˩ ljui˧ lui˧ te˧ ta˥.
让 我 双 滴 眼 泪 下 下边 眼

ɬim˥ ta˥ nəŋ˩ ɬu˧ ju˧ men˧ hoi˧,
举 目 见 情人 又 总 叹气

ŋen˩ ljui˧ la:ŋ˩ lət˥ sik˥ ɕəm˦ mja˩.
眼 泪 郎 滴 擦 湿 手

nəm˩ ta˥ ɕəm˩ ȵui˧ jui˥ ɬiu˩ k'un˥ na:i˧ ja:i˧,
水 眼 泡 珠 因为 条 路 这 长

jəŋ˧ ta:u˥ ɬuŋ˧ ton˩ ɬuŋ˧ ɕa:i˧ na:i˧ k'it˧ ɕa:u˥ na:ŋ˩ ɕi˧ ɬiu˥
如 咱 同 团 同 寨 这 病 你 娘 我

la:ŋ˩ men˧ ma˥."
郎 常 来

ȵa:ŋ˩ ɬəm˥ təŋ˥ pau˦:
娘 金 来 说

"ta˥ ta:u˥ nu˦ ȵən˩ ka:i˧ nu˦ miŋ˧,
眼 咱 见 人 不 见 命

ta˧ ka:u˩ ŋo˩ pek˧ jəm˥ ɕən˧ ɬui˥ ɬiŋ˧ miŋ˧ ȵa:ŋ˩ ɕa˥.
从 里 五 百 阴 间 注 定 命 娘 差

ȵa:n˩ wa:ŋ˩ ɬui˥ ɬiŋ˧ miŋ˧ ɬoŋ˥ t'ən˧,
阎 王 注 定 命 中 短

pən˧ səu˩ so˧ kwa:i˧ jən˥ ɕən˥ k'un˥ ha:i˧ ȵa˩.
只 怕 命 不 跟 身 成 害 你

nu˦ ɬiu˥ so˧ ja:i˧ k'un˥ ȵən˩ ɕi˧ ta:u˥ lən˩ t'i˥ hu˧,
如 我 命 长 成 人 咱 后 妻 夫

pən˧ səu˩ so˧ nən˩ k'un˥ tu˦ jək˩ ɬa:i˩ ja:u˩ ɕu˧ k'u˧ təu˧ na˥."
只 愁 气 究 路 断 可怜 哥 我 就 苦 遭 厚

la:ŋ˩ ɬəm˥ təŋ˥ pa:u˦:
郎 金 来 说

"ta˥ ta:u˥ nu˦ ȵən˩ ljan˩ nu˦ miŋ˧,
眼 咱 见 人 连 见 命

ta˧ ka:u˨ ŋo˨ pek˧ jəm˥ ɕən˧ ʈui˥ ʈiŋ˧ miŋ˧ ɳa:ŋ˩ tok˥ p'a:ŋ˦
从 里 五 百 阴 间 注 定 命 娘 落 高

sa:ŋ˥ ɳa:u˧ pja˥,
根 在 石

jəu˦ li˧ məi˨ ʔəm˧ ma:ŋ˩ la:i˥ sa:i˥ ʈu˧ ja:u˩ ʈa:n˥ ta:ŋ˦ pu˧
找 得 剂 药 什么 好 给 情人 我 吃 越(渐)来

ta:ŋ˦ la:i˥,
越(渐)好

sa:i˥ ŋo˨ tu˩ ɳən˩ la:ŋ˩ ʈəm˥ ta:ŋ˦ ma˦ ljon˧.
让 我 个 人 郎 金 常 来 看望

ta:u˥ pji˧ mət˥ si˩ nəm˨ kon˧ ʈon˦ məŋ˥ pja˥.
咱 好比 水车 随 水 转 转 潭 石

ɳa:ŋ˩ ʈəm˥ təŋ˥ pa:u˦:
娘 金 来 说

"na:i˧ ja:u˩ ɕən˥ k'it˧ ʔu˥ ɕa:ŋ˩ pən˧ ja:u˧ ɳa:n˩ p'ui˦ miŋ˧,
今 我 身 病 上 床 只 怕 难 脱 命

məi˨ pjiŋ˧ na:n˩ jəi˥ təi˥ təu˦ ɳa˩.
个 病 难 医 死 留 你

ɳa:n˩ waŋ˩ kəu˥ pu˧ ɕu˧ kwa:i˧ li˧,
阎 王 勾 簿 等 不 得

nu˦ ʈiu˥ kot˥ ɳok˨ tok˥ ti˧ pa:u˦ ʈa:i˨ ɕiŋ˩ ɳi˧ si˥ ʔa:u˥ la:k˨
如 我 滑 倒貌 落 地 告诉 哥 情 人 再 娶 个

lui˧ ma˦."
下 来

la:ŋ˩ ʈəm˥ təŋ˥ pa:u˦:
郎 金 来 说

"ʈu˧ ɕa:ŋ˥ wən˦ hu˨ pu˧ ljok˦ ʔe˧,
情人 吩 咐 也 痴 呆

to˧ ja:u˩ nəm˨ ta˥ na˧ ne˧ ʈ'e˦ lon˧ na˥.
叫 我 水 眼 脸 哭 太 乱 厚

ʈən˩ pja˥ ɳa˥ na:n˧ wa:n˧ ha˥ həi˧,
山 石 河 瀑布 换 湖 海

ʈot˨ na:i˧ pa:i˥ lən˩ pek˨ ja:u˩ li˧ tok˥ tu˩ ɳən˩ toŋ˩ ʈ'əi˧ nəŋ˥ ɕ:˧
头 这 去 后 就是 我 得 落 个 人 有 幸 还

kwa:i˧ ta˧ ɳa˩.
不 过 你

ɳa:n˩ wa:ŋ˩ kəu˥ pu˧ k'u˧ təu˧ ma:u˧,
阎 王 勾 簿 苦 被 他

təu˦ tok˨ la:u˧ ja:u˩ ta:u˩ lon˧ na˥.
留 独 只 我 愁 乱 厚

nu˦ pjiŋ˨ li˨ ʈa˦ sa˦ jo˨ k'u˧,
如 达到 话 那 肯 定 苦

təu˦ nan˥ pən˧ ton˩ ɕa:u˥ ʈu˧ lu˧ təŋ˥ ta˥.
留 个 本 团 你 情人 路 来 剩

jət˥ ɕi˧ təu˦ ɳən˩ ɳi˧ təu˦ ji˦,
一 呀 留 人 二 留 义

ɬəu˧˥ ljeu˨˩ tʻin˦˥ soŋ˥ li˨˩ si˧˥ ƫi˧˥ təm˥ ma˩.
留 了 千 句 话 细 气 登 舌

ɬa:u˥ pji˧ kun˧˥ kʻe˦˥ lja:ŋ˩ ɕoŋ˧ ʔə˥ la:ŋ˩ ja:ŋ˩ kwa:i˧ ɕeŋ˥ təm˥
咱 比 前 人家 梁 兄 二 郎 阳间 不 相 遇

pa:i˥ ka:u˨˩ jəm˥ tʻit˧ ȵi˧,
去 里 阴间 结 二

ɕa:ŋ˧˥ təŋ˥ ɬa:m˥ ɬoŋ˥ li˨˩ na:i˧ ƫit˧ ɕa:ŋ˥ pi˨˩ lji˧
想 来 三 句 话 这 结 情 别 离

ɕa˧ ȵon˧ ɬa:i˨˩ si˩ ɬəi˥ pa:i˥ ƫe˧ na:m˧ ƫa˥."
宁 愿 一 齐 死 去 下面 土 盖

相 思 病

十七、十八结欢在远道，
一年四季见不着。
年复一年月复月，
难得黄昏相约同游乐。
寨各东西人隔远，
好比那英台留不住梁山伯，
河深滩险不知阿妹平安否。
今儿你哥上山做工太阳已街山，
思念阿妹心里烦。
晚上回家打扮上路走踉跄，
只见同伴姐妹不见你情娘。
久未见妹郎心乱，
妹处人来哥总问短长。
妹的同伴对我说：
"说长道短论根源，
我把实情对你讲。
从前你的情人在父母身边打扮梳妆，
象只屋檩上的翡翠鸟，
不料今年身染一病翅难展。
而今一日三餐吃不下，
花容憔悴脸色黄，
正月发病到今两月零几天。"
情郎说道：
"听了这话心烦乱，
云天有路也登攀。
来到妹寨眼望三间堂屋情如醉，
走到房前倚柱倾耳听。
不敢进屋外头藏，
听妹呻吟眼泪湿衣衫。
酉时黄昏郎进寨，
只好从旁打听你同伴。
孤身独步路难进，
哪位姐妹相烦带我去见情人面？"
妹的同伴对我说：
"听你郎这话娘心里酸，
让我带你去见情人面。"
到妹身边同伴相帮问：
"你的情人今晚来，
隔山隔岭连乡（村）路，
今晚情人身边来相探。"
情郎说道：
"来到情人阿妹身边站，
不知病体轻重近如何，
为什么一病不起当面亲口谈。"
情娘说道：
"如今妹身病势沉沉起不得，
阿哥真心相爱快来挽。"
情郎说道：
"眼看情娘病重好似鸭锁笼中身难脱，
让咱们并坐床头把刻骨的相思讲。
哪儿有什么救命的药剂？
哪儿有回生起死的仙丹？

要是说妹妹你挑了千斤重，
让我来替妹担几肩。”
情娘说道：
“咱俩还没过门人前难露面，
要似水深三丈不叫外人传。
夜深坐久只怕叫人疑，
千言万语只做几句讲。”
殷殷告别拉着阿哥的手，
妹病一天重一天。
手上“神米”亲眼见，
巫师占卜也说命乖蹇。
算命先生总说注定有大病，
情哥再来怕只见孤坟难见面。
一夜相逢且耐烦，
为了情哥一世背名也不枉在人间。”
情郎说道：
“阿妹这话太心酸，
叫我两行眼泪不能干。
抬眼看妹又长叹，
泪痕湿手擦不完。
只为路远山遥珠泪滴，
倘若同团同寨也能常相见。”
情娘说道：
“眼能见人不见命，
五百阴间注定妹命薄。
阎王注定寿命短，
只怕命不跟身害了你。
若是命长拆不散好姻缘，
只怕无常已到苦了阿哥受孤单。”
情郎说道：
“咱也见人来也见命，
五百阴间注定妹命根深扎进石缝间。
从哪儿能找来好药叫妹身重健，
叫我常来看望妹容颜，
咱俩好比水车随水转石潭。”
情娘说道：
“我今一病卧床只怕难逃命，
这病难医死后留下阿哥你。
阎王的勾魂薄上等不得，
要是我骨头落地告我情哥另娶妻。”
情郎说道：
“阿妹嘱咐也太痴呆，
叫我满脸的眼泪满心的乱。
高山深水往后能变做湖和海，
就是娶个同模样的人也比不得妹妹贤。
阎王的勾魂薄子苦了人，
留我孤单在世心烦虑乱太难堪。
当真这个样儿就令我愁肠断，
剩下村儿里一条大路不见情人走。
一留音容二留义，
三留千言万语咽喉间。
比那梁兄二郎阳世难逢阴府配成双，
思量咱今世恩情就别分散，
甘心同死进黄泉。”

5.3 mau˩ hoŋ˩ jən˦ jui˥ jin˧
毛 洪 和 玉 英

man˥ ta:u˥ na:i˧ ȵa:u˧ ȶiŋ˥˧ kwa:i˧ to˧ ka˥ pa:n˧˩ po˥˧ ȶa:ŋ˧,
(今)天 咱 这儿 坐 (要是) 不 唱 歌 同伴 说 犟

ʔeu˥˧ ki˧ wa:k˧˩ ɕa:ŋ˧ pəŋ˧ na˧ na˥.
拗 不得 大家 靠 脸 厚

su˥ hu˩ ȶi˥˧ ka˥ ma˦ ta:u˥ to˧,
师 傅 造 歌 来 咱 唱

ma:ŋ˥ ȵən˩ la:i˥ so˧ təŋ˧ pi˩ pa˩.
很少 人 好 嗓子 配 琵琶

man˥ na:i˧ sa:i˥ ja:u˩ wən˩ ʔa:u˥ mja˩ kwek˧ ta:n˩ ȶən˩ ma˦ ȶʻa:n˥˧ kʻu˧,
天 这 让 我 乱 拿 手 弹 弹 琴 来 叹 苦

ka:k˧ ȵən˩ səm˥ ȶoŋ˥ jo˧˩ mu˧ tu˧ pa:i˥ wa˩.
自己 人 心 中 会 想 肚 去 唱

ɕa:ŋ˥˧ təŋ˥ sam˧ na:i˧ ȶʻit˧ ɕa:ŋ˥ ma:ŋ˥ ȶən˩ ɕən˧,
想 来 世 这 结 情 很少 诚 心

ka:i˧ ȶip˧˩ kun˥˧ kʻe˦ ma:u˩ hoŋ˩ jui˥ jin˧ ȶən˩ ɕən˧ ɕeŋ˥ lja:ŋ˦
不 及 前 人家 毛 红 玉 英 诚 心 相 爱

ȶʻa˥˧ sam˧ ja˩.
上 世 二

ŋən˥ jui˧ pu˧˩ ȶu˧ kwa:i˧ sa:i˥ wa:i˧ lja:ŋ˧˩ ɕən˧,
硬 因 父 情人 不 结 坏 良 心

fen˧ ȶʻən˩ ʔu˩ ŋən˧ lən˩ pjan˥ kwa˥.
反 情 无 恩 后 变 卦

jən˩ ɕən˧ pu˩ ȶu˩ to˧ kʻe˦ ȵu˩ siu˥ sa:n˥˧,
人 心 不 足 逼 他们 鱼 休 散

pa:n˥˧ pu˧ jim˦ ȶoŋ˩ ljoŋ˩ wa:ŋ˥˧ ȵa˥.
半 步 嫌 穷 龙 离 河

la:u˧˩ la:m˩ siŋ˩ je˥˧ ke˥˧ ka:k˧ ȶa˧,
老人 忘 情 朋友 嫁 别 家

ta˧ lən˩ pu˧˩ ma:u˧ ȶʻoi˥˧ so˧ to˧ lji˩ ŋa˥.
过 后 父 她 退 悔 豆 离 荚

wa:ŋ˥˧ siŋ˩ li˧˩ ȶʻən˦ ŋən˥ jui˧ kʻu˧,
离 情 拆 亲 因 缘 苦

kʻe˦ pji˧ la:u˧˩ hu˧ li˩ ȶəu˥˧ təu˥˧ ɕa:n˥ pa˩.
他们 比 老 虎 得 双 留 鹿

jui˥ jin˧ sa:i˧ kwa:i˥ lja:i˥ pa:i˥ ɕa:ŋ˥˧,
玉 英 心 乖 远 去 想

jən˦ kʻe˦ pjiŋ˩ pa:n˧˩ ja˩ ma:ŋ˥˧ li˧˩ ɕeŋ˥ wa˩.
跟 她们 同 伴 两 边 话 相 说

jui˥ jin˧ təŋ˥ pau˥˧:
玉 英 来 说

"hu˥ mu˧˩ to˧ ja:u˩ ȶa:u˩ lon˩ təŋ˥ na˥ ma˧˥ səm˧ ȶoi˧,
父 母 叫 我 烦乱 来 厚 来 找 同伴

na:u˩ jo˧˩ pu˧˩ ju˧ si˥ ke˥˧ moi˧ ta˧ siu˥ ka˥.
谁 知 父 又 再 嫁 妹 过 萧 家

ja:u˩ jən˧˥ ma:u˩ hoŋ˩ toŋ˩ 'pet˧ si˧',
我 跟 毛 洪 同 八 字

ȶʻit˧ ta:ŋ˩ siŋ˩ ȵi˧ ja:u˩ ja˧ kwa:i˧ we˧˩ sa:i˧ pʻa:ŋ˧˥ lja:ŋ˧˥ jəu˧ la˩.
结 堂 情 人 我 也 不 做 心 高 爱 鹞 子

na:i˧ ja:u˩ ɕa:ŋ˥˧ ȶa:i˧˩ siŋ˩ ʔən˥ pan˥ ȶuŋ˧ ȶin˧,
今 我 想 哥 情 恩 竹 共 竹林

ma:ŋ˩ na:i˧ to˧ ja:u˩ kwa:i˩ ɕoŋ˥ təm˥ mjin˧ nu˥˧ ʔi˥ ta˥?"
为什么 这样 叫 我 不 总 见 面 看 一 眼

pjiŋ˩ pa:n˧˩ təŋ˥ pa:u˥˧:
同 伴 来 说

"ȶʻiŋ˥˧ soŋ˥ ȵa:ŋ˩ jəi˧ kwa:i˧ təm˥ pja:k˧,
听 话 娘 说 不 见 额

ka:k˧ jiu˥˧ jən˧˥ ɕa:u˥ ʔa:u˥ ȶʻəu˥˧ mja˩.
(我)自己 要 跟 你 拿 到 手

ɕek˧˩ ma:u˧ ma:u˩ hoŋ˩ kwa:i˧ ma˧˥ ȵa˩ ɕu˧ ȶʻu˥˧,
只要 他 毛 洪 不 来 你 就 去

me˩ man˥ li˧ nu˥˧ siŋ˩ ȵi˧ ȵa˩."
有 天 得 见 情 人 你

sa:m˥ ŋwet˧˩ ȶam˥ wa:ŋ˩ ma:u˩ hoŋ˩ ȶʻa˥˧ ka:i˥ pa:i˥ wa˩ ɕa˥˧,
三 月 土王日 毛 洪 上 街 去 玩 耍

təm˥ kʻe˧˥ pjiŋ˩ pa:n˧˩ pəi˧˩ ȶa˥˧ hem˧˩ la:u˧ ma˧˥.
见 她 同 伴 姑娘 那 叫 进 来

ma:u˩ hoŋ˩ ȶim˥ tin˥ la:u˧ ja:n˩ pən˧ ɕa:ŋ˥˧ ɕa˩ li˧˩ ɕiŋ˧,
毛 洪 抬 脚 进 屋 只 想 说 话 别的

na:u˩ jo˧˩ miŋ˧ ta:i˧ ɕeŋ˥ təm˥ səm˥ tu˧ ȶa˩.
谁 知 命 使 相 见 心 肚 翻乱

ja˩ ȵən˩ ɕoŋ˥ ɕoŋ˥ ka:u˧˩ ja:n˩ ȶui˧,
俩 人 双 双 里 屋 作伴

nəm˧˩ ta˥ ɕəm˩ ȵui˧ jui˧ pu˧˩ kwa:i˧ sa:i˥ lja:i˥ ȶʻa˥˧ ha˥.
水 眼泡 珠 因 父 不 给 远 上

jui˥ jin˧ təŋ˥ pa:u˥˧:
玉 英 来 说

"kwa:i˧ ɕa:ŋ˥˧ man˥ na:i˧ təm˥ ȶa:i˧˩ siŋ˩ ma:k˧ ȶʻa:p˧ tu˩ ɕa:k˧ li˧
不 想 天 这 见 哥 情人 大 好似 只 喜鹊 得

ȶoi˧,
伴

na:u˩ jo˧˩ pu˧˩ ju˧ ke˥˧ moi˧ təŋ˧ siu˥ ka˥.
谁 知 父 又 嫁 妹 配 萧 家

la:u˧˩ ta:i˩ pet˧ si˧ tu˥ jiu˥˧ ȶʻoi˥˧,
老人 把 八 字 都 要 退

to˧ ta:u˥ kwa:i˧ li˧ ljok˩ ɕəp˩ ȵin˩ ɕoi˥˧ nəm˧˩ ta˥ ɕa˩.
使 咱 不 得 六 十 年 岁 水 眼 流

naːi˧ jaːu˩ n̥in˩ cəp˩ n̥i˧ n̥aːn˥ kaːn˥ laːi˥ ŋwiŋ˦,
今 我 年 十 二 月 多 么 望

kwiŋ˦ nan˥ taːu˩ wa˥ caːu˥ ɬu˧ lon˧ təŋ˥ na˥."
望 个 桃 花 你 情人 乱 来 厚

maːu˩ hoŋ˩ təŋ˥ paːu˦:
毛 洪 来 说

"ɬiu˥ laːk˨ maːu˩ ka˥ k'uŋ˥ tam˥ ja˦,
我 子 毛 家 没有 塘 田

caːu˥ paːi˥ paːn˨ ɬa˦ kwaːi˩ k'ui˥ n̥a˩.
你 去 伴 那 不 亏 你

pu˨ k'uŋ˥ ɬin˩ ton˧ lon˧ ljok˥ ʔe˧,
父 没有 田 地 愁 痴 呆

ŋo˨ miŋ˧ tok˥ te˧ ɬ'aːp˧ tu˩ lje˧ kwiŋ˦ ma˥.
我 命 落 下 好似 只 羊 望 菜

pu˨ kan˧ ke˥ taːŋ˩ laːŋ˩ k'uŋ˥ pən˧,
父 夸 财产 塘田 郎 没有 份

təu˦ noŋ˨ jui˥ jin˧ təŋ˧ siu˥ ka˥."
留 妹 玉 英 配 萧 家

jui˥ jin˧ təŋ˥ paːu˦:
玉 英 来 说

"pek˨ maːu˧ t'in˥ tən˨ ke˥ taːŋ˩ n̥aːŋ˩ kwaːi˧ n̥on˧,
就是 他 千 囤 财产 塘田 娘 不 愿

ton˧ caːŋ˦ siŋ˩ t'i˥ pi˥ ɬuŋ˧ sa˩.
只 想 情人 火 同 灶

təu˦ maːu˧ kwaːi˧ n̥iu˥ liu˥ paːi˥ maːŋ˦,
留 他 不 理 丢 去 边

ɬam˥ ɬaːi˨ waːn˧ taːŋ˦ caːŋ˦ ljok˩ ci˥ n̥in˩ taːi˩ nan˥ sin˩ la˦ ta˥.
约 哥 换 礼 想 六 十 年 把 个 钱 破 眼

pu˨ nəi˨ p'a˥ t'ən˥ naːi˧ jaːu˩ ŋən˥ ʔaːu˥ pən˧,
父 母 阻 亲 今 我 硬 要 亲

kaːu˨ loŋ˩ jui˥ jin˧ pən˧ ljaːŋ˥ n̥a˩."
里 肚 玉 英 只 爱 你

maːu˩ hoŋ˩ taŋ˥ paːu˦:
毛 洪 来 说

"n̥a˩ noŋ˨ ci˥ jəŋ˧ pu˨ ɬu˧ kwaːi˧,
你 妹 是 答应 父 你 不

me˩ man˥ n̥u˩ tiŋ˧ ha˥ həi˧ kwaːi˧ ɬon˦ n̥a˥.
有 天 鱼 冲 河 海 不 转 河

saːn˦ kwaːi˧ k'un˥ su˨ ŋən˥ jui˧ pu˨ ɬu˧ haːi˧,
线 不 成 束 因 缘 父 你 害

naːi˧ taːu˥ sin˩ ci˩ ɬa˧ tok˥ ɬaːŋ˩ naːi˧ pu˨ ɬu˧ taːi˩ paːi˥ lam˥
今 咱 昔 时 秧 落 塘 这 父 你 拿 去 插

ja˦ n̥a˥."
田 河

jui˥ jin˧ təŋ˥ paːu˦:
玉 英 来 说

"na:i˧ ta:u˥ sin˩ ɕi˩ ta˧ pa:k˧ ȵa˥ k'am˦[1] ȶam˥ ȶ'it˧ je˦,
今　咱　昔　时　从　外　河　浑水　约　结　朋友

ja:u˩ ja˧ sam˥ po˦ ȵa˩ ȶa:i˨ ta:p˧ ȶ'an˦ pi˨ ȶ'e˦ jiu˦ ȶuŋ˥ sa˥.
我　也　早　说　你　哥　挑　重　别　怕　要　装　肩

ȶiu˩ ka:n˩ ȶ'in˦ ȶən˥ ŋən˥ jiu˦ ȶa:ŋ˧,
条　扁担　千　斤　硬　要　挑(顶)

nəŋ˥ me˩ loŋ˨ ɕa:ŋ˥ pji˩ ɕa:ŋ˧ ȵan˩ sa:i˥ ȵa˩.
还　有　箱笼　皮　箱　银　给　你

nu˦ ȶa:i˨ ʔəu˧ loŋ˩ joŋ˩ ma:u˧ k'u˧,
如　哥　合　意　管　他　苦

ȶ'əm˦ ȶəm˥ sa:i˥ ȶu˧ tu˧ la:u˧ mja˩.
簪子　金　给　你　递　进　手

ja:u˩ ta:i˩ li˨ ȶu˧ to˧ we˨ kwen˦,
我　把　话　你　当　做　惯

soŋ˥ soŋ˥ pjiŋ˩ hen˧ ju˧ si˧ ka˥.
句　句　平愿（如愿）由　自　己

sam˧ na:i˧ kwa:i˧ li˧ si˦ ta˧ ton˦,
世　今　不　得　再　发　誓

ȶiu˥ pji˧ ma:u˩ jui˥ wa:n˧ kon˦ ȶon˦ ma˦ ȵa˩.
我　比　魔　芋　换　梗　转　来　你

ȶ'e˦ ta:k˧ ka:n˥ təu˦ həu˦ ȵa:ŋ˩ tam˧,
梳　杼　杆　留　候　娘　织

sam˧ lən˩ ɕeŋ˥ təm˥ səm˥ tu˧ t'a:i˦ pjiŋ˩ ha:p˧ jo˨ li˧
世　后　相　见　心　肚　太　平　才　会　得

nan˥ siŋ˩ si˧ ka˥."
个　情人　自　己

ma:u˩ hoŋ˩ təŋ˥ pa:u˦:
毛　洪　来　说

"noŋ˨ ka:ŋ˧ li˨ na:i˧ sik˧ səm˥ tu˧;
妹　说　话　这　凄惨　心　肚

təi˥ pa:i˥ wən˩ mu˧ ja:u˧ ɕa:u˥ ȶu˧ na:n˩ ma˦.
死　去　坟　墓　怕　你　情　难　来

ka:i˧ ȶa:ŋ˧ ȵət˩ təu˧ ȵam˦ na:i˧ tok˥ pa:i˥ jəi˥ mu˧ ȶon˦,
不　是　太　阳　晚　这　落　去　明早　转

ko˨ ʔa:u˥ ɕi˩ ma:ŋ˩ jon˦jon˦ ȶon˦ ta:u˥ wa˦.
不知　要　时　什么　复发貌　转　桃　花

ȶ'e˦ ta:k˧ ka:u˨ ljuŋ˧ mjuŋ˧ ȵa:ŋ˩ tam˧,
梳　杼　里　巷　盼　娘　织

sam˧ lən˩ ɕeŋ˥ təm˥ pən˧ ja:u˧ tu˩ ȵən˩ ȵa:ŋ˩ ȶəm˥ kwa:i˧ ȵən˧
世　后　相　遇　只　怕　个　人　娘　不　认

ha˥."

pjiŋ˩ pa:n˨ təŋ˥ pa:u˦:
同伴　来　说

"ju˨ ɕi˩ mən˥ p'a˦ ȶam˥ k'we˦ toi˧,
酉　时　天　灰　约　散　伴

---

[1] 校者注：侗族民间传说，雁鹅寨有两条河，一浑一清。阴间人投胎时，从浑水河走过清水河，就到了阳间。

pu˨ ɕa:u˥ səm˧ moi˧ t'əu˦ ma˦ ɕa˩.
父 你 找 妹 到 来 问

ȵət˩ təu˧ poi˧ lja:ŋ˩ tam˥ k'we˦ lu˧,
太阳 避 梁 约 散 路

k'un˦ lja:i˥ sa:i˥ tu˧ tan˨ sa:i˥ ȵa˩."
路 远 给 情人 近 给 你

jui˥ jin˧ təŋ˥ pa:u˦:
玉 英 来 说

"t'iŋ˦ li˨ pjiŋ˩ pa:n˨ sa:i˧ ta:u˩ lon˧.
听 话 同伴 心 烦乱

nu˦ ta:i˨ jo˨ kon˧ ɕi˧ ɕa:u˥ ɕon˧ lən˩ ma˦."
如 哥 会 灵 呀 你 回 后 来

ljok˩ ɕəp˩ hu˧ t'i˦ ti˥ na:i˧ ton˦."
六 十 夫 妻 时 这 定

t'iŋ˦ soŋ˥ pa:n˨ jon˦ ton˦ ma˦ ŋa˩.
听 话 同伴 劝 转 来 我

jui˥ jin˧ pa:i˥ ja:n˩ nəi˨ ma:u˧ ta:i˧;
玉 英 去 家 母 她 问

"noŋ˨ ja:u˩ man˥ na:i˧ ta˧ nu˦ ma˦?"
女儿 我 天 这 从 哪儿 来

jui˥ jin˧ təŋ˥ pa:u˦:
玉 英 来 说

"ka:i˧ ɕa:ŋ˦ pjiŋ˩ pa:n˨ man˥ na:i˧ tam˥ pa:i˥ lja:i˥ we˨ toi˧,
不 想 同 伴 天 这 约 去 远 做 伴

jən˦ ta:i˨ ma:u˩ hoŋ˩ ɕeŋ˥ hoi˧ ka:u˨ ja:n˦ wa˦.
跟 哥 毛 洪 相 会 里 园 花

jui˧ pu˨ kwa:i˧ səŋ˩ ȵəŋ˩ ha:i˧ moi˧,
因 父 不 直 真 害 妹

to˧ ja:u˩ ŋen˨ ljui˧ ɕoŋ˥ ɕoŋ˥ lja:ŋ˦ ma:u˧ na˥.
叫 我 眼 泪 双 双 爱 他 厚

ke˦ pa:i˥ siu˥ ka˥ tiu˥ kwa:i˧ lu˧,
嫁 去 萧 家 我 不 愿

ljok˩ ɕəp˩ t'i˦ hu˧ tiŋ˥ tən˥ tu˧ ma:u˩ ka˥."
六 十 妻 夫 真 真 情人 毛 家

pu˨ ma:u˧ ta:ŋ˥ ɕəu˥ t'a˦ li˧ t'iŋ˦,
父 她 姜 修 耳 得 听

"na:i˧ ɕa:u˥ ko˨ tiŋ˦ kwen˦ jo˧ mja˩.
今 你 不知 底 惯 伸 手

pi˨ t'a:n˦ siŋ˩ ʔən˥ man˥ pa:i˥ ȵa:u˧,
别 叹 情 恩 天 去 坐

kwa:i˧ sa:i˥ pa:i˥ ma:u˧ ja:u˧ k'ui˦ ȵa˩,
不 给 去 他 怕 亏 你

ja:u˩ nu˦ ma:u˩ hoŋ˩ tan˧ la:k˨ ɕən˥ tu˦ nu˦ ljəu˧ t'əu˧,
我 见 毛 洪 穿 个 身 破 好似 颤抖貌

ha:ŋ˩ ha:ŋ˩ me˥ jiu˧ təu˧ ka:u˩ wa˦."
样 样 没 有 象 叫 化

nəi˧˩˧ ma:u˧ təŋ˥ pa:u˦˥˧:
母 她 来 说

"pi˧˩˧ ka:ŋ˧ li˧˩˧ na:i˧ wa:i˧ k'e˧˥ ʔa:k˧,
别 说 话 这 坏 人家 狠

me˩ man˥ tin˥ ka:k˧ lji˩ ȶa:k˧ ta:k˧ wa:ŋ˦˥˧ ja˥,
有 天 脚 自己 离 草鞋 杼 离 布

jən˧˥ ȶoŋ˩ ke˦˥˧ ȶ'a˧˩ ɕa˧ ȵon˧ ke˦˥˧,
跟 穷 嫁 轻 自 愿 嫁

na:i˩ ɕi˩ la:u˧˩˧ la:m˩ siŋ˩ je˦˥˧ ke˦˥˧ poi˧ ka˥.
今 时 老人 忘 情 朋友 嫁 背 家

kun˦˥˧ ɕi˩ təŋ˧ t'ən˧˥ pən˧ po˦˥˧ ja˩ k'e˧˥ k'un˧˥ t'i˧˥ hu˧,
前 时 配 亲 只 说 俩 他们 成 妻 夫

na:i˧ ɕi˩ wen˧˥ səm˥ p'ja˧˩ tu˧ ka:ŋ˧ nan˥ li˧˩˧ p'e˧˥ ma˩."
今 时 变 心 翻 肚 说 个 话 尖 舌

pu˧˩˧ ma:u˧ təŋ˥ po˦˥˧:
父 他 来 说

"ȶiu˥ kan˧ siu˥ ka˥ ȵən˩ ta:i˧ hu˧,
我 夸 萧 家 人 财 富

po˦˥˧ k'e˧˥ ja:ŋ˧ ha:ŋ˩ pen˧ pu˧ ɕu˧ ma˧˥ na˩."
告诉 他们 样 样 办 备 就 来 娶

lən˩ li˧ siu˥ ka˥ to˧ ȵən˩ ma˧˥ ʔa:u˥ we˧˩˧ t'i˧˥ hu˧,
后 得 萧 家 派 人 来 娶 做 妻 夫

na:u˩ jo˧˩˧ pa:i˥ t'əu˦˥˧ pa:n˦˥˧ lu˧ ju˧ pjen˥ kwa˥.
谁 知 去 到 半 路 又 变 卦

pa:i˥ t'əu˦˥˧ ȶe˥ to˥ ka:u˧˩˧ loŋ˩ jui˥ jin˧ pən˧ kwa:i˧ ɕa˧,
去 到 边 门 里 肚 玉 英 总 不 舍

ja˧ jiu˦˥˧ lui˧˩ ȶeu˧poŋ˩ta:ŋ˩ təm˥ na˧ nu˦˥˧ ʔi˥ ta˥.
也 要 下 轿 见 面 看 一 眼

jui˥ jin˧ təŋ˥ pa:u˦˥˧:
玉 英 来 说

"wa˧˥ ȶa:i˧˩˧ ma:u˩ hoŋ˩ ma:ŋ˩ kwa:i˧ toŋ˩ ta˧ ȶe˥ ka:i˥ sa:i˥ ja:u˩
(叹气) 哥 毛 洪 为什么 不 同 过 边 街 让 我

po˦˥˧?
告诉

na:i˧ ta:u˥ siŋ˩ ka:u˦˥˧ na:n˩ wa:ŋ˦˥˧ ha˥!
今 咱 情 旧 难 离 呀

ma˧˥ t'əu˦˥˧ ȶe˥ pa˥ ləp˩ k'u˧˩ na:n˧,
来 到 身 边 诉 苦 难

to˧ jət˩ ȶ'a˦˥˧ ȶa:n˧ nu˧˥ ɕa˧ ne˥ pa:i˥ wa:n˧ to˧ ma˥?
豆 爬 上 竿 谁 舍 扯 去 换 种 菜

man˥ na:i˧ jən˧˥ ȶa:i˧˩˧ ɕeŋ˥ hui˧˥ k'əi˧˥ səm˥ tu˧,
天 这 跟 哥 相 会 开 心 肚

pa:i˥ jəm˥ ɕən˩ lu˧ ta˧ wa:ŋ˩ wa˧˥.
去 阴间 路 过 黄 花

ta:n˥ nu˦˥˧ pa:n˧˩˧ ȶa˦˥˧ ɕeŋ˥ ɕon˥ ȶ'a˦˥˧ ȵa˥ ja:u˧˩ nəm˧˩˧ la:ŋ˧,
但 见 同伴 那 撑 船 上 河 怕 水 浪

lən˥ ȶiu˥ ȵa:ŋ˩ na:i˧ ɕa˧ ȵon˧ pʻok˥ lo˥ lui˧ ta:n˧ ti˥ pa:i˥ wa:n˧
只 我 娘 这 自 愿 翻 船 下 滩 再 去 换

ȶiu˩ ȵa˥.
条 河

sam˧ lən˩ ȶiu˥ ma˥ ko˩ nu˥ ja:ŋ˧,
世 后 我 来 不知怎么 样

sam˥ po˧ ȵa˩ ȶa:i˩ la:i˥ nəŋ˩ ɕən˥ ɕa:ŋ˧ nu˧ ʔi˥ ta˥."
早 说 你 哥 好 看 身 上 看 一 眼

ma:u˩ hoŋ˩ təŋ˥ pa:u˧:
毛 洪 来 说

"ȶim˥ ta˥ nəŋ˩ ȶu˧ pu˧ tok˥ na˧,
举 眼 看 你 就 落 脸

ŋən˥ jui˧ pu˩ ȶiu˥ ma:u˩ hoŋ˩ ke˥ ȶʻa˧ kʻun˥ ha:i˧ ȵa˩.
因 缘 父 我 毛 洪 财产 轻 成 害 你

pu˩ nəi˩ sa:ŋ˩ ȵa˩ ɕi˥ ma:ŋ˩ ja:ŋ˧,
父 母 养 你 是 什么 样

ȵa˩ ja˧ pi˩ we˩ sa:i˧ ȶa:ŋ˧ ma:ŋ˩ kwa:i˧ ȶʻiŋ˥ nan˥ ta:u˩ li˩ ȶiu˥
你 也 别 做 固执 什么 不 听 个 甜 话 我

ȵi˥ kʻui˥ moi˧ ȵa˩.
一点儿 亏 妹 你

pu˩ nəi˩ sa:ŋ˩ ta:u˥ ȵa:n˩ wa:ŋ˩ ȶui˥ ȶiŋ˧ miŋ˧ kwa:i˧ ja:i˧.
父 母 养 咱 阎 王 注 定 命 不 长

ja:u˩ ja˧ sam˥ po˧ ȵa˩ noŋ˩ sa:i˧ pi˩ lja:ŋ˥ ja:u˩ ta:u˩ lon˧ na˥.
我 也 早 说 你 妹 心 别 爱 我 弄 乱 厚

jui˥ jin˧ təŋ˥ pa:u˧:
玉 英 来 说

"ȶa:i˩ ka:ŋ˧ li˩ na:i˧ kwa:i˧ təu˧ sa:i˧,
哥 说 话 这 不 合 意

lu˧ jən˩ kʻun˥ ja:i˧ pa:i˥ təu˧ ȵa˩.
路 远 路 长 去 留 你

la:u˧ ȶɕu˧poŋ˩ta:ŋ˩ lja:ŋ˩ ȶi˧ ɕiŋ˧,
进 轿子 想 计 别

ȵon˧ ʔa:u˥ ȶiu˩ miŋ˧ tiŋ˧ ɕa:n˥ pʻa˥.
愿 拿 条 命 冲 山 坡

lja:p˧ mit˩ la:u˧ mja˩ kʻuŋ˥ na:u˩ ȶu˧,
抓 刀 进 手 没有 谁 救

kʻəi˥ ȶɕu˧poŋ˩ta:ŋ˩ təŋ˥ nu˧ tu˧ sa:ŋ˥ ma˩.
开 轿子 来 看 断 根 舌

kəm˩ təu˩ ȶi˥ ȶa˧ ɕek˧ nam˥ na˧,
个 伙 时 那 都 黑 脸

ʔa:u˥ ȵən˩ pa:i˥ po˧ ja:n˩ ȶa:ŋ˥ ka˥.
要 人 去 告诉 家 姜 家

ȶa:u˧ təi˥ tok˥ ti˧ kwa:i˧ ȶa:ŋ˧ ɕəi˧ we˩ pja:n˧,
头 死 落 地 不 是 事情 做 玩耍

ʔa:u˥ ȵən˩ pa:i˥ ka:n˧ pu˩ ma:u˧ ma˥."
要 人 去 赶 父 她 来

pu˩ ma:u˧ təŋ˥ pa:u˦:
父 她 来 说

"kun˦ ɕi˩ la:k˩ ja:u˩ ʔuk˧ ja:n˩ jiŋ˧ ljoŋ˩ n̥o˧,
前 时 女儿 我 出 家 影 龙 女

na:i˧ ɕi˩ so˧ kwa:i˧ jən˥ ɕən˥ ȶən˥ jən˦ n̥a˩."
今 时 气 不 跟 身 真 怪 你

siu˥ ka˥ təŋ˥ pa:u˦:
萧 家 来 说

"kun˦ ȶiu˥ ma˥ ʔa:u˥ pən˧ ɕa:ŋ˦ ja˩ ȶiu˥ ljok˩ ɕəp˩ hu˧ťi˥ ťət˥ ɕəp˩ n̥ta:u˧.
前 我 来 娶 只 想 俩 我们 六 十 夫妻 七 十 住

pek˩ la:i˥ jən˦ ja:u˩ sa˧ ma:u˧ ja:u˩ ja˧ ka:n˥ lja:i˦ pu˩ ȶu˧ təŋ˦
要是 怪 我 杀 她 我 也 为 父 情人 黑

ljok˥ ta˥.
痴 眼

pa:i˥ ťiŋ˧ n̥ən˩ təu˩ ka:u˩ sən˥ jən˥ ta:u˥ wən˥ ta:ŋ˩ ɕəi˧.
去 请 人 头 里 村 跟 咱 判 场 事

ja:u˩ ja˧ kwa:i˧ me˩ ȶi˥ nu˥ kwa:i˧ ɕi˧ ja˧ ʔu˥ hwa˩."
我 也 没 有 里 哪 不 是 也 无 法

n̥ən˩ təu˩ təŋ˥ pa:u˦:
人 头 来 说

"kwa:i˧ jo˩ he˩ ťu˥ ʔi˥ nu˥ ja:ŋ˧,
不 知 黑 处 怎么 样

pəi˩ na:i˧ pek˩ la:i˥ ɕe˩ miŋ˧ mit˩ ȶoi˥ ma˩.
姑娘 这 好好的 舍 命 刀 割 舌

n̥a˩ ka:ŋ˧ li˩ na:i˧ pu˧ kwa:i˧ ťa:k˧,
你 说 话 这 也 不 错

kwa:i˧ jo˩ ma:u˧ ka:k˧ so˩ ha:i˧ ȶi˥ ɕi˥ n̥a˩."
不 知 她 自己 所 害 还 是 你

siu˥ ka˥ təŋ˥ pa:u˦:
萧 家 来 说

"kwa:i˧ jo˩ jon˩ ku˥ nu˥ ȶi˩ ȶoŋ˥,
不 知 缘 故 怎么 其 中

ja:u˩ ja˧ təi˥ tu˥ kwa:i˧ sa:ŋ˦ ka:ŋ˦ la:k˩ pa˧ ljoŋ˧ la:n˧ ťa:ŋ˥
我 也 死 都 不 葬 留 儿 岳父母 烂 抗

ka˩."
菌

n̥ən˩ təu˩ təŋ˥ pa:u˦:
人 头 来 说

"ja:u˧ me˩ n̥ən˩ na:u˩ ta˦ pja˩ ȶuŋ˥ wa:k˧ ɕa:t˧ ɕən˥ ma:u˧,
怕 有 人 谁 中 草丛 装 刺儿 刺 身 她

ja:u˧ me˩ pa:n˥ nu˥ ljak˩ n̥a:u˧ soŋ˥ soŋ˥ pjiŋ˩ hen˧ na:n˩ ma˥
怕 有 男子 哪个 偷 相好 句 句 约 好 难 来

ťa˥.
娶

kun˦ k'e˥ ȶu˩ ka˥ jin˧ ta:i˩ pu˩ ma:u˧ ke˦ pa:i˥ ma˩ ka˥ siŋ˦,
前 人家 祝 家 英 台 父 她 嫁 去 马 家 姓

mjek˧ kan˧ ton˧˩ ȶiŋ˧˥ ȶa:i˧˩ lja:ŋ˧˩ ka˥.
姑娘 夸 端 正 哥 梁 家

kwa:i˧ pa:i˥ ma˧˩ ka˥ we˧˩ ȶ'i˦ hu˧,
不 去 马 家 做 妻 夫

ŋən˥ jui˧ ȶu˧ siŋ˩ sa:i˧ ʔe˧ ɕa˧ ȵon˧ ta:i˧˥si˧˥ təi˥ pa:i˥ wən˩
因 缘 情人 心 痴 自愿 共同 死 去 坟

mu˧ ȶa˥.
墓 盖

kun˧˥ k'e˦ jin˧ ta:i˩ p'i˧˥ lja:ŋ˩ sa:n˧,
前 人家 英 台 配 梁 山

ɕek˧ ɕa:ŋ˧˥ jən˥ jon˩ ɕon˩ ȶuŋ˧ ȵa˥.
都 想 姻 缘 船 共 河

ȶiu˥ pji˧ ɕo˩ ta:ŋ˩ ʔuk˧ ti˩ si˧ pa:i˥ t'əi˧,
我 好比 学 堂 出 题 同 去 看

pən˧ ja:u˧˩ ŋəi˧ ʔəm˧˥ nəm˧˩ k'am˦ ta:i˩ pa:i˥ lam˦ ɕon˧ ja˩.
只 怕 浮萍 盖 水 浑 拿 去 插田 次 两

ɕa:ŋ˧˥ ta:i˩ nəm˧˩ lu˦ ɕu˥ ta:ŋ˩ ɕəi˧
想 把 水 清 收 场 事

na:i˧ ja˩ ma:ŋ˧˥ ȶa:ŋ˧˩ ɕon˩ pi˧˩ ja:u˧˩ la:ŋ˧,
今 两 边 撑 船 别 怕 浪

to˧ ȶiu˥ nən˩ təu˩ pa:u˧˩ ȶa:ŋ˧ lu˧ na:i˧ na:n˩ ɕu˥ ʔu˥ ta˧˥ pja˩."
叫 我 人 头 保 长 事情 这 难 收 上 中 草丛

pu˧˩ ja˧ kwa:i˧ ɕu˧ sa:u˧˩ kwa:i˧ sa:ŋ˧˥,
父 也 不 收 丈夫 不 葬

k'əŋ˦ noŋ˧˩ jui˥ jin˧ sin˧ k'un˦ k'wa˦.
扔 妹 玉 英 收场 成 狗

lən˩ li˧ ma:u˩ hoŋ˩ toi˧˥ pja:k˧ ka:k˧ ma˦ ȵən˧,
后 得 毛 洪 对 额 自己 来 认

pi˧˩ ʔa:u˥ noŋ˧˩ ȶiu˥ jui˥ jin˧ təŋ˥ ka:u˩ ja:u˩ ȶ'a˧˥ sa˥.
别 拿 妹 我 玉 英 来 搞 我 上 肩

ȵən˩ ta:u˥ təi˥ pa:i˥ ȶon˧˥ kwa:i˧ li˧,
人 咱 死 去 转 不 得

ȶəi˧ teŋ˧˩ pa:u˧˩ la˧˩ ja:ŋ˦ ȶi˧ pa:i˥ təu˧˥ sa˩.
买 点儿 腊烛 香 纸 去 拜 神

we˧˩ li˧ ȶ'ət˦ man˥ ȶ'a:u˧ ɕa:ŋ˩ la:ŋ˩ p'a:ŋ˦ ȶ'am˧˥,
做 得 七 天 道 场 郎 高 低

jət˦ ȵam˧˥ nəm˧˩ ta˥ ma˦ ȶ'a:n˧˥ ȵa˩.
早 晚 水 眼 来 叹 你

jui˥ jin˧ təi˥ li˧ ȶ'ət˦ man˥ soŋ˧˥ tu˩ kwa:n˥ ma˦ po˧˥,
玉 英 死 得 七 天 放 个 魂 来 说

ləp˩ sa:i˥ ȵən˩ siŋ˩ ȶu˧ ka:u˧˥ ȵa:u˧˩ ȶe˥ ȶ'a˦:
说 给 人 情 情人 旧 在 边 耳

"ɕən˥ ɕa:ŋ˧ ȶiu˥ ȵa:ŋ˩ k'a:u˦ ɕa:u˥ la:ŋ˩ pa:i˥ sa:ŋ˧˥,
身 上 我 娘 靠 你 郎 去 葬

ɕa:ŋ˧˥ ȶa:i˧˩ siŋ˩ ʔən˥ ȶ'an˦ ja:ŋ˧ pja˥.
想 哥 情 恩 重 样 石

samꜧ na:iꜧ tok˥ ɕui˥ ȶiu˥ pənꜧ kʻa:u˦ kʻe˦ jui˥ wa:ŋ˩ ȶʻenꜧ,
世 这 落 输 我 只 靠 他 玉 皇 天

henꜧ ȶa:i˨ ɕeŋ˥ təm˥ jəm˥ po˦ ȵa˩.
约 哥 相 遇 阴间 告诉 你

ɕi˩ na:iꜧ ȶiu˥ juꜧ si˥ pa:i˥ lo˩ ja:ŋ˩ jənꜧ,
时 这 我 又 再 去 洛阳 县

ȶiŋꜧ tok˨ jən˦ ɕa:u˥ ȶa:u˥ ȶuŋꜧ pja˩.
定 只 跟 你 藤 共 草丛

po˨ ȶa:i˨ jiu˦ ma˦ lo˩ ja:ŋ˩ jənꜧ,
告诉 哥 要 来 洛阳 县

ȶiŋꜧ ȶa:i˨ ma˦ ʔa:u˥ ja:n˩ ɕenꜧ ȶa˩.
定 哥 来 娶 家 仙 甲

ȶiu˥ pa:i˥ ȶot˨ ȶa˦ ha:pꜧ son˦ mjekꜧ,
我 去 头 那 才 算 姑娘

peiꜧ ŋwet˨ ɕəp˩ sa:m˥ man˥ ȶa˦ ma˦."
八 月 十 三 天 那 来

ȵam˦ ma:uꜧ ma:u˩ hoŋ˩ nun˩ ɕa:ŋ˩ liꜧ pjan˥ ȶʻuŋꜧ tu˩ kwa:n˥ kʻe˦ ȶuꜧ,
晚 他 毛 洪 睡 床 得 梦 见 个 魂 她 情人

pənꜧ ȶʻiŋ˦ tin˥ soŋ˥ kʻuŋ˦ nu˦ ȵa˩.
只 听 脚 话 没 见 你

ȶən˩ ma˦ ʔu˥ ɕa:ŋ˩ ljok˦ ŋwiŋ˦ ŋwiŋ˦,
起 来 上 床 痴 呆 呆

ȶʻiŋ˦ soŋ˥ ȵa:ŋ˩ po˦ ȵa:u˨ ȶe˥ ȶʻa˦.
听 话 娘 说 在 边 耳

ljo˦ ȶon˦ ȶʻiŋ˦ sa:iꜧ kwa:iꜧ nu˦ mjinꜧ,
醒 转 清 心 不 见 面

lja:k˦ sa:iꜧ suꜧ siŋꜧ hoiꜧ ȶiu˩ miŋꜧ la:ŋ˩ ɕa˥.
冷 心 冰 凉 叹 条 命 郎 差

jət˦ lən˩ ȶən˩ sam˥ ɕuꜧ penꜧ puꜧ,
早 后 起 早 就 办 备

joŋ˩ ma:uꜧ ʔi˥ ȶʻin˦ lji˨ luꜧ puꜧ jiu˦ ma˦.
管 它 一 千 里 路 也 要 来

pen˦ muŋ˨ ɕen˥ sən˥ ȵən˩ son˦ miŋꜧ,
扮 个 先 生 人 算 命

pa:i˥ lo˩ja:ŋ˩ jənꜧ səmꜧ ja:n˩ ta˥.
去 洛阳 县 找 家 外公

luꜧ jən˨ kʻun˦ ja:iꜧ ȶa:iꜧ la:k˨ tuiꜧ,
路 远 路 长 问 同伴

jən˦ kʻe˦ pjiŋ˩ pa:n˨ ȶʻa˦ luiꜧ menꜧ ŋo˥ ŋa˥.
跟 他们 同 伴 上 下 总 聊 天

ka:u˨ ʔu˥ ja:ŋ˩ ȶeu˩ sa:iꜧ pʻa:ŋ˦ ȶam˦,
里 上 阳 桥 心 高 低

ȶʻəu˦ keŋ˥ ȶot˨ ȵam˦ ȵa:u˨ ȶe˥ ȵa˥.
到 时候 头 晚 在 边 河

ȶim˥ ȶin˥ ȶʻa˦ ka:i˥ pa:i˥ səmꜧ ma:uꜧ,
抬 脚 上 街 去 找 她

ȶa:i˧ k'e˧˥ ȵən˩ la:u˧˩ ȶu˥ ja:u˩ ȵa:u˧ ȵam˥˧ ȶa˥˧.
问 人家 人 老 留 我 住 晚 那

ɕen˧ ȶa˩ təŋ˥ pa:u˥˧:
仙 甲 来 说

“noŋ˧˩ wəi˥˧ lju˩lja:ŋ˩ lui˧ ja:n˩ te˧,
孩子 快 能干 下 家 下面

la:k˧˩ ȶiu˥ sa:i˧ ʔe˧ ne˧ tu˥˧ ta˥.
小女 我 心 愚 哭 断 眼

pjiŋ˧ lja:ŋ˩ ʔu˥ ɕən˥ pən˧ ʔi˥ ka:u˥˧,
病 情 上 身 只 一 旧

jəŋ˧ li˧ ȵən˩ na:u˩ jo˧˩ ɕa:u˥˧ mjin˧˩ lək˥ ȶ'a˧˥.”
如 得 人 谁 会 治 免 吵 耳

ma:u˩ hoŋ˩ təŋ˥ pa:u˥˧:
毛 洪 来 说

“ɕən˥ ɕa:ŋ˧ k'e˧˥ ȵa:ŋ˩ la:ŋ˩ jo˧˩wi˧,
身 上 她 娘 郎 知 为

kun˥˧ ɕi˩ la˥˧ nan˥ toŋ˩ sin˩ jui˧ k'e˧˥ ma˧˥.
前 时 破 个 铜 钱 因 她 来

jək˩ sa˩ ȵa:ŋ˩ ȶəm˥ səm˥ ta:u˩ toŋ˧,
可怜 娘 金 心 愁 乱

ŋo˧˩ keŋ˥ soŋ˥˧ muŋ˧ hem˧˩ ja:u˩ ma˧˥.”
五 更 放 梦 叫 我 来

ɕen˧ ȶa˩ təŋ˥ pa:u˥˧:
仙 甲 来 说

kwa:i˧ jo˧˩ la:k˧˩ ja:u˩ jən˧˥ ɕa:u˥ me˩ ʔi˥ na:i˧,
不 知 小女 我 跟 你 有 这 样

kwa:i˧ jo˧˩ la:k˧˩ ja:u˩ jən˧˥ ɕa:u˥ ȶuŋ˧ ton˩ ȶuŋ˧ ɕa:i˧ ȶi˥ ka:k˧ ȵa˥.”
不 知 小女 我 跟 你 同 团 同 寨 还是 别 河

ma:u˩ hoŋ˩ təŋ˥ pa:u˥˧:
毛 洪 来 说

“ja:u˩ ȵa:u˧ ȶiu˩ sən˥ te˧ȶin˩hu˧,
我 住 条 村 大田湖

ləp˩ k'u˧ sa:i˥ ȶ'iŋ˥˧ siŋ˥˧ ma:u˩ ka˥.
说 苦 给 听 姓 毛 家

pu˧˩ nəi˧˩ sa:ŋ˧˩ ȶiu˥ ɕiu˧ ȶin˩ ti˧,
父 母 养 我 少 田 地

pu˧˩ nəi˧˩ ȶiu˥ la:ŋ˩ k'uŋ˧˥ nan˥ ȵi˧ ʔu˥ mja˩.
父 母 我 郎 没有 个 财产 上 手

ma:u˧ la:k˧˩ ȶa:ŋ˥ ka˥ kwa:n˥ jui˥ jin˧,
她 小女 姜 家 叫 玉 英

sin˩ ɕi˩ hu˥ mu˧˩ ȶe˩ ȶ'an˩ la:u˧ mjiu˧ pa:i˥ ȶəu˩ təu˩ pa:i˥˧ wa˧˥.
昔 时 父 母 结 亲 进 庙 去 求 投 拜 菩萨

lən˩ li˧ pa:n˥ mjek˧ ɕek˧ ȵon˧ ke˥˧,
后 得 男 女 都 愿 嫁

na:i˧ k'e˧˥ la:u˧˩ la:m˩ siŋ˩ je˥˧ to˧ ȶiu˥ kwa:i˩ ŋa:n˧ ja˩.
今 他们 老人 忘 情 朋友 叫 我 不 太 平

na:i˧ ʈiu˥ la:ŋ˩ ȵa:ŋ˩ ɕeŋ˥ t'a:n˦˥˧ pa:n˦˥˧ lu˧ si˧,
今 我们 郎 娘 相 叹 半 路 死

jəŋ˨ ka:ŋ˧ ta˧ lən˩ ɕeŋ˥ li˧ ɕi˩ na:i˧ ɕa˥."
答应 说 过 后 相 得 时 这 差

ɕen˧ ʈa˩ təŋ˥ pa:u˦˥˧:
仙 甲 来 说

"ʈ'iŋ˦˥˧ noŋ˧˩ ka:ŋ˧ təŋ˥ me˩ t'ən˨ kən˧,
听 孩子 讲 来 有 根 据

ʈiu˥ jiu˦˥˧ ʔa:u˥ ɕa:u˥ nəm˧˩ ȵəm˧˩ ka:p˧ tən˧ ʈon˦˥˧ mjin˧ ja˥.
我 要 拿 你 染布水 合 兰靛 转 面 布

pa:u˧˩ na:ŋ˩ pjiŋ˧˩ pan˥ ʔa:u˥ k'un˧˥ ʈin˧,
保 笋 成 竹 合 成 片

ma˧˥ lo˩ja:ŋ˩ jən˧ kwa:i˩ nan˥ mjin˧ ma:ŋ˩ ɕa˥.
来 洛阳 县 没有 个 什么 面 差

nəŋ˩ noŋ˧˩ ȵən˩ la:i˥ ta:i˩ pa:i˥ tok˧˩ ɕu˥ si˧,
看 孩子 人 好 领 去 读 书 字

ȵa˩ ʈi˥ ʈən˥ t'i˧˥ siŋ˩ ȵi˧ nəŋ˥ me˩ pu˧˩t'ən˧˥ nəi˧˩ti˧ təŋ˧ ȵa˩ la˧˥.
你 的 真 妻 情 人 还 有 父亲 母亲 替 你 养

ʔa:u˥ noŋ˧˩ tok˧˩ le˩ me˩ pən˧ ɕa:i˧,
要 孩子 读 书 有 本 寨

tok˧˩ ɕu˧ pəi˧˩ na:i˧ t'ən˩ p'əi˧˥ ȵa˩."
只 等 姑娘 这 成 配 你

lən˩ li˧ ma:u˩ hoŋ˩ t'am˦˥˧ ʈa:u˧ la:u˧ ha:k˧˩ tok˧˩ ɕu˥ si˧,
后 得 毛 洪 埋 头 进 学 读 书 字

ȵin˩ jət˥ ȵin˩ ȵi˧ li˧ "t'a:n˦˥˧ wa˧˥".
年 一 年 二 得 探 花

sa:n˧ ko˩ ʈi˩ ha:u˥ na:u˥ tən˧ tən˧,
三 角 旗 号 闹 腾 腾

lən˩ ʔa:u˥ jui˥ jin˧ ʈan˧˩ ʈe˥ pa˥.
后 娶 玉 英 近 身 边

kun˦˥˧ k'e˧˥ te˧ ʈin˩ la:u˧˩ ȵən˩ ɕəm˩ ka:ŋ˥ k'əi˧˥ ʈon˦˥˧ ɕu˥,
前 人家 大 田 老 人 辛 刚 开 传 书

ɕən˩ja:ŋ˩ wən˩ kwa:ŋ˧ jo˧˩ mu˧ t'im˧˥ toŋ˦˥˧ ku˩ ʈen˧˩ təŋ˥ pon˩
程阳 文 光 知道 添 段 古 典 来 攀

ɕon˩ t'en˧ ɕa˥.
传 天 下

毛 洪 和 玉 英

今天咱坐这儿不唱大家讲客气，
客气不得我就不怕脸寒碜。
师傅造歌咱来唱，
没有好嗓子配琴音。
今天信手弹来诉段儿苦，
可有人把歌儿记住劝别人。
想起世间结情真心实意少，
比不上真心相爱两世的毛洪和玉英。
只因老父亲后来变了卦，
好比不仁义的奸臣坏良心。
贪心不足逼得那比目鱼儿散，
半路上嫌贫使得蛟龙分。
老头儿无情无义把女儿嫁别家，
一下子反悔让那豆儿离开了豆荚。
拆散鸳鸯诉不尽的离情苦，
好比那老虎分离留下了鹿。
绝世聪明的玉英想得远，
找来两边儿同伴说透那相思处。
玉英说道：
“父母逼得我心烦意乱只好来找同伴，
谁知要把小妹嫁进萧家门。
我跟毛洪情深同‘八字’。
决不能飞上高枝儿爱别人。
我与阿哥的恩情好比那一丛青青的竹，
为什么这样难于见面诉衷情？”
同伴说道：
“听你说来想见面，
传音递话我来担承。
毛洪不来你就去，
哪天总得见情人。”
三月里庙会毛洪街上走，
却被同伴姐妹喊进门。
毛洪抬脚进屋要问什么事，
谁知命里相逢心翻腾。
两人脉脉相对屋里坐，
双垂泪珠只因老父断恩情。
玉英说道：
“没想到今天见到情哥恰似喜鹊找到伴，
谁知我父将妹许做萧家人。
他把八字都要退，
叫咱不能白头偕老伤我心。
盼年盼月盼哥来，
盼到桃花开了心烦添十分。”
毛洪说道：
“我毛家小子少塘又少地，
你嫁那家也不亏妹终身。
我父贫寒无计出，
我命薄好似羊儿空望着菜青青。
你父爱的那万贯家财我没份儿，
这才把玉英情妹许给萧家人。”
玉英说道：
“就算他千囤田塘妹不爱，
只想和情哥同灶共火一家人。
我不理萧家抛脑后，
两半儿铜钱一半儿与哥做凭信。
父母阻拦我不顾，
玉英心里只有阿哥一个人。”
毛洪说道：
“阿妹答应你父不认可，
总有一天鱼入大海不回河。
线不成束都由你父害，
咱俩塘田里插秧你父今朝要拔到河田搁。”
玉英说道：
“那年咱在浑水河里结深情，
说过阿哥挑担莫怕上肩沉。
千斤担子你要顶得住，
还有那箱箱笼笼金和银。
阿哥合意管它苦不苦，
金簪一根递到哥手心。
阿哥的话妹听惯，
句句说到靠自身。
今世难教改主意，
好比玉磨换梗不变心。
整理机杼等妹来织布，

再世相逢咱做一家人。”
毛洪说道：
“听妹这话心里惨，
死去坟封哪能再回转。
不是太阳今朝西落明朝出，
何时能再见情妹桃花面。
巷里机杼等妹织，
再世相逢不识也难续旧姻缘。”
同伴说道：
“酉时天黑约当散，
你父找你前来喊。
日落西山分手后，
情人路远你路短。”
玉英说道：
“同伴说完心翻腾，
哥若知心下回还要诉衷情。
六十年夫妻咱们这时定。”
同伴劝说转回家。
玉英回家妈问话：
“我儿今天从哪里来？”
玉英说道：
“今天同伴相约去游春，
花园里遇见毛洪阿哥相对叹酸辛。
只因父不直道苦了我，
感他情意双泪落纷纷。
嫁给萧家我不愿，
要做夫妻女儿只做毛家人。”
她父姜修听在耳，
“你不知底细胡乱做，
叹什么恩情朝朝暮暮去会情人，
不叫你嫁是怕亏了你，
我见毛洪身穿破衣像叫化，
一贫如洗是个讨饭的人。”
她母说道：
“别说这样的话来寒碜人，
你脚离草鞋就怕机也要离布，
她嫁鸡随鸡自愿不失朋友当时信，
你是嫌贫爱富一朝就忘了旧时情。
那年两家订亲只说他俩成夫妇，
而今你变肚翻肠口也不应心。”
她父说道：
“我爱萧家大有金和银，
告诉他们样样办齐就来娶过门。”
后来萧家派人来迎娶，
不料走到半路出事情。
轿到门边玉英心里难抛舍，
定要下来会一会旧情人。
玉英说道：
“阿哥毛洪为什么不上街来听我说？
而今叫我怎么能水远山遥弃旧情！
你来到身边听我诉一诉心头的苦，
豆藤儿爬上竿谁舍得扯了种上菜？
今日跟哥相会心开意合甜甜境，
我到阴间却孤零零地度青春。
同伴们河里撑船只怕那风浪恶，
小妹倒愿意滩上翻船进大河。
再世我来也难说怎么样，
阿哥上前亲亲切切地来看妹一眼。”
毛洪说道：
“抬眼见妹脸色阴沉沉，
只因家道贫寒害了妹终身。
父母养你好比那珠在掌，
别不听我衷言亏负妹青春。
父母养咱阎王却注定命不好，
早就劝妹莫想哥哥空自寻烦恼。”
玉英说道：
“阿哥这话不合妹的意，
水远山遥留下哥哥你。”
走进花轿生别计，
愿舍一命葬山里。
拿刀在手无人救，
打开轿门已经断了气。
抬轿人夫脸色变，
派人去报姜家急。
人命关天非儿戏，
要人叫到她父亲。

她父说道：
“刚才我儿出门一朵花，
而今一命归阴都怪你萧家。”
萧家说道：
“从前想娶只为能白头偕老过一世，
怪我杀她你错把好人指。
去请村里头人给咱来断这件事，
我没杀人你也无法使。”
头人说道：
“不知内情究竟怎么的，
好好儿的姑娘舍命刀下死。
你说这话也不错，
不知他是自杀还是你。”
萧家说道：
“不知其中的根由究竟怎么样，
我也死都不葬留给她父母管收场。”
头人说道：
“怕是有人暗里来行恶，
怕是有谁私约偷情难娶着。
昔日英台她父要她去嫁马家人，
一心一意的姑娘爱的是梁山伯。
不到马家去践婚约，
一种痴情只求生死同坟墓。
祝家英台立志配梁山，
割不断的姻缘拨不开的船外河。
我好比学堂里出题大家都来看，
只怕那浮萍浑水插了两回秧。
想叫水清石见了结这桩案，
咱们两下里撑船别怕风和浪，
叫我头人掌舵这事也难收场。”
她父不去收尸丈夫也不来葬，
抛下玉英妹好似狗死在丛莽。
后来毛洪当面来相认，
别教阿妹这般凄凉我来葬。
咱们人死难复生，
买点蜡烛香纸来拜神。
七天的道场郎跑了七天整，
朝朝暮暮泪眼对情人。
玉英亡后七天来托梦，
说向情人耳边听：
“妹身靠哥去埋葬，
阿哥情意重于磐。
这世不成只因老天不张眼，
约哥二世来相见。
洛阳城里再相逢，
一心跟你如交藤，
爷叫仙甲有姓名。
我去投个女儿胎，
八月十三郎再来。”
毛洪卧床得了梦，
只听音来不见容。
起身踟蹰复懵懂，
耳边听得妹音声。
醒来定神不见妹妹面，
心冷人空只叹自己命。
清晨早起办行李，
千里万里也要走一程。
扮个算命先生样儿，
取道洛阳找外公。
路远路长问同伴，
一路说西又道东。
伤心走上洛阳桥，
天色黄昏河畔靠。
抬脚上街去找妹，
有位老人留我住今宵。
仙甲说道：
“小伙子能干快来把家进，
我女痴呆一直哭不停。
自得这病总难医，
若有妙法除根也免向耳边啼。”
毛洪说道：
“姑娘此身我自知梗概，
昔日钱分两半为她来。
可怜阿妹我心烦，
五更托梦我才来。”
仙甲说道：

“不知小女跟你有瓜葛，
不知小女是跟你同团共寨还是隔条河。”
毛洪说道：
“我住的村子名叫大田湖，
毛家后代给您老诉诉心头苦。
生身父母佃人家，
生小家贫无长物。
她是姜家的姑娘叫玉英，
自幼父母结亲进庙誓神佛。
后来兄妹成年愿嫁娶，
而今她父悔誓忘情叫我心头苦。
兄妹凄惶相恋半路上妹先死，
许我后世相逢改了今生误。”
仙甲说道：
“听你说来有根底，
我要水合兰靛把布来染涤。
养笋成竹一片绿油油，
她生在洛阳自有三生石上旧根由。
看你聪明就去读书进学堂，
你的情人自有我父母来抚养。
要你读书在本寨，
姑娘长大就把终身配。”
毛洪埋头苦读书，
一年两年就把探花取。
三角旗号闹腾腾，
娶得娇娘小玉英。
这段故事是大田村辛刚老人说来传后代，
而后程阳文光又唱成一段古典惊四海。

6.词　汇

（1） 词汇表按照汉语拼音字母表顺序排列，但以 ʔ 起头。无其字母者缺之（如以 a，b，c，d，e，f，g 开头的都没有）；国际音标写法为字母所无者，归属于形体相近的字母（如把 ɕ 放在 c 的地位，把 ɳ，ŋ 放在 n 后）。全部声母排列次序如下表：

ʔ，ɕ，h，j，k，kʻ，kw，kʻw，l，lj，m，mj，ɲ，
ɳ，ŋ，ŋw，p，pʻ，pj，pʻj，s，t，tʻ，ȶ，ȶʻ，w。

（2） 有些用纯元音构成的语气词归入 ʔ 类。

（3） 显然是从汉语借来的词，出现频率又不大的，《词汇》也收了，但现代汉语借词不是全部都收。

ʔ

a˧ 语气词
a˦ 语气词
a˩ 语气词
a˨˩ 语气词
a˧˥ 语气词
ʔa˩ ȶa˧ 那里
ʔa˩ ȶa˧˥ 那里
ʔa˩ ȶe˥ 旁边
ʔa˩ nu˦ 哪儿
ʔa:u˥ 拿；要；娶
  ʔa:u˥ ma:i˨˩ 娶妻
  ʔa:u˥ ma˨˩ ȶa:n˥ nəm˨˩ 饮马
ʔa:m˧ la:u˨˩ 老酸菜
ʔa:m˧˥ 背(动)；补；披
  ʔa:m˧˥ la:k˨˩ 背小孩
  ʔam˧˥ kuk˧ 补衣服
ʔa:n˥ ma˨˩ 马鞍
ʔa:p˧ 洗澡
  ʔa:p˧ ɕən˥ 洗澡
ʔam˥ 鹰
ʔə˩
  ku˧ ʔə˩ 孤儿
ʔəi˧˥ 爱
ʔəu˧˥ 闷热
  ʔəu˧˥ ȶʻi˧˥ 怄气
ʔəm˧ 药；抱(动)
  ɕa:ŋ˧ ʔəm˧ 医生
ʔəm˧˥ 盖；埋；阴；沤(肥)；瞒
  mən˥ ʔəm˧˥ 阴天
  ʔəm˧˥ kʻwa:u˧ 酿酒
  nəm˨˩ ʔəm˧˥ 水淹
ʔən˥ 筋
ʔən˥ siŋ˩ 恩情
ʔən˨˩ 应声词
ʔəp˥ 口
  ʔəp˥ lju˥ lje˧˥ 嘴巴伶俐
ʔək˩ 呕吐声
e˦ 语气词
e˧ 语气词
e˨˩ 语气词
e˧˥ 语气词
ʔe˧ 笨；疯
ʔeu˧˥ 拗
ʔeŋ˧˥ 再；又
ʔep˧ kʻui˧ 撑腰

ʔek˧ 灾难；象声词
ʔet˧ 扳
ʔi˥ 一
ʔi˥ ȶa˧ 那么；那样
ʔi˥ ɕən˧ 一会儿
ʔi˥ ȶa:ŋ˧ 一步
ʔi˥ ɕe˥ 一拃长(一手长)
ʔi˥ ȶeŋ˨˩ 一点儿
ʔi˥ ke˩ 一条缝儿
ʔi˥ ha˧ 许多
ʔi˥ nu˦˥ 怎么
ʔi˥ na:i˧ 这么
ʔit˧ 牛轭
o˧ 语气词
o˩ 语气词
o˨˩ 语气词
ʔoi˥ 燃烧
ʔoŋ˧˥ 瓮；罈子
ʔok˨˩ 象声词
ʔu˥ 上；上面
ʔu˥ mən˥ 楼上（三楼）
ʔu˥ ja:n˩ 二楼
ʔu˨˩ 舞（动）
ʔun˥ 扛；端(动)
ʔun˧ 小
la:k˨˩ ʔun˧ 小孩儿
nəi˨˩ ʔun˧ 婶母
ʔuk˧ 出
ʔuk˧ pa:i˥ 出去
ʔuk˧ to˥ 出门
ʔuk˧ pən˧˥ 出汗
ʔuk˧ təŋ˥ kʻwəŋ˦˥ kʻwəŋ˦˥ 络绎不绝地出来
ʔuk˧ ɕən˥ 出兵（出身）

ɕ

ɕa˥ 差；砂
ɕa˥ ȵak˥ 差点儿
ɕa˩ （背小孩的）背袋儿
ɕa˧ 社节
ɕa˨˦ 纺；纺车；写
ɕa˨˦ si˧ 写字
ɕa˨˦ mjin˩ 纺线
ɕa˨˦ jo˨˩ 当然；才知道；肯定
ɕa˧˥ 晒；泻
ȶa:ŋ˦˥ ɕa˧˥ 晒太阳
ɕa˧˥ so˨˦ 晒干
ɕa:i˥ 筛子；筛（动）
ɕa:i˥ kəu˨˩ 筛米
ɕa:i˨˦ 踩
ɕa:i˨˦ ȵa:u˧˥ 踩在
ɕa:i˧ 寨子
ɕa:u˥ 你们
ɕa:u˩ 吵闹
ɕa:u˧ 炒；烧
ɕa:u˨˩ 小
ɕa:u˨˩ ȶa˩ 小插；匕首
ɕa:u˧˥ 治疗
ɕa:n˧ 衫
kʻuk˧ ɕa:n˧ 长衫
ɕa:n˥ 理睬；做声；回答
ɕa:n˥ pa˩ 鹿
ɕa:ŋ˥ 枪；仿；长矛；亲戚
ɕa:ŋ˧˥ 象；想(借)
ɕa:ŋ˧˥ ja:ŋ˧˥ 振作
ɕa:ŋ˩ 床
ɕa:ŋ˨˦ 涨
nəm˨˩ ɕa:ŋ˨˦ 水涨
ɕa:ŋ˧ ɕən˧ 着急；急忙
ɕa:ŋ˧ 增加
ȵin˩ ɕa:ŋ˧ ȵan˥ 闰年
ɕa:ŋ˧ 匠；师傅
ɕa:ŋ˧ məi˨˩ 木匠
ɕa:ŋ˧ ləu˧ 巫师
ɕa:ŋ˧ ʔəm˧ 医师
ɕən˥ ɕa:ŋ˧ 身体

ɕa:ŋ˧ seu˥ 唢呐手
ɕa:ŋ˧…ɕa:ŋ˧ 越……越……
ɕa:ŋ˨ 风干 熏干（鱼、肉）
na:n˨ ɕa:ŋ˨ 腊肉
ɕa:ŋ˦ 想
ɕa:p˨ ɕa:p˨ 伐木声
ɕa:t˧ 快速地；抽出
ɕa:k˧ 喜鹊
nok˨ ɕa:k˧ 喜鹊
ɕa:k˨ 注定；算就
ɕan˨ 恼火；讨嫌
ɕəp˥ 鱼叉
məi˨ ɕəp˥ 射泥鳅的箭
ɕəi˥ 熟炼；手巧；道士
ɕəi˧ 事件；条规
ɕəu˨ ɕen˥ 首先
ɕəm˦ 配得上；透
jak˥ ɕəm˦ ljeu˦ 湿透了
ɕən˥ 身体；春
ʔu˥ ɕən˥ 身上
ɕən˥ ɕi˩ 春天；
ɕən˩ 神；道士城；情
ɕən˩ ɕa:ŋ˩ 城墙；围墙
sɿ˥ ɕən˩ 事情
ɕən˩ ja:ŋ˩ 程阳（地名）
ɕən˩ ʨu˧ 诚州（靖县旧名）
ɕən˧ 时；次；一会儿
ɕən˧ na:i˧ 此时；现在
ɕən˧ ʨ'i˧ 起先
ɕən˧ lən˩ 以后，下次
ɕəŋ˥ 吊；挂
ɕəŋ˧ 沉淀；晾（挂着使滴水）
ɕəŋ˧ tin˥ 晾脚
ɕəp˩ 十
ɕəp˩ ȵi˧ ŋwet˨ 十二月
(tok˥) ɕəp˩ 整洁；美貌
ɕət˥ 出；生
ɕət˩ 实心的

la:u˨ ɕət˩ 老实
ɕe˥ 砂子
ɕe˩ 茶；油茶
ɕe˩ peu˦ 米花油茶
ɕe˨ 舍
ɕe˦ 叉
ɕe˦ kuk˧ 衩
ɕeu˥
ɕeu˥ ja:ŋ˦ 烧香
ɕeu˥ je˥ 消夜
ɕeu˩ 朝廷；朝；潮湿
ɕeu˧ 炒
ɕue˨ 树名
ɕeu˦ 泥箕；撮箕
ɕen˥ 闩（动）；签
ɕen˥ to˥ 门闩
ɕen˥ sən˥ 先生
ɕen˩ 痰
ɕen˧ 锄；铲地；碗柜；串（肉）
ɕen˧ ȵa:ŋ˧ 锄草
ɕen˦ 趁；鱼产卵
ɕeŋ˥ 互相；生的
ɕeŋ˥ k'eu˦ 打架
ɕeŋ˥ təm˥ 相逢
ɕeŋ˥ tau˧ 相顶
ɕeŋ˥ t'a˦ 私奔
ɕeŋ˥ səp˧ 相遇
ɕeŋ˥ ʨeŋ˥ 相争；吵闹
ɕeŋ˥ lja:ŋ˦ 相爱
ɕeŋ˥ k'we˦ 相离；相别
ɕeŋ˥ lja:ŋ˩ 商量
ɕeŋ˧ 干净
ɕeŋ˦ 撑；顶住
ɕeŋ˦ ɕa:n˦ 撑伞
ɕeŋ˦ ja:n˩ 支撑房子
ɕep˧ 插入
ɕet˧ 全
ɕek˧ 裂开
ɕek˧ ja:n˦ 篱笆

ɕek˧ 皆；都
ɕek˨ （绑鸡）绳
ɕi˥ 吹；戏；十
ləm˩ ɕi˥ 风吹
ɕi˥ ɕo˧ 呼吸
ɕi˥ jəm˦ 戒指
ɕi˩ 时；季节
ɕi˩ ka:n˥ 时间
ɕi˩ ʈʻi˧ 先前，起时
ɕi˦ 试
ɕi˧ 是；还是
ɕiu˧ 缺少
ɕiu˧ ʈin˩ ti˧ 缺田地
ɕiŋ˥ 升（名）
ɕiŋ˩ 装（动）
ɕiŋ˧ 别的
ɕik˧ 尺子
ɕik˥ ɕəm˦ mja˩ 擦湿手
ɕik˨ 石
ɕo˥ 竹瓢；勺
ɕo˩ 学（看ha:k˨）
ɕo˦ 尖
ɕo˧ 筷子
ɕo˨ 哄
ɕoi˨ 水
ɕon˥（又ɕwan˥） 穿枋；榫
ʈa:u˧ ɕon˥ 榫头
ɕon˩ 传；船
ɕon˦ 串（量）
ɕon˧ 事情；回
ɕoŋ˥ 双（量）；想
ɕoŋ˥ ka:ŋ˥ 双江（通道县治）
ɕoŋ˥ la:k˨ ʈuŋ˧ ja:ŋ˨ 双胞胎
ɕoŋ˩ 桌子；踵；栋（量）；雄；英雄
ɕoŋ˩ tin˥ 脚后跟
ɕoŋ˩ ha:i˩ 鞋后跟
ɕoŋ˧ 段（量）
ɕoŋ˨ 水冲
ɕoŋ˦ 枪；铳
ɕok˧ 啄食
ɕok˥ 硬塞
ɕok˨ 熟；脓；赎
ɕu˥ 收；初
ɕu˥ jət˥ 初一
ɕu˥ ȵi˧ 初二
ɕu˩ 锄；绸
ɕu˦ 数目
ɕu˧ 就
ɕu˧ nəŋ˨ 马上
ɕu˧ 守卫；等待
ɕu˧ la:u˩ 看守牢房
ɕui˥ 输
kʻɕu˥ ɕui˥ ljɕu˨ 打败了
ɕui˩ 拳头
ɕui˧ 水团（地名）
ɕui˨ 人名；许（姓）
ɕun˥ 声张；作声；生长（指植物）
ɕuŋ˦ 突然；站立；耸立

h

ha˧ 下（量）；次
ha˧ ʈiŋ˦ 才；才是
ha˧ 许多
ha˦ ɕi˩ 夏天
ha˥ 吓唬；吓
ha˥ 笑声
ha:i˩ 鞋
ha:i˧ 害
ha:u˩ 角（量）
ha:u˧ 好
ha:u˥ 沟；壕
ha:m˧ 打；巴掌

ha:n˦˥ 汉子
la:k˨˩ ha:n˦˥ 男青年；后生
ha:n˦˥ 堵寨
ha:n˩ ȵən˩ 生人；闲人
han˧ 恨
han˩ 痕；缝儿
han˥ 木盖上和木盆下的销木
ha:ŋ˦ 象；（方）向
ha:ŋ˦ ȵa˩ 象那样
ha:ŋ˦ nu˦ 怎样；哪里
ha:ŋ˦ nu˦ nəŋ˥ 还怎么样
ha:ŋ˩ 样；些
ha:ŋ˩ ɬi˥（又jaŋ˧ si˧） 样子
ha:p˧ 才
hap˩ 闭口赌咒
hap˥ 盒
hap˥ pi˥（<火盒） 火柴
ha:t˧ 呵斥；训斥
ha:t˥ 咸（入声高平调不出现长元音，此字为例外）
ha:k˨˩ 学
ta:ŋ˩ ha:k˨˩ 学堂；学校
həi˧ 海
ha˥ həi˧ 河海
həu˥
ɕi˩ həu˥ 时候
həu˥ 咳
həu˦ tai˦ 后代
həm˩ həm˩ he˧ he˧ 呜哩哇啦（芦笙声）
hən˨˩ 很；强；能干
he˨˩ 语气词
he˦˥ 语气词
heu˦˥ 孝
hem˨˩ 喊
hem˨˩ ma:u˧ ma˦ 叫他来
hem˨˩ ɕa:i˧ 喊寨（晚九点到翌早六点鸣锣呼叫）

hen˧ 限；约
heŋ˥ 行；走
heŋ˥ ȵət˩ 生日
ho˧ 伙；多；贺
ho˧ to˥ 许多
ho˧ ɬʻi˥ 或者
ho˧ ɬi˥ 伙计
ho˧ ɬa˧ 那伙
ho˥ 哄
ho˦˥ 货；东西
ho˦˥ ləu˨˩ 假货
ho˩ 合；活
ho˩ ɕi˥ 合适
kʻwa:i˦ ho˩ 快活
ho˩ ji˩ 作揖
hət˦ so˧ 喘气
hoi˧ 悔；叹气
hoi˥ 石灰
hoŋ˥ 奉；供奉
hoŋ˩ 一定
hoŋ˩ he˩ 一定（红黑）
hoŋ˩ jiu˦˥ 一定要
hoŋ˥ poŋ˩ 风篷；帆
hok˨˩ 谷桶
hok˥
po˧ hok˥ 生日
hu˦˥ ɬui˦˥ 富贵
hu˩ 壶；湖；符
hu˩ wep˧ 符法
hu˩ lu˩ 葫芦（比较po˧）
hu˩ siu˥ 胡椒
hu˧ 夫
hu˧ ti˧ 夫妻
hwa˩ 法
pa:n˥ hwa˩ 办法
hwa:n˦ 饭
hwa:n˧（又fa:n˧） 贩

hwa:n˧ kui˧ 贩鬼；贩子

hwəi˧

hwəi˧ ɕa:ŋ˩ ja˨ 非常凶恶

hwa:i˩ jwa:n˨ ɕen˥ 怀远县①

hwən˦ 粉

j

ja˥ 布；父亲（当地外来杨姓家族内称呼）

ja˥ ma:ŋ˥ 薄布

ja˥ to˦ 粗布

ja˥ na˥ 厚布

ja˥ si˧ 细布

ja˥ kəp˥ 粗布

ja˩ 俩；二

ja˩ nan˥ 两个

ja˩ ma:ŋ˧ mja˩ 两只手

ja˧ 也

ja˧ təu˩ 丫头

ja˦ 碎布

ja˨ 坏；凶恶

ja˧ 田

ja˧ 红

man˩ ja˧ 红薯

ja˧ na˧ 红红的

ja:i˧ 长（不短）

ja:i˨ 羞人语

ja:i˧ 锋利；快

ʦəm˦ ja:i˧ 针很尖

ja:u˦ 枫树

pa˧ məi˨ ja:u˦ 枫叶

ja:u˩ 我

ja:u˧ 蛹

ja:u˦ 怕

ja:u˧ ja:u˧ 眼睁睁

ja:m˥ 借

ja:m˥ ʦa:ŋ˧ 借债

ja:m˦ 半红（指果子）

ja:n˦ 园子

ja:n˩ 房子；家

ja:n˩ tən˦ 亲家

ja:n˧ 刷子；丝瓜瓤

ja:ŋ˥ 吼；哼

ja:ŋ˩ 阳

ja:ŋ˧ ɕeŋ˥ 畜牲

ja:ŋ˦ 燃

ja:ŋ˧ 相片；（方）向

ja:ŋ˧ 被子；样

na:i˧ ja:ŋ˧ 这样

ja:ŋ˩ ʦiu˧ 阳雀

ja:ŋ˩ ʦəu˧ 扬州

ja:p˦ 闪(光)

ja:t˧ 动；倒

ja:k˧ 饿；撕；芋头

ja:k˧ ja˥ 撕布

ja:k˧ nəm˨ 口渴

ja:k˨ 篱笆；锈

ja:p˨ 立刻

jam˥ 深；淹

jam˥ lo˥ 船沉

jam˥ ka:i˧ 鸡胗

jam˥ kʻui˧ 腰深

jam˩ 浸水

jam˧ 染

jam˧ nəm˨ 染色

jam˧ （花）蔫；阴；退；消退

jan˥ 鸡叫

səi˧ ka:i˧ jan˥ 公鸡叫

jan˦ 忍住

jan˨ 压而喷出

jan˧ ʦo˥ （突然）笑；扑嗤一笑

jap˩ 夹攻

jap˩ jap˩ 眼巴巴地

jat˥ 挤

① 校者注：三江县旧名。

jat˩ 约束
jak˥ 湿；掐
　jak˥ wa˦ 掐花
　jak˥ ma˥ 掐菜
jak˦ 勤劳
jak˩ 意思
　la:i˥ jak˩ 好看
　ka:i˧ la:i˥ jak˩ 不好意思
　jak˩ sa˩ 可怜
jəi˦ 惊奇声
jəi˩ 梨
jəu˥ 蹲
　jəu˥ si˧ 腰子
jəu˦ 寻找
jəu˩ ka:i˥ 鸡笼
jəu˥ 倒；泼
　jəu˥ nəm˨ 泼水
jəu˥ 阴沟
jəm˥ 阴
jəm˥ 凉
　nəm˨ jəm˥ jəm˥ 水淋淋
jəm˨ 饮
jəm˧ 蚊帐
jən˩ ŋa:n˩ su˥ 仁安寺
jən˥ 提
　jən˥ nəm˨ 提水
jən˦ 和；同
jən˨ 带领；引
jən˥ (用身体)贴住
　jən˥ 印
　jən˥ tin˥ 脚印儿
jəŋ˩ 逗引
jəŋ˧ 答应；肯；活的
　jəŋ˧ kwa:i˩ 同意不
jən˥ 呼应；灵验
jəŋ˥ jəŋ˥ 络绎不绝地；拖拖拉拉地
jəp˥ ja:p˧ 一眨眼
jət˥ (十)一
　ɕəp˩ jət˥ 十一
jət˦ 早晨
　kəu˨ jət˦ 早饭
jət˩ 扶；拉
　jət˩ ma˨ 牵马
je˥ 蛙类
　je˥ pja˧ 癞蛤蟆
　je˥ su˥ 青蛙
　je˥ loŋ˥ 大黑蛙
　je˥ jot˩ 蝉
je˦ 鱼网；歪
jeu˦ 飘动；打；吹
　jeu˦ ʔi˥ kit˨ 咬一口
je˥ 朋友；客人
jeu˥ 撬
jen˩ 颜；言
　ku˧ jen˩ 古话(言)
　jen˩ sə˩ 颜色
jen˧ sa:i˨ 香烟(烟仔)
ji˥ 依；顺
ji˦ 一
ji˦ li˧ 易得；容易
ji˩ 移动
ji˩ tin˥ 改嫁
ji˩ ɬən˥ 一定
ji˥ 语气词
ji˨
　ji˨ həu˥ 以后
jiu˩ 瑶族
jiu˥ 要；必须
jiu˧ 鹞子
jim˥ 蓄水；瘦；阴；阉
jim˥ ja:ŋ˩ ti˥ lji˨ 阴阳地理
jim˦ 嫌
jim˩ 盐
　ma˥ jim˩ 咸菜
jim˥ 凉
jin˥ 香烟；鸦片；踮
jin˥ 现成的
jin˨ 收
jin˦ 和；跟
jiŋ˩ 赢

jiŋ˦ 生姜
jiŋ˧ 影；擤
jiŋ˧ muk˨ 擤鼻涕
jiŋ˧ ljoŋ˨ ȵo˧ 美貌
jip˧ ma˥ 腌菜
jit˧ 掀；皱；裂
jit˨
jit˨ ʈa:k˧ 开始
jik˧ 唤(鸡)
jo˦ 量(动)
t'oŋ˩ jo˦ 量米筒
jo˩ 快烂时透明状
jo˧ 伸
jo˨ 知道
li˧ jo˨ 知道
jo˨ me˥ 认识；知道
jo˨ mje˧ 会想
jo˦ 挠
jom˦ 水桶
jon˩（又jwa:n˩） 铅；元（汉名）
jon˧ （中、小)木桶
jon˦ 劝
joŋ˥ 施肥
joŋ˦ 小溪
joŋ˦ 猛
joŋ˦ joŋ˦ 狠狠
joŋ˦ ɕoŋ˩ 勇猛
joŋ˩ 融化；线
joŋ˩ ji˧ 容易；不要紧
joŋ˨ 兵；勇
joŋ˨ kwa:n˥ 军官
joŋ˦ 水桶
joŋ˧ 用
jok˥ 膨胀
jok˦ 插入；塞入
jok˨ 长杂草
ju˩ 油
ju˩ k'u˦ 猪油
ju˩ ɕa˩ 油茶
ju˨ 酉
ju˧ 又；就
jui˥ 玉
jui˦ 熏；烧
jur˧ 为；因为
jui˩ 如
jui˩ ko˨ 如果
jun˥ 站
jun˥ ʈən˩ təŋ˥ 站起来
jun˧ 少
ʈe˥ jun˧ 太少
jun˨ 终归
jun˦ 受惊
jun˦ pi˥ 失火
jut˧ 簸箕

K

ka˥ 歌；加；家；乌鸦
nok˨ ka˥ 乌鸦
ka˥ ʈam˥ 侗歌
ka˩ 菌类
ka˩ ʈiŋ˥ 香菌
ka˩ ʈa˦ ro˧ 黑木耳
ka˩ ʈa˦ ljoŋ˧ 白木耳
ka˦ 架(动)；价
ka˦ sin˩ 价钱
ka˧ 枝；假
ka˧ məi˨ 树枝
ka:i˥ 街；阶；盖；该
ʈəm˥ ku˧ ka:i˥ 金戒指
ka:i˧ 改；不
ka:i˧ wəi˦ 忙
ka:i˧ ju˦ ʈən˧ 不要紧
ʈa:n˥ ka:i˧ ʈəŋ˦ 吃不饱
ka:i˧ la:u˧ 不仅仅
ka:i˦ 鸡
la:k˨ təŋ˧ ka:i˦ 食指
ka:i˦ 押解
ka:u˥ （未经纺)麻线
ka:u˥ wa˦ 叫化

ka:u˥˧　ɕoŋ˧　告状

ka:u˩　老头儿；尖锄

ka:u˩　la:u˩　老头

ka:u˧　胶(名)

ka:u˧˩　里面

ka:m˥　羡慕；值得

ka:n˥　麻

ka:n˩　扁担

ka:n˧　竹竿；赶；急

ka:n˧　wəi˥˧　赶快

ka:n˧　pan˥　竹竿

ka:n˧˩　pi˥　赶火(让火快着)

kan˥　慢

kan˧˥　漂亮；吞

kan˧˩

po˧　kan˧˩　葫芦

kan˥˧　割；锯(动)

kan˥˧　kəu˧˩　割稻子

kan˥˧　məi˧˩　锯树

kan˧　赞扬；夸

ka:ŋ˥　缸；江；岗；钢

ka:ŋ˧　讲；说

ka:ŋ˧　ku˧　讲古；讲故事

ka:ŋ˧　ɬau˧　说得对

ka:ŋ˧　wa˧　说话；讲话

ka:ŋ˧　je˧˥　网绳(纲)

ka:ŋ˥˧　ku˥˧　冰块

ka:p˧　接；连着

ka:t˧　割

ma˥　ka:t˧　芥菜

ka:k˧　自己

ka:k˧　ja:ŋ˧　各样

ka:k˧˩　pa˥　鱼刺儿

kam˩　苦

kam˧　盖儿(名)

ȶa˥　kam˧　盖盖儿

kam˧　ɬa:u˥　锅盖

kam˧　ko˥˧　膝盖

kam˥˧　黑

kam˧˥(又kʻ-)　泔；浑

nəm˧˩　kam˧˥　泔水；水浑

kəi˧˥　开；睁

kəi˧˥　ɬa˥　睁眼

kəu˥　钩子；钩(动)

kəu˥　kʻui˧　弯腰

kəu˧˩　米；饭；稻子

kəu˧˩　peu˥　包饭

kəu˧˩　man˥　午饭

kəu˧˩　jət˥　早饭

kəu˧˩　man˥˧　小孩三朝米

kəu˧˩　mek˧˩　麦子

kəu˧˩　ɬən˥˧　新娘到婆家吃的饭

kəu˧˩　ȶʻiu˩　荞麦

kəu˧˩　ȶo˧　糯米

kəu˧˩　ȶoŋ˧　种子

kəu˧˩　ȵa:n˥　葬后为死者聚餐

kəu˧˩　ɕe˩　早饭

kəu˧˩　kok˧　谷子

la:k˧˩　kəu˧˩　乞丐

kəm˧˩　个

kəm˥˧　盖(动)

kəm˥˧　ɬa:u˥　盖锅

kəm˥˧　pəp˥　扑倒

kəm˥˧　kam˧　ɬa:u˥　盖上锅盖

kəm˥˧　kəp˩　盖住

kəm˧　脑门

kəŋ˥　猩猩；停止

kəŋ˧　阻挡

kən˧　根；赶快

ȶʻən˧　kən˧　来历

kəp˥　ja:ŋ˧　被套；被里儿

ke˩　缝儿

ʔi˥　ke˩　一道缝(量)

ke˥　家产

ȶu˧　ke˥　主 家 (主人)

ke˧˩　粪

keɿ toɣ （锯）木屑
keɣ 嫁；来回摆臂
keɣ la:kɿ mjekɫ 嫁女儿
keɣ 屋檩
keu˦(又k'-˦) 敲；打
keu˦ toŋ˩ la˩ 敲锣
keu˥ 粘；胶(动)
keuɫ 教(动)
kemɫ 减
ken˥ 间(量)
kenɣ 划分；阻拦；花色的
kenɣ wa˦ 带花格的
keŋ˥ 粥；羹
keŋ˥ k'uɣ 猪食
keŋɣ 蚌
keŋɫ 让(路)
ketɿ ketɿ 挑担声
kiɫ 不是；不得
kiɫ ɕiɫ 那不是
kinɣ siɫ 燕子
kin˦ (又k'-˦) 胳臂
toŋɣ kin˦ 胳臂肘
kin˦ k'ukɫ 袖子
kiŋ˥ 寨门
kitɿ 咬
sui˩ kitɿ ȵən˩ 蛇咬人
kwa˦ kitɿ 狗咬
ko˥ soɫ 固所
ko˩ 喉管
ko˩ kin˦ 手腕
ko˩ tət˥ 小腿
ko˩ ja:ŋ˥ 各样；奇怪
koɿ 不知道
koɿ k'un˦ 不知道
koɿ me˥ 不认识
kon˥ ȵon˥ 速滚
kon˩ 圆柱形

konɣ(又kwanɣ) 拐棍
konɫ 管；转；旋转
konɫ naɫ 转脸
koŋ˥ 工；职业；棵
koŋ˥ 祖父；公
koŋ˥ koɫ 贡献；功果
koŋɫ tiɫ 土地公
koŋɿ 拱；弯；猫着
kot˥ ȵokɿ 骨头
kok˥ 蘸；涂；母鸡叫声
kok˥ t'aɣ 涂上
kok˥ ta:ŋ˥ jiu˩ 蘸酱油
ku˥ (比父小的)姑母；姨母；岳母
ku˥ paɫ 姐妹；姑姨；岳母
ku˥ 箍
ku˦ 肿
ku˦ tin˦ 脚肿
ku˩ 鼎罐
kuɫ 故事
kuɫ jen˩ 古话(言)
kuɫ ləu˩ 鼓楼
kuɫ ʔə˩ 孤儿
kuɿ 雹子
kuɣ 顾；桐果；梔子
kui˥ (大的)米箩
kui˦(又k'-) 飘流
kui˩ 水牛
kuiɣ 锤子；锤(动)
kuiɣ k'ut˦ 榔头
kuiɣ tu˥ 贵州
kuiɫ 画眉鸟
kun˦(k'-) 完；成；路
ta:n˥ kun˦ 吃完
kun˥ 剪
kun˥ hoɣ 剪东西
kunɫ 骂；怨
kunɿ 滚；摔倒；小土坵
kunɣ 前；先；鳞

ȵa˩ pa:i˥ kun˦˨ 你先去

man˥ kun˦˨ 前天

kun˦˨ pa˥ 鱼鳞

kun˦˨ 树蔸；树桩

kut˥ ɕi˥ 尸体；尸骨

K'

k'a˦ 束(量，两手合起)

k'a:i˦ 慷慨；大方

k'au˦˨ 靠

k'a:u˧ 酒

k'a:m˦˨ pja˥ 悬崖

k'a:m˦ jam˧ 悬崖

k'am˦ kwat˩ (水)混浊

k'a:ŋ˦ 受得；抗得

k'a:ŋ˦ ləu˨˩ 调皮

k'aŋ˦˨ 扔

k'an˦ 漂亮

k'an˦ k'əu˦ 完毕

k'əi˦(又k-)开

k'əi˦ ʔəp˥ 张嘴

kəi˦ ta˥ 睁眼

k'əi˦ to˥ 开门

k'əi˦ wa˦ 开花

k'əi˦ siŋ˧ 挖坑

k'əi˦ ȵin˩ 开年

k'ən˦ na:n˩ 困难

k'əp˧ 抢

k'e˦ (又k-) 人家；他的；他们的

ȵən˩ k'e˦ 别人

k'eu˦ (又k-，年轻人说k'jau˦) 拳打；敲

k'eu˦ ȶa:ŋ˦˨ 打仗

ɕeŋ˥ k'eu˦ 打架

k'ek˧ 客

ȵən˩ k'ek˧ 客人

k'i˧ 如果不；当然

k'iu˦ kat˥ 瘦小

k'iu˧ 蕨菜

k'im˧ 排水

k'in˦ 手臂

k'in˦ k'uk˧ 袖

k'iŋ˧ 舷

k'iŋ˦˨ 篮子

k'it˧ 疼；病；嘻笑声

k'on˦（又k'wa:n˦） 欢

k'on˦ ȶi˧ 欢喜

k'oŋ˧ 空的

k'oŋ˦˨ 巷道

k'ok˧

ȶəu˦ k'ok˧ 扣起来

k'u˦ tin˥ 腿肿

k'u˦˨ 猪

k'u˧ 古

k'u˧ kwa:i˥ 古怪；作恶

k'u˧ 苦

k'u˧ su˩ 穷苦

k'ui˦ 流

k'ui˧ 腰

k'uŋ˦ 没有；不

k'uŋ˧ 响

k'uŋ˧ pja˧ 打雷

k'uŋ˦˨ 难道；岂

k'ut˧ 燃；结儿

k'ut˦ 铁；懒

k'uk˧ 衣服；壳

k'uk˧ mjin˩ 棉袄

k'uk˧ ȶəi˦˨ ka:i˦˨ 鸡蛋壳

kəu˨˩ k'uk˧ 谷子

k'uk˧ ȶ'əu˦ pa:u˥ 包扣衣

KW

kwa˦（又k'w-） 狗

kwa˦ ȶ'əu˦˨ 狗叫

kwa˥ si˧ 订婚

kwa˩ 瘫

kwa˧ 硬；剥(皮)刷；把(量)

kwa˧ pji˩ 剥皮

kwa˧ kwət˥ kwət˥ 硬梆梆

kwa˦˨ 骂

kwa:i˥ 乖；聪明

kwa:i˩ 不；没

kwa:i˩ me˩ 没有

kwa:i˩ ɕoŋ˥ 总不

kwa:i˩ la:u˨˩ 不大

kwa:i˩ kwa:n˧ si˧ 没关系

kwa:m˧ 痂
kwa:n˥ 名；官；斧头
kwa:n˥ siŋ˦ 姓名
kwa:n˥ ɕən˥ 魂
kwa:n˥ ȵən˩ 鬼魂
kwa:n˨ 土团
kwa:n˦ tuŋ˨ 冠洞（地名）
kwa:ŋ˥ 壳；稻草；亮
  kwa:ŋ˥ mən˥ 天亮
kwa:ŋ˥ to˥ 门槛
kwa:ŋ˥ la:p˧ 闪电
kwa:ŋ˥ kəu˨ mek˨ 麦秸
kwa:ŋ˥ sət˥ 扫帚
kwa:ŋ˨ ɕi˧ 广西
kwa:ŋ˧ 大碗
kwa:t˨ təŋ˥ 掉下来
kwa:k˧ 刮；拉（车）
kwan˩ 烟子；烟雾
kwan˩ pi˥ 人烟
kwat˥
  jəu˥ kwat˥ 蹲
kwət˥ （见kwa˧）
kwe˥ 黄瓜，瓜
  kwe˥ ma:n˧ 黄瓜
kwe˧ 梯子
kwen˦ 惯
kweŋ˦ ȶən˩ 山坳
kweŋ˧ 摇
kwet˧ 弹（琵琶）
kwet˨ 刮；打扫
kwiu˦ （又kiu˦）秤
kwiu˨ 鸡爪糖（植物名）
kwiŋ˦ 望

k'w

k'wa:i˥
  k'wa:i˥ ho˩ 快活
k'wa:i˦ 块（量）
k'wa:u˧ 酒
  k'wa:u˧ soŋ˥ 礼酒
  təi˥ k'wa:u˧ 醉酒
k'wa:n˥ 甜；孙子；外孙；甥；侄
  k'wa:n˥ ȶi˧ ȶi˧ 甜丝丝
  k'wa:n˥ k'wa:n˥ ȶi˧ ȶi˥ 欢欢喜喜
  la:k˨ k'wa:n˥ 孙子
k'wa:n˧ 款约；团；块
  we˨ k'wa:n˧ 做款
  k'wa:n˧ nam˧ 土块
k'wa:n˨ ȶa:ŋ˩ 聊天
k'waŋ˧ 宽
k'wa:t˧ 坐着蠕动
k'wat˥ 跳蚤
k'wəŋ˨ 猛力地
k'wəŋ˦ k'wəŋ˦ 不绝貌
k'we˦ 分离

l

la˥ 喂；雄鸡小爪
  la˥ k'u˦ 喂猪
la˩ 锣；（中小）箩筐
  toŋ˩ la˩ 铜锣
la˨ 语气词
la˦ 破了；破开；劈
  la˦ ȶət˥ 劈柴
la˧ 讨（饭）；找
la:i˥ 好
  la:i˥ ȶiŋ˥ 最；非常
  la:i˥ nu˦ 好看
  la:i˥ jak˩ 好看；漂亮
la:i˧
  lo˧ lo˧ la:i˧ la:i˧ 懒懒散散
la:i˩ 背部
  lai˩ to˩ 驼背
la:i˩ təu˩ 名堂（来头）
la:i˦ 野猪；烫
la:u˩ 排水洞；牢房
  la:u˩ tu˩ 牛油
la:u˥ 马蜂（蛹可食）
la:u˧ 进

la:u˧ pa:i˥ 进去
la:u˧ ka:u˧˩ 进入
la:u˩˧ 只；单；仅
la:u˧˩ 老；大
la:u˧˩ pa:n˧˩ 老板
ȵən˩ la:u˧˩ 老人
la:u˧˩ pek˧ siŋ˥˧ 老百姓
la:u˧˩ ɕət˩ 老实
la:u˧˩ ho˧ （＜恼火）很；最利害
la:u˥˧ 秧青（绿肥）
la:u˧˩ ho˧ …极了
la:m˩ 忘记
la:m˩˧ 玩耍
la:m˧ 绳子；缆
la:n˥ 对面；对岸
la:n˩ 兰靛草
la:n˧˩ toŋ˧ 兰洞（地名）
la:n˧ 烂
la:ŋ˩ 郎；情哥
tin˥ la:ŋ˩ 走廊
(kʻu˥˧) la:ŋ˩ 公猪
la:ŋ˧˩ 清洗（衣服）
la:ŋ˧˩ pan˥ 一节竹子
la:p˩˧ 闪电；眨眼
kwa:ŋ˥ la:p˩˧ 打闪
ta˥ la:p˩˧ 眨眼病
la:p˩˧ la:p˩˧ 浮沉貌
la:p˩˧ ta˥ 眨眼
la:p˧ la:p˧ 姗姗
la:t˧ 一下子
la:t˧ 烙；烫
la:i˧˩ 耙田（最后一道）
la:k˧˩ 儿子；小孩；小
la:k˧˩ ha:n˥˧ 后生
la:k˧˩ pa:n˥ 男青年
la:k˧˩ məi˧˩ 树苗
la:k˧˩ ma˥ 菜苗
la:k˧˩ man˥˧ 那些
la:k˧˩ təŋ˥ 手指
la:k˧˩ təŋ˥ ka:i˥˧ 食指
la:k˧˩ toŋ˩ ja:ŋ˧˩ 双生子
la:k˧˩ tʻən˧˥ 接亲郎
la:k˧˩ noŋ˧˩ 侄子
la:k˧˩ ɕa:u˧˩ 女婿
la:k˧˩ ka:i˥˧ 小鸡
la:k˧˩ tu˩ 小牛
la:k˧˩ ʔun˧ 小孩
la:k˧˩ mjek˧ 姑娘
la:k˧˩ lja:n˥˧ 丝瓜
la:k˧˩ kʻwa:n˧˥ 孙子
la:k˧˩ ko˩ kin˧˥ 手腕子
la:k˧ 大笑
la:k˩˧ 骨头；水沸
la:k˩˧ jət˥ 肋骨
nəm˧˩ la:k˧ 骨髓
lam˩˧ 用木头楔紧
lam˥ 追；猎
kwa˧˥ lam˥ 猎狗
lam˧˥ ja˥˧ 插秧
lam˧˩ 接连不断
lan˧ 吞
lan˥˧ 弹（使动）；猛力
lan˥˧ ʔi˥ loi˩ 用力一抓
lan˥˧ 弹（自动）
lat˧˥ 打；鞭打
lat˩ 瞪；拖；伸
lat˩ ŋe˩ we˧˩ ȵin˥ ɬa˧
龇牙咧嘴笑貌
lak˥ 聋
lak˥ hən˥ 咳嗽
lak˩ 勒
ləi˩ 擂
ləu˥ 挖掘
ləu˥ ŋa:u˧ 挖地窖
ləu˥ ja˥˧ 掘田
ləu˧˩ 骗
ləu˥˧ 螺；（用指节）敲
ləu˥˧ ja˥˧ 田螺
ləu˥˧ ȵa˥ 河螺

lǝu˦ tam˥ 塘螺
lǝm˩ 风；信息
lǝm˩ sǝp˩ 风吹
lǝm˩ laːŋ˧ 遍地淌
lǝm˩ ɕi˥ 风吹
lǝm˩ leŋ˧ 蝉
lǝm˧ 烂泥田
lǝn˥˧ 事情
lǝn˥ 单；孤
lǝn˩ 芦笙；后面
lǝn˩ taːŋ˩ 踩堂曲；笙堂
ta˧ lǝn˩ 以后；后来
ma˥˧ ta˧ lǝn˩ 来迟了
man˥ lǝn˩ 第二天
lǝn˧ 论
lǝn˨ ȶi˧ 对头；完了一辈子
lǝŋ˧ 冰凌
lǝp˥ 躲；缩
lǝp˥˧ 不放心；重蒸糯米饭
lǝp˩ 告诉
lǝt˥˧ 完结；结束
lǝt˩ 蛇；蚂蚁；百足虫；蜜蜂等的爬行；板栗
lǝk˩ 力
me˩ lǝk˩ 有劲
le˩ 书；文书；契约
le˧ 语气词
le˩ 语气词
le˨ 语气词
li˥ 下(酒，饭)
li˧ 得
li˧ pjiŋ˧ 得病；生病
naːk˥˧ li˧ laːi˥ 睡着了
ma˥˧ li˧ we˥˧ 来得晚
li˧ nu˦ 看见
li˧ ȶʻiŋ˦ 听见
li˧ kam˥ 值得
li˨ 话；里（路）
kaːŋ˧ li˨ 讲话
liu˥ 扔；丢
liu˥ na˧ 羞耻；丢脸
liu˩ 桔子
liu˧ 水清；扭伤
lim˨ 凑积
lin˥ 黄蜂
lin˧ 四足蛇；蜥蜴
maːŋ˦ lin˧ 蜥蜴（背灰白，肚黄）
lin˧ 挑
lin˦ 浅；浅薄；贱
liŋ˨ 旱
man˥ liŋ˨ 天旱
liŋ˦ 得很；极了
kaːŋ˧ liŋ˦ 极了
lit˧ 麻（形）；涩
lit˨ 拆
lit˨ ʔǝp˥ 打哈欠
lo˥ 船
lo˩ 米箩
lo˩ ȶo˩（用藤子编的带耳可坐的）箩
lo˩ 语气词
lo˧ 语气词
lo˩ pon˩ 罗盘
lo˧ lo˧ laːi˧ laːi˧ 懒洋洋
lo˧ 滑落
lo˨ 小桥
loi˩ 抓；拉；拽
loi˧（又lwaːi˧） 捕鱼篓
lon˧ 乱
loŋ˥ 深山；山谷
loŋ˥˧ 错；好象
loŋ˥˧ kʻun˥˧ 迷路
loŋ˩ 肚子；缝被；龙
loŋ˩ ȵo˧ 心地不正
loŋ˩ ja˨ 心地不仁
loŋ˩ soŋ˥ ji˧ 龙须衣
loŋ˧ 簸箕
loŋ˨ 箱子
loŋ˧ 松开
lok˥˧ 网坠；轮子

lok˥ je˥ 网坠
lu˩ 炉子
lu˧ 路；事件；一行
lu˦ 挨饿
lu˥ 清
nəm˩ lu˥ 水清
lui˧ 下
lui˧ ma˥ 下来
kui˥ lui˧ ma˥ 流下来
lui˧ ɬən˩ 下山
luŋ˩ 空；虚
luŋ˩ məi˧ 树空
luːt˧ 梭子
luk˧ 蜜蜂
luk˧ taːŋ˩ 蜂蜜

lj

lja˩ 舔
lja˩ jaːt˧ 舔(一下)
lja˧ 媳妇；从头上跨过
lja˧ 语气词
lja˧ 残废；瘸腿
pa˥ lja˧ 跛子
mja˩ lja˧ 手残
ljaːi˥（又lje˥） 远
ljaːi˧ 麻雀
ljaːi˦ 因为；讨
ljaːu˧ 燎
ljaːu˥ 推
ljaːu˩ 捞
ljaːm˧ 背后；背面
ljaːm˧ to˥ 门后面
ljaːm˧ lən˩ 背后
ljaːm˧ 燎
ljam˧ 鸟套
ljan˥ 光滑；路滑
li˧ ljan˥ 滑倒
ljan˥ lju˦ 光溜溜
ljaːn˦ 木片
ljaːn˧ 辣；辣椒
ljaːn˧ su˥ 青辣椒
ljaːŋ˥ 喜欢；爱；想；可怜
ljaːŋ˥ to˧ ka˥ 爱唱歌
ɕeŋ˥ ljaːŋ˥ 恋爱
ljaːŋ˩ 山脊；良；量
ljaːŋ˩ səm˥ 良心
ɕeŋ˥ ljaːŋ˩ 商量
ljaːŋ˧ 晃动；健壮有力
ljaːŋ˧ ɬəm˩ 用木刀在墓穴里驱邪
ljaːŋ˦ 禾晾(名)
ljaːŋ˧ 两
ljaːp˧ 抓；拿
ljaːt˧ 做；干
ljaːk˥ 冷；凉
ljaːk˧ 量（布）
ljak˩ 偷
ljak˩ ljak˩ nəŋ˩ 偷看
ljak˩ ȵaːu˧ 瞒着丈夫与情人约会
ljəi˧ 男生殖器
ljəu˧ 催促
ljəu˦ 麻子
ljəm˩ ɬ'i˥ 林溪（地名）
ljəm˩ k'əu˥ 林口（地名）
ljəm˩ lʲaːŋ˩ 粗心
ljəm˧ 棱
ljəm˦ 凹下
ljəm˩ nəm˧ 浇水；淋水
ljən˩ lji˥ 灵利
ljən˦ jaːt˧ 侧身倒
ljəp˩ ti˧ 辟地
lje˧ 羊
nok˧ lje˧ 麻雀
ljeu˧ 燎
ljeu˧ 丢失；了；完；撂
ljen˥ 炼
ljen˩ 连
ljen˩ pən˧ 连本

ljen˩ ȶa:n˥ 连夜
lji˨ 礼；里
lji˨ ɕən˥ 礼节
lji˨ ɕi˧ 礼金
lji˩ 离
ljiu˧ 链条；镣铐
ljiu˥ 挑（动）
ljim˩ 鲢鱼
ljim˨ 镰刀
ljin˦ ja:t˧ 侧躺
ljiŋ˥ 瞧
ljiŋ˨ 领；答应；承认
ljiŋ˧ 光棍；单身；另
ljo˦ 醒
ljo˦ ljeu˨ 醒了
ljo˧ 烧
ljo˨ 鲶鱼
ljon˩ 圈（动，名，量）
ljon˨ （见loŋ˥）山谷
ljoŋ˩ 龙；虹
ljoŋ˩ wa:ŋ˩ 龙王
ljoŋ˩ ȶa:n˥ nəm˨ 虹（龙吃水）
ljoŋ˩ lje˧ 鱼名
ljoŋ˩ ɳo˧ 黄鳝
ljoŋ˧ 大姑父；大岳父；大舅父；夫之父
ljoi˨ 捧；撮
ljok˦ 呆；奇怪（动）
ljok˩ 六
ljok˨ 收藏
lju˥ lje˦ 能说会道；伶俐；干燥
lju˩ lja:ŋ˧ 利索；能干
ljun˧ 摔倒
ljun˧ 翻大肠
ljun˨ 卷；收
ljuŋ˦ 捅竹内节
ljuŋ˧ 巷

m

ma˥ 菜
ma˥ pa:k˨ 白菜
ma˥ su˥ 青菜
ma˥ joŋ˦ 芹菜
ma˥ kwa:ŋ˥ 菜餔
ma˦ 来
ma˩ 舌
ma˩ ȶan˩ 口吃
ma˧ 软；云彩；巴掌
ma˧ noi˧ noi˧ 软绵绵
ma˧ soi˧ soi˧ 软绵绵
ma˨ 马
ma˨ la:ŋ˩ ka:ŋ˥ 螳螂
ma˨ ȶa:i˨ 螳螂
ma˨ təu˨ 码头
ma:i˨ 妻；嫂子
ma:u˧ 他；她；它
ma:u˨ 卯（借词）
ma:n˧ 黄
ma:n˩ 蛮
joŋ˧ ma:n˩ 发横
ma:ŋ˥ 疏；薄
ja˥ ma:ŋ˥ 薄布
ma:ŋ˥ nu˦ 少见
ma:ŋ˩ 什么
kəm˨ ma:ŋ˩ 什么
ma:ŋ˧ 半
ma:ŋ˧ 曾祖
ma:ŋ˦ 边；面；把（量）
ma:ŋ˦ la:n˥ 对面
ma:ŋ˦ lən˩ 后面
ma:ŋ˦ kun˦ 前面
ja˩ ma:ŋ˦ 两半
ma:t˧ 抹；揩
ma:t˧ so˧ 抹干
ma:i˨ 油茶粉；妇女头带儿
ma:k˧ 大；长大（动）
nəi˨ ma:k˧ 伯母

ma:k˧ 劈

ma:k˧ ɬət˥ 劈柴

ma:k˧ na˧ 打耳光

ma:k˨ 土

man˥ 日;日子;些

man˥ na:i˧ 今天

man˥ mu˧ 明天

man˥ mu˧ 戊日

man˥ ȵuŋ˥ 昨天

man˥ kun˦ 前天

man˥ na˧ 后天

man˥ ɬa:ŋ˦ 晴天

man˥ jim˦ 阴天;凉天

man˥ jim˥ 阴间

man˥ lən˩ 后来

man˥ ȵən˩ la:u˨ 一些老人

man˩ 薯;薯类

man˩ ȵeŋ˦ 凉薯

man˦ 些;针线活;样子

mak˥ 砍

məi˦ 蒸

məi˦ kəu˨ 蒸饭

məi˩ 鸡虱

məi˨ 树;木头;木棍;件(量);母的

məi˨ ka:i˦ 母鸡

məi˨ kwa˦ 母狗

məi˨ pa:ŋ˧ 锯为两半的木头

məi˨ ta:i˦ 椎栗树

məi˨ sa˥ 构皮树

məi˨ ti˥ 李树

məi˨ soŋ˩ 松树

məi˨ tin˥ 大脚趾

məi˨ mja˩ 拇指

məi˨ ɕap˥ 小弓;鱼叉

məi˦ 新

məu˨ 风湿

məu˨ pan˥ 竹节

məu˩ 谋;贪

sa:i˧ məu˩ 贪心

məm˨ 虎

mən˥ 天;天空;楼

mən˧ 有余;吃不完

mən˦ 井;泉

məŋ˥ 潭(河中深处)

məŋ˨ 高兴

mət˦ 狐臭

mət˥ 水车

mət˩ 蚂蚁

mət˩ koŋ˥ 大蚂蚁

me˥ 熊;记号;做记号;认识

me˦ təu˧ 有点; 象

me˩ 有

me˩ we˦ 有劲

me˩ lək˩ 有力

me˧ 咩(羊叫声)

mei˦ (<me˩ʔi˥) 有一

meu˩ 野鸡

meu˨ 猫;卯

meu˧ 帽子

men˧ 越;老;总

meŋ˧ 还

mek˦ 有点儿

mek˦ təu˧ 好像

mek˨ 麦;脉;毒鱼药

kəu˨ mek˨ 麦子

mi˧ 空的

mi˧ 奶汁;乳房

mi˨ 没;未

miu˩ 剪子

min˧ 席子

miŋ˥ 锅烟子;阳尘

miŋ˥ ɬa:u˥ 锅烟子

miŋ˧ 命

mo˥ 摸

mo˩

ɬi˥ mo˩ (又məu˩) 计谋

moi˧

səm˩ moi˧ 覃妹

mon˩ heu˩ 满孝
mot˧ 浮沉貌
mok˥ 埋
mok˩ 木
mok˩ pa:i˩ 木排
mui˥ 霉烂
mui˩ 媒;媒人
mun˥ 枕头
mun˥ tun˩ 枕头
mun˩ 雾
mun˧ 猴子
muŋ˩ 霉
wet˧ muŋ˩ 发霉
muŋ˧ 梦
muŋ˥ 篮子
muŋ˩ 个(指人)
muk˩ 鼻涕

mj

mja˩ 手;栽种
mja˩ məi˩ 栽树
mja˩ ka:n˧ pan˥ 埋竹竿
mja˩ wa˦ 右手
mja˩ ȶe˧ 左手
nəi˦ mja˩ 动手
mja˩ 刀
mja˩ təp˩ 刀钝
mja˩ ja:i˧ 刀子快
mja˧ 厌烦;闷
mja˦ 脾脏
mja:ŋ˧ 瓢
mja:i˧ po˧ 瓢
mja:m˧ mja:m˧ 慢慢地;扎扎拉拉
mja:n˧ 水獭
mja:t˩ na˧ 板着面孔
mjəu˩ 麻疯
mjət˥ 扭;拧
mje˩ 粗纺线;沫
nəm˩ mje˩ 唾沫
mje˧ 思念;想
mje˧ t'əu˧ 想到
mjen˥ 面;面条;炭黑
mjen˥ ja:ŋ˧ 被面
mjen˧ 勉(人名)
mjeŋ˩ 穗;蕨粉
mjeŋ˧ 鱼鳍
mjeŋ˧ pan˥ 竹扫帚
mjek˧ 女性
ȵən˩ mjek˧ 女人
la:k˩ mjek˧ 姑娘
mji˩ 迷;昏迷
mjiu˥ 苗族
mjiu˧ suk˧ (寨名)
mjiu˧ 庙
mjin˩ 棉花
mjin˩ p'a:u˦ 无籽棉
k'uk˧ mjin˩ 棉袄
mjin˧ 镜子
mjiŋ˥ 水沟
mjiŋ˩ 儿
ȵa˩ mjiŋ˩ȵin˩ 你几岁?
mjiŋ˩ 解释;启蒙
mjot˩(又mjwat˩) 脱;散
mjot˩ se˥ ha:i˩ 鞋带散了
mjuŋ˩ 蚊蝇总称
mjuŋ˩ pa˧ 饭苍蝇
mjuŋ˩ su˥ 绿头苍蝇
mjuŋ˩ ȶa:m˧ 蚊子
mjuŋ˧ 盼望
mjut˧ 拧;把
mjut˩ 胡子
mjut˧ 叼

n

na˥ 密;厚
ja˥ na˥ 厚布
na˧ 脸;箭
na˧ nəŋ˥ 面子

man˥ na˧ 后天
na:i˧ 这；耐
man˥ na:i˧ 今天
na:i˧ wa:n˩ 耐烦
na:i˦ 这样
na:u˥ ȵe˩ 热闹
na:u˩ 谁
na:m˩ 南
na:m˧ 泥土
na:n˩ 难
na:n˩ we˨ 难办
na:n˨ 肉
na:n˨ na:u˥ 瘦肉
na:n˨ ɕon˦ 串肉
na:n˧ 悬崖；瀑布
na:ŋ˩ 竹笋
na:ŋ˧ 疲倦；累
na:k˥ 睡
nan˥ 虱子；个；肿包
ʔi˥ nan˥ pi˥ 一盏灯
nan˦ 震动；嘈杂
nam˥ 黑
nam˥ mja:u˥ 乌黑
nat˥ 粒；颗；个；癞痢
ʔi˥ nat˥ kəu˨ 一粒稻子
nəi˥ (自己)移动；动
nəi˥ mja˩ 动手
nəi˥ ȵok˥ 扭动状
nəi˨ 母亲；妇女
nəi˨ ma:k˧ 伯母
nəi˨ ka:ŋ˧ 寡妇
nəi˨ ʔun˧ 婶母
nəm˨ 水
nəm˨ ma˥ 稀饭
nəm˨ mi˧ 乳汁
nəm˨ ta˥ 眼泪
nəm˨ toi˦ 水落(水退)
nəm˨ la:k˧ 骨髓；开水
nəm˨ lu˥ 清水
nəm˨ luk˨ 蜂蜜
nəm˨ sən˧ 露水
nəm˨ ɕa:ŋ˧ 涨水；洪水
nəm˨ jəm˦ jəm˦ 水淋淋
nəm˨ kam˥ 混水；泔水
nəm˨ ʔəm˦ 水淹
nən˩ ka:n˥ 能干
nən˨ 嗅；闻
nəŋ˥ 鼻子；还；又
nəŋ˩ 看；瞅
nəŋ˧ 逃
nəŋ˨ 就；立即
nəŋ˨ ɕi˩ 往时
ne˥ 扯；拔；抽出
ne˥ ȵa:ŋ˧ 拔草(在野外)
ne˥ ja˦ 薅草(在田里)
ne˧ 哭(成年人)
ne˦ 病；疲倦；厌烦
ni˥ 雪
ni˥ 呐(语气词)
ni˩ 虫(软体)
ni˩ muk˨ 鼻涕虫；蚰蜒
ni˩ ləu˦ 蜗牛
no˩ 搓；摩擦
no˧ 鼠
noi˧(又nwa:i˧)
ma˧ noi˧ noi˧ 软绵绵
noŋ˨ 弟；妹
pəi˨ noŋ˨ 妹妹
noŋ˨ moi˧ 蚕
noŋ˦ 愚
nok˨ 鸟；男生殖器
nok˨ mun˨ 鹌鹑
nok˨ ɕa:k˧ 喜鹊
nok˨ ka˥ 乌鸦
nok˨ ka:ŋ˧ ka˩ 鸟名
nok˨ lja:i˧ 麻雀

ŋok˦
　sən˥ ŋok˦ 挪村(村名)
ŋu˦ 什么；怎样
　nan˥ ŋu˦ 哪一个
　ŋu˦ ȶuŋ˩ 多少；许多
　ŋu˦ lja:i˥ 多远
　ŋu˦ ma:k˧ 多大
　ŋu˦ ha:ŋ˩ 怎样
　ʔi˥ ŋu˦ ha:ŋ˩ 怎样
ŋu˦ 看；若是；要是
　ŋu˦ ŋu˦ 光彩
　li˧ ŋu˦ 看见
　ŋu˦ ŋu˦ 看什么
　ŋu˦ ȶiŋ˦ 若是
ŋun˥ 蛆
ŋun˩ （野外）睡

ȵ

ȵa˥ 河；江
ȵa˩ 你
ȵa˧ 语气词
ȵa:i˦ 女生殖器
ȵa:i˩ 揹
ȵa:u˦ la:u˧ 走进
ȵa:u˧(又˨) 住；在；坐月子；生活
　ja:u˩ ȵa:u˧ na:i˧ ȵa:u˧ 我在这儿住
ȵa:u˩ 嘈杂；摇；推
　ȵa:u˩ ma:u˧ ljo˦ 推醒他
ȵa:n˥ 月
ȵa:ŋ˧ 草
　ȵa:ŋ˧ ȶa˥ 茅草
　ȵa:ŋ˧ kwa˦ 狗尾草
　ȵa:ŋ˧ ŋa:n˧ 车前草
ȵa:ŋ˧ 让
ȵa:ŋ˩ 小娘子，女情人
ȵa:p˧ 跨；不光滑
　ȵa:p˧ ta˧ pa:i˥ 跨过去
　ȵa:p˨ ȵa:p˨ 嚼物声
ȵa:p˧ 闭；眨
ȵa:p˧ ʔəp˥ 闭嘴
ȵa:t˧ 难
ȵam˥ 抓；搅拌
ȵam˦ 吃；饮
ȵam˩ 把(量)
ȵam˧ (绳)松散；水静
ȵam˦ 晚；夜(黄昏至天黑)
　ȶa:u˧ ȵam˦ 傍晚
　ȵam˦ ȵuŋ˥ 昨晚
ȵan˦ 野兔；野猫
　ȵan˦ ta˩ ȶi˧ 狐狸
ȵan˩ 银
ȵan˩ siŋ˩ 爱情
ȵan˧ 压
ȵan˦ 解开
ȵan˨ 逗；惹
ȵap˦ 潜（水）；闭
　ȵap˦ ta˥ 闭眼
　ȵap˦ nəm˨ 潜水
ȵak˥ 小；点儿
ȵak˦ 粘人草
ȵak˩ 斗（榫头）；插；刺
　ȵak˩ ko:n˧ pan˥ 竖立竹竿
　ȵak˩ ȶa:u˧ ɕon˥ 斗榫头
　ȵak˩ k'it˧ 刺疼
ȵəi˥ 扒；捞
ȵəu˥ 抓；爪子
ȵəu˦ 抖
ȵəm˧ 微笑貌
ȵəm˧ 兰靛水
ȵən˥ 臭
ȵən˩ 人
　ȵən˩ to˦ 大人物
　ȵən˩ ȶu˧ 主人
　ȵən˩ ȵi˨ 年轻人
　ȵən˩ mjek˧ 女人
ȵən˧ 也；颈部；记得
ȵən˨ 讥讽；逗趣
ȵəŋ˩ 真；很
　ȵəŋ˩ na:n˩ 真难
　ȵəŋ˩ ja:u˧ 实在怕

ȵəp˥ 甲壳

ȵəp˥ mja˩ 指甲

ȵəp˥ tin˥ 脚趾甲

ȵəp˦ ȵin˧ 得很

ȵət˩ 泥鳅

ȵət˩ 日

ȵət˩ təu˧ 日头

ȵeu˦ 困难；穷；弯曲；绕

ȵeu˧ （线）乱

ȵeu˧˥ 尿

ȵen˨˩ 碾子

ȵeŋ˧˥ 葛根

ȵeŋ˧ （见ȵa:ŋ˩） 娘子（少女）

ȵet˨˩ 压；塞；掩门

ȵi˥ 一点儿

ȵi˥ ȵa:i˧ 寄生蜂

ȵi˩ 疑

ȵi˨˩ 嫩；年轻

la:k˨˩ ȵi˨˩ 后生

ȵi˧ 二

ti˧ ȵi˧ man˥ 第二天

ɕəp˩ ȵi˧ 十二

ȵi˧ ɕəp˩ 二十

ȵi˧ ŋwet˨˩ 二月

ȵiu˧ 缝补

ȵin˩ 年；岁

ȵin˩ pe˥ 去年

ȵin˩ na:i˧ 今年

ȵin˩ sa˩ 明年

ȵin˩ tʻi˧ 年纪

ȵin˩ ɕa:ŋ˧ ȵa:n˥ 闰年

ȵiŋ˩ 蚂蟥；恼火

ȵip˧ 火钳

ȵo˩ 虾

ȵo˧ 鳝鱼

ȵo˧ 疤

ȵo˧˥ 粗青苔

ȵon˥ 桃头（小孩禁发）；骨碌

ȵon˧ 愿

ȵon˧˥ 钻；拱

（ta:i˨˩） ȵoŋ˨˩ 弟

ȵui˦ 猪叫声

ȵui˧ 核；籽；髓

ȵui˧ ta:u˧ 脑髓

ȵui˧ ta˥ 眼珠

ȵui˧ təm˧ 果核

ȵui˧ ləi˥ 睾丸

ȵu˨˩ 女

ȵuŋ˥

man˥ ȵuŋ˥ 昨天

ȵut˨˩ 揉；搓（衣）；拧

ȵut˨˩ ta˥ 揉眼

ŋ

ŋ˧ 语气词

ŋa˥ 哑

ŋa˥ pa˧ 哑巴

ŋa˩ 衙

ŋa˩ mən˩ 衙门

ŋa:u˧˥ 咬；嚼

ŋa:u˧˥ ʔi˥ ʔəp˥ （虫子）咬了一口

ŋa:u˧˥ ʔi˥ pa:k˧ 吃了一口

ŋa:i˧ 大浮萍

ŋa:m˩ 岩洞

ŋa:n˥ 庵

ŋa:n˧ 鹅

ŋa:ŋ˩ 吊炕

ŋa:ŋ˧ 昂

ŋa:ŋ˧ ta:u˧ 昂头

ŋa:ŋ˧ ka:ŋ˩ 昂下巴

ŋa:p˨˩ ŋa:p˨˩ 嘴张合貌

ŋa:k˨˩ 用力撬开；发现

ŋam˥ 衔；含

ŋam˥ ȵa:u˨˩ ka:u˨˩ ʔəp˥ 含在嘴里

ŋap˩ 闭嘴

ŋap˩ ʔəp˥ 闭嘴

ŋak˥ tʻa˦ 理睬

ŋak˥ ʔi˥ jun˧˥ 受一惊

ŋəi˧ 小浮萍
ŋəu˨ 藕
ŋəm˦ ŋəm˦ 慢慢地
ŋən˥ 硬
ŋe˦ 抓；树杈
ŋe˦ ko˩ 掐脖子
ŋe˩ 芽；牙齿；发芽
ŋe˨ 瓦
ŋe˦ 水牛
ŋəu˩ 摇
ŋen˨ jui˧ 眼泪
ŋeŋ˦ 裂
ŋep˧ 夹
ŋep˧ pep˧ 夹住
ŋet˥ 开门声
ŋi˦ 象声词
ŋip˧ 火钳
ŋik˨ 阳尘；烟尘
ŋo˨ 五；午（时）

ŋw

ŋwəi˨ 散；撒
ŋwəi˨ təŋ˥ 猛地来
ŋwən˧ 晕
ŋwən˧ ta:u˧ 头晕
ŋweŋ˧ 猛地
ŋwet˨ 月
ȵi˧ ŋwet˨ 二月
ŋwiŋ˦ 呆

P

pa˩ 鱼；腿
pa˥ tin˥ 脚
pa˥ ta:u˧ 草鱼
pa˥ to˥ 阳沟鱼（当地汉语方言）
pa˥ lja˨ 瘸子
pa˥ mja˩ 手掌
pa˥ ka:ŋ˧ 小腿
pa˥ sən˨ 屁股
pa˦ 灰色
pa˩ （小孩）爬；赶；钻
pa˥ la:i˧ 虫名
pa˧ （比父大的）姑母，姨母，岳母；糠
pa˧ ljoŋ˧ 姨父
pa˧ pjən˩ 把凭，凭据
pa˦ 叶子；夏；翅；屎尿；厕所（古称）；解手
pa˦ ka:i˦ 鸡翅膀
pa˦ məi˨ 树叶
pa˦ pja:k˧ 芭蕉叶；额草叶
pa:i˥ 去
pa:i˥ səu˧ 求鬼师
pa:i˩ 牌；水牌
pa:i˩ mei˨ 木排
pa:i˩ taŋ˩ 排场
pa:i˧ 陡峭；斜坡；败
pa:i˧ se˩ 败色；失色
pa:i˨ 摆
pa:i˦ 稗草
pa:u˥ （兽）角
pa:u˥ tu˩ 牛角
pa:u˧ 宝；宝贝；用清水养鱼
pa:u˧ pi˥ 宝贝
pa:u˨ 小酸坛子
pa:u˩ 柚子
pa:n˥ 男
la:k˨ pa:n˥ 男子
ȵən˩ pa:n˥ 男人（老说法）
pa:n˩ 盘子；乜斜
pa:n˧ pam˨ 走路摇晃貌
pa:n˨ 同伴，陪伴
pa:n˦ 半
pa:n˦ man˥ 中午
pa:n˦ tən˦ ko˩ 半饱
pa:n˦ kun˦ 半路
pa:n˦ ta:n˩ 半夜（12点以后）
pa:ŋ˩ 大木桶
pa:ŋ˥ 帮助

pa:ŋ˧ 对剖的树干
pa:ŋ˧ 块；条
pa:ŋ˧ pin˨ 鱼名
pa:ŋ˧ pʼa˦ 鱼名
pa:ŋ˨ 榜
pa:t˧ 涩口；绕线
pa:t˧ mje˩ 绕线
pa:k˧ 外面；口(量)
pa:k˧ ʨa˥ 远处
pa:k˨ 白
ma˥ pa:k˨ 白菜
pam˩ pam˩ pəi˩ pəi˩ 急急忙忙
pam˧ 伐(木)；砍
pam˧ məi˨ 伐木
pan˥ 竹
pan˥ man˧ 黄篾
pan˥ pji˩ 青篾
pan˥ la˥ 篾
pan˩ 磨
pan˩ mja˨ 磨刀
pan˧ 挤(奶)；捏；取(于泥中)
pan˧ ko˩ 卡脖子
pan˥ 丢；扔；摇晃
pap˩
pjiŋ˩ pap˩ pap˩ 平展展
pak˥ 北；荚
pak˥ to˧ 豆荚
pak˥ mja˨ 刀鞘儿
pak˩ 萝卜
pəi˥ pa:t˧ 突然
pəi˥ 碑
pəi˩ 赔；动作快
pəi˩ pʼən˧ 突飞
pəi˧ 还；赔
pəi˧ ʨa:ŋ˥ 还账
pəi˨ 女儿；姑娘；女孩
pəi˨ nəi˦ 女厨
pəi˨ noŋ˨ 妹妹
pəi˨ ʨa:i˨ 姐姐
pəi˥ 背；搭(上肩)

pəu˥ 疮；包(名)
pəu˥ ʨən˩ 山包
pəu˩ 斑鸠；鸽子
pəu˩ ja:n˩ 鸽子
pəm˥ 尿泡
pəm˥ ɳeu˥ 尿泡
pəm˨ la:u˧ 速进
pən˩ 盆子
pən˧ 仅；只
pən˧ lja:i˥ 只为
pən˧ la:i˩ 本来
pən˧ ʨiŋ˥ 总是
pən˧ nu˥ 只是；只见；老是
pən˧ nəŋ˥ 还是
pən˨ 溢出
pən˥ 汗；粉末儿
ʔuk˧ pən˥ 出汗
pəŋ˥ 崩塌
pəŋ˧ 依靠
pəŋ˥ 坎子；石坎
pəŋ˥ ja˥ 田坎子
pəp˩ 埋伏；伏
pəp˩ peŋ˧ 弹棉声
pəp˥ 仆
kəm˨ pəp˥ 仆倒
pət˥ 鸭
pək˥ po˩ 鱼名
pe˥ 水坝；卖
pe˥
ɳin˩ pe˥ 去年
pe˩ 牛笼头
pe˦ 为什么
pe˥ 粽子；枝叉
peu˥ 包(名，动，量)
ʨəu˦ peu˥ 纽扣
peu˩ 扒
peu˩ hot˨ 一股脑儿
peu˧ 戽水；捧(量)
peu˥ 炮；米花
ɕe˩ peu˥ 米花油茶

peu˥˧ pam˧˩ 爆炸
pem˥ 做；骂；踹；踩；碰
pen˥ 昏
pen˥ pen˥ na:k˦˥ 酣睡貌；昏睡
pen˥ ta˥ 眼花；头昏
pen˧ 杉木
pen˥˧ 扮
ta˧ pen˥˧ 打扮
pen˧ 办
pen˧ pu˧ 准备
pen˥ 绷；顿时
peŋ˥˧ 射；丢；掷；扔
peŋ˥˧ sin˥˧ 射；投掷
peŋ˥˧ ɕoŋ˥˧ 放枪
peŋ˥˧ nok˧˩ 射鸟
pep˧ 戳；塞
pet˧ 八
pet˧ si˧ 八字
pek˧
pek˧ naŋ˧ 逃
pek˧ 百
ʔi˥ pek˧ 一百
ja˩ pek˧ 二百
pek˧ la:i˥ 虽然
pek˧˩ 打
pi˥ 灯；火；火塘
pi˥ ȶi˥ 火把
pi˥ ȶa:ŋ˥ pi˥ ȶu˥ 杂七杂八
pi˩ 肥；烂泥
pi˧˩ 别；勿
pi˧˩ pa:i˥ 别去
pin˩ 追求；求爱
pin˧ 酒曲
piŋ˥˧ 缺；破
pit˧ 跑
po˥ 肿；凸出
po˥ nan˥ 肿一个包
po˥ sa˥ 肩膀
po˥ sən˧˩ 屁股
po˧ 葫芦；葫芦制饭器
po˧ kan˧˩ 葫芦
po˧ 语气词
po˥˧ 说；告诉；答；肚脐
ȶəm˩ po˥˧ 肚脐眼
po˥˧ soŋ˥ 请帖
poi˧ 背（风，人）；避
pon˩ 抚养
pon˩ wəi˦˥ 盘费
poŋ˩ 浮；泡（量）；堆（量）；棚
poŋ˩ ȶən˩ təŋ˥ 浮起来
poŋ˩ ta:ŋ˩ 轿
poŋ˧ 泡；堆（量）
ʔi˥ poŋ˧ nəm˧˩ 一泡水
poŋ˧˩ 鸟名；沙中软虫（黄白色）；水沸后溢出
poŋ˧˩ ȶən˩ 冒出；冒起
pok˥ 贴
pok˥ na:u˧˩ 贴在
pok˧˩ 拄拐杖声
pu˩ na:i˥ ȶʻi˥ ho˩ 不奈其何；无可奈何
pu˥ ȶa:ŋ˥ pu˥ ȶu˥˧ 不三不四
pu˧ 段（时间量词）；座（指桥）
pu˧˩ 父亲（吴，陈，覃，部分杨姓称）
pu˧˩ ma:k˧ 伯父
pu˧˩ la:k˧˩ ȶan˧˩ 近房族
pu˧˩ la:k˧˩ lja:i˥ 远房族
pu˧˩ ʔo˥˧ 叔父
pu˧˩ ʔun˧ 叔父
pui˩ 赔
pui˩ siŋ˩ 还人情
puŋ˥˧ 灰尘
puk˧˩ 泡沫

pʻ

pʻa˦˥ 灰色；瞎
pʻa˥˧ 破坏；帕子

p'a˦ sa:i˧ 灰心
p'a:i˥ 派
p'a:i˧ 排列
p'a:u˦ 肺
p'a:u˦ p'a:u˦ 出烟貌
p'a:ŋ˥(又p-) 高；高处
p'a:t˧ 血；刈草（横着割）
p'a:k˧ 象声词
p'an˦ miŋ˧ 拼命；竭力
p'əi˩ 栽倒
p'əu˦ 磕
p'əm˥ 丢（入水中）
p'əm˩ 关门声
p'ən˧ 飞；亲
nok˩ p'ən˧ 鸟飞
p'əp˥ 绷断
p'ət˥ 匹（布）；刮（风）
p'e˩ ɕe˩ 打油茶
p'e˦ 庹；分
p'e˥ 尖；梢儿；后来；怎么；为什么
p'eu˦ 炮；泡（茶）；爆炸
p'eu˧ 打秋千
p'ek˧ 拍；贴
p'ek˧ mja˩ 拍手
p'uk˧ 灰
p'u˩ t'oŋ˧ wa˥ 普通话
p'i˥ 痣斑
p'i˧ 比
p'i˧ li˧ p'a:k˧ la:k˧ 劈哩啪啦
p'i˦ 配（匹）
p'im˧ 腹部
p'iŋ˧ 整洁
p'om˦ 摔倒状
p'oŋ˦ （突然）站立
p'ok˥ 泼
p'u˧ 堡
la:u˩ p'u˧ 老堡
p'u˥(又p-) 铺（动）
p'u˥ min˧ 铺席子
p'u˦ 店铺；扑的一声
p'ui˦ ʔuk˧ 跑出
p'ut˧ 摸
peŋ˦ p'ut˧ 扔

pj

pja˥ 石头
pja˥ muŋ˥ 编篮子
pja˩ 草丛；灌木丛
pja˩ sun˥ 荆棘
pja˧ 雷
pja:u˥ 长膘
pja:u˦ （牲口）跑；逃
pja:n˦ 田坝
pja:t˧(又p'j-) 嗖地一下
pja:k˧ 额头
pjam˥ 毛发
pjam˥ ta:u˧ 头发
pjam˥ 孵
pjam˥ ka:i˦ 孵鸡
pjan˥ 梦
pjan˥ ta:n˥ 做梦
pjak˥ 鞭打
pjən˥ （羽）毛；雨
tok˥ pjən˥ 下雨
pjən˥ ta˥ 眉毛
pjən˧ te˩ 禀帖；状子
pjət˥ 笔
pjət˩ 绞绕；编
pjət˩ ɕa:n˦ 绕线
pje˩ 逼迫
pje˧ 扁
pje˩ 牛小肠粘液
pje˦ na˧ 哭丧着脸
pje˦ ja:ŋ˧ 被子边角
pjen˥ 辩论

pjeŋ˧˥ 烤
  pjeŋ˧˥ so˧ 烤干
  pjeŋ˧˥ siu˥ 烤焦
pjet˧˩ 跌落；滑落
pji˥ 增建；扩大
pji˩ 皮
pji˧˥ 削
pji˩ tʻi˥˧ 脾气
pji˧ 篦子
pjiu˥ 跳；飘；出（钱）
  pjiu˥ ȶən˩ təŋ˥ 跳起来
pjin˥ ja˥ 布边
pjin˧ 鳖
pjin˧˩ 尿布
pjin˥˧ 变；层(指屋面)

pjiŋ˩ 坪；平；瓶；壶
  pjiŋ˩ pa:p˧ pa:p˧ 平展展
  pjiŋ˩ pa:i˥˧ 棘草坪
pjiŋ˩ pa:n˧˩ 同伴；朋友
pjiŋ˩ ȵi˩ 便宜
pjiŋ˧˩ 登顶
pjiŋ˧˩ hen˧ 约好
pjiŋ˥˧ 柄；把儿
  pjiŋ˥˧ ta:u˥ 锅柄
  pjiŋ˥˧ sa:n˥˧ 伞把儿
  pjiŋ˥˧ ljim˧˩ 镰刀柄
pjiŋ˧ 病
  li˧ pjiŋ˧ 得病
  pjuŋ˥ 狼

pʻj

pʻja˧ 翻
  pʻja˧ lo˥ 船翻
pʻja:t˧ 迅速状
  pʻja:t˧ lja:t˧ 利索地；敏捷地
pʻjən˧˥ 撒；喷
pʻje˥˧ 分开
pʻjeŋ˧˥（又p-） 烤

pʻjiu˧˥ 巴篓
pʻjin˥˧ 木板
pʻjiŋ˧ 整洁
pʻjiu˧˥ 吐
  pʻjiu˧˥ nəm˧˩ mje˩ 吐口水
pʻjut˧ ʔuk˧ 滑出
pʻjut˧ nan˥ 逐个地

s

sɿ˥ 子；事
sa˥ 看；沙滩；构皮树
  məi˧˩ sa˥ 构皮树
sa˩ 窝洼；打糍粑的槌
  sa˩ pi˥ 火堂
  sa˩ toi˥˧ 碓窝
  sa˩ sa:ŋ˥ 碓臂上的包头铁
  ȵin˩ sa˩ 明年
sa˧ 杀
sa˧˩ 奶奶；老太太
  sa˧˩ pa˧ 鬼
sa˧˩ me˥ 熊家婆
sa˥˧ 休息；停止
  sa˥˧ so˧ 歇气；休息
sa:i˧ 肠
  sa:i˧ loŋ˩ 肚肠
  sa:j˧ kʻwa:n˧˥ 舒服；高兴

  sa:i˧ ja˧˩ 生气
  sa:i˧ loŋ˩ kwa:i˥ 聪明
  sa:i˧ loŋ˩ ʔe˧ 笨
  sa:i˧ po˥˧ 脐带
  sa:i˧ məu˩ 贪心
  sa:i˧ ɕa:ŋ˧ 小心
sa:i˥˧ 再
sa:i˥ 给；让；再
  sa:i˥ ȵən˩ 给人
ssa:u˥ 绞；刮（风）
  sa:u˥ ləm˩ 刮风
sa:u˥ 臊；腥
aa:u˩ 槽；山冲
  sa:u˥ məi˧˩ 木槽
sa:u˧ 暖
  sa:u˧ ɕən˥ 使身体暖和

saːu˨ 丈夫
laːk˨ saːu˨ 女婿
saːu˦˨ 灶；白鹭；汤
saːu˦˨ waːŋ˩ pu˩ sa˥ 灶王菩萨
saːu˧ 造；做（饭）；乌桕树
saːu˧ kəu˨ 做饭
saːm˥ 三
saːm˧ 糟；用酒糟腌
saːn˥ 编
saːn˩ 禾树
saːn˨ 种类
saːn˨ ɬən˥ 上劲
saːn˦˨ 伞；线；散
ȵən˩ saːn˦˨ ljeu˨ 人散了
saːn˦˨ miŋ˥ 火子炭
saːn˦˨ pi˥ 火炭
saːn˧ 河滩（水浅急，有石）
saːŋ˥ 钢（古词）；生铁；根
saːŋ˥ məi˨ 根须
saːŋ˨ 养（禽畜）；生育
saːŋ˨ laːk˨ 生小孩
saːŋ˨ maːk˧ 养大
saːŋ˨ so˧ 生活
saːŋ˦˨（又ɕ-） 起出骨殖另葬
saːŋ˧ 匠人
saːp˧ 相接
saːp˧ laːm˧ 接上绳子
saːp˨ 混杂
saːt˧ 抽打
saːk˧ 木片（札）
saːk˧ məi˨ 木渣
saːk˧ t̓oi˦ 刨花
saːk˧ 种；舂；做
saːk˧ ja˦˨ 种田
saːk˧ jaːŋ˩ ɕen˥ 种庄稼
saːk˧ kəu˨ 舂米
saːk˧ koŋ˥ 做工
saːk˨ 宅基；坪
saːk˨ jaːn˩ 房基
sam˥ 早；鱼香菜；方形网
ma˦ li˧ sam˥ 来得早
sam˧ 代；世；辈
sam˨ 追问
san˥ 鱼名
san˧ 肉中刺儿
san˨ 蛔虫；蚯蚓
sap˥ 捉；捕
sap˩ （死人）咬牙
sak˥ 堵塞；洗（衣物）；陡峭；拦
sak˥ k̓uk˧ 洗衣
sak˩ 贼
sə˩ 测；拆（ə不能单独成韵母，此为借词）
sə˩ ljaːŋ˩ 测量
səi˧ kaːi˦˨ 公鸡
səi˦˨ ȵa˩ 随你
səi˩ 才；棺材；财
səu˩ 愁；怕
səu˧ 卜卦问鬼
səm˩ moi˧ 覃妹（人名）
səm˥ 心；肝
səm˥ kəm˧ 囟脑门；头顶
səm˥ təu˩ 心头
səm˥ kaːŋ˥ 岗顶
səm˧ 寻找
səm˧ 酸
səm˨ 房间
səm˦˨ 浸泡；乳罩
səm˦˨ ɕe˩ 泡茶
səm˦˨ jak˥ 浸湿
sən˥ 村
sən˥ ɬən˩ 山村
sən˥ ɬi˧ 平寨
sən˥ ji˦˨ 生意
we˨ sən˥ ji˦˨ 做生意
sən˩ 黄牛
sən˩ səi˦˨ 尚未生育的母黄牛

sən˥˧ 相信；信
kwaːi˩ sən˥˧ 不信
sən˧ 争；吵架
sən˨˩ 屁股
sən˨˩ toi˧˥ 碓臂
sən˧ 称
səŋ˥ 讨厌；恨
səŋ˩ 直
səp˩ 吹；遇；鼓起
ləm˩ səp˩ 吹风
səp˩ naːn˧ 罹难
sət˥ 尾；扫
sət˥ məi˨˩ 树梢
sət˥ ti˧ 扫地
sət˥ tu˩ 牛尾巴
se˥ 细带子；线
se˥ ɕiu˩ 辫子
se˥ kaːi˧˥ 鸡膝子
se˩ t́aːu˦ 颜色
se˩ ȶu˧ 财主
seu˥ 唢呐
si˥ 簑衣；丝；西；再
ȵa˩ si˥ ma˦ 你再来
si˥ ȵo˩ 蜘蛛
si˩ 竖；依顺；糍粑
si˩ mja˩ 顺手
si˨˩ 巳(地支)
si˧˥ 小；细；四
ja˥ si˧˥ 细布
si˧ 字；自
si˧ ka˥ 自己；自家
siu˥ 焦；糊
siu˥ səm˥ 焦心；担心
siu˧ 牙印子
siu˧˥ 凿子；凿
sin˥ 净
sin˥ sek˧ 干净；完毕
sin˩ 钱
sin˧ 叫；把(量)；捆(量)
sin˧ kəu˨˩ 一捆糯谷
sin˧˥ 箭；线
sin˧˥ pi˥ 电线(火线)
siŋ˥ 腥；大疱；闸门
siŋ˧˥ 姓
siŋ˩ 砧板；亲戚
siŋ˩ ȵi˧ 情人
siŋ˧ 明白；懂；窗
to˥ siŋ˧ 窗户
siŋ˧ t́u˧ 清楚
sip˧ 钓钩儿；迎接
to˧ sip˧ 垂钓
sip˧ ȵən˩ 接人
sik˧ 锡
sik˧ 淡；凄凉
sik˧ ɕem˧ 憔悴；惨白
sik˨˩ 宴席
sɿ˥ 事
sɿ˥ ɕin˩ 事情
so˧ 干；枯
maːt˧ so˧ 擦干
so˧ ko˩ 口渴
so˧ 锁(动、名)
so˨˩ 仓库
so˨˩ ji˨˩ 所以
so˧˥ 裤子
so˧ 声音；生命
soi˨˩ （又swaːi˨˩） 罪
son˧˥ 算；数(动)
soŋ˥ 坛；话；松(不紧)；喜
po˧˥ soŋ˥ 报喜
soŋ˥ ho˥ 松活
soŋ˩ 松树
soŋ˧˥ 放置；释放；放松
soŋ˧˥ lui˧ paːi˥ 放下去
soŋ˧˥ ṕeu˧˥ 放炮
soŋ˧˥ so˧ 放声
soŋ˧˥ pjan˥ 做梦
soŋ˧˥ ʔəp˥ 松口
soŋ˧˥ 编
soŋ˧˥ laːm˧ 编绳子
sot˧ so˧ 吸气

sok˥ 足；富足
sok˨˩ 沿着；随着
sok˨˩ k'un˦ 沿途
sok˨˩ sən˨˩ 紧跟(<随屁股)
su˥ 绿；恰好
su˥ siu˧ 绿油油
su˥ təŋ˦ 兰
su˥ ka:i˧ la:i˥ 巧不巧；恰巧
su˥ 租借；祖；修阴德
su˥ 四
su˥ ho˩ t'en˧ tən˨˩ 四合天井
su˥ su˥ fa:ŋ˧ fa:ŋ˧ 四四方方
su˩ su˩ 仅仅；总共
su˧ 师
su˨˩ su˨˩ 呆呆地
sui˩ 蛇
sui˩ nəm˨˩ 水蛇
sui˩ məi˨˩ ta:k˧ 响尾蛇
sui˩ ta:ŋ˧ 蟒蛇
sui˩ ka˥ 眼镜蛇
sui˧ la:k˧ 脊椎骨
sui˧ 照料；梳理
sui˧ lji˨˩ 护理；料理
sui˦ 坐
sui˦ pam˨˩ 坐下
sui˦ la:k˨˩ ni˨˩ 坐后生(指姑娘与男子谈恋爱)
sui˦ lui˧ ma˦ 坐下来
sun˥ 刺；荆棘
sun˨˩ 送
sun˨˩ sa:i˥ 送给
suŋ˥ 疼
suŋ˩ 横木；机
suŋ˩ toi˦ 碓臂上横木
suŋ˩ ta:k˧ 织布机
suŋ˦ 冷
sut˧ 漏
sut˨˩ 荸荠
(mjiu˧) suk˧ 地名
suk˨˩ 捆；绑
suk˨˩ k'ut˧ 打结儿

t

ta˥ 眼；岳父；外祖父
ta˥ pa:n˩ 斜眼
ta˥ p'a˦ 瞎子
ta˥ la:p˧ 眨眼
ta˥ ȶo˨˩ 眼皮有肉刺
ta˥ je˦ 网眼
ta˥ pen˦ 打扮
ta˥ k'ai˦(又k-) 大方；大概
ta˩ 团；块；些
ʔi˥ ta˩ 一团
ta˩ ja:n˩ 借寓
ta˧ 树林；打
ta˧ pji˧ 打比
ta˧ ȶu˧ ji˦ 打主意
ta˧ swa:n˦ 打算
ta˧ 从；过；到
ta˧ na˥ 过河
ta˧ lən˩ 以后；后面
ta˧ kun˦ 从前
ta˧ ɕi˩ 掐算
ta˦ 搓
ta˦ la:m˧ 搓草绳
ta˦ ka:n˥ 搓麻线
ta˦ 中
ta˦ ta:ŋ˩ 中堂
ta˦ na˥ 河中
ta˦ man˥ 太阳；葵花
ta˦ tak˥ 胸膛
ta˦ na˧ 面前
ta˦ pa:i˦ 草丛里
ta:i˩ 些；个别；挽留；拿；台
ta:i˩ sik˧ 有点儿淡
ta:i˦ 值；带(动)
ta:i˧ 大

ta:u˥ 锅；咱们；头虱
ta:u˩ 甜酒；酒糟
ta:u˧ (牛)斗
ta:u˦ 倒(水)
ta:u˦ nəm˨ 倒水
ta:u˦ kok˥ 翻倒
ta:m˥ mja˨ 刀把儿
ta:m˧ 胆
ta:m˦ 担(量)；百斤
ta:n˥ 但是；单
ta:n˩ 弹；震动；颤动
ta:n˩ sa:n˦ 哆嗦；发抖
ta:ŋ˥ 香
ta:ŋ˥ ljok˥ ljok˥ 香喷喷
ta:ŋ˥ ɕu˥ 当初
ta:ŋ˩ 塘；糖；个
ta:ŋ˩ pi˥ 火塘
ta:ŋ˩ luk˨ 蜜蜂
ta:ŋ˩ ta˦ 中间
ta:ŋ˩ ta˦ ta˦ 最中间
ta:ŋ˧ 当；田闸口
ta:ŋ˧ 藤
ta:ŋ˦ 慢；渐渐；聘礼
ta:ŋ˦ ta:ŋ˦ 慢慢
ta:ŋ˦ ma˦ 慢来
ta:p˧ 挑；担(量)
ta:p˨ 踹
ta:k˧ 杼
suŋ˩ ta:k˧ 织布机
ta:k˧ 钉(动)；刺(动)；扎(动)
ta:k˧ ȶiŋ˥ 钉钉子
ta:k˨ 比；量
tam˥ 鱼塘
tam˧ 关；因
tam˨ 小水坑；潭中水团
tan˥ 摘(禾)
tan˧ 穿；戴
tan˧ k'uk˧ 穿衣
tan˧ ȶ'a˦ meu˧ 戴上帽

tat˥ 砍；裁(衣)；剪
tat˥ məi˨ 砍木头
tat˥ tu˦ 砍断
tak˥ 断；胸
ka:n˧ pan˥ tak˥ 竹竿断了
tak˩ 公兽
tak˩ tu˩ 公牛
tak˩ kwa˦ 公狗
təi˥ 死
təi˥ k'wa:u˧ 醉酒
təi˧ 袋子；堆(动)；追问
təi˧ ȶən˩ təŋ˥ 堆起来
təu˥ 青苔
təu˩ 头；投
təu˩ su˧ 投师
təu˩ koŋ˧ 头工；公老
təu˧ 巢
təu˧ nok˨ 鸟巢
təu˧ ka:i˦ 鸡巢
təu˧ 受；被；似；对
təu˧ təŋ˥ 好像
təu˧ pi˥ 伴郎官
təu˧ lək˩ 费力；吃力
təu˧ sa:i˧ 如意；合心
təu˧ so˧ 吃力
təu˨ 伙；群
təu˨ lje˧ 一群羊
təu˨ sa˨ 妇女；老婆
təu˦ 逗留；离去；去世
təu˦ mja˩ 放一放；停一停
təu˦ lui˧ 留下
təu˦ sa˩ 敬鬼神
təu˦ sam˥ 去世早
təu˦ mja˩ 放手
təm˥ 遇见；满；笠
təm˥ mek˨ 麦草编的笠
təm˥ tuŋ˥ 斗笠
təm˧ 个别；果类；杨梅
təm˧ 大概

təm˨˩ 满；足；整
　təm˨˩ mən˥ 整天
tən˥ 翡翠鸟
tən˦(又t'-) 亲
　ja:n˩ tən˦ 亲家
　tən˦ siŋ˩ 亲戚
　tən˦ siŋ˩ təu˩ ɬa˧最亲的亲戚
　we˨˩ tən˦ 成亲
tən˨˩ 囤(量)
tən˩ win˩ ta˧ mən˥ 腾云驾雾
tən˧ 渣子；沉淀
tən˦˥ 顿(量)；碰；撞
　ʔi˥ tən˦˥ kəu˨˩ 一顿饭
　tən˦˥ ɕi˩ ka:n˧ 顿时
　tən˦˥ ko˩ 饱；醉
tən˧ 兰靛
təŋ˥ 来到；陪同；树胶；手指
　la:k˨˩ təŋ˥ 手指
təŋ˥ pi˥ 灯盏
təŋ˩ 足足的
təŋ˧ 搭配
təŋ˨˩ 整；全；满
təŋ˦˥ 凳子；(天)黑
　təŋ˦˥ mən˥ 天黑
　təŋ˦˥ tap˥ 黑麻麻
　təŋ˦˥ tət˥ tət˥ 黑沉沉
　təŋ˦˥ təp˥ təp˥ 阴沉沉
təŋ˦˥ ljok˦ ta˥ 目瞪口呆
təp˥ 折
　təp˥ ta:p˧ 毛手毛脚；一下子
　təp˥ le˩ 合书
təp˩ 钝；嘴笨
　mja˨˩ təp˩ 刀子钝
　ɬəm˦ təp˩ 针不尖
tət˥ 屁；七
te˥ 外婆
te˧ 下；下面；爹
　te˧ ta:n˦ 大滩(地名)
　te˧ sa:k˧ 腋下
　te˧ ɬin˩ 大田（地名）
　te˧ ɬoŋ˩ 楼下（关牲口处）
　te˧ la:ŋ˩ 下巴
te˦˥ 砍；剁
teu˨˩ 性交
ten˧ 随便；如果
teŋ˥ 哨
tek˧ 母鸡叫
tet˦ 男孩生殖器
ti˥ 堆；许多
ti˥ 李子
　məi˨˩ ti˥ 李树
　ti˥ pəŋ˥ 桃子
ti˩ 打
ti˩ kəu˨˩ 打谷子；甩谷子
ti˧ 地；放下背上的小孩
　ti˧ ja:u˩ 放下我
　ti˧ ti˧ 地上
　ti˧ wa:ŋ˦ 地方
　ti˧ kwa˦˥ 地界
tin˥ 脚
　tin˥ to˥ 门槛
　tin˥ la:ŋ˩ 堂屋
　tin˥ k'uŋ˦ ɕət˥ mən˩ 脚不出门
tin˩ 停
tiŋ˩ 亭子；棚子
　tiŋ˩ ke˨˩ 厕所
tiŋ˦˥ 底
tit˥ 小鸡叫
to˥ 门
　to˥ siŋ˥ 寨门；寨亭
　to˥ siŋ˧ 窗户（门窗）
to˩ 朵（量）
to˩ pje˩ 简单
to˧ 搞；做
　to˧ ka˥ 唱歌

to˧ ma˥ 种菜
to˧ pi˥ 烧火
to˧ nan˥ （丧事）礼品
to˧ soŋ˥ （喜事）礼品
to˧ nəm˨˩ 烧水
to˧ le˩（又tok˨˩ le˩） 读书
to˧ sip˨ 垂钓
to˧ sip˨ li˧ mjiŋ˩ tu˩ pa˥？
钓了几条鱼？
to˧ ʔi˥ t'a:n˦˥ 叹口气
to˧ ɕi˩ 赌戏（一种游戏）
to˧ je˦ 撒网
to˧ k'u˦˥ 喂猪
to˧ 豆，豇豆
to˧ soŋ˩ 黄豆
to˧ ɕeu˧ 炒的豆
to˧ ɕi˧ 豆豉
to˧ 着
ti˨ to˧ 忍着
lja:t˨ to˧ 做着
to˦（又t'-） 大
to˨˩ 舵
to˦˥ 归座（地名）
toi˦（又twa:i˦） 刨子；歇
toi˦ pjiŋ˩ 刨平
toi˦ sa˦˥ 歇气
toi˦˥（又twa:i˦˥） 对；碓；队
ʔi˥ toi˦˥ 一对
ton˩（又t'wa:n˩） 圆的；团（量）
ton˩ wan˦˥ 圆溜溜
ton˩ ɕon˧ 四周；团圆
t'i˨ ton˩ 集合（起团）
ton˧（又twa:n˧） 若是；端；圈
ton˦˥ 断；判；猜；估计
toŋ˦˥ 当然；倒是
toŋ˥ 冬；东；猕猴桃；侗族
toŋ˥ ɕi˩ 冬天
toŋ˩（又t'-） 铜；同；筒（量米容器）
toŋ˩ p'u˨ 筒形芦笙
toŋ˩ la˩ 锣
toŋ˩ loi˩ 洞雷（地名）
toŋ˩ jin˥ 烟袋管
toŋ˩ jo˦ 量米筒
toŋ˩ ha:u˧ 筒蒿（即蓬蒿）
toŋ˧ 斗（量具）
toŋ˦˥ 段；节
toŋ˦˥ ȵa˥ 河段
tok˥ 落；失
tok˥ pa:i˥ 失去
tok˥ so˧ 断气
tok˥ ɕəp˥ 整齐美貌
tok˥ ʈoŋ˧ 播种
tok˥ k'ui˦ 落难
tok˥ pjən˥ 下雨
tok˨˩ 独；只不过
tok˧ 驼背
tu˥ 都
tu˥ loi˨˩ 地名
tu˩ 牛；只（量）；毒
sui˩ me˩ tu˩ 毒蛇
tu˩ ʈən˩ 野兽
ʔi˥ tu˩ ma˨˩ 一匹马
tu˩ ka:u˨˩ 内脏（下水）
tu˧ 递；过渡；赌；却；也
lo˥ tu˧ 渡船
tu˧ sin˩ 赌钱
tu˧ sa:i˥ 递给
tu˧（又t'-） 胃；裸体
tu˦˥ 破；断
tat˥ tu˦˥ 砍断
k'uk˨ tu˦˥ 破衣

k'uk˧ tu˧˥ ljeu˨˩ 衣破了
la:m˧ tu˧˥ ljeu˨˩ 绳断了
tui˧（又t'-） 舀
tui˧˥ pjən˥ 被雨淋
tun˥ 热
tun˧˥ 锻炼(指铁)
tuŋ˥ 煮
tuŋ˥ kəu˨˩ 煮饭
tuŋ˥ ma˥ pa:k˨˩ 熬白菜
tuŋ˥ kwa˥ 南瓜
tuŋ˧ （又t'-） 逢；遇到
tuŋ˧ 敲鼓声
tuŋ˧ 柱子
tut˧ （手脚上的）茓子

t'

t'a˦（又t-） 私奔
t'a˦ la:m˧ 搓绳子
t'a:i˦ 菜
t'a:i˦ ɕi˧ 富裕
t'ai˧˥ 太
t'a:u˦ 圈套；骗
t'a:u˧ 换
t'a:u˧ ɕa:ŋ˩ 超度（亡魂）
t'a:u˧˥ 一点儿
t'a:u˧˥ t'a:u˧˥ 一点儿
t'a:n˦ 地名
t'a:n˦ 摘；剪
t'a:n˧ 贪
t'a:n˧ sin˧ 贪心
t'a:n˧˥ 炭；叹气
t'a:ŋ˦ 汤
t'a:ŋ˧ 挡
t'a:ŋ˧ t'a:ŋ˧ 宽敞状
t'a:ŋ˧˥ 烫
t'a:k˧ 错；不对；迷路
t'a:k˧ wa˧ 失火
t'am˧˥ 低；矮
t'an˧ 吞
t'əi˧ 麻辣
t'əi˧˥ 块，片，瓣
t'əi˧˥ wa˦ 花瓣
t'əu˧˥ 到；道（量）
t'əu˧˥ ljeu˨˩ 到了
t'ən˧ 植物茎的根部；褪
toŋ˩ t'ən˧ 根源
t'ən˧ t'a:ŋ˧ 来历
t'ən˧ məi˨˩ 树桩
t'ən˦ 亲戚
t'ən˦ siŋ˩ 亲戚
t'ən˧˥ 比；拖延
t'ət˦ 七；漆
t'ət˦ 男孩生殖器
t'i˦ 妻
t'in˩ （又t-） 停
t'in˦ 千
t'in˦ 放
t'in˦ k'un˦ 放完
t'iŋ˦ mjiŋ˩ 清明节
t'iŋ˧ 请；雇
t'iŋ˦ 清
t'iŋ˦ t'u˧ 清楚
t'it˧ 切（动）
t'it˧ na:n˨˩ 切肉
t'it˧ ma˥ 切菜
t'ik˧ 满
t'oi˦（又t-） 刨子；刨（动）
t'oi˧˥（又t'wa:i˧˥） 退
nəm˨˩ t'oi˧˥ 水退
t'on˧˥（又t'wa:n˧） 蒜；蜕；脱
t'oŋ˦ 通
t'oŋ˦ ti˧ ma˧ mən˥ 天下
t'oŋ˧ 插；捅；碰
t'ot˧(又t'wa:t˧) 撮（动）；脱
t'ot˧ k'uk˧ 脱衣

t́ot˧ pjiŋ˧ 病好了
t́ok˥ （又t-） 窄
t́u˥ ɕi˩ 秋季
t́u˧ 肚子
pi˩ t́u˧ 肚皮
t́u˦ （又t-） 醋
t́uŋ˧ 遇见
t́uŋ˧ 看医生
t́ut˥ （沉入水）声
t́uk˧ 卷（烟）

ȶ

ȶa˥ 剩余；盖；关
ȶa˥ ju˩ 炸出的油
ȶa˥ to˥ 关门
ȶa˥ jaːŋ˧ 盖被子
ȶa˥ kam˧ 盖盖儿
ȶa˥ pəu˥ 身架
ȶa˥ （又ka˦） 架
ȶa˥ ȶaːu˩ 架桥
ȶa˥ （又ȶ́-） 耳朵
ȶa˩ 茄子；（油）炸
ʔaːu˥ ju˩ ȶa˩ 用油炸
ȶa˩ ju˩ 熬油
ȶa˧ （又˦） 那；那么
ȶa˧ 稻秧；杂（花）；家
ȶa˨ 汉人；兵
ȵən˩ ȶa˨ 汉人
ȶa˨ ɕaːi˥ 差役
ȶa˦ məi˨ 木架
ȶaːi˥ 垢；斋
ȶaːi˩ 拉；拽
ȶaːi˩ nəŋ˥ 打鼾
ȶaːi˩ to˥ təm˥ 拉紧门
ȶaːi˧ 问；耙
ȶaːi˨ 哥；姐
pəi˨ ȶaːi˨ 姐姐
ȶaːi˨ na˧ 哭丧脸
ȶaːu˥ 藤
ȶaːu˥ ȵeŋ˦ 葛藤
ȶaːu˥ jok˥ 胀藤
ȶaːu˥ k‘waːi˦ 葛藤
ȶaːu˧ 头
ȶaːu˧ pi˥ 火头
ȶaːu˧ ɕon˥ 榫头
ȶaːu˧ pəi˥ 碑头
ȶaːu˧ ȵam˦ 晚上
ȶaːu˧ jət˥ 早晨
ȶaːu˧ ke˥ 户头
ȶaːu˧ k‘uŋ˥(sl˥ ɕin˩) 事情
ȶaːu˧ taːi˥ 交代
ȶaːu˦ 乌龟
ȶaːm˧ ko˧ 鲍(读pǎo)鱼
ȶaːn˥ 吃；夜
ȶaːn˥ jin˥ 吸烟
ȶaːn˥ k‘waːu˧ 喝酒
ȶaːn˥ kəu˨ 吃饭
ȶaːŋ˥ 张；把；个；桨；酱
ʔi˥ ȶaːŋ˥ 一柄
ȶaːŋ˥ 烧空锅
ȶaːŋ˩ 强；段（时间量词）；个(瓜类量词)
k‘eu˥ ȶaːŋ˩ 打胜
ȶaːŋ˩ maːn˩ 行蛮
ȶaːŋ˩ ho˧ 场面；阵式；多
ȶaːŋ˥(又ȶ́-) 晴
man˥ ȶaːŋ˥ 晴天
ȶaːŋ˧ 点燃
ȶaːŋ˧ pi˥ 点火；点灯
ȶaːŋ˧ lo˥ 船桨
ȶaːŋ˧ 级；步；是
ȶaːŋ˧ kwe˧ 梯级
ʔi˥ ȶaːŋ˧ 一级
ȶaːŋ˧ ȶən˩ 正经；正业
ȶaːŋ˦ 账；干涸；降；伏

ȶaːp˦ 抓
ȶaːk˧ 草鞋
ȶam˥ 邀约；侗族；埋；隐瞒
ȶam˥ toi˧ 聚伙
ka˥ ȶam˥ 侗歌
ȶam˥ kʻin˦ 镯子
ȶam˧ 压；猫腰；推门
ȶam˧ ʔi˥ ȶam˧ 按一按
ȶam˧ ȶaːu˧ 埋头
ȶam˨ 踹
ȶan˥ 埂；鸟名
ȶan˥ ɕən˩ 城墙垛子
ȶan˥ ja˧ 田埂
ȶan˨ 近
ȶan˩ 岸；梯田层
ȶan˦ 重
ȶan˧ 紧
ma˩ ȶan˧ 口吃
ȶan˧ kwaːn˧ kwaːn˧ 紧绷绷
ȶap˩ 压
ȶat˩ 扯
ȶat˩ ȶəm˦ 抓痒
ȶat˩ ȶʻut˧ 忙忙碌碌
ȶak˥ 蚱蜢
ȶak˥ 背（刀）；剁
ȶak˥ mja˨ 背刀
ȶak˥ naːn˨ 剁肉
ȶak˩ 放置；按；个
ȶak˩ ȵən˩ ȶa˧ 那个人
ȶak˩ nən˩ naːi˧ 这个人
ȶəi˩ 挠（棉花）
ȶəi˧ 买；蟹
ȶəi˧ 蛋
ȶəi˧ kaːi˧ 鸡蛋
ȶəu˥ 赶（牛）；撵；刚才
ɕən˧ ȶəu˥ 刚才
ȶəu˩ 求
ȶəu˩ ȵən˩ 求人
ȶəu˩ sim˥ 求签
ȶəu˩ ɕen˥ 求仙

ȶəu˧ 戳；啄；堂（量，指芦笙组）
ȶəu˧ （～）双
ȶəu˧（又ȶʻ-） 扣；唾
ȶəu˧ ja˥ 纽扣
ȶəu˧ kʻok˧ 扣起来
ȶəm˥ 金；聚集；臼；凑
ȶəm˥ ku˧ kaːi˥ 金戒指
ȶəm˩ 洞；地方
ȶəm˩ po˧ 肚脐儿
ȶəm˩ nəŋ˥ 鼻孔
ȶəm˧ 山冲；山洞
ȶəm˧ ȶəm˧ ȶun˨ ȶun˨ 急急忙忙地
ȶəm˧ pjeŋ˧ 地名
ȶəm˧（又ȶʻ-） 簪子
ȶəm˧ 禁；迷信活动
ȶəm˧ ȶʻiu˧ 静悄悄
ȶəm˦（又ȶʻ-） 针；痒
ȶəm˦ jaːi˧ 针尖
ȶən˥ 正；真；定
ȶən˥ ho˩ joŋ˧ 正合用
ji˩ ȶən˥ 一定
ȶən˥ ȶaːŋ˧ 兵将；军队
ȶən˥ ȶən˥ 仅仅；总是
ȶən˩ 山；起
pjiu˥ ȶən˩ təŋ˥ 跳起来
ȶən˧ 责罚；打；惩办；赶紧；（妖）精
ȶən˧ ȶən˧ ȶa˧ 逐次地；挨个儿地
ȶən˨ 准；尽；随便
ȶən˨ ȶʻət˧ 整齐
ȶən˨ ȶi˥ 景致
ȶəŋ˥ 久
nu˦ ȶəŋ˥ 很久
ȶəŋ˨ 使力
ȶəŋ˧ 饱
ȶəp˥ 拾；拣；收拾
ȶət˥ 柴；疥疮；星星；秤星；搅拌
ȶət˥ mən˥ 星星
ȶe˦（又ȶʻ-） 梳子
ȶe˦ ȶaːu˧ 梳头

ȶe˥ 边；渣子
ȶe˥ ȶan˩ 岸边
ȶe˥ na:i˧ 这边
ʔa˩ ȶe˥ 那边
ȶe˥ ȵin˩ 年边，年底
ȶe˩ ju˩ 油渣子
nəm˨˩ ȶe˥ ju˩ 油渣水
ȶe˧ 左
mja˩ ȶe˧ 左手
ȶe˧ to˥ 门缝儿
ȶe˩ 结
ȶe˩ ko˨˩ 结果
ȶe˦˥ 榨；碾；碾子
ȶe˦˥ ju˩ 榨油
ȶeu˥ 雕（鸟名）；抠；骂
ȶeu˩ 青春期
ȶeu˧ 椅；攀；轿
ȶeu˧ poŋ˩ ta:ŋ˩ 轿子
ȶen˥ 贱；恶
ȶen˩ （鬼）迷
ȶen˧ 杯，小碗；奸
ȶen˨˩ 剑；呼声
ȶen˦˥ 毽子
ȶeŋ˥ 争
ȶeŋ˨˩ 点
ʔi˥ ȶeŋ˨˩ 一点儿
ȶət˥
ȶoŋ˦˥ ȶət˥ 弯曲
ȶet˧ 扯
ȶi˥ 记；寄；饲养；鳍；备办；的
ȶi˥ 计
ȶi˥ mo˩ 计谋
ȶi˥ to˥ 几多
ȶi˥ ȶa˦˥ 那里
ȶi˥ na:i˧ 这里
ȶi˥ ŋwet˨˩ 正月
ȶi˩ 旗；骑；即
ȶi˩ ma˨˩ 骑马
ȶi˩ kə˩ 即刻
ȶi˧ 寄
ȶi˧ sən˦˥ 寄信；顶住
ȶi˧ ȶʻəm˦ 顶针
ȶi˧ 忌；山梁
ȶi˧ tu˧ 工具；器具；武器
ȶi˧ ɕen˥ 知县
ȶi˧ （又ȶʻ-） 纸；忍住；顶住
ȶi˨˩ 地名
ȶi˦˥ 样子
ȶi˦˥ （用手）指
ȶiu˥ 我们
ȶiu˩ 荞
kəu˨˩ ȶiu˩ 荞麦
ȶiu˩ 桥；条
ʔi˥ ȶiu˩ məi˨˩ 条木
ȶiu˩ ȶi˧ 特地
ȶiu˦˥ 吊；挂；照；调（令）
ȶiu˦˥ ko˩ 吊颈
ȶiu˦˥ mjin˧ 照镜子；镜子
ȶiu˧ 油茶锅
ȶim˥ 粳稻；籼稻；举
ȶim˦ （又ȶʻ-） 添
ȶim˦ ȵən˩ məi˦ 添丁
ȶim˧ 点（钟）
ȶim˧ 垫
ȶim˧ ȶəm˦ 顶针儿
ȶin˩ ȶʻek˧ 填满
ȶin˧ 片（量，指竹林）
ȶin˨˩ 件；收拾
ȶin˧ （又ȶen˥） 殿
ȶin˦˥ 层
ȶiŋ˥ 定；钉子
ȶiŋ˦˥ 是；才；串（量）
ȶiŋ˧ ja:ŋ˦˥ 定向
ȶip˨˩ 砌

ȶik˥ 偏；侧身
ȶik˩ 笛；箫
ȶo˥ 笑
ȶo˥ ȵəm˧ ȵəm˧ 微微笑
ȶo˥ kʻit˦ kʻit˦ 咯咯笑
ȶo˥ lja:u˦ 冷笑
ȶo˥
pa˥ ȶo˥ 阳沟鱼（又名蛇花鱼）
ȶo˧ 糯；粘；持久
ȶo˩ 给
ȶo˩ 眼皮上的疙瘩
ȶo˨ 锯；锯子；韧
ȶon˥（又ȶwa:n˨） 砖
ȶon˥ na:m˧ 泥砖
ȶon˩ 拳
ȶon˧ 收缩
ȶon˨（又ȶwa:n˧） 转；回
ȶon˨ ma˦ 回来
ȶon˧（又ȶwa:n˧） 圈
ȶon˧ tu˩ 牛圈
ȶoŋ˥ 碗；钟；盛；装；装出
ȶoŋ˥ ȶen˧ 瓷片
ȶoŋ˩ 穷
ȶoŋ˧ 种子
ȶoŋ˨ 弯
ȶoŋ˨ ȶət˥ 弯曲
ȶoŋ˨ ȶoŋ˨ ȶət˥ ȶət˥ 弯弯曲曲
ȶoŋ˨ joŋ˧ 中用
ȶoŋ˨ kin˦ 肘
ȶot˧（又ȶwa:t˧）
ȶot˧ ku˩ 鼎罐圈座
ȶot˧ ta:u˥ 锅圈座
ȶot˧（又ȶwa:t˧） 刮；骂；髻
ȶot˧ ȵən˩ 骂人
ȶot˩ 头；个；截
ȶot˩ ȵa:n˥ 半月
ȶot˩ ȵa:m˨ 傍晚
ȶok˧ 啄；锄
ȶok˥ 捣；锤（动）
ȶok˩ 跪；镯子；卒；锤（动）；句
ȶok˩ kəp˩ 跪下去
ȶu˥ 州；硃；珠
ȶu˥ ɕiŋ˩ 州城
ȶu˥ la:ŋ˩ 珠郎（人名）
ȶu˥ sa˥ 朱砂
ȶu˥ 住
ȶu˩ 小舅；姑父；岳父
ȶu˧ 主
ȶu˧ ji˨ 主意
ȵən˩ ȶu˧ 主人
ȶu˧ 九；情人
ȶu˧ siŋ˩ 情人
ȶu˨ 救
ȶui˥ 木饭盒；分留
ȶui˩ （又ȶʻ-） 除去
ȶui˧ 溪
ȶui˨ 贵重；贵
ȶui˧ 碗柜
ȶun˧
ȶun˩ pi˥（pji˧） 准备
ȶun˦ 穿行；钻
ȶun˨ 卷
ȶuŋ˥ 抬；鸟巢；牛胎盘；蜂窝；鼓
ȶuŋ˥ ȶʻa˦ 听
ȶuŋ˩ 众多
ȶuŋ˧ 共；共同（吃用）
ȶuŋ˧ ȶot˩ 共属一头
ȶuŋ˨ 呆站貌
ȶut˧ 角落
ȶuk˧ （又ȶʻ-） 洗(脸 身)

ȶʻ

ȶʻa˧ 轻
ȶʻa˨ 上；登
ȶʻa˨ ȶən˩ 上山；出殡
ȶʻa˨ ȵa˥ 上河（做清明）
ȶʻa˨ ha:k˩ 上学
ȶʻa:i˨ 墙；板壁；耙田

ȶʻa:u˧ ɕe˩ 逗新娘；打油茶
ȶʻa:u˧ 吵
ȶʻa:u˦˥ məm˧˩ 虎蕨
ȶʻa:ŋ˥ 阳光
ȶʻa:ŋ˥ ɕa˦˥ 日晒
ȶʻa:ŋ˧ 夺；抢
ȶʻa:ŋ˧˩ 场；墟
ȶʻa:ŋ˩ ho˧ 场合
ȶʻa:ŋ˦˥ 唱
ȶʻa:ŋ˦˥ ɕi˥ 唱戏
ȶʻa:p˧ 刚刚；恰
ȶʻa:k˧ 三脚架
ȶʻa:m˧ 串门；走
ȶʻa:m˧ kun˥ 走路
ȶʻam˥ 入水声；隐瞒
ȶʻam˦˥ 倒伏
ȶʻam˦˥ ȶa:u˧ 埋伏
ȶʻan˥ 重
ȶʻan˥ ȶəm˦˥ 沉甸甸
ȶʻap˥ ɕən˥ 套衣服（打扮）
ȶʻat˥ 碎米
ȶʻəi˥ 犁（名、动）
ȶʻəi˥ ja˦˥ 犁田
ȶʻəu˩ 求
ȶʻəu˦˥ 摇；抖
ȶʻəu˦˥ 吠；扣子；扣（动）；唾
ȶʻəu˦˥ nəm˧˩ mje˩ 吐唾沫
ȶʻəu˦˥ kuk˧ 扣衣服
ȶʻəu˦˥ 点
ȶʻəu˦˥ ȶa:u˧ 点头
ȶʻən˧
ȶʻən˧ sɿ˥ 亲自
ȶʻən˧ 短；紧
kwa:i˩ jiu˦˥ ȶʻən˧ 不要紧
ȶʻəŋ˦˥ 拉；牵；拖
ȶʻəp˩ 冬瓜；拥抱
ȶʻəp˥ 农具名；牛虱
ȶʻəp˥ min˧ 刺猬
ȶʻe˧ 车
ȶʻe˥ 太；梳
ȶʻe˥ la:i˥ ljeu˧˩ 太好了
ȶʻe˥ ȶa:u˧ 梳头
ȶʻe˦˥ 剃（头）

ȶʻeu˧ 调换
ȶʻeu˦˥ 跳；挣扎
ȶʻen˥ 拉纤
ȶʻen˧ ȶən˧˩ 天井
ȶʻen˦˥ 欠；歉
ȶʻeŋ˦˥ 齐备
ȶʻeŋ˦˥ ȶʻəp˥ 完毕；备齐
ȶʻeŋ˥ ȶʻeŋ˥ 完毕
ȶʻet˧ 钹声
ȶʻi˦˥ 气；生气
pi˩ ȶʻi˦˥ 脾气
ȶʻi˧ 起；发动；第
ȶʻi˧ jət˥ 第一
ȶʻi˧ ȵi˧ 第二
ȶʻi˧ ton˩ 起团
ȶʻi˧ pi˥ 生火
ȶʻi˦˥ 替
ȶʻiu˧ 捕鱼具；皱；翘二郎腿；雀
ȶʻim˥ 添
ȶʻim˥ ȵən˩ məi˦˥ 添丁
ȶʻin˧ 好比；琴
jiu˦˥ ȶʻən˧ 要紧
ȶʻin˥ ka:ŋ˥ ɕi˩ 天罡时辰
ȶʻin˦˥ 引诱（鸟）
ȶʻiŋ˦˥ 听；闻；觉得；尝
li˧ ȶʻiŋ˦˥ 听见；觉得
ȶʻiŋ˦˥ ka:ŋ˧ 听说
ȶʻip˧ 缝（衣）
ȶʻit˧ 结（果）
ȶʻit˧ ɕa:ŋ˥ 结亲
ȶʻik˧ 踢；滴；只；炙；烧
ʔi˥ ȶʻik˧ pjən˥ 一滴雨
ȶʻik˧ ta:u˥ 一口锅
ȶʻon˧ 强迫
ȶʻon˥ 圈（动）
ȶʻoŋ˦˥ 冲（鼻子）
ȶʻot˧ 垫锅圈
ȶʻok˧ 捞；撮
ȶʻu˦˥ 去

t̬ʻui˩ 除去
t̬ʻui˧(又t̬-) 鬼
t̬ʻun˦ 钻；串(动)
t̬ʻun˨ 跑；乱窜
t̬ʻun˨ 穿；串
t̬ʻuk˧ 洗
t̬ʻuk˧t̬oŋ˥ 洗碗
t̬ʻuk˨ 搓

W

wa˦ 啊；喂(语气词)
wa˦ 右；花
mja˩ wa˦ 右手
wa˦ ta˥ 眼花
wa˦ ta:u˩ ka:ŋ˥ 金樱子(可以酿酒)
wa˦ jam˧ 花蔫
wa˨ 袜子
wa˧ 说
wa˧ 脏
wa˧ ju˩ wa˧ t̬a:i˥ 油油垢垢
wa˧ 化；划；画(动)
wa˧ tu˩ wa˦ 画图画
wa:i˩ 游(水)；搧；扇子
wa:i˩ nəm˨ 游泳
wa:i˩ t̬a:ŋ˧ 划桨
ʔa:u˥ wa:i˩ ma˦˩ wa:i˩ 用扇子搧
wa:i˧ 污辱；抓；招(手)
wa:i˧ mja˩ 招手
wa:i˧ to˥ 顺手关门
wa:i˧ 坏
wa:n˥ 唤；叫；小孩哭；唱
wa:n˥ ka˥ 唱歌
wa:n˦ 免；免除；慢；现成
wa:n˦ wa:n˦ 轻轻
wa:n˩ 已经；原来
wa:n˩ pən˧ 已经
wa:n˧ 换
wa:n˧ ta:ŋ˧ (赠给情人的)礼品
wa:ŋ˥ t̬a:ŋ˥ 慌张
wa:ŋ˦ ləu˧ 望楼
wa:ŋ˦
wa:ŋ˦ pjin˧ 方便
wa:ŋ˩ t̬i˧ 皇帝；玉米
wa:ŋ˩ ɕon˩ 旋涡
wa:ŋ˧ (情人)离散；破坏
wa:ŋ˧ 放
wa:ŋ˧ səm˥ 放心
wan˩ 烟雾
wa:t˧ 摇晃
wa:k˨ 刺儿
wap˩ 火苗
wəi˥ ta:u˥ 味道
wəi˩ ɕen˨ 危险
wəi˧ 继室；后娘
wəi˧ 快
ka:i˧ wəi˧ 忙
wəi˧ sui˧ 快坐
wəi˧ lja:ŋ˧ 赶快
wəm˨ ʔa˨ 鬼鬼祟祟声
wəm˨ wəm˨ 嗡嗡
wən˥ 瘟疫
wən˦ 分；现成
wən˦ sik˨ 分席
t̬a:n˥ wən˦ ɳa:u˧ jin˧ 吃现成住现成
wən˩ 坟墓
wən˨ 稳；米粉；裙子
wən˨ t̬an˩ 坚固
wən˨ 乱；随便(胡乱)
wən˧ 堵塞；塞子
wən˧ 搬
wət˥ 腌
wət˩ 砍；打
we˦ 迟；晚
we˨ 做；假装

weɬ koŋ˥ 做工

weɬ pi˥ (又weɬ wi˥) 失火

weɬ jaːn˩ 造屋

weɬ paːnɬ 玩耍(<做伴)

weɬ məŋɬ 高兴

weɬ taːk˧ 织布

weɬ tʻən˦ 成亲;结亲

weɬ ʈi˦˥ 假装

weɬ pjaːn˧ 玩耍;玩笑

weɬ sɿ˥ 办好事

we˦˥ 劲儿;力

wem˧ 犯

wem˧ soiɬ 犯罪

ȵən˩ wem˧ soiɬ 犯人

wen˦ (树)倒

wen˦ ljeuɬ 倒了

wen˧˩ 呕吐

wen˧ 万

ʔi˥ wen˧ 一万

weŋ˩ 横

weŋ˩ ʔəp˥ 以言语封人口

weŋ˧ ko˩ 卡脖子

wep˧˩ 法

wet˧ 掘,挖

wet˧˩ 发

wet˧˩ muŋ˩ 发霉

wet˧˩ səi˩ 发财

wet˧˩ pi˩ ʈi˦˥ 发脾气

wet˧˩ peu˦˥ 发米花

wi˦ 跑(指人)

wiu˧˩ 摆(使劲)

wop˩ 微

wop˩ laːuɬ 渐渐长大

wop˩ wop˩ ti˥ 微微的

wuɬ 武

maɬ ɕi˧ wuɬ 马锡武